泉州文庫

選堂題

（清）李光地 著

黄立一 吴億燊 點校

榕村全集

（上）

泉州文庫整理出版委員會 編

創于1897
商務印書館
The Commercial Press

前　言

泉州建制一千三百多年，爲中國歷史文化名城和古代海外交通的重要港口。“比屋弦誦，人文爲閩最”，素稱海濱鄒魯、文獻之邦。代有經邦緯國、出類拔萃之才，歐陽詹、曾公亮、蘇頌、蔡清、王慎中、俞大猷、李贄、鄭成功、李光地等一大批傑出人物留下了大量具有歷史、文學、藝術、哲學、軍事、經濟價值的文化遺産。據不完全統計，見載於史籍的著作家有一千四百二十六人，著作多達三千七百三十九種，其中唐五代二十九人三十二種，宋代二百人三百九十一種，元代二十一人四十種，明代五百三十六人一千五百八十五種，清代六百四十人一千六百九十一種；收入《四庫全書》一百一十五家一百六十四種，《四庫全書存目叢書》五十六家七十四種，《續修四庫全書》十四家十七種。二〇〇八年國務院頒布第一批國家珍貴古籍名録，屬泉人著述、出版者十三種。

遺憾的是，雖然泉州典籍贍富，每一時代都有一批重要著作相繼問世，但歷經歲月淘汰、劫難摧殘，加上庋藏環境不良，遺存至今十無二三，多成珍籍孤本。這些文化遺産，是歷史的見證，是泉州人民同時也是中華民族的寶貴文化財富，亟待搶救保護，古爲今用。

對泉州地方文獻的搜集與整理，最早有南宋嘉定年間的《清源文集》十卷，明萬曆二十五年《清源文獻》十八卷繼出，入清則有《清源文獻纂續合編》三十六卷問世。這些文獻彙編，或已佚失，或存本極少。二十世紀四十年代，泉州成立“晋江文獻整理委員會”，準備整理出版歷代泉人著作，因經費短缺未果。八十年代，地方文史界發起研究“泉州學”，再次計劃編輯地方文獻叢書，可惜後來也因爲各種條件的限制，其事遂寢。但是這兩次努力，爲地方文獻叢書的整理出版做了準備，留下了珍貴的文獻資料和書目彙編。

二〇〇五年三月，中共泉州市委、泉州市政府決定將地方文獻叢書出版工作列爲國民經濟和社會發展第十一個五年規劃的一項文化工程。翌年，正式成立“泉州地方典籍《泉州文庫》整理出版委員會”，着手對分散庋藏於全國各大圖書館及民間的古籍進行調查搜集，整理出《泉州文庫備考書目》二百六十七家六百一十四種，以後又陸續檢索出遺漏書目近百家一百八十餘種。經過省内外專家學者多次論證，最後篩選出一百五十部二百五十餘種著作，組成一套有一定規模、自成體系、比較完整，可以概括泉人著作風貌、反映泉州千餘年文化發展脉絡的地方文獻叢書，取名《泉州文庫》，二〇一一年起陸續出版發行。

整理出版《泉州文庫》的宗旨是：遵循國家的文化方針政策，保護和利用珍貴文獻典籍，以期繼承發揚中華民族優秀文化傳統，增進民族團結，維護國家統一，提高民族自信心和凝聚力，加强社會主義核心價值體系建設，增强文化軟實力，爲泉州的物質文明和精神文明建設服務。

《泉州文庫》始唐迄清，原著點校，收録標準着眼於學術性、科學性、文學性、地域性、原創性、權威性，具有全國重要影響和著名歷史人物的代表作優先。所録著作涵蓋泉州各縣（市、區），包括金門縣及歷史上泉州府屬同安縣，曾在泉州任職、寄寓、活動過的非泉籍人氏的作品，則取其内容與泉州密切相關的專門著作。文庫採用繁體字横排印刷，内容涉及政治、經濟、歷史、地理、哲學、宗教、軍事、語言文字、文化教育、文學藝術、科學技術等領域，其中不乏孤稀珍罕舊槧秘笈，堪稱温陵文獻之幟志。

值此《泉州文庫》出版之際，謹向各支持單位、個人和參加點校的專家學者表示誠摯的感謝！由於涉及的學科和内容至爲廣泛，工作底本每有蛀蝕脱漏，加之書成衆手，雖經反復校勘，但限於水平，不足或錯誤之處還是難免，敬請讀者批評指教。

泉州地方典籍《泉州文庫》整理出版委員會

二〇一一年三月

整理凡例

一、《泉州文庫》(以下簡稱“文庫”)收録對象爲有關泉州的專門著作和泉州籍人士(包括長期寓居泉州的著名人物)著作,地域範圍爲泉州一府七縣,即晋江(包括現在的晋江市、石獅市、鯉城區、豐澤區、洛江區)、南安、惠安(包括泉港區)、同安(包括金門縣)、安溪、永春、德化。成書下限爲一九四九年九月以前(個别選題酌情下延)。選題内容以文學藝術、歷史、地理、哲學、政治、軍事、科技、語言教育等文化典籍爲主,以發掘珍本、孤本爲重點,有全國性影響、學術價值高、富有原創性著作優先,兼及零散資料匯總。

二、每種著作盡量收集不同版本進行比較,選擇其中年代較早、内容完整、校刻最精的版本爲工作底本,并與有關史籍、筆記、文集、叢書參校,文字擇善而從。

三、尊重原著,作者原有注釋與説明文字概予保留。後來增加者,則視其價值取捨。

四、凡底本訛誤衍漏,增字以[　]表示,正字以(　)表示,難辨或無法補正的缺脱文字以□表示,明顯錯字徑直改正,均不作校記。

五、凡底本與其他版本文字差異,各有所長,取捨兩難,或原文脱訛嚴重致點讀困難,或史實明顯錯誤者,正文仍從底本,而於篇末校勘記中説明。

六、凡人名、地名、官名脱誤者,均予改正,訛誤而又查不到出處之人名、地名、官名及少數民族部落名同異譯者,依原文不予改動。

七、少數民族名稱凡帶有侮辱性的字樣,除舊史中習見的泛稱以外,均加引號以示區别,并於校記中説明。

八、標點符號執行一九九六年實施的國家《標點符號用法》。文庫點校循新版二十四史及《清史稿》例,一般不使用破折號和省略號。

九、原文不分段者，按文意自然分段。

十、凡異體字、俗體字、通假字，如非人名、地名，改動又無關文旨者，一般改爲通用字；異體字已經約定俗成、容易辨認者不改。個别著作爲保持原本文字語言風貌，其通假字則不校改。

十一、避諱字、缺筆字盡量改正。早期因避諱所產生的詞彙成爲習慣者不改正。

十二、古籍行文中涉及國家、朝廷、皇帝、上司、宗族等所用抬頭格式均予取消。

十三、文庫一般一册收録一種著作，篇幅小的著作由兩種或若干種組成一册，篇幅大的著作則分成兩册或若干册。

十四、文庫採用横排、繁體字印刷出版。每册前置前言、凡例。每種著作仿《四庫全書》提要之例，由編者撰寫《校點後記》，簡略介紹作者生平、著作内容及評價、版本情況，説明其他需要説明的問題。

泉州地方典籍《泉州文庫》整理出版委員會辦公室

二〇〇七年二月五日

目　　録

榕村文集

榕村文集序

文與道無二也。孔子畏於匡，以斯文自任。斯文也，即斯道也。子貢謂"夫子之文章可得而聞，夫子之言性與天道不可得而聞。"豈文與道二耶？既曰言，何不可聞之有？蓋子貢親受無言之訓。聖不言而無行不與，天不言而時行物生。其不言者，皆其言性與天道者也，故曰不可得而聞也。性與天道不可得聞，所得聞者文章而已。文章即道之發見焉耳。後世雕章繪句之文，始與道二。又其甚者，或至破道，則不得復謂之文矣。

座主安溪公榕村先生，早歲志道，沈潛卷籍，而自得於心。箋疏六經，各自成書，學者翕然師宗之，莫不曰安溪先生，今之程、朱也。顧道足於中，氣盛而化神，情深而文明，偶爲詩、古文辭，亦遂蔚然奇秀，盎然深醇，敻乎其莫可及。先生之文，固先生之道也。康熙十九年，先生奉勅進所作文字，因進讀書筆録及論學之文，自爲之序，推尊聖祖皇帝繼五百年聖人之統，蓋隱然以伊、萊、望、散自居，故爲文必衷於道，而非末世雕章繪句之文所可及，其又可以文字目之哉？今先生捐館閣二十年於兹，論道解經之作，流布海内，惟詩、古文未有别集。嗣孫侍讀清植始彙而刻之，屬紱校其卷帙。循諷卒業，喟然而嘆：道德之腴，充乎其中；經史之華，發乎其外。於孟、韓爲具體，而旁及於歐、曾。讀之者可因以想見先生之文章，即可以想見先生之言性與天道。斯文其不在兹矣乎！近世學者，道不足而强言之，無惑乎夫子之言性與天道不可得而聞，即夫子之文章亦不可得而聞矣。編校之餘，姑識其所見如此。

時乾隆元年季春下澣，受業門人臨川李紱敬書。

目　錄

榕村文集卷一

觀瀾録

學

學者畜也,畜者聚也,君子學以聚之。故懿文德者,威儀節文之修,小學之事也;多識前言往行以畜其德,窮理盡性之要,大學之事也。傅説曰:“人求多聞,學于古訓,乃有獲。遜志,務時敏,厥修乃來。允懷于兹,道積于厥躬。念終始典于學,厥德修罔覺。”古之言學者如是,何近世之異也,豈非釋、老之餘酷乎?

孔子曰:“吾十有五而志于學。”又曰:“志於道。”《傳》曰:“一年視離經辨志。”志之於學,如江河之有源也,如百果草木之有根也。習乎坎,盈乎科,放乎四海,其爲行也艱矣,然行潦則無至也。播於春,溉於夏,刈於秋,其爲力也勤矣,然荑稗則無施也。是故志之立,然後顧日月逾邁而心憂也;志之篤,然後忘身之老,不知年數之不足也;志之正,然後中庸以爲依,而道德以爲歸也。由前二者,振於俗者有矣;由後一者,其鮮乎。先覺萎,前修遠,有志者亦貿貿然榮華其業,而小成其身乎?故志必於學,志必於道,志必辨,而辨志莫先於離經。經道明,則俊民興矣。

二程,古之學者也,自十五六而鋭然學聖人,故爲吾道中興之宗也。象山之學,與建陽稱同異,然其喻義責志之章,朱子左次焉。遊其門者,旦異而晡不同,是亦百世之師矣。

雷者,造化之神之首乎。其動也奮,莫之敢遏也;其動也惕,莫之敢干也。古之學者象其奮,故有不可禦之志;象其惕,故有不可容之私。助雷者風也,入之以索其陰之伏也,學之察也;散之以釋其陰之滯也,學之克也。是故雷厲風行,其益无方,益動而巽,日進无疆也。

敬之畏人也,《小雅》之詩善言之。集木之不足,而"如臨于谷";臨谷之不足,而"如履于冰"。敬之畏天也,《大雅》之詩善言之。天之明,則"及爾出王";天之旦,則"及爾游衍"。是故敬慎威儀者,柔嘉者也;執事有恪者,温恭者也。嚴威儼肅者,自他人視之,而我非客意焉。今之言敬者失是,而至以聲色厲人,不幾於色莊者乎。

《大學》之言窮理也,格物而已。其言格物也,曰"物有本末,事有終始,知所先後"而已。如是而博文精義之功,不已簡乎?曰究萬物之所以分殊而理一,然後知本末之歸;察萬事之所以異貫而同條,然後識始終之要。古之博文精義者,期於得其本而已。後世之役耳目、勞心思,幾過於古人,然於返己則疏,於辨物則舛,制理則參而不一,陳事則亂而無緒。道之不明不行者,其以是夫。

以知本爲格物,象山之説也,與程、朱之説相助,則《大學》之教明矣。故曰"此謂知本,此謂知之至也"。《學記》曰:"或源也,或委也,此之謂務本。"子夏言博學矣,必"篤志、切問而近思"也。孟子言博學、詳説矣,"將以反説約也"。夫如是,則於聖門之學何疑,而有若近者之紛紛乎?

《説命》曰:"人求多聞。"知其要矣。又曰:"非知之艱,行之維艱。"知之於行,猶華實也,不華則無實;華而不實,則徒華也。是故草木之成也,曰實,又曰果,皆誠然如是之稱也。誠意繼致知,以爲實其心之所發者是也。内有所牽,外有所奪。飲食起居,足以易其志;得喪利害,足以搖其心。故曰"行之艱"。雖然,水火之必不可赴,美酖之必不可嗜,疾病藥石之必不可辭,服農風雨之必不可避,惟其知而信之也。深知篤信,其於行也不遠矣,故曰"王忱不艱"。

敬爲知、行之要者,心常存也。先儒言静,不在敬之外。外敬言静者,其放於寂乎?今夫手之爲物也,常動而不離其處,故思不出位者象之。"知止而后有定,定而后能静",是静之本也。然則主一無適,静在其中矣。

或問聖人生知、安行。曰:徵於色、發於聲而後喻,困於心、衡於慮而後作,凡人之智能也。聖人則無所惕而思,無所虞而戒,無所震而不康,無所强而不怠,故曰生知、安行。今人之於聖人也,高求之而不得其説,兢兢業業之志荒矣。

問爲己、爲人。曰:爲己者,欲其自得,而非私於己也;不爲人者,恥聲聞之過情,而非吝於人也。誨人不倦,豈自私其有乎?與人爲善,豈獨善其身乎?

經

或問窮經之要。曰:近思。學而不思,則不能通微而不精;思而不近,則不能反身而不切。彌精則彌切,彌切則彌精也。自謂精而不切,如浚水九仞而未得其源也;自謂切而不精,如理絲見端而未窮其緒也。

問先儒之説。曰:蔑訓詁者無師,滯章句者無得。是故古之言智者曰擇。惟能擇,其庶幾乎?

談《易》者何其多乎?曰:信其是者之爲難。邵氏之先天、朱子之卜筮,是矣,而詰難者未已,又安得而與定是非之歸乎?

《易》也者,達乎天德而周於民用;《春秋》也者,窮乎人事而臨以天則。故曰《易》本隱以之顯,《春秋》推顯至隱。《易》與《春秋》,天、人之道也。

問《詩》朱、吕之説。曰:"雅、鄭"之辨,正矣。雖然,謂《詩》之無邪者,未可盡非也。聖人之以一言蔽者,概言《詩》之正者多而已矣。列國之詩,俗化而聲變,《鄭》、《衛》之蕩也,《齊》、《秦》之夸也,聖人間存焉。以爲泯其失,無以彰其得也;不極乎民心之流,不足以顯民彝之真也。鄭政之昏也,如風雨之晦;秦法之厲也,如霜露之零。於是喈喈者不輟其音,蒼蒼者不改其色。故以爲禮義之在人心也,若王化之行,而又何徵乎?

朱子《易》、《詩》、卜筮,"雅、鄭"之説,吾所篤信也。程謂隨時以從道,吕謂作《詩》之無邪,吾則兼取焉,以爲與朱子之説相備而不相悖也。蓋執其兩端,則中者出矣,窮理之要也。

再問《鄭》、《衛》之詩。曰:豈獨《鄭》、《衛》爾,《二南》之篇,亦以邪正而相形也。江漢之女,有求之者矣;懷春之女,有誘之者矣;行露之女,有速之獄訟者矣。然則文王之化焉存？曰：以《二南》盡爲文王詩者，吾意經師之沿説與？采風者盛世之事，何文王之詩直接乎東京，而西周之盛泯泯也。《二南》其西周之風乎？而自文王始。

序《詩》者判東西、别列王。吾讀《大》、《小雅》，其爲東遷之後多矣；吾讀列國《風》，其爲西周之盛有矣。雖序《詩》者判之，而難盡掩也。以爲先西而後東，先正而後變，則其説猶可循焉。

《易》不蔽於卜筮而蔽於占候，《春秋》不蔽於書法而蔽於義例，非謂卜筮之非占，而書法之無義也。以爲候之流於拘，而例之失於鑿也；自漢以來病之。問其説，曰：《易》者變動不居，其可以星日氣候推乎？《春秋》者因物付物，其可以文法律例求乎？

聖人之作經也有體，以《易》爲談性命之書，以《春秋》爲行王者之事，似矣而未明其體。體之失矣，義能無乖乎？然則何言順性命之理，天子之事也？曰：性命之理，天子之事存乎其中也。所惡於鑿者，謂其卦爻欲以性命之奥示人，夫子欲以南面之分自居焉耳。

"我欲託之空言，不如見諸行事之深切著明也"，謂欲借二百四十年君臣之行事，以寓義理，則是非善惡，深切而著明。後之説者，以爲聖人行事之實也。夫褒貶亦空言也，而何行事之實之有？

問《書》古、今文。曰：不可疑也。秦燄餘烈，殘缺湮滅。經師荒耄，女子傳説。科斗隸書，聲形錯别。簡訛文誤，以有聱佶。安國雖注，其書不傳。劉氏好古，博士紛然。河間禮篇，世莫觀之。古文廢寢，抑又何疑？流及江左，期於從順。竄易加增，益不可問。因緣微猜，毁道蔑聖。臆決哆張，此學者之大病也。

疑《周官》者何如？曰：病猶之古文也。《易》、《六典》、《春秋》者，文王、周公、孔子之親筆。欲廢《春秋》、《六典》者，前有介甫，後有幼清。

修身、齊家，平、治之本。冢宰之司，修、齊之事也。人而不爲《周南》、《召南》，其正牆面而立者與？是故爲絺、爲綌，儉德之先也；采蘋、采蘩，敬事之表也。道造端夫婦，而始于居處、服食之間，冢宰之職，其義不亦深乎？末學疑端，以是爲首,是烏知禮意哉?

天地設位,四時行乎其間。朝廷、宫寢,王事也,冢宰掌之,故曰天官。經野、敷教,民事也,司徒掌之,故曰地官。餘官者,皆奉冢宰之班,而分司徒之職。司空分養而主土者乎,宗伯分教而主祀者乎,司馬、司寇主政刑而弼養教者乎。故司空之職,虞夏最先,養先於教也;周人後之,非後也,以終爲始,建子之義也。

《禮》者,紀人倫者也。有冠、昏而夫婦之别嚴,有喪、祭而父子之恩篤,有鄉、射而長幼之序明,有朝、聘而君臣之義肅。

六經,《樂》無文,何也?曰:經具於春官之屬,記具於戴氏之編,二者皆傳於竇公。竇公者,與子夏同時,同事魏文侯而申禮樂之事。其傳止於此,則以其官器神明大略備也。若聲氣微妙,則不可寫,故曰樂崩。不可以文、周之《易》爲伏羲之《易》,不可以孔子之《易》爲文、周之《易》,朱子之説也,信乎?曰:朱子有爲言之也,爲夫拘文而忘象,鑿理而棄占者爾。象涵于虚,辭指于實,占其本教,理其源出。混之則不知賡續緝熙之功也,離之則不知道法揆合之神也。故其贊曰:"恭惟三古,四聖一心。"

元亨利貞,貫之以太和;變化、進退、剛柔、仁義,準之以時中;吉凶、悔吝,要之以无咎。

《易》之取象,顯而近,簡而切。鑿之者非也,略之者非也。《乾》不爲馬而爲龍,取其潛於陰;《坤》不爲牛而爲馬,取其順於陽;《離》不爲雉而爲牛,明以順爲本;《艮》不爲手而爲背,動以静爲宗。輔嗣之論似矣,而未究其説也。

問《圖》、《書》之數。曰:《圖》加減,《書》乘除。加減者,一奇一耦,陰陽行矣;乘除者,一參一兩,方圓立矣。夫是以《河圖》中宫,陰陽之會也,太極之舍也;《洛書》中位,天地之心也,皇極之主也。由是以起畫疇之義,深乎至哉!

道以中爲至,故極者至也、中也。六十四卦,三百八十四爻,其太極之兼體陰陽者乎?九疇五十五日,其皇極之統理天地者乎?

讀書者,貴乎得堯、舜、禹、湯、文、武、皋、夔、伊、傅、周、召之用心。得其心者,聖人之徒也。管、晏以降,恥功名不顯於天下爾。畏帝命,代天工,撻市、内溝之心奚有哉?

《經》書"春王正月",諸儒之説焉決?曰:兼取焉盡之。謂志夏時者,義優;謂尊周正者,事順。改時之説,雖寡徵也,然月改則春移,蓋亦一代之制與?此於謂非春而孔子春之者,得其實也,故曰事順。雖然,正既王正也,春亦王春也。正則系之王,明乎正,王所得而改也。春則不系之王,明乎春,王所不得而改也。春天道也,夏正得天,孔子之志也,故曰義優。明斯義者,全經之義舉矣。以周治列國,以王法治天下,故曰《春秋》爲尊王作也。以天道治王道,以百王之禮治周禮,故曰孔子爲後世王者而修也。

《春秋》義明則從實。如弑君者之絶其屬也,義既明矣,則公子之、世子之,五等之訃也,從周室之班。義既明矣,於其葬也,則公之,夫非先謹而後縱也。不明其義於先,是逆僭,終無懲也。不存其實於後,是逆僭之跡不著。故前爲斷,而後爲案也。惟荆楚於諸侯爲變例,爲其實不可存也,故其初也抑而號之,其後也仍而子之。

弑君有舉國、舉人者,非罪累上也,得實則誅其身,不得實則存其法。何以不得其實也?曰:赴告之有所解,傳聞之未有徵也。夫弊獄者,情實得則法加焉,或委罪以逃刑,或知賊而猶疑,徇欺則法枉,斷臆則體虧。於是具案存爰,若兩辭之未備者,則人懼而法已伸。韓子之言善矣夫。

召陵之美,吾未之敢信也。書法,内及外大夫盟則諱。公堂堂伯師,執言漢湄,荆蠻蠢焉,傲我以辭,其君安居?使臣涖封,故爲列國公侯諱,不著盟楚之爲誰也。是以論事焉則民受賜,語道焉則功烈卑。

《春秋》有闕焉,有削焉。沃武、荆文,赴告斷絶,闕也,非削也。重耳勤王,以求諸侯,魯人與焉,難謂不告;其事大於葵丘、首止,難謂從略;然而其功不書,夫子削之也。惡其召王執侯,隧請原伐,區區之勳,不足以蔽其心迹之譎也。

《左氏》晚出,故其摭事也備。孔子因而修者不可見矣。末學不考,若以《左氏》爲《魯史》然者,据此以論筆削之意,宜乎失者多矣。

《二南》,文王作新民之化也,西周之詩附焉。《豳風》,周公述舊邦之俗也,東征之詩附焉。東征戎事,何以附於《豳風》也?曰:儆戒之意同也。誦創業所自基,哀造室之艱難,皆周公所以爲孺子惓惓也。故在《書》曰:"兹子其明農哉。"蓋其陳《七月》之志,我則鳴鳥不聞,叙其作《鴟鴞》之憂,不得其説而爲之辭。故謂鳳鳥不至,則不敢收其身,及洛龜既兆,而將遜于野也。

邶、鄘、衛,殷之故畿也,繼《二南》之後,存理亂之鑒也。雖然,殷鑒不遠,而幽、厲由之,周之所以東也,故《王風》次之。鄭,畿内之邦也。齊、晋、秦代興,而王迹熄矣。陳、鄶、曹之區區,是以無譏焉。《豳風》者,本其始,序其變,使人知周公之德而周之所以王也,蓋亂極則君子思初而維始。

古人服王事則思父母,樂朋友則懷兄弟,無公義非忠臣也,無私恩非孝子也,非朋友德業無資,非兄弟惇叙無本。《鹿鳴》之詩,恩明意美,是以《四牡》、《皇華》承之。"靡盬"、"靡及"以爲憂,而"將父"、"將母"以爲歎。男子之生也,桑蓬以祝之,學而三肄以官之。然而昊天之德不可酬也,終身之慕不可休也。厥惟艱哉,古之爲忠孝者乎!《常棣》,思兄弟也,而中及朋友;《伐木》,求友生也,而終以兄弟。非輕朋友也,以爲急難禦侮,非朋友之職;相覺相呼,出卑幽而上高明者,朋友之職也,非暱兄弟也。謂不以群居之樂,而移天性[①]之懽也。此義不明,故有急功名之見而背其親,有老匹夫之節而遺其君,有赴難死黨而不顧義,有結客傾財而薄同氣。嗚呼!衰亂之事也。先王之教不明,而至兹乎!

一飲一食,兄弟共之,孺子之樂也。無妻孥離異之間,故於兄弟耽耽焉。必也儐籩豆[②]而飲酒,常樂如孺也;合妻子而同調,終老以耽也,則兄弟之愛不衰矣。是故"宜爾室家"者,在乎"樂爾妻孥"也。下章曰"兄弟無遠",亦此意也。舜釐降之後,而親愛者不解,帝之所以試也。文王"刑于寡妻,至于兄弟",後嗣之所以歌也。

性

或言知性非要。曰:是《中庸》、《大學》之眩學者也。或言性不可狀,曰:

是以仁義喻民者空也。去其眩之見，則明者至矣；去其空之疑，則實者得矣。

成湯曰降，謂天之性，民性也。武王曰陟，謂民之性，天性也。故臯陶曰："達于上下。"

孔、孟言性不同，信與？曰：惟其相近，是以善也；惟其善，是以相近也。堯、舜與人同，相近故也，可不謂善乎？人皆可以爲堯、舜，相近故也，可不謂善乎？

曰性，又曰中，何也？曰：陰陽、剛柔、仁義之理備焉之謂中。物非無性也，乾道變化，二五参差，陶冶而成之，必有偏焉。偏正者，人、物之分也。曰性，人、物所同也。故曰：盡人之性，盡物之性。曰中，人所獨也，故曰：降中于下民，民受天地之中以生也。

凡精而粹者居中，中則全，精則明，粹則美。凡粗而駁者居偏，偏則不備，粗則不通，駁則成惡。自成湯至孔、孟言性者，皆謂人性也。雖然，聖人必使鳥獸草木咸若者，以其性無不在焉爾。是故子思子推言之，鳶飛魚躍，其命自流也；血氣尊親，其情相求也。至於程、朱，義則盡矣。先聖後賢，其揆一也。

物有靈而善者，偏之中也；人有濁而惡者，中之偏也。雖然，賦人之身，其性則完，覆者可撤，逸者可還。辟彼五穀之有種，雖枯槁敗腐，潤之以風雨則復蕃。故孟子以足目耳口，責心之同然。謂夫居人之類，備人之官，食味、别聲、被色，必超然異於群生，而心之德獨賢也。

性相近也，習相遠也，非天之降才爾殊也，其所以陷溺其心者然也。然而上智下愚不移者，皆其志不自移焉爾。聖罔念焉則狂矣，狂克念焉則聖矣。然而聖、狂不自移也，非不可移也。

既有上智下愚，則是才不齊矣。然而非才之罪也，不能盡其才者也。"人一能之，己百之；人十能之，己千之"，然後爲能盡其才。"愚必明，柔必强"，則才何罪焉？及其同歸一也，故曰："非天之降才爾殊也。"是故賦受之根深，而糅錯之緣淺；氣質之用小，而學問之功大。孟氏非不言才也，不與才以權，所以本性而尊天也。

孫子、揚子之言性也不精，董子、韓子之言性也不詳。雖然，《孝經》言天地之性，而董子述之；孟子以仁義禮智言性，而韓子述之，其大指不失矣。

"繼之者善"，周子以爲天地生物之心，萬物資始者是也。"成之者性"，周子以爲陰陽變化之運，各正性命者是也。孔子不言天命氣質，而兩言者盡之矣。孟子、韓子所謂仁義禮智，天命之謂也。曰才、曰品，氣質之謂也。問孟、韓之異，曰：孟以性掩品，韓以品掩性。

問《易》言天地之心、之情，而不言性。曰：德即性也，故曰"天地之大德曰生"。心也者，其生機也；情也者，其生意也；性之德，則其生理也。德有四，曰元、亨、利、貞，而統之者元也；元也者，一生生之善而已矣。《孝經》曰："天地之性，人爲貴。"《記》曰："人者天地之德。"是故天地之性、之德，返之於身而可知也。

釋喻性以鑑，程喻性以種，孰似？曰：鑑虚而種實也。虚故萬象應現而本無，實故一真性具而立有。木、金皆太極之分也，則無彼此之非是乎？曰：木神爲魂，而主施爲，故謂根本枝葉，皆一貫也；金神爲魄，而主鑑照，故謂虚空色相，皆夢景也。有陽而後有陰，有形而後有景，有爲而後有夢，有三極之道而後有鬼神。故曰："語道者，必於其序也。"

儒以生言性，得性之仁；釋以覺言性，得性之智。故曰："仁者見之謂之仁，智者見之謂之智。"雖然，以仁爲主，則智者藏仁之用者也，發仁之機者也。不以仁爲主，故崇虚而卑有，雖至于發無緣之大慈，普濟兼度，而非其本心之所汲汲也。

諸　儒

知性者儒，孟子之後，董、韓其幾矣。周、程、張、朱所爲繼絶學者，以此。

程、朱以理言性，懼大混於氣質以言性者也，别而言之。理散于事、物，性統乎人心。知之者，以爲萬物皆備於我，則性與理一也。不知者，求理於外，其於性也日遠矣，而猶曰程、朱之説云爾。攻之者，又不深考，因曰程、朱固嘗云爾，以率天下求理於外也。

議朱子之言理、氣者，有整菴羅氏，有虚齋蔡氏，蓋曰“天下一氣”而已，而其行而不偏，散而有條者，理也，烏有所謂理先氣後者乎？讀朱子之書，而其説性合於王伯安者，有守溪王氏，蓋曰性者，心之精神之謂，如鏡之明之能照物而已矣。由羅、蔡之説，是氣莫爲之主者也，其弊也以氣爲理。由王之説，是心莫爲之緼者也，其弊也以心爲性。夫三子皆謹守程、朱之門，而與伯安異户，然兹説也，不亦適以助之攻與？

伯安其象山之傳與？曰：尋其源則云爾，而伯安之失大。雖然，有伯安，故知朱子斷斷於象山，非過也。術未有不再傳而益誤者。

周子圖象之終，有氣化、形化，張子《訂頑》之指也。二子者不相見，其言不相師，然而相發者，是一時之道同也。身體髮膚，受之父母也，人知之。形色天性，而人不知也。親於昵而忘於遠，故周子立象以示，曰是“厥初生民”者也，曰是“一氣嗣續”者也。其根於極，一也。雖然，其説也引而未伸。有《訂頑》，然後天親合而仁孝一。其於《圖》也，不猶竟其説而終其義與？《圖説》引《易》曰“原始反終，故知死生之説[3]”，《訂頑》“存順没寧”，猶斯志也夫。

伯子《性書》，敬、義之學也，敬故廓然而大公，義則物來而順應。叔子《學論》，知、行之學也，明諸心，知所往，故知之明而信之篤；力行以求至，故行之果而守之固。敬、義者，自誠明者也；知、行者，自明誠者也。二者同歸，非高下之等也。雖然，擬其氣象，二程之造道成德，依稀見之矣。是故顔子“不遷怒，不貳過”，伯子以爲忘怒觀理，叔子以爲覺者約其情，使合於中也。

天地以生物爲心，而人、物之生，因各得天地生物之心以爲心。此朱子之説仁也，洙泗、鄒嶧之道，一言蔽之矣。生物之心，愛爲之端，程子謂愛不足以盡仁者，爲夫煦煦爲仁，而不識仁體者也。楊、謝因之，或以公，或以覺。言公而不言愛，則近乎無緣之慈；言覺而不言愛，則近乎應現之照，其鄰釋也非遠矣。

延平學於豫章，豫章學於龜山。屏山、白水、籍溪，則韋齋託孤，朱子禀學焉。然其終身誦説師承，列爲七賢；而釋奠於精舍，延平一人而已。誦其詩，讀其書，則諸子高而延平卑也。故道以切近精實爲至。

横渠之言神化、言性命也精矣，其以太和言道，發而中節者也；以太虛言性，人生而静者也；言虛空即氣，性道合一者也。然其書也，思苦言艱，故程子以爲未熟也。

邵子之傳絶學者，《先天之圖》；窮物理者，《内外篇》之説。若夫元會運世，始終之期，殆所謂“存而不論”者與？而邵子察察言之，何哉？

胡氏之學，五峰其優乎？故曰：“性立天下之有，情效天下之動，心妙性情之德。”又曰：“誠者命之道乎，中者性之道乎，仁者心之道乎。”又曰：“立志以端其本，居敬以持其志。”志立乎萬物之表，敬行乎事物之内，而後義可精。

朱子之門，守章句，踐規矩，故其學於諸家爲無弊也。象山之學，見之者慈湖，聞之者姚江。由其言，六經不作可也，文、武之道盡矣，雖後有賢聖而焉師乎？

象山之疑無極也似矣，以爲無極真精，皆出老氏，而太極之上，不當復有無極也。雖然，無極之真，不言太極，則二者一矣。真者誠也，聖人之本也，徒惡夫文之似，烏得夫理之實乎？

或疑周、程授受，以二程自繼孟氏疑之也。夫尋孔、顔之樂，發風月之趣，指生意，摘潛隱，萌動之心，皆所謂傳心之要也。一曰“吾學有所受”，一曰“聞茂叔論道，而慨然有求道之志”，此其淵源明矣。孟氏曰：“予私淑諸人也。”又曰：“乃所願則學孔子也。”孟氏自繼孔子，後之人不以是閏曾、思而議孟氏也。

子雲、仲淹，與吴、楚同僭，然其書有格言，後之君子取節焉，不可棄也。康節、象山，與洛、閩分流，然其所造高明，後之君子慎師焉，不可譏也。

朱子之後，在宋，魏之華不如真之實也；在元，吴之僻不如許之醇也；在明，則薛、蔡守師傳，而陳、王立異户。考其師友淵源所漸，若猶慙于真、許焉。

退之《原道》，《大易》“立人之道，曰仁與義”之指也。子固《梁書序》，《中庸》“誠明合，性道一”之指也。皆文之醇者也。《新唐書》贊李蔚[4]，窮詭僞之根也，其源出於范史贊《西域》究宗由之實也。二子蓋以爲好事者掠聃、周變换而增崇之。卓哉！蔚宗之見不及此，其武子之傳乎？

孟子之時，釋氏未有也，而告子似之。其學以明定其心爲至，故曰語言文字非心也，以講解爲明心者外也；精神血氣非心也，以持守爲定心者末也。如是則心何有哉，寂然不動而已。寂然不動故外義，外義故無事而忘，爲不動之宗。外義以事心，故正而助之，而不動之速，外言外氣，皆外義也。知言養氣，則曰義與氣合。言之於氣，尤其精者也。是故此之苗也長而生，彼之苗也長而槁，生者利而槁者害也。孟子可謂窮佛根原矣。

治

王、霸者，湯、武、桓、文之稱也，如云孔、老、儒、釋云爾。絶王之道者，猶言粹然孔子之道，温公《疑孟》之辯末矣。《乾》則利天下而不言，《坤》則成王事而不居，二者皆法堯、舜而已矣。所謂純粹精者，此也。王道之至也，驩虞之迹其言矣，震矜之色其居矣，與天地不相似，故不可與入堯、舜之道。

問侯、守得失，馬、班、曹、柳之説棼然，何也？曰：主侯者，欲其枝葉相持，以蕃輔王室。及其敝也，不貢不朝，相兼相一，暴其民甚者，可以累世抗于大邦，而誰因誰極，此侯之衰也。主守者，爲其統于一而易于制。及其敝也，所居如館傳焉，所馭如路人焉，王室衰而瓦解，此守之末也。雖然，公天下以爲心，而達君臣之義于天下，各子其民，而各守其法，則必以封建爲正，以朱子之論爲中。諸子之言，利害之計也；朱子之論，理義之公也。

封建不可復，推置勳賢，而久任牧守可也。井田不可復，大亂之後則均之，承平之餘則限之可也。兵農不可復，阨塞要害則設專兵，域内邦中則用民伍可也。鄉賓里舉不可復，精擇才行，勿以文辭之科先之可也。夫非先王之道，莫之禦而不爲也，因今以權，復古以漸也。故曰通其變，使民不倦。

民無恒産，故亂則土荒，而治則人散。此非立法之所能濟也。必也，牧守長子孫，而責以勞來之事，下有定主，上有定民，則涣者聚矣。《詩》云："何有何無，黽勉求之。凡民有喪，匍匐救之。"地近則知周，勢便則力易，誠加則慮生，責專則權利。此古者封建、井牧所以相爲表裏者也。後世不能行,則宜師其意而已矣。

三代以兵爲凶事,故蓄而不輕於用,用而不究其武。夫如是,寓兵于農可也。漢、唐之調發無時,其征戍也經年,其行役也萬里,生出死歸,詩人傷之。是故兵農之分也,勢也。此其由來,亦與封建相終始。故曰:"酷哉,亡秦之餘弊也。"

鄉遂州黨之長,居則爲之師,行則爲之將,漢之守令,遺意未泯也。後世治、教分矣,文、武離矣。會計、獄訟之苛急,則不復思教化之端;期會、簿書之煩委,則不復講兵戎之備。凡所謂師儒將帥云者,又卑冗不足以爲輿,而暴戾徒足以爲梗也。是故職分則愈惰,事離則愈隳。相扶倚者立不堅,相牽曳者行不前,猶曰所以殺其權而防其亂也。故宋世有民者無兵,有兵者無錢。然而一夫爲暴,則諸權奪矣;猶授盜以篋,曰"吾固其箢緘也"。

長洲顧寧人,極博者也,謂卑員多者治之基,大官衆者亂之始。誠哉是言也。員卑則民親,民親故能周知;其職小,職小故事易集。大官少則權一,權一故有所爲;其責專,責專故無所諉。權二,責分,大官爲虛位矣,卑員不能異於萌隸,群力屈而衆事荒矣。

古列邦之命于天子者,卿而已。漢之太守,自辟其屬。後世則末員冗職,皆命于朝也。故大公之道流行,則涣而有丘,使人各盡其誠而致其察也。若不得人而防其私,則法雖密而愈弊。

古者安於邦域,人鮮輕齎遠遊之事,故務穀米麻絲,而民自足。今也仕宦商旅,萬里紛然,金幣之重,亦勢也。居官者,不能率之務本而遏其分,方且與之攘奪而崇其競,是胥上下而市也,非一朝一夕之故矣。

今科舉法可久乎? 曰: 漢、唐、宋試士之法,明收而兼用之。其初務於是也,專經義,守師説,比之詩賦,可謂近之矣。其敝也,不獨浮華而飛蓬也,不獨濃霧而氛埃也,於是而尋本實,覩清照,翩其反而,安所得英才而教育之哉? 然則不可廢也,奈何? 曰: 恒其道者使不厭,通其變者使不倦,革而當者,存乎其人而已矣，奚必廢之哉？

民無以耕，山澤關市之利，與民共之可也。兵無以養，追胥守望之事，使民兼之可也。

復肉刑者，陳群之論，本出班固。爲以施于穿窬淫放之奸，則惡源絶而生命全，不易之道也。

【校記】

①“天性”：清乾隆元年刻本（後簡稱“乾隆本”）作“天性”，道光九年刊本（後簡稱“道光本”）作“美性”。

②“籩豆”：乾隆本作“籩豆”，道光本作“邊豆”，應以“籩豆”爲是。

③“故知死生之説”：乾隆本作“知死生之説”，道光本作“故知死生之説”，《易》有“故”字，依道光本。

④“李蔚”：乾隆本、道光本均作“李霨”，據《新唐書》、《舊唐書》，當作“李蔚”。

榕村文集卷二

經書筆記

後天卦本應以《震》、《坎》、《艮》、《乾》居東、北,《巽》、《離》、《兑》、《坤》居西、南爲序。然《乾》位東方,始矣而未探其大始之妙;《坤》居西方,成矣而未顯其作成之勞;西北則雷未動也,西南則澤未充也。故文王起義以錯綜之,《震》與《乾》易,《兑》與《坤》易。然後《乾》居終以爲始,是之謂大始;坤居中以代終,是之謂作成。天之生物,其用在雷,地之成物,其用在澤,故又代《乾》、《坤》以始終也。

《易》準擬天地,故理窮;與天地相似,故性盡;範圍天地,曲成萬物,通知晝夜之道,故命至。知幽明之故,盡乎隱顯高深矣,窮理之窮理也;知死生之説,則能全受而全歸,窮理之盡性也;知鬼神之情狀,則郊焉而假,廟焉而至,窮理之至命也;知周於萬物而不過,盡性之窮理也;仁應乎萬事而不流,盡性之盡性也;樂天安土,高明與游而博厚與居,盡性之至命也;範圍天地,其理在我也,至命之窮理也;曲成萬物,其性無間也,至命之盡性也;通知晝夜之道,其命不二也,至命之至命也。窮理者,精義入神以致用;盡性者,利用安身以崇德;逮乎至命,則窮神知化,德之盛也。故神无方,易无體,於至命言之。

性爲之主,理者其流也,命者其源也。學者緣流以泝源,故曰"窮理盡性,以至於命"。

神天德,化天道。天地之化育也,萬物之生成也,晝夜之藏顯也,皆化也,無體者也。化育一心也,生成一事也,晝夜一貫也。神也,無方者也。當其顯而生育,神之機妙乎化,故謂之盛德;當其藏而化成,化之用歸乎神,故謂之大業。非顯無以見其德之盛也，非藏無以見其業之大也。不能顯者其德薄矣，不能藏者其業淺矣。

曆象日月星辰，與步歲月日同法，日紀歲，月紀月，星紀日，辰紀辰也。雖然，民用之著者，耕穫之候，作息之期而已。是故羲和致日景，定中星，凡以求歲日也。至於置閏成歲，然後考月離，辨辰次，而有求月辰之法。陽用顯，陰用微，陰功不協，則陽道失齊。雨在畢，風在箕，人物應月候而胎産，潮水逐臨位之東西。惟月爲地類而生陰政，故闕焉則百工不釐，而庶績亦不熙也。

日之遠近爲寒暑，而月有助，何也？曰：日近則殺其暑，日遠則益其寒者，月之爲也，其去地近而與人親也。是故大塊噫氣，山川出雲，是其所專職，以上交于天者，而二氣絪緼矣。《洪範》曰："日月之行，則有冬有夏，月之從星，則以風雨。"然則日星者純陽者也，水土者純陰者也，兼陰兼陽以調二氣，其惟月乎？懸象著明，則列曜于虚；呼噏風雲，則流精于下。從父以舒光，歸母而生霸，是以三五而盈，三五而闕也。

朱、兜、共、鯀之惡不明，則舜不舉矣；四罪不誅，則岳、牧、九官不可得而命。此二《典》之叙也。

《周禮》：升歌三終，笙入三終，間歌三終，合樂三終。此卿大夫之樂也，雖天子猶然，獨變笙入爲管爾。《虞書》：擊鳴球、拊琴瑟以詠者，升歌也；下管者，猶笙入也；笙鏞以間，則間歌也；《簫韶》九成，則合樂也。舞入在於合樂之時。

問《禹貢》導山四條，無青、兗、徐、揚之山，何也？曰：自雍、梁而來，播于中原者，止此也。今江、浙、閩、廣之山，皆來自嶺嶠之外，禹跡未經，故闕焉。山東之山，乃自遼塞絶海而來，禹跡未經，故亦闕焉。二支中原之藩護也，不與四條同宗。

古方伯之職，治亂持危，而文王克修之，故大邦畏其力，小邦懷其德。傳言率叛國以事殷者，文王之志也。曰大統未集，由武王受命而追論之，蓋史臣之辭爾。

《立政》之篇，反復於庶言、庶獄、庶慎，尚罔攸兼焉，末而勸王以克詰戎兵，親陟禹迹,何也？曰：離經者失之也。兵亦庶獄之事也,言惟用有司之牧夫,以詰爾戎兵而行天下,此所以爲罔兼於庶獄也。申之以克用常人,而致意於蘇公者此。

《國風》之首,大婦正焉;《小雅》之首,君臣、父子、兄弟、朋友備矣;《人雅》、《頌》之首,推祖宗,本天地。此四《詩》之序也。道造端夫婦,而塞天地者,達乎上下,性情一也。飲食之細也,琴瑟鐘鼓以將之,尊罍錡釜以豫之,夫婦之道也。然而燕嘉賓、樂兄弟者,此而已矣;醉鬼神、歆上帝者,此而已矣。是故能盡飲食、男女之道,則導親疎之懽,通上下之志。廟焉而人鬼享,郊焉而天神至。

《序》之世次既不可信,則但當味其辭,求其意。其懽欣交通,惻惻盡下者,必文、武、成、康之詩也。上則傷讒邪而憂危亂,下則哀離散而叙疾苦者,必厲、宣、幽、平之詩也。況其篇什前後,亦略可考。夫子自謂《雅》、《頌》各得其所,必無錯謬也。《小雅》之終,猶有朝會之事,何也？曰:《采菽》,其宣王之詩乎？然繼以《角弓》,則同姓者怨矣;又繼以《菀柳》,則異姓者畔矣。此亦可以論其世也。

《大雅》章什,世次最明。《文王》以下,皆周盛時詩也。《民勞》以下,則厲王詩。《雲漢》以下,則宣王詩。《瞻卬》以下,則幽王或東遷以後詩也。《小雅》則《鹿鳴》以下,爲盛時詩。《六月》以下,爲宣王以後詩。《節南山》、《正月》以下,爲幽王及東遷以後詩。叙亦甚明。獨《楚茨》諸篇之叙田功,《瞻彼洛矣》諸篇之叙朝會,皆不類幽王以後事,且有"王在在鎬"之文,則又非東遷可知。以爲傷今思古,援古剴今者,殆傅會之説也。愚意周自營洛之後,分爲二都,《鹿鳴》以下,西都之詩也;《楚茨》以下,東都之詩也。周公居洛,明農教民,故先儒以《楚茨》諸篇爲《豳雅》,别於《周雅》。殆猶《豳風》别於《二南》之意,而朝會東都,及東都卿、大夫、士之作,因以附之,亦猶居東諸篇之附於《豳風》也。《楚茨》以下,盛時詩也;《青蠅》以下,厲王詩也;《采菽》以下,宣王詩也;《白華》以下,幽王以後詩也。

《頌》既雜陳周列廟之詩,至於成、康矣,而乃以成王所作之詩系其後者,免喪朝廟之詩,非正祭也。《閔予》、《訪落》,朝廟之詩也,《敬之》、《小毖》,祭畢自警之詩,以類而附者也。

《周禮》有《豳雅》、《豳頌》之文,則必有其章什矣。故《雅》自《楚茨》以下,當爲《豳雅》;《頌》自《載芟》以下,當爲《豳頌》。《勺》、《桓》、《賚》、《般》之附於《豳頌》,亦猶《瞻彼洛矣》諸篇之附於《豳雅》也。《勺》、《桓》、《賚》、《般》,其東都文、武廟之樂歌與?

《詩》亡之説何如?曰:殆謂"正風"、"正雅"亡也。周之盛也,天子舉巡狩之典,陳詩觀風,於是慶讓行焉。諸侯修述職之禮,朝會雅歌,於是勸戒繼焉。夫是以王道行,而功罪勸懲明也。及周之東,天子不巡狩,則太師無採也,故謂之《風》亡。其有《風》者,列國謳謡相爲傳播者耳。諸侯不述職,則朝會無聞也,故謂之《雅》亡。其有《雅》者,賢人君子,思古念亂者耳。夫是以王道不行,功罪勸懲不明,諸侯僭,大夫叛,子弑其父,臣弑其君,其所由來者漸矣。是故《春秋》之褒貶,所以申王事之勸懲也,故曰:"《詩》亡然後《春秋》作。"

《春秋》備四時,無事必存孟月,本天道,正人事也。或問:桓之四年、七年,秋冬不備,何也?曰:王侯助惡,而天道無刑也。定之十四年冬不備,何也?曰:身之去魯,而傷王道之不成也。昭十年冬,有月無時;莊二十二年夏,有月非孟,何也?取孟子之歲,如齊納幣之年也。冬者夫婦之别,卯者婚姻之月,天地别而後萬物生,男女别而後品類明。故在《易》曰:"有夫婦然後有父子。"《周禮》以夏之仲春會男女,則周夏孟也。故在《詩》曰:"士如歸妻,迨冰未泮。"昭之取同姓爲無别,莊之喪婚爲失時,獲麟之歲,不復備三時,何也?曰:《春秋》始於春,終於春也。五音皆謬,喉不爽焉;百行皆虧,孝不亡焉;四序大亂,元氣必行焉。文成麟至,其以撥亂反正,王道將興乎?石、鶂之微[①]也猶日,大瑞表時,示志也。

《春秋》之於周也尊之,而所以奉天也嚴;於魯也親之,而所以内治也至;於列邦也,正其班列,詳其交接,而責以禮義;於戎狄也,謹其憑陵,略其荒忽,而通其赴告。

魯與列邦異辭,内外也。周、魯異辭,尊卑也。爲尊親者諱,臣子之體也。以隱爲直,大公之義也。魯諱敗不諱戰,敗之辱大於戰也。周諱戰不諱敗,戰之辱大於敗也。敗有所不諱,旋而勝也,乾時之師是也。失有所不諱,旋而得也,取讙及闡是也。言其所可言者,情理之至也。

孔子録霸者之功,而書法謹嚴,何也?曰:王室微而有彊輔,可不謂功乎?雖然,《小畜》之道,月望而凶,雖以伊、周處之,不敢不懼也。桓、文未能盡一匡之道,而有驕溢之心。嚴之也者,一時功罪之權也;謹之也者,萬世治亂之戒也。

傳者於桓霸之初,會盟摟伐,稱人云者,率曰美其草次邂逅,將卑師寡,以爲桓志也。夫禮樂征伐自諸侯出,天下之大事也,人之也者,抑之也,非進之也。其後焉,又非不得已而進之也,録而章之也。義既明,則存其實,蓋一經之通例也。

民無二王,故《春秋》僭王號則夷之。吴初封伯爵也,其亦從楚、徐、越而子之,此也。凡國見滅而君執,則名,辱之也;凡國見滅而君奔,則不名,哀之也。其或執而不名,甚滅者之罪也,晉於虞公、楚於夔子是也。其或奔而名,則惡之也,徐子章羽是也。徐在西周,首干大號者也。

《春秋》無貶諸侯爵之事。吴、楚、徐、越,自放於夷也,四夷雖大必曰子,非孔子貶之也。滕、薛、杞之爵,時王貶之也。或謂:時王能貶諸侯,《春秋》不作矣。曰:否。周德雖衰,典物猶在,故沃武公曰:"不如子之衣,安且吉兮。"郳、小邾之爲子也,王爵之也。陵夷又三百年,三晉之侯,尚請命焉,況東遷之初哉?夫惟貶黜不能施於强大,而弱小是厲,《匪風》、《下泉》之思,有自來矣。此所以爲東周之王與?

樂舞不傳久矣,惟《武》之六成,孔子著其目焉。總干山立,北出之事也,俟天休命也。發揚蹈厲,滅商之事也,會朝清明也。《武》亂皆坐,分左右之事也,偃武修文也。夾振駟伐,回而南之事也,四征不庭也。分夾而進,疆南國之事也,夙返于周也。久立於綴,崇天子之事也,垂拱而治也。其言之有先後,何也?曰:子之問賈也,備戒已久,則所謂武王之事也;揚厲已蚤,則所謂太公之志也;

致右憲左，則所謂周、召之治也；賈之答或然或否，是故因其疑立綴之遲久也。先明三答之然否，備六成以告之，然後推其所以遲久者，知周之所以王也。致右憲左，招召公之班，法周公之列也。賈疑其非《武》坐也者，蓋以四方初定，未可以安居，注疏説者失之。

“天地之性人爲貴”，又曰“人者天地之德”，又曰“人者天地之心”，皆夫子之言也。天心至靈，天性至誠，天德至精，惟人也全受所付。非仲淹元氣、元形、元識，堯夫形氣交而神主乎其中之謂也。嗚呼！人可以喪天心、滅天性而悖天德乎？

或問國家不患貧寡之義。曰：均未必不寡也，然不均則有貧者矣，害甚於寡，故不患寡而患不均也。安未必不貧也，然不安則傾覆將至，禍大於貧，故不患貧而患不安也。均則和，和則相通相濟，猶可以無寡，況貧乎？故至于和而安，則立於不傾之域，而寡貧雖有之，不足道。

問五美四惡之政。曰：小惠私恩，能無費乎？嚴法苛條，能無怨乎？斯二者政也，而皆根於心。仁心之未篤，則責報于名，貪其費之端乎？敬事敬身之未至，則倚勢作威，驕猛其怨之始乎？是故充其驕猛之心，虐也、暴也、賊也，雖欲無怨，不可得也。充其貪之心，出則吝利，内則吝名也，雖欲無費，不可得也。君子之政，美利天下而不知，鼓舞萬物而不倦，此無他，其心純，其道粹。謀利計功，幾微不以雜于中。故與驩虞力服者，豪髮不相肖似也。

氣未養，則能害於心，故持其志，無暴其氣，本末交相養之道也。氣既養，則心即氣，氣即心，合德而動，而無復持暴之可言。

告子以無言性矣，而又曰“生之謂性”，曰“食色性”；以桮棬言仁義矣，而又曰“仁内也”。此其漸近之論，可與言之機也。惜乎不知仁義，則不知生性之何有；不知義，則亦不知仁内之何根。故其學徒，始則謂長虚也，後且謂敬僞也。敬心亡矣，愛能獨存乎？其言性之非性也，決也。君子所性，惻隱也，恭敬、羞惡、是非也，合仁義而内之者也。以視告子所謂生者，人與犬牛，其生同，其體之備具則不同；所謂食色者，食色同，嘗味別色則不同。於是知心所同然者，超然與禽獸異也。夫性善者也，而或亡之者心也；心亦善者也，而或害之者體也。故心有人有道，而體有小有大，辨之不可不審也。己物相形，則爵有天有人，而貴有良有賤，夫豈以是役吾體而亂吾心哉？異學之於吾道，如水火之不相入也，如五穀荑稗之不同區也。雖然，其氣之盛而候之成，則非寡蓄薄植之所能勝也。故欲學者以彀率爲期，以規矩爲志。

天壽不貳者知天意，修身以俟者順天心，莫非命也，則雖桎梏死亦命也。天討有罪，何以謂非正命？曰：命無不善，桎梏者因有罪而加焉，而非天意也，故曰非正命。若盡其道而死者，則吉凶禍福，皆有天意存焉，雖申生、伯奇，不得謂非正命也。

巖牆猶謹之，況桎梏乎？巖牆者災也，桎梏者罰也。天罰必畏，天災亦必避也。子之於父母也，不敢違其心，而亦不敢忤其色者，此也。

《西銘》合《孝經》、《孟子》以成文。天地之性人爲貴，人之行莫先於孝，爲其能推父母以及天地，盡其性而至于命也。是故事父孝，則事天明矣；事母孝，則事地察矣；敬愛其親，則不敢惡慢於人矣。體性之所自，胞與之所同，其本如是也。窮神知化，則知天矣。無忝匪懈，所以事天也。服勞以歸全，勇從而俟命，寵爲下則大患貴矣，生聞道則死寧安矣，所以立命也。

讀書筆録

盈天地之間者氣也，氣之凝聚成質者謂之形，氣之著見流精者謂之象，其節度分限謂之數，其靈機妙用謂之神，而其自然而然不可易者則謂之理。象形也，氣數也，神理也，一物而已矣。象形可觀而察，氣數可推而知，神理可窮而至。

形、氣、神、理，一物而四名焉。以形視氣，則形粗而氣精；以氣視神，則氣粗而神精；以神視理，雖無精粗之可言，然理其至矣。是何也？形有死生，而氣不可以死生言也；氣有動静，而神不可以動静言也；神有靈機妙用，而理不可以靈機妙用言也。

形、氣則身也，神則心也，理則性也。人之身則天地之形氣，人之心則天地之神，人之性則天地之理。故養氣踐形，身之固有也；窮神知化，心之能事也；窮理至命，性之極功也。

氣之精英謂之神，神之聚會謂之心，心之發用謂之情，情之營度謂之意，意之趨向謂之志。情、意、志皆心之動也，性則涵於静，著於動，而所受於天之理也。凡情之中節、意之誠、志之正者，皆性也。其或不然，則氣拘物蔽而遷焉者也。

天地之氣，有光耀者，有幽暗者，有精純者，有夾雜者。萬物殽命於其間，宜其昏明、美惡不能齊矣。人心之神一也，神有昏明生於氣之清濁，其美惡生於氣之邪正。昏明者智愚之分也，美惡者賢不肖之等也。清與美二者，或得一而不相兼；或兼之矣，而氣之强弱又異。得氣之弱者，雖清且美，其所至又或限之。此三者其智、仁、勇之謂乎？

程子曰："不仁者無所知覺，然以知覺爲仁則不可。"朱子曰："知覺乃智之事。"愚謂知覺固不可以言仁，亦不可以言智。蓋知覺者心耳，仁義禮智乃心中之理。其知覺之動於惻隱者仁也，動於羞惡者義也，動於辭遜者禮也，動於是非者智也。

"人心惟危"，人欲也。人欲者，耳目口鼻四肢之欲，是皆不能無者，非惡也，徇而流焉則惡矣，故曰危。所以謂之人者，以其生於耳目口鼻，是形氣之私也。然而恭從明聰，亦不外於耳目口鼻，而不謂之人，何也？曰：夫恭從明聰者，豈有資於物而以爲耳目口鼻之利哉？無所爲而爲者天也。

或問性善之驗。曰：子見夫殘賊頑暴之人乎？萌甲折、流澌絶矣。苟非其身之事，則是非好惡，未嘗不與人同。此性善之驗也。前于此者，形軀牿之耳。或曰：歐陽子曰，聖人教人，性非所先，孟子、程、朱之辨性也已詳。曰：聖人舍性烏乎教？《中庸》言"率性之謂道，修道之謂教"，則是本性爲教也。聖人舍性烏乎教？必也異端乎，謂性命與日用爲二物，於是乎有離教之性、離性之教矣。聖人則兼盡萬物，至與天地參焉，而非意之也，性也。明性善者王佐也，荀卿以下，其霸臣之材與？

《洪範》曰“思曰睿”、“睿作聖”，《易》曰“君子思不出其位”，孔子曰“慎思”，子夏曰“近思”。合此數者，則於思之義盡矣。思者入學之門，窮理之資也。然而歸於身心切近之爲貴，若放意於高遠，而馳神於渺冥，務外以役其心，玩物而喪其志，此所謂出位之思也，欲以作聖，豈不遠而？

博學、審問、謹思、明辨，皆致知之事。懲忿、窒欲、遷善、改過，皆力行之事。敬也者，無往而不在者也；志也者，無時而不存者也。立志者，植其根也；主敬者，培壅之謂也；致知力行者，謹察焉以去其螟螣稂莠之害也。立志本矣，主敬其要焉。

“致良知”之説，謂誠意謹獨，即所以致其知也。愚以爲不然。人之稟有高下，其習有淺深，雖是非之心，人固有之，其應念而隨覺者幾希。即其微有覺焉，而未有親切之見、遠大之識，亦終無以發其慚忸之心，而決其勇往之力。故必窮理致思，講明開悟，然後“俛焉日有孳孳”，而不能自已也。蓋程、朱所謂窮理云者，非逐事物而忘身心之理也，心即理之心，理即心之理，合一之道也。又非今日知之、明日行之之謂也。知愈真而行愈力，行愈篤而知愈至，並進之功也。亦何其擇焉不精，而遽翩然反之？

或曰：“草木瓦石，亦有良知乎？”陽明子曰：“人之良知，即草木瓦石之良知也。蓋天地萬物，與人本乎一體也。”愚以爲陽明之言似矣，而未暢其説。夫草木瓦石，亦自有良知耳，不資於人也。然氣不清，神不靈，則良知亦爲之蔽塞。要其不容泯滅者，未嘗無也。是以至誠至於貫金石，中孚可以格豚魚，良知之一體而感通者如此。

道家之要，曰精、曰氣、曰神。釋氏之要，曰戒、曰定、曰慧。二氏之旨有相同者，蓋所謂養精，即戒也；所謂養氣，即定也；所謂養神，即慧也。其所以不同者，道家雖言神，而所重者氣，假神以練氣，養性以延命者也。釋氏雖言氣，而所貴者神，離形而存神，明心而見性者也。道家言性，吾所謂神；道家言命，吾所謂氣。釋氏言心，吾所謂意；釋氏言性，吾所謂心。二氏所謂心、性、命者如此。儒者之教，正其心，未嘗不知有心也；誠其意，未嘗不知有意也；養其氣，未嘗不知有氣也。然其所以一而貫之者，理也。理即性，性即命，吾儒所謂心、性、命者如此。

幽明之道有諸？曰：吾嘗觀幽明于晝夜矣，吾嘗觀晝夜于形影矣。夜者晝之影也，幽者明之影也；有形則有影，有晝則有夜，有明則有幽。或曰："有不經思爲而夢見之者，謂之晝之影，其可乎?"曰：夢有習焉，有緣焉，有幾焉。習者，未忘者也；緣者，相因者也；幾者，將動者也；皆所謂影也。觀於此，而知鬼神之情狀矣。

造化之初，水火而已。土者水之濁氣，石者火之濁氣，是以水生於土，而火潛於石也。水滋土而木生焉，火鑠石而金生焉，木金者，燥濕之餘氣也。餘斯滯，滯斯窒，惟其化之無窮，猶足以見生生之妙。故曰木生火，金生水。若夫水火之精氣，則豈因木金而有哉？濁氣，謂水火之渣滓煨燼；餘氣，謂土之浮華精實。

水、木、土，陽也，生氣也，故萬物遇之則生。火、金，陰也，殺氣也，故萬物遇之則死。然水、土之性緩，則反爲柔；金、火之性猛，則反爲剛矣。

水氣生爲雲，降爲雨，凝爲雪；土氣生爲霧，降爲露，凝爲霜；火氣徐爲風，疾爲電，激爲雷。此三者精氣也，故上交於天，變化而成象焉。木、金餘氣，則不能吐納以助造化之功。

鱗介在水爲陰，羽毛在陸爲陽。鱗，陰中陽也，故於水爲飛；介，陰中陰也，故於水爲伏；毛，陽中陰也，故於陸爲伏；羽，陽中陽也，故於陸爲飛。鱗爲少陽，羽爲太陽，毛爲少陰，介爲太陰。少陽爲木，太陽爲火，少陰爲金，太陰爲水。

腎主精，心主神，肝主血，肺主氣，脾主肉。精神者，受命之原也。血者精之餘，猶水之餘爲木。氣者神之餘，猶火之餘爲金。元氣、餘氣，猶精粗之謂也。星者日之餘，辰者月之餘。

精血，水也；神氣，火也。精血下行，故肝腎居下，水潤下也；神氣上升，故心肺居上，火炎上也；脾屬土，故居中。

形者氣之凝也，氣者形之主也，神者氣之靈也。形氣交而神主乎其中，實三才之道也。

《洪範》五事，貌屬精、屬水，言屬氣、屬火，視屬魂、屬木，聽屬魄、屬金，思屬神、屬土。人之生也，精與氣合。精太陰也，氣太陽也。氣之微者爲魂，少陽也。精之微者爲魄，少陰也。神則陰陽之會，精氣之主，魂魄之靈也。貌者精之凝，言者氣之發，視者魂之散，聽者魄之藏，思者神之用。

恭作肅，水德也，其爲用也静。從作乂，火德也，其爲用也動。明作哲，木德也，其爲用也動而静。聰作謀，金德也，其爲用也静而動。睿作聖，土德也，其爲用也貫動静而無不通。是五者，語其體，則由外以及内；語其用，則由淺以及深；語其序，則亦有先後之别矣。五事以敬用而恭作肅，可見恭之爲先也。雖然，制於外所以養其中，而先立其大者則小者不能奪也，思其爲五事之主也夫。

作肅作謀，静而常覺也；作哲作乂，動而常止也。常覺者，陰中之陽也；常止者，陽中之陰也。無陽則陰滯，無陰則陽散。陰中有陽，陰不滯矣；陽中有陰，陽不散矣。不滯故静，無昏墮也；不散故動，無放逸也。察互根之機，盡變理之道者，踐形之方也。

五行之序，水、火、木、金、土，氣以微者爲先也；五聲之序，土、金、木、火、水，聲以盛者爲主也。至於運行之次，則四時之氣，以土居中，而木、火、金、水，皆得循環以相禪。五音之氣，以土居先，而火、金、水、木，亦得相生而遞變。

日月相推，止於十二月，而又半之爲二十四氣；聲律相和，止於十二管，而又半之爲二十四均。此數之正也。然而十二月之餘，則有氣盈六日，朔虚六日，以成其歲；十二律之外，則有變律六均，以足其調。蓋歲之閏，生於日盈而月闕；律之變，生於陽滿而陰虧也。不獨律也，聲亦象之。是故五歲之中有再閏，則時定而歲成矣；五聲之中有二變，則聲和而氣應矣。蓋次三次五之歲，則節氣之相距，必隔越一月，而嫌於不相及；次三次五之聲，則律調之相違，亦必隔越一月，而嫌於不相及也。故有變聲則音律和諧，有閏月則氣朔停調。

邵子所謂無極之前，陰含陽也，其旨頗與濂溪異。濂溪以徹始徹終言無極，所謂上天之載，無聲無臭也，此其學所以主於理。康節以方動未動者言無極，所謂動静之交,三才之妙也,此其學所以主於數。

邵子曰:“天地之交十之三。”蓋天地之數十,陽得其五,陰得其五。故春秋分之日,晝夜均平。冬至則夜居其六,晝居其四,陰侵陽也。夏至則晝居其六,夜居其四,陽侵陰也。然夏至之晝,猶不止於六分,兼其晨昏可辨之色,庶幾乎十之七矣。以一歲言之,啓蟄于正月,閉蟄于九月,其不生物者,冬之三月而已。以一元論之,開物于寅,閉物于戌,其不生物者,亥、子、丑三會而已。若是者,皆生物者七,不生者三;其七者用數也,其三者交數也。故曰“天地之交十之三”。蓋天地以生物爲心,造化以尊陽爲義,故陽數多,陰數少,用數七,交數三也。

文中子曰:“卦也者,著天下之時也。爻也者,效天下之動也。”趨時有六動焉,吉、凶、悔、吝所以不同也。卦主時,爻主位。時有消息,所以起事也;位有當否,所以趨時也。然就所趨之中,又各有六爻之時焉。所以趨時之具,則位也,德也,應也,權衡于數者之間,吉、凶、悔、吝亦焉廋哉?

天道無爲,又曰“天行健”。君道亦無爲,又曰“兢兢業業,一日二日萬幾”。蓋兢業者居敬也,無爲者行簡也。上以畏天命,下以顧民嵒,故所居不得不敬也。任人而不任法,以道而不以術,故所行不得不簡也。當敬而不敬,是謂怠荒;當簡而不簡,是謂叢脞。

天地交則泰,上下交則治。天地不通,則閉塞而成冬矣。君與臣民之情闊絶,則天下無邦矣。是故堯之舍己從人,舜之好問好察,禹之懸鐸懸鞀,周公之握髪吐哺,皆所以求交也。天之氣貫乎地之中,君之心周乎人民之内,“上帝甚神”,周之所以衰也;“閨中邃遠”,賢人之所以歎也。

《泰》之三,於《泰》方半也,而曰平且陂矣,往且復矣,不勝其憂懼之心。《否》之四,於《否》方半也,而曰“有命”矣,“離祉”矣,不勝其喜幸之意。所以然者,蓋循環者理也,先見者幾也。聖人明理而知幾,故喜人之所憂,憂人之所喜。喜人之所憂,則有迓休之道;憂人之所喜,則有防患之謀。

當失意而戚戚者,由於得志而喜也;處貧賤而隕穫者,由於富貴而驕也;臨患難而震喪者,由於安逸而樂也。故得志而不喜,則失意而不憂矣;富貴而不驕,則貧賤而不沮矣;安逸而不樂,則患難而不懾矣。當逆境之至而用其力也難,當其處順而爲之地也易,故圖難於其易,則立身也豫。

"滿招損,謙受益",禹、益豈以退舍左次爲謙哉!蓋自武功之競,未有不驕且滿者,雖以大舜之聖,其臣猶且不敢窮武以抑驕滿之心,此禹、益言外意也。故欲釋三苗以爲外懼,而重舜之修德。桓公會葵而驕,晉襄歸殽而淫,霸業所以墜也。武帝克匈奴而悔,太宗擒頡利而懼,漢、唐之祚所以康也。江左平而羊車肆,朱梁滅而伶官盛,二君之禍,皆不旋踵。是故豈獨祖宗之功不可恃,身之功亦不可恃也。恃身之功,而始於治,卒于亂,唐之開元、天寶是也。

"雷出地奮",所以作樂;"風行地上",所以陳詩。省方觀民,即古者天子巡狩,命太史陳詩,以觀民風之事也。風雷在天地間,皆以聲聞,而詩與樂所以取異者,詩也者,民感上之化以有言,而言又足以感人,如物感天地之氣以有聲,而聲又足以動物也。有和風,有淒風,有厲風,物之感以成聲,亦以類異。故《詩》有十五國風焉,盛衰之變異,哀樂之音殊。若雷則發者無不和也,感者無不動也,故作樂象之。

人君之喜怒,如秋之爲斂,春之爲舒。人君之誅賞,如霜雪之爲威,而雨露之爲潤。是故偏於春則氣拘矣,偏於秋則氣促矣;雨露不降,則禾苗不滋矣,霜雪不殺,則蟄蟲不伏矣。周之衰也,刑政不綱,故《春秋》于桓之世,多不書秋冬,所以譏天子也。哀公問《春秋》書隕霜不殺,李梅冬實,而孔子曰:"天失其道,草木猶干犯之,而況于君乎?"所以刺諸侯也。《詩》曰:"君子如怒,亂庶遄沮。君子如祉,亂庶遄已。"使怒不足以爲威,則喜不足以爲福矣。《傳》曰:"稂莠不死,嘉穀不生。"使罰不行于奸貪,則德不加于善類矣。

天之於君,君之於臣,父之於子,其喜其怒,莫非教也。善承之則皆爲福,不善承之則皆爲禍。太戊、盤庚、武丁,殷之賢聖之宗也;宣王,周之中興之主也。太戊則有桑穀之祥,武丁則有雉雊之異,盤庚則有河水之患,宣王則有旱魃之災。彼四君者,以憂懼修德而回天,故災轉爲祥。若無回天之道,烏知其不終於災乎?

程子"知行"之學,始于傅説之告高宗曰:"非知之艱,行之惟艱。"其原則出於唐、虞"惟精惟一"之命,其説則備乎孔門"博文約禮"之教。其後孟子知道者也,故曰:"盡心知性,所以知天也;存心養性,所以事天也。"其後董子知道者也,故曰:"勉强學問,則聞見博而知益明;勉强行道,則德日進而大有功。"然則"知行"之説,不自程、朱始也。今爲"知行合一"之説者曰:"知之精切即行也,行之著察即知也。"夫知之精切即行,是朱子所謂知愈真則行愈力也;行之著察即知,是朱子所謂行愈篤則知愈至也。然則朱子之所謂"知行"者,初未嘗離而二之也;雖未嘗離而二之,而終不得混而一之,此朱子之教,所以爲不偏而無弊也。至於静而常覺,動而常止,亦朱子所已言,而竊其説者,以爲静即動,動即静;道體不已,體道亦不已,亦朱子所已言,而竊其説者,以爲本體即工夫,工夫即本體矣。始於混同,而終於超躐,名爲當前識取,當下用力,而實乃兩失之。甚乃借異端之學,以自神妙,而攻駁聖賢之教,就令速成,所謂詭遇而獲禽,君子弗爲也;就令有得,所謂荑稗之有秋,君子弗貴也。

【校記】

①"石、鶂之微":道光本作"有鶂之微"。

榕村文集卷三

春秋大義

作《春秋》之義，有失古人之言之指者，不可不正。如孟子言"《春秋》，天子之事也"，蓋謂《春秋》本諸侯之史，其時列邦僭亂，名分混淆，而史體乖舛，夫子因而修之。其名秩則一裁以武、成班爵之舊，其行事則一律以周公制禮之初。故曰"《春秋》，天子之事"者，猶曰天子之史云爾。説者不察，而以爲夫子行南面之權，則近於夸矣。又董仲舒述夫子之言曰："我欲託之空言，不如見之行事之深切著明也。"蓋謂凡著書者，言理則虚，徵事則實。故雖言理義以垂訓，不如借二百餘年行事，使是非得失皆著見於此爾。説者以爲《春秋》是夫子之行事，非空言比，亦似非本意。又司馬遷言"《易》本隱以之顯，《春秋》推見至隱"，見即顯也。天道隱，人事顯，蓋言《易》本天道以該人事，《春秋》推人事以合天道。故其下即云："《易》與《春秋》，天人之道也。"説者又似以推見至隱，爲推究隱情之義。故譚經往往有鍛鍊文致者，皆由於此也。

隱公元年書"春王正月"。案：正月者，周建子之月也，三正迭用，而建子爲周制，故系之以王。《左傳》以王爲周王者，是也。然建子非春也，而冠之以春，從來諸儒説者不同。或謂："月可改，時不可改，周人未嘗以子爲春也，孔子假此以見行夏之志爾。"或謂："月改則春移，實周人以子爲春，而非夫子加之也。"如前之説，則建子非春也，而以爲春，名實亂矣。如後之説，則正王之正也，春亦王之春也，而升春於王，名實亦乖矣。然則何説之從？曰：春之不改者，禮樂制度所以因於百王也；春之移者，頒朔行令所以行於當代也。《春秋》當代之書，則以春移之説爲近。然而升春於王，蓋行夏之志寓焉矣。升春於王，何以寓行夏之志乎？曰：正者王事之始也，春者天道之始也，王所爲者系之以王，天所爲者不得而系之以王也。雖三正迭用，而惟夏得天，故曰升春於王者，寓行夏之志也。四字之義既明，則全經之要俱舉。何則？以王法正天下，以周正列國，故曰"《春秋》爲尊王作也"。以天道正王道，以百王之禮正周禮，故又曰"孔子爲後世王者而修也"。是故隱無正，爲其不尊王也；桓無王，爲其不正下也；桓之四年、七年無秋冬，爲其不奉天也。其義皆由此起矣。

隱公惟元年書"春王正月"，爲經之大義所託始，餘十年皆不書正，故曰"隱無正"。隱之所以無正，何也？正朔者，王所頒，諸侯所稟也，故諸侯而奉正朔，則朝聘無失期，而歲事來辟矣。隱之在位十有一年之間，王命凡五至焉，而身既不朝，亦無一介之使之報禮于京師，則是列公之不奉正朔，自隱始也。《春秋》尊王之書，大義可不正乎？是故削其正，非謂其居攝之謂也。

桓公在位十八年，惟元年、二年、十年、十八年書王，餘皆不書，故曰"桓無王"。先儒説之曰：諸侯弒其先君者，王法所必誅。是故元年書王，正桓之弒也。二年書王，正督之弒也。十年書王，天道之周也。十八年書王，人事之究也。其餘皆不書王者，明王法之所必誅，而王不特不誅也，恩命屢至，生死有加焉。夫臣弒其君者有之，子弒其父者有之，孔子懼，作《春秋》，故託始於隱、桓之際。深探其本，則由王法之不行也，是故不書王以見志。

繼世書即位，正也；不書即位，弒也；繼弒而書即位，則與聞乎弒也。隱不書即位，攝也，此穀梁子之義例，不可易也。故君而行即位之禮則書之，君而不行即位之禮則勿書，聖人安得以意爲筆削哉？攝者不敢即位也，繼弒者不忍即位也，非聖人削之也。繼弒而即位，非特無不忍之心，蓋將以泯其事也。若曰先君無故者，是以安然即乎其位而不辭。

特書首月者，其一時無事者也，若其時之他月有事，則不特書首月矣。惟隱、莊之元年，他月有事，而特書首月，則以雖不行即位之禮，而元年不可以無正也。定之元年獨無正者，公六月始即位，則是前此無君也。無君而何以有正？是故例異於隱、莊也。

春秋列侯皆僭爵，故魯亦侯也而稱公。然而經因之者，本國也。其餘則卒也，以其班秩秩之；及其葬也，以其僭號稱之。不以秩秩，則無以正其僭之非也；不以號稱，則無以存其僭之實也。凡《春秋》書法，多如此者。故臣弑其君，子弑其父，必削屬籍，而不以爵氏通。然惟入經之初，州吁、督、萬、無知四人而已，其後或姓氏之，或世子、公子之。不削屬籍，則弑君者猶夫人，無以正其弑之罪也。不姓氏之，世子、公子之，則安知其非微者、盜者，而爲邦之臣子乎？是無以著其弑之實也。凡具其實者之謂案，正其罪者之謂斷。先案而後斷者，史體也；先斷而後案者，經義也。爲尊者諱，爲親者諱，故惟魯之弑君不可書。天無二日，民無二王，故惟吴、楚之僭號不可著。

然則有稱國以弑、稱國人以弑者，豈不得其主名與？曰：苟不得其主名，則從盜殺蔡侯申之例矣，殆非也。然則先儒罪累上之説，何如？曰：罪可累上，晉、楚、陳之三靈當之矣。晉之厲與靈孰愈，而異其文乎？此則所謂自比於逆亂，設淫辭而助之攻者，又安可以訓？然則經意安在？曰：《春秋》因舊史，從訃告，有所損而不能益也。臣弑其君，子弑其父，不有董狐、南史之諒，其赴於友邦，實者幾何？夫不以實赴者，則必有所諉其罪矣，大都微者當之也。夫子參稽國史，以及七十二邦之聞，得其故矣，而不敢造其辭也。故欲正其所誅，則赴異而事專；欲從其所諉，則實乖而網漏。今有殺人之獄，而斷之者知其爲豪傑魁橫而無輸辭也，與其移辜以弊獄，孰若懸案以徵兇。故書曰某國弑其君，執政任事必有當之者，則亂臣賊子死有餘懼。書王法而不誅其人身，意蓋如此也。

然則楚公子圍之類，何以竟泯其迹也？曰：凡稱國稱人以弑者，其國以弑赴而有所諉者也。故夫子不從其所諉，明元兇之有在，懾姦惡於無形也。若其國不以弑赴，則舊史闕焉，夫子無從加焉，楚公子圍之類是也。

《春秋》有褒貶而無黜陟，説者以爲黜列侯之爵，非也。爲此言者，以滕、薛、杞入經皆侯也，其後或伯或子，故以爲夫子黜之也。滕朝隱稱侯，至朝桓而稱子，纔越二年爾。先儒或以爲其後服屬於楚，故黜之；或以爲首朝弑君者，故黜之。夫此時未有楚也，因其後服屬於楚，而豫黜之，可乎？且考二百餘年，滕無服屬於楚之事也。其後服屬於楚，無如陳、蔡、鄭、許，然而未聞黜爵，何哉？以爲首朝弑君者，罪止其身可矣，何爲終《春秋》而不復？《春秋》弑君者無一黜，而黜朝弑君者，正法殆不如是。又或以爲三國自貶，以省會盟之役，考桓之初，霸事未興，盟會未煩也。且五等之列，周有定制，《春秋》不順諸侯之自尊，而反順其自黜哉？杜氏謂時王所黜，正矣。而難者曰："時王能黜諸侯，則《春秋》不作。"夫東周之替也，然而齊、晉之霸，實王命之，儀父、黎來，實王爵之。故沃武公曰："不如子之衣，安且吉兮。"就其威不行於吴、楚之遠且大，若滕、薛、杞之小邦，以爲時王所黜，於事豈闊哉？《春秋》之後，又將百年，周益卑矣，三晉爲侯，猶請命焉，况平、桓之世，東遷之初哉？

國惡則諱，臣子之禮也。夫子曰："父爲子隱，子爲父隱，直在其中矣。"蓋以其不變是非之實，但隱之而已，則直道行乎其間，無傷乎天下萬世之公義也。昭公謂吴女爲孟子，自諱之也。故《春秋》因之曰"孟子卒"，不稱夫人，不稱薨，爲君諱也。他日答司敗以知禮，而又引爲已過者，以此。

國之敗辱亦諱，臣子之禮也。雖然，敗辱而旋復者則不諱。是故乾時之敗不諱，以其旋勝也；讙、闡之取不諱，以其旋歸也。言其所可言者而已，必求其説則鑿也。

公及諸侯之大夫盟，諸侯之大夫來盟，皆不書公，亦諱也，非其班也。以此類之，楚屈完來盟于師、盟于召陵，不著其所與盟者，亦爲諸侯諱爾。謂嘉屈完之慕義，美桓公之用禮，蓋取孟氏所謂"彼善於此"者，君子則於是乎見蠻荆大邦之抗，管子功烈之卑也。

魯諱敗不諱戰，周諱戰不諱敗，莫敢與王戰者也，戰而勝猶恥也。戰之恥甚於敗，故諱戰不諱敗。

《春秋》以日月爲義例，信乎？曰：此亦史法之舊云爾。事之大且要者，則謹而日之。私家記録猶然，况國乘乎？是故郊祀宗廟則日，崩、薨、卒、葬則日，天災、地變、物異則日，以至會不日而盟則日，侵伐不日而戰滅則日，此其大凡也。有應日而不日者也，未有不應日而日者也。應日而不日者，舊史失之也，略之也。以是爲特筆之褒貶，則否。

曰：以名字、爵氏爲褒貶者，何如？曰：《春秋》者正名之書，秩序命討，於名乎寓之。諸侯不生名，失地名，滅同姓名。然或失地而不名者，國滅而奔，哀之也。或滅同姓而不名者，貶爵爲人，足以見志也。國滅而奔則不名，以哀之，而有不哀之者，徐子章羽也，僭王者也。國滅而受執則名，以責之，而有不責之者，虞公、夔子，人其滅同姓者於上，則存滅者之爵，其滅之者之罪也。其奔也不名，其復也名，衛侯、鄭衎也，其奔可恕，其復可罪也。大夫不名，必事可賢焉者，高子、季子也。三恪之國，則因事以存其官，宋司馬、司城也。非此族也，則以姓名通。其不稱姓氏者，非有大惡，則君未賜氏焉爾。

四時者，紀事之綱，故經雖其時無事，必書首月者，備天道也。桓之四年、七年，不備秋、冬，先儒以爲王命之尊，下聘于簒國；列辟之遠，旅朝於亂邦；是恩威之不明，而好惡之不公，人道忒而天命僭矣。《春秋》推顯至隱，書人事而寓天理。春、夏德也，秋、冬刑也。刑屬三千，罪孰大於殺其君父？故陳恒弑君，孔子告於哀公而請討之。今不討則已，又降尊而聘之，涉遠而朝之，亂臣賊子，其將何慄焉？如彼秋、冬，天之威也。天失其道，草木猶干犯之，而況於人乎？是故削其秋、冬，乃恭行天討之志，非闕文也。王朝之大夫不名，諸侯不生名，安有來朝聘而反名之？是故以知其志也。

然則昭公十年、定公十四年之無冬，何也？昭之十年，先儒謂是取吴孟子之歲也。四時之序，春者父子之仁，夏者賓主之禮，秋者君臣之嚴，冬者夫婦之别。冬之爲夫婦之别何也？冬之時，天氣上騰，地氣下降，天地判而後陰陽交，不判則無以爲交也。夫婦别而後父子親，不别則無以爲親也。百世而婚姻不通者，周道，厚其别也。昭始亂之，天叙之典紊矣，削冬見志，不亦宜乎？定之十四年，孔子去魯之歲也。天之功，至冬而成，夫子曰："苟有用我者，三年有成。"將向於成而去，王道之不就，天道之不終也，是故不書冬者傷之。此類並不可以闕文置也。

然則莊之二十二年夏無事，不書首月而書五月，何也？曰：是莊公在喪納幣之歲也。周之夏四月，夏之春二月也，《周官》以是月會男女。《詩》曰："士如歸妻，迨冰未泮。"言其禮之宜豫，則是月者，婚姻之月也。居喪納幣，則婚姻之禮廢，比事屬辭以見意，其義不亦深乎？

然則哀之十四年，並不備夏、秋、冬，何也？曰：文之終也。文成致麟，而聖作終矣。雖然，《春秋》於變異，必謹而日之。故先儒曰："五石、六鷁之文不立，則王道不亢。"今麟之異，豈徒非石、鷁比乎？夫子所親視，又非日月之不詳也，然而不日，抑且不月，何也？曰：意在於春也。《經》以春始，以春終，春者天之始也。治亂循環，必復其始。故《易》終於《夬》，謂一變而《乾》也。《詩》終於《豳風》，言乎變之可正也。《論》、《孟》皆終於堯、舜、禹、湯、文、武之統，聖人之志，豈舍命哉？方春而仁獸至，夫子之望於後王者遠矣。故公羊子曰："不亦樂乎，堯、舜之知夫子也。"

日食，書日、書朔，朔日食也；書日不書朔，朔後食也；書朔不書日，朔前食也；不書日、不書朔，陰雨食也。陰雨食，則國都不見而他處見之，非靈臺所覩測，則未知其爲正朔與？朔之前後與？是以闕之也。若夫夜食之說則非。日食不占夜，猶月食不占晝。是以唐一行之作曆也，上溯往古，必使千有餘年，日食必在晝，月食必在夜也。

經書閏月多在歲終，是以史者有"歸餘於終"之說。如其然也，必也春秋之時，曆法失也。否則經之閏月，偶在歲終也。閏以"王"居"門"爲義，是四時皆有之之證矣。

襄之二十一年，連月日食，非變也，蓋史者異文。或曰九月庚戌，或曰十月庚辰，而夫子兩存之以闕疑。如"甲戌、己丑，陳侯鮑卒"之例。

齊桓存三亡國，而書辭不同。城邢序三國，城緣陵繫諸侯，城楚丘則無所繫。説者必求異義，非也。凡事無所繫者，内辭也，城楚丘，殆魯人在焉爾。

説《春秋》者，每据《左氏傳》以發難，曰是事舊史有之，而經何以不書。是直以《左氏傳》爲舊史也，而可乎？左氏之生最後，故其紀事終於智伯之亡，蓋與公、穀相先後而同業是經者爾。左氏長於蒐采，文備列邦，不專魯史，觀《外傳》之作可知也。夫子修經，舊史是據，無告無赴，雖知亦闕。据《左氏傳》以議筆削之意者，是以東海爲崑崙，失之遠矣。

如楚文、沃武，入春秋已强大，而不見於經者，告命未通也。雖同盟同會之人，其事不告，則亦不書，舊史所無故也。然則《春秋》無筆削與？曰：惟以事實推之而不通者，然後可以議筆削之意矣。狄人攻王，天王出居，晉文於是借以求諸侯也。勤王定亂，可不謂功乎？以爲不告，則僖公在行，以爲史者略之，則魯人夸美，至於作頌矣。然而《春秋》之書晉事也，自侵曹伐衛始，定王之勳，泯然無見者，則非削而何哉？霸業，聖門所不道，然於桓也，曰"一匡天下"，正而不譎。《春秋》録毫髮之善，況功在王室者哉？惟其召王請隧，取邑伐原，陰凝霜降，月望星稀，此《易》道所深懼，而《春秋》之大戒。以此坊民，後世猶有操、卓之倫者，而可以盛其端乎？是故《春秋》有大事而見削者，此類是也。

《春秋》道名分，可謂一言以蔽之，夫子曰："其辭則某有罪焉爾。"夫子修辭，不過使其言之順理。然先儒以爲制事之權衡，揆道之模範，蓋周公之禮樂在焉，而又爲孔子之刑書，皆不離乎書法抑揚、輕重、婉直、微顯之間而得之。

春秋隨筆

諸侯兄弟稱公子，先公之子也，同母則曰兄弟，非加親之謂也。《春秋》謹嫡庶，同母則嫡也，故書兄弟以見義爾。其君非適則奈何？曰：適而君，正也；非適，非正也。正適庶，所以正適之爲君也。其君之適與庶與，《春秋》弗論也。天王殺其弟佞夫，秦伯之弟鍼出奔晉，以至宋辰之叛，猶弟之也。段去弟，不弟也，兩有罪焉爾。陳招有罪，何以弟？曰：前削其籍，罪之也；後著其親，罪之也。削之之罪，罪已明矣，大罪則又深其辭也。

惠公殁，仲子亦死，故王兩歸賵。秦人於僖公、成風也亦然。書成風後僖公者，夫死從子之義也。賵惠公可也，賵仲子，是無適庶也。平王忘厥致戎之自，而肇瀆綱紀，故名宰以非王也。凡王朝失禮，則非王與宰，舉重之義也。

崩、薨與卒，皆有常稱，禮也。五等之君，謚從其爵，制也。《經》之所書，奪其薨之常稱於卒，而仍其公之僭謚於葬者何？曰：彼來赴，禮在彼也，彼有干於禮，吾從而卒之。我往會，禮在我也，禮無不敬，故仍而公之。何以知彼之有干於禮也？曰：其來赴者，若侯、若伯、若子，必皆曰我公薨也，若吴、楚必曰我王崩也，干禮莫大焉，故存其始封之爵，又從而卒之也。往葬而貶其稱焉，非邦交之禮，且無以著其僭號之罪，故仍其所僭之謚，從而公之。何以不書吴、楚？曰：王者所辟也。其王子削曰公子，可也，其王削曰某公，猶不可也。是故《春秋》不稱楚、越之王喪，不著其葬號之謂也。

凡書時而不月以紀事者，蓋舊史略焉，則未知其曷月與日與，徒可得爲此時而已。後代史書，年而不知其時，時而不知其月日者，蓋多附於年時之終。若附於年時之終，則嫌其爲卒時卒月之事也。今書無月有時之事於前，有月之事於後，則事之先後不出乎此時之中，而不正名其爲首月也。先儒以爲下有次月，則此必首月者，誤矣。

先儒於孔父、仇牧、荀息無異辭，若是班乎？曰：否。及者，與君一體之稱焉爾，美惡存乎事，而不嫌同辭。孔父、仇牧，君其君，死其難，其所以爲一體者正也。荀息，傾危之士也，與晉滅二國之三公，與於害嫡長者三人，奚齊殺矣，而猶無反重耳、夷吾之心，必求姬之氣類而君之焉，其所以爲一體者，非正也。雖然，其爲一體而與之存亡均也。君卓矣，得不大夫急乎？其大夫與君一體而同存亡，得與孔父、仇牧異其辭乎？故曰及者，一體之稱焉爾，美惡存乎事。

凡君行而至，公、穀、胡氏皆以爲特筆，而胡氏曰："或志其踰時之久也，或録其征行之危也，或著其黨惡之罪也。"考之經，有不盡然者。左氏謂告于廟也，其説是也。不告則史不書，史不書則經不録也。或曰："昭公在乾侯無不致者，何廟之可告？"曰：載主行與，設位告與，皆不可知也。且每歲首必書公在，則雖不告，夫子猶書，乃變例也。然則君行而至，正與？曰：出入必告，正也；書其正者，則不告者非矣。夫子之仕魯也，雖圍成之在於封内者，無不致也，故知告者正也。或曰："大夫見執則致，故致非美詞。"曰：君反則告廟，大夫反則告朝，然而或致或不致，君重而大夫輕也。惟有故則致，一體之誼也。書至以明一體之誼，何不美之有乎？隱無至，讓也，不以君舉自儗也。

先儒謂“有年”、“大有年”，獨見桓、宣之世，紀異也。桓、宣有弑篡之惡，宜得水旱凶災，而乃有年，謂異也。夫紀有年以示異，適爲亂賊勸，而又何書焉？《春秋》重民命，故凶豐必書，非爲一人設也。難者曰：“二百餘年，獨兩年有乎？”應之曰：“二百餘年，獨三年饑乎？蓋五穀全熟、全無，亦僅僅之事也。”

祭祀，大事也，歲修之，故不屢書，惟紀禮之變則書，亦史家舊例也。四時之祭，礿爲薄，烝爲盛。春正月，夏之冬也，烝正也。夏五月，夏之季春，烝非正也，欲再舉行盛祭，故再烝，禮之變也。《易》言用禴，《書》戒黷于祭祀，《春秋》譏再烝。

葬君、葬夫人，皆書“我”者何？對鄰國之辭也。葬則同盟畢至，故列國之君，喪從外辭，葬從内辭，我往會也。本國之君，喪從内辭，葬從外辭，人來會也。

先儒薄傳者母弟之云，故凡書兄弟者，雖仍同母之説，然别爲義例以通之。曰：或罪其溺寵愛之私，或罪其薄友于之義。如是，則共仲、莊公，異母兄弟，寵任之過，俾掌兵權，成弑逆之惡，亦當書兄弟以章寵愛之私矣，豈同母者寵愛則非，異母則无尤乎？其爲私益甚矣。罪其薄友于之義，此爲佞夫、鍼之事設爾。殺奔其同母兄弟則薄，殺奔其異母兄弟則不薄乎？本欲同之，徒以異之，則無以立説爲也。夫同母稱兄弟者，正嫡庶云爾，何嫌而畏之甚也？

齊於紀，晉於虞、虢，皆猶存其祀，祀存則非滅。或者見經不滅，則以爲賢襄公也，則以爲責虞公也。夫以襄公而賢之，移晉之罪以罪虞公，其非聖人之心必矣。然則如何？曰：興滅繼絶者，《春秋》之志也。彼存其祀而吾滅之，則無以書夫不存其祀者也。紀侯不名不奔，曰：大去其國。《春秋》與其不下齊也。與其不下齊則於義盡乎？曰：否。《易》曰：“震來厲，億喪貝，躋于九陵；勿逐，七日得。”古之人太王是也。又曰：“震往來厲，億无喪，有事。”古之人周公是也。居下位則可遠避以圖存，在上位則宜無失其有事，“不喪匕鬯”者，无喪有事者也。喪貝以躋陵，勿逐而復得者，權也。紀侯去國，合於太王之義矣，而所謂七日之得無聞焉。雖然，賢於服屬甚而囚俘者也。其下書齊侯葬紀伯姬，非與其葬也，屬辭見義焉爾。

人北杏之會，則曷爲於鄄焉爵？人北杏之會，則義見矣，於其始乎見義也。雖然，會盟則爵之，摟伐則猶人之也。摟伐之事大，蓋三王之罪人也。會盟皆先齊，摟伐多先宋，又以見霸者之譎也。若爲順人以興師，而己不爲兵主也。

自君殺之者，君殺也。國殺者，君臣共之也。人殺者，國亂而見殺，或衆討而殺之也。衆討而殺之者，必去其官與屬。國亂見殺，則不去其官與屬。

内於外諸侯不言朝，尊内也。聘無不可言者，内大夫於他邦亦不言聘，何也？曰：魯於大國，有比年而聘，有年而屢聘，而於天子略矣。故書聘則惡顯，書"如"則詞微。以聘行乎，以事行乎，悉以"如"書之。

自桓霸後，征伐皆人之。五霸者，摟諸侯以伐諸侯，無道之世也。雖然，"一匡天下，民至于今受賜"，義既明矣，功則可進而進之也。桓之功於中國，自救邢始也。稱師，别於人也，謂其能以衆正矣。

去夫人者，正其分也。去姓氏者，絶其屬也。正其分者，仲子、成風是也。絶其屬者，文姜、哀姜是也。或則因王命而正之焉，或則以霸討而正之焉。文姜之絶，義無所麗，故惟於孫出而正之焉。哀姜之罪浮，故并去氏。

古之侯伯，有存亡繼絶，急病分災，攘夷狄、安諸夏之義，修而行之，是天下之公利也。《春秋》書諸侯事，如内辭者四，城楚丘、戍虎牢、伐陳、歸粟于蔡是也。楚丘不城，衛入于狄矣；虎牢不戍，鄭入于楚矣；戍陳、粟蔡，皆公舉也；故以公辭也。齊桓存三亡國，獨楚丘公其辭，何也？同則舉重，救衛爲重也。或以爲抑專封而書法如此，葵丘之盟，曰"無有封而不告"，夫烏知桓之不告而封哉？

奚齊不稱君，未踰年也。卓稱君，踰年也。弑一君，復弑一君[①]，克之惡甚矣。或曰：爲世子討也。曰：不諫不奔，中立以免，作逆節而陵死君者，《春秋》之罪人也。於獻無譏乎？曰：前書殺其世子，於奚齊之弑，則曰君之子，獻之罪亦明矣。然則荀息免乎？曰：不死於奚齊，更立卓而欲輔之。探先君之邪志，成驪氏之私人，《春秋》何取焉？不没其實焉爾。

存三亡國，其辭異。衛既滅矣，諸侯存之，天下之公也，故公其詞以見義也。邢、杞未滅也，其美之則猶衛志。於邢則再列三師，於杞則舉凡，凡皆美詞也。然則何爲或舉凡，或再列三師？曰：有我在焉則舉凡，無我在焉則再列三師。

終《春秋》言朝王者，踐土、温之會而已，而又不成朝。何以不成朝？因會而朝，且一則降王而勞諸侯，一則以侯而召王，故謂之不成朝也。公朝則諸侯朝可知，不言諸侯朝，不與諸侯之能朝也。

王在京師，則曰歸于京師，義已備也，京師即王也。王在會所，則曰歸之于京師，義始備也。王既知其事矣，歸其人於京師焉爾。

自晉文侵曹伐衛之後，二國之君，一出奔，兩見執。然其出、執也皆爵之，其歸也皆名之，不爵無以見晉之專也，不名無以著曹、衛之罪也。曹、衛之罪云何？去夏即楚也。胡氏責其貨筮史、戕兄弟者，偏辭也。

以《周禮·大司樂》章考之，既言四望，又言山川，則四望非泰山河海之屬可知。四望言祀，山川言祭，則四望附於天，山川附於地，又可知矣。四望蓋日、月、星、辰之屬也。兆日於東，兆月於西，兆星於南，兆辰於北，故曰四望也。後人因望於山川之文而云然，不知凡望遠而祭皆曰望。《周官》之四望，則非山川爾。

《公羊》屢言"辭"字，其義猶嫌也。《曲禮》："客絮羹，主人辭不能亨；客歠醢，主人辭以窶。"解者作起而辭讓之辭。如是，則是章客失禮也，殊非禮意。竊疑此兩語是釋禮之文，記者誤收之。蓋嫌於主不能亨而已窶，故不可絮羹、歠醢也。以猶己也，若曰貧之甚。

敗績于茅戎可書，敗績于鄭不可書也。王伐戎而敗可書，狄伐周而入之不可書也。書其所可書者，是《春秋》所以施於周、魯之義也。

高子來盟，内辭也，屈完來盟，亦内辭也。以天下之大勢，而内齊桓之師也。不書使之者，齊、楚未有成命，而盟者二子之志也。

魯公廟不毁也，始封之君也。至季文子，以周有文、武不遷之廟，遂欲以伯禽擬文王，而以武公擬武王，故復立之，以爲世室，則《明堂位》所稱是也。晉立文、武宫者,亦以武公始受命,文公創霸,故其廟不遷,非凡廟皆在也。

天王尊而天子親,始錫桓,去天稱王,嚴其分,正其義也。繼錫文,稱天王,嚴其分也。終錫成,稱天子,蓋於時分義微矣,恩數加焉爾。賜與錫,義亦有輕重之不同。

文不稱夫人,自逆也。宣、成稱夫人,卿逆,臣子之詞也。逆女不氏,逆婦則氏者,成婦則氏之也。或曰氏,或不曰氏,何?禮不備則不氏,其著文、宣之以喪昏與?

晉文執衛侯歸于京師,其執則爵之,其歸則名之,晉、衛均有非焉爾。負芻弑其君,其執、其歸皆不名,何也?王始終不奪負芻之爵也。王始終不奪負芻之爵,故别其文,不曰復歸于曹,曰歸自京師也。王無非與?曰:非在王也。何以知其非在王也?書晉侯以執,而目其歸曰自京師,故曰非在王也。非在王,則《春秋》不正之與?曰:二百餘年,莫有執有罪聽於天子者,《春秋》貶有罪以達王事,代王也。今兹王自治之,而《春秋》烏乎代之?故仍其爵而不名,又曰自京師,以存其實而已。

戍陳、戍虎牢,與城楚丘同文,天下之公也。陳、鄭服屬於楚久矣,不有二戍,諸夏其入楚乎?

圍殺齊封不名,殺蔡侯般何以名?封,臣也;般,君也。般與虔,弑君類也,名般於下,則不得而爵虔於上也。或專以爲惡其誘而名之,末已。

《春秋》外吴甚于楚、徐,何也?曰:姬宗也,而干大號,别嫌明微,於是首焉爾。

邾者,魯之附庸,最近且親,不用講信修睦,而有一體之誼焉。此而疑貳,天下之邦交,其何禮義忠信之有?故盟邾者,《春秋》之盟之始終也。

《傳》紀閏者六,僖七年惠王崩,文元年閏三月,成十七年晉殺胥童,襄九年諸侯伐鄭,昭二十年盗殺衛縶,二十二年王子猛卒,是也。除文元年閏三月,及昭二十年閏八月,餘皆在冬末。故先儒謂周末秦世,曆家歲末置閏,以會歸邪於終之文,而反以文元年爲非禮也。《傳》譏三月,不譏八月,義見前也。《春秋》

閏月紀事有矣，不書蒙上月也。失禮則書，不告月及葬景公是也。葬景公何以爲失禮？喪以年斷者，不以閏數，諸侯五月而葬，齊侯卒以九月，葬以閏月，是數閏也，故以失禮書。葬定姒閏九月也，而不書，明妾母之喪，得以閏數矣。

【校記】

①“弑一君，復弑一君”：道光本作“弑一君，復殺一君”。

榕村文集卷四

尚書句讀

考定武成

惟一月壬辰，二日。旁死魄。越翼日癸巳，三日。王朝步自周，于征伐商。既生魄，庶邦冢君暨百工，受命于周。王若曰："嗚呼！群后，惟先王建邦啓土，公劉克篤前烈。至于太王，肇基王迹，王季其勤王家。我文考文王，克成厥勳，誕膺天命，以撫方夏。大邦畏其力，小邦懷其德。惟九年，大統未集，予小子其承厥志。厎商之罪，告于皇天后土，所過名山大川，曰：惟有道曾孫周王發，將有大正于商。今商王受無道，暴殄天物，害虐烝民，爲天下逋逃主，萃淵藪。予小子既獲仁人，敢祗承上帝，以遏亂略。華夏蠻貊，罔不率俾，恭天成命，肆予東征，綏厥士女。惟其士女，篚厥玄黄[①]，昭我周王。天休震動，用附我大邑周。惟爾有神，尚克相予，以濟兆民，無作神羞。"既戊午，二十八日。師渡孟津。癸亥，二月三日。陳于商郊，俟天休命。甲子四日。昧爽，受率其旅若林，會于牧野。罔有敵于我師，前徒倒戈，攻于後以北，血流漂杵。一戎衣，天下大定。乃反商政，政由舊。釋箕子囚，封比干墓，式商容閭。散鹿臺之財，發鉅橋之粟，大賚于四海，而萬姓悦服。厥四月哉生明，三日癸巳。王來自商，至于豐。乃偃武修文，歸馬于華山之陽，放牛于桃林之野，示天下弗服。丁未，十七日。祀于周廟，邦甸侯衛，駿奔走，執豆籩。越三日庚戌，二十日。○震川云："先儒以《漢志》推此年置閏在二月，故四月有丁未、庚戌。"柴、望，大告武成。列爵惟五，分土惟三。建官惟賢，位事惟能。重民五教，惟食、喪、祭。惇信明義，崇德報功，垂拱而天下治。

洛　誥

周公拜手稽首曰："朕復子明辟，王如弗敢及天基命、定命，予乃胤保，大相東土，其基作民明辟。予惟乙卯，朝至于洛師，我卜河朔黎水，我乃卜澗水東、瀍水西，惟洛食；我又卜瀍水東，亦惟洛食。伻來以圖及獻卜。"

"其基"兩字，如《傳》屬下句亦可，屬上句更古。

王拜手稽首曰："公不敢不敬天之休，來相宅，其作周匹，休！公既定宅，伻來，來視予小休，恒吉。我二人共貞。公其以子萬億年敬天之休，拜手稽首誨言。"

《周禮》有貞龜，此"貞"字即其義。言卜既休而恒吉，即如我二人共貞者。

周公曰："王，肇稱殷禮，祀于新邑，咸秩無文。予齊百工，伻從王于周。予惟曰，庶有事。今王即命曰，記功宗，以功作元祀。惟命曰，汝受命篤弼，丕視功載，乃汝其悉自教工。孺子其朋，孺子其朋，其往，無若火始燄燄，厥攸灼，叙弗其絶。厥若彝及撫事如予，惟以在周工往新邑。伻嚮即有僚，明作有功，惇大成裕，汝永有辭。"公曰："已！汝惟沖子，惟終。

詳此段自"王肇稱殷禮"至"汝永有辭"，是一串口氣。始言王在洛，肇舉盛禮，廣釐庶祀，而尤以崇德報功爲先。故方我之率百工而從于周也，予固知王之將有事矣。有事，謂祀事也，《春秋》有事于太廟是也。今王果就而命之曰，其記功宗，而以功作元祀。且告其神曰，汝受兹寵命，當嘿有以厚輔王室也。夫報死者，乃所以勸生者。今視功宗記載，豈非汝之所以教戒百工者乎？雖然，今日之功宗，皆其先世有功德，或老成未凋謝者。孺子其引以爲朋助哉，用賢勿貳，圖功惟終，無徒若火之始燄燄而已。當使其所灼者，相續而不絶其可也。順道撫事，無改我之所爲，而所用之人，則惟以在周之工，使之就官供職，明作以勸一時之功，惇大以成裕後之業，則永有休稱于後世矣。蓋大意只是戒王之信用耆舊賢人，而從祀典説起者，因王舉功臣之祀，就其善意而引伸之也。

"汝其敬識百辟享，亦識其有不享。享多儀，儀不及物，惟曰不享。惟不役志于享，凡民惟曰不享，惟事其爽侮。

諸侯立國，多仍其舊，不能如王朝百工之建官惟賢也。惟在敬以涖之，而辨其享不享者而已。蓋周公遷洛，元爲道里之均，朝會之便，則撫御諸侯之道，不可不講也。

“乃惟孺子，頒朕不暇，聽朕教汝，于棐民彝。汝乃是不蘉，乃時惟不永哉。篤叙乃正父，罔不若予，不敢廢乃命。汝往，敬哉。兹予其明農哉。彼裕我民，無遠用戾。”

頒，分也。言我勤勞于王家者，汲汲不暇，王當分我此心，以聽我教汝，而輔民彝可也。汝若不勸於是，則不永世。惟當厚繼乃考之道，而無不順焉，則予亦不廢汝之命，而盡心戮力。汝往敬其所事，予亦能明于農事，以左右斯民，庶幾民生優裕，不至於流離而遠去也。

王若曰：“公！明保予沖子。公稱丕顯德，以予小子揚文、武烈，奉答天命，和恒四方民，居師。惇宗將禮，稱秩元祀，咸秩無文。惟公德明，光于上下，勤施于四方，旁作穆穆，迓衡不迷。文、武勤教，予沖于夙夜毖祀。”

成王稱周公之功，而言所舉祀典，及于無文。兹公功德之盛如此。雖當公之身，予夙夜敢忘毖祀乎？蓋没而後有祀，然古人嚴敬之至，則以事神之禮事之，享禮之設，意蓋如此。下文以秬鬯二卣曰明禋者，即其事也。此亦以答周公“王肇稱殷禮”一段意，言元功雖多，孰過於周公者。

王曰：“公功棐迪篤，罔不若時。”王曰：“公，予小子其退即辟于周，命公後。

周公意欲成王居洛宅中，以定基業，成王則意謂洛邑新建，迫近頑民，非周公不能鎮撫。故既命公曰，公之輔我之功，啓我之篤，當常如今日，不可有替。乃復命之曰，予仍且辟於舊都，命公留後于洛也。

“四方迪亂，未定于宗禮，亦未克敉公功。迪將其後，監[②]我士師工，誕保文、武受民，亂爲四輔。”

言四方雖開治，而宗周之禮樂未定，則公之功亦未能安也。故欲公之啓大其後，以爲士師工之永監，且保釐東都，以爲周之四輔也。成王其殆命公以制禮作樂之事乎？其後周公居洛而作《周官》，乃所謂定宗禮者。啓佑後人，咸正無缺，則所以"迪將其後，監我士師工"者，備矣。

王曰："公定，予往已。公功肅將祗歡，公無困哉。我惟無斁其康事，公勿替刑，四方其世享。"

公其安居于洛，予今往辟于周矣。公之功無不肅將而祗歡者，公當泰然處之，不必過爲勞困也。蓋因公有不暇之言，故以此語慰答。"哉"，《漢書》作"我"，乃王莽輩誤讀誤解，不足爲据也。君奭之去，公猶懇懇留之，豈有召公當作誥殷勤之時，而周公乃求去以困王？尚論其世，殆不如是。

周公拜手稽首曰："王命予來，承保乃文祖受命民，越乃光烈考武王，弘朕恭。

周公言，我固恭於事君者，今王命予來洛，以誕保文、武之業。所命之言，無非所以推廣我之恭敬也。

"孺子來相宅，其大惇典殷獻民，亂爲四方新辟，作周恭先。曰，其自時中乂，萬邦咸休，惟王有成績。

又答成王定宗禮，啓大其後，監我士師工之意。言當王來相宅，即大加意典禮於殷之獻民，將開一代之規模，爲成周敬德之先。曰自此宅中爲治，必使萬邦咸休，然後爲有成績也。此即櫽括王言之意，蓋未至有成績，則所謂未克敉公功者。〇觀武王訪道箕子，則商家文獻，周所監也。故惇典於殷之獻民，乃周公制作之藉。今考《周禮》，直是《洪範》義疏，聖賢源流可見。

"予旦以多子越御事，篤前人成烈，答其師，作周孚先。考朕昭子刑，乃單文祖德。

遂以治洛自任，言我將偕卿、大夫、士，厚前人之成烈，以對天下。又考我昭子之典刑，以盡文祖之德。蓋又以制禮作樂自任也。〇"作周孚先"者，爲周家忠誠之先也。〇昭子當是武王，對下文考言。故曰昭子武王既受命，故凡政事皆有典刑，文祖則只言德而已。周公欲考論武王之典刑，以盡文王之德。所謂丕顯哉文王謨，丕承哉武王烈，至周公而咸正無缺，如孟子引用之意也。〇對成王言武王，則曰“乃光烈考”，周公自稱武王，則曰“朕昭子”。

“伻來毖殷，乃命寧。予以秬鬯二卣，曰明禋，拜手稽首，休享。予不敢宿，則禋于文王、武王，惠篤叙，無有遘自疾。萬年厭于乃德，殷乃引考。王伻殷，乃承叙萬年，其永觀朕子懷德。”

王言夙夜毖祀周公，故有以秬鬯休享之事。周公不敢越宿，而轉祭于文王、武王，爲王祝釐，使之順篤繼序，身其康彊，子孫其逢吉。又言使殷都引長，而王能使殷繼序萬年，瞻仰于王而懷其德也。以殷名新邑者，本殷地也。

戊辰，王在新邑，烝祭歲，文王騂牛一，武王騂牛一。王命作册，逸祝册，惟告周公其後。王賓殺禋咸格，王入太室祼。

觀此節，似洛不立七廟，而但立文、武二廟也。但文、武二廟亦曰太室，疑於后稷太廟者。蓋世室、太室本通稱，如世子、太子之比。

王命周公後，作册逸誥。在十有二月，惟周公誕保文、武受命，惟七年。

此即就上文逸祝册，告周公後者，而申紀其月耳。或曰前祝册者告神也，此則作册以告周公。

君奭

周公若曰：“君奭，弗弔天降喪于殷，殷既墜厥命，我有周既受。我不敢知曰厥基永孚于休。若天棐忱，我亦不敢知曰其終出于不祥。

弗弔者，發語之辭。“弗弔天降喪于殷”，猶《春秋傳》所謂“無禄文公即世”者。

“嗚呼！君已。曰時我，我亦不敢寧于上帝命，弗永遠念天威。越我民罔尤違，惟人。在我後嗣子孫，大弗克恭上下，遏佚前人光在家，不知天命不易，天難諶，乃其墜命，弗克經歷。嗣前人，恭明德。

已，止也。君已者，呼召公而止之，留之之發辭也。“曰時我”者，兩承上文“我不敢知”而言，天命雖不可知，其可知者則在我而已。下文乃兩申時我之意，若我不敢安于天命而弗念其威，則民心必無怨背于我，而天命固矣。此固所謂"永孚于休"者，而惟人所召也。若我後嗣子孫，不能敬天畏民，使前人光烈之在家者，自我而遏佚，泰然不知天命之不易，而難信也，則必至於墜命，而不能經久歷年，以嗣前人敬明之德矣。此則所謂"出於不祥"者，而亦豈非自我致之哉？"不知"兩字，須屬下文讀。

"在今予小子旦，非克有正，迪惟前人光，施于我沖子。"又曰："天不可信，我道惟寧王德延，天不庸釋于文王受命。"

公曰："君奭，我聞在昔成湯既受命，時則有若伊尹，格于皇天。在太甲，時則有若保衡。在太戊，時則有若伊陟、臣扈，格于上帝，巫咸乂王家。在祖乙，時則有若巫賢。在武丁，時則有若甘盤。

"率惟兹有陳，保乂有殷，故殷禮陟配天，多歷年所。

"惟兹有陳"，指上文數人而言。率，猶悉也。悉由此有列者，保乂有殷，故殷得以禮終，而配天永世。以善終曰禮，《楚辭》禮魂是也。

"天惟純佑命，則商實百姓、王人，罔不秉德明恤，小臣屏侯甸，矧咸奔走。惟兹惟德稱，用乂厥辟。故一人有事于四方，若卜筮罔不是孚。"

惟兹，即惟兹有陳者，亦專指上文六臣而言。百姓、王人，皆能秉德分憂。小臣、侯甸，又能奔走先後。然惟此數人者，獨以德見稱於世，則實百官列侯之表率也。〇純佑猶言良佐，天既純佑命，如所謂上天佑之，篤生良佐者。下章文王純佑放此。

公曰："君奭，天壽平格，保乂有殷，有殷嗣天滅威。今汝永念，則有固命，厥亂明我新造邦。"

平格，猶《商書》言格人，蓋元臣之美稱。如上文格于皇天、格于上帝，是其格也。然非和平之至，則不能格。《詩》言神聽而歸之正直、歸之和平者，此也。商之興正如此。汝能永念，則可以固天命矣。汝其治明我新造之邦哉！"亂明"兩字連讀。

公曰："君奭，在昔上帝割申勸寧王之德，其集大命于厥躬。惟文王尚克修和我有夏；亦惟有若虢叔，有若閎夭，有若散宜生，有若泰顛，有若南宫括。"又曰:“無能往來,茲迪彝教,文王蔑德降于國人。亦惟純佑秉德,迪知天威,乃惟時昭文王,迪見冒聞于上帝,惟時受有殷命哉。

當從《禮記》作“周由觀文王之德”,蓋數字皆以相似而齊誤也。周遍由歷以觀,是《詩》所謂“監觀四方”者。惟文王之德,克享天心而集天命焉。然亦必賴五臣以濟,蓋五臣之迪彝教,以佐文王修和者,其業之盛也。而能秉德畏威,昭明文王之德,怙冒西土,聞於上帝者,其德之純也。

“武王惟茲四人,尚迪有禄。後暨武王,誕將天威,咸劉厥敵。惟茲四人昭武王惟冒,丕單稱德。

虢叔死矣,是無禄也。四人者尚存,故曰“尚迪有禄”,非謂武王富有天下也。四人逮事武王,故當武王奉天伐罪之時,昭明武王之功,覆冒天下,使天下咸頌其德。

“今在予小子旦,若游大川,予往暨汝奭其濟。小子同未在位,誕無我責收,罔勖不及,耇造德不降,我則鳴鳥不聞,矧曰其有能格?”

文、武之已事如此,在今日則老成凋謝,惟我與爾弘濟艱難,如涉大川,期於共濟。王雖在位而猶沖幼,固不大責于我。然使但爲身謀,收身以退,而不勉王之所不及,則老成之德,不下於民,而新進用事之人,將有不可知者。昔者吾嘗作詩,托諸鳴鳥,而猶未能自達,況驟能格君心之非乎?以見事勢之未可去也。

公曰:“嗚呼!君肆其監于茲。我受命無疆,惟休,亦大惟艱。告君乃猷裕,我不以後人迷。”

公曰:“前人敷乃心乃悉,命汝作汝民極。曰汝明勖偶王,在亶。乘茲大命,惟文王德丕承,無疆之恤。”

公曰:“君,告汝,朕允。保奭,其汝克敬,以予監于殷喪大否,肆念我天威。

予,指周家而言。

“予不允,惟若茲誥,予惟曰襄我,二人汝有合哉。言曰:在時二人,天休滋至,惟時二人,弗戡。其汝克敬德,明我俊民,在讓後人于丕時。

“嗚呼!篤棐時二人,我式克至于今日休?我咸成文王功于不怠,丕冒,海隅出日，罔不率俾。”

公曰：“君，予不惠，若兹多誥，予惟用閔于天越民。”

公曰：“嗚呼！君，惟乃知民德，亦罔不能厥初，惟其終。祗若兹，往，敬用治。”

立　政

周公若曰：“拜手稽首，告嗣天子王矣。”用咸戒于王曰：“王左右常伯、常任、準人、綴衣、虎賁。”周公曰：“嗚呼！休兹知恤，鮮哉！古之人迪惟有夏，乃有室大競，籲俊尊上帝，迪知忱恂于九德之行。乃敢告教厥后曰：拜手稽首后矣。曰：宅乃事，宅乃牧，宅乃準，兹惟后矣。謀面用丕訓德，則乃宅人，兹乃三宅無義民。

謀面之頃，用其順于德者，則色莊者有矣。蓋迪知忱恂之反也。此言夏之先后，能用三宅之人，而由大臣之知人信人者，啓迪其君，使無失於任用。見己今日所以告戒之意，亦若此也。

“桀德，惟乃弗作往任，是惟暴德，罔後。

“弗作往任”，猶言弗舉舊職，蓋所用非人，則舊職不舉也。

“亦越成湯，陟丕釐上帝之耿命，乃用三有宅，克即宅，曰三有俊，克即俊。嚴惟丕式，克用三宅三俊。其在商邑，用協于厥邑，其在四方，用丕式見德。

三有宅所以稱其位，由於三有俊之稱其才，兩句相承，觀“曰”字語氣可見也。丕式者，大法也。天命有德，五服五章哉，此大法也。嚴思斯義，而所用無失，故近者既合於大法矣，遠而四方，亦惟以此大法而見德於天下也。

“嗚呼！其在受德暋，惟羞刑暴德之人，同于厥邦；乃惟庶習逸德之人，同于厥政。帝欽罰之，乃伻我有夏，式商受命，奄甸萬姓。

式商受命者，言其伐暴以德，與湯同轍，是法商之受命也。

“亦越文王、武王，克知三有宅心，灼見三有俊心，以敬事上帝，立民長伯。

“克知三有宅心”者，知設官之意；“灼見三有俊心”者，識任官之材。似非已用、未用之謂。

“立政、任人、準夫、牧,作三事。虎賁、綴衣、趣馬、小尹,左右攜僕、百司庶府。大都、小伯、藝人、表臣、百司,太史、尹伯、庶常吉士。

開首言常伯、常任、準人、綴衣、虎賁,此言三事,正與前應。以下則自綴衣、虎賁而推備之也。蔡傳既以第三節爲都邑之官,則太史、尹伯,亦不應復引史官、庖人、膳夫、鐘磬師之類。蓋是在都邑之太史、尹伯爾。

“司徒、司馬、司空、亞旅。

天子備六卿,諸侯但有三卿。秦、漢間,習聞三卿,而《周禮》已去其籍,故設丞相、太尉、御史大夫爲三公,而後易以司徒、司馬、司空之號。

“夷、微、盧、烝,三亳、阪、尹。

尹,如蔡傳説是。但阪即封疆之在版圖者,尹即所謂守封疆之官也。

“文王惟克厥宅心,乃克立兹常事司牧人,以克俊有德。

文王惟知所以設官之心,而能盡其道,故能立此常事司牧之人,而皆能得其俊有德者也。蓋爲官而得人,則無用違其才之患矣。觀此節口氣,正是申明“克知”、“灼見”兩句意,益知以三宅、三俊分兩項人者非。〇常事,是總三事而言。司,則常任、準人皆在内。牧,則是常伯,不必如蔡傳説。

“文王罔攸兼于庶言、庶獄、庶慎,惟有司之牧夫,是訓用違。

庶言者,號令條教,常任之所掌;庶獄者,法禁刑罰,準人之所司;庶慎者,防守修禦,牧伯之所職。文王但訓戒其用違,而不侵其責任。蓋既克知而灼見之,則必信用不疑,而後有以致其誠,使之展布四體,得有所爲,然後可以盡其用也。〇有司用“之”字者,蓋國之大政大法,皆有司之者,故言“有司之”,則常任、準人在其中。

“庶獄、庶慎,文王罔敢知于兹。

“亦越武王,率惟敉功,不敢替厥義德,率惟謀、從容德,以並受此丕丕基。

“嗚呼！孺子王矣。繼自今我其立政、立事、準人、牧夫,我其克灼知厥若,丕乃俾亂。相我受民,和我庶獄、庶慎,時則勿有間之。

立政、立事，常任之職也，不曰任人者，政事之大，王與大臣共之者也。故上言罔敢知，偏以庶獄、庶慎言之。此亦只言庶獄、庶慎者，蓋"丕乃俾亂，相我受民"，乃立政、立事之大者。

"自一話一言，我則末惟成德之彦，以乂我受民。

"嗚呼！予旦已受人之徽言，咸告孺子王矣。繼自今文子、文孫，其勿誤于庶獄、庶慎，惟正是乂之。

"自古商人，亦越我周文王。立政、立事、牧夫、準人，則克宅之，克由繹之，兹乃俾乂。

"則克宅之"者，所謂克灼知厥若也。"克由繹之"者，所謂自一話一言而思維之也。

"國則罔有立政用憸人，不訓于德，是罔顯在厥世。繼自今立政，其勿以憸人，其惟吉士，用勱相我國家。

"今文子、文孫，孺子王矣。其勿誤于庶獄。惟有司之牧夫，其克詰爾戎兵，以陟禹之迹。方行天下，至于海表，罔有不服，以覲文王之耿光，以揚武王之大烈。

"惟有司之牧夫"句，當連下文讀之。此段又於三者之中，專舉庶獄言之。蓋爲庶獄、庶慎并重，而庶獄尤不可以輕誤。古者兵刑同爲一司，故皋陶主蠻夷寇賊之事，戒王不可黷武尚威，誤於庶獄。惟使内之有司，如司馬、司寇之類，外之牧夫，如方伯、連帥之屬，治爾戎兵，以詰暴亂，以平邦國，則可以揚文、武之光烈矣。説者分爲兩段，故費説辭。

"嗚呼！繼自今後王立政，其惟克用常人。"

周公若曰："太史，司寇蘇公，式敬爾由獄，以長我王國。兹式有慎，以列用中罰。"

"兹式有慎，以列用中罰"，作一句讀，言當以蘇公爲法式，敬慎以平刑也。

吕　刑

惟吕命，王享國百年，耄荒，度作刑以詰四方。

王曰："若古有訓，蚩尤惟始作亂，延及于平民，罔不寇賊，鴟義。姦宄，奪攘矯虔。

爲寇賊則鴟義，爲姦宄則奪攘矯虔。

"苗民弗用靈，制以刑，惟作五虐之刑曰法。殺戮無辜，爰始淫爲劓、刵、椓、黥。越兹麗刑并制，罔差有辭。

"越兹麗刑并制"，言其不分輕重，凡麗於刑，并爲一條。

"民興胥漸，泯泯棼棼，罔中于信，以覆詛盟。虐威庶戮，方告無辜于上。上帝監民，罔有馨香德，刑發聞惟腥。

"虐威庶戮"，言威之暴而所戮者衆。《傳》以"庶戮"屬下，則不能成句。

"皇帝哀矜庶戮之不辜，報虐以威，遏絶苗民，無世在下。

"乃命重、黎，絶地天通，罔有降格。群后之逮在下，明明棐常，鰥寡無蓋。

至治之世，地天之氣未嘗不通也，天神未嘗不降，地祇未嘗不出也，而必絶之何哉？此則《國語》所謂民神雜糅，不可方物者，非理之正也。明明者，著明其顯明之理。棐常者，扶植其經常之道。傳精白一心，語未瑩。

"皇帝清問下民鰥寡，有辭于苗。德威惟畏，德明惟明。

"皇帝清問下民鰥寡"爲句，清問下民鰥寡，即上文"鰥寡無蓋"。《禹謨》所謂不虐無告，不廢困窮者，德明惟明也。"有辭于苗"，即上文"遏絶苗民"。《禹謨》所謂奉辭伐罪者，德威惟畏也。

"乃命三后，恤功于民。伯夷降典，折民惟刑。禹平水土，主名山川。稷降播種，農殖嘉穀。三后成功，惟殷于民。

明刑以弼教，典禮而播刑，無可疑者。三后首伯夷，蓋因上文言天地神人之事，而宗伯之職，治神人、和上下故也。

"士制百姓于刑之中，以教祗德。

特言刑官，非輕之，乃重之也。

"穆穆在上，明明在下，灼于四方，罔不惟德之勤。故乃盟于刑之中，率乂于民棐彝。

德者刑之本也，穆穆明明，灼于四方，所謂"明明德于天下者"。然後繼之以刑之中，則德明、德威之下，莫不復其常性矣。所謂明明棐常者如此。

"典獄，非訖于威，惟訖于富。敬忌，罔有擇言在身。惟克天德，自作元命，配享在下。"

"惟克天德，自作元命"，是通篇最精微語。皋陶言天命有德，天討有罪，聰明、明威寄之於人。《洪範》斂福以錫天下，有仁壽而無鄙夭，所謂"自作元命"也。故陸子静謂《皋陶謨》、《洪範》、《甫刑》三篇，乃傳道之書。

王曰："嗟！四方司政典獄，非爾惟作天牧。今爾何監，非時伯夷播刑之迪？其今爾何懲？惟時苗民匪察于獄之麗。罔擇吉人，觀于五刑之中，惟時庶威奪貨，斷制五刑，以亂無辜。上帝不蠲，降咎于苗。苗民無辭于罰，乃絶厥世。"

王曰："嗚呼！念之哉。伯父、伯兄、仲叔、季弟、幼子、童孫，皆聽朕言，庶有格命。今爾罔不由慰日勤，爾罔或戒不勤。天齊于民，俾我一日，非終惟終，在人。爾尚敬逆天命，以奉我一人。雖畏勿畏，雖休勿休，惟敬五刑，以成三德。一人有慶，兆民賴之，其寧惟永。"

王曰："吁！來，有邦有土，告爾祥刑。在今爾安百姓，何擇非人，何敬非刑，何度非及。

"兩造具備，師聽五辭。五辭簡孚，正于五刑。五刑不簡，正于五罰。五罰不服，正于五過。

"五過之疵：惟官，惟反，惟内，惟貨，惟來。其罪惟均，其審克之。五刑之疑有赦，五罰之疑有赦，其審克之。簡孚有衆，惟貌有稽。無簡不聽，具嚴天威。

簡孚之道雖多，而惟容貌最不可掩。至于證驗無據，言貌無稽，則所謂無簡者矣。無簡者例在不聽，然豈可置之不聽而遂已乎？必也嚴敬天威，徐以察之，庶幾幽明之間，必有響應，善惡之報，必無僭差。此意尤竭忠誠、悉仁愛者所當知也。

"墨辟疑赦，其罰百鍰，閲實其罪。劓辟疑赦，其罰惟倍，閲實其罪。剕辟疑赦,其罰倍差,閱實其罪。宮辟疑赦,其罰六百鍰,閱實其罪。大辟疑赦,其罰千鍰,閱實其罪。墨罰之屬千,劓罰之屬千,剕罰之屬五百,宮罰之屬三百,大辟之罰其屬二百。五刑之屬三千。上下比罪,無僭亂辭,勿用不行,惟察惟法,其審克之。

"上刑適輕,下服。下刑適重,上服。輕重諸罰有權。刑罰世輕世重,惟齊非齊,有倫有要。

"罰懲非死,人極于病。非佞折獄,惟良折獄,罔非在中。察辭于差,非從惟從。哀敬折獄,明啓刑書,胥占,咸庶中正。其刑其罰,其審克之。獄成而孚,輸而孚。其刑上備,有并兩刑。"

"非從惟從",與上文"非終惟終",語氣正同。《洪範》言曰從,從謂順理也。"察辭于差,非從惟從",言察其言辭於差互之間,觀其順理與不順理也。○"有并兩刑"者,或一人而犯二罪,或一罪而自重即輕,自輕即重,皆謂之兩刑。

王曰:"嗚呼!敬之哉。官伯族姓,朕言多懼。朕敬于刑,有德惟刑。今天相民,作配在下,明清于單辭。民之亂,罔不中。聽獄之兩辭,無或私家于獄之兩辭。獄貨非寶,惟府辜功,報以庶尤。永畏惟罰,非天不中,惟人在命。天罰不極,庶民罔有令政在于天下。"

朕之敬畏于刑者,以有德于人,莫如明刑。上天相助下民,而我作配之故也。無簡不聽者曰單辭,明清者,所謂具嚴天威也。兩造具備者曰兩辭,五疵之中,惟貨爲甚。私家于獄之兩辭,言不可藉獄貨以爲私家,猶《禮記》言君子不家于喪也。又申言永畏哉,其惟刑罰乎。蓋刑罰在天自有定理,其失當者,皆人以私意輕重之,是非天之不中也,惟人所爲而已。若使所刑罰之人,在天命未嘗極者,而我極之,則下失仁恕之心,上干陰陽之和,禮樂教化,徒具文而已,豈復得有善政在于天下乎?

王曰:"嗚呼!嗣孫,今往何監?非德于民之中,尚明聽之哉!哲人惟刑,無疆之辭,屬于五極,成中有慶。受王嘉師,監于兹祥刑。"

平水土者德於民之家，播嘉種者德於民之身，明刑者則德於民之中也。蓋用五刑而咸中，則民亦自得其中矣。

【校記】

①“玄黄”：乾隆本作“元黄”，道光本作“玄黄”。

②“監”：道光本作“洛”，“洛”字誤，當作“監”。

榕村文集卷五

周官筆記

天　　官

冢宰兼統百官，理萬事，而其要以正君身爲本。故自王及后、世子，凡内外之飲食、服用、居处，以至閽豎、閽寺、婦職、女功，皆兼而掌之。蓋所以相天子修身、齊家，而爲治國、平天下之本，其慮至遠，而義至精也。惟小宰、宰夫，則佐冢宰兼總大體，紀綱内外之政。此外宫正、宫伯，則掌宿衛居守王宫之事，事之最要者也。膳夫、庖人、内饔、外饔、亨人、甸師、獸人、𩺰人、鼈人、腊人、醫師、食醫、疾醫、瘍醫、獸醫、酒正、酒人、漿人、凌人、籩人、醢人、醯人、鹽人、冪人，皆飲食之事。宫人、掌舍、幕人、掌次，皆王寢處次舍之事。大府、玉府、内府、外府，皆蓄藏之事。司會、司書、職内、職歲、職幣，皆會計之事。以上諸職，雖兼掌宫内之服食器用，然皆外職也。故以司裘、掌皮繼之，蓋裘皮雖衣服之類，然不出於婦功，故於内職無所附屬。而自内宰以下，則皆内職也。内宰、内小臣、閽人、寺人、内豎，皆内之男官。九嬪、世婦、女御、女祝、女史，皆内之女官。典婦功、典絲、典枲、内司服、縫人、染人、追師、屨人、夏采，則皆服飾之事也。服飾成於婦功，故次於内職之後也。

天官以八法治官府。官屬，即六官之屬也。官職，即六官之職也。官聯，六官之聯事也。官成，官府之成式也。官計，考績之科條也。此五者，小宰具之矣，惟官常、官法、官刑，則其目未載。竊詳《小宰篇》所謂官叙者，疑即官常也。蓋官之尊卑，秩次有常，是之謂官常。其所謂以法掌七事之戒具，則鄭氏以爲即官法也。又其卒章云："正歲，帥治官之屬，而觀治象之法。徇以木鐸。曰：不用法者，國有常刑。”又：“令於百官府曰：各修乃職，考乃法，待乃事，以聽王命。其有不共，則國有大刑。”此則所謂官刑也。意者小宰所職，乃次序班聯，糾察禮儀，稽核功過之任，故官常、官法、官刑，特其所司，而首尾互見之與？官常，注解以爲“各自領其官之常職，非連事通職所共，故謂之官常”。愚謂上既言官職矣，而此又言官常，不幾於複乎？故知官常者，謂官之尊卑秩序，各有常分，恐得其解。

以八則治都鄙。凡有國家者先事神，故首之以祭祀。官、吏、士，皆所以治其民者也。賦貢，所以供四者之用也。治民以禮俗爲先。刑賞，所以佐成禮俗也。田役者，除戎講武，知急公趨事，民乃可用矣。曰民又曰衆者，平居曰民，寓兵曰衆，《易》曰“容民畜衆”是也。

以八統詔王馭萬民。親親、敬故，則民歸厚矣。進賢、使能，則民有所勸。保庸，則民興功。尊貴，則民達禮。吏，庸之細也；賓，貴之屬也。

以九職任萬民。以農、圃、山澤、藪牧之利爲本，工、商次之，女工、臣妾之事次之，閒民又次之。

以九賦斂財賄。自邦中至幣餘，輕重各有差也。以遠近爲差者六：邦中、四郊、邦甸、家削、邦縣、邦都。以農末爲差者三：關市、山澤、幣餘。

以九式均節財用。九式之序，祭祀、賓客、喪荒居先者，皆大事也。其次則王之羞服及興造工事。又其次則贈勞之物、芻秣之費。又其次則頒賜燕好之需。蓋皆以事之大小爲序，不以費之多寡爲序也。若論費之多寡，則大府所掌頒財之式法，以九賦所斂，共九式之用者是已。蓋自邦中至於邦都，地之大小不同，而賦之輕重又異。四郊大於邦中，邦甸大於四郊，家削大於邦甸，邦縣大於家削，邦都又大於邦縣。是地之大小不同也。近者賦輕，遠者賦重，是賦之輕重又異也。遠者雖地大而賦重，然王子弟及公卿大夫之采地，皆在其間，則賦之入于王朝者，亦必寡矣。此於經大概不謬，亦恐有未盡者，更細考之。關市、山澤，以其占會百物。幣餘，以其占賣斥幣。故又增重賦焉。然王城之内，人民聚集，故賦雖輕而得亦多。先王之世，專利有禁，故斥幣之賦重而得亦少。是故邦都之賦以待祭祀，邦中之賦以待賓客，山澤之賦以待喪紀，關市之賦以待王之膳服，皆費之最多者也。邦縣之賦以待幣帛，家削之賦以待匪頒，邦甸之賦以待工事，皆費之次多者也。四郊之賦以待稍秣，幣餘之賦以待賜予，皆費之差少者也。歷觀《周官》之職，凡祭祀、賓客、喪紀諸大事，自邦中以至郊野，凡需用者，莫敢不共，何嘗拘拘焉此用取於此、彼用取於彼哉？蓋計其大凡，某費多少，某事所出，約略足以供之耳。讀《周禮》者，須善觀之。

以九貢致邦國之用。自九式以前，皆言王畿内事。九貢致用，九兩繫民，通言邦國，則達之天下者也。祀貢居先，嬪貢即次之者，謂以共祭服也。器貢又次之者，爲其備禮器也。幣帛又次之者，謂以共賓客也。材貢在貨貢之先者，先器用，後寶貨之義也。衣服燕好雜物，皆私事也，故後之。

貢出於邦國，賦出於九職之民，而大府所掌，九貢、九賦之外，又有九功。曰"凡萬民之貢，以充府庫"者何也？蓋九貢，畿外諸侯之貢；九功，畿内九職之民所貢也。據《禹貢》冀州無厥貢之文，則畿内無貢。故鄭氏以爲九功者，九職之財也。愚以爲先王之世，取諸民者，貢、賦、税三者而已。貢其地所有之物，則爲貢。計其夫家，出兵車、牛馬、器械，則曰賦。田野、山澤、關市之税，則曰税。此外不應復有名條，如後世之苛政。今鄭氏以九功爲九職之財，則是謂九職之税矣。其釋九賦，則謂"口率出泉"，所謂口賦也。夫有田則有税，有身則有役，計口出財，古疑未有焉。況九職之税，所得至多，而掌在大府者，特以充府庫而已。口賦所出，疑於無幾，而九式皆取其於此，則是國家之經費，盡倚給于口賦一事，其所以取諸民者，爲不貲矣。外此尚有田野、山澤、關市之征，兵車、牛馬、器械之具，民生其間，不亦難乎？由此觀之，則謂賦爲口率者，誣也。蓋賦對税而言之，則税爲財物，賦爲兵車。專以賦言，則賦税統之矣。《禹貢》亦言田賦，而不言税，是賦其總名也。九賦斂財賄，即九職之税也。九功之貢，則九職之貢也。蓋王畿之内，采邑既多，亦有諸侯之義焉。以九職之所出爲貢，此情理之常，無可疑者。事異夏、殷，禮從而變，未可以一概説也。姑記所疑於此，以待詳考焉。《禹貢》冀州賦先於田，説者以爲它州之賦，田賦也。冀州王畿，蓋合山澤、園廛、漆林之類而征之，賦不盡出於田故也。如此，則賦不但税田之名，亦凡税之總名矣。

以九兩繫邦國之民。牧、長以治之，師、儒以教之，宗、主以繫之，此三者，尊尊、賢賢、親親，人心之所以[①]聯屬維繫，而不可一廢者也。吏非牧、長，而有相承之責；友非師、儒，而有相成之誼；藪非宗、主，而有相濟之權。

地　官

大司徒主於教民，然教民者以養人爲本，故自土地、田野之事，賦税、兵車之政，皆司徒掌之。蓋古者養即爲教，教即爲養，養教不相離，非如後世之截然爲二物也。鄉師、鄉老、鄉大夫、州長、黨正、族師、閭胥、比長，皆六鄉之官也。六鄉之民居王城之中，其受田在近郊百里之内，其施教最先，其立法最詳。蓋其所謂教民讀法，序齒興賢，其紀綱條具，布之六遂、都鄙、邦國，所以化民成俗，無不由是。故下六遂之官，詳于田野稼穡，而略於教事，非遠近異施也，其法已具於六鄉，故於遂略其詞，立文不同而義相備也。封人，主封社稷。鼓人、舞師，主鼓舞祭祀。牧人、牛人、充人，主祭祀之犧牲。皆國之大事，故次之。載師、閭師、縣師、遺人、均人，主賦斂力征之事，故又次之。師氏、保氏、司諫、司救、調人、媒氏，掌教萬民德行道藝，匡其過惡，勸其親睦之事，乃教所以成，故又次之。蓋六鄉之官爲之經，而封人以下至媒氏爲之緯，各主其鄉之祭祀、賦役。教化者，經也，又各爲之專官者，緯也，此其序也。司市、質人、廛人、胥師、賈師、司虣、司稽、胥、肆長、泉府，皆市官也。司門、司關、掌節，皆關吏也。市在王朝之後，關在王城之外，故關市次於此。而山林川澤之官，則列於六遂之終者，亦重王城之義也。遂人、遂師、遂大夫、縣正、鄙師、酇長、里宰、鄰長，皆六遂之官也。旅師、稍人、委人、土均，亦主賦役力征之事者也。旅師猶載師也，稍人猶縣師也，委人猶遺人也，土均猶均人也。其職蓋相成，而或屬於鄉，或屬於遂，亦以所職之遠近，爲先後之次也。草人、稻人，蓋農師也。繼於土均之後，猶師氏、保氏之繼均人，鄉主教而遂主耕也。土訓、誦訓，辨四海九州之土宜地俗，因草人、稻人辨地物而並及之也。山虞、林衡、川衡、澤虞、迹人、卝人、角人、羽人、掌葛、掌染草、掌炭、掌荼[②]、掌蜃，皆山澤之官也，次於此者，猶關市之次六鄉也；關市近故内之，山澤遠故外之也。囿人、場人，園圃之官也，故次山澤也。廩人、舍人、倉人、司禄、司稼、舂人、饎人、稾人，皆倉廩粟米之官也。國之積貯，民之司命，故以是終焉。

周司徒之官，實兼古司空、司徒之職，蓋合養教爲一官也。其司空一官，亦掌土田之事而加密焉。劉歆以《考工記》補其闕，雖非本經，然中間如匠氏等官，必古司空所屬。又司寇罷民，有役於司空之文，則意者周之司空，兼主百工，亦或有据。惜乎其篇亡，而詳不可得見耳。諸儒紛紛更置，皆非也。

"以天下土地之圖"，至"遂以名其社與其野"，此司徒所職之綱要。自土會至土均，皆申章首"辨九州地域廣輪，山、林、川、澤、丘、陵、墳、衍、原、隰之名物"之意。十二教，因五物及之，土宜、土均，亦因土會及之。自土圭至地法，皆申章首"辨其邦國都鄙之數，制其畿疆而封溝之"之意。

山、林屬火，川、澤屬水，丘、陵屬木，墳、衍屬金，原、隰屬土。宜毛者，火生金也。火克金，亦生金，金非火煉不成。宜鱗者，水生木也。宜羽者，木生火也。宜介者，金生水也。毛而方者，土金之交也。黑而津者，水木之交也。專而長者，木火之交也。皙而瘠者，金水之交也。倮正屬土，而人爲之長，豐而庳，土形也。

林麓積草，故毛者依草食草，而毛如草之莖。山陵生木，故羽者栖木食木，而羽如木之葉。川澤積水，故鱗者居水，而鱗象水之紋。墳衍積石，故介者潛石，而介類石之體。其性則從其所稟之氣也，其體則肖其所生之形也。所稟之氣，謂：鱗，水中之飛，陰中之陽屬木。羽，陸中之飛，陽中之陽，屬火。毛，陸中之伏，陽中之陰，屬金。介，水中之伏，陰中之陰，屬水。

蠃物，躶身無羽毛鱗介者也，人爲之長。叢物，叢生之物也，五穀爲之長。

十二教。敬、讓，教之本也，故先以祀禮、陽禮。親愛和樂，民之情也，故次以陰禮、樂禮。安其分，樂其俗，而後教行，故儀與俗次之。董之以刑，警之以誓，而後教不廢，故刑、誓又次之。節用務本，則民得所養，而教愈易施。用賢報功，則民知所勸，而教乃有成。以誓教恤，謂如誥、誓之屬，所以教民知憂恤，不至懈怠。《詩》曰："無已太康，職思其憂。"

土圭條所謂地中，及東西南北之偏，就九州以内言之耳。如今南方多熱，北方多寒，近海處多風，近山處多陰，故惟中州氣候，爲得其正。而其日景，則夏至之日，適與土圭齊，故取以爲準。是日景以土中而定，非土中因日景而得也。經云"正日景，以求地中"，所謂求者，猶標識之義耳。解者穿鑿附會，要歸於臆説，不可行也。"景短多暑"，言景短時多暑也；"景長多寒"，言景長時多寒也；"景夕多風"，言景夕時多風也；"景朝多陰"，言景朝時多陰也。景短謂夏，景長謂冬，景夕謂午後，景朝謂午前。

自古天地、道里、日、月晷景之説多矣，至於今日，西曆之家，其説彌詳。蓋以爲地在天中，止一彈丸，四方上下，去天之數皆均。其四表極處，非能與天相際也。所謂天圓地方者，言其動静之性耳。實則地亦圓體，如卵裹黄，上下周圍，與天度相應。其地氣寒暑，則以去日遠近爲差。赤道之下，正與日對，其地最熱，其景則四時常均，無冬夏短永。兩極之下，取日最遠，其地最寒，其景則短者極短，長者極長。正當兩極之處，常以半年爲晝，半年爲夜。惟二極與赤道相去之間，當日南北軌之外，起二十三度，至四十度許，其地不寒不熱，温和可居，其景則與冬夏進退，長短之極，皆無過十之七。此氣之平而數之中也。環地上下，皆有國土人居，各以戴天爲上，履地爲下。南北東西，隨處改觀，午夜晨昏，每每相反。蓋皆附氣而生，麗陽而明，周游環匝，初無定位，其名有亞細亞、歐羅巴、利未亞、亞墨利加四大洲。今之九州及四夷之地，皆亞細亞國土也。其所記親歷各州，風土山川，寥廓荒忽，雖不可盡信，然其實測晷景，見諸施行者，頗爲信而有徵，其理蓋不可誣。今以其説考之，則中國九州，正當黄道北軌，距赤道二十四度之外，起於廣州夏至戴日之下，迤邐而北，至於夏至去日十六度許，則今直隸也。自此復出塞而北，風氣漸寒，晝夜短永漸踰其度。自廣州越海而南，則氣漸酷熱，而晝夜之刻，漸無短永矣。故惟九州之内，風氣和，時刻平，而洛又其中之中也。是以天地四時之所交合，陰陽風雨之所和會，昔之達者其知之矣，而周公豈欺我哉！或曰：此以言南北暑寒則可矣，東西風陰之理，亦可得聞歟？曰：由前之説，則環處於地者，迭爲東西，未可以先儒日出日入、午前午後之説拘之也。蓋九州之域，西則多山，而東際海；近山則多陰，濱海則多風，驗之閩、蜀之地可見。然則《周禮》之風、陰，亦就九州言之，明洛邑之爲中耳。其所以風，所以陰，恐山水之爲，而非日出入朝暮之故也。

五等之地，“食者半”、“參之一”、“四之一”，二鄭之説，皆有可疑。愚意恐是除城郭、宫室、塗巷、溝澮之屬，及田有一易再易之類，故君其地者，所食租税止於此耳。大國地廣，除此數者，所餘猶多，漸小則漸以寡矣。或曰：大國事繁，故優之；小國事簡，故儉之。

《王制》曰：“天子之縣内，方百里之國九，七十里之國二十有一，五十里之國六十有三。”説者以爲夏時采地之數也。周制雖不可考，然其食采於畿内者，必多矣。外諸侯既有方物之貢，故内諸侯亦各以九職所出爲貢。大府所掌所謂九功者，意此是也。然王畿千里，自農、田、關、市、山、澤雜税，兵車、牛馬征役之外，復有九職之貢。則其爲貢也，甚輕且微。故冢宰之掌所不載，而第於大府言之。而稽其所入，亦但以充府庫而已，國之經費，不藉乎此也。

“荒政”、“保息”、“本俗”三條，疑當在“頒職事十有二”之下，“鄉三物”之上。蓋十二職事者，養民之經也；十二荒政者，濟民之權也。保息以均其惠，本俗以安其居，然後可教以“三物”，而糾以“八刑”，此王道之序也。

“令五家爲比”一條，疑當在《小司徒》“乃頒比法於六鄉之大夫”云云，“以施政教，行徵令”之下。蓋“五家爲比”云云者，六鄉居民之法也。其下“五人爲伍”云云者，則六鄉賦兵之法也。又其下“九夫爲井”云云者，則都鄙居民受田之法也。《司馬法》凡田一甸，出兵車一乘，甲士步卒牛馬之屬。此則都鄙賦兵之制，而《周禮》闕焉。僅《稍人》之職，有所謂掌丘乘之政令者，而其數不詳。要當采《司馬法》之相合者補之，乃見成周内外兵農之制。

《小司徒》起徒役。上地、中地、下地，即《遂人》之上地、中地、下地也。鄉以兵制言，遂以田制言，皆互相備耳。《大司徒》以室數制地域，有不易、一易、再易之地，則謂都鄙也。上地即不易之地，中地即一易之地，下地即再易之地。中地、下地，鄉、遂與都鄙同。而鄉、遂雖上地，猶加萊五十畝，蓋所以優近也。而注乃云饒遠，誤矣。

“乃經土地而井牧其田”爲句，“野”字似當屬下讀之，野謂都鄙也。言野以别於上文六鄉也。

《鄉大夫》以“五物詢衆庶”，二鄭説亦皆可疑。愚意五物，似即是射中之五事耳。詢，疑是問其然否而試之。和，内志正也。容，外體直也。主皮，中也。和容，其節比於樂也。興舞，其進退揖讓比於禮也。《大司樂》，王大射，則語諸侯以弓矢舞。注謂舞者，執弓挾矢，進退揖讓之儀。

《鼓人》隸於司徒者，爲司徒掌徒役，凡軍旅、田役之事，鼓用爲多也。《舞師》不隸宗伯，而亦在此。則此四祀，亦當是民間之祭，與《大司樂》所掌不同。社稷，即上所謂歲時祭祀州社者也。山川四方，亦恐各於其地。旱暵，亦恐民間自祈禱也。天子大雩帝，用盛樂，豈特皇舞而已哉？且曰“凡野舞皆教之”，則非《大司樂》所教國子之舞用之祭饗者，明矣。

《載師》，任地之法，國宅即上廛里也，園廛即上場圃也。其近郊、遠郊、甸稍、縣都之征，朱子以爲皆田税也，輕重不等者，皆合雜税并算之耳。考《冢宰》九賦，尚有關市、山澤、幣餘，而此不及之，則朱子所謂并雜税者，諒矣。近郊無雜税，故止於什一，田賦之正也。鄭注似以九賦及此俱爲口賦，恐非聖人良法。

里布，乃布帛之布也。蓋不桑麻則出布，不耕則出粟，無職事則出征。征者力役之政也，皆各以其類。

《閭師》所掌貢，即九功之貢也。蓋自國中及四郊、六鄉之地，《閭師》所貢。其餘則食采之君貢之歟？

《司市》“凡市飾僞之禁，在民者十有二，在商者十有二，在賈者十有二，在工者十有二”，此一條文義，似當與老子“生之徒十有三，死之徒十有三，動而之死地者十有三”參看，皆言於十分之中，得其二，得其三也。生之徒三，死之徒三，動而之死地者三，則三分之而十分盡矣。在民者二，在商者二，在賈者二，在工者二，則四分之而十分亦盡矣。蓋皆舉成數而約計之也。市中飾僞之物，民及商、賈、工皆有之，故言十者之中，各居二焉，皆在所禁也。解者泥於“有”字之説，必以爲十有二者，十又二也，十有三者，十又三也，故卒難通。

《泉府》“凡國之財用取具焉”，非謂取具於國服之息也，蓋并所征布而言之耳。財用亦非謂凡國用也，蓋謂當用泉布者耳。其義不明，則王莽、王安石以之害民亡國。

《遂人》，五溝、五塗之制，六遂、阡陌之法也。六鄉當亦相同，於遂言之者，互相備耳。都鄙、井田、溝洫之法，又與此不同。見《考工記·匠人》之職。井間有溝，成間有洫，同間有澮。

《稍人》"掌丘乘之政令"，言"稍"以包縣鄙也。四丘爲甸，出車一乘，故曰丘乘。《周禮》於都鄙軍制不具，僅此略言之。蓋《稍人》所職，實與《縣師》相贊，而掌兵車賦役之事。故《縣師》云"受法於司馬"，《稍人》云"聽於司馬"。

春　官

宗伯職掌邦禮，而以祭祀爲主，蓋所以治神人而和上下。故凡有事於禮，及司神之官，皆屬焉。小宗伯、肆師，佐大宗伯者也。其次則鬱人、鬯人、雞人、司尊彝、司几筵，皆掌祭祀之重器。其次則天府、典瑞、典命、司服，皆掌禮秩之大儀。又其次典祀、守祧、世婦、内宗、外宗，則守廟兆之官及祭事之職也。又其次冢人、墓大夫、職喪，則守墓域之官及喪事之職也。行禮必有樂，然後神人以和。故大司樂、樂師、大胥、小胥、大師、小師、瞽矇、眡瞭、典同、磬師、鐘師、笙師、鎛師、韎師、旄人、籥師、籥章、鞮鞻氏、典庸器、司干，皆樂官之屬也。卜祝、筮史，明鬼神之理，通陰陽之道，故次於司樂之後，而俱隸於宗伯之職。太卜、卜師、龜人、華氏、占人、簭氏、占夢、眡祲，卜官之屬也。大祝、小祝、喪祝、甸祝、詛祝，祝官之屬也。司巫、男巫、女巫，巫官之屬也。大史、小史、馮相氏、保章氏、内史、外史、御史，史官之屬也。巾車、典路、車僕、司常，掌車旂之事，宜次於典命、司服，而叙在巫、史之後，蓋車所以乘，旗載於車，後之者，貴賤之等也。都宗人、家宗人，主食邑采地之官，後之者，内外之辨也。凡以神仕者無常數，未有官職，故又後之也。

四望以日、月、星、辰爲主，然望祭嶽、瀆、河、海，亦可通稱。鄭康成謂偏指嶽、瀆，則非也。《大司樂》掌祀、祭、享三禮，分屬天神、地示、人鬼，明以四望屬之天，安得以嶽瀆爲天神之類乎？

《小宗伯》言“兆五帝於四郊”，而不及南、北郊天、地之大祭，何與？蓋《大宗伯》之掌，既言“以蒼璧禮天，黄琮禮地”，而《大司樂》有圜丘、方澤之文，則互相備矣。此所掌神位，以内外爲序。既先言宗廟社稷，而後及天地，則非所以尊天地，而失立文之體矣，故略之也。

四望，日、月、星、辰也。四類，司中、司命、風師、雨師也。兆日於東，兆月於西，然則兆星當於南，星見南方。兆辰當於北辰以北爲尊。歟？四類之兆未有考，以理推之，兆箕當於東，兆畢當於西，司命、司中，南北未詳。

《大宗伯》，吉禮，於天神言昊天上帝，而不及五帝，舉大以見小者；於地示言社稷，而不及方澤，舉小以見大者。《小宗伯》言社稷、五帝，而並無天地；《大司樂》言天、地而並無社稷、五帝，皆互相備也。蓋祀五帝禮，差擬於天；祭王社禮，差擬於地。

《典瑞》“兩圭有邸以祀地”，而無社稷。《司服》“祭社稷”以“希冕”，而不及地。故或謂古無祭地，祭地即社祭也。然觀《大宗伯》、《大司樂》，皆以天地對言之，其尊可知。而《司服》冕服之等，乃以社稷敘於山川、四望之下，則恐别有祭地之禮，而非即社也。

《大宗伯》既云“以蒼璧禮天，黄琮禮地”，而《典瑞》又云“四圭有邸以祀天，兩圭有邸以祀地”，鄭注見其抵牾，故云：“禮天，神在北極者也；禮地，神在崑崙者也，以冬、夏至禮之。祀天，夏正郊天也；祀地，神州之神也。”凡此皆附會不經，不可爲据。愚謂下云“祼圭有瓚，以肆先王，以祼賓客”，則是圭頭有器，可以挹鬯。恐邸亦或其類，而字訛義謬，不可考矣。

十二辰有天、地、人三統焉。子、丑、寅、卯、辰、巳，天統也，自夜半至日中，自冬至至夏至，陽生至於陽極是也。午、未、申、酉、戌、亥，地統也，自日中至夜半，自夏至至冬至，陰生至於陰極是也。卯、辰、巳、午、未、申，人統也，自日出至於日入，自春分至於秋分，品物生成，人事作息是也。蓋天之終乃人之始，地之始乃人之終。故人也者，各用天地之半，而參乎天地者也。然陽極於巳，而巳爲陰辰，故陽終於辰；陰始於午，而午爲陽辰，故陰始於未。陽以始爲尊，故子以祀天而丑合之，辰以祀四望而酉合之也。陰以終爲大，故亥以祭地而寅合之，未以祭山川而午合之也。祖妣者，生人之本也，申者，人統之終，其位居西，物之所以成，故申以享妣而巳合之也。卯者，人統之始，其位居東，物之所以生，故卯以享祖而戌合之也。

圜丘、方丘、宗廟三樂，圜丘圜鐘，當爲黄鐘，宗廟黄鐘，當爲圜鐘，文互也。方丘南吕，當爲小吕，字誤也。黄鐘宫，黄鐘角，大簇徵，姑洗羽，皆調名也。餘倣此。黄鐘宫爲黄鐘，則黄鐘起調，黄鐘畢曲。黄鐘角爲姑洗，則姑洗起調，姑洗畢曲。大簇徵爲南吕，則南吕起調，南吕畢曲。姑洗羽爲大吕，則大吕起調，大吕畢曲也。餘亦倣此。所謂起調、畢曲者，蓋如唐人所傳樂譜。以《鹿鳴》爲黄鐘宫調，則即黄鐘也，其歌之，則"鹿"字叶黄鐘，"行"字叶黄鐘，其餘雜用黄鐘爲宫所生之七律，而首尾二字，則必歸於本調。《關雎》爲夷則商調，則亦黄鐘也，其歌之，則"關"字叶黄鐘，"逑"字叶黄鐘，其餘雜用夷則爲宫所生之七律，而首尾二字，亦必歸於本調。此之謂起調、畢曲也。十二調分祀天神、人鬼、地示，而不用商調者，商爲金行，殺聲也。人樂當用無射，而複用南吕者，無射居乾維，亦殺聲也。蓋去商者，去商調也，去無射者，亦去無射調也。至於調中之聲，則五音十二律並用，不必嫌避，初無欠缺。

《馮相氏》"冬夏致日，春秋致月"。《疏》以爲日實也，故於陰陽極之時致之；月有盈虧，故於陰陽中之時致之。此附會爲之説耳，於曆義無當也。蓋曆法之要，惟定二至、二分爲先，二至定則曆元正矣。必也立表測晷，撿驗長短之極，如祖沖之及今曆之密焉。此冬夏致日之説也。月行有贏縮曆，自秋分至春分之前縮，自春分至秋分之前贏。若但以百八十二日中分之，以求赤道之交，則晷景不得矣。此亦可以立表參求。而今曆更得一術，用日月東西對望撿之，便得二分之正。蓋冬行南陸，則地上之天少，而地下之天多。夏行北陸，則地上之天多，而地下之天少。其日月之東西相對者，非望也。惟春分、秋分，行於中道，則日月對衡於地平，即真望矣。以其真望之在何時，撿二分之所在，此春秋致月之説也。冬夏致日者於南北，春秋致月者於東西，亦各以其方位。爲此説者，以爲獨得之秘，而不知古之聖人知此久矣。

夏　官

大司馬掌邦政，而以兵事爲主，故凡兵、甲、車、馬之政，隸、御、僕、從之官，九州邦國之形勝，阨塞要害，皆屬焉。司勳者，兵事以賞罰爲主，故先之也。兵莫重於馬，故馬質次之。政莫重於地，故量人又次之。繼以小子、羊人者，祭祀之事也。繼以司爟者，火政，兵事之要也。設險守固，制勝於未形，故掌固、司險次之。候望、譏察，籓勺群慝，故掌疆、候人、環人又次之。挈壺氏，三軍之耳目，故又次之。射，兵事所急，故又次之。服不氏、射鳥氏、羅氏、掌畜，因射而及，故其職并屬焉。司士以治官，諸子以治國子，司右以治戎右。司士所掌非兵也，而屬于司馬者，案《王制》曰："司馬辨論官材，論進士之賢者，以告於王，而定其論。論定，然後官之。任官，然後爵之。位定，然後禄之。"此即司士之掌，而古司馬之遺也。虎賁、旅賁，夾衛王車。節服、方相，皆因衛車而及，故相次焉。太僕、小臣、祭僕、御僕、隸僕，皆侍御之官。弁師、司甲、司兵、司戈盾、司弓矢、繕人、槀人，皆掌弁甲兵器之職。戎右、齊右、道右，爲右者也，所謂勇士也。大馭、戎僕、齊僕、道僕、田僕、馭夫，爲御者也，所謂僕夫也。校人、趣馬、巫馬、牧師、廋人、圉師、圉人，則皆掌馬之官，司馬官之所以名者，此也。職方、土方、懷方、合方、訓方、形方，以及山師、川師、邍師、匡人、撢人，皆所以周知天下之土地形勢，山林、川澤、原野之險易，而施其訓道匡正之法焉。司馬之職，於是盡矣。都、家司馬，在食邑采地者，故附之。

【校記】

①"以"：道光本無。

②"掌荼"：道光本作"掌茶"，據《周禮・地官》應作"掌荼"。

榕村文集卷六

初夏録一

誠明篇

性，誠而已矣，故聖賢之學，亦誠而已矣。明根於誠，而誠又根於明。誠者，成始成終之道，而明在其間。故《中庸》曰："自誠明謂之性，自明誠謂之教。誠則明矣，明則誠矣。"實理渾然，而萬物皆備於我，此所以謂自誠明而爲性之體。萬物散殊，無非完其性之固有，此所以謂自明誠而爲教之用。事於性者，尊德性之事也。事於教者，道問學之事也。《易》曰："忠信，所以進德也。修辭立其誠，所以居業也。"忠信即誠也，主於忠信，以誠致明，尊德性也。故德修而爲業之本，辭修誠立，以明致誠，道問學也。故業可居而爲德之資，德業相資，故誠明相生也。曾子曰："夫子之道，忠恕而已。"忠其德也，恕其業也。孟子曰"反身而誠"，忠也；"强恕而行"，恕也。忠恕皆誠也。忠則所謂大哉乾元，萬物資始，誠之源也。恕則所謂乾道變化，各正性命，誠斯立焉。終始於誠，而明在乎其間。此聖學相傳之要，二千年之遠，而有周子知之。故曰："君子乾乾不息於誠，然必懲忿窒欲，遷善改過，而後至。"此則存誠以爲克己之地。又曰："誠心，復其不善之動而已。不善之動，妄也。妄復，則无妄矣。无妄則誠矣。"此則克己以致立誠之功也。

誠，實也。草木以實種，其終也成實而止，故始終一實也。然非舒其枝條，展其華葉，則實無自成。誠者德之實也，明者德之華也。天包地，性涵理，果實之心，有華葉形者，是實之所含而發之，而依以立者也。故韓子曰："其所憑依，乃其所自爲。"

古人小學，大要且養其誠心，而漸開明其知識，猶下種而使舒根也。及大學，則遂使之明理以誠其身，猶盛其枝條華葉而使成實也。夫子言弟子職，先以孝弟謹信，而後學文。成人之教，則修其文行，以歸於忠信。譬諸草木，區以别矣。此聖人成己成物之道也。故朱子《小學題辭》："惟聖斯惻，建學立師，以培其根，以達其枝。小學之方，灑掃應對，入孝出恭，動罔或悖。行有餘力，誦詩讀書，詠歌舞蹈，思罔或逾。窮理修身，斯學之大，明命赫然，罔有内外。德崇業廣，乃復其初，昔非不足，今豈有餘。"

聖人言誠又言敬，誠則其心實而有物，敬則其心虚而無邪，二事一心也，而有虚實之德。故夫子於乾、坤分言之，蓋乾實而坤虚也。心苟無實，即常存而未免於空虚之弊，故誠爲敬之體。程子云："有主則實。"又云："有主則虚。"虚實皆歸於有主，誠之體乎心可知也。又云："主一之謂敬，一者之謂誠。"《中孚》卦傳云："中虚信之本，中實信之質。"如此，則敬又爲誠之要。蓋誠敬者，乾坤合德之謂。非乾元周流統貫，則地道不生；然非坤貞翕受凝密，則天德亦不固。下學之功，則無所不用其力也。

忠信，心之實也。修辭立誠，事之實也。敬以直内，涵理於心也。義以方外，順理於事也。誠與敬，立誠與守義，其實一也，而有乾坤之德之不同。人心兼體乎乾坤，則存誠立誠，主敬行義，皆一人之事也。程子言有聖賢之别者，猶所謂誠無不敬，敬而後誠之意爾。不然，則夫子屢教學者以忠信矣，豈非誠乎？聖敬日躋，豈非敬乎？

誠敬者，德性之事，德也。修辭立誠，義以方外者，問學之事，業也。然問學之業，兼知與行，故修辭立誠，則所明皆實理，所行皆實事。義以方外，亦兼乎精義、集義之兩端。聖賢之言，或以行而包知，或以知而該行，大約舉一足以相備矣。知以該行者，如所謂居敬窮理，存心致知，則窮理致知，已兼乎踐行而爲言。故朱子以釋尊德性、道問學之事，亦曰存心致知而已。然問學之目，盡精微，知也，道中庸，行也；知新，知也，崇禮，行也。程子雖曰："涵養用敬，進學在知。"又曰："知之明則信之篤，信之篤則行之果而守之固。"此見舉知足以該行也。

行以包知者,如《中庸》以謹獨與戒慎、恐懼對,則謹獨中有窮理,非窮理而能謹之乎?周子以慎動與存誠對,則慎動中有知幾,非知幾而能慎之乎?此見舉行足以包知也。又有並舉三者爲言,如《書》所謂"安汝止,惟幾惟康";夫子所謂修德、講學、徙義、改過;《中庸》末章立心、知幾、謹獨;孟子所謂特志、知言、養氣;朱子所謂存養、省察、克治,又云操存、體驗、擴充,皆是也。其但舉知行者,如精一博約、擇善固執、知天、事天之類,則誠敬在其中矣。非誠非敬,將何以察理義之精而踐其實乎?就誠敬二者,則如敬勝、義勝、制心、制事、居敬、行恕之類,是以敬爲本者也。夫子之道,忠恕而已;忠信徙義,質直好義之類,是以誠爲主者也。又有兼言誠敬,如居處恭,執事敬,與人忠;言忠信,行篤敬;不動而敬,不言而信之類。要之,未有真能誠而不敬,真能敬而不誠者。又析言之,則誠者躬行之本,敬者窮理之要。故夫子謂不重不威,學則不固,必重厚謹嚴以爲學,乃能得之堅固,此講學必先於持敬也。又主忠信,然後可以取善改過,此力行必本於存誠也。聖人開示學者,無如此章之約而備。

朱子言學,敬、知、行三事。五峰胡氏則前有立志,北溪陳氏又加以虛心。今觀虛心在立志、居敬之内,雖不别爲條可也。故曰立志所以植其本也,居敬所以持其志也,窮理所以致其知也,躬行所以蹈其實也。此非獨近儒之說,蓋上古聖賢之說也。四事者一時並用,非今日此而明日彼。故欲行而不知,則倀倀然其何之;求知而不敬,則心昏然不能須臾;敬而非志,則又安得所謂日强之效也?且志而非敬,則此志何以常存;敬而非知,則措其心於空虛之地;知而非行,則理皆非在我而無實矣。然四者雖相須並進,而其序既有先後,則得效亦有難易淺深。故夫子曰"吾十有五而志於學"。志已立矣,"三十而立",蓋敬始成也。自"不惑"、"知命"、"耳順",而知始精。又至"從心不踰矩",而行始熟。先儒以爲,因其似以自名,爲學者立法,是已。古學校之教亦然。始視離經、辨志,觀其志之如何也。繼視敬業、樂群,察其能敬與否也。又視其博習、親師、論學、取友,則知其學問思辨之日新。卒乃知類通達,强立不返,則知其力行之有成矣。然則此四者,循環迭用,日月有日月之功,終身有終身之驗,聖人有聖人之效,學者有學者之益。雖一日服行之，朝暮之間，亦可以旋變。又如志於道，亦立志之謂也；據於德，亦持志之謂也；依於仁者，真知允蹈乎天理之中；游於藝，則義精仁熟之事也。立志之與存誠異者，誠其存主，志其趨向，蓋誠又志所自出也。然未有志不立而誠存者，立志而居敬以持之，則存之又存，而成於性矣。

大　學　篇

《大學》一書，古人之學的。至宋，程、朱始表明尊行之。然因明道、伊川、紫陽三夫子，各有更定，故群議至今未息。方遜志采元儒之論，以"知止"兩節，合下"聽訟"一節，爲釋格物、致知之義，而去朱子補傳，謂傳原未失，而錯經文之中，不必補也。蔡虚齋、林次崖是之，而又升"物有本末"一節，於"知止"之上。王姚江則俱非之，而有古本之復。姚江之言曰："《大學》只是誠意，誠意之至，便是至善。《中庸》只是誠身，誠身之至，便是至誠。"愚謂王氏此言，雖曾、思復生，必有取焉。然他言説，不能發明此指，而多爲溷亂。其言"明德"、"新民"也，則以親民爲明德功夫。其言"致知"、"誠意"也，則以格物爲誠意功夫。夫以格物爲誠意功夫，似乎未悖也，然以爲善、去惡爲格物，則謬矣。其謬之謬者，曰"無惡無善心之體"。此則於聖門傳授全失，宜乎其學大弊而不可支也。愚謂《大學》初無經傳，乃一篇首尾文字，如《中庸》之比耳。"明德"三言者，古人爲學綱領也。"知止"一條者，古人功夫次第也。"知止"與下"知至"不同，蓋知所望慕歸向而已。所引孔子人不如鳥之歎，可知知止者，開端淺切之事也。知止則志有定向，所謂立志以端其本。至於能静，則心不爲物動；能安，則心不爲物危。此則又有以繼其志而持乎其志也。能慮，即下之格物、致知；能得即下之誠意，而有以得乎明德、新民、止至善之實也。此兩節，自小學入大學之規模節次，一書之指要也。物有本末，至知之至也，自此以下，所援引皆古本次序。以能慮言也。繼小學有事，故知止、定静不詳。凡物則有本末矣，凡事則有終始矣。循其本末、始終[1]而先後之，此《大學》之道也。然必於本末、終始而知所先後，乃可以近道。故古之欲明明德於天下者，當自國而遞先之。至於誠意，而尤在於究極事物，以致其知。正以物格知至，然後能誠意，以正心修身，而家國天下可得而治也。何謂知至？知本之謂也。蓋家國天下末也，身者本也。天子有天下，等而下之，雖庶人亦有家，本亂則末亂，厚者薄則無所不薄也。能知乎此之謂知本，能知乎此之謂知之至也。所謂誠其意者，至此謂知本，以能得言也。自曾子所受於夫子，而傳之子思、孟子者，一誠而已。《大學》自均、平、齊、治，本之誠意，猶《中庸》、《孟子》自治民、獲上、順親、信友，本之誠身也。誠則有以成己，有以成物，而明德、新民、止至善之道在我，所謂明善格物，蓋所以啓思誠之端，而非思誠以外事也。誠身者，統言之也。自此心之存之發，至一言一事，皆必致其實焉之謂也。誠意者，誠身之要也。意者心之所主也，心主於爲善，然而存之不固，發之不果不確，是無實也。欲善者，本心之明，今而無實，非自欺而何？原其所以如此者，蓋以意藏於内，其實不實，己所獨知，非人之所及檢，是以每陷於自欺之域而不顧。惟君子慎獨以誠意，誠意以誠身，則心正身修，而明德明矣。故曰"德潤身，心廣體胖"也。夫誠則形，形則著，著則明，明則動。至誠而不動者，未之有也。故引《淇澳》，以證其表裏之符，暉光之盛，感人之深。終之以盛德至善，民不能忘，則明德、新民、止至善三者，皆總之矣。自明者，以誠明之也。新民者，以誠新之也。仁、敬、孝、慈、信，各止其所，以誠止之也。以其分有明德、新民之殊，而貫之者，一誠而已。無訟，民之新也。使民無訟，明明德於天下之極也。無情不盡其辭。蓋民不自欺，大畏厥志，則民自有指視之嚴，而謹其獨也。誠之效至於如此，故復結以知本，與上章相應。不曰務本而曰知本者，蓋知本而後能務之，此欲誠其意所以先致其知也。自釋正心、修身，以至終篇，不過著其展轉相關之效，以見一誠之盡乎修己、治人之要而已。喜怒哀樂之不得其正，與夫心不在者，不誠也。好惡之辟，亦不誠也。所令反其所好，以及好惡拂人之性，亦不誠也。語其功之不可闕，則自身、家而國、天下，蓋有言行坊表之著，紀綱法度之施。然非誠則無所以行之，故曰："誠者聖人之本。"又曰："王道本於誠意也。"或曰："子之説，於經意似矣，然程、朱以窮理言格物、致知，蓋其重也。今第以知本當之，可乎？"曰："夫窮理而至於知本，然後其理窮。致知而至於知本,然後其知至。”曰:“朱子言知至者,全體大用無不明。今第曰近道而已,何也?”曰:“小知則已近,大知則彌近,知之至則將與道爲一矣。朱子所言,極至之地,經文所言,入德之初也。”曰:“知性明善之云,與此合乎?”曰:“性者善而已矣。物之性猶人之性,人之性猶我之性。知其性善之同,而盡之之本在我,此所以爲知性明善也,此所以爲知本也。”曰:“朱子謂正心修身自有功夫,而今但以誠意概之,可乎?”曰:“不獨身、心,家、國、天下亦可以誠意概之矣。若其功之不可闕者,則前既言之也。大抵此篇誠意,如《中庸》之戒懼、慎獨也;正心,如《中庸》之致中和也。戒懼、慎獨,即所以致其中和。然朱子又有彌約、彌精之云,移之以説此篇,則不以枝離爲朱子病矣。”曰:“《中庸》之謹獨,則《大學》之誠意事也。子於此又連戒懼説之,何與?”曰:“凡言誠者,皆兼乎存誠、立誠之兩端,夫學豈有無敬之義哉?朱子補言敬字,蓋以此也。”曰:“經文不言而待朱子言之,何也?”曰:“知止而定、静、安,即其事也。貫乎知行而無不在,奚謂其不言也?”曰:“異於朱子章次奈何?”曰:“章次異矣,而義不異,而文同於古,疑朱子未之棄也。又竊謂如是以説經,頗爲不費辭而理明,且使姚江之徒,無所容其喙焉,姑以俟夫後之君子正之。”

中　庸　篇

《中庸》一書之旨,括於首章,以後申説其義而已。性、道、教三者,學之本也。戒懼、謹獨,敬義夾持之事,學之要也。喜怒哀樂,中、和之感,位、育之應,明性之不能不乘于情,以見戒懼、慎獨之不可已,而因極其效也。兩引“中庸之”云,見作書名篇之指。“道之不行”至“問强”,申天命之性也。性殽於氣質,而有智愚、賢不肖之分,必如大舜、顔淵及夫子之告子路者,然後三德備而天命全矣。“素隱”至“鬼神”,申率性之道也。道薄於衰晚,而有素隱行怪者,有半塗而廢者。必知道之費而隱,而不離乎子、臣、弟、友之間,且存於己,無與於人,而不害其反身修德之實,然後知循序以達於高遠之域,而確然無惑於幽隱之際矣。舜、文、武、周公,申修道之教也,數聖人者,皆自爲人子、爲人臣、爲人弟,而充之至於誠神、受命，事天、饗帝，爲法當時，可傳後世，立教之極也。“問政”章，乃夫子告君之言，傳心之典，曾子、子思、孟子轉相付授，蓋《中庸》之書所緣以作者。故以繼舜、文、武、周公之後，而爲一書之樞要。達德者，天命之性也；達道者，率性之道也；九經者，修道之教也；誠明者，中和之德也。事於性者，誠則明矣，無體之非用也，所以貴於誠也。事於教者，明則誠矣，無用之非體也，所以貴於明也。“惟天下至誠”至“純亦不已”，言誠之極至，申致中也。“大哉聖人之道”至“有譽天下”，言明之極至，申致和也。體天地萬物之性於身者，誠之至也。致曲而能誠者，其次也。知幾如神，性之體也。一始終之運，不二不息，以盡其性，則文王之德之純[②]也。體天地萬物之性，而能盡事理精微之極者，聖人也。尊德性而能道問學者，君子也。明哲保身，道之用也。通古今之宜，知天知人以善其道，則仲尼之教之盛也。“仲尼”以下，又總以夫子建中和之極，而由明以歸誠。小德，明也，和也。大德，誠也，中也。“至聖”，申前聖人也。溥博淵泉而時出者，川流也，中節也。莫不敬、信、悦，和之至也。聲名尊親，無斁無惡，而有譽於天下者也。“至誠”，申前至誠也。經綸，立本知化而不倚者，敦化也，中也。肫肫、淵淵、浩浩，未發氣象也。達乎天德，純亦不已於維天之命者也。申明首章之旨，至此盡矣。卒章自下學立心，推而及於上達之至，蓋與首章相發，而以一誠盡中庸之道也。立爲己之心，以知遠近、微顯之幾者，誠明也。由知幾、謹獨而入敬信、篤恭之域者，明誠也。闇然，無色也；淡，無味也。與無聲無臭之體，其原一也。誠者實也，在事之謂道，在心之謂性，在上天之載之謂命。實理自然，無聲色臭味之可翫，此所以爲中庸也。基之以務實之心，終之以篤敬之德，此誠所以爲聖人之本，而體合乎無極之真也，故曰至矣。

《中庸》戒懼、慎獨，自來通言之，雖程子猶然。朱子以爲涵養、省察，而今又以敬義説之，何與？曰：涵養、省察之要者，敬義也。敬義乃朱子《文集》《中庸首章説》之語，非吾之言也。敬生於耳目、形神之交，故言覩聞者，知其爲説敬也。義存乎立心、行事之實，故言隱微顯見者，知其爲説義也。朱子曰：“不覩聞，己所不覩聞也。隱微，人所不覩聞也。”則二義有感應之不同，固不可混而一。又敬之道通於無感，蹔焉息之，而天命不行矣，故以須臾言之，而極之於不覩聞之域。辨義者始於幾微之動，苟焉恕之，則自欺矣，故以隱微言之，而謹之於獨知之際。察乎表裏動静之分，則知朱子之言之審矣。況《中庸》自忠恕、誠明，以及尊德性、道問學，川流敦化，體用互發，一篇之中，累反覆焉，而要之不離乎中、和二者而已。中即直内之謂也，和即方外之謂也。敬立故内直，義形故外方。苟非二者夾持，則德孤而道小，又何以致於位、育之盛乎？自及門如勉齋黄氏，乃謂首章功夫止於持敬，及下智、仁、勇之德，方以知、行之學言之。自時以來，宗此以爲説者多矣。至于言敬而無别，則以兩節分屬動静。又或覺其非朱子之意，則以上節爲通動静，而下節爲静之終、動之始。不知知行之學，所謂謹獨者皆已盡之，而持敬之功，蓋舉静以該動，集義之要，亦以微而包顯也。《文集》既以"敬義"爲言，而《語類》又云："大本須涵養，中節則用窮理之功。"可見戒懼是敬，而謹獨則已兼乎知行，勉齋黄氏之説非也。《章句》云"自戒懼而約之，以至於至静之中"，"自謹獨而精之，以至於應物之際"，可見敬貫動静，而義該顯微。虚齋、次崖説亦皆非也。但本文是言敬義之功之密，故皆自外而内，而曰不覩聞，曰獨。《章句》將言其直内、方外之效，以合於未發、已發之意，故一則自外而内，一則自内而外。蓋至静之中，即大本之所以立，而應物之際，即達道之所以行矣。此條注，史氏伯璿所疏，蔡虚齋所解，及王姚江所疑，俱錯。

敬以直内，義以方外，非是兩時事。且如應酬一人，處置一事，以至一坐、立、言、動之微，皆須心存在此，此直内也。其所以應之、處之之宜，與夫動容、周旋之則，務盡道理，是方外也。有以敬義分屬動静，及平日與臨事者，皆易於錯説。蓋平時日用、食息、起居之際，則敬德之容表著，而義爲之隱。及乎邪正、是非之關，利害、成敗之頃，則又見其大義昭灼，而徒敬不足以言之。所謂平日臨事者，各就敬義之盛言之，而二者初不可以孤行也。動静之説，抑復不同。平日則已該動静而言之，臨事又指動時、事幾之大者言之。動無大小，皆有義焉。帷蹔焉無感，忘念之須臾，未有埋義之迹。而心之主宰，至此不墮，故又或以動静言敬義，亦所謂指其盛者類爾。

朱子謂：致知不以敬，則昏昧紛擾，而無以察理義之歸；力行不以敬，則頹墮放肆，而無以踐理義之實。然則敬與知行混而爲一，蓋可見矣。其曰昏昧，曰頹墮，以静之時言也；曰紛擾，曰放肆，以動之時言也。則敬貫乎動静，而知行亦通乎動静，又可見矣。蓋方其静之中，雖未有致知之事，而炯然常覺者，即知之體。雖未有力行之迹，而肅然就檢者，即行之基也。大抵敬義、知行，如目視足履，一時並用，有此則有彼，初無獨任之時。敬雖稍先於義，知雖稍先於行，然正如目之於足，幾微毫髪之間耳。今執儒先之論，其在於所盛所主者，而割截疆界，玩愒日時，致有放神冥寂以爲敬，空言講論以爲知之失，則已誤矣。

仁智篇

仁、禮，陽也。義、智，陰也。此語性，而以動静之分言也。氣有昏明，陽之爲也。質有厚薄，陰之爲也。此語氣稟，而以清濁之分言也。知陽行陰，此語學，而以先後之序言也。然氣稟以天命而分，學以氣稟而起，蓋陰陽者，交根之名。知爲貞之德，其屬陰，其起乎元，則陽矣；禮爲亨之德，其屬陽，其向於義，則陰矣。且智之爲陽，知大始者也，以智爲始，則不獨禮義陰，仁亦陰也。何則？仁以行之，已屬乎簡能之分故也。夫仁也者，心德也。專言之，則不獨包乎禮義，而亦包智。偏言之，則禮義居仁之後，智居仁之先。在仁後者仁統之，在仁先者則與仁對而並行，而要之，亦歸於所謂專言之仁而已。夫子既言修道以仁矣，下又曰仁、義、禮，而本之於天人之知。上仁專言之，而包乎義、禮、智者，下仁偏言之，與義、禮、智對者。及言達德，則有智仁，無禮義，是又以仁包禮義，而與智對者也。智所以得與仁對者，以其在仁之先也。性之德既如此，故下言氣稟，亦先之以三品之知，後之以三品之行。言學，則先好學而後力行，先明善而後誠身。此自唐、虞至閩、洛，未之有改也。然達德有三，而行之者一。明誠二者，皆歸之於誠，則明之本亦在乎誠而已矣。誠者一也，五常之信也，專言之仁也。其在天，則太極之實體，而陰陽之分不足以言之也。或曰：明之又本於誠，何謂也？曰：言仁義禮智，而復言智仁勇，則四而三之，仁統禮義也。言智仁勇，而復言明誠，則三而二之，仁統勇也。言明誠，而要歸於誠，則二而一之，仁又統乎智也。五殊二實二本，則一專言仁，則三德五常，無不具舉。故孔門以仁立教，而告君曰修道以仁也。蓋仁有在智後者，有在智先者。在智後者，仁之用；在智先者，仁之體。體者粹然心之德也，渾然未發之真也，豈智所得而先哉？見於用，則智先仁後，智者非他，仁之端倪發露者也。聖賢之教人也，養其心以致其知，致其知以踐其事。故張子曰："自誠明，由盡性而窮理也；自明誠，由窮理而盡性也。"此子思因夫子之言，發此二義，以盡聖學之要者也。聖人之學，惟知與行，知行之本，在立志與持敬。然立志、持敬者，亦主於誠而已矣。好學力行根乎知恥，此立志之説也。非禮不動者，自齊明盛服始，此持敬之説也。無誠則志非所志，敬非所敬，而知行皆謬。故三德、九經，皆曰"行之者一也"。此所謂自誠明。

夫子教仲弓以敬恕，敬恕即敬義也。義以處事言，恕以處物言也。亦即忠恕也，敬而後誠，誠即忠也。此求仁之要。乃其告顔子反不詳者，顔子清明而純粹，故與之言"克己復禮"，而體用皆在其中。蓋凡不敬之心，不義之事，皆己爲之也。克之以復於禮，則天理周流於一心，公道顯行乎事物矣，非仁而何？聖人言學，隨其所指而不同，而要無偏義。不獨其告顔子，即教司馬牛者，雖偏於言之一事，然語默之宜，即所謂義，而出之以難之心，即敬也。

《書·洪範》"敬用五事"。夫子告子路"修己以敬"，似專以敬言。然自一身至萬事，當然之則，貌、言、視、聽、思五者盡之，皆所謂義也，而總以敬用。此所謂"敬以行義"一言，傳心之要典也。修己以敬，亦若是爾。子路不知"修己"兩字之無窮，而益求其説，故夫子極其量而究言之。蓋知所以修身，則知所以治人，及所以治天下國家矣。或問：告曾子、子貢一貫之説。曰：其指一也。因曾子推其意以告門人者，以忠恕爲説，而夫子之問子貢，以學識開端，故以爲有知行之别耳。夫由二子所得言之，則所入誠不同，疑夫子所以發之亦異。然既謂之一，則無二，若所謂一者有異，是二之也，非一也。于之告君，曰智仁勇，所以行之者一也。一者聖人之本，仁者見之謂之仁，曾子是也；智者見之謂之智，子貢是也。曾子已見仁體,故能以忠恕發其藴;子貢見爲智而未至,故待問以啓之,而亦未聞更有所發明也。竊意當時若有問者,如曾子之門人,不知子貢如何告之。使以誠明之義闡發其意,與忠恕之旨互相證明,則所以啓萬世無窮者,益精切矣。

《周禮》三德,一曰"至德以爲道本"。至德者,主忠信存誠之事。道者達道也,察之由之,必以誠一爲基,故曰道本。二曰"敏德以爲行本"。敏德者,好學之事,《書》曰"惟學遜志務時敏"是也。學問思辨,爲篤行之地,故曰行本。三曰"孝德以知逆惡"。孝德者,舉孝以該衆德也,此躬行之事也。孝德在於身,則能知人之逆惡,而有以化之。此治本也,不曰以爲治本者,通上下也。蓋道者對性之稱,曰道本,則知至德之爲性行者。對知之目,曰行本,則知敏德之爲知,下三行皆孝德之行也,而至德、敏德無聞,斯知孝德之爲行矣。成周學校教學之綱如此。

"顯諸仁",仁即德也,仁在内,而顯之則日新,此德之所以盛。"藏諸用",用即業也,用在外,而藏之則富有,此業之所以大。此天地之誠明、明誠也。"夫《易》聖人所以崇德而廣業"者,何也?凡人性之智,極其高明,其崇如天。而人性之禮,極其敦厚,其卑如地。萬物變化,不出於天地之中,故言崇廣者,未有過於天地者也。萬事之理,亦無不出所性之内。聖人以《易》進德修業,則智禮成性,存存不息,而道義出,極於崇廣而不自知矣。蓋德進於心,則所知者高大光明,而有以致道之用,仁之所以顯而日新也。業修於身,則所行者切近精實,而有以立義之體,用之所以藏而富有也。此聖人之誠明、明誠也。

"精義入神,以致用也。利用安身,以崇德也。"又曰:"窮神知化,德之盛也。"用以知而利,德以用而崇,知以德而化。然則欲從事精義者,舍德奚本哉?故夫子欲修德以講學,默而識之,而不息於學誨之事也。又曰:"神而明之存乎其人。默而成之,不言而信,存乎德行。"

"易則易知",以其知之易也。"簡則易從",以其能之簡也。所以然者,誠也。誠不二故易,誠無爲故簡,惟至健而無息者爲能體此,惟至順而有常者爲能行此。《易》言盛德大業，崇德廣業，則上下同流天地。疑其不可易至，故首則以易知簡能爲言，終曰德行恒易恒簡，如是則天地之道，可一言而盡也。聖人之道，一以貫之，忠恕而已。忠者易，恕者簡也。

孟子篇

孟子之不動心，與告子之不動心，所争者心之生與熄爾。告子之心，以熄而不動。以熄而不動，故雖根心而發之言，與志爲用之氣，皆以爲無與於心也。孟子之心，則以生而不動。以生而不動，則言心之聲也，氣志之用也，孰者而非心乎哉？所以然者，告子之於心，逆而制之也。孟子之於心，順而充之也。逆而制之者，以本有之義爲外而不事，且速其不動而助之長也。順而充之者，有事於本有之義，至於久而自然不動也。蓋義理者心之所固有，而心能生之物也。心固生物，然不以其所固有者而充之長之，未有能生者也。告子、孟子之學，原於見性之殊，而究於事心之異。謂性無仁義故外義，外義則失其所以爲心，而何有於言與氣。惟知性者，則操存吾仁義之心，而言者道之所寓也，氣者理之所乘也，無非心也，故不得而棄之也。然告子之心，所以亦至於不動者，極其强制之效，而泊然無所思，寂然無所起，所謂以熄而不動者也，孟子之所謂助長也。彼自謂得心之本然，窮心之至妙，而聖賢視之，其心已枯絶灰滅而不足用，非復本然理義生生之心矣，豈不反以害乎心哉？聖賢之心，周流乎事物，其於不動，非意之也。理義充于心，而沛然其無所疑，浩然其無所畏，即欲以事物摇惑之而不能，故見爲不動焉耳。爲告子之心者，不得不外乎言與氣也，外義故也。爲孟子之心者，不得不兼乎言與氣也，集義故也。然則言亦氣也，何以别乎？曰：載心而行者之謂氣，言之在氣，尤其精者也。精故不混於氣，而與氣並論，且特論之也。不得於言，勿求於心，於己之言然，於人之言亦然。如是則無以知人詖淫邪遁之言，而己且爲詖淫邪遁之言；無以知人蔽陷離窮之心，而己且爲蔽陷離窮之心。以蔽陷離窮之心，發而害政害事，無義可知矣。於是而責之以養吾浩然之氣，以得其所謂心，豈不遠哉？是氣也，賁、育、黝、舍亦有之，何也？曰：誠如賁、育、黝、舍之氣,則告子之賤之者是矣,而非所謂吾浩然之氣也。是故不動心一也,知氣而不知心者,黝、舍、賁、育是也;知心而不知氣者,告子是也;心與氣合,氣與心合者,曾子、孟子是也。所以然者,以本然之理義養之,無氣之非心也。夫志氣者,合之斯爲一,析之斯爲二。孟子志氣之辨,蓋爲告子言之也。

象山、姚江之譏朱子,動曰義襲而取。想告子之於孟子亦然,故孟子説之曰,吾浩然之氣,是集義所生者,非義襲而取者。告子意謂義襲而取者,外義也,不知義者也;不知義,故不知言,而不能集義以養氣,皆一事之病耳。然告子意中,疑儒者以義襲取氣,非謂襲取義也。告子意中如此,而孟子解之,非告子襲取,而孟子非之也。象山、姚江以孟子譏告子襲取,於本指既乖矣,又曰襲義,則文意復反,是兩失也。夫告子之外義,蓋外之而不求,非求而乃之於外。今以錯説,而因以朱子爲告子義外之學,是徒以自證其遺棄禮義之偏,而果域於告子之域也。然陸、王謂朱子襲義,告子疑孟子襲氣,意雖不同,而適相發。蓋告子謂氣爲襲取於外者,正其謂義爲襲取於外者。孟子直究根源,不復指其暴氣之非,而斥其外義之謬也。

心者本體之妙也,氣者所乘之機也。心之生理乘於氣,猶苗之生氣乘於土。告子守其虚寂之心,而猶以之自妙,正如宋人指其枯槁之苗,而猶以之自功。蓋其以滅爲生,以槁爲長,以無事爲必,以忘爲助,真後世釋氏之學之比。豈知心離於氣而生理絶,苗離於土而生氣熄矣。向來謂無事而忘者一病也,正而助者又一病也。夫四者之病,正相因耳。以芸爲無益於苗而不芸者,即其助之長而揠之者,使其不助之長,則知芸之不爲無益也;使其知芸之益,則必不助之長也。

七篇所言,如“學問之道無他,求其放心而已”,此操存涵養之要也,而以爲多於發用,略於本體,何也?曰:凡此篇所謂心者,皆仁義之心爾,故曰放其良心,曰失其本心也。良心也,本心也,即仁義之心也。仁義之心放失之後,追求復之,是之謂求其放心。非體驗,無以發其端;非充廣,無以盡其實;非操存涵養,亦無以爲體驗充廣之地也。操存涵養,體驗充廣,皆學問之道,皆所以求其已放仁義之心而已。夫豈以求放心者,爲以操存涵養言,然後由此以進於學問之道哉？且孟子所謂操則存者，即求放心之説，其意皆兼乎敬、義之兩端；存養亦孟子之言，其意亦猶是耳。朱門曰操存，曰存養者，往往借之以對省察克治之目，殆斷章之取，而非孟氏之本意也。然則明道之言非歟？曰：明道之意，蓋謂學而能得其本心，然後日充月明，上達而不可禦。其與伊川之言，　而已矣。若援以合於尊德性、道問學之説，則於思、孟全書之指，殆弗深考者耳。

孟子之後，識聖人之道者，董氏而止爾。蓋孔子之言道也，莫大乎言仁義禮智施於五倫之際。故曰“修身以道”，即達道也。曰“修道以仁”，達德之總名也。“仁者人也”，至於“知天”，則推仁義禮智之施之輕重先後，以釋“修道以仁”之意也。蓋仁也者，偏言則一事，專言則包四者，故仁義禮智皆仁也。親親、尊賢，五品達道之總名也。親親莫如父子，尊賢莫如君臣，由父子而殺之爲兄弟，皆謂之親親；由君臣而等之爲朋友，皆謂之尊賢。然有夫婦然後有父子，有父子然後有長幼、上下、君臣，而禮義有所錯也。故夫婦人之所以自別禽獸，生理之原也。父子主恩，故仁以親親爲大。君臣主義，故義以尊賢爲大。禮自父子、君臣之大，以行於親疎、長幼、上下之間，故等殺由禮而生也。夫是則人倫備矣，而事親爲之首，故曰“不可以不事親”。修道以仁，而仁者人也，不知之，何以體之哉？故曰“不可以不知人”。人所以爲人者，其性天命也，其倫天序也，故曰“不可以不知天”。知人、知天者，智也，仁義禮所由以行也。合而言之，則亦統於一仁而已，故曰“修道以仁”也。惟孟子知之，故曰：“仁之實，事親是也。義之實，從兄是也。禮之實，節文斯二者。智之實，知斯二者。”惟董子知之，故曰：“明於天性，知自貴於物。知自貴於物，然後知仁義。知仁義，然後重禮節。重禮節，然後安處善，樂循理，而謂之君子。故曰不知命，無以爲君子也。”循理謂修道，處善謂安仁，仁義禮節皆善也。明於天性，知自貴於物，知天知人也，智也，明善也。蓋性之德，仁義而已。仁義經而禮智緯之，行之者一，信以成之。聖賢論道，無以加此。

韓子引《大學》，斷自“誠意”，先儒或譏之。殊不知《大學》以誠意、正心爲治家、國、天下之本，而其知此者謂之知本，謂之知之至。佛氏不知此者也，故欲治其心而外天下國家。此於立言之指既然，而又深得古文之意，韓子所謂善讀《大學》者也。道易明而教易行者，本於性而已。性者仁義也，其文《易》、《書》、《詩》、《春秋》總言之也。禮樂刑政，對老氏言之也。士農工賈以下，對釋氏言之也。仁則順而祥，愛而公。義則和而平，處而當。以生以死，以假以享。然則修身治天下，果不出於禮樂刑政，“以之爲己”四句，亦對老氏。而群倫日用之質，雖生死鬼神之理，不能外之矣。“生得其情”四句，亦對釋氏。約曾、思、孟子之指以成文，故程子謂秦、漢以來一人而已。

程子謂退之以博愛爲仁爲非，蓋謂其舉用而遺體。然以愚觀之，欲以一言盡仁體，未有善於“博愛”者也。《易》曰“天地之大德曰生”，又曰“大生廣生”，夫此即博愛之謂也。程子曰：“仁，生理也。”朱子申之，曰：“天地以生物爲心，而人物之生，因各得夫天地生物之心以爲心。”夫此亦博愛之謂也。《論語》“立人達人”，程、朱以爲狀仁之體。夫“立人達人”者，博愛而已，言“博愛”則體用具舉，固無嫌於體之遺也。“行而宜之”，意亦如是，蓋行者用，而宜之者心。故周子亦取其語，曰：“愛曰仁，宜曰義，愛宜心也，愛宜之德性也。”朱子曰：“愛者仁之情，仁者愛之性。”然則性情一也，而以愛言仁者，豈有疵哉？

自“博愛之謂仁”至“一人之私言也”，言道德不離乎仁義，而老子離仁義以言道德之過。自“周道衰”至“孰從而求之”，言老、佛顯行，孔道不著。舉之於口，而仁義無所從聞；筆之於書，而仁義無所從考。“今之爲民者六”，言惰游士農工賈之外。“今之教者處其三”，言鼎立儒道之中。“農之家一”至“民窮且盜”，則是六四民之爲蠹也。“古之時民害多矣”至“胥而爲夷”，則是參儒、道之爲禍也。然此一節自分四節。“古之時”至“無爪牙以争食也”，斥老氏之非禮樂刑政也。“君者出令”至“不見正於禹、湯、文、武、周公、孔子”，斥釋氏之棄父子、君臣民事也。“帝之與王”以下，又原老氏欲爲太古無事之弊。“傳文”以下，又究釋氏欲治其心之失。“生三代後”及“夷狄之教”之云，皆指佛也。其時佛教尤盛，故其辭而闢之，尤嚴且切如此。“夫所謂先王之教者何也”以下，言道德仁義之大用盛效，蓋老、佛之所欲撤而廢之，而其功化與我殊歸者。“堯傳之舜"以下,則言此道傳授之正。"然則如之何而可也"至篇末,乃言反經滅邪之方也。

【校記】

①"始終":乾隆本作"始終",道光本作"終始"。

②"文王之德之純":道光本作"文王之純",無"之德"二字。

榕村文集卷七

初夏録二

通書篇

《通書》四十章，皆錯綜以闡太極之藴，然其義各有攸當，而前後諸章，蓋互相發。首兩章言誠，誠即太極也，所謂無極之真也。無極之真，有善無惡。首章言其在天者，而一通一復，爲四時之紀，萬物之命。次章言其在人者，而一動一静，爲五常之本，百行之原也。三章、四章，兼誠、幾言之。三章言凡人之幾，有善有惡，所謂五性感動而善惡分者也。四章言聖人之幾，有善無惡，所謂無欲主静，而天下之故，常感通於寂然不動之中也。五章又以凡人言之，以明五性感動之旨也。六章又以聖人言之，以明定之以中正仁義之意也。後九章乃言爲學變化氣質，至聖賢之道。七章言有氣質之性，而師教不可不立也。八章則言必聞過知恥，以爲受教之地。九章則言必窮理知幾，以爲入聖之門。十章則遂言學聖之至，必如伊尹、顔淵而後可也。十一、十二、十三章，所謂志伊尹之所志也。十四、十五章，所謂學顔淵之所學也。十六章，申太極前半篇之意。動静者，陰陽也，化也。動而無動，静而無静者，陰陽互根也，神也。神之所以不二者，以其理之一也。混之斯爲一，闢之斯爲萬，神聖之妙乎萬物而不可窮也。十七、十八、十九章，言樂。樂者樂也，性情之極也，其本亦在於淡而已。此《中庸》"尚絅"、《圖説》"主静"之指。故二十章遂言無欲，以申太極後半篇之義。二十一章又言公明，以申明通公溥之説也。二十二章總理性命言之，實太極一圖之體要，奥指微言，至此盡矣。以後雜申前文之意而已。二十三章，申志學也。二十四、二十五章，申師也。二十六章，申幸也。二十七章，申思也。二十八、二十九章，申務實也。三十、三十一、三十二章，皆言《易》，以申首章性命之源之意。性命之源，誠而已矣。“乾損益動”章，言存誠而慎其動也。“家人睽復无妄”章，言慎動以歸於誠也。此蓋《易》忠信立誠之道，敬義夾持之要，而首數章言誠、幾、道、德、慎、動者，皆舉之矣。三十三章，又申顔子也。三十四章，又申文辭也。三十五章，所謂藴之爲德行也。三十六章，所謂行之爲事業也。三十七章，又見公能生明，以申三十六章之意也。三十八、三十九章，言孔子者，立人極之人也。四十章，言蒙艮者，自童蒙至聖賢，皆以主静爲學之本也。《通書》四十章，豈徒發明《圖説》之藴，蓋《學》、《庸》、《語》、《孟》，孔、顔、曾、思、孟氏，不傳之絶學存焉。

周子於《圖説》曰“無欲故静”，於《通書》又曰“無欲則静虚而動直”。或疑静虚之静，非主静之静，非也。蓋無欲故静虚，静虚故動直，静虚乃動直之本，故曰主静也。所以無欲者，則自存誠謹幾而來。存誠謹幾，則無欲而誠矣。一者無欲也，誠也，故曰一爲要也。聖人曰中正仁義，學者則曰明通公溥。中，禮也。正，智也。中正仁義，動静周流，而以静而義正者爲主，此《易》貞中起元之意，所謂利貞者性情也。聖人以此洗心退藏於密，神明其德者也。義智所以爲静者，董子謂陽居大夏，而以生育長養爲事，陰居大冬，而積於空虚不用之處。當陰道上行之時，則萬物已藏斂成就，是置之空虚，無所用之也。人心及乎義智之分，而萬事收斂，則亦截然而止，澄然無爲矣。明者義也，通者智也，公者仁也，溥者禮也。此之明通公溥，重在明通，主静之意也。至《養心亭説》所云“誠立明通”，則又以誠立爲重。蓋寡之又寡，以至於無欲，則誠立。誠立則明通，明通則公溥不待言矣。二者文雖異，而同申《圖説》無欲主静之指。故以周子之言，前後反覆而自相證，則得之矣。夫動静時也，聖人之道，未有偏焉者也。其所以静云静云者，静之分雖陰而主乎陽，動之分雖陽而主乎陰。故人心寂然，則神明爲官；動而感物，則形體迭用。善惡生於形體之交，而人心紛於有感之際。此衆人所以常因動而失性，聖人所以必主静而立極也。《乾》之元不爲首，《坤》之貞以大終，皆主静之義也。艮背之辭，尤三聖之微言，故周、程屢述焉。

邵子云，天地之數五。五位之中，有無體之一，有不用之一。以人心言之，則五者性也，無體之一者信也。專言之仁也，不用之一者智也。蓋信土德也，該五行，乘生氣。其在天，則太和一元之運乎四時，故曰誠曰仁，惟人所以目之而已。智水德也，四時之運，惟冬不生，然生物之本在焉。智於四德猶是也。此知所以爲行先，而誠所以爲知行本。蓋不用者用之根，而無體者體之極也。夫由邵子之言，則不用者一。由朱子釋周子之説，則不用者二。然義猶半用，而智全不用也。《易》言利貞者，亦曰自利以歸於貞而已矣。

《定性書》大公順應者，敬義之學也。内直故公，外方故順，而其所以能然者，敬義也。書雖不言，然語録言之，所指繫累穿鑿之非，而歸於主敬明理者，即此書之義疏也。遽忘其怒，而觀理之是非，乃怒時之敬義。推之他時他事，莫不皆然矣。書中引艮背者，言其無所繫累也。引惡智者，言其不可穿鑿也。繫累而失本然之心，穿鑿而失自然之理，皆緣無敬無義故耳。無所繫累穿鑿，則静亦定，動亦定，蓋無欲而静虚動直矣。此周、程相傳家法也。張子之問，有偏於静定之意，故明道以是發之。吕與叔、蘇季明學横渠者也，異日問於伊川，欲於未發之時求中，似亦曾聞静定之説，而索之過者。故伊川之答季明，以爲未發不可求，有心求之，則是已發矣。惟是平日以敬涵養，則自能有未發之中，而有以爲發之本。及季明屢問，則又以爲必於已發之際觀之。蓋能以義制事，使事事物物各得其所，則此心自止而不動矣。夫涵養久而發必中節者，静以善動也。物各付物而心自止者，動上求静也。敬義夾持，動静互發，而必以敬且静者爲先，此則主敬主静之説也。周子以仁與中爲動，義與正爲静。蓋存之以仁，而後能動而中；處之以義，而後能静而正。故朱子曰："廓然而大公者，仁之所以爲體也；物來而順應者，義之所以爲用也。"自周、程而朱，心傳之要，莫大乎是矣。

自宋以來，格物之説紛然。扞禦外物而後知至道，温公司馬氏之言也。必窮萬物之理，同出於一爲格物，知萬物同出乎一理爲知至，藍田吕氏之言也。以求是爲窮理，上蔡謝氏之言也。天下之物不可勝窮也，然皆備於我而非從外得，反身而誠，則天地萬物之理在我，龜山楊氏之言也。物物致察，宛轉歸己；又曰即事即物，不厭不棄，而身親格之，武夷胡氏父子之言也。格，正也，物，事也，去其不正以歸於正，則又近年姚江王氏之説也。古注之説不明，而諸家又紛紜若此，此古人入德之方，所以愈枝也。程、朱之説至矣，司馬氏、王氏，不同道而姑舍是。餘諸子皆學程門者，宜乎各有所至矣。然朱子之意，猶謂程子之言，内外無間，而本末有序，非如諸儒者，見本則有薄末之心，專内則有遺外之失。又或以外合内，而不勝其委曲之煩，皆未能得乎程氏明彼曉此，合外内之意，及積累既多，豁然貫通之指也。雖然，程子之説，則真聖門窮理之要矣。而施之《大學》，則文意猶隔。蓋《大學》所謂格物者，知本而已。物有本末，而貴乎格之而知其本。末者，天下國家也；本者，身也。知天下國家不外於吾身之謂知本，知本則能務本矣。此古人言學之要，《大學》之首章，《學記》之卒章，其致一也。象山陸氏之言曰："爲學有講明，有踐履。《大學》致知格物，講明也。修身正心，踐履也。物有本末，事有終始，知所先後，則近道矣。欲修其身者，先正其心；欲正其心者，先誠其意；欲誠其意者，先致其知，致知在格物。自《大學》言之，固先乎講明矣。"又曰："學問固無窮止，然端緒得失，則當早辨。是非向背，可以立決。物有本末，事有終始，知所先後，則近道矣。於其端緒，知之不至，悉精畢力，求多於末，溝澮皆盈涸可立待。要之其終，本末俱失。"愚謂陸子之意，蓋以物有本末，知所先後，連格物致知以成文，其於古人之旨既合，而警學之理，尤極深切，視之諸家，似乎最優，未可以平日議論異於朱子而忽之也。就諸家中，則龜山之説獨爲渾全，蓋雖稍失《大學》淺近示人之意，而實聖門一貫之傳也。故朱子之誄延平，曰："道喪千載，兩程勃興。有卓其緒，龜山是承。"

象山之學，亦言志，亦言敬，亦言講明，亦言踐履，所謂與朱子異者，心性之辨耳。象山謂即心即理，故其論《太極圖説》也，謂陰陽便是形而上者。此則幾微毫忽之差，而其究卒如鑿枘之不相入也。近日姚江之學，其根源亦如此，故平生於心、理二字，往往混而爲一。《答顧東橋書》引《虞書》，斷自"道心惟微"以下，而截去上一語，晚歲遂有心無善惡之説。夫心性之原既差，則志其所志，養其所養，講其所講，行其所行，二本殊歸，其道使然。今言陸、王之學者，不謂其偏於德性而缺學問,則謂重在誠意而輕格物。此亦朱子論近世攻禪,若唐檄句驪守險者類也。張子言釋氏,就使得之,乃誠而惡明者。聖人則因誠著明,因明致誠。愚謂果誠則無惡明之理,惡明者其誠非也。故程子曰:“既無義,即敬豈有是處?”然則陸、王二子之敝[1],其應辨析者,固在心性人道本原之際,不在講學持守知行先後之間也。

太　極　篇

朱子釋《太極》,云造化之樞紐,品彙之根氐[2]。其訓《皇極》,曰至極之義,標準之名。詞雖不同,而義相貫。蓋凡物樞紐,乃其至極無以復加之處,而其以爲根氐而生者,必無不與相似,是亦所謂標而準之者也。夫天地之間,物化同流,無一不肖其所自生者。故一瞑寤似晝夜也,一晝夜似望晦也,一望晦似春秋也。萬物精魄似水火也,水火似日月也,日月似天地也。蠉動吹嘘,華實瑣細,莫不有所類焉,莫不有所像焉。雖然,此皆形氣之屬,取則於兩儀、四象而有者也。兩儀之爲儀,四象之爲象,亦取儀表法象,萬物所則效之義。非所謂極也。極也者,純粹以精之理,至真而无妄,至善而無惡。其爲物也不二,其爲道也不息。此所謂天地之性,而萬物得之,亦各一其性,有若以之爲根氐[3]標準者然。比之兩儀、四象,則無聲無臭,爲之主宰綱維,至極而無所加於其上,故曰太極也。皇極之爲極,亦以人君能盡其性,而足以爲臣民則傚。天地聖人之性,苟非極乎其至,不能爲萬物萬民之則;不足以爲萬物萬民之則,亦未可謂極乎其至矣。是故未論圓首方足,五行之秀者也,即横生倒生,血氣之倫,皆有人性,皆有天地之性,顧人不察耳。且夫是性之善,於何驗之?從古及今,不知其千萬年也。天地之爲天地,無有他事,生萬物而已。生,生也,不生則成其所生,而又以爲生生之地也。觀天地之爲天地者,天地之情之心可見矣。觀天地之情之心者,天地之性可識矣。邵子謂天心無改移。夫其心之無改移者,以其性之不可改移也。其在人者,則亦以心之發,知其性善而已矣。至於鳥獸草木,良知良能之所發見,皆足以驗其區區之善,與人同得之天地而初無殊。子思子曰:“鳶飛戾天,魚躍于淵。”言其上下察也。此聖人所以對時育物，參天贊化，與太極合德者也。

理氣雖無上下先後之可言，然所謂天地之性純粹至善者，自超然形氣之表。性者生物之本也，氣者生物之具也。由此觀之，道器安得謂無上下？陰陽有終始，天地有混闢，而其性終古不移，故混兮闢兮，終則有始。由此觀之，理氣安得謂無後先？近代多譏朱子不當以先後言理氣，因之上議濂溪動静生陰陽之説。《易大傳》曰：“易有太極，是生兩儀。”然則不獨上下，孔子之言；生陰生陽，亦孔子之言也。安可以言生、言先後者爲二子病也？且上下先後，皆非判然兩截之謂。如無性，何緣而有氣？如無氣，性亦不可得見。氣者性之所生，因而爲性之用，一而二，二而一，韓子所謂其所憑依，乃其所自爲者也。故孟子曰配，周子曰妙合，皆言其不離之中有不雜者存也。以人心論之，無喜怒哀樂，則仁義禮智不可得而見。故《中庸》言性道，以四者發、未發言之。孟、韓言性情，表裏相應，此所謂不離者也。仁發爲喜，而謂喜爲仁不可。義發爲怒，而謂怒爲義不可。情自情，性自性，故聖人言道心，又言人心，此所謂不雜者也。跡近代疑者之意，乃以氣之迭運而適中不偏者爲理。故羅氏則曰，理在氣之轉折處見。蔡氏則曰，以太極爲陰陽之本體，不如以爲全體之爲安。二者所見正同。此如以喜怒哀樂中節爲性，語非不是，恐未究其根爾。若真知性之爲性，則知周子之書、朱子之言爲無弊。或問：性既善，何以乘於氣而有不善？曰：形上謂之道，形下謂之器。道者渾具之性，器者發用之材也。性既善，材亦無有不善。然性一而已矣，材則取備焉，備則錯綜變化，巧歷不能窮也，參差多寡而偏正生矣。又性無形，氣有迹，有迹則又有精粗醇醨之異。譬之五味皆旨也，或不備，或多寡失其齊，則變而爲惡味。五色之相參雜也亦然。且色味既有形之物，則必有菁英苴淤，淳厚淡薄，固不能以均齊也。人受天地之中，陰陽五行，會萃均和，得其正者也，物則偏而不能全乎天地之性。然就人之中，又有正而偏者，爲愚不肖之不移；物雖偏，而亦有偏中之正，故有形類性情與人似者。又人得其秀，其氣清粹，物得其粗，其氣昏駁，此又性之通塞所自分也。如四靈之屬，則雖偏而清粹者，故其性特異，人而得其昏駁者反之。

太極猶種也，二五者，根幹枝葉也，所生之人物，則穀實也。種之中含根幹枝葉，今菘子、蓮子中有松葉、幺荷者是也。及果穀之成，則肖其種而已矣。樹之道在成實，天地之道在生人。人與物同生也，而種之美者爾，故天地之性在焉。惟天地之性在人，故人心渾然太極，而獨肖于天地。自是而發之，形神交，五性感，萬事生焉，是衆人之陰陽五行萬物也。寂感一，中正仁義行，萬事定焉，是聖人之陰陽五行萬物也。如成實之後，又自爲種，而生生不窮，此人所以曰天地之子。繼其志，述其事，而終其功，而天地萬古之化，舍人事則莫大焉者也。周子之圖，既首尾之於一極矣，然於人極而兩之者，抑以人自生於父母之後，而其視天地也，則闊乎與我其不相續。是故於氣化形生而兩之，明乎受之於天地者此也，受之於父母者亦此也。受之天地、父母，同乎一性，其全而歸之天地、父母也，同乎一道。嗚呼！此《西銘》之指之根本也。二人不相見，二書之作不相謀，以其義之至者論之，則《西銘》之作，所以終太極之意，惟其不期而同，此乃所謂同也。康節之書又曰："道之道，盡之於天矣。天之道，盡之於地矣。天地之道，盡之於物矣。天地萬物之道，盡之於人矣。人之道，則盡之於聖人。"旨哉！斯皆極至之論。

人　物　篇

太極行而爲一陰一陽之道，所性具而有見仁見智之偏，日用飲食，蠢蠢不知，則又其每下者。《中庸》有智愚、賢不肖之分，周子有剛柔、善惡之等，孟子、韓子有才品之論，張子、程子又有氣質之説，皆根原於《大傳》之意，而有詳略。賢智及剛善柔善，皆才品氣質之清而淳者，但偏耳。愚不肖者、惡者，則是得其粗而駁者，足以蔽虧乎他端之美，而不止於偏而已。或有愚而稍淳厚，不肖而猶聰敏，亦不足以言賢智也。顧人雖有虧蔽，而終異乎禽獸之虧蔽。人於類屬土，土中氣而備五行，故人實受天地之中而完五德。其偏極者，蓋德之甚少而未嘗無。禽獸則無之者也。譬之烹飪，五味全具，或加醯鹽、薑桂少，則似未嘗酸辛。禽獸則撤其一齊，不特寡少而已。以形體論，生人之類，必備五臟，必備五官，手足必備五指。禽獸則不能具五趾，甚而五臟、五官有不能具者。是故人雖愚可使智，雖惡可使善，其蔽虧者，清濁淳駁之爲爾，其本固在也。夫其根伏者，滋之雨露則可以繁陰。其火宿者，動以薪草則可以燎原。聖賢之教人，復性而已，未嘗使增所本無也。禽獸則因所明者而導之，因所善者而順之，因所能者而用之，偏盡者無可補完之道，塞甚者無可終開之理，蓋亦不能增其本無故爾。龍麟鳳皇，聖人比德焉，其得氣清且淳矣，而以人視之，猶偏。故言與天地相似者，非人莫屬也。

草木之生子也至繁，禽獸次之，禽獸之小者、無知者，如魚蟲之族，生子尤繁。其大如犀象牛馬，靈如鸚鵡猿猴之屬，則不能也。人之生比物類尤少，此所以爲最貴。夫人物亦天地之子也，惟天地能廣生人物而兼愛之，人物則不能。故禽獸魚蟲之類，不能篤於天性，固其氣之昏塞，亦由生繁而情不專也。然飛走者，嫗伏乳哺，天性之愛，其初不與人殊。即若魚蟲之孕蕃矣，俗謂凡魚產子之處，其所流傳，至生育之期，必來故處。又如草木開花之候，移栽則生，俗謂花愛子。然則雖至微至繁，而性之不可泯亂者自在也。至論其等，則又不但人物性有厚薄，愛有差分，即天地生人物之初，亦不一概。故繁氣之生，與精氣不同，其愛繁氣之所生也，亦不如其愛精氣之生者之厚。故草木以食禽獸，禽獸以養人，食之以時，用之以禮，而聖賢莫之非，神明不之惡也。精氣之中，其稟得高厚之氣者，爲尊崇富貴，又可以駕使服屬一切卑賤之倫，尤爲天心之所眷顧。然必皆能善承天意，知自貴於物，則勤修人職，知尊在民上，則敬代天工。雖可以自肆於民物，而能體天地兼愛民物之心，必使之各得其性而後可耳。不然，則是暴殄天物，害虐蒸民，亦曰天之所厚，其可乎？韓退之《原人篇》，以人統禽獸，而曰："主而暴之，不得其爲主之道矣。是以聖人一視而同仁，篤近而舉遠。"

草木叢生於山澤間，榮落不相侵害。禽獸則有齧觸争奪，比之草木，不如多矣。然亦飢則噬，怒則争，欲厭而棄，忿平而釋。人則其願無極，其怨無終，留贏餘於子孫，結禍釁於數世，毒積家邦，害及民物，其不如禽獸遠矣。然則天地之性，何爲以人爲貴乎？蓋凡不善之端，皆緣善者而反，草木不能相害，亦不能相利也。禽獸之類，如蜂螘之擁其上，烏烏之哺其親，同群旅居之族相噢咻者，比比能然。此禽獸之靈，賢於草木者也。若人則自五倫親愛，推之可以睦族黨，卹鄉鄰。其大者至於澤天下，其功用幾與天地並，豈可與血氣之屬一日而語哉？惟其全能之備也，故擴而充之，貴於萬物；而逆而反之，則其惡亦非萬物比也。此如富厚崇高之人，可以遠施，乃爲善之具；而驕淫矜夸者，藉以濟惡，覆不若寠人丐夫，得厭而止，無厲於人，不府辜功也。

禽獸性之善者，終古不易。人則世變風移，不能常保其性。何與？曰：所能者多，故不專；所習者速，故易變。禽獸之善者，終古不移，一則無習化之變，一則所稟偏而專也。此如一人專治一藝，一人兼通衆藝，其一藝自然歷久不忘。又如兩人皆不純善，而一聰黠，所習愈多，其善愈損，其勢然矣。然孟子終謂人之性善，不與物同者，物明於一而暗於他，不能與天地相似，則不足以言善。不足以言善者，非謂無一端之善，不足以語於純粹至善之本，而得乎天地之性之全也。由斯以觀，孟子之於性也，豈所謂論理不論氣者乎？其論人性也，正如《禮》所謂天地之德、陰陽之交、鬼神之會、五行之秀氣也。《傳》所謂人受天地之中以生也，正以其稟氣賦質，獨完且粹，所以謂之善。故曰人之所以異於禽獸者幾希。惻隱、辭讓、羞惡、是非，人皆有之。若禽獸，則或有其一，不能皆有，或稍有之，而長而忘之、久而棄之矣。如謂孟子之言性也，以天命之本言也，論理不論氣，是以未備。如是，則天命之本，一而已矣，又何人物之别之有？而孟子以爲異於禽獸，以爲必不可同於犬牛者哉？獨所謂智愚賢否倍蓰而無算者，孟子不以爲性，似乎離氣論耳。孟子之意，以爲賢否智愚，相差者小，均是人也，則皆與聖人同性者，非若犬馬之判然不與我同也。若果聖人不與我同性，則我之耳目口鼻，所悦所嗜，必皆不與聖人同，如犬馬之飲食居處，不與我同類而後可。今耳目口鼻，所悦所嗜，一一與聖人同，獨至其心其性，而有異乎哉？是故雖愚可使智，雖惡可使善，非若禽獸之愚而必不可使智，惡而必不可使善也。雖降才有異，而亦孰有能盡其材者乎？苟盡其材人一之，己百之，人十之，己千之，則亦未見力不足者。故曰性相近也，習相遠也。材善故性善，智愚之稟，其較不多，故曰近也。不能盡其材,而性奪於習,則有倍蓰,有無算,故曰習相遠也。是故孔、孟之論性之在人者,皆兼氣稟而論者也。氣稟即材也。韓子所謂有三品者,蓋原於孔子上智下愚之指,是故以孟子獨言善者爲非。聖人之言至矣,故言相近,以概人性之皆善,又言不移,以處間生之善惡。賢人之言,則必合之而後見。聖人之意,孟子得其所謂相近者,韓子得其所謂不移者。夫后稷、文王、羊舌、越椒之生,蓋間值者也,乃其所謂生大聖不數,生大惡亦不數者也。欲以爲常品,而易性善之説,則過矣。雖然,韓子雖異乎孟子之説,而亦可以補孟子之意,以合於孔子之言。且其曰:"上者可教而下者可制也。"明乎人雖下愚,而與鹿豕之群不可制者異矣。彼其所以可制者,則以人之爲性者五,雖反於一,悖於四,而五之爲五自在也。朱子《中庸解》,天命之性,兼人物言之。其言氣稟,亦自人物之偏正通塞,以及賢愚之昏明厚薄。理雖詳密,而不可以是論孟子之疎。蓋孟子所謂人性,正以其得乎正且通者,而謂之善。昏明厚薄之材,可以學變,故曰非才之罪也,不能盡其材者也。非孟子不言氣稟,而所謂善者,純以天命之初説之也。夫自孔子至於程、朱,所言詳矣,其間猶有不相知而相議者,然皆得聖賢之學而無不同,同乎見性焉爾。所見同,故其所以相議者,不能相病而適相備。然而猶相議者何也?偶失其意於語言之表,古人所以貴乎親炙之歟。

人　心　篇

人心,道心。人,形也;道,性也。心居形性之間,形性妙合,而心爲之主,故有道心,又有人心也。性者生物之本也,故自心而上之,通極于天命之德,則曰道心;形者物生之迹也,故自心而下之,發見爲耳目口鼻四肢之情,則曰人心。無兩心也。別爲人心,而曰危者,蓋形氣之用,徇之可以流而爲惡,而失心之本;然亦不得謂之非心也,故曰人心危也。其後孔門謂之人欲、天理,蓋人心惟有欲也,是以危。道者理也,理原於天,無聲無臭,是以微。其告顏子也,曰己、曰禮,此則又指夫人欲之私,天理之實之所在也。夫公天下之欲不爲惡,惟有己則私耳。理涵於心之謂性,見乎事物則爲禮而可循,而禮斯實矣。雖然,發人心、道心之指,未有賢於孟氏者也。其曰仁義之心,所謂本心,良心也,即道心也。心之官則思,思則得之者也。其曰口之於味,鼻之於臭,耳之於聲,目之於色,所謂人心也。耳目之官不思,而蔽於物者也。耳目之官亦心也,而非所謂本心者,故不得爲大體。其論消長存亡也,則通論之也。道心爲主之謂存,人心聽命之謂長,反是則消亡矣。曰"出入無時,莫知其鄉",非歎其不測之妙也,正謂理難著而欲易流,微之至,危之甚也。周子曰:"形既生矣,神發知矣,五性感動,而善惡分,萬事出矣。"形生神發,所謂心也,五性感動,則道心與人心并合而並發,此善惡之所以分也。故曰:"幾微故幽,非天下之至精,其孰能與於此?"又曰:"果而確無難焉,非天下之至一,其孰能與於此哉?"程子曰:"吾學雖有所受,天理二字,則是自體驗而表出之。"蓋自謂得周子之傳,以推明孔氏之意。張子又曰:"心統性情者也。"此又深合虞廷之旨,一語傳心之要也。

自漢以下,儒者以氣質爲性。故程子爲之説曰,性即理也。言氣之中,有亘古今不易之理,是之謂性,不可以氣爲性也。自是至今日,雖人能言理,實未免於以氣爲理。故宜爲之説曰,理即性也。言氣之中,有亘古今不已之性,是之謂理,不可以氣爲理也。《太極圖解》,朱子傳道之書也。其言太極動静而生陰生陽也,曰是天命之流行也。所謂誠者聖人之本,物之終始,而命之道也。其言太極本無極,而五行之各一其性也,曰是性之本體然也。天下無性外之物,而性無不在,故渾然太極之全體,無不各具於一物之中,誠也,性也。朱子所以言太極也,即其所以言理也。由是而賦於萬物,散爲萬事,皆此理爾,此性爾。故《中庸首章説》曰:"人物之生,各得其所賦之理,以爲健順五常之德。"又曰:"道者,日用事物當然之理,皆性之德而具於心。"夫朱子之言理也如此,後世猶有薄其窮理之説爲支離者。

在人者率性爲道,天地何獨不然?一陰一陽之道,亦天地率其至善之性而爲之者也。故曰:"立天之道,曰陰與陽;立地之道,曰柔與剛;立人之道,曰仁與義。"言道則可以對待言,若性則不可以對待言。性者,渾然一無極之真而已。然則言性,以仁義、以四德,蓋亦自發用之後,而推原其本體,分别其名狀之云爾。性則沖漠無眹,烏有所謂兩且四者哉? 是故聖賢惟以善名之,不可加一辭。率之斯爲道,散之斯爲理,故有塗轍之可循,條貫之可析。此性道之説,太極二五體用之分也。

性之所以爲性者,善而已矣;性之所以爲善者,仁而已矣。在天地則爲生物之本體,所謂"大德曰生"者也。性從心、從生,説者謂與心俱生,非也。謂心乃能生者,心之所以能生,是之謂性焉爾。向與友言:《中庸》至於天地之道,可一言而盡也。其人云,其生物者,即其爲物者。歎其談理之妙,詞省而意足。故《易》言天地,而曰"繼之者善",又曰"元者善之長也"。孟子言人而曰"性善",又曰"仁也者人也",人皆有不忍人之心。

《樂記》曰:"人生而静,天之性也。感於物而動,性之欲也。"韓子曰:"性也者,與生俱生者也。情也者,接於物而生也。"周子曰:"五性感動,而善惡分矣。"程子曰:"其本也真而静,其未發也五性具焉。形既生矣,萬物觸其形而動於中矣。其中動而七情出焉。"朱子解《中庸》,謂喜、怒、哀、樂,情也;其未發則性也。夫仁、義、禮、智,有存有感,喜、怒、哀、樂,亦有已發未發,是道心、人心,皆包乎動静以爲言也。而聖賢之論,乃以静爲性,動爲情,則道心、人心,亦可以動静别之與? 曰:從乎性者,性情皆道心也。從乎形者,人心也,可以言情,不可以言性。是則道心包動静,而人心則以動言而已矣。夫有形則有知,有耳目口鼻之官,則有聲色臭味之好。雖未接於物,其本固在也。以爲動而後有,何也? 曰:人心之方其未發也,耳目口鼻之官,筦於大體;喜怒哀樂之用,涵於一中;是形性之未分者也。人也即道也,即人即道,則不謂之人心,動而以人從道,則亦不得謂之人心矣。惟其不能以人從道,而並行錯發於日用之間,於是乎有人心、道心之異,而危微分焉。《中庸》所謂未發爲中,猶略言之也。孟子發其指,又曰:"日夜之所息,平旦之氣,則好惡與人相近者幾希。牿之反覆,然後夜氣不足以存。"夫夜氣所存,即未發之中也,道心也。至于不足以存,則未發之中亦亡矣。禽獸者,雖未交於物,而所性之本已失。人而如此,故曰:"違禽獸不遠矣。"此《中庸》所以必先於戒懼以致其中。孟子言操存者,雖不專以此言,而此其要也。周子之静，程子之敬，其原悉出於此。

天　地　篇

文中子曰："天者統元氣焉，地者統元形焉，人者統元識焉。"又曰："氣上形下，識都其中，而三才備矣。"邵子曰："形氣交而神處乎其中，三才之道也。"是二説者，初讀之至精之論也，苟以辭害意，則謂天地者，徒坱然[④]塊然之形氣，而至靈之神識，乃在於人之身，不但於理迷謬，且大有害於存心行事，不可不知也。天者氣之宗也，神者氣之靈也，所謂帝者，其主宰也。天之功見之於地，其成形者皆天之氣，成形而有知識者，皆天之神。人者所生之物，萬類中之一爾。以其得中氣而最靈於萬物，天施地生，其精且秀者在此，故推之以配上下，而爲三才，豈謂其更靈於天地乎哉？或曰：《書》以民爲天之聰明視聽，何説？曰：民者天之所生，其聰明視聽，即天之聰明視聽也。緣此遂謂天無聰明視聽，可乎？《記》謂人者天地之心，非與？曰：此非以天地爲血肉之軀之謂。蓋天地以生物爲心，所生之物，因各得夫天地之以爲心。人又萬物之靈，能繼天地之志，則天地之心，實在于此。故《記》又以人爲天地之德，《孝經》以人爲天地之性。蓋非天地無德性，但人受天地之中，與之合德而得天地之性者，人爲貴爾。《易》言天地之心，《書》稱天心帝心，不一而止。張子亦曰："天地之帥，吾其性。"然則天地豈無心者乎？周子《圖説》，以萬物萬事對。蓋天地之生萬物也，如人之生萬事也。天地生萬物，而一物各有一天地之心，猶人生萬事，而一事各有一人之心也。故曰人者天地之心。

天者神也，地者形也，上帝者主宰照察者也，地示者效能體事者也。鬼神之在我，爲魂魄精神。太極爲性，陰陽動静之機，爲喜怒哀樂之情。萬物則爲萬事，人類則爲三綱五常之正。

日月，天之耳目也。其所迫近則爲發生，其所遠離則爲揫斂。凡地中温熏生殺之氣，造化萬物者，皆因日月之所加臨。謂如人心造化萬事，皆緣耳目而變，苟耳目之所不加，萬念萬事亦無由以起矣。或曰：天地自有生物之心，人心自有應事之神，如謂生物之日月，而萬事起於耳目之官，則《坎》、《離》先乎《乾》、《坤》，且孟子所謂小體、大體者誣矣。曰：日月，天地之精神發見者，自然與天地之精神相應也。猶之耳目，人心之精神發見者，亦自然與人心相應也。日月之氣，因天地之氣而有，而又能以其氣爲天地之氣。耳目之神，因人心之神而有，而又能以其神爲人心之神。如雌鷄之卵氣外氣也，卵氣内氣也，内氣待於外氣煦伏而生，非待於外氣煦伏而有也。是之謂内外相應之理。孟子小體云者，非外之也，正謂耳目之與心相應，恐其誘之而化，故欲人之以本心爲主，則耳目之用，無非所以善養其心耳。四勿九思之目，皆先以視聽，蓋謂此也。此義不明，故有謂耳目牿心，而必離見聞以求道者。

問：人事之亂也，天心安在哉？且何以窮其流弊，而不反之？曰：氣之爲也，其有甚有不甚，則人事之召也。天心豈變哉？此猶人之病也。其有甚有不甚，人事之召也。人心之明，豈以病爲安乎？《詩》、《書》稱眷求一德，俾作民主，鑒觀四方，求民之莫。微天心，何以眷之鑒之？又問：天地之大也，治亂同乎？曰：寒暑、朝暮，有不同者矣。東方之晝，西方之夜也。極南之暑，極北之寒也。人事作息，萬種生枯，豈有同者乎？然同乎朝暮、寒暑之理而已。以此推之，古今之治亂興衰，亦不殊是。自三代至今，地之南北東西迭王⑤，自繁盛而荒蕪，自阻深而開闢者，多矣，況九州之外者乎？故有同體之興衰，有一處之興衰，未可一概論也。此如人心所注，其事則興。樹之生氣偏灌，其葉則茂。要之，一體中事，流行變易，不得不然，豈有兩心哉？

或問鬼神之理。曰：萬物之存化，萬事之生滅，一也。事雖往矣，其迹象未嘗不在於心，雖久而忘矣，而觸之未嘗不復記憶。此豈人心又有藏往之處，鬼神之爲德固如此爾。鬼神者，二氣之靈也。人乘二氣之靈，故其生其死，亦謂之鬼神。然聖賢之生死，則又與蚩蚩者存没不同。凡生爲人，死爲鬼，其常也。聖賢之神，與天地之神合，所謂在帝左右，主名山水，萬世無疆，崇祀俎豆。蓋因此理維繫天地，故其神塞乎天地之間。喻之人身之美行善事，自然與精神念慮相爲固結，非汎汎然旋起旋滅之可同也。昔與友言，明有聖賢，幽有鬼神。其人以爲天地間既有聖賢,天地間神明,皆聖賢之神明也。初疑其語未然,既思之乃有理。如五帝五神,本五行之氣,而以太皞、少皞諸人爲之。土穀自有神,而以柱、棄配之。及《詩》、《書》言三后在天,王有丕子之責于天,周公歌詠禱祈,不爲虚誕。蓋天地間日星河嶽,無盡之精爽,然皆不能離理而孤行。開闢以來,無窮之理義,皆自聖賢發之,其神靈合於天地,無足怪者。至於經傳儒先致有致無之説,蓋莫非鬼神也。天地聖賢祖宗,是當致有者。淫祀怪神,是當致無者。近取諸身,是謂存理滅邪之法。或問:常伸者爲天地之神,如耳目心思之靈,日出而不窮也。人雖聖賢,及屈而歸,亦人鬼之類爾,似不可以聖賢之神爲天地之神。曰:非聖賢之神長在,蓋聖賢之理長在也。其理天地之理,則其神天地之神,雖既屈而歸,而與常伸者無異。故曰:"文王在上,於昭于天。"注言其精神上合于天也。卒之曰:"上天之載,無聲無臭。儀刑文王,萬邦作孚。"主於理矣。

韓子之《原鬼》也,以爲無形、無聲、無氣。如是,則所有者神而已。然而或有形於形、聲於聲者,則有二,一鬼一物。鬼者人鬼也,其降於物而有形聲也,皆民逆於倫,感於氣,召乎禍以取之。物者物怪也,其接於物而有形聲也。或禍或福,或莫之爲禍福而已矣。韓子其知鬼神者乎?謂鬼神無顯然而與人交之理,其或與人交者物也。然則古今之惑於鬼神之説者,其亦召致物怪而已。故其作《謝自然》等詩云云。

性　命　篇

元、亨、利、貞,太極中之四體也,純乎善者也。賦於人爲仁、義、禮、智,亦純乎善者也,發爲喜、怒、哀、樂,則不能純乎善矣。自此而爲吉凶悔吝,自此而爲理亂興衰,皆人事乘氣數之所爲,非盡天命本然之理矣。自仁義禮智以上屬天,自喜怒哀樂以下屬人。自元亨利貞爲仁義禮智,是由天以之人。自喜怒哀樂爲吉凶悔吝、理亂興亡,是由人以之天。由天以之人者,天與而人受之,故斷自此謂之天理;由人以之天者,人感而天應之,故斷自此謂之人事。

或問:天之元亨利貞,發爲春秋冬夏,亦氣也,陽愆陰伏,亦氣之過也,何爲專以理言天乎？曰：氣者理之用也，氣行而不離乎理，則專言理可也。陰陽愆伏，暫而不常，所謂天地之大也，人猶有所憾，不足以爲天地之病也。人則過而不知節，溺而不知返，迷失本性，故以是爲形氣之罪耳。又問：理亂興亡，春秋冬夏之大者也。生民一消一息，草木榮落之大者也。故邵子謂元會運世，猶之歲月日辰也。奈何以理亂興亡斷爲人事？曰：理亂興亡，固即春秋冬夏也。惟人之所稟全，所職大，其修悖之效，迥然與萬物殊，故往往言天而以人對。草木者順天之序，與化同流而已。人則不然，其盛也敗禮敗度，其衰也圮類戕物，以至干天地之和而猶不止也，而生生之道，幾乎息矣。故一年之生殺，人運之息耗，皆天也。草木順受者，則謂之正命可也。人蓋有不能順受者，不謂之正命可也。但泯然升沈如草木而已，亦未盡乎順受之道，非天地所以生人之意，不足謂之正命。必也，如聖人興道致治，捄亂扶衰，然後合乎天地生生之心，而可以作元命，究於其本然者，非有所加也。故以順爲順，未盡乎順之道，而興道致治，捄亂扶衰，則順之順者也。

世術以星盤干支，推人休咎，曰某度某運，應凶應吉，此於理蓋有之。然吾徵諸世之人矣。如吉也，善人則加修，中人坐享而已，惡人必恃而恣焉；如凶也，善人亦懼而加修也，中人苟安而已，惡人必回以避焉。故善人之福，必有餘祥，而其獲禍也輕；不善人之福非福，而其遇災必重。或問：如此，則惟中人順受焉爾。不善人之不善而餘殃，非順也。善人之善而餘福，亦非順也。曰：善者，天地本然之意，所謂正命也。爲善則適得其正命，何不順之有？福之有餘，非餘也，亦天地生生之心也，惟君子爲能道迎善氣焉爾。中人之於分也，則已不足，不善人則又逆而悖之。故孟子不但以順受爲順受，而必以盡其道爲順受；不但曰夭壽不貳，而必曰修身以俟之，而後可以立命也。張子之言事天也，曰待亨，曰從令，可謂順之至矣。然苟未知命之爲命，則其待而從之也，猶未盡乎順事之理也。必也知富貴福澤，得氣之厚矣，而天於此將責吾以善，非欲其坐享之也。貧賤憂戚，得氣之薄矣，而天於此將試我於艱，非欲其苟安之也。深察乎此，則知所謂天地之命，與所謂天地之性、天地之心，一而已矣。而君子之順事乎天也，非底豫而全歸之，亦安能泰然禍福惟天，而吉凶不亂乎？

耳、目、口、鼻、四肢之欲，人心也，非正性也。質之昏明强弱，遇之多寡厚薄，氣稟也，非正命也。世人皆以人心爲性，恣而不相非；皆以氣稟爲命，委而不自勉。故孟子指示之曰，性之真者通於命，命之真者通於性。言性而不本於命，言命而不本於性，非性命之真也。君子不謂之性命也。今於耳、目、口、鼻、四肢之間，極其聲色臭味安佚之欲，如世俗之論，以爲性或可耳，敢曰天命使之然乎？故徇性則逆天命矣，君子豈以是爲性哉？今於人倫天道之際，能盡其仁義禮智聖之分，如世俗之論，以爲天實命之亦可耳，敢曰性與人異乎？故委之命則失其性矣，君子豈以是爲命哉？然則君子所謂性命者，可知矣。天命之謂性也，物與无妄之謂命也，無有不善者也，無有不正者也。或曰：嗜欲之不得爲性，則既聞之矣。若夫氣稟之命亦命也，以爲天命者超於氣稟之外，則是有兩命也。且天之賦人以性也，亦言乎自然之理，物各得之爾，豈真有如君師之命，諄諄於冥漠之中者耶？曰：天之於人固不若是諄諄也，而豈無意哉？義理之命，不能不行於氣稟之命之中，而非有兩命也。天之所以爲性者，即天之所以爲命也。天性至善而不雜，故天命有善而無惡。其稟之有昏明强弱之異，遇之有厚薄多寡之殊，此則氣數之爲，有不能盡如天意者。然而至善之命，則未嘗不行乎其中。故昏明强弱之質，未嘗不欲其一之也；厚薄多寡之遇，未嘗不欲其齊之也。有能盡性以一之，立命以齊之，然後爲克當天心，而於天命之本合矣，誰謂其有二命哉？或曰：《朱子語類》似以孟子言有命爲有定分者，如何？曰：亦一命而已矣。天之生民久矣，偏多偏嗇者有之乎？貧賤者固宜守節安分，富貴者遂無節可守，無分可安乎？人或贏於前，嗇於後，贏於其身，嗇於子孫；或贏於利，嗇於名，贏於勢位，嗇於德義，皆有造物乘除其間，幸而多取之者，誰乎？此亦與其初至善之命，通一無二者也。命者令也，傳天之意者也。賦之初者，天之成法條具也。定之後者，天之顯賞明威也。不濫不僭者，蓋與生初之命相爲終始。遏惡揚善，所以順天休命也。中間雖有氣數用事之時，然正命不存焉。故君子不以知氣數者爲知命，而以知定理定分者爲知命也。

或問：長平四十萬卒，命耶非命也？曰：亦孟氏所謂非正命也。蓋天之生人，原無必置之禍之理。生人而立之上，固欲其安之全之，非欲其刑之殺之，即時假手而刑之殺之，正所以欲其安之全之也。但既假之以生養之權，則反而爲虔劉斬刈，亦其勢之所得爲。四十萬人者，固柏翳之族殺之，非天地殺之審矣。豈特殺之非天地也，水旱瘥札，亦人之感也，得爲正命也哉？或曰：盡其道而死者，正命也；桎梏死者，非正命也。趙之卒，豈皆抵冒桎梏而自取者乎？曰：盡其道者，桎梏死者，舉兩端言之也。固有不能盡其道，而亦未必其自取浮生浪死如草木禽獸者，此則視其所遇之幸不幸。如孟子所謂巖墻之下，是不幸而顛厭者。其大者，如長平之事是已。雖與自取有間矣，而亦未得爲正命。惟聖賢則能預遠於巖墻之下，順受其正也。即不得已而知禍不避，雖凶亦吉，決不與鳥獸草木者泯然同歸矣。

《西銘》有一直一横之理，直上父母也，横出者兄弟也；直上天地也，横出者民物也。人能孝於父母者，未有不能愛其兄弟者也。人能善事天地者，未有不能仁及民物者也。愛兄弟者，父母之心也，故能心父母之心，則不患於無愛矣。生民物者，天地之心也，故能心天地之心，則不患於無仁矣。《西銘》言"民吾同胞，物吾與也"，而後所言者，畏天樂天之學，不及乎博愛兼仁之事。蓋全乎其心之德，則愛之理固在其中矣。故程子以爲仁體，朱子以爲示我廣居也。窮神知化，知天之事也。無忝匪懈，事天之事也。底豫歸全，待亨順令，富貴貧賤，處之若一，生順死安，浩乎無愧，立命之事也。以理言之謂之天，兼氣數言之謂之命。而要之性天德，命天理，非有二也。故曰："德不勝氣，性命於氣；德勝於氣，性命於德。"又曰："人一己百，人十己千，猶難語性，可以言氣。行同而報異，猶難語命，可以言遇。"自孟子言性與命後，未有《西銘》、《正蒙》之深切著明者。

喜怒篇

貞元往復，天也。喜怒攻取，人也。吉凶治亂，天道之常，實人事之致也。

何也？夫乾元資始，四德迭運，純矣，粹矣，善矣，此之謂天德。人以其元爲仁，以其亨爲禮，以其利爲宜，以其貞爲智，故曰命而性。以其仁爲喜，以其禮爲樂，以其義爲怒，以其智爲憂，故曰性而情。以其喜爲吉，以其樂爲吝，以其怒爲凶，以其憂爲悔，故曰情而遇。命而性，自天以之人。情而遇，自人以之天。自天以之人者，斷之爲天理。自人以之天者，斷之爲人事。或曰：人事之不善，何從生也？曰：心者通極於性，故性。體者交引於物，故物。人者心不能主宰於其身，故五性感動而善惡判矣。然自憂而喜也陽也，悔而吉者應之。自樂而怒也陰也，吝而凶者應之。必也有所吉，斯爲能喜矣。無所吝，斯爲能樂矣。無所凶，斯爲能怒矣。有所悔，斯爲能憂矣。必也喜其喜，斯爲能仁矣。樂其樂，斯爲能禮矣。怒其怒，斯爲能義矣。憂其憂，斯爲能智矣。必也能仁，斯喜其喜矣。能禮，斯樂其樂矣。能義，斯怒其怒矣。能智，斯憂其憂矣。必也能喜，斯有所吉矣。能樂，斯無所吝矣。能怒，斯無所凶矣。能憂，斯有所悔矣。非獨身爾，在世亦然。理亂盛衰者，喜怒哀樂之象也。治則盛，盛則亂，亂則衰，衰則復治矣。衰故憂而悔，治故喜而吉，盛故樂而吝，亂故怒而凶。樂與怒，相反而實相生也。盛與亂，相遠而適相因也。人不能有吉而無凶，世不能有治而無亂。天行也，而曰人事云者，人事之所爲，可以益乎吉凶治亂之數，可以移乎吉凶治亂之機。雖春夏秋冬之爲貞元往復者，其災祥息耗，亦以治亂之大運而消長。故曰天道之常，實人事之致也。

憂喜有節不節而已，惟樂與怒可以病己傷物，而利害隨之。故言修身遠怨者，懲忿窒慾其要也。然《中庸》言喜怒哀樂，《禮運》又以喜怒哀懼愛惡欲七者言之，其目不同，何與？曰：此猶性之有四德、四端也。愛之發爲喜，惡之發爲怒，欲之發爲樂，懼之發爲憂，《中庸》目所發，《禮運》則兼存發言之。其言喜怒哀而無樂者，筦於喜也。樂根於欲，憂根於懼，此二者其屬夏冬，乃陰陽之所以變易交代。是故憂之繼以喜也，恐致福也。樂之繼以怒也，欲敗度也。《中庸》戒懼以存天理之本，謹獨以遏人欲之端，如是則喜怒哀樂發而中節矣。此之謂以情治情，性其情者也。以情治情者，何也？曰：懼亦情也，而可以存理焉，可以遏欲焉，可以治喜怒哀樂之情，以其爲陽之始，心之復也。懼以終始者，《易》之道也。敬以成始成終者，學之要也。故《中庸》不目之群情之中，而特以爲存省之綱也，義亦至矣。

孟子以惻隱、辭遜、羞惡、是非言情，與《中庸》、《禮運》又異，何也？曰：傳者概言人情，孟子則言其發於性者，其實一也。惻隱，愛之情也。羞惡，惡之情也。辭遜，欲之情也。是非，懼之情也。愛以惻隱，然後喜中其節矣。惡以羞惡，然後怒中其節矣。欲以辭遜，然後樂中其節矣。懼以是非，然後憂中其節矣。以貪冒爲欲，利害爲懼者反是。四者之循環相生也，自怵惕而惻隱，愛生於懼也；自羞而惡，惡生於欲也；辭而遜，則愛心爲之也；是而非，則惡心爲之也。或問：禮爲恭敬似懼，智爲知覺似欲，而類每反之，何也？曰：性之情者，天也；情之情者，人也。欲本生於智之覺，而情近乎仁；懼本生於禮之恭，而情近乎義。及其存於人而交也，不至於大懼，不懼也；不至於大欲，不欲也。故懼必叢於惡之極，而欲必積於愛之濫。君子之性其情也，則於欲也懼之而已矣，懼也欲之而已矣。欲也懼之，是謂閑邪之心，所以復於性之禮焉；懼也欲之，是謂存誠之心，所以復於性之智焉。復於性之禮，懼而無懼也，終不懼也已，所謂内省不疚，夫何憂何懼？復於性之智，欲而無欲也，終不欲也已，所謂欲仁而得仁，又焉貪也？

【校記】

①“敝”：道光本作“弊”。

②③“氐”：道光本作“柢”。

④“块然”：道光本作“塊然”。

⑤“王”：道光本作“正”。

榕村文集卷八

尊朱要旨

理　　氣

氣也者何也？陰陽、動静、明晦、出入、浮沉、升降、清濁、融結，盈乎天地之間，而殽以降命。曰離是而有理焉，孰從而證諸？夫陰陽、動静，振古而然也，至於今不異也；出入、明晦，振古而然也，至於今不異也；浮沉、升降、清濁、融結，振古而然也，至於今不異也。不異之爲常，有常之爲當然，當然之爲自然，自然之爲其所以然。是故臯陶謂之天，伊尹謂之命，劉子謂之天地之中，孔子謂之道、謂之太極，程子、朱子謂之理。程子之論道器也，曰道上器下，然器亦道也，道亦器也。朱子之論理氣也，曰理先氣後，然理即氣也，氣即理也。是二説者，果同乎異乎？今於程説則韙之，於朱説則疑之，其疑之何據？曰理氣一物也，而朱子二焉，一物並有也，而朱子後先焉。微獨疑之，且斥之，曰是不明理者也。且泝而上之，曰是出於濂溪，蓋太極無極之誤，實啓之者也。爲此言者，蓋江右整菴羅氏。羅氏之學，自以爲宋氏之粹，與姚江異。夫朱子而於理不明，則餘奚取焉？濂溪之無極既非，則餘奚善焉？爲宋氏之學而前無周，後無朱，則於姚江奚尤焉？虚齋蔡氏雖不敢訟言攻之，而疑與羅氏同。噫！彼謂理氣有定質也，先後有定時也。然則孔子所謂上下，有定位也耶？彼以朱子所謂先後者，介然有理，介然有氣。然則形而上下，其亦道器相偶，如天地陰陽之屬耶？其固甚矣。是故上下無位者也，先後無時者也。雖無位，不得不有上下；雖無時，不得不有後先。知此謂之知道，明此謂之明理。然則其韙程説何也？曰：以其爲夫子之言也。夫徒以言出夫子而不敢疑之也，又烏能信？

心　性

主於天,曰理也、氣也。主於人,曰性也、心也,一也。之二者之在天人,又一也。一則不離,一而二則不雜。《詩》言上天之事,“無聲無臭”。《書》曰“道心惟微”。夫曰天事,則陰陽化育具焉;曰道心,則是有心矣。是氣也、心也,而以爲無聲臭焉、微焉,則理與性之不離於斯與?不雜於斯與?是心也,又曰“人心惟危”,果心之即性,則何危之有與?即心即性,異氏之言也。後之君子或述焉,始於陸,盛於王。整菴羅氏,既誹理氣之説,則與心性而混之,其於陸、王也,抱薪而救焉。愚乃以孔、孟之言折之。孔子所謂仁者人也,心性之合也。孟子所謂仁人心也,心性之合也。然且有不仁之人,有不仁之心,是心不與性合也。心不與性合,而曰即心即性,可與?不可與?是知孔子所謂人者,立人之道,曰仁與義,非謂人爲仁也。孟子所謂心者,惻隱之心,仁之端也;羞惡之心,義之端也;非謂心爲性也。或曰:姚江之説,謂心自仁,心自義,心自惻隱、羞惡、辭讓、是非。其不然者,非本心也。以是謂即心即性,殆可與?曰:其言似,其意非。奚不曰仁義之心,道心也?其不然者,人心之流也。則心性之辨,明矣。彼麗於孔、孟而爲是言也,其意則謂心之體如是妙也,故以覺爲道。以覺爲道,必以無爲宗。以無爲宗者,道亦無矣。故“無善無惡心之體”,姚江晚年之説也,其異於孔、孟之旨,又奚啻焉!

氣　質　一

知心性之説,則知天命氣質之説。何以故?曰:知人則知天。夫性無不善,而及夫心焉,則過也、不及也,雜糅不齊,於是乎善惡生焉;天命無不善,而及夫氣焉,則過也、不及也,雜糅不齊,於是乎善惡生焉。或曰:無理則無氣,過也、不及也,雜糅不齊也,亦理也,舉歸之氣者,何居?曰:理統其全,氣據其偏。全乎理者中氣也,過乎中、不及乎中,則謂之偏氣,雜糅不齊之氣,而理不受焉。理者當然也,過焉不及焉,可謂之當然乎?否乎?當然者常然也,過焉、不及焉,可謂之常然乎、否乎？喻諸五行焉，有火、有水、有金、有木，不相無之謂理。然且有偏火之氣、偏水之氣、偏金之氣、偏木之氣。氣之偏者亦理也，而非理之全也。喻諸五常焉，有仁、有義、有信、有智，不相無之謂性。然且有偏義之心、偏仁之心、偏信之心、偏智之心。心之偏者亦性也，而非性之正也。凡正理、正性者，樂而不厭，久而無弊。今使天之五行偏，則萬物死矣；人之五性偏，則萬事隳矣。其使萬物死、萬事隳，非理性本然也，氣之偏者爲之也。理則全而不偏，惟中者近之，故論道者貴中。

氣　質　二

過乎中、不及乎中，則謂之偏氣，謂之雜糅不齊之氣。然又有昏然而無類，泯然而俱失。偏於仁則無義，是物也，無義矣且無仁。偏於信則無智，是物也，無智矣且無信。若是者何氣與？過不及之説，不得而名之，豈又有無理之氣與？曰：否。氣之推移有中偏，故有精粗，有粹駁。夫非無仁也，得仁之偏者也、仁之駁者也，則不知其爲仁也。夫非無義也，得義之偏者也、義之粗[①]者也，則不知其爲義也。中則合仁與義。抑且粹然仁矣，粹然義矣。降而中人焉，偏於仁，不足於義，非仁之至也；偏於義，不足於仁，非義之至也。降而庸惡焉，豈無所謂愛，不得謂之仁，是無義也，并與仁而失之者也；豈無所謂果，不得謂之義，是無仁也，并與義而失之者也。降而禽獸焉，豈能無所貪，而去仁也遠矣；豈能無所決，而去義也遠矣。夫愚前者之説，舉中人而止者也，未及乎所謂庸惡、禽獸也。庸惡、禽獸，蓋氣之愈偏焉，愈粗焉，愈駁焉，故昏然而無類，泯然而俱失。比而觀之，皆所謂雜糅不齊之氣。夫以過、不及名之，烏乎不可哉！

氣　質　三

或曰：氣則既偏矣，於性善乎何有？曰：人受天地之中以生，雖其偏之極矣，而理未始不全賦焉，而性未始不全具焉。特其掩於氣之偏，故微而不能自達，或感而動，或學而明，或困而覺，然後微渺之端緒，可得而見焉。要皆其所本有,而非其所本無也。向者鬱抑蒙覆於勝負屈伸之勢,然昭之可以明,廓之可以大。何則?其根在焉,加以雨露糞壤,可以繁陰矣;其火宿焉,動之以薪草,可以燎原矣。故曰人者天地之心,鬼神之交,陰陽之會,五行之秀氣也,中之謂也。若物則不然,得氣之偏者甚矣,甚則缺於理而蔽於性,間有不可殄滅者,千之一焉。雖然,其偏不能自反者,人則制之。其美不能自達者,人則遂之。收其利,遠其害,於以當理而若性一也。是故孟子所謂性,以其分之殊者言之。其難告子曰:"犬之性猶牛之性,牛之性猶人之性與?"《中庸》所謂性,以其理之一者言之,故曰:"鳶飛戾天,魚躍于淵,言其上下察也。"又曰:"能盡人之性,則能盡物之性,贊化育而與天地參矣。"

智　仁　勇

陰陽之氣有中偏,故有虧全。陽有精粗,故有清濁;陰有粹駁,故有邪正。有精之精者,精之粗者;粹之粹者,粹之駁者。有多寡也,故又有厚薄。虧全者,全體之中偏也。清濁、邪正,一體之中偏也;厚薄,中者之中偏也。其生人物也,得其清濁之爲明昏,得其邪正之爲美慝,得其厚薄之爲强弱,得其虧全之爲畸行完德。明之謂智,昏之謂愚,美之謂仁,慝之謂暴,强之謂勇,弱之謂柔,畸行之謂材,完德之謂聖。《易》曰:"一陰一陽之謂道,繼之者善也,成之者性也。仁者見之謂之仁,智者見之謂之智,百姓日用而不知,故君子之道鮮矣。"此言陰陽全體,目之曰道。流行者不偏,故言善也。賦予者雜糅,故言性也。仁得陰之粹,智得陽之精。凡民蠢蠢,粗而且駁。君子大中之道,宜乎鮮也。《中庸》曰:"道之不行,我知之矣,智者過之,愚者不及也。道之不明,我知之矣,賢者過之,不肖者不及也。民莫不飲食也,鮮能知味也。"亦此意也。或曰:《中庸》智仁勇,與性之仁禮信義智,同與否與?曰:言智則舉義,言仁則舉禮。得清之氣,厚於知,薄於行,其於性也,智義多而仁禮少;得美之氣,厚於行,薄於知,其於性也,仁禮多而智義少。理乘氣而運,有陰陽;其與氣而淆,亦有陰陽。得清之氣,體陽而用陰,静而明之理多;得美之氣,體陰而用陽,動而正之理多。理合而成道,氣散而成質。合而成道,故完;散而成質,故離。心於性,氣於理,天命氣質,以是觀之。

知 行 一

朱子之學,曰知先行後,何据? 曰: 非知之艱,行之艱也。博於文,約之以禮也;格物、致知、誠意、正心、修身也;智仁勇也;擇善固執也;知言養氣也;始條理,終條理也;知天事天也;皆其据也。《易》曰:"《乾》知大始,《坤》作成物。《乾》以易知,《坤》以簡能。易則易知,簡則易從。"蓋陽先陰後,陽知陰能。陽爲神理、爲心,陰爲轍迹、爲事。四時之氣,動於北,生於東,盛於南,止於西。然則人性之德,動於智,生於仁,盛於禮,止於義。然則君子之學,啓於智,存於仁,達於禮,成於義。知行之序,性命之理,不可易矣。姚江王氏曰:"先行後知。"彼見聖賢之語志也,語敬也,皆在學問、思辨之先矣。曰:"行有餘力,則以學文。"又曰:"君子不重則不威,學則不固。"又曰:"食無求飽,居無求安,敏事慎言,然後就有道而正焉。"又曰:"尊德性,道問學。"又曰:"闇然日章,淡而不厭,簡而文,温而理。然後知遠之近,風之自,微之顯矣。"又曰:"學問之道無他,先求其放心。"又曰:"涵養在敬,進學在知。"之數者,其亦先行後知之説乎? 夫無求安飽,志之屬也。弟子之職,重威之容,敬之屬也。闇然爲己之心,志之屬也。尊德性,收放心,涵養其心,敬之屬也。志與敬之爲知行先也,朱子言之矣。若夫行之不爲知先也,非朱子之説,群聖賢之言也。非群聖賢之言,性之德,天地之理也。志與敬,其三德之勇乎? 五常之信乎? 四德之乾乎? 故曰:"所以行之者一也。"又曰:"主於一而行於四。"又曰:"君子行此四德者,故曰《乾》元亨利貞也。"

知 行 二

王氏之言致良知也,謂專務體察乎身心性情之德,志固無惡於天下,今之君子奚病諸? 曰: 王説之病,其源在心之即理。故其體察之也,體察夫心之妙也,不體察夫理之實也。心之妙在於虚,虚之極至於無,故謂無善無惡心之本,此其本旨也。其所謂心自仁義,心自惻隱、羞惡、辭讓、是非,是文之以孔、孟之言,非其本趣也。是故遺書史,略文字,掃除記誦見聞,以是爲非,心爾,非道爾。夫書史、文字,記誦見聞,不可去也。書史、文字,無非道也。記誦見聞,無非心也。古之人不曰觀理,曰博文;不曰求道,曰格物。博學然後篤志,切問然後近思,離經然後辨志,敬業然後樂群,博習然後親師,論學然後取友,知類然後通達,操縵然後安絃,博依然後安詩,雜服然後安禮。内外無所擇,本末無所棄。苟曰徒爲博,則遠矣。夫窮理求道,而又奚擇焉?奚棄焉?王氏曰:"樹之初生,删其繁枝。人之初學,除其雜好。"夫謂無益之文章技藝,豈直初學爾,終身除可也,非讀書窮理之謂。吾聞種樹者,刊其條,傷其根,其枝繁,其根大。學聞以養心,不聞以害道。孔子之學,一則曰多聞多見,再則曰多聞多見,又曰好古敏以求之者也,一以貫之,而何害於道!若種樹而必芟其枝者,小芟而幹不大,大芟而樹死,望其修喬不可得也。

立　志

立志何也?曰:知行之總也。立志然後可與共學,致知然後可與適道,躬行然後可與立,知盡行至然後可與權。志道故志立,知深而德可據矣,行成而仁可依矣,知行皆化而藝可游矣。學未有不自志始者也。《大學》之教,必視離經辨志,然後敬業樂群,然後至於知類通達,强立而不返。孔子之聖,自志學始,然後立,然後不惑、知命,然後耳順,而從心所欲不踰矩也。立志者,播種也。敬者,灌溉培壅之喻也。致知力行者,謹察焉,勤治焉,稂莠蕫稗,無雜我種,螟螣蟊賊,無害我稼。學不先於志,猶無種也。志立而不務知,若苗之有莠,恐其亂也。知而不行,若害吾苗者不能去也。不始終之以敬,若灌溉培壅之不加,或槁焉,或有苗而不碩也。或曰:"子謂志於知行,如三德之勇,五常之信,奚當焉?"曰:"志立則果,志立則誠。不果不入,不誠不久。故言立志,不言立誠可也。"

主　敬　一

朱子曰:"知者學之始,行者學之終,主敬者學之所以成始成終。"或曰:"《大學》言格致,知也;誠正,行也。誠意正心,何莫非敬,而别敬於行,何居?"曰:敬者,動容貌,謹威儀,正辭色,斂心志。必有事焉,而在乎用其力不用其力之間。行則遷善也,改過也,誠意之屬也;節欲也,懲忿也,正心之屬也;用力之事也。誠意正心,莫非敬者,以見敬之無乎不在,而爲知行主。若曰敬直行之事爾,則是致知無敬也,而可乎?曰:"《易》曰'敬以直内,義以方外'。敬、義皆行也,不及知也。《中庸》言戒懼慎獨,戒懼慎獨皆行也,不及知也。何也?"曰:敬以直内,敬也。義以方外者,不精義而能方乎?知行兼之矣。戒慎恐懼,敬也。謹其獨者,不知幾而能謹乎?則知行又兼之矣。是故有敬與行對,而知在其中;有敬與知對,而行在其中。敬與行對,而知在其中,《易》之直内方外,《中庸》戒懼謹獨是也。敬與知對,而行在其中,《中庸》尊德性,道問學,程子之涵養進學是已。曰:"敬者,合内外,貫動静。是故動而覩聞,敬也;静而不覩聞,敬也;動静之間,所謂獨焉,亦敬也。子以謹獨爲行之事,何與?"曰:思而無邪,敬之足矣,非然者必察。聖人之心,敬之足矣,非然者必治。不察不治,前此之敬有所不能守,後此之敬有所不能施。力行之功,誠意而已矣。誠意之要,謹獨而已矣。曰:"言知、言行、言敬,聖賢之學,恐不枝離若是,奈何?"曰:深耕而播之,糞沃穮蓘[②],謂農好勞與?基而搆之,棟宇塗塈,謂不如穴處者易與?其名煩,其事異,至于良穫、安居一也。《中庸》以智仁勇修身,又曰齊明盛服,非禮不動,主敬之謂也。夫子曰"君子不重則不威,學則不固";"主忠信,毋友不如己者";"過則勿憚改"。重威,敬也。固學,知也。存誠而擇友改過,行也。是故,非朱子之説,孔子之説也。曰:"《中庸》首章言戒懼,後謹獨,末章言内省,後敬信,何與?"曰:此成始成終之説也。首言戒懼後謹獨,所謂敬以成始。末言立心知幾,内省以歸於敬,所謂敬以成終。《中庸》以敬舉兩端,居其中者,賢不肖、智愚也。智仁勇也,擇善固執也,至聖至誠也,皆知也行也。反覆於知行,而始終之於敬，朱子之學，可不謂躪《中庸》之庭而入其室者與？

主　敬　二

"周子曰主静，程子曰主敬。二賢之言，孰爲全？孰爲偏？"曰：程子舉其全，周子目其要。《乾》之學也敬也，故其象曰："終日乾乾，夕惕若。"《艮》之學也静也，故其彖曰："艮其背，不獲其身；行其庭，不見其人。"夫動静者時也，流行者命也，夙寤丕顯，酬應群物而無邪也。嚮晦安身，閉塞萬動而不息也。推之作止由是，推之語默由是，推之發慮息機由是，是之謂居敬。然陰陽相生，以静爲本。故貞者事之幹，艮者萬物之所以成始成終也。寒沍之極，雨露之所施，日夜之息，云爲之所起。《易大傳》曰："无思也，无爲也。寂然不動，感而遂通天下之故。"《中庸》曰："喜怒哀樂未發謂中，發而中節謂和。"程子又曰："不專一不能直遂，不翕聚不能發散。"察於此二者，可以明於《乾》、《艮》之説矣；察於此二者，可以通於敬、静之旨矣。雖然，學何以主静，其必由敬乎？静非息滅之謂，而虚明中正之謂。虚明中正，静而覺也。静而覺，故動而止。静而覺，有動也；動而止，有静也。動静互爲其根，心之妙，敬之符也。不敬則昏，昏則擾，而無有乎理義之精；不敬則墮，墮則肆，而無有乎理義之實。昏且墮，熄滅者乎，無動者也；擾且肆，放逸者乎，無静者也。神存則交，神去則不交，陰陽不測之謂神，存神之謂敬。故周子曰："静而無動，動而無静，物也。動而無動，静而無静，神也。"又曰："静無而動有，至正而明達也。"又曰："静虚則明，明則通；動直則公，公則溥。"又曰："無欲故静。"吁！程門之言敬也，亦如斯而已矣。二子之學，其何異之有！

要旨續記

向以當然者言理，故謂陰陽動静之類，終古不易，終古不亂，是乃所爲[③]當然。當然之爲自然，自然之爲其所以然也。以其不偏謂之中，以其不雜謂之善。

自以爲此論當矣。至於藹然而生，凜然而肅，則以是爲落形氣而未之道也。既乃思之，《大易》言貞元，孔、孟語仁義，皆不離其藹然、肅然者，而性命之理存焉。且使所謂陰陽動静者，無可愛可慕之實，徒曰不偏之謂善爾。則是土苴木札，劑量而食，可以療飢；木葉鶉衣，編襲而衣，可以適體也。是天地之間，盡汎然無情之物，所謂道者，不過自動自静，出入乎機，而偶與自然者會。此其與莊、老之學，相去幾何？而於吾聖門之道遠矣！乃今知所謂善者，即藹然者善也，即肅然者善也。有藹然之理，故有藹然之氣以生物，是生物之理善也。有肅然之理，故有肅然之氣以成物，是成物之理善也。中也者，所以完此善者也，非謂中善也。譬之粱肉之爲美，而食之過焉則傷；綺縠之爲温，而服之多焉適累。粱肉綺縠，自有善焉，苟不至於過，傷生累體之患何由生哉？仁義於人，膏粱也，綺縠也。體之以中，則與天地相似也。

舊專以中字推明善不善之由，於義不差，而實有未備；要當兼中正而言之。正也者，體之純。中也者，用之交。以《易》言之，《乾》、《坤》純也，《坎》、《離》交也。以天地言之，動静之氣，互爲其根，陰陽之精，互藏其營，交也。陽靡不達，陰靡不固，南則極融，北則極沍，純也。純矣，交乃可得而言；正矣，中乃可得而論。舊説所謂精粗粹駁，所謂中偏，意亦相近。得氣之精，則純乎智者也；得氣之粹，則純乎仁者也。於是而猶有見仁見智之偏，則中之説起焉。是故陽而不純於陽，陰而不純於陰，此雜而不正之爲病，惡所從生也。陽而不交於陰，陰而不交於陽，此過而不中之爲病也，亦惡所從生也。朱子論人物氣稟，有所謂乖戾雜糅之氣。蓋雜糅則不正，乖戾則不中也。然天地之理，正則未有不中，中則未有不正。過焉者不足謂之正，雜焉者不足謂之中。陰陽之純者必交，交則未發之中也。陰陽之交者必純，純則本體之正也。中正二者，渾融合一而不可分，道之所以一而神也。張子曰："動静兩端循環不已者，立天地之大義。"又曰："陰陽之精，互藏其宅，則各得其所安。故日月之形，萬古不變。若陰陽之氣，則循環迭至，聚散相盪，升降相求，絪緼相糅，蓋相兼相制，欲一之而不能。此其所以屈伸無方，運行不息，不曰性命之理，謂之何哉？"嗚呼！盡之矣。

先儒曰:"禮者仁之發,智者義之藏,故仁統禮而智統義也。"夫以元、亨、利、貞四德之序言之,則仁禮陽,智義陰。今反以陰德而德諸陽,以陽德而德諸陰,無乃揚雄、袁機所以見攻於朱子者與?嗚呼!可謂固矣。夫不曰體陰者用陽,體陽者用陰與?義智者,輕清而具生物之理,故體陽;然其流行也静,所以爲陰也。仁禮者,重濁而行生物之事,故體陰;然其流行也動,所以爲陽也。《易》不云乎:"《乾》知大始,《坤》作成物。"又曰:"與天地相似故不違,知周乎萬物而道濟天下故不過。"又曰:"智崇禮卑,崇效天,卑法地。"《中庸》曰:"博厚配地,高明配天。"是皆智義陽、仁禮陰之證也。或曰:"智者冬也,陽之始也;禮者夏也,陰之始也。若仁決不可以爲陰,義決不可以爲陽也。且夫言仁則義爲對,言智則禮爲衡,而孔門多言仁智,何與?"曰:智固陽之始,而自義之斂而之内,則固智之根也;禮固陰之始,而自仁之動而之外,則固禮之本也。蓋言陰陽者,未有截然而不相用,亦未有介然而不相入。苟智而非義,是虚知也,雖有明覺,而理不具焉,非天德之所謂正;苟禮而無仁,是虚禮也,雖有節文,而心不加焉,非《乾》道之所爲通。是故禮儀三百,威儀三千,無一物而非仁也;此分剛上而文柔,《賁》之所爲文明以止也。沖穆無眹,無一物之不體也;此萬物之所成終而所成始,《艮》之所爲篤實光明也。陰根陽,陽根陰,或以陰爲陽,或以陽爲陰,有定理而無定位,夫亦神而明之則可矣。智仁,德也、内也;禮義,理也、外也。故言理者禮義,言德者智仁云。

學有知行,本於性之有智仁,既略聞其説矣。所謂志也,敬也,於性之德,亦有合與?曰:敬者性之禮,志者性之義。敬出於禮而近仁,志出於義而近智。然則敬與志何以爲知行本乎?曰:行乎智仁,止乎禮義,天也,成德者事也。由乎禮義,以成智仁,人也,學者事也。天德則以貞元爲始,人情則以禮義爲端。是故《大學》之教,格物,智也;誠意,仁也;正心、修身,禮義也。夫子所謂智及、仁守、莊涖、動禮,亦其序也。《小學》之教,則幼儀、子職,作其恭也;則古、稱先,定其志也。敬已成矣,志已立矣,於是明明德於天下。故曰敬志本也。或曰:天人殊乎?曰:天陽也,其德無私,而知大始,故始於智也。人陰也,生而有欲，無禮乃亂，故始於禮也。義何以爲志？曰：有所羞，有所惡，斯之爲志；無欲其所不欲，斯之爲志。或曰：敬者德之輿，其在智也則炯然覺，在仁也則怵然動，在義也則肅然正，無非敬也，而可偏於禮言乎？曰：凡四德者，迭爲之主。智及之，是主智也；修道以仁，是主仁也；義以爲質，是主義也；敬以直内，以禮制心，是主禮也。夫偏言則禮，專言則敬，其實一也。孔門之教，以仁爲宗，以禮爲要。顔氏子大賢也，其一言授受，而曰"克己復禮爲仁"，其餘雖不言禮，禮固存焉。雍得之爲見賓承祭之學，遲得之爲端居敬事之學，商得之爲灑掃、應對、進退之傳，參得之爲容貌、辭氣、顔色之貴。《中庸》之言道也，曰："禮儀三百，威儀三千，待其人而後行。"《易》之九卦，首曰："履，德之基也。"是故古之學者，必從禮入。隆禮則志義，志義則知性體仁，而道不遠矣。聖敬日躋，動容周旋中禮，而德斯至矣。故敬者，學之所以成始成終，偏言則禮，專言則敬，其實一也。

敬、志、知、行，四者之序，其猶有徵與？曰：莫聖於孔子。子之自述也：曰志學，是志也；曰立，是器於禮也；曰不惑，曰知命，曰耳順，是日新之智；曰從心所欲不踰矩，是既熟之仁。然從心所欲而志始成，不踰矩而禮始中矣。是志也，敬也，成始成終之驗也。其言先志者，斷自十五。古者始入大學焉，敬之事，其前此矣。俎豆之嬉，成人之度，有誨者夙就，而況夫子乎？若自其學禮之成言之，則在志後也。曰：子以是爲學者事矣，曾聖人而若是乎？曰：天人不相離也。且夫天之爲天也，夏之養不厚，則秋不實矣；秋之實不穫，則春不生矣。志也者，種也。敬者，灌漑培養之喻也。聖人者，其種宿焉，是故日至而生。衆人則猶窶人之田也，或蕩乎其未有種也。不培其基，不穫其種，稼雖勤，是滋惡草而榮稊秕也。是故聖庸者難易之分也，無異同之事。曰：其成始成終奈何？曰：百穀草木之所謂種者，以是始焉，以是終焉。灌漑培養之勤，亦以是始焉，以是終焉。小學之所以成始也，一握之粟也。大人之所以成終也，千箱之穫也。

或曰："子以敬與志爲三德之勇、五常之信矣，今又以爲禮也、義也，如何？"曰：三德之勇，五常之信，猶之敬與志也。專言則貫乎三德，載乎五常。而偏言之,則智仁之成也,禮義之位也,中央之土也,秋夏之間也。“敢問禮義何以爲信勇乎?”曰:言信者實爾矣,言勇者果爾矣。百穀草木之成者,曰果焉實焉,百行萬事之成,亦曰果焉實焉。於時爲夏秋,於人爲禮義。時至於夏秋,是物物有天也。而天之所以爲天也,其性情于是實矣固矣。人生于禮義,是事事有人也,而人之所以爲人也,其性情于是乎實矣固矣。實矣固矣之謂信,之謂勇,是故智仁,進德也;禮義,居業也。顯諸仁,藏諸用,天之德業也。智崇禮卑,道義之門。智崇道之門,禮卑義之門。可與幾也,可與存義也,人之德業也。德進矣,非業無以實踐而要其終,故曰信也、勇也。蓋聖於論道者夫子。夫子言仁、言禮、言義矣,而繼曰智仁勇,不及禮義,明以智成仁,仁統禮義,而要諸勇也。言智、言仁、言勇矣,而繼曰明善誠身,不及勇,明以智成仁,仁統勇,而要諸誠也。其曰好學近智,則知之説也;曰力行近仁,則行之説也;曰知恥近勇,則志之説也;曰齋戒神明,法服禮動,則敬之説也。是故非吾之説,朱子之説;非朱子之説,孔子之説也。或曰:“三德五常之説,亦既聞之矣。敢問時之夏秋,人之禮義,物物有天焉,事事有人焉,而天之所以爲天,人之所以爲人也,性情之確實堅固,于何見之哉?”曰:今夫木,其實之未成,則所謂本者,氣未固焉,理未具焉。比其成也,一粒一粟,各一全樹也,而生生者之根,亦以翕聚完固而不洩。且因是以知生理之全也,是標本一貫之道也。保合太和,物物之太和,即天地之太和。“然則勇也信也,智仁之終也。敢問其所以始?”曰:莊敬日强,閑邪存誠,始也。健而無息,純亦不已焉,終也。

“子謂:敬,行之近也;志,知之近也。先敬後志,毋亦姚江先行於知者類與?”曰:知行猶陰陽然,陰陽者不可爲首,而如環斯循也,惟所主焉爾。故曰其静也專,其動也直,是静爲本也。曰顯諸仁,藏諸用,是顯爲先也。曰萬物資始乃統天,是以始統終也。曰萬物之所成終而所成始也,是以終爲始也。夫主於知則先知,主於行則先行。善論學者,雖姚江之説,不足以爲道病。不善論學,則雖朱子之説,其病道也多矣。曰:“入德之户孰爲正?”曰:言小學,則先行而後知也;言大學,則先知而後行也;言成德,則又先行而後知也。小學之説,是持敬辨志之説也;大學之説,是擇善强行之説也;成德之説,是自誠而明,成己仁、成物智之説也。蓋夫子之言弟子職也,曰孝弟謹信,行有餘力,則以學文矣,是一説也。聖門之教,文行忠信,博以文,約以禮,又一説也。智者不惑,仁者不憂,程子曰進學之序也;仁者不憂,智者不惑,程子曰成德之序也,又一説也。所以然者,天道始於智仁,終於禮義,又根於禮義而爲智仁也。是故學所謂敬云者,小子之造以是始焉,聖德之躋以是終焉。或者有見於是也,是故言之復也。雖然,以是施於大學則疎。大學之教,離乎小子,未至於聖。或者之説,遺其中而舉其上下者也。夫以小學局人則病,以聖人望人則難。是故使人不聞大道之全,必斯人也夫;使人不知量而自聖,必斯人也夫。揚雄曰:"吾於荀卿,與見同門而異户。"韓愈謂:"不自孟子而之聖人,猶航斷港絶潢以望至於海也。"吾於朱、陸、王氏亦云。

或曰:"由子之説,則告子也,陸氏之徒也,必其居敬持志,而知行未加焉爾。蓋孟子之闢告氏也,我則知言,彼勿求言焉;我則養氣,彼勿求氣焉;而於所謂持志者無譏。朱子之議陸氏也,曰問學功缺,而於所謂尊德性者無譏。故曰知行未加焉,其居敬持志一也。"曰:似矣而未盡也。夫告、孟之差也,朱、陸之異也,在乎心性之源不合,仁義之實不著,非夫功之偏而不舉,説之略而不全云爾。夫隆禮、由禮之謂敬,非所謂坐攝本心者也;夫嚮道、望道之謂志,非所謂乃凝於神者也。故夫子曰:"非禮勿視,非禮勿聽,非禮勿言,非禮勿動。"又曰:"志於學。"又曰:"志於道。"又曰:"志於仁。"夫是之謂敬也、志也,皆有所操持循習而日可就,皆有所標準慕效而歲可期。告、陸所謂敬也、志也,恐鄰乎攝心者也、凝神者也。苟或似之,則釋氏之説,非孔門之説也。孔門之説,自居敬、持志,至乎彊學、力行,程則分矣,而塗不二也。彼其桮棬仁義,則必不志仁義;注解賢聖,則必不志賢聖。不志仁義、賢聖,是凡講聞禮義,敦説《詩》、《書》,皆末也、外也。告、陸之所簡而棄之,恐爲心累者也。如是以爲敬,敬其所敬;如是以爲志,志其所志;則如是以爲知,知其所知;如是以爲行,行其所行。吾於理也性之,彼於義也外之;吾學本天,彼學本心。若子之説,似矣而未盡也。

【校記】

①“粗”：道光本作“也”，當作“粗”。

②“蓑”：乾隆本作“衮”，道光本作“蓑”，應以“蓑”爲是。

③“所爲”：道光本作“所謂”。

榕村文集卷九

象數拾遺

河、洛之出有先後，其理則不以先後而間。故《圖》之道數具乎《易》焉，《書》之道數亦具乎《易》焉；《書》之道數具乎《範》焉，《圖》之道數亦具乎《範》焉。

《圖》之左方陽内而陰外，猶《先天》之左方也。其右方陰内而陽外，猶《先天》之右方也。陽爲主於東北，猶《後天》之東北也。陰爲主於西南，猶《後天》之西南也。

《先天》陰陽也，《後天》五行也。陰陽先《乾》、《坤》，故《書》之上九者《乾》也，下一者《坤》也。自《乾》而次八爲《震》，次七爲《坎》，次六爲《艮》。自《坤》而次二爲《巽》，次三爲《離》，次四爲《兑》。此《先天》之卦位也。五行先水火，故《書》之上九爲《離》火，下一爲《坎》水。自《離》火而生《艮》八之剛土，自《艮》土而生《兑》七、《乾》六之二金。自《坎》水而生《坤》二之柔土，自《坤》土而生《震》三、《巽》四之二木。此《後天》之卦位也。其序則東北西南，皆互其宅焉。

《書》者參天兩地之數，中五爲人位。《洪範》之建皇極而參天貳地者，理取諸此也。《圖》者天奇地耦之數，中宫爲太極，太極之全體具於人矣。《洪範》之效天法地，而成位乎其中者，理亦備諸此也。

《書》之五行逆而相克，制而用之之法也。《洪範》之於五行逆而制之者，理取諸此也。《圖》之五行順而相生，因而叙之之道也。《洪範》之於五行順而叙之者，理亦備諸此也。

《圖》之數，以奇耦各相次爲始終。《書》之數，以奇耦各相乘爲始終。故《圖》則陽數自北以終於西也，陰數自南以終於東也。《書》則陽數亦自北以終於西也，陰數則自西南以終於西北也。《圖》則有順而無逆，《書》則陽順而陰逆。《圖》之陰陽，其長也皆順，其消也皆逆。《書》之陽，其乘也順，其除也逆；陰，其乘也逆，其除也順。

《圖》之一三七九也，二四六八也，皆順而數之也，故曰《河圖》左行。《書》之一六并而爲七也，二七并而爲九也，四九并而爲三也，三八并而爲一也，二九并而對一也，四三并而對七也，八一并而對九也，六七并而對三也，皆逆而數之也，故曰《洛書》右行。

《河圖》之本，一繼以二，三繼以四，六繼以七，八繼以九，互爲内外，迭爲賓主。然於陰必反易之者，陰陽同根而生，造化之體也；分方而治，造化之用也。

《洛書》之本，一三九七位於四正，二四八六位於四隅，以参相乘，以兩相加。然於東北、西南必反易之者，陰順陽行，造化之體也；陽順陰逆，造化之用也。

《先天》之位，《乾》與《坤》對，《坎》與《離》對，《震》與《巽》對，《艮》與《兑》對。故《洛書》八方，皆以合數相對也。《先天》之序，《乾》與《兑》同生於太陽，《離》與《震》同生於少陰，《巽》與《坎》同生於少陽，《艮》與《坤》同生於太陰。故《洛書》四面，皆以合數相生也。

《後天》之位，水與火對，木與金對，土無對而以剛柔自相對。故《洛書》八方，皆以合數相對也。《後天》之序，木生火，金生水，惟水不能自生木，其間有土焉；火不能自生金，其間亦有土焉。是木、金皆土所生。故《洛書》四面，皆以合數相生也。

《先天》圖位，天上地下，日東月西，不可易已。山起西北，澤注東南，不獨九州爲然。今自西北度垣，山之綿亘，未知所止也。自東南浮海，茫洋相因，亦未知其所止也。雲興東北則雨，雷氣動而風從之也。雲起西南則不雨，風氣動而雷不應也。皆自然之位也。《先天》之《震》、《巽》，其本位也。《後天》之

《巽》,從《震》而動者也。故東南風亦雨。風非潤物者也,而曰潤之以風雨,蓋謂春風應乎陰氣者也。《後天》《艮》在東北,山脈所盡也。《兑》在西方,澤氣所鍾也。澤氣所鍾,故水源從此出。

《先天》、《後天》,其《乾》、《坤》南北交易。《先天》著其體之常,《後天》探其用之根也。《後天》之《乾》不直居子而居亥者,進而當絶續之交。《坤》不直居午而居未者,退而避正陽之位。此不息之命所以流,而承天之義所以著也。《乾》、《坤》既易,故以其位居《離》、《坎》。天秉陽,垂日星,地秉陰,竅於山川。《乾》之用在《離》,《坤》之用在《坎》也。《離》、《坎》既易,故以其位居《震》、《兑》。火之鬱,雷則發之;水之流,澤則瀦之。《離》之用在《震》,《坎》之用在《兑》也。《震》、《兑》既易,故以其位居《艮》、《巽》。雷動則山興雲,澤積則氣生風。《震》之用在《艮》,《兑》之用在《巽》也。《艮》、《巽》以其位居《乾》、《坤》者,山者地之所以上交於天而蓄其氣,風者天之所以下交於地而化其形,故所在有山則氣聚,萬物遇風而形化。

風本天氣也,天交於地,故一陰潛伏,而天氣嘘焉則爲風。山本地質也,地交於天,故一陽隆起,而地氣升焉則爲山。雷本火也,上有重陰壓之,則奮而爲雷。澤本水也,内有積陽驅之,則散而爲澤。觀卦畫皆可見矣。天地水火,四體也。雷風山澤,四用也。《後天》卦,《震》與《離》、《兑》與《坎》,相次於四正;《乾》與《艮》、《巽》與《坤》,相次於四維者,以此。

天主日,地主水,猶人之主精神氣血也。天與火爲同,地與水爲比,雷電合而章,澤中有水,故《先》、《後天》四位者可以互换。若夫雷之應也以風,而《艮》居之;澤之感也以山,而《巽》居之;風實天氣而《坤》居之,山實地質而《乾》居之。此則至理,不可不察也。山含澤,故能蓄洩,而雷之氣自此應焉;風助雷,故能吹嘘,而澤之潤自此行焉。故近山者多雷,近海者多風。《周官》東則景夕多風,西則景朝多陰者,此也。天氣至剛,近地則柔,而物孚化焉,則風反爲地之槖籥。地質至柔,接天則剛,而氣升降焉,則山反爲天之鍵藏。《洪範》以風屬土,古人登山而升中者,此也。是以《後天》之卦,錯居《先天》之位,而各得其所。

水漬土則舒其浮華,所以生木也。火爍土則縮其精實,所以生金也。若木燃而火發,金潤而水出,則皆未有以見夫土之功。又播五行於四時而觀之,木温火熱,陽勝陰也。金涼水寒,陰勝陽也。土爲和氣,陰陽之中也。一歲之序,陰長而已過於半,陽長而未及於半,是陰勝陽也。爲秋爲冬,以配金水,陽長而已過於半,陰長而未及於半,是陽勝陰也。爲春爲夏,以配木火,惟冬春秋夏之交,陰陽消長方平,《易》所謂《泰》、《否》之卦也,是陰陽之中,故以配土。吕氏之中央也,則缺其一焉。京氏之四季也,則多其二焉。故言五行之義者,亦莫精於《後天》也。

論《後天》自然之序,則《震》、《坎》、《艮》、《乾》,宜居北東者也,《巽》、《離》、《兑》、《坤》,宜居南西者也。長少既叙,而《乾》生《坤》成,不亦善乎？然而《震》必與《乾》易,《兑》必與《坤》易,則造化之妙也。《乾》居東方,始矣而非大始也,以終爲始,如圜之無端,然後謂之大始。《坤》居西方,成矣而非作成也,當一歲之中,致養之勞盡焉,然後謂之作成。且亥月則雷氣未動也,未月則澤氣未充也,何能使造化功用各得其所?

人知天心之動,爲化之初也,不知寂然不動,沖漠無朕,爲命之續也。聖人所以希天者此爾,賢人所以希聖未達一息者此爾。於乎不顯,文王之德之純,吾於其圖位見之矣。然猶曰戰乎《乾》,是故聖人不廢克己之功。己盡無我,然後能與天地相似也。

《艮》德最近《乾》,以其静而無我也。《巽》德最近《坤》,以能制其伏陰,而皆順乎剛也。是故《先天》《艮》、《巽》之位,《後天》《乾》、《坤》居之。

《艮》德最近《乾》,然所以静而無我者,《震》之動、《坎》之習險先之矣。故曰"戰乎《乾》",又曰"自强不息"。《巽》德最近《坤》,然所以動而及物者,《離》之明、《兑》之説終之矣。故曰"萬物皆致養焉",又曰"含萬物而化光"。

《震》之次《離》、《兑》,陽娶妻也。《巽》之次《坎》、《艮》,陰生子也。娶妻則成乎父道,故受之《乾》焉。生子則成乎母道,故受之《坤》焉。是《先天》之序也。有長男則有長女之配，故《震》、《巽》居先，諸娣從之，故受之《離》。有嫡有娣，母道具矣，故受之《坤》。餘則妾御之流也，故受之《兑》。由是則有繼嗣而成乎父道，故受之《乾》。《坎》、《艮》子之未長者，長則又爲《震》而當室矣。是《後天》之序也。

天尊地卑，君相之位也。日東月西，卿士師尹之職，綱紀朝政者也。雷風山澤，宣播號令，承導德施，以鎮奠方隅，岳牧之任也。是《先天》之位也。君居無爲，譬如北辰，居其所而衆星拱之。臣則致役，爲君養萬物焉。《震》、《巽》者承其命令於先，《離》、《兑》者竭其功施於繼，《坎》、《艮》者告其成事於終。是《後天》之位也。是故圖象設而彝倫叙矣。

《乾》爲首，五官之所宗也。《坤》爲腹，四體之所會也。《震》爲足，陽之所以動也。《巽》爲股，陰之所以伏也。《坎》爲耳，内光也，魄之所以載。《離》爲目，外光也，魂之所以營。《艮》爲手，次爲《震》之陽，動而不離其處者也。《兑》爲口，次於《巽》之陰，欲而著見於外者也。養身者導陽自《震》、《艮》始，故手持足行，則欲其動也。坊陰自《巽》、《兑》始，故男女飲食，則欲其静也。頭容直，體容端，然後天地位焉。視思明，聽思聰，是以日月不過，而四時不忒。

圓者天體，方者地體。凡物有端，圓則無端，故曰"不可爲首也"。其義必用九者，圓之根在心，以《坤》之二而翕者取之也，故曰"《乾》元用九"。知《乾》元无首，則知所謂心之妙矣。凡物方則止，故曰"有終"，其義必用六者，方之根在角，以《乾》之一而直者取之也，故曰"直以方也"。知直方，則知所謂德之隅矣。凡圓者最大，方者次之，故曰"大哉《乾》元，至哉《坤》元"。然至於積方，則亦大矣，故曰"直方大"。

一成點，二成線，三始成面。而推之形體，亦無所不通者矣。

一一爲一，不可分也，故其形圓而爲天。二二爲四，其分明矣，故其形方而爲地。又爲三角於圓中以參天，爲斜弦於方中以兩地。故一四者天地之體，參兩者天地之用也。

置百數於此，《洛書》之九與一對，八與二對，七與三對，六與四對，五無對而自相對。蓋開方之原也。

大衍之數五十，其用四十有九者，蓋自一至五，衍之爲五十五。除天一地二爲數之始不衍，衍三四五之數，則五十也。三衍爲勾，四衍爲股，五衍爲弦。三數之併，又不能成方，故其用四十有九。四十有九者七之衍，七者三四之合也。三四者勾股之率，故亦爲方圓之率。凡圓之内外生方，及方之内外生圓，其積常圓四而方三。故四十有九之積方也，内含圓積三十有八半，方得十四，圓得十一也。又内含方積二十有四半，圓得十一，方得七也。

三者圓，天數也。四者方，地數也。五者參兩之合，人數也。七者三四之合，亦人數。

以《圖》、《書》言之，五居中，五之中心一數，尤中之中也。以《大衍》言之，中心一數，亦中之中也。蓋《圖》、《書》、《大衍》，皆有奇數，奇數必居中。故《圖》、《書》之中一，人位也；《大衍》之中一，亦人位也。《易》曰："易簡而天下之理得，則成位乎其中矣。"《書》曰："建用皇極。"《易》又曰："掛一以象三。"皆此理也。

掛一象三，而又與扐合以象閏，何也？曰：象兩象三，一義也。象時象閏，又一義也。以象兩象三而推其後，則揲四歸奇，當爲萬物之變化。以象時象閏而原其始，則分二掛一，當爲歲積之起端。故曰："一生二，二生三，三生萬物。"自此以往，巧曆不能窮此一義也。又曰："朞三百有六旬有六日，以閏月定四時成歲。"此又一義也。聖人各舉以包兩義耳。唐一行曰："人處天地之中，以閲盈虚之變。"是欲參合二説，則非也。如其下文既以策當期日，又以策當物數，豈亦可合爲一説乎？

一行《大衍曆》，與孔子之意頗異。大略蓋以分二象二氣也。掛一，象閏分也；揲四，象一月四弦也。至於左右扐餘，則又不以象閏。此其所以異也。後人因之，謂特初變掛一象閏，而二三變有扐無掛，當無閏之歲，故曰五歲再閏，故再扐而後掛。細尋理法，亦甚疎闊。蓋其以一策當一月之實弦，則不及七日半，而掛一之閏分，十一日有餘，則溢於策數之外矣。掛一之分，十一日有餘，僅初歲之積耳，而遽以當有閏之歲，則又未成乎一月矣。閏數出於四時之餘，今言掛一於揲四之先，則又失曆法之序矣。是不惟非經意，而其言自不密。與劉歆《三統律曆》，皆傅會之論也。

今變一行之説而通之，曰：分二者，分一歲爲二也。覺成數之有餘而先除之，則掛一者象氣盈者也。以每月四平弦計之，每弦整七日半，則揲四者象四時十二月者也。合氣盈與月朔之虚以積閏，歸掛一之奇於餘扐以求爻，故合掛與扐皆象閏者也。

今曆日用九十六刻，蓋得《易》之真數，八卦六爻互相乘之數也。以十二辰爲節，晝之極無過七分，夜之極無過七分，天地之中，陰陽之正也。過此則爲天地之外域，陰陽之偏氣。故《先天圖》自《復》而反推其積數，陰七分，陽五分；自《姤》而反推其積數，陽七分，陰五分，二至晝夜之極也。自《同人》、《臨》之間，《比》、《遯》之間，而反推其積數，陰陽各六分，二分晝夜之平也。

景行摘篇附記

祭諸葛武侯文李興代劉弘作。

天子命我，於沔之陽。聽鼓鼙而永思，庶前哲之遺光。登隆山以遠望，軾諸葛之故鄉。蓋神物應機，大器無方。通人靡滯，大德不常。故谷風發而騶虞嘯，雲雷蒸而潛鱗驤。摯解褐於三聘，尼得招而褰裳。管豹變於受命，貢感激以回莊。異徐生之摘寶，釋卧龍於深藏。偉劉氏之傾蓋，嘉吾子之周行。蓋有知己之主，則有竭命之良。固所以三分我漢室，跨帶我邊方，縱横我北面，馳驅我魏疆者也。

英哉吾子，獨含天靈。豈神之氏[1]，豈人之精。何思之深，何德之清。異世通夢，恨不同生。推子八陣，不在孫、吴。木牛之奇，則亦[2]般模。神弩之功，一何微妙。千井齊甃，又何秘要。昔在顛、夭，有名無迹。孰若吾儕，良籌妙畫。臧文既没，以言見稱。又未若子，言行並徵。夷吾反坫，樂毅不終。奚比於爾，明哲守沖。臨終受寄，讓過許由。負扆涖事，民言不流。刑中於鄭，教美於魯。蜀民知恥，河、渭安堵。匪皋則伊，寧比管、晏。豈獨聖宣，慷慨屢歎。

昔爾之隱，卜惟此宅。仁智所處，能無恢廓。日居月諸，時隕其夕。誰能不歿，貴有遺格。惟子之勛，移風來世。咏歌餘典，懔夫將厲。遐哉邈矣，厥規卓矣。凡若吾子，難可究矣。疇昔之乖，萬里殊塗。今我來斯，覿爾故墟。漢高歸魂于豐、沛，太公五世而反周。想罔兩之髣髴，冀形響之有餘。神而有靈，豈其識諸。

祭韓文公文李翺作。

孔氏云遠，楊朱恣行。孟軻拒之，乃壞於成。戎風混華，異學魁橫。兄常辯之，孔道益明。建武以還，文卑質喪。氣萎體敗，剽剥不讓。儷華鬬葉，顛倒相上。及兄之爲，思動鬼神。撥去其華，得其本根。開合怪駭，驅濤湧雲。包劉越嬴，並武同殷。六經之學，絶而復新。學者有歸，大變于文。

兄之仕宦，罔辭于艱。疏奏輒斥，去而復還。昇黜不改，正言亟聞。貞元十二，兄佐汴州。我遊自徐，始得兄交。視我無能，待予以友。講文析道，爲益之厚。二十九年，不知其久。兄以疾休，我病卧室。三來視我，笑語窮日。何荒不耕，會之以一。人心樂生，皆惡言凶。兄之在病，則齊其終。順化以盡，靡惑於中。欲别千萬，意如不窮。臨喪大號，決裂肝胸。老聃言壽，死而不亡。兄名之垂，星斗之光。我撰兄行，下于太常。聲殫天地，誰云不長。喪車來東，我刺廬江。君命有嚴，不見兄喪。遣使奠斝，百酸攪腸。音容若在，曷日而忘。

漢、唐之間，王佐不生而斯文喪。程、朱所許以爲庶幾三代之英者，漢則武侯，唐則文公而已。二李之文，推崇揮發，尤極其至，故特録焉。王仲淹有言，千載而下，有能修周公之事者，吾不得而見也。千載而下，有能紹宣尼之業者，吾不得而讓也。嗚呼！仲淹之志則大矣，然其名迹，若明若昧，賾有群疑。如武侯、文公，則其事業文章，揭然昭天壤也。後之讀者，可以興矣。

周子贊朱子作。

道喪千載，聖遠言湮。不有先覺，孰開我人。《書》不盡言，《圖》不盡意。

風月無邊，庭草交翠。

二程受學周子，然未嘗推以繼道者，抑孟子願學孔子，而姑舍子思之意與？至朱子乃尊以先覺，而以繼往開來之統屬之。《祠堂記》所叙，尤極推崇。蓋比諸河、洛開天之盛，而推五星之聚，以爲應運之符。末乃云見而知之有程氏者，遂廓大而推明之。由是而淵源分明，萬代學者，如知宗泰山而仰北斗，朱子之功大矣。今按伏羲畫卦，自陰陽以下；神禹叙疇，自五行以下。蓋理與性不可圖而象也，圖而象之，自周子始。抑太極之本體，固天地之所以爲大，而超然于陰陽之上矣。而其下之在人物之身者，則亦與天地同其大，而曾無毫末之虧也。雖受于二五錯綜之餘，而亦超然非形氣所得拘，而曾無毫末之雜也。嗚呼！非見道之明，知性而知天者，其孰能與於此？夫圖人物之性，一之不足而加兩焉，似乎費矣。然天地以性賦之人者也，父母以性傳之子者也，父母近而天地遠。故事父母，人所知也；事天地，人所不知也。若由氣形化之説推而上之，生民之初，孰父母是？則其與乾坤混合無間，有不必聖者而後知者矣。此又周子指示最親切處。張子《西銘》，蓋專發此指，然周、張終身未嘗相見，書亦未始相聞也。蓋心理之契，所謂若合符節者。嗚呼！此所以爲《書》不盡言、《圖》不盡意也歟？

程伯子贊朱子作。

揚休山立，玉色金聲。元氣之會，渾然天成。瑞日祥雲，和風甘雨。龍德正中，厥施斯普。

程叔子贊朱子作。

規員矩方，繩直準平。允矣君子，展也大成。布帛之文，菽粟之味。知德者希，孰識其貴。

於伯子則贊其德性之完成，於叔子則贊其學問之平實也。蓋瑞日祥雲，和風甘雨，感於人也深。規矩準繩，菽粟布帛，濟於人也大。咸速也，恒久也，不可相無者也。

張子贊朱子作。

早悦孫、吴，晚逃佛、老。勇撤皋比，一變至道。精思力踐，妙契疾書。《訂頑》之訓，示我廣居。

張子擁皋比講《周易》，于時道既成矣。一日見二程，遂撤去之，謝學者，歸關西。又力學十餘年，然後學醇道高。程子謂：孟子後儒者皆不及也。夫難克者有我之私，難明者意見之蔽，自賢者以下，皆不免焉。張子之大過人，不特撤皋比一事而已。觀二程兄弟與之往來論學，攻切直諒，有若施之門下士者，而先生沛然受之，如決江河。嗚呼！此非大賢不能也。先生於二程爲表叔，而年長以倍，名又先成，皋比之撤，二程纔弱冠耳。

邵子贊朱子作。

天挺人豪，英邁蓋世。駕風鞭霆，歷覽無際。手探月窟，足躡天根。閑中今古，醉裏乾坤。

邵子之《易》，深於陰陽消長之際，而其功之在於後學者，傳《先天》之圖也。故特以探月窟、躡天根贊之。月窟、天根，《姤》、《復》兩卦也。

司馬文正公贊朱子作。

篤學力行，清修苦節。有德有言，有功有烈。深衣大帶，張拱徐趨。遺像凜然，可肅薄夫。

温公居洛，考古製深衣幅巾，閒居服之。○按程子云："吾閱人多矣，不雜者三人，張子厚、邵堯夫、司馬君實也。"又云："世之博聞强識者多矣，其終未有不入於異氏者，特立不惑，子厚、堯夫而已。"蓋二程所推許，首張次邵，於温公則固服其躬行，而知德有微詞焉。

周易原象贊朱子作。

太乙肇判，陰降陽升。陽一以施，陰兩而承。惟皇昊、羲，仰觀俯察。奇耦既陳,兩儀斯設。既榦乃支,一各生兩。陰陽交錯,以立四象。奇加以奇,曰陽之陽。奇而加耦,陽陰以章。耦而加奇,陰内陽外。耦復加耦,陰與陰會。兩一既分,一復生兩。三才在目,八卦指掌。奇奇而奇,初一曰《乾》。奇奇而耦,《兑》次二焉。奇耦而奇,次三曰《離》。奇耦而耦,四《震》以隨。耦奇而奇,《巽》居次五。耦奇而耦,《坎》六斯睹。耦耦而奇,《艮》居次七。耦耦而耦,八《坤》以畢。初畫爲儀,中畫爲象。上畫卦明,人文斯朗。因而重之,一貞八悔。六十四卦,由内達外。交易爲體,往此來彼。變易爲用,時静而動。降帝而王,傳夏歷商。有占無文,民用弗彰。文王繫《彖》,周公繫爻。視此八卦,二純六交。乃《乾》斯父,乃《坤》斯母。《震》、《坎》、《艮》男,《巽》、《離》、《兑》女。《離》南《坎》北,《震》東《兑》西。《乾》、《坤》、《艮》、《巽》,位以四維。建官立師,命曰《周易》。孔聖傳之,是爲《十翼》。遭秦弗燼,及宋而明。邵傳羲畫,程演周經。象陳數列,言盡理得。彌億萬年,永著常式。

首所序者,即邵《易》"先天生卦法"也。康節以前,未有爲此説者。率以爲聖人畫卦,先定《乾》、《坤》,而復使之交錯,而成六子。一每生二之秘,蓋千載未發也。然其説具於夫子《繫辭傳》,顧不察耳。其分出《震》以下之位,爲文王之學,尤極有理,深於《周易》者,當自知之。朱子此贊,盡用其説,而曰"邵傳羲畫",蓋信之確也。

述旨贊朱子作。

昔在上古,世質民淳。是非莫别,利害不分。風氣既開,乃生聖人。聰明睿智,出類超群。仰觀俯察,始畫奇耦。教之卜筮,以斷可否。作爲君師,開鑿户牖。民用不迷,以有常守。降及中古,世變風移。淳澆質喪,民僞日滋。穆穆文王,身蒙大難。安土樂天,惟世之患。乃本卦義,繫此《彖辭》。爰及周公,六爻是資。因事設教,丁寧詳密。必中必正,乃亨乃吉。語子惟孝,語臣則忠。鈎深闡微,如日之中。暨乎末流,淫于術數。僂句成欺,黄裳亦誤。大哉孔子,晚好是書。韋編既絶,《八索》以祛。乃作《彖》、《象》,《十翼》之篇。專用義理,發揮經言。居省《象辭》,動察變占。存亡進退,陟降飛潛。曰毫曰釐,匪差匪謬。加我數年,庶無大咎。恭惟三古,四聖一心。垂象炳明,千載是臨。惟是學者,不本其初。文辭象數,或肆或拘。嗟予小子,既微且陋。鑽仰没身,奚測奚究。匪警滋荒,匪識[3]滋漏。維用存疑,敢曰垂後。

此贊極其精粹,不可不深思潛玩。〇漢以來説《易》者,直以聖人作《易》,特爲道陰陽消長,洩造化之妙耳。雖知其資於卜筮,然不以爲本指也。至朱子始以伏羲作《易》,正爲卜筮而設。其時風氣未開,民俗淳質,未知趨避吉凶,則第使之知所趨避而已。暨乎中古,淳質漓而詐僞滋,趨避益巧,但知有吉凶,而不知有義理,則失伏羲教人之本意。故文王、周公作彖繫爻,示人以中正仁義之歸,故曰其衰世之意耶?蓋因俗化之衰,而彌縫之使其淳也。然文、周之緼,莫之能發,是以《易》象雖存,而大義乖,仍浸淫于術數。孔子於是推極文、周繫辭之至隱,發揮道德性命於《十翼》之中,然後知《易》果非占卜之小數而義理之微言也。由此言之,伏羲教人趨吉避凶之心,即其教人舍惡從善之心。文王、周公中正仁義之教,即其使人不迷於吉凶悔吝之教。夫子發文、周之心,闡義理之微,即其所以洩羲皇之秘,極前用之道也。世更三古,教以時施,然其爲心,豈有二哉?自溺於文辭者,既不察夫立象之本;拘於象數者,又不適乎典禮之中。《易》之道,泯泯棼棼而幾乎熄。非周、程發其理,邵子傳其象,朱子復推卜筮之指,以還《易》之本教,則雖欲知四聖之心,其孰從而求之?然至于今,尚有執朱子三聖之《易》不同之説,而欲各以意求之者,其蔽比於肆且拘者而滋甚。彼蓋不善觀朱子之説,而以言害辭、辭害意之失也。故此贊之序三古,源委相接,而卒之曰"四聖一心",此可以爲朱子之定論矣。

警學贊朱子作。

讀《易》之法,先正其心。肅容端席,有翼其臨。于卦于爻,如筮斯得。假彼象辭,爲我儀則。字從其訓,句逆其情。事因其理,意適其平。曰否曰臧,如目斯見。曰止曰行,如足斯踐。毋寬以略,毋密以窮。毋固而可,毋必而通。平易從容，自表而裏。及其貫之，萬事一理。理定既實，事來尚虛。用應始有，體該本無。稽實待虛，存體應用。執古御今，由静制動。潔静精微，是之謂《易》。體之在我，動有常吉。在昔程氏，繼周紹孔。奥旨宏綱，星陳極拱。惟斯未啓，以俟後人。小子狂簡，敢述而申之。

此章論讀《易》之法，最爲警切，蓋以辭爲主者也。字求其訓，句逆其情，毋寬以略也。事因其理，意適其平，毋密而窮也。不寬以略，故毋守固陋以爲可。不密以窮，故毋强穿鑿以爲道。至於自表達裏，而一以貫之，則二者之患亡矣。理定而體無者，潔净也，聖人以此洗心，退藏於密者也。事來而用應者，精微也，至精至變，聖人所以極深而研幾也。程子之書，其於宏綱奥旨，則既備矣，而未免以《易》爲説理之書，則是猶滯於實。而有所謂虛涵該貫、曲暢旁通之妙，必得朱子《本義》述而申之，斯無遺憾矣。然今誦朱子之遺言，則於《本義》尚多欲更改而未及者，豈猶有待而苦於年歲之不足與？故夫子曰："假我數年。"而王仲淹氏曰："聖人於《易》，没身而已矣。"

敬齋箴朱子作。

正其衣冠，尊其瞻視。潛心以居，對越上帝。足容必重，手容必恭。擇地而蹈，折旋蟻封。此程子所謂整齊嚴肅，無事時之敬也。首四句，静中之静。次四句，静中之動。潛心對越，裏之事也。擇地折旋，表之事也。出門如賓，承事如祭。戰戰兢兢，罔敢或易。守口如瓶，防意如城。洞洞屬屬，毋敢或輕。此亦所謂整齊嚴肅，有事時之敬也。首四句，動中之静，所以固其裏之存。次四句，動中之動，所以謹其表之發也。不東以西，不南以北。當事而存，靡他其適。此程子所謂主一無適，亦無事時之敬也。不東以西，不南以北，則心常中矣。心存[4]於内，故他無所適。當事猶言隨處也。勿貳以二，勿參以三。惟精惟一，萬變是監。此亦程子所謂主一無適，亦有事時之敬也。勿貳以二，勿參以三，則心常專矣。雖酬酢萬變於外，而主守不失，故曰監也。從事于斯，是曰持敬。動静弗違，表裏交正。無事静也，有事動也，而就其中又各有動静、表裏焉。須臾有間，私欲萬端。不火而熱，不冰而寒。此以静而存者言。蓋有斯須之頃而不敬，則私欲必乘之而發，凝冰焦火，淵淪天飛,倏忽變化,莫知其鄉也。毫釐有差,天壤易處。三綱既淪,九法亦斁。此以動而發者言。蓋公私義利之幾,不有敬以察之,則毫釐之差,將成天壤之謬,可以至於三綱淪而九法斁矣。於乎小子,念哉敬哉。墨卿司戒,敢告靈臺。靈臺,心也。

此箴雖言敬,然首段所謂"防意如城",次段所謂"萬變是監",後段所謂"毫釐有差,天壤易處",則正《中庸⑤》所謂隱微之處而必謹者,乃義之事矣。蓋敬、義雖相對,而敬常爲主。故《中庸》所謂戒懼恐懼者敬也,所謂謹獨者亦敬也。此箴所言,《中庸》之義疏也。

克己銘吕與叔作。

凡厥有生,均氣同體。胡爲不仁,我則有己。立己與物,私爲町畦。勝心横生,擾擾不齊。大人存誠,心見帝則。初無吝驕,作我蟊賊。志以爲帥,氣爲卒徒。奉辭于天,孰敢侮予。且戰且徠,勝私窒慾。昔焉寇讎,今則臣僕。方其未克,窘我室廬。婦姑勃谿,安取其餘。亦既克之,皇皇四達。洞然八荒,皆在我闥。孰曰天下,不歸吾仁。癢痾疾痛,舉切吾身。一日至之,莫非吾事。顔何人哉,晞之則是。

朱子以己對理言之,吕氏此箴,以己對物言之。然其下云"心見帝則"、曰"奉辭于天",則即所謂理也。蓋天理之中,本無物我,而忘我忘物,則天理在其中矣。且對物言之,於仁之味,尤爲真切也。

小學題辭朱子作。

元亨利貞,天道之常。仁義禮智,人性之綱。天地四德,人性具焉,所謂天命之謂性也。凡此厥初,無有不善。藹然四端,隨感而見。愛親敬兄,忠君悌長。是曰秉彝,有順無强。性無不善,故情之感物而動者,各有條理,所謂率性之謂道也。惟聖性者,浩浩其天。不加毫末,萬善足焉。衆人蚩蚩,物欲交蔽。乃頹其綱,甘此暴棄。惟聖斯惻,建學立師。以培其根,以達其枝。性者根也,道者枝也,小學所以培其根也,大學所以達其枝也,所謂修道之謂教也。小學之方,灑掃應對。入孝出恭,動罔或悖。行有餘力,誦《詩》讀《書》。詠歌舞蹈,思罔或逾。灑掃應對,入孝出恭,所以養其誠,行之事也。誦《詩》讀《書》，詠歌舞蹈，所以啟其明知之事也。幼小則真淳未漓，智識未開，故其教之之序如此。窮理修身，斯學之大。明命赫然，罔有內外。窮理致知，則善無不明。力行自修，則身無不誠。蓋既長則聰明開而克己要，故其教之之序如此。天之明命，我與物所同得，身既誠，則兼有以成物，而合外內之道矣。德崇業廣，乃復其初。昔非不足，今豈有餘。成己則德崇矣，成物則業廣矣。然非有加於性也。盡己之性，盡人物之性，適所以復其初云爾。蓋性者根也，散而爲萬理萬事者，枝也。至於盡己盡物，各得其性，則如枝葉之成實，復返于根也。實之成也，適肖其種而已，豈有加哉。世遠人亡，經殘教弛。蒙養弗端，長益浮靡。鄉無善俗，世乏良材。利欲紛拏，異言喧豗。幸茲秉彝，極天罔墜。爰輯格言，庶覺來裔。於乎小子，敬受此書。匪我言耄，維聖之謨。小人不蒙至治之澤，故鄉無善俗。君子不聞大道之要，故世乏良材。下者溺於功利之習，故利欲紛拏。高者淪於異世[6]之教，故異言喧豗。

此辭即約《大學序》之指以成文也。

【校記】

①“氏”：據《三國志》裴注，“氏”應作“衹”。

②“亦”：據《三國志》裴注，“亦”應作“非”。

③“識”：乾隆本作“識”，道光本作“誠”。

④“存”：道光本作“有”。

⑤“中庸”：乾隆本作“中考”，道光本作“中庸”，依道光本爲是。

⑥“異世”：道光本作“異氏”，或應作“氏”。

榕村文集卷十

序　一

進讀書筆録及論説序記雜文序

康熙十有九年閏八月之五日，皇上退朝，御乾清門，顧問臣光地家居所作文字若干。臣不勝惶懼，歸而收拾舊業，大抵皆經生家言，不足以塵乙夜之覽。又不敢以虚清問，謹以《讀書筆録》數十條，及論、説、序、記之關於學者十篇，繕寫爲一卷進呈。而恭爲之序曰：

臣惟學之於天下，大矣。自古未有言學者，言之自殷高宗與傅説始。彼其所謂多聞學古，時敏遜志，與夫教學之相半，終始之克念；又曰非知之艱，行之維艱。此皆自後世聰明才智之士，所不屑留意於其間者。而彼以天縱之君，帝賚之佐，孳孳相勉，若將不及。是以君則繼成湯嘉靖于殷國，臣則與阿衡媲美于有商。學之關于治道有如此。蓋古今之言學者，莫不曰帝王之學與儒生異，臣以爲不然。夫溺於技藝，滯於章句，以華藻自娱，以涉獵相高，豈獨帝王哉，雖儒生非所尚也。若夫窮性命之源，研精微之歸，究六經之指，周當世之務，則豈特儒者之所用心，帝王之學，何以加此？蓋高宗所謂恭默以思者，性命之源，精微之歸也；其所謂學而有獲者，經訓之旨也；其所謂監而罔愆者，當世之務也。此古今言學之宗，亦古今爲學之準也。

肆我皇上，天挺其姿，神授之識，生知乃復好古，將聖而又多能。然皆習焉而不留，過焉而遂化，詩文字畫，曆算工巧，莫不精其道焉，而無所滯於心。其所以潛思實體，朝講夕誦，積年累月而不懈，寒暑風雨而不休，則非堯、舜之道，不使陳於前也；非天人性命之書，不以遊於意也。臣愚無知，竊謂皇上非漢、唐以下之學,唐、虞、三代之學也。臣窮海末儒,蔽於聰明之不足,局于聞見之孤陋,四十無聞,歿身爲恥。今太陽之下,燭火益微,抱卷趦趄,隕越無地。然臣之學,則仰體皇上之學也。近不敢背于程、朱,遠不敢違于孔、孟。誦師説而守章句,佩服儒者,屏棄異端,則一卷之中,或可以見區區之志焉。

臣又觀道統之與治統,古者出於一,後世出於二。孟子序堯、舜以來,至於文王,率五百年而統一續,此道與治之出於一者也。自孔子後五百年而至建武,建武五百年而至貞觀,貞觀五百年而至南渡。夫東漢風俗,一變至道。貞觀治效,幾於成、康。然律以純王,不能無愧。孔子之生東遷,朱子之在南渡,天蓋付以斯道,而時不逢。此道與治之出於二者也。自朱子而來,至我皇上,又五百歲。應王者之期,躬聖賢之學。天其殆將復啓堯、舜之運,而道與治之統復合乎?伏惟皇上承天之命,任斯道之統,以升于大猷。臣雖無知,或者猶得依附末光,而聞大道之要,臣不勝拳拳。

進易論序

臣惟《易》之爲書也,大而言之,則六經之原,天地鬼神之奥也。切而言之,則動息語默,酬物應事,修之吉而悖之凶,蓋有不可斯須去者。然其爲書,始於卜筮之教,而根於陰陽之道。故玩辭必本於觀象,而不爲苟言;占事必由於極數,而不爲苟用。非徒以象數爲先也,象數而理義在焉。於戲!《易》豈易學也哉!

欽惟皇上講學勤政,孳孳不息,則應《乾》之行;厚德深仁,視民如傷,則配《坤》之道。進君子,退小人,則察乎《否》、《泰》之幾;憂盛危明,則協乎日中之戒。皇上之體《易》者,可謂至矣。神武不殺,固已見諸施行,自天祐之,吉无不利,又已受其顯報。皇上之用《易》者,可謂神矣。乃者特命儒臣,以此經逐日進講。仰見聖智之默運,上符三古之心傳,歷數近代以來,未有留心於性命之原,研慮於天人之際,如我皇上者也。

臣學《易》將二十年,幽居潛玩之餘,不無一得。然生質愚蔽,不足以窺絶學之全，間或劄記所知，繫之每卦每爻，以爲異日精思明辨之地。中遭寇亂，未究厥業，僅有《易論》數篇，大抵皆理義象數之淵源，《易》之所由作者也。恭逢聖世，不敢自匿，譬則熒燭之微照，大陽雖不爲之增光，然而積草加膏之勤，亦將以之炯炯自秘。此臣今日獻書之喻也。伏惟皇上裁其可否而進退之。臣又觀夫《序卦》、《雜卦》，皆以《未濟》終篇。非欲其終於《未濟》也，謂夫雖當已濟之時，而常存未濟之心，此則所謂懼以終始，《易》之道也。故六十四卦、三百八十四爻，而一言以蔽之，"終日乾乾"是也。伏惟皇上垂意焉。

進大司樂釋義及樂律論辨序

臣惟古之王者，治定功成，則必有作，蓋非苟爲彌文以飾觀聽而已。禮樂不可斯須去身，亦不可以一日不行於天下。是故尊卑上下，截然有制，民志定而遜讓之風行者，禮之實也。君臣父子，藹然相親，人心和而敦厚之俗成者，樂之意也。篤其實而舉其文，厚其意而修其節，則禮樂之用所以著；因其節文而求其實意，則禮樂之道所以存。自漢以來，禮樂崩壞，不合于三代之意者，二千餘年，而樂爲尤甚。蓋自諸經所載，節奏篇章，器數律吕之昭然者，而紛紛之説，終不能以相一，又況乎精微之旨，所謂與天地同其和者哉？

臣逃亂空山之中，僅以《十三經》自隨，間以暇日，參取經文之及於樂者，會萃成編。深思極索，追求古人作樂之本，與夫群言旨趣之同，蓋有互相發明者。自大舜、后夔以至武王、周公，若合一契。信乎大樂之必易，而今之樂由古之樂者，斯言不我欺也。居嘗别爲《樂理》、《樂節》、《樂章》、《樂舞》、《樂器》、《樂律》六篇，以諸經之文爲主，以《史記》、《漢書》、《淮南》以下諸説爲輔，將以下成一家之言，上備有司之采，條貫已具，潤色未完。其已脱稾者，則《周官大司樂釋義》及《論説》數篇。竊不自量，繕寫爲一卷進呈。

伏惟皇上純誠至孝，舜之所以感神也；於鑠王師，武之所以求定也。文德武功，巍然焕然。今四方粗靖，稽古禮文之事，勢當相沿而起。昔魯兩生謂：禮樂百年乃可興也。臣竊疑之。蓋兩生知高祖之輕儒術，故爲是言，以避召命耳。

若夫禮樂,則豈可一日不行於天下,而必待百年不可知之化哉?今四海靡靡,風聲頽敝。等威無辨,而奢僭不可止;聯屬無法,而鬬争不可禁。奢僭者犯上之階也,鬬争者作亂之本也。由此言之,辨上下以定其志,教親愛以導其和,此誠禮樂之實之意,其講之豈可一日緩哉?《記》曰:"無本不立,無文不行。"神而明之者本也,舉而措之者文也。爲宜搜召名儒,以至淹洽古今之士,上監於夏、商,近稽自漢、唐以降,考定斟酌,成一代之大典,以淑天下而範萬世。臣雖區區末學,猶將執持所見,與諸儒上下其議論焉。至於建中和之極者,一人之事;專其業、精其藝者,世官之守,非微臣所能知也。

諸史提要序

我皇上稽古好學,不遺鉅細,故於六籍、經、傳之正訓,洙、泗、濂、洛之微言,既已潛神研精,得其心法於千百載之上,至於萬幾餘暇,則自列史諸子、專門名家、文辭詩賦,靡不究心焉。下及纂言紀事,薈萃裒集之編,亦必遐蒐廣採,以補其缺略;討論稽考,以正其疵誤。良以文、武之道,小大並識;孔氏之門,博約兼資。將使學古者不憂殘墜,而修文者有所折中,其所以嘉惠天下後世,至無窮也。

皇上念六經之外,惟史學最切;史學之醇,以朱子爲宗。故於《通鑑綱目》之書,既已時勤觀覽,指授翻譯,俾滿、漢臣工,知奉爲理亂之龜鑑矣。然則諸史之精粹,豈復有出於是乎?是書也,蓋取韓愈紀事提要之旨,采自司馬遷以下,迄於五季,斷章摘句,加以訓釋。三千餘年間,言語、事實,旁暨俚諺,班班然雜見錯出,故曰《提要》也。皇上以授故大學士臣張英,稍加增補,繕成完書。十年後,英子洗馬臣廷玉,請刊刻以重上命而終父志。顧以此書規橅未足以當御序,而轉奉上諭,使臣等各以言弁其端。臣惟諸史之大者,如歷代明君賢臣之所謀議建立,與夫治亂興亡之變,人物典故之詳,司馬氏、朱氏之書備矣。是書之作,蓋約略搜擷,用助學者聞見。雖不能加於正鑑之外,然亦所謂補綴罅漏,收摭遺軼者也。

皇上乙夜勤劬，逸編稗乘，罔不周覽，如日月不棄螢爝之光，山海不辭塵露之細。故雖此書所紀，單詞隻句，若無當於大體者，而循其言行，可以見其心迹而知其人；聆其風謡，可以察其時俗而論其世。蓋無適不足以弘睿智之光昭，而增皇猷之允塞也。臣光地謹序。

大學古本私記舊序

《大學》舊本，自二程子各有更定，朱子因之又加密焉，訂爲今本。然五百年來，不獨持異議者不允，自金華諸子、元葉丞相、明方學士，以至蔡虚齋、林次崖數公，皆恪守朱學，而群疑朋興，遞有竄動。所不能泯然於學者之心，補傳其最也。地讀朱子之書垂五十年，凡如《易》之卜筮，《詩》之《雅》、《鄭》，《周子》無極之旨，邵氏《先天》之傳，呶呶紛拏，至今未熄，皆能燭以不惑，老而愈堅。獨於此書，亦牽勉應和焉，而非所謂心通而默契者。間考鄭氏注本，尋逐經意，竊疑舊貫之仍，文從理得。況知本、誠身二義，尤爲作《大學》者樞要所存，似不應使溷於衆目中，而致爲陸、王之徒者，得以攘袂扼擥，自託於据經詰傳，以售其私也。

緬惟朱子平生用力，此書爲多，持此有年，迴惶倚閣。又念朱子之道，非一時之道，蓋將取信於天下萬世焉爾。自當時晚出陬生，挾難競質，沛然如江河之决，無閉拒者。則今日之聽瑩於胸，而援鶉已遠，爲宜直其所見，待方來之朱子而折中焉。

大學古本私記序

《大學》古本，自二程兄弟所更既不同，朱子考訂又異。學者尊用雖久，而元、明以來，諸儒謹守朱説者，皆不能允於心，而重有纂置，爲異論者，又無足述也。愚思朱子所補，"致知格物"一傳耳，然而誠意致知，正心誠意，其闕自若也。其"誠意"傳文釋體，迥然與前後諸章别，來學之疑，有由然已。餘姚王氏古本之復，其號則善，而説義乖異，曾不如守舊者之安，欲爲殘經徵信，不亦難乎？夫程、朱之學，得其大者，以爲孔、孟之傳，蓋定論也。程子之説格物，朱子之説誠意，聖者復起，不能易焉，而餘姚皆反之，編簡末事，又何足以云？文章制度，今古異裁，以晚近體讀古書，則往往多失。何則？其詳略輕重，離合整散，不可以行墨求，而必深探其本指者，古人之書也。《大學》之宗，歸於誠意。格物、明善者，其開端擇術事耳。朱子亦既言之，而不能無疑於離合整散之間，是以有所更緝。今但不區經傳，通貫讀之，則舊本完成，無所謂缺亂者。若大義一惟程、朱是据，汙不至阿其所好，或以爲習心入之先者，不知言者也。

中庸章段序

《中庸》之旨，朱子推本于唐、虞之相傳者，至矣。又考之《湯誥》曰："維皇上帝，降衷于下民，若有恒性。"衷者中也，恒者常也，中而有常，蓋上帝所降之命，而民順之以爲性者也。《周詩》曰："天生蒸民，有物有則。民之秉彝，好是懿德。"則亦中也，彝亦常也。此詩言性命之理，與堯、湯同歸者也。惟受天地之中以生，而有常而不變，故其發見于事物，流行于日用者，莫不肖其本然之故。因性之中也，故道亦中，而無高遠難行之事也。因性之常也，故道亦常，而無新異可喜之迹也。聖人之教，所以建人極而萬世不能易者，豈不本于是哉？子思子作書之意，蓋預知夫異端之説將起，而性道之正將離也。故一傳爲孟子，遂顯揭仁義之言，以與楊、墨、告子相觝；然猶不能遏其衝。迄于周衰，諸子籍亂。至漢、晉以後，而佛、老迭爲性命之宗，求道者舍是莫適矣。程、朱二子，生於千數百年之後，躪《中庸》之庭而入其室，於是二氏之道寢息，而孔子之道漸著。蓋孟子捄之未亡之前，而程、朱存之已壞之後。以三子之爲功大，益知子思子之爲慮深也。二程于《中庸》未成書，然朱子之道，即二程之道也。首章之義，是朱子所以繼絶學、承聖統者，學者于此，有以得其源流指趣，則列聖之傳可識，而於全篇之理，亦思過半矣。

地讀《章句》五十年，然後能明首章之説。覆觀近代講解之所由誤，蓋自宋、元之間而已失之。是則七十子未終而大義乖，道之難明易晦也如此哉！是編也，於章段離合之間，雖頗有所連斷，然其義所自來，則皆竊取朱子平生之意，深於此者,或能諒焉。惟其學之不逮,行之不修,恐不足發明先哲之緒餘於萬一,此則私心之所愧懼也夫。

中庸餘論序

《中庸餘論》者,不敢以其論麗于經者也。凡四十六條,蓋雖推索經指,宗述儒先,而附以己意焉。又曰《閏秋録》者,昔壬申之夏,雜記所得,名《初夏録》,今增損爲《中庸餘論》;而其成也,庚寅之又七月也。嗚呼! 昔之意氣猶盛,五十學《易》,自謂未晚,故曰《初夏》也。今老而衰,歲云秋矣,讀聖賢書,自視不能爲繼序嗣音之人,庶幾日月之光,賡以微嘒,四時之統,綴以餘分,及遲暮奇抝之年,以終竟其不忘之志,故又寓意于兹名。

詩所序

古者學校四術,及孔門之教,皆以《詩》首,爲其近在性情,察於倫理,而及其至也,光四海,通神明,率由是也。言志之義,始於《虞典》。夏、商之間,詩不概見,豈其代遠篇殘,抑忠質之世,發於文者希與? 周自文王有作,周公繼之,郁郁乎文哉,於斯爲盛矣! 今考《三百》之篇,出自文、武、成、康者百。《二南》,風之自也。《小雅》,治之經也。《大雅》,德之本,命之符。《周頌》,功之成,教之至也。其篇皆以文王冠。惟周公之詩,自爲《國風》,篤世業,勤王家,蓋周室之所以安危,上配文王者也。《邶》、《鄘》以下之爲《風》,《六月》、《民勞》以下之爲《雅》,王德降焉,政俗衰焉,然下則有撫己言傷之音,上則有憂國陳善之作。蓋性情之不可遏,文、武之教在乎人心,故皆可以興,可以觀,可以群,可以怨。邇之事父,遠之事君,而其究歸於"思無邪"者,此也。

朱子《鄭》、《衛》之説,諸儒以爲不然。今獨信之者,謂非是不足以見亂之所生,爲《二南》之左契。抑雖其流至此,猶有秉禮知義,無文王而興者,大然後可以極無邪之變矣。惟《節南山》以下爲東遷,《楚茨》以下爲《豳雅》,《載芟》以下爲《豳頌》,乃前儒所未定,而今創説者。夫子曰:"吾自衛反魯,然後《雅》、

《頌》各得其所。"今觀《大雅》,時世明矣。《小雅》之亂而無緒,殆不可詰。如毛氏《傳》,三百年間,爲篇纔七十餘,而出於幽者將三之二,是豈足信乎?孟子言頌其《詩》者,必論其世。今失其世,則又賴有《詩》存,而可以推而知,旁引而得也。既知得所之義,然後章求其次,句逆其情,稱名賾而不可厭也,疊文複而不可亂也。始於夫婦之細,而察乎天地之高深;發於人情之恒,而極乎天載之微妙。夫如是,則《三百》之繁言,四始之宏綱,小大兼舉矣。夫子教人學《詩》,近則在於牆面,遠則使於四方。要其指則曰"可以興",責其效則曰"可以言"。嗚呼!反之於身而可哉。

洪範説序

《洪範》之書,文雖少,而與四聖之《易》並傳。先儒釋《洪範》爲大法,意《顧命》所謂"大訓",與《河圖》俱陳者,即此是也。然則尚矣,聖人所言天道王事,豈有加于此哉?更越秦、漢,其義未章,故劉歆、班固,但据以道災祥而已。近世稍覺其陋,自宋王荆國、曾子固、蘇明允,皆有書其後。蔡氏以師門之學傳之,然猶未盡也。

地自始讀而切[①]疑之,中間嘗以意爲之説,而翫心未熟,信疑參半。繼讀西山真先生《衍義》,其解文意,乃與鄙説同。然後怡然理順,有實獲我心之歎。顧其於經意則既得矣,至推本於《洛書》之出,暨夫九疇生數,與《易》卦同異之根,則有先生所未發者。其他繁文細義,前輩亦多疎闊。自念用心之劬,既歷三紀,舊草在笥,不忍棄也。庚辰歲,曾付刻於保定署中,不敢多以示人,逢同志者,時出就正而已。既又覺其詞句漫漶,非解經之體,又九疇目中,分别禹、箕,亦未審當。間以暇日,稍就增削,依文訓釋,蓋欲庶幾於平實簡質,而病未能也。帙成,仍并舊稿存之。嗚呼!先聖之所以咨嗟而訪,反覆而陳者,其微旨豈易窺哉?亦以寓吾鑽仰没身之志云爾。

周官大司樂章注序

三代之道存於今者,書耳。經書所言,皆當日行事之實也。其有格之於事而不成，推之於道而不合，非經之過，其無乃求之者失其理與？夫禮樂之用同歸，而樂之原本標委，學者蓋難言之。以予考其宣幽釋滯之故，與其道和之效，其大致可知已。而所以爲難言者，毋亦鍾律損益，累黍之求，灰琯之驗乎？其亦可謂緩於本而急於末，舍其甚明而務之不可知者也。《記》曰："大樂必易，大禮必簡。"禮樂者天地之情也，其用不可斯須去身，其官於人，器於物，蓋舉而措之耳。

予悲夫此篇者，蓋樂崩而僅存，經亡而先得，垂二千年而亦未有考者。以至諸律旋宫之説，五聲、八音、和樂之文，率符於空言，而不適於實用，徒爲紛紛，豈不惜哉？予是以討論《周官》之意，參伍其文，存其所可知，以詔後之作者，而欲追求先王用樂之迹，而因以神而明之，蓋不過是。其有不合於前儒者，則據之於經，經不可見，則索之於理。夫樂之亡雖已久矣，而好古深思之士，不絶於世，安知異日之無足徵者乎？

禮記纂編序

禮有經有傳，《儀禮》禮之經也，《禮記》禮之傳也。凡文、武、周公之道，其未墜於地者在於斯。然《儀禮》缺而弗全，《禮記》冗而無序，學者病之久矣。是《記》之興，其於《漢》之中世，戴氏兄弟，掇拾蒐補於煨燼之餘。戴聖所得，凡八十餘篇，中間雜以秦、漢之言，其弟損益之，又加粹焉，則駸駸乎孔門之咳唾珠璣矣，然亦不能以皆醇也。

予嘗讀斯篇，病其繁且亂，記識之難熟，講貫之弗理也，爲之約而序之，温習之便云爾。夫古者小學之教，成人之始，故先之《曲禮》、《少儀》、《内則》三篇。人道莫首於冠昏，故《冠義》、《昏義》次之。慎終追遠，民行之大，故喪祭又次之。言喪者凡八篇，而《檀弓》、《曾子問》、《雜記》附焉。言祭者凡三篇，而《郊特牲》附焉。由是而達於鄉黨州閭，則《鄉飲酒》、《投壺》、《射義》次之。由是而達於朝廷邦國，則《大傳》、《明堂位》、《燕義》、《聘義》次之。由是而周於衣冠冕珮之制，與夫行禮之容儀，則《深衣》、《玉藻》又次之。自《曲禮》至此，爲

《禮記内篇》。《禮運》、《禮器》以下,《學記》、《樂記》以上,或通論禮意,或泛設雜文,或言君子成德之方,或陳王者政教之務,要於修身及家,平均天下之道,靡所不講,爲《禮記外編》。嗚呼! 三代以禮治天下,如此其盛也。雖當千百載之下,湮滅斷爛之簡編廑有存者,而宏經大要,可考而知。以正聖功,以興太平,取諸此焉足矣。抑予所易者,篇次耳。居嘗以戴氏之篇,既非周、魯之舊,當日採輯,其於章句文義,亦擇焉而弗精。苟爲之詳論條理,成一家言,抑猶作者未竟之緒與? 予竊有志焉,而非其任也。

《禮記》考定篇目

《曲禮》《少儀》《内則》《冠義》《昏義》《喪大記》《喪服小記》《間傳》《問喪》《服問》《三年問》《喪服四制》《奔喪》《檀弓》《曾子問》《雜記》《祭法》《祭義》《祭統》《郊特牲》《鄉飲義》《投壺》《射義》《大傳》《明堂位》《燕義》《聘義》《深衣》《玉藻》

右《内篇》目

《禮運》《禮器》《經解》《坊記》《表記》《儒行》《緇衣》《哀公問》《仲尼燕居》《孔子閒居》《文王世子》《王制》《月令》《學記》《樂記》

右《外篇》目

附《大戴記》四篇

《武王踐祚》《曾子大孝》

《曾子疾病》《曾子天圓》

禮學四際約言序

古禮湮廢,不可盡知,又多不行于今世,故其追而考之也難。蓋《儀禮》缺而不完,《禮記》亂而無序。自朱子欲以經傳相從,成爲禮書,然猶苦於體大,未究厥業。然則後之欲爲斯學者,不益難哉? 余姑擇其大者要者,略依經傳之體,别爲《四際》八篇，以記禮之綱焉。其詳且小，則未暇也。又采小學儀節於首，附王政大法於後，而通爲之序曰：

四際八編者何？冠昏也，喪祭也，鄉射也，朝聘也。《易》曰："有天地萬物，而後有男女夫婦。有男女夫婦，而後有父子。有父子，然後有上下君臣。而禮義有所措也。"三代之學，皆所以明人倫也。有冠昏而夫婦别矣，有喪祭而父子親矣，有鄉射而長幼序矣，有朝聘而君臣嚴矣。夫婦别而後父子親，父子親而後長幼序，長幼序而後君臣嚴。由閨門而鄉黨，由鄉黨而邦國、朝廷，蓋不可以一日廢也。是故，先王之制禮也，綱維五典，根極五性，通四時，合五行，本於陰陽而順乎天命。有冠昏而夫婦别，夫婦别然後智可求也。有喪祭而父子親，父子親而後仁可守也。有鄉射而長幼序，長幼序而後禮可行也。有朝聘而君臣嚴，君臣嚴而後義可正也。先王之禮，哀樂之情無不中，慘舒之節無不得。故紀綱人道之始終，而天地和平，四靈畢至。學者，學此者也。灑掃進退而非粗也，盡性至命而非遠也。小學以始之，大學以終之，皆所以明人倫也。是書也，雖未能該先王之典，庶幾求禮之門户者，得其端焉。

曆象要書序

《曆象》一書，自少小以好奇之心學之，蓋久而茫然。此學近無師授，又予未習爲方圓勾曲乘除之算，故其通也甚難。七八年間，來往心懷弗釋也。乙巳之冬，以書卷餘暇，覆究斯學，搜極繁亂，摘厥窈微。三月在空山之中，遠有端序矣。緬自羲、軒迎策，而此術興。三代之衰，機祥中廢。故自秦以前，如遡崑崙然，聊以知其源派而已。《太初》而降，卓卓顯者，將十有餘家。中間枝蔓米鹽，人各各爲深博無涯涘。此籌家之智數，然取合天行沿革，異同之大致，又烏可以不考乎？予故纂諸家之要，附以他書論之合者，將以備一家言，而猶有待焉，兹編也，其未詳未信者爾。

卜書補義序

古者卜筮皆有書，卜書非《易》也。《洪範》曰："卜五，占用二。"陰陽之在

《易》備矣，惟五行之説，則詳於卜書，而其籍已廢。昔者，夫子贊《易》而《八索》祛，卜之亡也，其始於此與？下及漢、魏以來，京、焦、管、郭之流，猶能明五行之學，以推祥衍忒。今其遺術，往往有存者。然體兆不傳，故强附之於爻卦，由是而蓍龜之法亂。予讀《洪範》、《周禮》而有感焉，博考諸書，心知其意。然而年世則已遼矣，莫吾徵也。發其序，陳其概，遲好古者取裁焉。使蓍龜之用不相溷，則卜雖亡也猶存。

離騷新説後序

余九歲，季父授以《離騷》，故至今上口，不落一字。長觀諸家説，其得失亦漫不訾省，至甚荒忽無情意者，偶亦入思。句譚字議，力所未暇也。前數年，嘗謂秦、漢古辭，無如屈、魏《離騷》、《參同》之奇奥，欲創通章句，聯成一編。後選漢以下列代詩，又欲追《風》、《雅》始變之源，以《騷》繫後，庶幾《猗那》之志。歲月侵尋，終焉在几。

兹行舟中，友人有相促就《騷》説者。盛暑暴下，展轉於疾中爲之，粗疏語脈而已，詞訓有所未備，況其深者乎？嗚呼！原何時也，千古之亂，於斯爲極，而能所言不詭於經，將之以誠款。是以歷世貴之，雖大賢惓惓焉。古者始學，《宵雅》肄三，欲其蚤識君臣之義也。原有《四牡》、《皇華》之才，邂逅不辰，音非和正。然以視周衰大夫，閔時念亂，繁霜十月，無以益其哀矣。學者讀其書，論其世，豈不亦嘅然於人生之大倫，而足以興哉？吾徒生於明盛，而欲寫其幽思，窮其寓物，譬猶無病而呻。陸居者繪遠島爲烟市，固不能得其情狀之真切，姑存所感，而俟世之知原者知焉。

九歌新説後序

舊説楚國南郢之邑，沅、湘之間，其俗信鬼而好祠，其祠必作樂歌舞以樂諸神。屈原既放，竄伏其域，懷抱憂思，出見俗人祭祀之禮、歌舞之樂，蓋有鄙俚媟褻而無文者，因作《九歌》之曲。王逸之《序》云爾。然其所釋原意，參錯傅會，言不中倫者多矣。辯證一一正之。自《太乙》以下，皆以事神之恭，況己事君之敬；以神人之接之闊，喻君臣之交之難。惟《山鬼》一章，乃以鬼自比，而人則君也。以此意讀之，大義則得矣。

愚觀屈子，蓋蠻荆之一人，北方學者，未能或之先也。《離騷》之篇，陳古義，剴治道，三代名臣，何以加兹。至所託言取類，上自象曜、風霆、雲雨，下迄地域、山川，中錯人倫、族氏，草木、禽鳥之芬芳靈鷙，與《易象》稱名、《風雅》興物無異。自説文者乖舛，於是有引喻失義，放言無章者，非屈氏意也。推是以類《九歌》，則《離騷》之外篇耳。故天神尊上，則以喻君，司命爲太乙之佐；湘君、河伯非天神之倫，則以喻臣。玩其辭，潛其義，凡莊重嚴肅、禮樂威儀備者，君之族也。凡投贈親昵、遊從驩宴者，臣之族也。中寓怨悱之離憂，而亦不失其尊卑之體，輕重淺深久近之序。嗚呼！"以意逆志"，斯爲得之矣。《騷》言高女、下女、佚女，卒乃寓意于少康者，尤於《湘神》、《東君》見之。是時襄既繼位，讒佞高張，無改於昔。原之拳拳猶如此，蓋無日不幸其君臣之一悟，邦家之再興也。若言言而以爲怨舊君，懷昔懟，原方悲其西羈之不暇，怨懟奚施焉？故今稍更定其文指，本於性情之教，以竢知者。

參同契注舊序

《參同契》者，三道同契也。《三相類》者，三道相類也。三道者，《大易》、黄老、《丹經》也。魏伯陽作《參同契》，以歌叙《大易》，祖述黄老之旨，發明《丹經》之要。又自以爲闕略髣髴，纖微未備，故復作《三相類》一書，互相證曉。篇章意義，煩簡相補，齊根共蔕，葉對枝當，蓋首尾完具、未經缺亂之書也。道流淺近，未能諳其文理，輒復益以枝離，采摭流末之陋，衍繹古人之言。此與魏氏檢衛異端之指，正相反矣。近代好事之徒，復棼然有述，己所不達，則思竄易舊簡，以就偏見，於是而此册坊書殆無完本。

深跡學者迷誤，大端有數焉。一曰略知書之前後，辭理多同，而不知其本爲二書，而相演闡。二曰知别有《三相類》名目，而不解其爲何題，遂以意妄説，且有改爲“五相類”者。三曰知魏氏有三道之言，而不知分書爲三篇；即知有三篇，而不知二書之皆三篇也。四曰有强分三篇者，而不知三篇之外，有語有辭，有直指丹火之要，有序明述作之繇，是以亂而區之，其辭不類。五曰知魏氏爲丹火而作是書，不知其兼明《易》道，故自二書首篇，便雜以爐鼎繁言，燮理大道置而不論，顯與叙文之意相左。六曰知書之託謬名號，悉有所指，而不知其借物譬寓者殊多，即其名字坎離，稱喻熒魄，文似碎僻，義無難尋，附以曲雜，乃增謬妄。此六條者，是其大凡。至于微言璅義，各在本篇，未能悉舉也。

若乃此書，重於《道藏》，不棄儒流，考其源瀾，亦有數事。一曰邵氏之學。朱子以爲秦、漢失傳，而方外丹竈之家，密相付授，意似有指。愚考魏氏談《易》，其六卦應月，十二辟卦應時，蓋即漢人納甲卦氣之舊，誠未知與康節《先天》同否，要不可謂不相肖者。二曰乾坤者，心學也。自魏、晉以來，拘於君臣之説而失之。虚言陰陽，無所取類，又失之。由魏氏魂魄之指，可省身心之要，順性命，冒事物，其理至深。所謂龍虎者，固《周易》龍馬之偏辭也。三曰所言皆清浄之宗，修煉形神之事，不與世義相違。其中至言，則所警於末學甚多。余始讀其書，無所契領。後避亂荒山，益復反覆，一日誦所謂千周萬遍者。幽憂無事之中，依而倣之，以代歌謡，久乃似通其文意者。中間與人譚及，而每被嗤笑，謂不持行，無師授，而發玄扃，誠足破口也。

終然喜其文辭，欲與《離騷》並爲之注，而病未暇。兹歲之春，乃爲友人牽勉成之。其次第用《漢魏叢書》本，視朱子本似爲近古。至其章題，則膚末者所分，朱子本無是也。今中斷二書，别其篇章，犂然可觀，粲若復舊。中間斷句，偶有錯互，亦稍爲移置，仍各注明其下，以重變古焉。

參同契章句序

《參同契》者，參之而同契也。《三相類》者，三字之義疏爾。魏氏作《參同契》，以歌叙《大易》之文，祖述黄老之指，發明《丹經》之要。又自以爲闕略未備，復作《三相類》一編，互相解剥。今尋其文意，則昭然矣。而更二千年，未有知者。心之不達，則竊易舊簡，以就膚見，故此書獨無完編。所見數本皆甚殊，不特篇章，至碎句亦更亂之矣。惟《漢魏叢書》所載，似是原本，間有竄互，不多也。獨其不知中斷二書，及截立標題，亦庸末者之妄。二書之終，又各敘述付授之源自，而指囑學者之密要，所以亂三篇之文，而導其宗指之所歸，觀者皆未之審也。故爲釐其章句，稍加疏釋，俟後世有魏氏起者，更以訊之。

【校記】

①“切”：道光本作“竊”。

榕村文集卷十一

序　　二

韓子粹言序

韓子之文之學，非漢以下，其周之衰，講切於孔氏之徒者乎？故言其繼孟子者，非獨文家如歐、蘇稱之，雖二程亦云然。學自濂、洛後，真儒輩出，於今益光矣。譬之日馭，公其啓明乎？譬之行旌，公其慮無乎？若文之一道，則其至者，簡質明鋭，以視西漢能者，邈乎過之。八百年來，聲希響斷，不可追矣。公言學聖人之道自孟子始，吾亦言學古之文自公始。雖然，公平生不以文人自域，而公之學由文入者也。故其所翫愛以嬉者，並傳於今不廢。朱子所謂浮華放浪之習，富貴利達之求，公蓋不自掩焉。

今摘公文授子孫輩，則擇其發於理，濟於事者，而文之簡質明鋭，亦似非他酬酢所及，欲令後生識文章之正的，且以發明公之雅志。嗚呼！公欲削孫、楊之不合者附於經，有能用公之意，釐公之書者，則度越況、雄爲不少矣，愚謭非其任也。

二程子遺書纂序

前年視學時，曾刻《朱子語類四纂》，以示生徒，又恐觀者苦於南北方言，故爲之離句讀，稍加批釋，然取舍之間，複漏尚多，至今以輕妄自媿。《程氏遺書》讀之尤久，手所纂録，又已忘其幾也。雖然，其取舍未能精詳則一耳。爲既出朱書於前，子弟輩謂且并刻以損童蒙欲讀者之勞，蓋句讀批釋，比朱稍詳矣。其精蘊所在，不恥不類，輒爲發明一二。及其師友之間，淵源明昧，議論出入，後學指爲疑案云者,亦頗用臆測,而概未必其是也。退之言:“纂言者必鈎其玄[1]。”自韓子没,不見其所爲纂言之書,甚矣述之難與! 深於此學者,不鄙而講而正之,則又幸也。

朱子語類四纂序

自始讀《語類》,苦其已多,於是芟冗重,録精要,以備忘遺。取舍失中,過輒稍覺,或增或省,至是而四。前年從弟輩請刻之楚中,余曰:“此非千周不可。”未之許也。視學畿輔,朋友間有欲布之者,曰爲其門目部分之約,易於尋檢,士子等進於經書之便,其又下者,敷議論,對策有司,抑其根氐也。余既懼存録之未當,然頗有童蒙問余索書無以應之者,牽勉所請,刻以詒之。若夫美成在久,則雖終身反覆其道,慮有未窺焉爾。

榕村講授序

吾家子弟輩,授諸經畢,即令稍誦近世儒先説理之文。雖今之學者不崇此,然而幼志趣舍繫焉。吾懲夫晚出之爲俗軀,未丱角輒已笑宋人之爲腐且陋矣,此殊有關涉,非特講解文字間也。雖然,前代成、弘先輩未有不學此者也。前代風氣之醇,人物之盛,必曰成、弘,自好異者不能改評也。其時之講解文章,出於是乎? 抑如後之出於子史雜書,旁及異説者乎? 理詭於聖,文詭於經,古謂之不雅馴,故未論聖人之理,漢、唐而宋,合者誰也。聖人之文,亦未易與之並引而偶舉。王守溪以韓文成句對《論語》,帖然也,出是則配焉而不類。然則後起之文,非惡其采摭子史雜書,以後代言語附於經也,惡其不類焉耳。詞句如此,義理何如哉? 講解文字之所關涉如此,趣舍何如哉? 此集所編,是前輩以配經書者也,故幼者講授自此始。

古文精藻序

余始銜命視學,則欲摘刻唐、宋四家文略,以惠遠僻之士不能得書者。會友人宦江西,請竣斯役,未久以恤去,稟亦在焉。校士一年,甸南既畢。每見下邑孤村之士,果限於荒僻不能得書。或師承無資,而終身不曾見古文一字,即見亦不曉爲當讀。則余前序所謂剽剥於邨學坊賈之餘,其氣體卑凡,殆非才之過者,又豈非教者之責與?今欲廣刻而力未能,且患讀者之未足於日力也,選自《史》、《漢》以來六十餘首,有筆勢文采者,刻以詒之。使稚年晚出,讀而知好焉,則自將求覽其全,博其趣,精蒐熟講,無俟於余也。

韻箋序

近日爲詩文者,避繁重,就省約,率向坊賈市小本,以取聲韻。惟唐律專本韻者則已,至於古詩古賦,銘贊歌篇,第据近代膚謬者之説,或曰通,或曰轉,錯戾顛倒,至於齒舌脣喉,不可復辨。夫古之詩辭,以今韻校之,固多通用。然自今視之通也,古人則各有部居門類,何通之有哉?今取古人未嘗通者通之,上不合於古,中不準於唐,以水土之雜響,淆天地之真音,奚可以重所習而不變也?彼古韻之出入於唐韻者,其源有以。如"風",閉口字也,當屬"侵"在"東"。"令"抵齒字也,當屬"真"而在"庚"。此唐人誤也。今緣一二字之誤,遂謂抵齒、閉口二部,與鼻音皆可通也。蓋有中州士庶,偶而壽版,荆蠻者據之以爲齊、楚一家,豈不遠哉!

近日惟長洲顧炎武寧人氏,能古韻,心通其意,而又援据極博,足以徵之。故掇其《韻譜》,凡唐韻之可通、不可通者,悉注於本目之下。其曰通者,古法也;曰不通者,時誤也。又坊本收字大窄,落漏甚多,且平、上、去俱用者,只收一處,尤苟簡而不便於稽考。今所收幾及《廣韻》之半,學者置之案隅笥中,亦可以檢尋辨别,如昌黎所謂略識字之意云。

易義前選序

前朝取士尚經義,治經崇師説。《易》之先,《傳》、《義》並行,後乃宋説獨用。或問余曰:"獨用其可乎?"曰:"周、程、張、邵起而《易》道明。朱子之書,紹述乎四家，參尋于方外，而又自得於心，申之以卜筮之説也。”或曰：“今之軋朱説者，卜筮之指，謗傷尤甚，何與？”曰：“三代學術所尊，《詩》、《書》、《禮》、《樂》四者而已。《易》之籍，掌于太卜，非學者所務也。是以秦、漢之間，齒於種樹、醫藥，其流爲風雨、占候，蓋去古未遠，相爲習沿若此。其以爲性命之書，而首乎六經，是吾夫子所以發羲、文之藴，惠萬世無窮。然亦豈嘗離卜筮之指，而空言設教云乎？輔嗣以來，謂《易》以空言教，大儒不免焉。自朱氏之説行，然後知《易》者衆也，因依象類以喻凶吉而已。《易》者占也，繫之占決，以斷違從而已。以言理之文讀，則牴牾而義疎。以象占之意求，則簡易而理得。其説殆與孔子相備，而烏可訾也！”明代經學，專精遜昔，《易》之一經，勦説尤多。然方其中盛，講貫未衰，制義之文，蔚然可采。説卦爻者，知其足以涵天下之有；詮《繫傳》者，知其足以一天下之動。擇其詞義之醇，有漢、魏學者所未發者焉。夫其勤不如漢、魏，而醇則過之，豈非先覺淵源所漸，故雖性與天道，可得而與聞也與？夫一代文章，知其盛也由經學師説，則識其後之所以弊矣。

署中欲選《易》義，而苦無底本，就坊刻文徵若干首，選得若干首。資於業舉故華實兼，而又序其源之出於治經者，以告子弟輩。

名文前選序

制舉之文可傳乎？曰可。其原蓋出於義疏之流，而稍叶以俳儷者也。其法雖起於熙寧之新學，然觀洛、閩以來，訓義講説，用其體者多矣。蓋窮經之學，以剖析爲功，故譚經之文，亦不以櫛比爲病也。由是觀之，制舉而能有發於聖賢之意，有助於儒先之説，雖與義疏注解佐佑六經可也。

前代自洪、永之間，設科取士，以經義爲先。至於中世，王、錢諸家輩出，而其道始盛。今擇其至者，則不過熟讀《章句》、《或問》、《大全》之書，專精於先儒之説而已。以故其取材甚雅馴，非洙、泗、濂、洛之精華不收也；其持論甚敬謹，非孔、孟、程、朱之謦欬不貌也；其傳神甚微細，非聖賢之語脈文意，則不敢搏合控勒，而縱横以騖驅也。後之讀者以爲質，此如成周之季，謂先進、野人者。

以經義初指揆之,既極彬彬,無以加已。嘉、隆以後,異説盛流,師傳毀業,材則兼收夫子史,論則出入於秦、漢。又其甚者,則佛、老之緒餘糟粕而已。至於破體壞法,踔躪顛倒,尤韓子所謂雜亂無章,而轉相夸毗,侈爲至極。彼不知經義設科之意,初不如此也。

我朝始復表章經學,尊重儒先,程、朱之書,廢而復用,斯文之運,蓋將跨越前代。雖然,觀前代制科盛晚之際,蓋古人所謂採風聞樂,正變之林,治忽之徵也,讀者其可無辨乎?是選也,得於正、嘉以前者多,而隆、萬理法之未漓者附焉,目之前選。

己丑墨選序

己丑禮部試,余承命典斯役。中忽被病,瘡癬狼藉,坐起枝離,以卒厥事,不詳不精,與初意違,至今自恨也。然文之大體,則已與同事者熟講去取之衷,故諸子之文,亦斐然而可誦。子孫輩以觀風請,爲摘其尤清腴者數十篇授之,而告之曰:

人之材力心思,一而已矣,然高下質文,其運有遷,極其變,至如時鳥候蟲,哀樂殊響者。何也?蓋斯文之氣,晦明通塞爲之,非盡有司士子之過。雖然,習之則業有素矣,取之則衡有定矣,衡之不審,而業之不慎,又豈非有司士子之過哉?漢、唐、宋、明之盛,未有不澤於經術,使其文雅馴者也。故大爲斯世之休徵,上爲國家之和應,然要不出於經明行修,則文不期醇而自醇。《易》曰:"《咸》,速也;《恒》,久也。"轉移變化,其機甚速,而沉浸醲郁之效,則所謂美成在久者,其道不可以不養也。今國家所以教士至矣,所以待士厚矣。士而喻於至教,厚於自待者,其必自文章之本始。夫草木之華實至微也,然察之者可以候春秋焉。無亦擇之精,守之正,放注濫而近體要,撥枝華而存本根,沐浴於久道之化,而莫不有以自責,則科舉之作,雖與禮樂同流可也。

己丑前後場合選序

己丑會試,予與同事者,極力欲返之清淳,且以觀人學殖,非兼之後場弗盡也。故命長題、展夜漏，欲使各竭其才，而戒閲者慎搜焉。中抱疾痾，不塞其初意。雖然，竣事後，士友議論，則或以清淳許之者有矣。夫極清淳之至，必也通經學古，理明而氣盛。今學者於是未知其優焉否也，然其心聲和正，則有爲之兆者。蓋國家久道淪洽，人文方興，而皇上稽古正學，粹然一以孔、孟、程、朱之道訓迪磨厲。以故潛移默易，蒸蒸豹變而不自知。使由此進而逾上，豈非韓子所謂天將和其聲，以鳴國家之盛者與？

子姪輩業是者，欲約取而揣磨之，故檢前後場凡若干篇以授，使之略知風尚而益端其趣，非闈選之全也。

戊辰武會試録序

科目之制，始於《周官・鄉大夫》之職，所謂三年考其德行道藝，以禮禮賓之，而獻賢能之書於王者。夫德有六，行有六，藝亦有六，而射特其一耳。及觀古人所以取士，則試於澤宫，中多爲雋，與於祭，升於朝，賓興之後，以五物詢衆庶，一於射乎取之。臣載稽經義，國家大定之日，亦既敦崇文教，彬彬向風矣，而蒐田茇舍，寄之於民，祈爵興賢，用之於士。文之以禮樂，重之以祭祀，本之以仁義，中和、孝弟、婣睦，而終不廢乎文武並用之指。故在《詩》曰：“予曰有奔走，予曰有禦侮。”其在《書》曰：“有熊羆之士，不二心之臣，保乂王家。”蓋帝王所以制治保邦，收賢育材，古今同軌也。

我國家鑒古定制，文武之途，沿而不改。然考之歷代課試，法久則或視爲具文，而武爲甚。皇上手削大亂，親致太平，道法精微，無不洞究，天下利害，靡不周知。凡文武進士第於有司者，蓋臨軒發策，御圃張侯，校技售[②]文，必躬必慎焉。臣於是時，代匱翰林，爲之長率，固已循省薄植，夙夜恐惶矣。歲戊辰秋，欽奉主會試武闈之命，大典攸存，戰兢累息。爰於前試之夕，與副考官臣阜，同考官臣焯、臣儀傑、臣本立、臣若琛等，互相誡飭，期於詳慎虚公，以無負使令。蓋上爲國家掄材，司馬臣職攸當，而下拊夙心，雖欲忽且怠焉，有所不敢也。既遵舊例，取文理優通者，中式如額，敬録其文若干首以獻，而颺於篇端，以諗多士。

洪惟我國家教育之厚，登庸之謹，非録其一日材藝之長，苟榮其身而已。蓋將因文以觀行，緣材而考德。必也愛其身，而後可以爲士；必也心乎國、心乎民，而後可以服官矣。文武雖殊，其效一致。蓋未有不能致軀命，捍牧圉，而可以稱文；亦未有不能宣德意，助皇仁，而可以言武。先事後食，聖有謨訓，忠愛廉潔，臣之常經也。其或疾痛罔聞，甘苦不共，使民厲其官，卒苦其帥，是之謂長貪以斂怨。或知民而不知有兵，知兵而不知有民，無一體之公，有交病之勢，是之謂崇勝以樹私。斂怨樹私，非封域之福，非朝廷所以使諸臣文武憲邦之意。夫一旅之寄，一汛之守，至近也，然禔之以廉，鎮之以静，行之以肅，則士卒和焉，民生安焉，盜賊息焉。是百里之中，三善備矣。推之一方，則一方靖焉；推之天下，則天下謐焉。蓋至烟火萬里，無枹鼓之驚，恬乎不知兵之爲兵，而民之爲民，此無他，文武各舉其職，而公忠體國之效也。

我皇上所以待士甚優，所以撫兵恤民甚至，諸生亦既見之矣。乾行於穆清之上，而化馳於絶塞窮島之區，二帝三王不賓之地，諸士亦既聞之矣。以所學于昔，抒所志于今，真所謂千載一時者矣，諸士勉乎哉！夫"《宵雅》肄三"，蓋始進而告以靡盬、靡及之誼。臣循是謬有稱説，而忘其言之怍也。

是役也，知武舉則原任兵部侍郎、今降五級候補臣成其範，監試則御史臣錢三錫、郝惟謙，例得備書。

辛未會試録後序

國家景運昌亨，治洽化溥，我皇上武功赫濯，文德涵濡，遐方異壤，慕義嚮風之衆，憬志格心，九州之内，幽闇阻深，咸蒙德教。蓋自近古文明之盛，未有溥被烝變若我皇上之焕乎巍巍者也。士生斯時，得以經術自進，竊附于古者以禮禮賓之之義。《宵雅》之歌，大觀之象，夙昔之所諷詠樂玩而身親見之，可不謂千載遭遇之隆。而受事典領之臣，因得以仰承樂育之化，獻賢書而掛名於其末，抑又何幸也。

歲辛未，會試天下士於禮闈，上命臣玉書、臣廷敬典其事，而以臣光地與臣士禎[③]貳。被命之日，工席載賡，寵耀驚眩，繼以累息。竊自惟念臣以濱海賤士，眇植樗材，際會聖朝，天光照拂，叨陪禁近，洊陟卿班，夙夜矢心，報思無地。前歲戊辰會試武進士，既荷皇上特遣衡文。兹復欽承簡命，校士春官，循分捫躬，感愧交并。既入闈扃鐍畢，於是二三臣者，與臣迭相告誡。古者卿大夫爲天子擇士，必得其德行道藝之實，而無容私焉。科目之設，有謄書糊名以曲爲之防，斯固臣子之耻矣。若又以其物色之私意，行於謄書糊名之中，此爲負吾君乎，負天下士乎，亦負其炯然方寸之心而已矣。夫厲臣節者，莫大乎謹幽獨之私；端士習者，莫先乎慎始進之義。冥冥墮行，萬事瓦裂，既已自誤其身矣。而士之因緣以得者，他日又將敗檢行私，更相汲援，以謂吾昔之進身固如此也。是不惟自誤而以誤天下之人材，苟有鬼神，安所逃罪。故夫今日之役，臣節之所關，亦士習風尚之所繫，可不謹與！雖然，臣與二三臣者亦祇知自愛而已矣。至於學有所不逮，明有所不周，誠不敢以自必。畢晷繼霄，窮二十日夜之力，大抵理求其當且切，詞尚且雅且醇，體寧正而無軋，氣寧息而無囂。竊欲静天下士子之心，以贊和平之治于萬一，此臣等之區區也。夫臣等之學之識，既有所域，而士之文行，又未必其相副，然則欲爲國家得人，而稱簡命之意，誠不敢以自必。然臣載稽經訓，在《易》，《萃》、《升》皆有“孚乃用禴”之義。蓋言引士而進之者，必精誠無私，采拔側微，如禴祭者致其敬潔，芼水陸之菹而薦之也。其在《漸》曰：“進以正，可以正邦也。”蓋言士之始進，若能安於義命，不失其正，則能奉公殫職，端己化民也。國家闢門升俊，山林草澤之士，莫不翹翹然動其心，豈非所謂聚而上者之時乎？臣雖愚陋，固不敢不與諸臣者，竭其用禴之孚矣。

若夫多士之進，則固自今日始，無亦繹進正之文，思鴻漸之戒。學以不欺爲本，行以不染爲操，介然獨立，而不騖乎形勢之塗；職思其憂，而不營乎非分之事。知生逢聖明，游於道德光華之下之不可以自棄，則其聞有司之言，必有惕乎不以空文視者。厲志不回，清修確守，亹亹焉俾德業行誼之所成就，真可不玷科名。異時揚棫樸、菁莪之休者，且將因其人、論其世，其有司實與有榮光焉。

己丑會試録序

康熙四十有八年歲己丑，會試天下舉人，皇上不以臣光地不才，命與臣廷樞爲考官,典司試事。恭惟國家養士垂七十年,正道久化成,當乎人文極盛,俊彦克生之時。是歲,又以推恩拓額,應貢士三百人於廷。是臣得以殫精悉慮,以人事君,可不謂幸與。顧狹陋膚末之學,既不足以稱量鎰銖,疾病衰羸之軀,又不足以檢衡微細,不詳不精,慚恨悚仄。既竣事,例應録試文之優者,進呈御覽,而又得推國家所以教養之意,爲訓士之辭於篇端。

臣文行不能爲諸士矜式,正古人所謂缾滿罍空者。是以反己而愧生,揚聲而語室。雖然,親承聖明之訓迪者,不謂不勤;對揚天子之休命者,不謂不屢。以所見於今,稽所聞於古,則雖暮且遲矣,亦願與諸士共勉之而已。蓋進退之際,聖賢重哉其言之。以至近代名臣偉士,能豎豐功盛烈於他日者,其深器遠識,莫不於始進定焉。夫學者存乎己,遇者存乎天,知命則知幸之不可徼,愛身則知行之不可苟。《易》曰:"井渫不食,爲我心惻,可以汲[4]。王明,並受其福。"所謂我者,非井自我,蓋行路者之辭也。行路之人爲之心惻,曰:"是井之清美,可以汲矣。幸遇王明,吾儕豈不並受其福乎?"故夫子申之曰:"行惻也,求王明,受福也。"言行路者憫惜之深,祈願之至也。夫使自惻之而自求之,則何渫之與有?雖復汲之,而何福之可望哉?後世之士,薄積焉而未售,則怨尤生矣。又其下焉,無挾而逐於外,則將無所不至矣。公卿大夫,乃士之表也,尤不宜急急然望其子弟爲速化之術,以落其學植而喪其志氣,豈所謂愛之護之,竢其熟而食之哉?爲士者既以是而自進,爲有司者又以是而相先,積習之久,或遂視爲固然。有欲矯之者,反目之以不情,疑之爲不信。此非其待人之淺,其自待者薄也。始進如此,而欲其行己立身,厲於末路,以無負聖天子之任使,人知其難矣。

諸士今日者,釋衡茅而驟通顯,豈無高議遠猷,可以相語,而猶區區焉追論于始進者,以爲今日之士,異日之公卿大夫也,今日之取於人者,異日之取人者也。其介然一節者,固善矣。萬有一二幾微溺於俗焉,其亦勿重自反,而遂爲不改之過,既以自玷其身,又以誤天下之英才,使其進之不正,而國家不獲修士之用,其所維繫,誠非細故。且又見夫世之以干得者,莫不貌德而心非。蓋直道之在人，終不可泯也，則亦何爲隱伏崎嶇，以樹此不可告人之恩哉？韓愈之送齊皞曰："吾知齊生，他日誠良有司也，能復古者也。"蓋自其未達，而相期以鴻漸羽儀之事，可謂直諒，古之益友矣。昨者天子臨軒選擇，慨然顧群臣曰："三百之中，不知佳士能有幾人。"聖訓諄詳，未敢悉書爲諸士告也，諸士其亦必有聞矣。生聖世，被知遇，厚自砥礪，以上酬作人之澤，而下且無貽科名羞，顧不美與。臣既爲諸士愛其終身，而尤以晚節自憂懼，動色而言，庶幾詩人"靖共爾位"，相勗之心云。

家譜序

余家宗禮，有古之遺者四。執鬯者，或以宗，或以爵，或以年、德。然祝嘏之辭，則宗子先焉，蓋亦猶宗法之權也。有達者則以其秩祭，無達者則以祖田備士禮焉，蓋亦猶世禄之變也。廟奉遠祖，不附近親，然有貴者、賢者，有勤勞於祖宗者，則升配食焉，蓋亦猶宗有德者之道也。先是祭止於春秋，先君子考諸伊川家廟，以冬至祭初祖、元日祭先祖，法而修之，以合氣始形始之義，蓋亦猶古今祭禮之衷也。故曰"魯一變至於道"。禮缺有間矣，吾宗斯其近古者乎？

若夫譜之設，所以濟宗之窮。吾家之譜，其爲善亦有三焉。本以宗法而聯之，所以長長也；標其爵命而榮之，所以貴貴也；繫之傳紀而彰之，所以賢賢也。三者備矣，然後昭穆序焉，名分嚴焉，勸戒彰焉。嗚呼！自樸祖以來，二百年餘，所以維繫糾結而不愈疎，代有修明，功豈鮮哉！

革命前後四十年間，乾道變化，巨室凋零，衣冠宗廟之貽，譜牒奠繫之繼，燬滅銷沉於兵火流亡，所在而是。緊吾祖之澤，基址依然，文獻足證，族屬散而還聚，詩書歇而復興。先君子恭承祖志，始出大難之中，靡有室家，營廟是首。先靈既妥，覃及于宗，於是蒐拾遺乘，屬仲父以經始。是譜也，成於癸丑之冬，遭閩大亂，未刻以頒，先君子拳拳賫志焉。越己未夏，仲、季二父，掀舊文而盡心，諏宗老以遂事，修改研摩，益備以精。兄弟外親之强力通敏者，又相與校而成之。族人赴義，資足工良，於是而譜與宗二者俱焕。

光地讀之，泫然興曰："宗譜之修廢，家之興衰之占也。"夫家替於暌，隆於聚。宗與譜，所以聚其暌而使之有統也。夫是以入廟者，觀譜者，識長長之義，則知所以尊祖焉；識貴貴之義，則知所以尊王焉；識賢賢之義，則知所以尊聖焉。夫能尊祖、尊王、尊聖，而其材不蕃，家不大者，未之前聞。嗚呼！祖宗崑、岷也，孫子河、淮、江、漢也。合而分，分而至於不可復合，自非有疏瀹者而道之歸，勢且相衝相激，相齧相觸，渙散橫流而不可止。故夫親疎不叙，恩義不修，而斁倫圮族，終于離且乖者，何以異是。由此言之，修宗譜者之功，不在禹下，其亦可法也夫，其終不可忘也夫。

【校記】

①"玄"：乾隆本、道光本均作"元"，避清聖祖諱。

②"售"：道光本作"讎"。

③"禎"：乾隆本、道光本均因避諱缺，據《清代職官年表》補。

④"可以汲"：乾隆本、道光本均作"可以汲"，據《周易正義》，"以"當作"用"。

榕村文集卷十二

序　三

南溪書院志序

尤溪者，子朱子所生處也。朱子本婺源人，先公羈宦，生朱子於閩而遂家焉。少因依劉氏兄弟，居於建陽而學於崇安。後之人不忘其生處，故尤溪有韋齋、朱子之祠，及所謂毓秀亭者。南溪書院，則宋理宗所賜額也。光地嘗一再經此邑，登陴望文公山，窪突畢肖。堪輿書又載，其在婺祖墳，術者豫占之曰："當生一大賢，聰明如孔子。"然亦知其"遠去家鄉，而自他有耀"。嗚呼！豈偶然哉。

舊有《南溪書院志》，紀其地山川奇勝，朱子幼所嬉遊，長而往來事蹟，以逮祠亭廢興，列代至于斯，而記詠者，并其譜傳，捃摭成編。乃崇、建所未備，其苗裔族居此者亦多。今奉祀博士及祠廟勑額，天子推恩，建陽與婺源等。獨文公山踪跡，光地曾承問及之，奏述頗悉。前撫臣道覲，曾賜扁符，命揭尤溪祠宇，而仍留建陽。蓋尤溪僻，非孔道，將命者訪問未的，而身亦隨彫没也。今大吏又据邑文，題請新賜，且將修葺祠亭，表厥故址。而攝邑事通判楊君，既獨新毓秀亭，又討論《南溪志》，而損益重刊之。楊君篤志正學，今爲政有德於民，而尤勤勤文獻若此。司馬遷自謂明《易象》、《春秋》，本《詩》、《書》、《禮》、《樂》之際，是以至東魯，入廟堂，高山興慕，低徊不能去。千載上下，有志之士，不有同心哉！以余適里居，來索言，余故樂爲序之。

無欲齋詩鈔序

詩之格歷代屢變，然語其至者，則不離乎《虞書》"言志"、《莊子》"道性情"

之説。苟其志高矣,性情厚矣,雖不能詩,固所謂風雅之宗也。漢、魏以降,陳思、靖節之詩,獨卲千古者,所處皆不逢,而二子者,志甚高,性情甚厚,忠孝發於中,節義形於外,慷慨纏綿而不可遏。故其超邁之氣,淳古之質,非夫搜華摘卉者所可庶幾。在唐,則曲江、杜陵,由此其選也。夫聲病之説興,而言志之功隱,律切之體盛,而性情之道微。君子以爲删後無詩者,蓋有激乎其言之,而豈真謂彝秉生厚,可殄絶於天地之間哉?

明季前輩忠節鹿公,純忠至孝,苦節清修,平居尤孳孳於講學問道,化行鄉里。今子孫收其遺稾,有古律詩若干章,無非至性大義之所流溢。夫詩人之欲工者,刻畫風物,鏤鉥肺肝,晨理機杼,日昃成文,然求一語入人之深而不可得。何者?彼其胸中無是也。觀公詩,如操筆直吐者,而宛轉曲至,使讀之者若親見聞其義形之色,憤嘅之聲。深情遠概,猶足以敦澆振懦於無窮。韓子有言:"此真得詩意,餘外徒繽紛。"故余謂論古今詩之高下者,但當以人定之。孟氏所謂"頌其詩,知其人,論其世",不易之論也。

孫北海五經翼序

余始讀書翰林,問舊人舊事於師友間。或告之曰:"此地北海孫先生,前朝遺獻也,年八十矣,而論道著書不息,子其見之乎?"先生與蔚州環極魏公厚,余於是修後輩禮,從公謁見。望其神氣清健,如五六十歲人,獨兩耳偏塞,然有所問叩,輒酬酢如應響,蓋所謂能以目聽者,古之真人與。先生在前代,遍友天下士,所與深契,則劉念臺、黄石齋、蔣八公數人爾。故余之假歸也,先生以書送之曰:"某平生師友,盡在閩中。"謂黄、蔣也。

顧明之季年,學無師法,横騖别驅,議論大駮,其宗指皆與程、朱相觝排,雖劉、黄諸君子不免。先生獨斷然以洛、閩爲宗,尋其厲階戎首,以爲異學蠭興,姚江倡之也,故於伯安學術言行,摘抉批繩,無所假借。晚於諸經皆有著述,而斷斷然朱子是翼,曰:"吾翼朱者,所以翼孔也。"畿内學者,其後如魏柏鄉、張武承,皆確守朱學。柏鄉盡讀宋人書,而武承攘斥餘姚,不遺餘力,其端皆自先生發之。余視學時,其孫琰以教職日進見,概念前輩期待之敦,喟然懷舊。又十餘年,以其《經説》請序,適聖天子昌明正學之會,而邦畿首善之區,諸君子殆應候之春華,而先生尤爲剥盡之碩果。余固亦受天子之道化,而與聞於斯者,於是乎書。

王恥古文集序

晉江恥古王先生,少負大志,奇傑卓犖。自爲諸生時,而文章意氣,已不屑於今人,又從鄉之先生講學,聞道要焉。先生雖聲華奕然,然苦於章句,藜緼不克。鼎革之間,仳離尤甚,人事遭逢之厄,先生更嘗爲多。故先生之立朝也,進則拊膺時事,退則蒿目民艱。自立國根本紀綱風俗之大,至于刑名、錢賦、漕輓、邊儲、繇役、徵調,外及南徼北塞,軍伍之虚實,敵情之向背,靡不周知。被遇先皇,屢蒙褒異,凡論列奏對,多所施行。方將大究於用,而先皇遐徂,又七年而先生歿矣。地丙午鄉薦,謁先生於京師,時先生投閒已久,然傷時論事,感切動人,民生疾苦,有所聞見,雖身無言責,必遍謁卿貳、臺諫,激以大義。其自任以天下之重者,雖至死而不忘也。時以策論課士,先生私發策試予,惓惓以强藩悍將世及爲憂,官貪民怨釀成揭竿爲患。及甲寅之變,距先生之歿且七年,所在用兵,卒如先生料。余是以歎先生憂國之誠,經世之智,其所籌畫藴抱,鬱而未施者多矣。

先生有古今淵源之學,而切於救世,詮經論史,多未遑暇。是編尤蒐拾散軼,先生之僅存者爾。雖然,先生之所建明於朝,儗議於家,酬酢於寮執之間者,其大致如斯。後之欲知先生者,猶有以考焉。先生之子三人,皆與予少同學,且爲姻親;先生既歿,事繼母,處兄弟,古人所難;其孳孳力學,尤足以不墜先生之緒,可謂有子矣。間爲予言:“先君雖不大用,而文章學術,不可無傳,今者區區殘缺之餘,存十一於千百,子其序而行之。”予雖唯唯,而先生子貧,竟未能致。程鄉令王君,先生猶子,致書敦促,割貲鳩工,毅然以表章爲己任。余惟先生之志行德業,蓋不必以文顯,其文亦不必以予言傳。然以弱冠受知之深,景仰之久，今日之役，不可無言。且感令君之能以鞅掌之暇，留意於此，表而出之，可以爲俗吏風矣。

梅定九曆學疑問序

《曆學疑問》，梅子定九之所著也。先生於是學，潭①思博考，四十年餘，凡所撰述滿家，自專門者不能殫覽也。余謂先生宜撮其指要，束文伸義，章逢之士得措心焉。夫列代史志，掀及律曆，則几而不視，況一家之書哉？先生肯余言，以受館之暇，爲之論百十篇，而託之疑者。

或曰：子之强梅子以成書也，於學者信乎當務與？曰：疇人星官之所專司，不急可也。夫梅子之作，辨於理也，理可不知乎？乾坤，父母也。繼志述事者，不離乎動静、居息、色笑之間，故《書》始曆象，《詩》咏時物，《禮》分方設官，《春秋》以時紀事，《易》觀於陰陽而立卦，合乎歲閏以生蓍。其所謂秩序、命討，好惡、美刺，治教、兵刑，朝會、搜伐，建侯遷國之大，涉川畜牝之細，根而本之，則始於太乙，而殽於陰陽。日星以爲紀，月以爲量，四時以爲柄，鬼神以爲徒，故曰："思知人不可以不知天。"仰則觀於天文，窮理之事也，此則儒者所宜盡心也。聖之多才藝而精創作，必稱周公，自《大司徒》土圭之法，《周髀》蓋天之制，後世少有知者。漢、唐而下，最著者數家，率推一時一處，以爲定論。其有四出測候，踰數千里，則已度越古今，而未能包八極以立説。海外之士乘之，真謂吾書之所未有。微言既遠，泯泯棼棼，可勝詰哉？梅子閔焉，稽近不遺失，而源之務索。其言之成，則援熙朝之曆，以合於軒、姬、虞、夏、洙、泗、閩、洛，泯然也。此固我皇上膺曆在躬，妙極道數，故草野之下，亦篤生異士，見知而與聞之。而梅子用心之勤，不憚探賾表微，以歸於至當，一書之中，述聖尊王，兼而有焉。昔劉歆《三統》，文具《漢志》。子雲《太玄》，平子以爲漢家得歲二百年之書也。彼劉、揚烏知天，皆據洛下一家法，而傅會以經義云爾。今先生之論，羅罔千載，明皇曆之得天，即象見理，綜數歸道。異日蘭臺編次，必有取焉，《七政》、《三統》，殆不足儗。而書體簡實平易，不爲枝離佶屈，吾知其説亦大行於經生家，非如《太玄》之覆醬瓿者而終不顯矣。

先生之歸也，謂余叙之。余不足以知曆，姑叙其大意，以質知先生者。先生續且爲之圖表、數術，以繼斯卷，余猶得竟學而觀厥成焉。

儲廣期文集序

余丙午鄉舉，與計吏偕來。是年貢士法，以策論易經義。過吴門，市坊間選本讀之，獨賞儲廣期先生魁江南文，鞍棹之中，口無絶諷焉。文之卑也久矣，至應舉而益卑，何則？風移體變，有所謂時好俗尚者，雖豪傑未免趨之，則可以百年累世，莫知其陋也。先生獨發攄其所以學於古者，而不閔有司，豈不賢乎哉？余後登朝，而先生宰於外，不久引疾，且甫及中壽終，故未獲相見。然於五策，時能記其鏗鏘，常以爲羔鴈之絶響。又三十年，其子在文出余門，乃得先生文稿觀焉。

居嘗論文之道，至歐陽、三蘇而格律一更，然其英華才俊，亦非五百年來規摹者之所髣髴。蓋古人之爲文也，沈浸乎經籍，而通知乎世義，樹立於志氣之高，藩衛於行檢之卓，夫然後沛然出之而不疑，夫然後昌然言之而無愧。其波瀾曲直，節族高下，工於是者有才存焉。然語夫浚其原，厚其根，則未有易夫前説者已。先生之文，其於歐陽、三蘇，迫而似之矣，抑其譚經史，剴利弊，則鑿鑿乎玩之深者也，講之素者也。余獨欽其廷對揚言，有忠鯁之風，其他書疏簡劄，多直諒之氣，其臨涖出處之大節，又足以酬其言而發明其志。蔚州魏先生，吾所敬也。顧於先生惓惓親重，没而爲之幽碣，惜其用之不究，尺幅之外，若有餘哀。嗚呼！吾信蔚州，用是以益知先生也。世之荒淺庸虚，脂韋没溺，汲汲乎欲以文自通後世者，其遠不侔於古人，信非才之罪。吾非能文者也，而在文懇懇欲吾序言不已。余感弱齡誦先生文，今得盡覽其篇牘而備聞其志節，爲述夫先生之文之所以進於古者，非特才妙也。

韓慕廬制義序

慕廬韓先生之文，行於時者蓋久，摩摹而擬似之，卒不能肖。以爲先生之言，姿成之者也。余初以爲然。荒落二十餘年，適銜命有督學京畿之役。一日，從先生索稿觀之，讀纔十數篇，悵然以向者未見先生之文之備爲恨，啫然歎論先生文者爲非。蓋古之能者，未有不久于經子史集之道，而淩厲轢踔自爲家，以名一時者。董、鼂、公孫之對，韓、柳以下至于歐、蘇制策論議之作，今觀之則古，在當日則皆時文也。不離乎侍問應舉，世之所需者，而卓乎跨時燿後，豈數子之才實然哉？觀數子所以自致自名者，史傳及彼所叙述可見也，莫不探源以盛瀾，搜根而發華。此與潢汙杇柟、滿除枯榮者異矣，而又以數子之才爲之，故不可及也。

先生沉浸於六籍、諸史，旁涉子書、《文選》，列代文章之體，靡不討究。故雖於舉子藝也，一意之設，必有所自來；一材之用，必有所自采。令讀之者想其參差流擇之苦，而不知其有涥然滃蒸之易；意其爲造端耿慮，引曲致幽，而不悟其特變化於經傳箋疏，及昔作者之微言深趣。夫是以誦摹先生者徧天下，得其體勢之新，詞令之雋者其能者也。此何異游阮隃之下，寫其音聲，忘乎律吕者比也。余恐讀先生文者，未知所以學先生，故論古人所以爲文之指。必也深求其本，窮極其變，如柳、韓之告翊與中立者，然後可以即時文而進於古。夫知時文之可進於古也，善學先生者也。

劉益侯制義序

言制義者先王、錢，非獨其體朴茂也，其究心於《或問》、《大全》諸書，亦非唐、瞿以下所及。隆、萬之際，理益麗，故體益卑。論者不知反本，而尋升降於格律之間，末矣。《學》、《語》、《孟》、《庸》之理，未有精于朱子者也。是故，有明三百年，崇而守之則淳，背而去之則嚚。夫當其崇而守之，未必盡得朱子之意也，而猶可以淳，況能得其意者乎？近年學者，蓋有句談字議，儷枝鬭葉，以爲朱子意在是矣。嗚呼！此其所以佐姚江之鋒而遺之禽也。朱子之於程子，文義參差者十之五，然不害爲傳心。後之推淵源者，亦曰："如合符節，無間言焉。"此真所謂能得其意者。必也遡本窮源，求諸經，質諸聖，存之以公心，折之以公道，以朱子之所以師程者師朱，然後理可明而意可得。

觀益侯劉先生之制義，其庶幾者乎。不知者拘於俗解習説，必駭其異也。若深於朱子之學，則一字一句，皆朱子之所講而明者，而又何異乎？前代朱子之書，功令雖申，而表章未至。今聖天子躋其祀，釐其編，以統一道術，嘉惠學者。蓋必有融會深造，躪庭入室，以爲鄉校弟子倡者，先生殆其人，而玆編殆其端與。

楊賓實制義序

辛未之春，承命校士，得江南楊子賓實者。其文浩如春江之潮，而獨邃於理，知其非恒士也，爲之不寐累夕。既乃見其人，叩爲學之本末，賓實果能不惑於時，而有以用其心者。嗚呼！科舉之學，識者以爲敝也久矣。蓋國家功令，使士子傳注是遵，格式是守，非固束天下之心思才智，而使之不得逞也。將率天下尊經學古，游於聖賢之路，不導之以濂、洛、關、閩之書，則不得其門而入焉。至於體製，則有王、錢諸公，其變極于歸、胡而止，非無厭卑趨高，蕩然破前人格律爲之。顧經義之文，主於明理；明理之文，主於深厚簡切，平易疏暢，而惡乎以才亂之。使人務爲文詞之華，而不盡心理義之實，又豈設科之初旨哉？

賓實登第後，讀書翰林，館課之暇，益研精於《大全》、《性理》諸編，每越數昕夜，則所見必益超絶，其視向所爲羔鴈者，亦穮秕已。間獨慨然謂，此蓋國家之與士相求者，而平居所爲，曾無足以發明聖賢之旨於萬一，律以古人進身之義，豈能無愧？潛玩理奥，有契於心，輒成一稿，曰聊備遺忘，而亦寓吾未敢遽棄其羔鴈之意也。積有篇帙，南人將募梓之，而賓實諏於余。

余曰：質文之運，其昌也潛，其弊也寖。歷代文章猶是也，故恒以百年而一變，變而不復其始。今賓實之文，復於王、錢、歸、胡，何其驟也。以此戰藝於宗工之側，或患暗投而能必之流俗之卑乎？雖然，賓實既曰吾非以爲文矣，如是則俗之好不好無害，請於世、不請於世亦無損，吾何以贊子而徇募者之干哉？蓋古之士者，不敢自是，而問其業於四方，所以求益也。將爲已是，則同世而相感，學不孤已。其或異於是也，必始而訴，既而疑，理義人心之同，則卒於合，未可知也。南國學者最盛,而其言亦最麗。以子文試之,三者之人皆將有遇焉,盍姑付行之,吾以觀風焉。抑吾觀賓實之文,非規摹王、錢、歸、胡爲之也。其理足,其氣盛,其辭直以肆,不求似而神合。此殆發於心聲,動乎氣運,非偶然而已。《詩》不云乎:"魚在于渚,或潛于淵。"將必有勤修圭蓽之下,應聖天子尊儒崇道之化者。異時正學方興,文明之道,進而逾上,王、錢、歸、胡,又不足云也。

成絅齋制義序

制義之業,其來六百年,至今沿而未變。然前輩之樸,既不足以悦夸靡之心;末流之冗,又有以成厭倦之勢。於是稍有才者,涉之淺,棄之速,曰此非傳世業也。吁! 學而先以傳世爲心,吾知其所謂學者、文者、詩者,所得可知已。夫無所得而期於傳者,其傳可冀乎? 學者之學,期於有得,則制義之根本六經也,其門户先儒也。講誦而思索之,固即漢、宋所謂專經之藝,窮理之功也。與習爲浮豔,而卒與古背馳者,不猶遠乎? 是故,知欲傳世,則視售世者有間矣。知求自得,則視傳世末也。吾所爲汲汲焉勉子弟以制舉業者,欲其藉此以通經焉爾,循是以辨聖焉耳。況非吾之私心也,國家之令也。經尊而理明,則人心淳而世道泰,歷世之科目爲有用,而平日之佔畢爲有施矣。

吾友成君絅齋示予所作藝,其高者乃能發先儒之意,餘亦貌先民而遽似之。質其素業,乃知留心於經,而研究於儒先之説者,形之於議論動止,皆與華膺者異。考其得力,則自制舉入也,制舉其可輕乎? 夫苟篤是而不舍焉,則所得者益深,所就者益卓,不離乎章句帖括之中,而道在是矣。

己丑房書遜志集序代。

爲文貴清而賤濁,何則? 神氣盛則清,衰則濁也。水之源盛,故雖挾潢汙、驅塗泥而不渾,及其源塞流斷,則與溝瀆沼沚同觀。葦茂萍青,無益於穢也。人之盛也,耳目言貌,清明盎溢,或衰病則反是。繁詞縟飾,無益於昏也。雖然,神氣者物之主,而有所以主乎神氣者,則其道大而説長矣。以文章一事論之,詞氣之清，由于神氣之盛；神氣之盛，根於義理之明；義理之明，本於學術之端，與人心之正。是亦道大而説長者也。

國家養士七十年，尊經崇儒，以一天下之趨。於是人文之成，變而逾上，彬彬之運，不期而然。己丑之春，十五國鄉賓者與計偕來，余忝分校焉。牓發之晨，聽禮部吏唱姓名，則余平日傾心宿仰之畏友爲多。覆檢其文，又喜名實之無相謬也。諸君釋褐後，富有以窗藝相投者，大抵與闈文氣味皆近，理真而詞健，格整而聲和，昏緩浮囂之氣，警然收，肅然静矣。間與同學成君絅齋，精搜而詳擇之，得三百餘首。或疑其才氣浩瀚、辭藻淹茂者，反不録焉。余曰："是選之意，欲揚其波，而使之彌清，故不得不有所棄也。"歌舞之後，與之挹山水之觀；粱肉之餘，爲之進清芬之味，固宜有索然興盡者。然及其氣之平，神之静，亦莫不樂此之景遠而味長也。然則豈獨作文者發於神氣之流，讀文者亦關乎神氣之效。余故叙之，以寓鄙意，且以問南中之故人，余言狂乎否也。猶有多名下而文闕焉未之見者，庶幾續此而贈我以兼金乎？

徐氏族譜序

徐氏之先，閩之莆人，九世祖諱旺者，始自莆徙居宿遷，歷葉萃處，邑人目爲西南阡徐氏。徐氏之世，雖不甚顯，然詩書不絶，宗次犂然。八傳有令璞先生爾珍者，以宿學貢於廷，生用錫，始領鄉薦，歲與計偕，名行藉甚，兹譜其所手裒録也。

地讀之歎曰，人之所以貴於萬類者，知本也。古之人其世官世禄者，既有廟制宗法，以繩承于百世。然而天下不盡爵禄之家也，非爵禄之家，則薦而不祭，禰而無宗，源流之義，何所篤諸？吾意三代盛世，所謂民版而登于天府者，必天子、諸侯爲之類族合屬，使息耗有所稽，氏姓有所别，親疏有所叙，飲食、婚姻之禮有所行。當是時，所以使人重其本者，不待人之自爲之也。後世口率出泉，則在官之籍，規漏者多；罷侯置守，無復安居本俗之基，則轉徙流移，不可復計。於是乎源遠末分，人忘其祖矣。世之君子，蠹然傷心，創爲家譜之作，以無泯厥世。

此其樂生返始，根于天性，雖更越時代，去其鄉里，而猶能審求根實，望桑梓而敬共者，美哉乎仁人孝子之用心也。然自漢、晉、隋、唐之間，韋孟、陶潛、王勃、杜甫之流，皆盛推遠系，至聯數姓而爲弟昆者，其果有所考耶？其僅據氏族之書而傅致之也。苟有所考，不亦善乎？如傅致氏族而云云也，恐有藉之以依附明德之苗裔，攀緣貴盛之宗支者。是以近代篤本之君子，尤能謹之。梅子定九之序是譜，獨引歐、蘇者是也。徐子之記，可謂簡而慤矣。地承先君子之志，修譜於戊午、己未之間，不敢推于忠定、延平，亦不敢蒐羅鄰里之疑似者，竊幸有合於徐子。雖然，猶以核之不盡爲愧，是故披斯編而重有感焉。

抑徐子爲余言，宿邑南北之衝，且地當黄河下流，沭、沂諸水之所奔射萃匯。吾聞莆俗爲七閩淳，異日吾其歸與，亦太公封于營丘之志也。如是，則吾與徐子爲鄉壤。徐子名成而來，更爲閩之大宗。八世而自他有耀者，蓋不占而已矣。吾之序也，且以爲券。

馬氏家譜序

馬氏之先，江南六安人也。明季徙居寧夏，遂世以軍功顯，至今日，巋然西土望族矣。太原總戎衡聞君者，余巡撫直隸所薦士也。君辛未武進士，其年余以兵部侍郎知貢舉，及君官深州，適撫標中軍乏人，遂奏請以自助。凡扈從畿輔，君悉與余俱。於是天子稔知君之材武，且機鑒謹密，堪大用也。三年之内，不次擢拔，至專閫焉。君一日書來，以其家譜屬序。

余閲之歎曰，有此也夫，天之佑忠節者爲不爽也。馬氏自六世始發迹，至七世蒼淵公，以薊鎮總兵官，屢建邊功，特命總理關寧軍務，統轄五省援兵，加太子太師、後軍都督府左都督，蔭三子世襲錦衣衛。闖賊之亂，三子者皆以謀興復事洩，先後殉難。嗚呼！父子之不負國恩何如，宜乎天者之大其子孫也。入本朝，衡聞君之父某公，從大軍討平川、雲，限於年，未究厥用。今君兄弟，各承殊恩，擁雄鎮，東西相望，屹爲長城。其餘昆季，直禁宿衛、及第出身、與兵從戎者，布列中外，皆異日腹心爪牙之選。時人以爲榮，而烏知夫勇烈忠貞，久而不腐，則其鬱積旁魄,能令後人以功名事業顯於時者,固理數之冥符,前代之已券。嗚呼！其未艾也哉。抑余撫直時,君不余疏,示余以其兄弟往來家問,皆相勗以忠孝廉潔,無一語及私者。此尤人之所難,蓋淳乎儒者家風也。以是推之,其根深,其氣厚,其輝皇建暨于他時者,必且倍于今日。余聞之,風謡慷慨,秦地固然,而《蒹葭》詩序所謂澤以周禮者,則如君之一門是已。余是以欣然承委而爲之序。若乃譜系之紀,又君之所以推尋源本,克篤不忘,以敦厲其子孫者,雅意盛矣,尤可書也。

【校記】

①"潭":道光本作"覃"。

榕村文集卷十三

序　　四

吴將軍行間紀遇後序

我國家誕受多方，集命既固。至我皇上而内鉏叛亂，遠拓疆索，雖在窮島之中，絶塞之外，阻滄波，限大漠，爲兵威之所不至，使命之所不加，莫不遣發專征，親煩六御，羈縲縶組，前後致之闕下。稽近代文德武功之盛，未有如是之赫然巍巍者也。大勛既底，九域乂安，聖明不自以爲神武之力，推恩酬勞，久而彌篤，其在元庸，眷念滋甚。蓋歷指三十餘年之間，名績昭章，如古之登於册府圖畫者，不過數人，而吾閩水師提帥吴公其一也。

公自壯歲從戎兩浙，即值三逆變亂。當是時，滇、廣之寇，度嶺嶠，越江湖，其勢猶遠，而耿賊之兵，則已出僊霞而駐衢、婺，旁散於西江沿海，以分我師。海孽助之，結連摇煽。如浙江不守，則東南財賦之地，有呼噏之危。故議者謂，三徼用兵，獨此爲門庭之急。其後亦以閩關不守，耿、鄭破亡，滇、粤遂以次誅滅，則此其明效顯證也。公是時初佐戎耳，且以閩人之故，頗有讒構之者。而能以忠勇自著，使王、將軍、制府、提帥以下，皆推誠任之，無所疑猜。公又所向摧鋒，績效驗白，卒能披海道之窾，以先霞嶺之師，用區區裨貳之職，而姓名功次，洊聞於朝，大吏元戎，争先進達。公之邁迹行間，固已奇矣。及爲總兵閩中，正廟堂經略海事之會，時則自重臣宿將，至於道路之口，言海可平者，百無一焉。靖海侯施公既銜命而來，乃亟引公自助。公於施公里戚也，言無不盡，而施公亦委心聽之。自有明天啓初載，而海患萌蘖，至是六十餘年矣。四世相繼，樹木深堅，又既據臺灣之遠，扼澎湖之險，舟檝便習，風潮飄忽，嘵嘵者大以爲非官軍之利。

及二公斷以不疑，以六月發銅山，衆又以爲天時、地利蓋兩犯之，然二公算既定，謀既合，自始接至於破敵，僅七日間，盡燒其舟船，奪其島嶼，海之驍桀精鋭，一朝殲焉。又復大開恩信，縱釋陣俘，使之還諭兵民，動以禍福，爲傾巢進取計。賊窮迫無所奔竄，遂稽首納欵，舉土降附。斯役也，論者謂自古海外立功，蓋至我朝僅見也。天子嘉悦公功，盡接殷優，賜賚重疊。以東南既靖，俾帥於西，控馭巴蠻，夷民帖服。既又以濱海重任，非公不可，水陸二閫，公歷專之。恭遇山海清晏，九重以江、淮氓庶爲憂，間歲南巡，察視河務。公與南服制撫朝覲行宫，恩禮便蕃，彌加於昔。公於是感眷顧之隆，循平生之蹟，以暇日記憶成編，題曰《行間紀遇》，以地爲枌榆親串，使以數言跋其後。

地披讀終編，其成功於艱危萬死一生之狀，足令觀者驚愕悲喜。而至於今日寵命始終，備極渥注，則又使人慨然於功名之際，而益知聖朝之盛德爲難名。故公此述不曰“紀功”，而曰“紀遇”。蓋上以自幸千載之遭，而下以無忘當日群帥知待之雅，尤古人所謂勞謙君子，厚之至也。用是應命而謹書之。

費副將詩集序

吾友費君業儒既就，而艱於有司，讀《班定遠傳》，慨然慕效焉。戊辰，余主武進士考試，旋讀殿試卷，以費君爲第一人。天子拔弓馬上者，故落第八。君與蔡方麓學士，少同學相好，幾掇文武大魁，亦盛事也。自後就職偏裨，然不忘講藝，詩詞、字畫皆愈工。其詩則熟于聲病，精于律切，雖矻矻爲此道者，不能過也。向年投余以詩，其卒章曰：“猶聞李供奉，曾薦郭汾陽。”嗚呼！汾陽亦武舉也，值時清平，無驅馳亂略之事，師其忠純可矣。君詩蓋傳聞靖海施侯際遇，故云然。侯成功亦於暮歲，君今尚未也。

施怡園五十壽序

余始識施先侯于京師，維時島嶼未靖，造膝相咨，于風潮信候，生涯斷港，所以審進退、料彼己，皆屈指恢恢，輒先處其成敗于坐立頃。未幾，天子用公爲帥，果卒平之，覆桉舊言，不失銖黍。是用策勳拜爵，與國同休。蓋自史册來，成功于海外者，千載一時也。東南巨浸連天，諸蠻大小島，遠近相錯，風舶貿易，彼此機防。而内地失業奸桀，結徒剽害，南風時發，北抵青、遼，雖鄭氏苞根既去，檢衛難疎，以故先侯受命永鎮，俾夷盜有所畏慴。其即世也，天子深難爲其繼者。侯諸子皆能，而第六子怡園公，今督水師，實纘侯事。當宁明並日月，非苟用家世委畀而已。

怡園少讀父書，其起家自裨而專，皆有勤勞可紀。定海之役，親搏劇寇於巨浪間，不遑爲之魂奪。是故，廷之議，鄉之評，以爲能酬國恩而嗣父業者，怡園無愧也。怡園初自粵帥調移，既至則清營汛，葺樓櫓，防制嚴密，如先侯時。尤以枌榆之邦，必恭敬止，要束族人家從，無敢色加於閭里者。沿海兵民，是以大和。

歲丙申，地適蒙恩休假，鄉人相率來請，謂是季秋爲公五十之朝，循俗求所以祝釐者。庚戌之歲，余始通籍，是春拜先侯五十辰焉。今其子又五十，日月如流，余老可知。然以葭莩之託久，而念亂之意同，故知公家本末者，莫余爲悉，雖平生罕作壽言，而不得辭也。史傳所紀，惟唐西平李氏、宋魯國曹氏，父子先後並授節居藩，伐在國家，名先載乘。先侯臺、澎顯績，不在奉天、南唐下。今時無淮、蔡之奸，而地有秦、夏之重，愬、瑋之勛，非怡園其孰修之？夫述上恩，推世美，相期以一代之完名，則禄在其中，而壽未有艾。此老者祝嘏之迂辭，而亦群親友厚望之志也夫。

顏哲人七十壽序

己丑春會試及期，余實奉命總裁試事，牓發而山東顏生紹標與焉。紹標者，復聖顏子六十有八世孫也。於戲！吾徒讀先聖之書，恨前修之益遠，蓋有過其地，望其鄉，俯仰其山川草木，而不能去者，況於其子孫哉！幸而遇其子孫也，無所挾，人猶將張之，況於文行足以自通，有籍於朝，而有譽於鄉國者哉！是故吾之得顏生也喜，而於其爲尊人司教君干贈言也，義不得辭也。

司教君以康熙丁卯舉於鄉，屢上春官不第，久之乃就教職長山。長山故下邑，自君勤於訓誨，而學者蒸蒸興起，比歲稱盛焉。余又聞之戴君，不獨司教君賢也，其孺人吕，實以德配。故其一門之内，恭順慈孝，雍然也；祥氣召祉，子孫滿前，森然也。諸子皆以才賢奮，如紹標者，博學能文，則既信于師友間矣，餘且顯世未艾，足以彰君之家學内行，爲有本也。余既以戴君而允君之賢，而又知聖澤之所流，盛世崇道之所感。明德有後者天之契，千秋必返者古之常，君之父子力之，爾祖相之，其爲賢也無疑矣。

君有積學長材，今年七十矣，而卑栖學署，祝嘏者必將夸而大之，而我則異於是。揚子雲云："必欲駕其所説，則莫若使群儒金口而木舌。"夫發聖人之藴，教萬世無窮者，蕭然陋巷之夫爾。安定在湖州，而太學行其法，安在師儒之爲卑位也？伏生、申公年九十餘，授帝者經，安在七十之非茂算也？司教君其必有以自得矣。紹標又當思夫顔子之位，所以光於王侯，顔子之壽，所以敝於天地者，則又他日不朽其親之道也。

代家君季父壽仲伯母序

歲丁未季秋，爲吾仲嫂氏浹甲之辰，親知子姪咸謀所以爲嫂祝者。叔弟兆慶、季弟日熺曰，吾兩人者，其不可偕衆以有言也夫。蓋古人叙昆弟之愛，至於儐籩豆，和樂且孺矣。然必曰禦侮急難云者，志其初也。乙未、丙申之間，吾兩人胥罹大變，仲氏身履行間，冒白刃抗誠厲志，譙羽嘵音，以至事平。蓋其妻兒置度外，循頂及踵，靡所悋戀者，篤天性之親也。而嫂氏之自處，與其處兄，不異兄之自處。承先子投艱之後，積誠盡瘁，用能葆未彫之和氣，以出家於湯火，而活我諸昆，其亦難矣。方是時，以爲天性團圞，則後是甘苦榮瘁，可以勿計，而轉盼間十餘年於此矣。履常蹈順，遂躋登兹，其亦可以祝矣。顧覆於予心，若非代言者所能發吾辭也。是吾與若者，區區之私[1]之不可偕衆以有言也。

季弟曰，乙未之事，於今十二年矣。夫星歲於是而一周，天道循環，吾門或者其將大，大必始自仲氏，家難之首庸也。今兄方厭衣冠之婪競，雅有溪山之意，浩然來歸。然吾察其目光，燦乎如有營；視其氣貌，則屹然若有繫命於其躬者。揆其年，蓋東山之釋烏衮也未久，而平津再策時相近也。意者天將老其材，大任其身耶？嫂氏摯於昆季，驩於妯娌，明達剛斷，有丈夫風。姪好大節，勇于從義，而膝下孫穎，若硎之方發。是又皆有以葆未彫之氣，弗懈益淳者，於以昌厥後，而迓純禧不遠矣。叔應曰，然。於是相與作而歌《常棣》、《斯干》之詩，以爲嫂氏壽。

仲父母八十壽序

康熙丙寅之春，地還朝，拜於家長。僉曰："行矣勉之，吾屬皆老，未料見期。"地曰："否。卯之秋，伯母耄期，吾拜舞焉。越春，伯又耄期，吾拜舞焉。"于時聞者戲視耳。緬念三春之暉，感愛日之義，懷《伐木》之燕，賡雨雪之詩，誠雖至矣，行或使之，許與者躬，進退者命，家庭宴語，敢云必酬哉？聖明不世，恩私踰分，控情歸里，適與言稱。昆友群曰："兹盛節也，無爲丐贈於公卿，天性私言，可以樹背。"

地乃抃且言曰：蓋天道十年而變，厚德歲晏而昌。不陳艱難，不知假易也；不稔晚暮，不審恒理也。丙申、丁酉，際家多難，伯勞於戎，母額於室，計其年適艾耳。越十年，地乃得鄉舉，爲嘏言焉。又十年，丁巳，閩事沸羹，周旋危險，踵伯之蹟。至今十年，伯與母耄矣，地又始爲嘏言焉。蓋三十餘年間，家之恐懼數矣。風雨既静，日月既舒，眉壽依然，升堂舉斝。斯惟吾先世善澤所積，蔚生人瑞，繄亦惟伯因心則友，樂義包荒，伯母明達慈愛，篤厚其祥，以有今日。

光地竊聞之，伯自弱年，才華驚郡國，充其精藻志氣，旃厦帷帟，未足酬也。屬鼎革無所遇，年五十得官，又棄之以隱。初生兄一人，舉一孫，堦除之下，猶孑孑焉。觀者曰："能世不在多，盛福不在貴。"斯於天道或然，而非應施之極論也。今兄有子三，姪有子四，兄姪先後拔於鄉，貢於國，姪又秀而能文，千里之足，雲霄之毛，吾見其班矣。伯高卧二十餘年，而光鬱然，而望巍然。同郡薦紳之外，自當世以學行稱，魏環極、衛爾錫諸公，莫不亟慕願交，形之聲歌序贊，致音問不絶。故曰儉於實者豐於名，閟於身者發於後。天人之道，應施之符，如佳穀焉，穫遲彌多；如貞松焉，節闌彌茂。詳言之非虚，懽言之不怍，今日有焉。地方以假暫居閒，日戒壺觴，從伯叔樂，慈堂色喜，諸母怡然。伯酣輒戲言："若家不事舉業，攻古書，且不能俯仰於時，自我始，悔誤若曹矣。雖然，他日有達者，其以吾爲不祧之祖。"地曰："唯唯。"地雖幸逢世，抱其樸學，短於春華，人集於菀，我茹其蓼，實惟家世之教。雖然，適不云乎，時久者天定，穫遲者稼良，伯其加餐彌性，享黄髮之期，斯賢者知師，不賢者知慕。比及期頤，地將載筆焉，于時天益券矣，穫滋多矣，言彌長矣。

季父母七十壽序

曩者吾季父、季母浹日之辰，光地嘗爲言以壽。維時中原阻斷，關郊不開，光地獨私爲釐辭曰："吾族將昌與，明禮法，興文教，舍叔其誰哉。"又曰："其膝下修業，亹亹有端緒，是不於其身，必於其孫子。"越十年而其言悉券。嗚呼！此國之神靈，祖考之休祜，而種學累行之符，灼灼明者，地於是益信也。

蓋昔者吾先君子，老而皇皇於仁義，構燬址，考殘牒，披荒墳，收淪孤，皜皜乎，凜凜乎，抗顔以格物之非。蓋有駭且怒者，而終則翕然以聽。暇則群子弟鄉人爲文會，指授點最，月有課程。里之後生，是以知奮。時地蓋未籍於朝，割寠以營公，犯侮而直義。既乃生霑朝命十年，洊以崇階，褒及幽翳。鄉之人無知不知，皆曰邁德之穫也。今吾季父之繼之也，吾又何間焉？合祭綴食，不愆其節，晦朔筵几，雨露松楸，不廢其時。垣楹葺焉，譜衺粲焉。宗人憚之，必力於禮；鄉里化之，漸遠於頑。名聞郡邑，屬以古黨正之事，指譬直曲，莫不各饜其情以去。講射之餘，論古課文，以親而遍。雖酒食讙讌，其於敦誦詩禮，未嘗去口，津津如也。季母天性和柔，内言不踰閾，老拊支出，過於所生。然且明義禮，篤施愛，何有何無，贊叔豪舉。今其子孫嶄然，名於庠者三，最幼者甫學文便岸異。叔之後且大施於時，魄兆著矣。由前之説，謂宛結於華年，必收功於晚晏，以叔之學之行信之。由今之説，以其所已券，責其所方昌，蓋又以其身、其孫子及先君子之事決之也。

王正初吉,七十俱躋,地之詞何以加焉?《詩》不云乎:“好是正直,介爾景福。”《傳》曰:“福之興,無不始於室家。”揆是二者,得天之契,昭然見矣。抑地聞之:百年旦暮也,二至晝夜之晷,不過七十,故生七十者,古人以爲稀。然鐵勒之書,有最高晷焉。晝幾百分,夜幾百分,陰陽之純也。季父秉清剛之質,循其少老,行靡脂韋;而母慈和婉孌,極女士之道,陰陽之純氣備矣。理至者其數從之,後三十年,請復以斯言券。

族子世寬壽序

昔吾先君不爲崖岸之操,亦不爲翕翕同行,不軌於正,所與處者非其類,蓋未嘗以顔色假也。晚得吾族子世寬,與之返往,而氣行如合符,兩無違志,凡十有五年如初焉。世寬之爲人,吾稔知之矣。少而與兄弟依母以生,家故單薄,凡所以爲衣食百須,皆克自成立者也。跡其阜貨自細而鉅,其起家自約而豐,多出於什一之計,而未嘗取較於錐刀之末。當歲災歉,中谷仳僞,民負逋越境以免,索負者設罝罘以追其償,世寬不獨舉委其傅别,而又陰爲行糧以資遣之。繇是衆樂其誠,將去者先來告期,以歸所有,利不較而義聲盈焉。以視夫今之操券而籌,甘心於三倍之利,而不顧天行之消息以自豐者,其於相去義利何如也。吾先君慨宗祠之久燬,首聚族人,經紀其堂室。世寬於此時,又獨斥私財,治其寢門,改作東西兩序,而遂稱奐然焉。以至郡東之祠,郡西之廟,先君次第修舉,庀材鳩工,世寬悉心從之。世寬前時,嘗僦屋以居,而勇於公義如此。君子將營宫室,宗廟爲先,居室爲後。世寬非性能而樂之,安能動與禮合乎?有以五行術推君始生干支王相,謂其某年有咎。世寬不惑,爲善益篤,掩骼施食,除道平梁,凡可以濟人者爲之。至于今康寧耒艾,長者列於上舍,幼者立於膠庠。夫天道遠,人事邇,吾未敢操券而必得也。而其遇災修行,與夫罔有敬忌,以樂怡憂者,抑又遠矣。

今春令序,爲世寬設弧之辰,内外親戚,欲吾言以張之。吾與世寬於世爲諸父,不能諛,又不可以諛者也。所以言者,蓋念吾先君平昔慎交,於世寬始終焉。

且使其子若孫登堂頌喜之餘，思致此之不假易，以深其源而大其瀾，培其根，徐收其實，則所以昌大其家者，蓋不止於此也。

跋

刻韓文考異跋

《韓文考異》，近年無原本，皆散入篇句中者，而又或删減增益之，每令讀者有遺恨焉。□□□[②]家藏宋刻，遭兵火，逸其文章，所存者則考異也。其嗣君□□□□後[③]，與予言及，因屬以家書郵致，爲之什梓京師。□□[④]仍監其役，惜乎未觀厥成而下世矣。徐友壇長遂任校讐之勤，字畫簡譌，雖已登板，必剜剔補備，務合於正。以視舊本之體，完善爲多。書計十一萬七千九百餘字，内有補注，作行書，填洽字名，則此書疑是文公門人張元德所刊定，尤非近本可比。

□□[⑤]又爲予言，其先人曾得朱子手記，與蔡西山答問之語，曰《翁季録》者，秘藏多年，與此之韓文並時失之。厥後訪求人間，則不復得矣，可勝惜哉！

引

重修蔡虚齋先生祠引

昔明之中葉，士大夫講學論道之盛，比于宋南渡時。維時北方之倡者，莫著于河津，而月川、涇野之徒，前後相望焉。南徼學者，則康齋發其端，其徒餘干、白沙，相與張而大之。然二子者，同遊康齋之門，而所學迥然，絶無毫髮肖似。其後遂有姚江王氏，標新立異，一時靡然宗之。其聲華遊從之盛，又非從前諸子之所及也。

吾閩僻在天末，然自朱子以來，道學之正，爲海内宗。至于明興，科名與吴、越争雄焉。暨成、弘間，虚齋先生崛起温陵，首以窮經析理爲事，非孔、孟之書不讀,非程、朱之説不講,其於傳注也,句談而字議,務得朱子當日所以發明之精意。蓋有勉齋、北溪諸君子,得之口授而訛誤者,而先生是評是訂。故前輩遵巖王氏謂,自明興以來,盡心于朱子之學者,虚齋先生一人而已。自時厥後,紫峰陳先生、次崖林先生皆以里閈後進,受業私淑,泉州經學,遂蔚然成一家言。時則姚江之學,大行於東南,而閩士莫之遵,其掛陽明弟子之録者,閩無一焉。此以知吾閩學者,守師説,踐規矩,而非虚聲浮媄之所能奪。然非虚齋先生,其孰開之哉?今經學久晦,士大夫好尚趨向,龐而不純,浮華之徒,轉相夸毗,獨至《蒙引》、《存疑》、《淺説》、《通典》諸書,則行於海内,家習而人尚之,翕如也。故嘗以爲吾閩之學,獨得漢儒遺意。明章句,謹訓詁,專門授業,終身不背其師言者,漢儒之學也。師心任智,滅裂鹵莽者,近代之學也。是二者,孰古孰今,孰淳孰薄,後之君子必有辨之者。自鼎革至今,吾閩苦于兵亂,學士咿唔,僅以應舉,先正淵源之學荒焉。

地竊不自量,方將以山林餘暇,與同志之士,誦鄉先生之遺書,蹈前修之典刑,庶幾《那與》卒章之志。同官莊子素思,適以書來,厚相諄勖,嘿有感於予心。三復之餘,慨然永歎。其後以蔡祠見燬告,且曰:"願與子倡而新之,子宜弁數言以質士友。"余惟斯文之運,無往不復,吾鄉積亂之後,必將復有嗣音者焉,紹續正學,如宋炎、興,明成、弘時。然則表章先烈,使來者有所觀瞻,其事誠不可已,願與諸友勉之。

梅定九恩遇詩引

梅先生定九,曆算之學,超越前代。蓋昔者僧一行、郭太史之術至矣,然當時西學萌芽而未著,故二子不得兼收其長,爲有恨也。近年徐文定公及薛儀甫、王寅旭諸賢,始深其道,然於中土源流,反有忽遺。惟先生能會其全而折其中,故其學大以精,而其言公以當。先時,地曾以其《曆學疑問》三卷,獻之至尊,蒙獎許焉。歲乙酉,南巡還,召見舟次者三,皆賜坐移時,垂問道數精微甚悉。先生既出,上謂地曰:"此學今鮮知者,當世一人也。其人亦佳士,惜乎老矣。"連日賜御筆扇幅，頒賚珍饌，臨辭又賜四大顏字曰“績學參微”，爲閏四月二十八日。蓋自前歲西巡，惟關中李顒中孚，承此曠典，熙代以來，并先生兩人而已。中孚以老疾不能對，而先生燕見從容，榮寵其歸，布衣三接，史册僅覯。後之觀者，不徒知先生以絶學被遇，又足以仰窺聖人之閫奥，建用皇極，而兼明夫隸首、商高之業，爲天縱極軌也。

先生南旋，在朝鉅公素相知及聞名者，作爲詩歌以美之。地親覯厥盛，故敬紀其事，以爲之引。

母太夫人七十徵言引

家慈姓吴氏，世山居，有渾樸餘風，及年十七，歸於先君。維時先祖妣並無恙，家伯叔同母者四人，庶出者二。上承舅姑，下處兄弟妯娌，一以和敬爲主。歡謔詬詈，以嘿鎮之；薄物細故，以義忘之；睚眦唇稽，以忍消之。行之數年，上下稱順焉。然其天性敦篤，非但柔婉善下者比。故奉先祖妣滫瀡甘旨，必誠必信。疾病極其憂，喪祭極其哀。拊兄弟之子，皆若己子。垂老爲子孫道舊事，未嘗不潸然感惻。自鼎革來四十餘年間，閩亂尤劇，既窶且貧，崎嶇多難。或衣被不完，或麄糲不飽。或遯荒遜野，風雪飄摇；或被陷遭纍，劍鑊兢𢥧。家慈皆身履其艱，堅忍劬勞，善念益篤。歲甲午、乙未，山海交訌，慘戮遍野。惟先君子聚衆自保，賊莫敢犯，于是鄰附鄉邑，依托者浸衆。先君子既悉力捍患，而家慈躬爲粥以食來者，前後以百計，推衣辟舍，至於事平不勸。平生百凡節約，惟教子讀書不悋。延師至家，敬如神明，甒儲或匱，授餐必豐。諸子於他事或假借，至惰游廢學，則動容勸誨，或飲食起居不樂，必得其悔艾而後已。甲寅之變，艱虞萬狀，處之泰然。今光地迎養京師，雖怯風霜，戀鄉土，然以大義自裁，未嘗幾微見於言面。

王正之月，實惟帨辰，鄉之先生長者教曰：“母之教若如此，今子有列於朝，而次者舉於鄉，叔季未可量，不能徼大人先生一言以榮其親，亦爲子之恥也。”敬述數言，以干知己，覬得鴻篇，樹之北堂，與萱色長茂，榮且罔極。

【校記】

① “區區之私”：道光本作“區區之事”。

② 文中闕字或因光地後人避吕留良案而掩去，道光本亦掩去。據《欽定四庫全書》本《榕村集》卷十三，此三字爲“近吕氏”。

③ 據《欽定四庫全書》本《榕村集》卷十三，此處爲“來京師偶于逆旅中”，無“後”字。

④ 據《欽定四庫全書》本《榕村集》卷十三，此處爲“而嗣君”。

⑤ 據《欽定四庫全書》本《榕村集》卷十三，此處爲“嗣君”。

榕村文集卷十四

記

皇帝親耕處恭紀

皇上御極之四十有一年春,省耕畿南,巡視宿麥,勞勉農人。巡撫臣光地及境内文武諸臣,扈從以行。維二月壬申,聖駕次于博野,因東作之興,念稼穡艱難,躬秉犁器,即功竟畝。臣令知縣臣開銓,即按其畺場,表識聖蹟。追維自古盛帝顯王,皆以農爲興德之本。《周禮》王籍掌之甸師,《月令》孟春天子親載耒耜,參置保介御者之間。其在成王,親與世子出觀農事,又爲饎以饁之,嘗其旨否,不以命之從行之臣。雅頌矢歌,聲傳至今。

洪惟我皇上聖德神功,度越有周,克勤小物,爲億萬年子孫之貽謀。其作典常、播聲詩者,非一邑所得私也。然聖蹟所存,則博野小邑,其名一旦遂望于寰内,非常之幸,蓋自建置所未有。又近在郊甸,臣光地適爲長吏,帥屬耕耨,攝官承乏,與際寵榮焉。爰立貞石,具紀其盛,以垂無窮。臣又竊惟受事之日,即得内府《耕織圖》之賜。今玆扈從,特被殊錫,復得臨唐太宗書《勸農詔》天章一軸。仰窺我皇上宵衣昊[①]食,必以務本力穡是先,庶幾益求庶民所急,竭誠謀度,時請聖謨訓勅以釐於成,則教農趨時,方由博野而始。臣光地既躬送聖駕,遣歸郡邑諸臣,皆以此申戒之,用并銘勒以自勖。

御賜急公尚義扁額恭記

康熙乙未八月越朔四日,辭陛至熱河,奏謂八世祖森,當前朝正統年間,捐貲賑蘇州饑,後又從官軍平江西、福建寇亂,經聞於朝,旌義賜爵。平生好施與,官府學舍，橋梁道路，多所建造。前史爲之立傳，乞賜御扁以爲世之急公尚義士民之勸。隨蒙聖俞。九日，内侍捧御書扁額出，即用“急公尚義”四字。二百餘年義烈，獲賁天章，祖德之厚，君恩之隆，凡我後嗣，其無射於人斯。

御賜女宗挺節扁額刻石恭紀

高祖母林氏，遇賊殉節，事在前朝嘉靖癸巳，距今一百八十餘年。明季知縣施某，曾以旌表詳請於巡按而未上。康熙乙酉四月，駕南巡歸，臣以直隸撫臣迎於舟次，連日召見，書史政務，旁及稗逸，靡所不講。間以高祖母義烈之事聞，遂蒙賜一額，曰：“女宗挺節。”今立石於赴水之崖，相望五十步許。御筆親揮，龍鳳蔚躍，幽光映耀，比之有司循例爲坊門者，何啻倍蓰。且是地也，士女千群，朝夕競渡，觀瞻諮問，風化攸關，非獨李氏一家之舊烈新榮而已。事蹟之詳，具於家傳，兹特恭述蒙賜日月，以示後人。

御賜在原至誼扁額恭紀

康熙四十二年，臣以謝陞吏部尚書恩至京。初九日，内殿召對畢，臣乞以私事陳請，上可之。臣乃稽首頓首奏曰：“順治乙未、丙申間，臣一家十二口陷於賊，質以邀重貨。臣伯父日爃自遠聞難，間關來歸，不顧生死，身詣賊，慷慨引義，繼以涕泣，不願獨生。賊大感動，禮遣之，然猶拘其弟從子如故。日爃憂憤嘔血，乃募鄉壯，合家僮百餘人夜劫之，覆其大巢。復連鬬四月餘，悉拔出臣家男女大小，賊黨盡平。時貝子王奉命平海駐閩，嘉其功，賜諭稱獎，加賞賚焉。日爃起家恩貢生，後至京，考授通判，未仕，讀書終老。臣父兆慶，每念日爃急難誠篤，私囑臣曰：‘他日能通顯者，必章揚伯父事，吾瞑目矣。’今臣受恩[2]，逾分已極，而先世奇節未著，伏求聖筆一字之褒，死骨不朽。”奏罷，蒙聖主頷允。越六日，召臣至南書房，命内臣捧御書“在原至誼”四大字以賜。臣稽首感泣之下，竊惟天下士大夫、民庶，孝弟貞烈之行，荷蒙褒録者多矣，顧皆循故事陳丐，自有司施行，然猶邑里生華，珉石永焕。日爃以區區友義，上邀宸翰，發其幽隱。

此視東漢趙孝、淳于恭輩，赴兄弟之死，義格凶頑，前史爲之立傳，榮燿什伯過之，豈尋常旌門表宅比哉？其天下臣庶力爲本行者，又孰不聞風感激，況臣及日爆子孫等，其銜恩刻骨，顧宜何如報也。

御賜在原至誼扁額刻石恭紀

順治乙未，先君與季父同居山砦中，一夜陷强賊，獨先君一人逸，餘十二口，悉擄以去，索贖重，不能厭也。祖以憂逝，父毁瘠不支，待盡而已。仲父自遠奔至，恤與難俱，亦嘔血幾殆。既而曰，徒悲無益也，則治行，將赴賊陳大義，不幸以身共之。親疎苦援不爲止，遂衰麻抵賊壘，聲淚慷慨，道所以爲弟姪請命者。渠魁爲之感歎，飲饌送迎具焉，然累縶終不釋，於是閲歲矣。有僧欵門密曰："盍以死求生乎？賊所踞山，巉巖不可上，然有一面陰背極險，不爲備者，募壯士夜劫之，質其魁則拏可返矣。"仲父練家僮并傭食者纔百人，涕泗與謀，衆皆曰願死。丙申四月九日，夜天大霧，先登二十八人耳。天已曉，遂吹贏直指魁帳。賊出不慮，又霧厚不辨人，狼狽奔崩，投崖下者無算。出季父、弟兩人，餘縶於他山，魁亦走脱。賊於是徵合遠近所部將萬餘人，仲父用百人者，據其阻，日與之戰，以一當百，無不靡者。自夏至秋，小大百餘鬬，賊散亡略盡，十口以次劫歸。地與次弟鼎徵實殿，七月七日也。時閩方有海患，大師疲焉，故山寇投隙起，盤三縣者已十餘年。官軍既無暇收服，績成書生，上下皆奇其事。征閩貝子以諭褒奬，將官焉而仲父辭。學使孔某詫於衆曰："李葆甫文事武備，見於天下矣。"仲父僅一遊太學，署通判職，而歸老林丘，湛書史以自樂，終年八十有八。

康熙癸未，地撫直隸，陞吏部尚書謝恩，因燕見奏聞當日事。蒙上嘉悦，賜"在原至誼"四字御筆，以顔其家，且命臣以軍門偏將賫送。嗚呼！自二叔不咸，而急難之道衰。東漢君子有争死於賊者，史者傳之，以爲盛節，且曰是光武、明、章之烈也。仲父本行可紀，遭逢明盛，表厥幽光，蓋所以磨厲風化，豈私臣家而已。其孫鍾寧受之，將立石墓次，而今亦歿矣。霰雪相仍，舊事浸湮，孝友之風，式微可懼，後死者不述，將無聞者。矧是異數，實所干丐，恭紀碑陰，以授其次孫鍾準、曾孫清奭等,練日敬勒。

御賜教忠扁額刻石恭紀

父天植忠孝,其汲汲於祖宗族屬之事者,墳廟無不修,祭薦無不舉,停喪無不掩,忽祀無不續,緩其饔飧,而是之急,天性然也。甲寅之亂,父君臣之義甚篤,濡身有萬仞之顛,抗節有俯仰之禍,積病三年,惟憂用殞。康熙乙酉四月,光地扈駕河干,聖主頗詢舊事,因賜父一額曰"教忠"。凡御書例不系欵,兹特筆其左餘云賜某,蓋異數也。乙未,告歸陛辭,又問所欲得字。八世祖丐扁之外,爲父求兩柱語,有命擬進。竊用唐人成句,杜甫云"一病緣明主",王維云"終身思舊恩",以爲父蒙難三年實録,荷恩隨奏寫賜。然杜句頗更易,緣擬時避"病"字,今不敢改也。嗚呼!表碣神道,凡刳琢爲觀美者。今既破俗停止,獨此華衮恩榮,宜勒貞珉,以示來裔。惟古人揚先行者,有損無增,故可以存信。親疎及見聞父事者甚多,必知光地不敢一字欺其君親也。

御書太極圖説西銘刻石恭紀

恭惟皇上道與堯、舜、禹、湯而相紹,學則洙、泗、關、濂而同歸。政撫萬方之煩,心傳千古之秘。而且窮象數之賾隱,訂唐都、洛下以無訛。攬文藝之菁華,裁漢、魏、江東而還雅。顧天縱之睿智,實兼多能;而聖作之文章,悉源性道。以是萬幾一日之暇,獨宗六籍諸儒之書。雖游戲於墨池,必翱翔乎學海。

御書《太極圖説》、《西銘》,前後凡數百本。歲二月南巡守,臣扈駕涉天津,屢蒙召見。因出御舟中所書二軸以賜,臣謹拜手稽首,祇受而寶藏之。伏惟二編爲近世學術淵源,比之上古之《圖》、《書》,中天之《易》、《範》也。歷代雖經儒者之表章,然必百世以俟聖人而大著。昔者朱子爲《圖説》首句誤增兩字,累欲請之於朝刊改,而終弗獲。及其論《西銘》,則爲林栗彈劾以去。道之難明,書之難傳也如是。今我皇上篤嗜深契,興絶表微,宸翰所揮,天章所賁,昭兹來許,于古有光。在皇上則爲以聖而下學於賢,將大下皆知沿河而東至於海。斯文之幸，千載一時，儒先復生，不知何如其慶忭也。愧臣凡陋，弗克欽承，恭紀恩遇，勒之貞珉，以惠天下學者。

御書戲綵堂恭紀

今天子宸翰流天下，然自先聖先賢、名山古刹而外，耆舊、禁近及宣力文武諸臣，乃能得之。惟年壽高者，其子孫爲之祈，則往往俯允。蓋優老教孝之心，如此其盛也。

吾友徐善長，以詞翰起家，出入禁闥三十餘年，於分得沾光寵。所難者，太夫人壽且康，善長忠而耆，和氣參會，歲晏華榮，倬彼大章，言樹之背，是以士論耀之，舊遊慰心焉。歲癸巳三月，天子以萬壽日，加恩臣民，肇行養老。太夫人又得與宴於皇太后宫，賜賚衣服，纁黄珠飾，悉從厚。夫學者以章句自薦，至於受知明聖，勸講賢英，躡鱗附翼，自託不腐，斯已榮矣。況有皤白之親，同沐眷渥，入振鷺羽，出展烏私。此固先生朴誠純忠之效，而母夫人所爲淑惠幽貞，恩勤育教，以有今日者，亦可由其子以知其母矣。在漢鄒、枚之徒，以文學侍中，兼聞政事，故史稱中外相應以理義之文。賈、董傅諸王，又不時入對，或就其家遺問。是皆儒學遭逢之僅者，而先生兼之。宋張齊賢之母，年八十餘，每入謁禁中，太宗歎其福壽有令子，賜予存問，歆豔搢紳，流輝史册。此又邦家之盛事，非獨門内之寵光也。孤露餘生，撫節歎慕，承吾友之命，而感明時錫類之恩，使南陔愛日之笙歌，與臺萊頌禱之章並時作也。爲撰《戲綵堂恭紀》。

御書廉平堂恭紀

天子勤思上理，以澄清獎吏道，而猶病夫逐名者之入於僞也，尚氣者之出於激也。僞則不誠而人不服，激則不和而人不安，如是者以立乎中外，猶未足以宣德意，助皇明。是故，訓迪百官，每於清正而和平者諄諄焉。

今都御史劉公，其人也。都御史之職，在於清風絶弊，執法持平，又正其官也。兹額之賜，上之所以嘉其人，重其官，而欲舉其官者與。吾儕士大夫，患於不廉，廉者又往往不誠不和，而有二者之病。雖然，亦有朴而非僞者也，厚而非激者也，而猶不能使人服且安焉。則以理之未明，事之未達，或見己是而失虚公，或矜細節而乖大體。是以古之人孳孳講學，至於老而不倦，蓋知夫明理達事，如彼其難也。夫階之稜謂之廉，廉之角謂之隅。《詩》曰："抑抑威儀，維德之隅。"言君子物身之有稜角也。然其下所賡，則曰温恭爾，柔嘉爾，言若捫于予舌，行無怍於爾室。此其至心爲之内，太和爲之表，體忠行恕，而無幾微非人己所安者。夫如是故平。公年七十餘矣，而好學篤志，有衛武之風，庶幾乎明理達事，以充其誠而導其和，則聖天子之訓，可以無負，大法小廉之司，可以無愧。雖然，上之訓，非獨爲公言也，蓋欲使吾曹見之者，交相勖勵，以贊太平之治。故余於公之請記也，愛莫助之。又懼而思焉，身雖退，豈敢忘以名行終始？

御批曆學疑問恭紀

壬午十月，扈從南巡，駐蹕德州，有旨取所刻書籍。回奏匆遽，未曾攜帶，且多係經書，制舉時文，應塾校之需，不足塵覽。有宣城處士梅文鼎《曆學疑問》三卷，臣所訂刻，謹呈求聖誨。奉旨："朕留心曆算多年，此事朕能決其是非，將書留覽再發。"二日[③]後，承召面見，上云："昨所呈書甚細心，且議論亦公平，此人用力深矣，朕帶回宫中仔細看閲。"臣因求皇上親加御筆批駁改定，庶草野之士，有所取裁，臣亦得以預聞一二，不勝幸甚。上肯之。

越明年春，駕復南巡，遂於行在發回原書，面諭："朕已細細看過。"中間圈點塗抹及簽貼批語，皆上手筆也。臣復請此書疵繆所在，上云："無疵繆，但算法未備。"蓋梅書原未完成，聖諭遂及之。竊惟自古懷抱道業之士，承詔有所述作者，無論已。若乃私家藏録，率多塵埋瓿覆。至曆象天官之奥，尤世儒所謂專門絶學者，蓋自好事耽奇之徒，往往不能竟篇而罷，曷能上煩乙夜之觀，句譚字議，相酬酢如師弟子？梅子之遇，可謂千載一時。方今宸翰流行天下，獨未有裁自聖手之書，蓄於人間者。豈特若洛下之是非堅定，而子雲遺篇，所謂遭遇時君，度越諸子者，亦無待乎桓譚之屢歎矣。既以書歸之梅子，而爲敘其時月因起，俾梅竇奉焉。

上諭泰山脈絡恭紀

臣嘗因奏事罷，上顧問泰山之脈，何處生來。臣以中州之脈對，且曰："古泰山在河之南，今河既南遷，則泰山在其北，應是山脈已爲河斷。"上曰："非也，果是山脈，水不能斷，泰山之脈，乃自遼左而來。今金州與登州，夾岸相對，纔數百里，海中有山島十餘，錯落横渡，即山東諸山脈絡從來處也。"

臣退而伏思之，《禹貢》導山，自"導岍及岐"至"入于海"是一條；"西傾、朱圉、鳥鼠"至"陪尾"是一條；"導嶓冢"至"大别"是一條；"岷山之陽"至"敷淺原"是一條。四條之列，自北而南，中原形勢，大略盡矣。獨疑青、兖、徐、揚之山，不在四條之内。謂非水所經歟？則兖乃河入海之處，揚乃江入海之處也。謂其山不足表識與？則岱宗嶽之長，嵎夷暘之谷，堯、舜所測候而柴望也。謂非禹跡所掩與？則禹治水施功，正自兖、青始，故前叙九州，既以岱表青、徐之域，又曰："蒙、羽其藝。"且傳載禹會諸侯于會稽，正揚州之鎮也。而四條之山，無一及之，何耶？又此四條者，惟北條曰"至于碣石入于海"。其餘三條，或盡于豫州，而曰"至于陪尾"；或盡于荆州，而曰"至于大别"；或盡于揚州之上游，而曰"至于敷淺原"。皆不紀其入海之山，比之北條爲甚短，又何耶？説《禹貢》者略而不講，蓋數千年矣。今恭繹聖誨，還證古經，然後知《禹貢》四條之山，但以中原脈絡可見者言之耳。北不踰塞垣，南不踰嶺徼，蓋其脈絡不在九州中土，則禹跡之所未窮也。泰山之脈既自塞外横海而來，自登、萊以盡于青、徐。而江、浙、閩、廣之脈，又皆自嶺外迴環抱江而上，自江右之大庾嶺分支，南盡於閩、廣，而北盡於江、浙。此兩條者，蓋天作而地成之，以爲中原之左右藩護，而推其脈絡所自來，則非中原之山，而塞嶺以外之山也。塞嶺之上流，禹所未至，故《禹貢》於導山闕之也。夫是以北條諸山盡于冀州之境者，不得不長；其餘三條諸山接于青、兖、徐、揚之境者，不得不短。此以知聖人之智，沿流泝源，如此其精；而聖人之經，存信闕疑，又如此其謹。倘非皇上灼知而發明之，則遺經之指，千載夢夢也。

臣恭惟皇上之學，既專於道德性命之源，而其暇力，則自《易象》、律曆、天文、地理、算數、聲音、農田、水利，無一不窮其理，造其妙，心堯、舜、禹之心，傳堯、舜、禹之道。故凡《堯典》之曆象，《舜典》之樂律，《禹貢》之山川，亦至是而始一明也。臣不勝惶悚。

重建董子祠堂記

凡仕宦所至，首考其地之先賢先儒，以暨名臣高士，風被於來世者，爲之垣墉俎豆，使邦人有所稱思，禮也。景州舊有董子祠，而窄隘無規橅，且蕪不修，無以動州人仰止之敬。歲甲申，知州事周鉞，遂更買地於城東偏，斥大其基，出資營葺。凡門堂室廡，齋房具備，自舍菜降登，及官吏止憇，學者講肄之所，皆寬然有餘。又能以扈從自請於天子，賜以額字，曰："闡道醇儒。"此千古之異數，而鉞之勤懇誠款，爲可書也。

吏部尚書、管理直隸巡撫事李光地觀祠之成而記之曰：韓愈氏論道，醇孟子而疵況、雄，當已，然於董子則莫之及，何哉？在漢惟劉向頗知之，以爲王佐之材，伊、吕之匹。劉歆、班固雖頗過其論，然亦謂六經離析之餘，使學者有所統壹，爲群儒首，則非揚雄以下之所及也。韓氏於孟子之後，樂道揚雄，至於董子同時如司馬遷、相如，皆有述焉，而獨遺於是。是皆以華實爲進退，豈篤論哉？自宋以來，更歷大儒，而其品始定，於是《三策》之書，上儗七篇，而與之相接。蓋其曰"天性"，曰"天地之性"，則性善之所出也。其説雖源於《孝經》、《樂記》，而漢、唐諸儒，未有能述之者，謂非有聞於性與天道之傳者乎？其對江都王義利之分，王霸之判，則孟氏所反覆於齊、梁之廷，累千百言以悟世者，如此而已。然則謂孔、孟既没，董子之學獨醇，程、朱之言，不可易也。自是而又五百餘年，以至熙代，堯、舜、孔、孟之統復合。三十年間，自鄒、魯聖賢之區，以逮濂、洛、關、閩諸儒，毓生居寓講讀之處，皆賁以天章，高龕巨牓。而董子舊里，近屬畿封，亦徼俯俞下州小臣之請，闡幽微顯，使千載道系，粲然重光。恩明意美，垂示罔極,程、朱之言,至是益信,豈非所謂百世以俟聖人而不惑者與?

地適以持節於兹,因木石之竣,記識月日,自托不腐。又將使州之人士,仰窺聖代表章之盛,下守此邦文獻之傳,庶幾嗣音有繼。爰述舊聞,表新褒,以告來者,仍使鉞董其事,而勒之祠左。

重建鵝湖書院記

鵝湖者,考亭朱子、象山陸子講學處也。昔東萊吕氏與朱子交善,又於陸子有場屋之知,見二君子平日操論有不同者,故約爲鵝湖之會,而朱子及陸子兄弟皆赴焉。後人就其地立爲書院以祠四賢,起於宋淳祐間,賜額"文宗",延及前代,屢有修舉。或曰:朱、陸之異同,五百年來以爲口實。今同堂而祀,於古者配祔之義何居?余曰:不然。二子之相崇重者至矣。朱門誨學者以持守,每推服象山爲不可及。白鹿講章,朱子至爲之避席上手謝焉。陸之於朱,則有泰山喬嶽之歎。故朱子有言:'南渡以來,理會切實功夫者,吾與子静兩人而已。'原其講辨豪芒之指,一則慮玩心高明之失實,一則恐著意精微之離真。二者於末學,誠皆有弊焉,雖朱子亦謂宜捨短集長,庶無墮於一偏也。昔游、夏同師夫子,而本末之論,互爲訾謷。二程、張、邵,相與切劘者數十年,然其説流弊,程子猶有微辭。今語高第弟子,則文學之科,同配聖師,朱子叙道統淵源,並以周、程、邵、張,釋奠精舍,未嘗以其小不同者爲病,然則朱、陸之共俎豆而處閟宫也,而又何猜乎?今天子衡量道術,一以朱子爲宗,聖人有作,萬世論定矣。在學者誠宜稟皇極之彝訓,奉一先生之言,以講以思,以服以行,庶幾沿河入海,而無斷潢絶港之差也。而又當知張、邵及陸之於程、朱,其學雖微有同異,而實相成,非若孔、墨、告、孟之不同室。無陷於膚末者吠聲之習,以長夫晚出横議之風,是之謂能自得師矣。

曩歲逆藩變亂,西江適在其衝,兵燹之餘,舊宇堙圮。康熙癸亥,前令潘君某曾一修之。今又頹敝,施君德涵,以名進士來尹是邦,尋訪名迹,慨言更新。會諸上官皆留意文事,故請上輒報,加以慰奬。規橅既備,考落有期,適余以丐歸經過,侯與邑之人士,邀請瞻謁,而以祠記相屬。余惟爲政者首訪邦之明祀勝跡,繼而修之,古之君子皆然,況夫群哲論道之區,學術源流,移風百代,而可以翳諸荒榛乎?且夫書院之建,實與國家學校相爲表裏。李渤,高士爾,講洞之廢,朱子猶惓惓焉。今使先賢遺址,焕然崇修,江右故理學地,必有遊於斯,而奮乎興起以紹前緒者。倡明者之功,於是爲大,故不可以無書。

重修懷玉書院記

爲政者以新學校、育人材爲先,然學校之新也,必先聚集人士,而啓告以聖賢爲學之意。幸而其地爲聖賢所生長,所遊經,則遺教流風,往往而在。於是有賢者涖政於兹,咨諏舊迹,興起墜緒,感動奮發,必倍於他邦。班固有言,可貴哉仁賢之化也,詎不諒與?子朱子生長建州,趨朝歸山,則信州其孔道也。是故,玉山之會,鵝湖之争,傾動一時,見於止齋陳氏之書。而其故址皆在於信。以今考之,鵝湖辯論,其言不傳,抑止齋所謂刻畫深而傷易簡,矜持過而涉吝驕。是一時學者,猶有疑而未概於心焉。獨玉山講義,剔抉詳明,雖因問而答,而已盡乎義理之根源,功夫之切要。嗚呼!首疏仁義之目,而警以著察之效;中揭性善之指,而進以瞑眩之劑;終提尊德性、道問學之宗,而兩捄其空虚卑近之弊。朱門之所終日言者,不離乎是,而於玉山獨反覆焉,豈爲一時學者設哉。揚子雲云:"去之五百載,其人若存兮。"蓋言聖賢百世之師,不必於謀面而親炙之也,有志之士,可以興矣。

懷玉書院,舊有之而不修,前哲風流,來者無所矜式。沈侯景韓以名家子來宰兹邑,上顧高山,仰止生慕,下視城闕,嗣音興嗟,周爰名區,於稽文獻,廨宇聿備,祀事孔嚴。蓋將表前修於渺茫,振斯文之微歇,此豈世俗從政,勞勞於簿領填委者所能知哉?屬余休告,取道西江,謁侯所爲書院者而心偉之。已而宿郡治,信鉛山、鍾靈、鵝湖,所在修舉。嗚呼!何此地賢守賢侯之多也。抵里卧痾,沈侯又千里馳書,命余作記。余惟天子方躬聖學,揚絶緒,中外承風,蒸蒸廣化。侯又嘗教習禁地,密近清切,尤能深知上意,預聞道德之指歸,則其爲政,而知所先後也固宜。至於書院興廢,祠宇學舍修斥之年月,創始落成,詳在侯自記中。

廣信鍾靈書院記

文明之運,始於國家,而又視乎推行者之至不至。苟其設誠而推行之,雖微上之振起,士君子固不忍愚其民也,况在蒸蒸作人之世乎?文翁之於蜀,退之之於潮,當時兵革猶未盡偃,而巴巒之西,嶺徼之外,僻深荒遠,素未耀乎光明,二公者皆以太守爲吏民師,能使人士奮興,俗化移易,前史稱賢焉。今天子撥禍亂,致泰平,永惟有道之長,求端於學校教化,崇道尊儒,統一經術,可謂恩明意美矣。而守土者,或推行之未至,或以文具推行,而設誠之未篤。無論僻深荒遠,文教闕焉,雖以聖哲居遊之區,時世之未遠,風流之未墜,罕能尋搜章表,以爲邦人勸者。豈賈生所謂"移風易俗,非俗吏所能爲"者耶?

西江故人文地,在宋,廬陵、臨川、南豐諸子,爲文章宗師,濂溪、明道、伊川,於此相授受焉。南渡後有陸氏兄弟,以學行與朱子道義相切,而朱子趨朝來往,必由信州取道。故玉山之講,鵝湖之會,道脈攸繫,迹在此邦。文獻不彰,緒風亦歇,有志之士,仰止高山,亦何從而遊憩焉?太守周君慨然遠覽,既訪鵝湖遺址,檄其屬邑興修,百年茂草,屹爾宫牆,而又即府治佳處,創爲鍾靈書院,臨溪環山,在闤都而有泉林之趣,招致士之秀者近百人肄其中。又以爲文翁在蜀,相如爲之師,退之在潮,趙德司其教,不遠千里,求宿學者督率,身則以時省視而作興之。先時郡士科名寥落,自書院立,明年即有首舉於鄉者,後遂連年相踵起。故曰山川之秀,有開之者也,人文之盛,有倡之者也。人地之鍾靈無絶期,開而倡之,則或百年而不相值。嗚呼!此余所爲於君有感也。雖然,科名其小者爾,生聖人之世,被聖人之澤,當勉爲德業之彦,共定太平之基。此去廬山之下,有白鹿洞焉,朱子之規,陸子之講,班班猶在也,取與《玉山講義》玩思而服行之,使賢太守之迹,他日於蜀、潮而有光,是則師生之賢,亦邂逅執筆者之惓惓。

安溪考亭書院記

昔朱子舉進士,筮仕同安簿。同安西北,壤接安溪,故朱子常往來安溪道中，喜其山水幽奇，以爲絶似建陽佳處，有詩在集中可撿也。光地於乙未年冬，告休抵里，拜邑父母曾侯，寓其新落文昌祠中。因請侯曰："俗祀文昌，蓋古者司中、司命之遺。雖然，星辰河嶽，必以人配。五百年來，朱子人師也，今天子崇重之優，風聞天下，教學者知所嚮往。地之歸也，取道西江，凡玉山、鵝湖，朱子信宿講論焉者，其守土類能修舉。吾邑爲朱子奉檄往來，品題名勝之區，法得立祀，非其人不興也，其有待於吾侯乎。"侯曰："兹吾素志也。"舊有祠在庠東，湫陋傾圮，侯乃捐貲買地，於文昌祠後，架後堂以棲神，而以中楹崇祀朱子，考古衣冠，用上公冕服，祔食則復齋、北溪兩先生，皆南郡産也。又拓其前爲敬業堂，躬與諸生課業講藝。蓋志乎續朱子之墜緒，而非特復宇升香，循春秋之故事而已。祠成，邑之人士感侯興起倡明之意，相與請余記其事，以示來者。

余惟侯之派，自東魯宗聖而南，宋南豐先生，亦其别族也，文行之承，遠有端緒，則其爲政而知所先後也固宜。考朱子平生爲學，精察力行，謹守曾氏家法，其文章，則一以南豐爲彀率。然則侯於朱子之道，所謂歸而求之，有餘師矣。明道先生爲《顔亭銘》曰："千載之上，顔惟孔樂。百世之下，顔居孔作。"蓋有取乎淵源世講，相爲表章之義。余於侯之兹舉亦云。侯諱之傳，字愓若，號石巖。

重修泉州府學記

泉在前代，文章科名，爲天下蔚，學者譚説，至今豔之。然其世升降，俗淳澆，士術人心之變，則有群然波逝其中，而莫之訾省者。蓋自成、弘間，虚齋蔡先生，醇品邃學，洛、閩是承。親炙之士，則有陳、林、張、史諸君子，皆所謂守章句，踐規矩，不謬於古人明經篤行之意，泉之最盛時也。其後傅、李、許，相繼魁天下，爲時文師，科第遂壓列郡。然而華繁實披，學又一變。及其季也，則有猖狂以壞士習，怪詭以軋文體者，餘風荏苒，而吾郡亦寖衰矣。夫泉僻處濱海，爲九州風氣裔末，然虚齋以經解，錦泉、晉江以制舉業，李贄以横議，天下皆靡然宗之，則豈非世道學術之高下，占諸吾泉而可知與？蔡、陳諸先生，勵行清修，有進退大節，其時風尚淳樸，聞之長老，士大夫有休官而美田宅者，衣冠不齒也。其後則役於名利者多，又敝則破行檢，作毒害，鄉閭苦之，而至今爲梗。此又鄉俗人心淳澆之判，然其所以然者，亦源乎世道學術而已矣。嗚呼！學校者，四術所從出，故曰學術也，其廢其興，昔人重之。《詩》曰："於論鼓鐘，於樂辟雍。"蓋言學校之盛，待文王而後興也。又曰："佻兮達兮，在城闕兮。"蓋言學校之廢，爲賢人君子所憂閔也。

今天子恭承道運，以六藝漸摩四海，必世而再矣。周王壽考，則應在作人，固宜其令行風流，而蒸蒸者衆。地之歸也，兩浙、江右聚學之區，玉山、鉛山儒先講肄之所，賢守令類能修舉，視聽一新。吾郡劉侯侃，來自齊、魯，有《召南》素絲之操，顧瞻郡學頹敝，憮然傷之，此亦《風詩》城闕之志，欲望學者以嗣音也。請諸僉事黄君朝鳳，而委學職陳君任賢以敦其事。落成有期，吾友舉人陳君萬策爲之請記於余。夫學校之設遠矣，古之知道能文者，《學記》備矣，重言累陳，無以爲也。蓋周禮在魯，則問舊章，諸子賦詩，不踰鄭志。泉故先儒舊遊，理學名壤，雖晦明有時，然得賢牧守、師儒作而興之，廨宇既修，必將延召名宿，招誘有志之士，課其道藝，成其德業，所以贊聖天子而育材廣化者，非僻陋荒遐，素未耀乎人文者比也。故爲道前代學術源流，所以關鄉國汙隆者，使返其始而維其初，庶幾援古剴今，其則不遠矣。

宣城梅氏重修祠堂記

古者，士大夫以上祭於廟，庶人祭於寢。故廟非有爵者不立，非宗子則亦不立，其祭之所逮，又各有世數，不敢以相干。蓋愛敬之篤，名分之嚴，其重如此也。雖然，禮以義起而時爲大，未爵而有世禄則祭之，宗子去國，支子則祭之。大夫于祫及高祖，而經文又有太祖之號，雖五世至于遠祖則亦祭之。是以近代有祀田者立廟，世禄之意也。支子貴者立廟，代宗之義也。伊川程氏又推服制，遡宗源，四親始祖，使人各盡其情，雖有据經考古之士，不能盡非也。

宣城梅氏，自宋始顯，明三百年，科第相繼，延及本朝，於法固得立廟。其族齒繁盛，散而遷居，故在前代屢有改建，而歲久材腐，溪齧其基，人稠産稀，曠不修舉。明經處士梅定九先生，及其從子都御史桐崖先生，倡謀經始。桐崖羈於官，歸鄉數年又早世，故始終皆定九專其事。定九貧者也，好學深思，拙於治生，不量力之不任，而根本是圖，營度顛頞，忘憊且老。是以族人皆感其意，順其令，贊其役而考其工。蓋自辛卯之夏，逮今乙未，載基載落，而先生之孫達矣。《詩》曰："奕奕寢廟，君子作之。"言追遠維始，非君子不能。又曰："莫莫葛藟，施于條枚。"葛藟芘其本根者，而詩人以爲求福，豈其心所希覬？蓋根枝流貫，理固如此也。世之公卿士大夫，敝敝宦路，幾忘其所生。歲時設紙位邸旅，僅於忌日行之而已，春秋雨露，未嘗伸一拜於祖先。其家則斥居室，盛園亭，至祖宗祭享之處，雖祀秩所應得者，莫之肯舉。禮喪俗偷，此其最大者。愾念《禮經》營室之文，載考《春秋》屋壞之戒，非學行君子，孰能興之哉？

梅氏家廟舊址在山口，中遷蒲田，每就傍近改建，今則重建於蒲田中處。又於祠後餘地，構屋若干間，聚族人子弟，讀書課業，親爲指授。凡昔賢所謂義學、社倉，皆有志焉，其慕古如此。其孫瑴成，傳先生意，俾記本末，示厥後人。余與先生至交，又念先人舊事極相類，明發憮然，述所感以記之。

榕　村　記

枝谿以爲澮，曲折灌數百頃，復入于谿。水勢依山，自成隆窪。有榕生其上，舊爲風摧，橫卧澗中，折而復迴，翹然兩橋，可以通涉。扶疎遠望，亭亭然三也。村廣輪二百步。澗之南有方沼二，沼上爲亭，傍亭爲臺，皆就榕陰。下臨潭澗，蒼巖遠岫，濯影清漪，水族微鱗，游泳可矚。樹陰深處，榱甍隱隆，周以垣户，皆吾甥孫氏之所經始。其北月池，引入澗流，有長廊疎窗，可以凭俯，蓋余所營也。余又即榕之遠陰，砌爲石臺，與孫相望。炎月西曦，如擁翠幃。又卻而西北爲小山，山之高可四仞許，下竹行源，輸之山腹，降流出于石罅，結茅室使僧居之。自吾軒而至者，環徑軼丘，忘爲十畝焉。移四序花木，雜蒔村中，薜荔藤梢，漬蝕牆苑。登高之所聽眺，栽秧穫稻，諠呶笑呼之讙。月麗村光，墟烟野燒，雲電摎流，長風高枝，幽壑靈瀨之狀。余既與孫氏子樂此，而二三親串知厚，相要角文其中，意在光時，職思用世，扶樹缺微，嗣音風雅，使榕村之名及後，諸子之志也。

克齋記

謝兄子惇在京師，促膝所言，皆肺腑之要。一日肅然命予曰："予之歸，將以克扁其齋，子其爲我記之。"予曰："久矣哉，吾之愧於斯言也，奚足以記斯齋也？雖然，請誦其所聞，而兄是質。"蓋昔者，原憲所謂克，勝人者也。顏淵所謂克，勝己者也。先民有言曰："自知者英，自勝者雄。"故力扛九鼎，不足勇也；氣奪三軍，不足威也。夫惟平旦清夜之中，而勝敗存亡之機決焉。言默食息之頃，而盛衰消長之形見焉。是故，覺者不及知，勇者不及持，非天下之至勇大覺，則不足與於斯也。古人制字之義，斬心謂之慙，刃心謂之忍。故克之功，始於慙，成於忍。知慙能忍之人，外眂之退然如不勝衣，而風飛雷厲于徑寸之中，傾耳而聽之，如震驚百里也。夫然後天機日以盛，浩乎不至於摧陷廓清而不止焉。《易》曰："龍戰于野，其血玄黄。"此《坤》之終也。再變爲《復》之初，則陽動而天心見矣。天心者道心也，道心惟微，如眇陽茁然於群陰之中，故非克無以有復，非戰則天心終不可得而見。雖然，不可以不養也，故六二之體擇善取友以交修之。雖然，不能以遽純也，故六三之頻改過遷善而不吝焉。雖然，不可以無輔自廢也，卓然以賢聖爲依歸，知我者其天乎。遯世不見知而不悔，蓋至於中行獨復，而以底于安敦也不難矣。克復之義如此，反乎此者謂之迷。迷復之人，汩没終身而不悟，覆以莊言爲蟊賊，正士爲鴟鴞，淳澆樸散，而天理蕩然，所謂用行師將有大敗，以其國君凶也。

嗚呼！吾觀世之迷復者不少矣，惟不知所謂克也。克云，克云，絶嗜閉慾，以遊於方之外云哉？君子之克己也，不離乎容貌辭氣之間，不下帶而道存焉。是故，一言之背於情也則克之，一動之疚于躬也則克之。非獨曰此言也動也云爾，必究其所以言動者，皆吾精神心術之病，意向念慮之差。源委相生，標蘖一貫，朝暮簡撿，畢世服膺，於以混混而放乎四海，夫何遠之有？嗚呼！此古人之言也,吾述之而已矣。迷而莫予覺也,憊而莫予翼也,岌岌乎起而蹶,仆而復興,歌“將伯”之章,如有望而弗得也。今乃得子惇焉而以師資,是予之幸也。以葑菲爲雜佩,亦惟兄有菖獨之嗜乎?

【校記】

① 昊:乾隆本作“昦”,道光本作“昃”。

② “今臣受恩”:道光本作“今受恩”,無“臣”字。

③ “二日”:道光本作“二月”。

榕村文集卷十五

論

河圖論

昔者聖人之作《易》也，明於陰陽之運，察乎日月之紀，窮乎鬼神禍福之徵，究乎人事吉凶之兆。故立象以盡意，行蓍以極變，使夫知其道者，則知神之所爲，而玩其占者，亦足以獲天之祐而動无不利。然則聖人之於《易》，雖微《河圖》，其可無作乎？蓋《圖》者，天之所以啓聖人之心；《易》者，聖人所以承天之意。天人之際，未有不相符而可以有作者也。自孔子《大傳》所列十數五位，若指諸掌。又曰："河出《圖》，洛出《書》，聖人則之。"而究其藴，則曰："所以成變化而行鬼神也。"嗚呼！可謂盡矣。變化日行于天地之間，凡夫動静明晦，開闔出入，枯菀存化之雜然于吾前者皆是也。而其所以然之機，則謂之鬼神。夫天地之所以爲天地者，以有鬼神變化也，而《河圖》具焉。然則作《易》之精意，亦舍圖奚取哉？

仲尼既殁，《易》道湮廢。自卦爻之詞，昭然具存，固已盡失其義，又況乎天人授受之秘，有在於語言文字之表者，無惑乎其不傳也。漢之儒者，雖不能曉暢精微，而守之未失。至于有宋，經學爲盛，而異言轉多。劉牧以九爲《河圖》，十爲《洛書》，比之舊傳，正爲顛倒。歐陽修不信《大傳》，遂與《河圖》、《洛書》，皆以爲贋而并棄之。惟朱子表章發明，而《圖》、《書》始顯。然自元以來，挾異見而滋群疑者，尚不勝其紛拏。故四千餘年理義象數之宗，書契文字之祖，以至于今昧昧也。愚學《易》十餘載，既知返之《圖》、《書》以求其端，而竊疑夫爲之説者，何紛然其擾也。於是盡去五行生克之論，獨以陰陽奇耦之數，縱横而推之，逆順而播之，然後始得不疑于《圖》、《書》之理，與夫聖人所以則之之由。

蓋《河圖》之半奇半耦者，兩儀之分也；四方者，四象之判也；一二三四六七八九互爲内外者，八卦之交也；中宫五十者，太極元氣之所居也。此其大致也。以其分限言之，則陽始於北而盛於東，消於南而終於西，故在《圖》之奇數，則北東居内，而南西居外也。陰始於南而盛於西，消於北而終於東，故在圖之耦數，則南西居内，而北東居外也。内者主之位也，外者賓之位也。得位爲主而用事，則日進而盈；失位爲賓而不用事，則日退而虚。夫自寒暑二氣之所以升降，日月明魄之所以死生，大而元會之所以循環，細而呼吸之所以出入，無一非盈虚之變也，無一非内外之交也。君子、小人之進退，天理、人欲之消長，學術之所以邪正，世道之所以汙隆，無一非盈虚之變也，無一非内外之交也。甘苦之相生，憂樂之相因，禍福之倚伏，吉凶之反覆，無一非盈虚之變也，無一非内外之交也。以《易》而言之，則《乾》龍之潛藏，而天地之心見矣；《姤》豕之躑躅，而冰霜之勢成矣。内陽而外陰，則爲泰交之盛矣。大往而小來，則爲斂德之時矣。是故，内外之位，賓主之分，進退之勢，盈虚之理，圖者圖此者也，卦者畫此者也。以邵堯夫八卦之位觀之，則自《震》之一陽，歷《離》、《兑》之二陽以至于《乾》，是左方之卦，皆陽内而陰外，無異夫《河圖》之左方也。自《巽》之一陰，歷《坎》、《艮》之二陰以至于《坤》，是右方之卦，皆陰内而陽外，無異夫《河圖》之右方也。然則所謂則《圖》而作《易》，誠如合符而比節，非天地不能開其先，非聖人不能承其繼也。若夫五行之義，四象之文，生克之變，老少之交，得乎此者，其於衆説統之矣。欲歸夫《易》卦之本指，其無先以衆説亂之而可哉。

先天圖論

自秦而後，《易》圖象之學不傳，其在傳文可考者，則出《震》一章，頗列八卦之位，而終不究其説。是故，學者鮮用心焉，而但緣文生義，以穿鑿於文字之間。蓋《易》之迷，所從來也尚矣。其偏爲象數之學者，又皆有單傳别授，非《易》之正。如京、焦卦氣之法，有侯辟公卿之位，推《易》配氣，始于《中孚》。此則揚子草《玄》之所因，曆家之所用。其在漢世，以象數言《易》者，莫此爲盛，然終莫知其所自來也。獨後漢方士魏伯陽，作《參同契》之書，言養生之要。其首章納甲之法，以《震》爲朔旦，《兑》爲上弦，《乾》爲正望，《巽》爲既望，《艮》爲下弦，《坤》爲晦日。其陰陽進退之候，似頗與邵氏《先天》之旨相契。蓋朱子所謂方外之流，陰相付受，以爲丹竈之術者，其指此與。然以愚考之，納甲之説，蓋以十干始終之位，推而得之。如《乾》爲甲壬，《坤》爲乙癸，蓋甲、乙、壬、癸者，十干之始終，《乾》、《坤》者，八卦之始終也。凡畫卦者，自下而上，故庚、辛爲《震》、《巽》，戊、己爲《坎》、《離》，丙、丁爲《艮》、《兑》也。伯陽又因月之朔晦、弦望之方，以配合其説。如生明之月在庚，上弦之月在丙，正望之月在甲，皆以初昏言之，《震》、《兑》、《乾》之位也。既望之月在辛，下弦之月在丁，晦日之月在乙，皆以平明言之，《巽》、《坤》、《艮》之位也。其與《先天》所以得《圖》之法，迥然不類。然則自堯夫以前，《先天》之圖，其不傳於世也審矣。朱子又謂授受出自希夷，其必有考。然而邵氏再造之功，則實與伏羲始作相配。

自邵氏殁後，此《圖》稍出，聞者皆創獲而莫之信。楊龜山曰："八卦有定位，而《先天》以《乾》、《巽》居南，《坤》、《艮》居北；卦氣首《中孚》，而《先天》以《復》爲冬至。凡若此類，皆莫能曉也。"陸象山曰："《先天圖》非聖人本意，有据之以説《易》者陋矣。"夫以龜山、象山之賢，而其疑若此，況其下者？林栗、袁樞攻《先天》尤急。蓋當是時尊信而表章之者，朱子一人而已。自朱子而來至於今，翕然無復異議矣。然往往新學小生，以爲自孔子後真有是《圖》，而不知邵氏之功如此其大，朱子之傳如彼其艱也，可勝歎哉！

或曰："《先天》之圖，果伏羲之本也與？"曰："何爲其不然也？《大傳》稱：'《易》有太極，是生兩儀，兩儀生四象，四象生八卦。'又曰：'因而重之，爻在其中矣。'夫如是，則一每生二者，自然之理也；陰陽交錯者，變化之妙也。其方位布列，則雖古未之見，然《説卦》所謂天地定位，山澤通氣，雷風相薄，水火不相射者，則其對待之體也。雷以動之，風以散之，雨以潤之，日以暄之，《艮》以止之，《兑》以説之，《乾》以君之，《坤》以藏之，則其流行之用也，其位與序昭然，亦不可謂於古無初也。以其數而論之，則左右二方者，寒暑之運也；陰陽太少者，四時之交也；八卦者，八節之分也；二十四畫者，二十四氣之判也。三百八十四爻，陽爻爲晝，陰爻爲夜。二分之晝夜平，故積爻之算，至於《臨》、《遯》之間，陽四十八，陰四十八，猶春秋分之晝夜各四十八刻也。二至之晝夜偏，故自《乾》以前積爻之算，陽五十六分，陰四十分，猶夏至之晝五十六刻，夜四十刻也。自《坤》以前積爻之算，陽四十分，陰五十六分，猶冬至之晝四十刻，夜五十六刻也。此其自然之象，自然之數，不待牽合而自無不應。以視後世規天紀日之繁，增除裁補之贅，其相去不亦遠乎？況乎其道之彌綸天地者，不可以象數求也。故君子之於《先天》，歿身焉已矣。"

後天圖論

《易》有八卦，因有八象，其實則天地水火而已。何則？天地定位，則行乎其間皆水火也。水火之精，則爲日月；水火之氣，則爲寒暑；水火之象，則爲晦明；水火之變，則爲風雹雷霆、雨露霜雪。凡夫騰降上下，往來聚散，皆是物也。以《易》論之，則天地水火之外，爲象者四，風、雷、山、澤也。然風則天氣之行，下交於地者；山則地形之隆，上交於天者；雷則火爲陰所壓，奮而起者；澤則水爲陽所驅，散而下者。此四象者，蓋亦天地水火之交而已矣。以卦畫推之，《乾》之下爻變陰則《巽》也，《坤》之上爻變陽則《艮》也，《離》之上爻變陰則《震》也，《坎》之下爻變陽則《兑》也。此造化之妙，八卦之精也。是故，《易》首《乾》、《坤》，中《坎》、《離》，而終以《既》、《未濟》。

或曰："邵氏所謂《先天》之圖者，《乾》、《坤》定上下之位，《坎》、《離》列左右之門，固也。而其有始《震》終《艮》之圖，何也？"曰："先天體也，後天用也。體則以天地爲尊，用則以水火爲主。所謂雷者，火之方升者而已。所謂澤者，水之始降者而已。陰陽始於春秋而極於冬夏，故雷澤者水火之交也，水火者雷澤之極也。天地以水火之氣行乎四時，涼燠寒暑，惟其所司焉。風與雷相薄，火之勢所以行也；山與澤通氣，水之潤所以升也。風之氣本乎天，山之形本乎地，天地之用，寓于二物而天地無功焉。故一在《坎》之後，一在《離》之前，所以佐發生於東方，而《乾》、《坤》退處于西成之地也。"

或曰:“南北,陰陽之正位也,《乾》、《坤》在焉,尊也。黜居偏也,烏乎可?”曰:“黜《乾》、《坤》以尊《乾》、《坤》。夫辨方正位者分也,分則不可易也。若夫受事任勞者時也,時則有少而出長之先,卑而踞尊之位,於是乎《乾》、《坤》有避而弗居者矣,必也其受成之時乎?夫受乎其成者,則必處乎其後也,又何害於尊乎哉?”“然則《大傳》言神妙萬物,叙六卦而不及《乾》、《坤》,何與?”曰:“此所以爲尊之至也。前言其位,故列之。此言其用,故去之。是則《乾》、《坤》之在後天,雖有位焉而無用也,無用之用,用之主也。”

乾坤誠明之學論

《乾》虚而實,《坤》實而虚。何則?天者清通而妙乎象,故虚;以其與太極爲一也,故實。地者堅厚而凝乎質,故實;以其承天而無爲也,故虚。在人則《乾》者心也,《坤》者形也。心者神明不測,可謂虚矣,然具乎性之真則實。形色皆天性也,可謂實矣,然涵乎心之妙則虚。虚實者,誠明之學之源也。誠明者,合德而殊名。自其心之存存也,其中有主,故《乾》謂之存誠也;其中無物,故《坤》謂之敬也。自其事之有終也,實心以體物,故《乾》謂之立誠也;虚心以順理,故《坤》謂之義也。無形則恐其離乎物,故言心者主於性而曰誠,誠者實而無不周貫之謂也。有質則恐其滯乎物,故言體者主於心而曰明,明者虚而無所滯礙之稱也。

離爲明明德之學論

離者,明明德之學也,故曰“大人以繼明照于四方”。繼明,即明明德;照于四方,則所謂明明德于天下也。然明德者何?《中庸》所謂“天命之性”是已。天命之性者,明命也。天命孔明,其在於人也亦孔明。然而昏明之不齊者,喜怒哀樂之變,發於情,交於物,而不能皆中節之故也。二爻者,中之發,和之始,於時則春也,於日則晝也,於情則喜也,故曰“黄離”。言以中爲明也,渾然元氣,故曰“元吉”。三爻者,和之溢,中之過,於時則夏也,於日則昃也,於情則樂也,故曰“日昃之離”。言明已過中也，樂極悲生，故曰“不歌則嗟”也。四爻者，中之反，和之變，於時則秋也，於日則暮也，於情則怒也，故曰“突如其來如”。言其昏且暴也，害於物，傷於己，故曰“焚如，死如，棄如”。五爻者，歸於中，復於和，於時則冬也，於日則夜也，於情則哀也，故曰“出涕沱若，戚嗟若”。言其哀且悔也，哀則思，悔則悟，而本心復明矣，故曰“吉”。四者循環於人心，故昏明由此生，禍福由此變，治亂由此起。初之敬者，慎於始也；上之出征，克於終也。在人心則戒懼於事先，克治於事後。在國家則兢業於平時，攘撥於既亂。《中庸》言喜怒哀樂致中和之功，而以戒懼慎獨爲要領者，此也。

艮爲不動心之學論

《艮》者，不動心之學也。然不動者，非枯槁其心而已。寂然不動，而有以酬酢萬變，故曰“時止則止，時行則行”也。始也外不制，則無以養其中，此艮其趾，所以无咎也。既也天君不定，則制外亦徒然，此艮其腓，所以未快也。孟子曰：“是氣也，而反動其心。”是制之於外之説乎？又曰：“不得於心，勿求於氣，可。”是先立乎其大者之説乎？雖然，知求之於心矣，而又枯槁其心，如告子之斷言語，絶心行，而謂其心不動之速，是猶人之柴槁辟戾者，不能俯仰屈伸，而以爲尸[①]居者也。名曰定之而使明，而實遏之而使薰。其於苗也，名曰助之而使長，而實揠之而使枯。是雖不動而何足貴乎？必也如六四之艮其身，然後視聽言動，必復於禮，孟子所謂養氣者也，所謂配義與道者也。必也如六五之艮輔，然後理達氣和，其言乃雍，孟子所謂知言者也，所謂發政行事者也。至於此，然後可言敦艮之道。蓋積累以厚之，涵養以熟之，所存者仁義之心而非虚，所握者動静之機而非固，其與曲學之言止者異矣。苟不能厚其終而要其成，則又所謂五穀不熟，不如荑稗者也。

卦爻辭論

《易》之書，爲卜筮而作也，而其精極於陰陽性命，其賾包于品物群形，其繁周于日用感應。蓋自卦畫既成，而斯三者備矣。後之聖人，因其所藴而繫之以辭。然《易》之辭，獨與他經異者，言出於象，有象而後有言；義以備占，一占自爲一義。言則不必其相屬，義則不必其相應。非若諸經之文從字順，而義類貫通也。神而明之，則其言有典常。舉而措之，則其道有典禮。又未嘗不文從字順，而義類貫通。此《易》之爲書，所以至精、至變、至神，而不可以淺迹膠而私見滯也。學《易》之至者，無如孔子。孔子之言，不可爲典要，唯變所適，率辭揆方，則有典常。又曰："原始要終，以爲質也。六爻相雜，惟其時物也。"又曰："初辭擬之，卒成之終。智者觀其《彖辭》，則思過半。"嗚呼！聖人之學《易》蓋如此。京房、焦贛，數之賊也；輔嗣、康伯，義之翳也。邵氏出而洩圖之秘，程子生而闡道之微，於是羲皇之所以觀察而作，文、周之所以憂患而興，孔子之所以假年而學理義象數，如日斯揭。然是二子之書者，微朱子亦孰與尊信而表章之哉？且邵子之書，理精矣，而主於推步，與卜筮異。程子之書，義備矣，而主於論道，與象占殊。是於作《易》之本，學《易》之要，蓋猶有所未發焉者。

至於朱子，一以占筮舉其概，所以釋《易》者甚近且淺。而至精之理，無不存也；至變之用，無不周也；至神之機，無不寓也。使《易》之爲言必根於象，使《易》之爲象必當於占，片辭隻字，該貫包含。以爲虚而可以盡天下之實也，以爲小而可以窮天下之大也。四聖不傳之心至此而若合符節矣。雖然，名之命也，辭之繫也，蓋確乎其不可易。朱子之釋名辭略矣，《賁》之中虚而含物，何以不爲《頤》？《噬嗑》之往來而交錯，亦可以爲《賁》。萬物皆有常理，何以雷風則爲《恒》；萬類皆無停機，豈必火山乃爲《旅》。他若其名之可相易，義之可相通者，蓋未可一二數，更聖越神之心思，宜不若是其漶漫也。朱子非不知之，而以爲未可臆説，故因孔氏之舊，而約略其旨以俟後聖，意至深也。

愚以謂塞宇宙，亘古今，一理而已矣。理之所在，伏羲所以創，文王所以修，孔聖所以翼。出乎理，則非所以爲聖人也。苟能窮理之至，則其心與聖人通。性命之理，變化之妙，萬物萬事之幾，瞭然于心目，所謂《易》者，真吾心之圓神方智而已。然後銖而較之，至于石而不差；寸而累之，至于尋而不謬。六十四卦之爲質，三百八十四爻之爲物，一一見其所以然而不可易。真有所謂擬初辭而得其終，觀《彖辭》而過其半者，則雖聖人復生，亦將可以質之而無疑。此又朱子所未盡，而有待于後人者也。非夫潔浄精微而不賊者，其誰與望乎？

蓍數論

天地體數八，其用數七。體數八者，謂如《河圖》、《洛書》之數，虚其中央，則四正四隅，通爲八面。此則在天而有定時，在地而有常處，是以謂之體也。用數七者，又以體數均爲十分，則用者常七，不用者常三。謂如夏至之日，出寅入戌，加以晨昏可辨之色，爲晝七分而夜三分。一年一元之數，皆開於寅而閉於戌，是以謂之用也。《易》之有卦者體也，故其數用八，八八六十四而卦成。其爲物静，其爲德方，其在《大傳》所稱，則體天地之撰，而符四氣之行。其有蓍者用也，故其數用七，七七四十九而用備。其爲物動，其爲德圓，其在《大傳》所稱，則當期之日而紀閏之算。

間嘗即其説而推之，四十九者，一歲之弦數也。一歲二氣，四時八節，二十四氣，四十八弦。四十八弦者，以三百六旬成數而論也，并其五日四分日之一者爲四十九。是故，二以分之，歲之陰陽判矣。四以揲之，月之望晦二弦具矣。一歲寒暑之運有十二月，一變左右之策有十二揲也。掛一者，在用不用之間也。在用不用之間者，何也？用之以分，而不用之以揲也。不用之以揲，而又用之以歸也。以蓍之理斷之，則亦用者七，不用者三。何取乎用者七，不用者三也？準以一弦之數，爲五日四分日之一也。盈者因氣而見，故分二之後，遂除其一策以爲氣盈；虚者推朔而知，故揲之而見有餘，則爲朔虚。合氣盈、朔虚，而閏生焉；合掛與扐，而奇積焉；綜三歲之閏，則月成矣；綜三變之奇，則爻見矣。《大傳》所謂五歲再閏，故再扐而後掛。蓋就一變之中而取其義耳。實則三變既成，方應一閏之數。是故，策者以當日也，爻者以當月也，卦者以當歲也。二篇之爻，三百八十有四，其策萬有一千五百二十，當三十二歲月日之數。三十二歲之月三百八十有四，其日萬有一千五百二十。蓋閏歲於是而一終也，是以《易》道應之。

愚按：自《易》而下，如焦、京、揚雄《卦氣》、《太玄》之屬，以卦爻準曆者多矣，然皆增損其數，不符於自然。如《卦氣》則減《震》、《兑》、《離》、《坎》之二十四爻，《太玄》則增踦、贏之二贊。是皆人欲之私，穿鑿傅會之巧，是故識者譏焉。邵堯夫《經世》，除《乾》、《坤》、《離》、《坎》，以舉成數，未離乎《卦氣》之法。蔡氏範數爲九九八十一以紀氣候。司馬《潛虚》，爲三百八十五變而又減其二十，則又《太玄》之支流耳。彼此相非，直以五十而笑百步也。蓋不知易者理義之原，象數之本，其循環終始，與天地同流，不待於割截而始配。惟蓍法則乘除進退，其於一歲盈虚之理，實有取焉，而其算亦自妙合。自唐僧一行以《大衍》命曆，以策應弦，以揲應月，蓋已得其大致。然其前後之説，尚多牽挽，又不知一月爲三十之成數，與掛一爲氣盈之閏分，是以推算不密，而歲分尚餘於四十九策之外，則其與参摹四分之書，相去直一間耳。愚嘗以《大傳》蓍數覆逆推之，至于顛倒爛熟，然後陰陽變化之道，日月贏縮之紀，躍然于布蓍之間。始信古人所謂迎日推策者，或得諸此。夫衆言淆亂，則折諸聖。後之譚《易》者，雖復窮象之微妙，盡數之毫忽，而不得孔氏以爲之宗，吾見其益滮漫而無當也。

序卦論

《易》之有《序卦》何義也？曰：《大傳》具之矣。《禮》始于冠昏，《書》始于釐降，《詩》始于后妃之賢，《春秋》始于惠公、仲子之事。是故，《易》之始于《乾》、《坤》、《咸》、《恒》也，明陰陽之際也。《坎》、《離》者，《乾》、《坤》之交也。《既》、《未濟》者，又《坎》、《離》之交也。是故，《易》之終于《坎》、《離》、《既》、《未濟》也，明陰陽之交也。《屯》、《蒙》以下，《中孚》、《小過》以上，觀其所序，而天地萬物之情可見矣。文中子曰："大哉時之相生也，達者可與幾矣。"夫時之相生，有相因者，有相反者。人之乘時，有因時而順之者，有因時而制之者。以治繼治，以亂繼亂者，謂之因。以治繼亂，以亂繼治者，謂之反。將治而使之治，已治而持其治者，謂之順。將亂而使無亂，已亂而反之治者，謂之制。斯義也，近自一念天理存亡之幾，遠而國家政事治忽之大，微而民用趨避吉凶之細，大而天地陰陽消長之常，莫不有相因相反之義焉，莫不有順之制之之理焉。是故，通乎《序卦》之説者，其於存亡吉凶，則居可知矣。

或曰："《序卦》之説，專主于義而不及于象也與？"曰："自《乾》、《坤》十卦而至《否》、《泰》，則天地之交也。自《咸》、《恒》十卦而至《損》、《益》，則山澤雷風之交也。《坎》、《離》之前有《頤》、《大過》焉，《既》、《未濟》之前有《中孚》、《小過》焉。如此之類，豈爲於象無取哉？"又嘗以《大傳》九卦之説推之，蓋上下篇對待之卦，凡十有二。在上篇，則《乾》也，《履》也，《謙》也，《復》也。在下篇，則《咸》、《恒》也，《損》、《益》也，《困》、《井》也，《巽》、《兑》也。《乾》十卦而至《履》，《履》五卦而至《謙》，《謙》九卦而至《復》，《復》六卦而上篇終矣。《咸》、《恒》十卦而至《損》、《益》，《損》、《益》五卦而至《困》、《井》，《困》、《井》九卦而至《巽》、《兑》，《巽》、《兑》六卦而下篇備矣。上下相對，以三十卦爲斷，以十五卦爲限。九十者，天地之終始也。五六者，天地之中數也。數之極則必變，數之中則必過，過與變而憂患生焉。是故，惟除《乾》、《咸》爲之始，《兑》爲之終，其餘則皆憂患之卦也。六十四卦皆憂患而有作。得乎六十四卦之理，則皆所以審憂患之理。而獨九卦云爾者，其意蓋有深焉。神明其道而不鑿，則於《易》也幾矣。是故，言《易》而局於象數者，其失也膠；專於義理者，其弊也泛。

十六卦論

邵子云："四象相交，成十六事，八卦相盪，爲六十四。"此十六事者，即六十四卦之中畫，而互成十六卦者也。十六事又生于四象之交，則四象者，又即《乾》、《坤》、《既》、《未濟》之具體而微者也。夫天道之消息盈虚，人事之吉凶善惡，彝倫之叙斁，情僞之攻取，制事之權衡，揆道之模範，六十四卦之稱名取類備矣。雖然，乘運者察變知幾，未有大於《剥》、《復》、《夬》、《姤》者也；明倫者造端謹始，未有大於《漸》、《歸妹》、《家人》、《睽》者也；審勢者度緩急，權輕重，未有大於《蹇》、《解》、《頤》、《大過》者也。言乎其分之一定而不易，則歸於《乾》、《坤》；言乎其變之迭運而不窮，則歸於《既》、《未濟》。是故，十六卦者，六十四卦之樞要也。學《易》者，先識《乾》、《坤》之大義以立其綱，明於《既》、《未濟》之樞機以善其用。由是《剥》、《復》、《夬》、《姤》，尚天行而見之微；《漸》、《歸妹》、《家人》、《睽》，謹人倫而辨之早。量時勢而後動，則《蹇》、《解》其緩急之宜也；守義理而不遷，則《頤》、《大過》其輕重之則也。

互卦論

道之消息盈虚，有人事之善惡當否，故爲用也，其定理則歸於《乾》、《坤》，其變動則歸於《既》、《未濟》而已，故爲綱也。《剥》、《復》，陰極陽生，陽之始也。《夬》、《姤》，陽極陰生，陰之始也。《漸》、《歸妹》，陽卦與陰卦交，交泰之象，陽之中也。《頤》、《大過》，陽卦與陰卦判，不交之象，陰之中也。《蹇》、《解》，三陽之卦，陽之終也。《家人》、《睽》，三陰之卦，陰之終也。陽六卦皆主《震》、《艮》，始則交於《坤》，母孕男也；中交於《巽》、《兑》，求其配也；終交於《坎》，從其類也。陰六卦皆主《巽》、《兑》，始則交於《乾》，父生女也；中交於《震》、《艮》，求其配也；終交於《離》，從其類也。探始則陰陽互根，而孕育之理明；致用則男女相求，而婚姻之道正；辨物則以類相從，内外之分嚴，而禮義有所錯矣。《剥》、《復》、《夬》、《姤》，以天道爲人事之端；《漸》、《歸妹》、《頤》、《大過》、《蹇》、《解》、《家人》、《睽》，以人事爲天行之應。《剥》而《復》，則陽用事，其既也交於陰，有循序而禮合，有逆節而情動，其究也爲《蹇》爲《解》，治外者以之。《夬》而《姤》，則陰用事，其既也交於陽，有役陽而致養，有疑陽而交争，其究也爲《家人》爲《睽》，治内者以之。陽之道始於體之正，故《乾》、《坤》統焉。陰之道始于用之交，故《既》、《未濟》統焉。此互卦之義也。

十二卦時義時用論

《易》之用皆以趨時，而舉時以贊其大者，凡十二卦，稱時者四，時而稱義者五,時而稱用者三。夫時者何也? 曰:時者天也,有順而播者,有逆而成者。義者何也? 曰:義者宜也,有宜此而值其時者,有值其時而宜此者。用者何也? 曰:用者可施也,有不可而用之以成美者,有可而用之以有功者。《頤》、《大過》、《解》、《革》,何以稱時也?《解》以生之,《頤》以養之,此天地之仁氣,所謂順而播之也。《革》以更之,《大過》以固之,此天地之義氣,所謂逆成之也。非無義也,非無用也,而時爲大。《豫》、《隨》、《遯》、《姤》、《旅》,時而稱義何也? 以致《豫》則于順動宜,以致《隨》則于貞宜,此兼善之義也。以明決者宜于《遯》,以見幾者宜于《姤》,以柔正者宜于《旅》,此獨善之義也。無時不有,無用不然,故稱義焉。《坎》、《睽》、《蹇》,時而稱用何也?《坎》非所用,而于設險則固;《睽》非所用,而于男女則别;此不可而用之以成美者也。止非常用,而于見險則智,此可而用之以有功者也。

因其時,當其宜,故稱用焉,何以皆爲大也? 曰:時者天也,終始萬物之道,大何加與? 義者宜也,不離道,不失義,大哉時之經也。用者適也,時則用,不時則不用,大哉時之權也。曰:盡此乎? 曰:舉天地聖人,盈虚消息之理,進退存亡之道,悉之矣。同此者以此類之,異此者以此通之,皆時也,皆義也,皆用也。故曰《易》之用皆以趨時也。

聞樂知德論

禮樂二者,皆聖人所以治天下之具。然禮先而樂後,禮以制治,而樂以象成,故曰:"於樂觀其深矣。"言其本於性情,流乎德化,其效至於淪肌浹髓而不自知。故《孝經》曰:"安上治民,莫善於禮;移風易俗,莫善於樂。"此知政知德之説也。且夫政與德,固相爲表裏之謂,非政則德無所施,非德則政無所本。德者人君所躬行而心得,而禮樂則皆政之屬也。今以政歸禮,以德歸樂,何哉? 蓋本德以敷政,則禮於是行,而民以節矣。以其先也,故言政者歸之禮也。政成而德洽,則樂於是興,而民以和矣。以其後也,故言德者歸之樂也。

雖然,樂之所自作者非一。有陳祖宗之功德者,則如商之元王、相土、成湯、武丁，周之后稷、公劉、古公、王季，后嗣述而歌之者是也。有象己之功德者，則如《韶樂》作於舜，《大武》作於武，《九成》以象代堯，《六成》以象滅商。聽其歌，觀其舞，則知其當日之事與志者是也。若乃朝會燕饗，征行愷還，則叙其交懽之心，致其勸勉之誠，道其閔勞盡下之意。於以被之絃歌，用之朝廷、學校。至於民間鄉黨閭巷之樂，則多采之謠俗之所得。如周有《二南》、《邶》、《鄘》以下十五國之什，漢有趙、代、秦、楚之謳，而擇其辭之美，志之善，可以語，可以道古，於以用之黎庶，而以感民心，以淑民身。此則樂之大致然也。

然此四者，源流之所自不同，而皆謂可以觀德，則又何哉？蓋祖宗之德，德也，己之德，亦德也。上下交而志同，德之行也。感人心而天下和平，德之至也。故曰："聞其樂而知其德也。"漢氏以還，四者之迹僅存，而其意微矣。故郊廟、宫庭、閭巷之所用猶是也，然班固謂漢郊廟詩歌，未有祖宗之事，則所謂陳祖宗之功德者無矣。武帝《天馬》之歌，汲黯之所不悦；秦王《破陣》之樂，魏徵之所不觀，則所以象己之功德者悖矣。君臣賡荅之詩，固多有之，然頌美相悦之辭多，而忠愛交勉之誠寡，且又未嘗叶管絃、示臣庶也，則朝廷、學校之聲衰。民間沉沔鄭、衛之俗，千年不變，而鄉黨閭巷之音歇。所以然者，其立國根本，既無積德累仁之事，而又禮法之不制，教化之不修，三綱之不正，九疇之不叙，太和之俗不成，故《雅》、《頌》之聲不興，使其樂猶在也，吾知不必季札、子貢，而知其德之涼矣。

然則樂之道，其終不可復乎？曰：亦視其德而已矣。孟氏有言："今之樂，由古之樂也。"祖宗功德，不可强矣。誠能制禮法，修教化，正三綱，叙九疇，其本正矣。然後取郊廟、朝廷之樂，潤色其聲音，略論其律吕，務使學士大夫皆能習其文而知其意，拊其節而通其道。至民間之樂，雖未可以驟變，然所謂默成於風俗，而潛移於人心者，其理不可誣也。風俗既成，人心既移，則即今俗樂，而頗采姚江王氏之論，取其有孝弟、忠貞、節烈之行，而歌舞之，以興善志，以助淳風，以爲復古樂之漸。禮樂之道，夫豈遠乎哉？此之不務，而列代修文之主，好古之儒，方且役智弊神于黍尺鍾律之間，似乎伶倫之管不得，而樂卒不可興者。此劉向"皋陶之刑"之論,可爲三復而歎息也。

朱吕説詩論

朱、吕説詩之義不同,吕据"思無邪"之指,曰:"《三百篇》皆性情之正,可以被之弦歌者也。"朱据"鄭聲淫"之訓,曰:"所謂《雅》、《鄭》者,即《二雅》與《鄭詩》也。"然則孰爲得聖人之意?曰:朱得之。然則何以處夫無邪之説?曰:無者猶毋也,禁止之也。《詩》教如此,非概《詩》辭也。然以愚觀之,《鄭》、《衛》之在《詩》也,不逾十之一,淫者之詩之在《鄭》、《衛》也,其灼灼著者,亦十之一耳。然則涥於禮而傷於教,必不可云無邪者,纔百一也,何害夫全詩之爲性情之正,而可被之弦歌乎?聖人於此何不并夫百一者而删之,而猶存之?曰:俗化之不知,則勸戒之不明,有桑中、洧外之人,則《東門》、《風雨》所以貴也。今欲旌顯幽節,必先列强暴者之罪狀。此數詩,罪狀也。其俗如此,而猶有王澤民彝在焉,如晦而不輟其音,如雲而不亂其意。此所以爲性情之正,而可以觀,可以興者,此也。《漢廣》之游女,有求之者矣;《行露》、《野麕》之貞人,有誘之者矣,幸而求之誘之無傳詩耳。設其有之而兼載焉,固所以形惡而彰善,而又何諱乎?

曰:是其説與朱子少異?曰:無異也。朱子不謂《鄭》、《衛》純淫詩也,但謂有之而盡文以正者非爾。然朱子之言無邪也,爲讀者言也。吾則以王澤民彝之猶在,察其無邪焉,似乎折朱、吕之中者,此則末學僭妄之過也夫。蓋朱子晚年,而雅自信於《易》卜筮,《詩》《雅》、《鄭》之説。夫卜筮之爲本義,不可易矣,然彖、爻辭之根於理,而用於占,則相爲本末,不可偏廢。後之君子,必將折朱、程之中以説《易》,猶《詩》之志也。曰:《鄭風》之系以淫也已多。曰:此亦朱子意之,而初不以爲定論也。大旨立,則此亦淺事爾。區區辨此,是亦不争於室而噪於門也。

天九重論

西人言天有十二重,其三者不可考校,可信者九重而已,曰月天也,水星天也，金星天也，日天也，火星天也，木星天也，土星天也，恒星天也，宗動天也。月天最近地，漸而愈遠，至於宗動極焉。然又謂金、水與日同天，則直七重而已。宗動者，衆動之宗也，其行不息而有常，恒星以下皆隨之，而皆不如宗動之速。故古者謂七緯東行，以退度爲行度也。今則謂恒星亦東行，則古所謂歲差是也。古者以恒星爲天體，故謂之歲差。今也以宗動爲天體，故謂之恒星行度。其致一也。凡九重者，近内者西行愈遲，東行愈速；近外者西行愈速，東行愈遲。東行者退度也，推算以之；西行者行度也，論天以之。今置盂于此，自邊而引之旋，則近中者緩矣。自中而引之旋，則近邊者緩矣。宗動之天，急旋於外，若或引之，其彌近地心而彌緩者，勢也。地之凝而不動者，非獨形氣清濁之分而已。蓋旋於外者，必有其紐於中。爲兩端之紐者，南北二極是也。爲中間之紐者，地心是也。然二極爲動宗，故雖不動而急旋，旋於其所而不覺焉爾。地不爲動宗，故直凝而不動，氣則應焉，而形則否矣。要之，則所謂九重者，皆非質也。如曾雲焉，疊湧而升；如二水焉，合流而逝。今觀雲之有背馳，而水之有滯流者，則明乎一氣參差之故矣。

歲分消長論

歲分消長之説，元郭太史所立。蓋上考往古，而百年長一，是前之歲分愈多也；下驗將來，百年消一，是後之歲分愈少也。經今纔三四百年，而其説已不効，蓋歲分又漸多矣。故今之知曆者，推究其根，以爲由於最高之行。最高者何？日行最高處也。行最高則見其遲而不及一度，所謂縮度也。行最庳則見其疾而餘於一度，所謂贏度也。自古曆法，皆定以夏至行縮度，冬至行贏度，而亦未知歲分消長之根在於此也。今推最高庳之度，乃不定在二至。自至元辛巳以前，則未及二至，今又過二至六七度矣。原夫行最庳之日，應極疾而有淫[②]度，方其正在冬至，則未及時而晷景已短，行疾故也。若未至冬至，或過冬至，則晷景短之時，分以漸而增，行稍遲故也。凡言歲分者，以今年冬至至明年冬至爲率，而郭太史作曆之時，適當極疾之候，未究其根由於最庳，又未知最庳之行，不定在此，故疑爲歲分之消，一往不復，而推之將來，以百年消一爲期也。今最庳既過冬至，則冬至之日行以漸而遲，歲分以漸而增，可知矣。然歲分非真有增減也，以冬至之日，直其遲疾之分而得名爾，藉令自今年夏至算至明年夏至，以爲歲分，則歲分極少之年，乃其極多之年矣。以彼補此，歲之定分仍無消長，此又不可不知也。

留侯武侯論

留侯、武侯皆漢之傑也。論者或以留侯出必於其機，應必於其會，其事漢也若賓，其避侯封以行其志，若神龍之變化於八紘之内，而不可羈以豢也。武侯者，正志於結托之初，自任以興復之重，忘乎時之不可爲以瘁其軀。於是乎疑二子者，所術之學殊，所趣之致異，故其出處始終大較不同若此。

雖然，君子之於人，蓋莫大乎論其世也。留侯之君，非漢也，韓也，雖識漢王於邂逅之間，知天授之主，而韓國猶存，則於漢有不純臣之義。及乎韓亡而歸漢，而後主臣之交定矣。前此之往來去就於漢者，蓋古之君子拳拳故舊之心，豈若戰國之士，朝暮秦、楚者哉？九域已一，叛亂已除，雄都已建，嫡貳已定，時則謝成功，遠人事，託意寓言，導引避穀。武侯處草廬之中，承三顧之誼，投合之契厚，許與之分明。及乎託六尺而專國命，統戎行而興漢室，任重道遠，無有休時，蓋其職然也。假令留侯生季興而負重寄，充其傾家報韓之心，鞠躬效死，殆非所難。而使武侯從容指顧之間，大業早就，則躬耕之初服，淡薄之本志，其與飄然世外遊者，意豈異哉？

論者又謂武侯弘毅忠壯，慨然展布四體以盡其心。留侯優游譎諫，每若有所懷而難發。故一則有從容之論，一則有正大之褒。夫古之君子，其出也所以直己行志也，然亦將以順時體變，弘濟于艱難。是故，外度其主，内度其身，遇之不同，而其應異焉。況乎武侯晚年閫外之寄，而留侯初終帷幄之臣也。在《易・坎》之六四，近君以濟險，而曰："納約自牖，无咎。"《蹇》之六二，得其正應，居外平難，則曰："王臣蹇蹇，匪躬之故。"豈可以是疑《坎》四之委蛇，矜

《蹇》二之亮節哉？《傳》曰："二多譽，四多懼，近也。"武侯厲《蹇》二之節，故在外而譽不虧。留侯有納約之心，故居中而事獲濟。大哉二卦之義，留侯、武侯當之矣。愚嘗尚論三代之下，以合於三代之英，以謂莫先于義利之間，莫大乎父子君臣之際。良之功，成漢室而不居；亮死之日，家無餘蓄；其高致同也。良報五世相韓之恩，亮追先帝之遇，其大節均也。此其志如日月之光，而行有冰霜之潔，豈區區功名之士，贊世之流哉？或者乃謂亮三顧而出，而良未免於挾策干人，以爲優劣。夫良有不共戴天之怨於虎狼之秦，有能報之者，良所從也。秦、項滅而良之志畢，良豈區區功名之士哉？故曰君子之於古人，豈苟焉而已，亦莫大乎有以論其世也。

【校記】

①"尸"：道光本無。

②"淫"：道光本作"羸"。

榕村文集卷十六

説　一

性　説　一

夫性也者，至近而難明。《易大傳》曰："仁者見之謂之仁，智者見之謂之智，百姓日用而不知。"所謂難明者，其以此與？釋氏之言性也，以爲如鏡之明，無一物而無不照也。程氏之言性也，以爲如穀之種，雖未生物而生理具焉。是故，由釋之言，無者其體也，其有者，虛中之象如夢如幻者也。由程之言，有者其體也，其無也，無而涵有，萬象森然者也。夫穀，木屬也，其德仁。鏡，金屬也，其德智。二氏其皆有見者乎，何以決其是非哉？曰：元統天，仁統性。知元然後知天，知仁然後知性。由程者於經也合，由釋者於聖也異，吾於《乾》、《坤》二卦知之矣。然則仁、智二與？曰：不二，吾不曰無而涵有者乎，程氏不又曰聖人心如止水明鏡者乎。故曰寂然不動，感而遂通天下之故；曰洗心退藏於密，吉凶與民同患。仁以智爲根，智以仁爲本。釋氏之學，其於寂密者幾矣。所謂覺者智矣，而不本仁以統之，故見性物之相礙，至於幻天地、妄人世、設淫辭而不自知[①]。孟氏言性有四德而舉其綱，則曰人皆有不忍人之心，仁，人心也。此其以仁統之者也。又曰：天下之言性也，以利爲本，所惡於智者，爲其鑿也。如禹之行水也，則無惡於智矣。水之鑿，如鯀鄣洪水，遏其勢而不行。智之鑿，如告子止其心而不動，矜其智而非性者。無仁以統之，則非所謂順其自然之故而利也。循是可以定見仁見智之説。

性　説　二

孔子而後，孟氏獨出諸儒者，以明性也。程、朱得繼孔、孟之統者，亦以明性也。推是則由堯、舜至湯,以其能明維皇降衷而已;由湯至文王,以其能明乾元天德而已。文王既没,文不在兹乎?然文可得而聞也,性與天道不可得而聞也。故惟顔、曾以至于孟子,爲聞道,爲知性。千五百年如董、揚、王、韓者,猶離合於其説,性之難明也如是。周、程、朱子明之矣,未久而又晦。其所誦説者,周、程、朱之言也,而未嘗心知之,則猶晦而已矣。

嘗謂學者於道,不疑而誦焉者粗,疑而意焉者繆,繆之過大於粗。何則?誦焉者其言存,意焉者其指亡也。元至明初,誦焉者也,故無大過。其後聰明之士,益求所以通其指焉。整菴羅氏、虚齋蔡氏,則謂"氣外無理",朱子所云有理而後有氣者非也。姚江王氏,則謂"心外無性",朱子所云性具於心者非也。守溪王氏,以心之精神言性,而姚江善之,其明鏡之喻,與釋正同也。夫理猶性也,氣猶心也。王固淫於釋者,羅、蔡皆据儒以觝釋,而論乃相似。且惡其所謂精英者,而存其燼粕,豈非所執又出其下者與?吾故曰疑焉、意焉者之過也。然則如之何?曰:信孔、孟、程、朱之説,而必求其指,得於心焉止矣。《易》言形上者道,形下者器,道不離乎器,意不離乎象,而終以默而成之,不言而信,存乎德行。此之謂疑信之極,粗耶繆耶,夫烏得參於其間哉?

心　性　説

爲釋氏之學者,例以鑑水喻性,謂其至虚而無不照,而有無不相礙也。吾讀程、張之書,蓋以木火喻之。謂如種之有生意焉,含之而必發;謂如日之有光精焉,積之而必耀。然則性有也,此吾所以異乎彼之無與。或曰:"五行之生,各一其性。"何木、火、金、水之殊?曰:"陽體性,陰體陽。木、火陽也,故其所涵者性也。金、水陰也,故其所涵者陽也,亦性也。今夫石,扣之則火焉。今夫水,滋之則木焉。是其所以涵陽而體性者,而何光景之足喻。"然則光景何喻也?曰:"生理以喻性,光景以喻心。性發於陽而涵於陰,水、火、木、金之生理似之。心感於實而寂於虚,水、火、木、金之光景似之。火日外光,金水内光者,心象也,非所以語性也。然因金、木之能受陽,則知其中之有陽矣。月所以受日光者,以其中有陽精也。故指其體陽精者以爲性則可，指月之魄爲性則不可。金、木受日火之光，而能返映，則知性之未嘗絶也。若夫納景於虚無者，猶人夢寐之變云爾。指夢寐之變以爲應物，而曰大地山河，衆生萬有，皆幻也，此釋氏之蔽與。"

仁　說

性，生理也；心，生機也。生理與生機合之謂仁。孔子曰："仁者，人也。"孟子曰："仁，人心也。"然則人之爲人，一仁焉盡矣。《大傳》又曰："立人之道曰仁與義。"孟子又曰："人之有是四端。"何哉？夫一歲而統言之，則元氣而已，分之則春秋也，又分之則四時也。一心而統言之，則生理而已，分之則仁義也，又分之則四德也。元氣無不貫，故春統四時；生理無不周，故仁統四德。天地之道，始于北，生于東，盛于南，成于西。然則智在仁之先者也，禮與義在仁之後者也。仁非智無由動，故曰智在仁之先。非節莫行也，非宜莫止也，故曰禮與義在仁之後。是故，君子之學，始於窮理以求知者智也，謹節而熟焉者禮也，守禮而安焉者義也。此謂性之德，此謂爲人之序也。

昔之言道者多矣，其專於求仁者，自孔門始，顔子之博文，曾子之格物，子夏之博學、篤志、切問、近思，吾所謂窮理以求知者與。顔子視聽言動之力，曾子容貌辭氣顔色之貴，吾所謂謹節而熟焉者與。夫子曰："無求生以害仁，有殺身以成仁也。"曾子曰："臨大節而不可奪。"吾所謂守理而安焉者與。仁合衆德而成名，故德之成也，則名之曰仁人。求仁者必合衆德焉，故智也、禮也、義也，皆所以爲仁也。故曰："仁之爲器重，其爲道遠，舉者莫能勝也，行者莫能致也。"又曰："甚哉仁之難成也，俛焉日有孳孳，斃而後已。"

人　說　一

日月，吾身之耳目也；五行，吾身之氣血骨肉也；風雨、雲霧、雷霆、雪霜，吾身之吹噴嘘呵、汗洟涕液也。稚、壯、老者，天地之一終一始也；疾病、康寧者，天地之一治一亂也；晝有爲、宵有夢者，天地之出明入幽，光照靈秘也。是故，世之治也，三辰順，六氣和，岸谷高深，河嶽翕墮，人鬼之分判，地天之通絶，王道休明，而怪神寥闊。及其亂也，日月告凶，星辰顯慝，灣麓交吞，陵原倒易，妖孽之變生，而顯道爲民惑。人之康也，則清華上浮，純美内盎，滋潤營流，官骸滌盪，神明舍於中宫，客影没於夢寐。及其病也，晻爾而晦，蕩然而荒，火升水降，精聵魂盲，虚邪盛發，而聞見不祥。是故，天地亂則人失其職，身病則心爽其常。吁！人者天地之主，心者形氣之君也，心無病，則身病何由作；人無亂，則天地之亂何由根。故病起于心，而亂興于人。善醫者按脉引理，以療其府藏；善治者揆時察變，以理其人倫。人治則兩儀自得，心平則百體皆春。故曰："人者天地之心也。"又曰："聖人以天地萬物爲一身。"是故，古之聖者，致中導和，體信而達順。效斯術者，謂之虞、唐。鄒、魯以下，世傳其方。不明乎此，則不足以建人位而稱皇，負大道而佐王。

人　説　二

父母所生曰子，草木實亦曰子。《説文》者曰："子者，孳也。"動植有子，而生道不窮矣。故人之爲天地子也，天地之道所由不窮者也。禽獸之生于天地也與人同，然言繼天地者不存焉。譬之人則五穀也，禽獸則稊秕也；人則嘉果也，禽獸則酸辛也。夫人者，中和之氣寓焉，肖天地之本然，則其名天地子也宜矣。人而曠乎其爲人者，五穀而化稊秕者也，嘉果而變酸辛者也。故完之與天地相似，而失之者違禽獸不遠。聖賢者，全體所生，使之蓄其種者也。帝王者，全付所覆，使之廣其植者也。樹之神靈於實，天地之神盡於人。舍人而言天地之道者，譬猶棄實而譚枝華，必迷其名而誤其種矣。是故，良農善圃，孜孜於美其實，欲其植之廣也，又欲其種之蓄也。聖人賢士，孜孜於善其身，善其類，欲貴天地之貴者於不毁也，又欲久天地之久者於無窮也。

鬼　神　説

或以夢寐言鬼神，余謂非喻也。鬼神與人，其心思與動作而已矣，寂記與經營而已矣。動作而經營者，必有事焉，事之興滅，物之生死也。於是而歸於心，休於寂，則鬼神之謂也。動作而經營者無心乎？心寄於事者也，神體乎物者也。寂記於心者無事乎？事息於心者也，物泯[2]乎神者也。事已而在，物過而化乎？化者其迹也，存者其神也。迹則事已而亦不復在也，榮枯欣戚，尋之而不可復追也。豈獨生死之際，神人之分哉！事之滅而又興者，其釋氏廻環之説乎？滅而又興，非皆事也，其所以事者同而已矣。如以迹，則昨之飲茹者，今可復蓄乎？適之語言者，後可復收乎？不以迹，則萬古同流者也，又何賴於廻環之説乎？是故，天地山川，精氣之物也，鎮古而長存；人事代化，游魂之變也，興滅而不熄。物之精爲鬼，氣爲神；魂之動爲神，静爲鬼。魂乘於氣，魄藏於精，以是知人行於天，而鬼宅於地也。言聖賢上與天合者，謂其昭明與神化長流，非若凡物之泯默幽沉，卒爲滯魄而已矣。

然則夢寐之景，又何居乎？曰："夢寐之景，亦有興滅焉，而非其真也。"喻則鑑水之鑑物乎？鑑水之光明者，鬼神也，其所鑑之物，非鬼神也。然因鑑水之光明，而有所鑑之物，因鬼神之靈，而有變異之迹，因心思寂記之神，而有夢寐之事，此非鬼神之真也。是故，變異之有徵，夢寐之有應。古有占焉，而不可與卜筮祭祀比。蓋此所感通者，鬼神之本體，不掩而常在；彼所形見者，鬼神之光景，或有而或無也。異氏專以寤夢言人鬼，則妄矣。

魂魄説一

魂之靈喻人，魄之靈喻鬼。故魂返而歸於魄，人返而歸於鬼。歸於魄則無迹矣，歸於鬼則無形矣，無形無迹，則其靈安在？曰：静而常在者也。其有交相感通者何？曰：魂、魄，人、鬼，相依而不相離者也。交則孰爲主？曰：魂爲主而交於魄者，記憶是也；魄爲主而交於魂者，寐夢是也。人爲主而交於鬼者，祭祀感格是也；鬼爲主而交於人者，吉凶警告是也。然則孰爲正？曰：陽動而陰静，陽感而陰應。故陽交於陰者正也，陰交於陽者變也。陽交於陰，其感通也昭明而不昧；陰交於陽，其感通也髣髴而無常。然則當其無感，而鬼之情狀何如？

曰：如魄然，静而常在而已。其有動皆感也，感皆人也。人交鬼，固人之爲也；鬼交人，亦人之爲也。故夢寐亦思爲之致爾。有賢聖之爲明神者若何？曰：是之謂鬼而神者也。天地曰神，故常伸，常伸者無窮。人死曰鬼，故有歸，有歸者不返。是故，鬼也者，非以氣類求之，則寂而已矣。如其人之精神上與天地合也，則鬼而神矣。鬼而神，則亦與天地常伸而不窮。人固有存記之事，與耳目心思，維繫凝結，而昭昭然長流以終身者，如聖賢之天壤俱敝也。

魂魄説二

或言："人之死也，形氣既離則散而無矣。鬼神之説，所謂神道設教者與？"曰："子未知人，則且以物驗之。夫謂神形合而有知者，不謂如草木之體質與香氣也與？今夫枯槁之屬，雖爲灰燼，未有不如其本性以藥於人者也，是其魄之靈不銷也。其香氣之所觸，或經時而薰染，是其魂之靈不滅也。魄不銷，魂不滅，則雖無生榮之勢，雨露之食，而亦避風濕之漂蝕，逐陰晴而燥潤。是其靈之離而未散，散而未嘗無者也。"或曰："此爲餘氣之蹔然者爾，豈長在者哉？"曰"既爲餘氣而蹔然，則爲精氣而可以常存，其致一也。故夫槁落之物也，護之則氣完，棄之則氣耗。其尤至精之物也，久之則彌馨，陳之則彌寶。聖人之制爲墓藏祭享也，爲使人勿棄也，其教人以順事於生也，爲使人可久也。"曰："凡此所譬，即以體魄喻爾。吾聞古者達人志士，外形骸、殘肢體者，則又何藉焉？"曰："今有得良藥者，服而吞之，爲可以益氣；得異香者，聚而焚之，爲可以降神。夫人神之靈大矣，而是物者與之合體，豈不賢於敝簏之藏哉？且夫人之道，與天地同流，又未可以是區區論也。"作《魂魄説》。

後天圖補説

八卦以天道言之，一而已矣，配之於人，則有兩説，一在衆人者，一在聖賢者。在衆人者，陰陽之判，則形神之分也。故《震》者道心初動時也，至《巽》而人心始伏矣。《離》、《坤》、《兑》，形氣用事，道心著見者此時，人心顯行者亦此時也。人心既盛,故至《乾》而不能無戰。不能無戰者,天理之不可息也。至于形氣休歸,其日夜之所息,如濁[3]水之暫澄,則爲《坎》勞《艮》止,而道心又將發矣。其在聖賢者,陰陽之性,則誠明之德也。故《震》者戒慎恐懼,以存其誠者也;《巽》者省察克治,以謹其幾者也。《離》、《坤》、《兑》,誠而明,明而無不順且和也。聖賢之誠不息,發于外者未嘗不繼于中,天德之剛純亦不已,戰而無不勝者也。至于《坎》勞《艮》止,則一真内凝,成終成始,而其道不窮矣。《説卦》以天道言,而聖人之道在其中。然苟不知其在衆人者,同具斯義,則聖賢之學,初不得其根據,而所謂《巽》齊《乾》戰者,亦不知其何所爲而然也。故復爲之説如此。

詩　　説

《詩》之説爲先儒所汩没,至朱子而始得其意,然其可疑者,猶非一而足。蓋先儒之説,謂《雅》、《頌》者,朝廷之詩也,宗廟之詩也,西周之詩也。《國風》自《邶》、《鄘》以下,列國之詩也,東周之詩也。《二南》,文王之詩。《豳風》,則周公之詩也。然如《鄭》、《衛》之武公,秦之襄公,如《序》者之説,固非盡東周矣。《小雅》之篇,所謂"周宗既滅,靡所底戾";"赫赫宗周,褒姒滅之",此亦豈西周之詞哉?惟《豳風》之爲周公可信,若《頌》則有"成王不敢康"。噫嘻!成王"不顯成康"者,既足以明其非盡周公之作,而《魯頌》則僖公詩也,亦不得謂東遷之後無《頌》也。且以事理揆之,《風》者,天子命太史陳詩而得者也。西周之盛,巡狩慶讓之典行,故風謡達焉。及其既東,則天子不巡狩,太師不采風也舊矣。今乃西京之采,樂府之藏,無一篇在者,而盡出於東遷之後乎?則其詩又孰采之而孰收之也?如謂夫子周游所得,則季札觀樂於魯,而其篇什既備矣。魯存六代禮樂,故自《韶箾》、《夏濩》以下皆具。曾謂昭代樂府,列國之詩,太師之所掌者,盡皆亡軼,而反取東遷以後,不隸於樂府,莫之采而莫之收者,以與《易象》、《春秋》並藏,而與《韶》、《夏濩》、《武》、《雅》、《頌》迭奏,必不然矣。先儒惟局於東、西周之説,故於孟子所謂《詩》亡者,必曰《雅》亡也。蓋既以

《雅》爲西，而《風》爲東，則王迹熄自既東，故曰《雅》亡也。

近代長洲顧炎武反其説曰："《詩》亡者，直謂《風》亡云爾。"蓋西周之天子，詩陳於列國，察其風俗，知其政教，而賞罰行焉。此義明，則《春秋》不作可也。其篇什既亡軼而無有存者，則賞罰之義不明，而《春秋》所以作。余謂先儒之説既偏，顧氏殆亦蔽於先儒之説，從而爲之辭，而並不可信。以愚論之，十五國之詩，必也東、西周具有焉而後可通也。不獨《風》爾，《大》、《小雅》之詩，亦必東、西周具有焉而後可通也。西周之時，巡狩述職，通于天下，禮樂征伐，自天子出。故其巡狩也，《風詩》作而慶讓黜陟隨之；其述職也，《雅詩》作而慶讓黜陟亦隨之。凡今之《風》、《雅》云者，大抵此類也。其東周以後之《風》、《雅》，則亦列國之遺俗，時有傳篇，京周之故老，閔時思舊，各以其體附之者也。《二南》，蓋西周畿内之《風》，而不盡出於文王，《頌》亦西周列廟之樂，而非盡作於周公。如此，則《風詩》所謂《淇澳》、《緇衣》，《雅詩》所謂"周宗既滅，褒姒滅之"，《二南》所謂"王姬之車"，《周頌》所謂"不顯成康"云者，不亦釋然而皆可通已乎。孟子《詩》亡云者，蓋言《風》、《雅》俱亡也。東遷以後，巡狩述職不行，則《風》、《雅》俱亡矣。縱有所謂舊俗之歌謡，故老之咏慨，然皆變《風》、變《雅》之餘音，而無當於明時黜陟勸懲之義，則其謂之亡也固宜。《春秋》具列國之貞淫治亂，而施褒貶焉，則《風》之指也；明王事之禮樂征伐，而謹僭濫焉，則《雅》之指也。《詩》亡然後《春秋》作，意蓋如此也。

然則其有《王風》何也？曰：《二南》，西周畿内之風也；《王風》，東周畿内之風也。以畿内之有東西，則知列國之亦兼東西也。《王風》列於《邶》、《鄘》、《衛》之後何也？曰：無他意也。衛爲殷都，故不夷於列國，如《頌》之以商繼周者耳，以服事殷，革命猶尊焉，文、武、周公之志也。曰：當時紂在北方，而文王之化，先行於南，故其詩曰《南》。如子之説，則南之義奚取焉？曰：謂文王之化行於南國者，蓋見《詩》有《漢廣》、《江沱》之章，是亦傅會之説云爾。北鄙之風殺伐，而南方之風和厚，故舜作五絃之琴以歌南風。然則《二南》云者，但取其風之和，而非以其地之限。《詩》曰："以《雅》以《南》，以籥不僭。"雅，正也。

南,和也。《二雅》、《二南》之名,其以此而起與。嗚呼! 如前之説,則先儒之義不可沿者多矣。朱子之傳,少變《序》説,世之訢厲者,至今未熄。若如此而盡變之,其不以爲怪妄幾希。雖然,不直則道不見,而古人有蓄疑之戒,直其所疑,以俟夫世之君子,學者之事也。

周禮三德六德説

《大司徒》"以鄉三物教萬民,而賓興之。一曰六德,知、仁、聖、義、中、和;二曰六行,孝、友、睦、婣、任、恤;三曰六藝,禮、樂、射、御、書、數"。至《師氏》"以三德教國子,則一曰至德以爲道本,二曰敏德以爲行本,三曰孝德以知逆惡。教三行,則一曰孝行以親父母,二曰友行以尊賢良,三曰順行以事師長"。《保氏》則"養國子以道,而教之六藝"。又《大司樂》"以樂德教國子,曰中、和、祗、庸、孝、友"。夫其名之若是其不同,何也? 曰: 此正成周之盛,育材造士之方,小大有品,而先後有倫,不可不察也。

夫鄉三物之教者,鄉學也,所謂小學也。師氏、保氏之教國子者,國學也,所謂大學也。若夫大司樂掌成均之法,而合國之子弟,則正典樂教冑之司,皆所謂大學也。小學之教,則先行而後文,孔子謂"行有餘力,則以學文"是也。大學之教,則先知而後行,孔子所謂"博學於文,約之以禮"是也。然皆以身心性情爲之本,故又有養之於文行之先者,所謂德也。此則不以小大之學而有殊者也。鄉三物之教,先之以德,次之以行,次之以道藝,其序明矣。若師氏之教,大司樂之教,則不離乎三物,而有深於是者。其曰至德,即修其知、仁、聖、義、中、和之謂也,德修則有以進乎道藝矣,故曰以爲道本。其曰敏德,即勤於禮、樂、射、御、書、數之謂也,學明則有以措諸躬行矣,故曰以爲行本。其曰孝德,即篤於六行之謂,但自民間言之,則有婣、睦、任、恤之事,自國子言之,則以取友親師爲要。故彼六行與此三行爲不同也。行篤則有以治人之悖亂矣,故曰以知逆惡。然則三德即三物之事也,以其皆欲得之於心,故皆貫之以德;以其欲修德明道而不徒爲匹夫之行也,故先道於行也。凡經言道者,即謂六藝,故每以德行、道藝並稱。

而保氏教之藝者,即其養之道之實也。至于《大司樂》之六德,則正與《師氏》相表裏。蓋知、仁、聖、義,必以中、和爲極,故中、和即至德也。六藝之業,在敬而有常,故祗、庸即敏德也。六行、三行,皆以孝、友爲先,故孝、友即孝德也。由此言之,名雖有異,豈不同條而共貫哉?孔門之教,文、行、忠、信。文即六藝也,行即六行也,忠信即中和,而所謂至德者是也。異日又曰:"德之不修,學之不講,聞義不能徙,不善不能改,是吾憂也。"又曰:"君子不重則不威,學則不固。主忠信,毋友不如己者,過則勿憚改。"是皆以德爲道本,而以學爲行地。周公、孔子之道,其揆一而已矣。

或曰:"聖之道大矣,列爲六德以教鄉民,何也?"曰:"六德而充其至,皆聖人之事也,不獨聖之一字然也。然愚嘗疑聖字乃禮字之誤,蓋不應四德俱全,而獨闕一焉。且循貞元之序求之,亦當作禮字。四德俱備,而貫之以中和,《中庸》之藴也。"

國語伶州鳩上宫下宫説

按上宫、下宫之説,韋昭以夷則、無射,陽氣在地上,故謂之上宫;黄鐘、太簇,陽氣在地下,故謂之下宫,似矣而非也。上下恐即謂聲之高下,蓋黄鐘、太簇之聲濁而下,夷則、無射之聲清而高也。然辰在戌上,而用夷則之宫,亦無義理。布戎以厲六師,而用黄鐘和緩之聲;布憲施舍,而用無射清剽之律,尤無義理也。是時王方欲鑄無射之鐘,州鳩意在諫止,顧以爲周家優柔容民,實以是爲《武》成之終,無乃啓之與?愚謂夷則之上宫,黄鐘之下宫,皆無射也。太簇之下宫,無射之上宫,皆黄鐘也。蓋無射在夷則之後,黄鐘之前;黄鐘在太簇之前,無射之後。前者爲下,後者爲上,故舉其前後而有上宫、下宫之名。無射者,《乾》爲金氣,戰陣所宜,故華陣布戎則用之。且當癸亥夜陳之時,辰正在戌,辰謂日所次地平之位也。無射之律,正與戌合,因而吹之,以達其氣。既用之畢陳,則遂以之而布戎也。黄鐘者,律之初而氣之始,故布令布憲,與民更新則用之。管極長,聲極和,而氣極厚,以是更始於民,姬周之曆所以長久,其以此夫?然不著本律之宫,而必以他律上下爲名者,蓋言本律自爲宫則可爾。《周官》“黄鐘爲宫”之類是也。若言本律之宫,則文勢不順。《吕令》黄鐘之宫,乃别作一器而爲之名也。今言某律之上宫,某律之下宫,借其旋相爲宫者以命位,猶之某之商、某之角之意也。言無射則先上而後下,黄鐘則先下而後上者,夷則本在無射之前,黄鐘則爲六律之首,故其立文之法如此也。

或曰:“子之爲説,何證焉?”曰:“言夜陳,則是戌而非申,辰在戌而用律,則爲無射而非夷則明矣。此一證也。司馬遷曰:‘武王伐紂,吹律聽聲,殺氣相并,而音尚宫。’夫十二律殺氣并者,惟無射耳,此其以無射爲宫無疑。又一證也。《大司樂》合祭之樂,分用十二律,獨無射闕焉,此與不用商聲同意。以此爲一戎衣之事,而示天下弗服也。又一證也。樂廢其聲,故器久而失,王鑄之以補其失,未非也,而當日廢而不用之旨,則未必知也。州鳩述牧野之事,迄于施舍,此與夫子之答賓牟賈者,詳其武功文德之先後,以解商聲武舞之疑正同。此又一證也。蓋無射之聲,殺聲也,周人有大事于宗廟,當以無射者則變而用南吕。若當布憲施舍之時,而用窮秋之殺聲,則何偃柔容民之有哉?昔王朴之樂清高,故武功競而國曆促,藝祖下之,運祚以長。曾謂武王、周公之智,乃出藝祖下哉?獨矢於牧野,戎事方興,殺伐之聲,于是一用。偃武修文之後,則大祭之樂去焉。維時景王蓋亦留心於樂律者,而未明其本意,州鳩具以本末言之,蓋緩而不迫,辭命之體也。”

吕覽黄帝使泠綸④作律説

按黄鐘長九寸,寸以十分爲法。然《史記》云黄鐘八寸一者,寸以九分爲法也。既用八十一之數,則與宫聲之數合。故三分損一,而下生林鐘五十四之徵;又三分益一,而生太簇七十二之商;又三分損一,而生南吕四十八之羽;又三分益一,而生姑洗六十四之角,於是五聲窮矣。變而通之以爲二變,於是又三分損一,而生應鐘四十二之變宫;又三分益一,而生蕤賓五十六之變徵,由是七聲備焉。此則黄鐘爲宫,一均之聲也。泠綸取竹爲管之初,先定黄鐘之管,其長八寸一分，乃以三分損益之法，而穴其旁，除全管宫聲之外，蓋自七寸二分之太簇，至四寸二分之應鐘，凡三寸九分之中，七律咸具，故曰黄鐘之宫也。間三寸九分而吹之者，更迭而吹，不出此三寸九分之内也。其全管則黄鐘，其餘則黄鐘之宫所含之少聲，故曰次爲含少也。此管既得，然後如其損益之法，制十二律以參驗之。其諸律爲黄鐘所生者，無以異於此管，則是此管得而十二律定矣，故曰黄鐘之宫，是爲律本者，此也。吕氏作《月令》，十二月應十二律之外，又有季夏中央土，律中黄鐘之宫。則黄鐘之宫，自爲一管，而非子律之黄鐘無疑。顧司馬遷《律書》既未之及，班固又删其數字，以爲《律志》，於是東漢以後，紛紛沿謬，而真謂有三寸九分之黄鐘也。獨《朱子語類》引梁武之律通十三絃者，以證吕氏中央之説，可謂深得其理。然三寸九分之云，則未及也，予乃記其臆見如此。

予舊爲此説，然素不解音律，未之敢信也。及見琴者調絃之法，其隔絃以取聲者，按第一絃之律位，則餘絃之散聲應之。蓋一絃爲宫，二絃爲商，三絃爲角，四絃爲徵，五絃爲羽，六絃爲少宫，七絃爲少商者，散聲也。其每絃按徽所定損益相生之法，則律位也。今如按宫絃太簇之位，則商絃散聲應之；按宫絃姑洗之位，則角絃散聲應之；按宫絃林鐘之位，則徵絃散聲應之；按宫絃南吕之位，則羽絃散聲應之。諸絃散聲，譬猶諸律之全律也。第一絃各律位，譬猶黄鐘宫所含之少聲也，而其所按之聲，與全絃之散聲，無不相應者。然則黄鐘宫之七聲間而吹之，其與諸律諧叶者信矣。又記其説，以竢知音者。

修　德　説

人生所重，惟在修德。德者，何也？吾性中所自有，《中庸》所謂"性之德者"是也。其本則自天地而來，與天地不相似，則謂之悖德。《易》言天地有四德，曰元、亨、利、貞，然統之者元也。其在人，曰仁、禮、義、智，然統之者仁也。惟其統於元也，故曰"天地之大德曰生"。惟其統於仁也，故朱子曰："仁者心之德。"然則人而不仁者，如德何哉？德以仁爲本，仁以孝爲本。凡人生來有愛父母兄弟之摯情者，此其終身立德之基也。然恐自幼而長，逐物變化，如孟子之所云,故聖賢教人不失其赤子之心,而益加以充養之道。誦詩讀書,欲其感發開明於此也;敏行慎言,欲其維持保任於此也。温恭朝夕之間,常自檢省,此藹然之意常流乎,此廓然之心常在乎。有乖厲,輒自消磨;有褊狹,輒自開拓。無論父母兄弟之親,故舊朋友之愛,即自州里至於行路,常使矜憫含容之意多,憤疾較争之事少,如此則爲有德之人。然後禮以節之,義以成之,智以通之,庶幾乎可以進於德之盛矣。

氣水言浮物説

韓子言"言由於氣",孟子則先"知言"於"養氣",其説同與異與?曰:"孟子之知言也,知他人之言也。韓子之所謂言,則己之言也。己之言,故謂氣充而後言盛;他人之言,故謂理辨而後氣可充也。二子之意,各指所之,而可以觀其學焉。凡孟子之汲汲於知言者,將以集義養氣而治其心也。凡韓子之汲汲於養氣者,將以仁義詩書之積而達之言也。"

聖人定之以中正仁義而主静説

或問《太極圖》主静之説。曰:"謂仁、義、禮、智,皆有動静,此一説也。謂仁、禮爲動,義、智爲静,此又一説也。即朱子亦自分此兩説,故其《仁説》既以仁、義、禮、智爲性之具,惻隱、羞惡、辭遜、是非爲情之發矣,而《圖解》則以中與仁屬陽屬動,正與義屬陰屬静。此其二説之顯然差互者也。"

然則二説竟不可合與?曰:"可。人心之與天地,同運而並行,仁義禮智之外,無所謂動静。亦如天之春夏秋冬之外,無所謂動静也。故其發也,而藹然周流者謂之仁。發之極也,而燦然有文者謂之禮。其斂也,而截然斷制者謂之義。斂之至也,而湛然虚明者謂之智。仁者由内而外,動之始而未離乎静。義者自外而内,静之始而未離乎動。此二者,陰陽之交也,孟子所謂'仁人心,義人路'是也。禮則動而見於外,智則静而藏於中。此二者,陰陽之純也,《大傳》所謂'智崇德,禮廣業'是也。聖人之心,一動一静,無非中正仁義之相爲體用。出此四者,又烏有所謂寂然不動時哉?雖然,蓋有之矣。思慮未起,事爲未交,即安得不謂之静?要之,此即湛然虚明之極,而智之德也,又豈有出乎四者之外哉?如以爲湛然虚明之頃,專屬乎智之分,而與静而仁、義、禮、智具焉之説相害也;抑以爲仁禮動而義智則静,而與動而惻隱、羞惡、辭遜、是非行焉之説相害也,則又有説。蓋智之統四德也,以其爲静之極,而四德無不具也。仁之統四德也,以其爲動之端,而四德無不貫也。故湛然虚明之頃,以爲專屬乎智之分也可,以爲仁義禮智之性具焉也可。藹然周流之際,以爲專屬乎仁之分也可,以爲仁義禮智之用行焉也可。蓋智一静則無所不静矣,是四德之所歸也;仁一動則無所不動矣,是四德之所起也。由此觀之,二者之説,果相悖乎哉?"

或曰:"人心介然而寂之頃甚微,即安得而以義智並爲静也?"曰:"吾固言之矣,義者静之始而未離乎動,而智則静而藏于中者也。雖然,非有義之收斂,安得智之歸藏如此其固哉?義智之爲静也明矣。是故,語動静之大分,則仁禮動也,義智静也。語其動静之交,介然甚微之頃,則仁智交際之間,乃萬化之機軸,四德之所成終而所成始也。於《易》曰'《乾》元',曰'《坤》元',是求端於動也,是孔子求仁之説也。《乾》曰'利貞',《坤》亦曰'利貞',是根本於静也,是周子主静之説也。"

主　静　説

仁義禮智之發,有就一事而四德具者,則所謂其發之也仁,其裁之也義,其行之也中,其處之也正也。有因事而發而四德行焉者,則仁爲惻隱,義爲羞惡,禮爲辭遜,智爲是非也。一事而四德具者,如五行行乎天之氣,生長收藏,相爲終始也。因事而發而四德形者,如五行具乎地之質,温涼寒燠,各一其性也。二者之致殊矣,而其理不殊。故凡心之初發而藹然也,是惻隱者爲之也;發之於事而燦然也,是辭遜者爲之也;及其斂之而截然也,是羞惡者爲之也;斂之于密而湛然也,是是非者爲之也。若夫感於物而分應,則見入井者,惻隱而已矣,而可以驗其心之初發;見嘑蹴者,羞惡而已矣,而可以驗其心之始斂;賓主酬酢,而辭遜形焉，而可以驗其發之所施；見人羞惡，而是非定焉，而可以驗其存之所主。此五行之氣，所以播乎四時，而四時之氣，所以寓乎五行也。

朱子所謂静而仁義禮智之體具，動而仁義禮智之用行者，以因事而形者論之也。所謂仁禮爲動，義智爲静者，以一事而具者論之也。一事而具者，根乎心之德，所謂動静兩端，立天地之大義。因事而形者，存乎物之感，所謂游氣紛擾，生萬物之散殊也。至於四德之統夫仁而根夫智者，則合二者而皆然。其一事之發斂，藏之爲智，顯之爲仁者，固不容説矣。若夫感物而動，動於惻隱，固仁也；動於羞惡，若辭遜，若是非，無適非仁也，此其統夫仁者也。是非之極定于内者，則能應于愛惡辭受而不差，此其根于智者也。故明道以上蔡玩物羞惡之心爲惻隱，伊川以譚虎色變恐懼之心爲真知，蓋此意也。聖人之心，湛然虚明，其爲大智也，固不期静而自静矣。衆人之心，未能然也。居敬窮理，以至於無欲而虚，虚而明通，則亦庶幾乎山下出泉，而聖可學矣。

【校記】

① "設淫辭而不自知"：道光本"不自知"前無"設淫辭而"四字。

② "泯"：道光本作"泯"。

③ "濁"：道光本作"滿"。

④ "泠綸"：按《吕氏春秋》，"泠綸"當作"伶倫"爲是。《漢書·律曆志》"泠綸"作"泠綸"。

榕村文集卷十七

説　二

隱逸富貴君子説

花之表異於天地間，曰香曰色。菊之爲物，其色淡，其香遠，隱逸之風也。牡丹之爲物，其色豔，其香馥，富貴之容也。蓮也者，其色潔，其香清，有君子之德；特立而不孤，叢居而不狎，有君子之行；出於深澤，糞壤不近，君子之志也；結藕成房，根華兩實，君子之功也。品既如此，厥遇亦然。菊之生也，百卉痱，萬木枯，故詩人以興亂離，《大易》繫其剥廬。乃能對元亮霜下之酌，飽屈子日夕之蔬，豈非所謂時之窮而節之顯，道之肥而身之癯者耶？牡丹之生也，春物盛，景風至。前有桃李之蹊，後有芍藥之戲。足以恣傾國之遨遊，極樂園之靡麗。斯又所謂得志於時，而光耀於世者也。惟蓮之生也，方春而不華，正陽而始露。序必歲中，令必坤土。律應於宫，數會於五。蓮於是時，其花始吐。及乎秋風颯颯，涼氣淒淒。蘭桂方競而未歇，而蓮獨翩其反而，銷沉摧折，委翳離披，淵潛泥蟠，無所尋窺其逕與畦。如《蒹葭》白露之伊人，上下求之而路阻且隮。斯又非消息盛衰，不失其時者乎？

温陵蔡介夫曰："菊，隱者爲高也。牡丹，仕者爲通也。蓮則君子哉，邦有道則仕，邦無道則可卷而懷也。"斯亦善於名言，可以繼《愛蓮》之志。

五帝之世如夏説

四時之序，往而必復者也，一治一亂之數，亦無往而不復。是故，每數百年而盛衰之變異，亦如一歲之間，氣候慘舒，草木楛菀之異其變焉爾。若夫皇帝王霸之道,則有往而不復之勢。霸之末流,極於秦氏,未聞皇帝之復興也。故王仲淹曰:"後之帝者,非昔之帝也。"其雜霸王之道而取帝名乎?如是則運窮於霸,冬不復春,而康節之説不行。曰:數百年而盛衰者,小四時之運也;皇帝王霸者,大四時之運也。康節之意,以爲開闢以來,道有升降,而皇帝王霸分焉。天將以極道德功力之變,而啓《易》、《書》、《詩》、《春秋》之學也。《易》、《書》、《詩》、《春秋》之學既興,道德功力之變既定,則天理具矣,人事周矣,聖人之經世道法備矣。由是則行皇道而皇,行帝道而帝,行王道而王,行霸道而霸。運之汙隆迭乘也,而致道有純疵;人之賢不賢迭生也,而取數有多寡;要不能出乎四者。以爲盛衰治亂之標,而春夏秋冬之序,乃相衍於無窮。二者之説,不相悖矣。

然則帝道其可復乎?曰:奚爲而不可!自漢而後,不專霸也,蓋有近王道者矣。自是而純王,自是而帝,自是而皇,其孰能禦之?漢文帝之清静無爲,其有皇之心乎?仁厚恭儉,其有帝之意乎?唐太宗之納言致治,其有王之思乎?惜乎其致道也雜,而取數者淺也。後有作者,承百代之敝,當窮變之勢,卓然而更始,復古以乘天命,則堯、舜之道,甚易簡而可行。此叙《書》起唐、虞之志也。

敬 義 説

自古聖賢相傳心法之要,大率不外乎兩端。《虞書》"欽明",欽其體也,明其用也。"安汝止",體之静而正。"惟幾惟康",用之動而宜也。禹作《洪範》九疇,其要在"敬用五事"。蓋自一身貌言視聽之則,以至萬物萬事之理,無非事者,然必以敬爲體,而後五事之用,可以各盡其職。湯、武因之,是以有以義制事,以禮制心之誥,有敬勝怠、義勝欲之書。太甲、成王反乎此而自訟,故曰"欲敗度",無義也,"縱敗禮",無敬也。"維予小子,不聰敬止",亦此意也。以及中宗之"嚴恭寅畏,天命自度",高宗之"恭默思道",皆是堯、舜、禹相傳心法。夫子特著其旨於《易》,曰:"敬以直内,義以方外,敬義立而德不孤。"不孤云者,體用兼流,其德不偏也。曾子之學,獨得其宗,其述《大學》,主於誠意,以明明德於天下。爲善、去惡、謹獨之説,雖若專以義言者,然非敬則不能謹,非有本體之誠，則亦不能隨事而致其誠矣。蓋自養之小學，已教以恭謹之道，既入大學，復進以窮究之功，庶幾心存理明，則遂使之謹獨以誠其身。蓋包乎敬與知而並進，非截然而有彼此先後之殊也。子思之作《中庸》，自戒謹恐懼以致其中，自誠明而尊德性以至大德敦化，而同乎至誠之歸，皆由敬而造之之事也。自謹獨以致其和，自明誠而道問學，以至小德川流，而極乎聖人之盛，皆由義而充之之功也。《孟子》七篇，多示人體驗擴充之要，然非其心惕然而存，則不能察仁義之端而充廣之必矣。故其所謂操存得養，求放心，立大體，存心養性云者，以爲專以持敬言，固不是；以爲有義無敬，有察識擴充，而無操持涵養，亦非也。就其對舉言之者，則存其心，以操持其心言也；養其性，以充長其仁義言也；亦敬義之説也。周子《通書》，首言存誠，敬之事也，下言謹幾慎動，義之事也。故後又合而言之曰："君子乾乾不息於誠，然必懲忿窒慾、遷善改過而後至。"程子謂："涵養須用敬，進學則在致知。"又曰："敬則天理明。"又曰："未有致知而不在敬者。"又曰："佛氏敬以直内則有之，義以方外則無也。"既無義，則其直内豈有是處？其論孟子之養氣也，以爲必先有事於敬，然非集義，則亦無事，皆此意也。朱子之言，尤極剖晰。蓋曰："致知不以敬，則昏昧紛擾，而無以察理義之歸。力行不以敬，則頽墜放肆，而無以踐理義之實。"則敬與知行，渾然合一，相須並進，亦可見矣。

今人以爲敬自敬，知行自知行，而不知其相爲表裏，而未始相離也。其以《中庸》戒懼慎獨兩節，俱言持敬而未及知行者，此固拘牽文義不通之説。其或知省察之兼乎克治矣，亦未敢訟言謹獨之即爲行，又復不知其中即有窮理之功也。且以首節屬之静，次節屬之動，静則用敬，動則用謹。自古聖賢相傳夾持心法，皆支離割裂而不可尋矣。原夫道不可須臾離之意，則敬蓋爲義而存，不然，則是異學之操其心，不足尚矣。故不特念慮之起，事物之交，義於是乎在，而必敬以察之由之，當乎萬感不至，百慮未萌，而此心昭然，坐立必端，舉止必謹，固即敬與知行夾持之效，而爲應用之根。歷考朱子平日用功之要，及其《章句》、《或問》之言，微指精義，可以推見。惟其講貫詳密，而聽問之下，鮮能好學深思，以意逆志者。故《語類》所記，時多出入，使覽者莫知一是之歸，而各以意爲説。《章句》“既常戒懼,而於此尤加謹焉”兩語,驟觀之似略分晰,然其意則以爲既常存其心矣,而凡善惡之幾,尤必省之治之,以致其謹。正如周子所謂“不息於誠,又必懲忿窒慾、遷善改過而後至”者。得其意而讀之,其説固無弊也。《或問》之言,讀之亦如《章句》之指,無不可通。惟《大學》謹獨,《章句》以意爲心之所發,學者不能無偏於動之疑。殊不知誠身工夫,日用之間,一動一静,無有欠闕,非專就發處言也。蓋方其寂然未感之先,而惺然之念自在,當此之時,動容整貌,而不使有惰慢邪僻之干,亦即所謂謹其獨而誠其意者。若必待其念之有所著於事而後謹之,則工夫有所脱漏,而誠之本反失矣。蓋意者心之用而主於心,貫乎動静而常存,非必其應事酬物,義利鬬進之時,而後有也。觀《章句》“言欲自修者知爲善以去其惡,則當實用其力,而禁止其自欺”,則直以知爲善去惡之念當意字矣,固不專就發處言也。其以心之所發爲訓者,蓋即所謂心之用而主於心者耳。以是而推《中庸》兩節,知其皆包動静以立言。蓋自覩聞以至於不覩聞無不敬,自隱微以至於顯見無不謹也。

或曰:“子以敬義分屬中和,且以後章誠明、尊德性、道問學言之矣。今言一動一静,敬義合一而不可分,則中和者,未發、已發,子思子固分之矣。”曰:敬以直内而主心,敬非中,敬而無失,所以中也。義以方外而主事,義非和,精義流行,所以和也。且静之中非無義,而主於心言,則以敬爲體,故可屬乎致中也。動之時非無敬,而主於事言,則以義爲用,故可屬乎致和也。誠明與尊德性、道問學之説,亦如是而已矣。蓋凡聖賢之言兩端者,如誠明、敬義、知行之屬,若陰陽在天地間,雖一息未嘗相無,而亦各有迭王之候。默而識之,無以執一而廢百焉,則其若相反者,正其所以相爲發明,而又何悖乎?

松柏後彫説

松柏非不彫也,後彫耳。舊葉未黄而新葉青,人不覺其彫也。故在《詩》曰:“如松柏之茂,無不爾或承。”新舊承繼,則雖謂松柏不彫可已。君子之於世也,遭治亂,居顯晦,歷乎逆順安危之位,身之困者彫也,道之否者彫也。雖然,其隨而生者未嘗息，蓋絶于此而萌于彼，塞于今而通于後也。《易》曰："枯楊生稊，老夫得其女妻。"大過之時，澤不潤木，於是乎枯矣，而其下自生稊，則牙櫱條肄之昌也，不猶老夫之能衍嗣續於無窮乎？夫往而必復者天之命，彫而必生者物之性。松柏之爲萬物貴者，與物俱生，不與物俱彫，彫者有以待夫生者。此其性之異，而獨足以觀天命之無端也。《詩》曰："子寧不嗣音。"有音之可嗣者，其後彫之人也夫。又曰："尚有典型。"有典型之可繼者，其後彫之人也夫。

同　類　説

物有相似者，則類相同。故日應天，月應地，晝從暑而夜從寒。馬似龍也，故均爲《乾》之象。蠶似馬也，故同爲星之精。鳥羽如葉，故依樹；獸毛如草，故伏莽；魚鱗如波，故川泳；蠃蚌黽蠏之介如石，故穴藏；蒨如血，故滋血；豆如腎，故益腎。霜降而鐘鳴者，金氣至也；月上而潮來者，水氣升也。木火相生，故燧取火而於日；金水相涵，故鑑取水而於月。男爲尸者，以陽求陽也；女爲巫者，以陰求陰也。以氣求魂，故用香薌；以味求魄，故用鬯臭。由此言之，雖上下四方之大，古今去來之遠，類不變，則其所以相感者不變，可以理推也已。

孟子曰："聖人與我同類者。"又曰："服堯之服，誦堯之言，是堯而已矣。"夫人之爲人者貌耳，服其服，誦其言，事之淺者耳，而以爲聖人者堯者，惟其相似故同類，同類故感通。雖天地大矣，而求其與人相似者而似之，則天且不違也，況於其受血氣而生者乎？如《詩》曰："螟蛉有子，蜾蠃負之，教誨爾子，式穀似之。"而揚子釋之曰："祝之曰類我類我，久則肖之矣。速哉！七十子之肖仲尼也。雖然，仲尼不易肖也。"七十子比於衆人則肖，顔、閔之徒比於七十子則又肖。故曰："子夏、子游、子張皆有聖人之一體，冉牛、閔子、顔淵則具體而微。"夫或肖其全體而微，或止肖其一體，則等而下之，有髣髴其影響，近似而不可得者矣，如之何勿思哉？

觀　梅　説

百花之格尤高者，曰蘭、曰桂、曰蓮、曰菊，及梅而五。雖然，語其開之令，則梅最先;語其實之成,則梅最夥。且五者之香皆異,梅則異而尤異者乎。南嶺之梅,恒以冬月開,不俟春至,故謂梅爲寒花而争霜雪者有矣。夫陽以至日復,而萬物莫之知也,梅則其知之者爾。傑然于霜雪之中,殆非氣之强,而神之靈也。孔子曰:"歲寒然後知松柏之後彫也。"等彫也,何取於後?蓋謂新舊之葉相繼,而不覺其彫,所謂"無不爾或承"者是也。世之極亂,《禮》、《樂》、《詩》、《書》,掃地而盡,雖有起者,而終不足徵也。故守先王之道以待來者,斯後彫之節,相繼之義與?《詩》曰:"風雨如晦,鷄鳴不已。"言守之堅也。"縱我不往,子寧不嗣音。"言待之切也。又曰:"雖無老成人,尚有典刑。"則其守也長,而待也遠矣。夫松柏非能自爲時也,亦陽之無終絶,而松柏知之爾,故吾於梅亦云。

詩八病説

周顒、沈約等言詩,有八病之説,解者多不能通。今以意解之曰:平頭者,謂首字同韻也,如唱句首字是東韻,則對句首字不當復用東韻也。上尾者,謂末字句韻也,除韻脚首兩句相叶外,餘聯則末字當避。蜂腰者,謂五字中四平夾一仄,或四仄夾一平也。鶴膝者,謂下三字累三平,或疊三仄也。大韻者,謂犯韻脚字也,如既以其字爲韻脚,則句中不可復用此字。小韻者,謂犯句中字也,如前句用此字,則後句不可復用。旁紐者,謂四聲相犯也,如以東爲韻,則句中不可疊用董、送等韻字。正紐者,謂本聲相犯也,如以東爲韻,句中復用東韻字者是也。周、沈雖無明説,以今律體推之,當如此。然休文有言,惟上尾、鶴膝最忌,故律詩亦唯避此二病最嚴,餘則出入者有矣。

解

春秋謹嚴解

韓子云:"《春秋》謹嚴,深與孟子懼亂賊、莊周辨名分之旨合。"然他日詩云:"《春秋》書王法,不誅其人身。"無乃謂聖人猶有所含隱,如《答張籍書》所謂深其文辭以避咎者，而與謹嚴之意異與？曰：答籍之書，有爲言之也，若夫書王法而不誅其人身，則正所以爲謹嚴之至也。且如弑君之賊，州吁、華督以下，莫不大書而斥言之。宗國有諱禮，然而不地不葬之類，義例亦已明矣。羽父、共仲之絶，罪人亦既得矣，不斥言之者，稱國弑、稱人弑。説者因謂罪累上，而聖人之有恕辭。嗚呼！是可恕也，孰不可恕也。蓋《春秋》之爲信史也，從乎告訃而伸大義焉，彼亂臣賊子之戕其君父，肯顯然聞於諸侯哉？弑不可掩也，必將有所詭其辭、諉其罪者矣。幸而國有南史、董狐之直則已，非然未有不以微賤愚豎當之者也。孔子於此，將求其實與，非從訃之體也；將從其訃與，其爲失賊大矣。今州縣之中，有殺人者，而適爲貴族桀人，其力足自解脱，因而委罪於微賤愚豎，官吏甘爲之掩覆者多矣。將得其大憝則無徵，直以微賤愚豎充之則廢法，於是立疑案曰：某州某縣有殺人者。庶幾大憝有時得，而王法未嘗廢。稱國弑、稱人弑，《春秋》之疑案也，疎而不漏之義也。故書王法而不誅其人身，乃所以爲謹嚴之至。

辨

春王正月辨

《春秋》夏、周正之事，自朱子不能決。雖然，此四字者不明，則全經不可得而讀也。釋而不思，置而不講，可乎哉？蓋程子之説曰："建子非春也，假天時以立義耳。"意謂三代不改時而改正，周之正月，冬也，而孔子系之春，以寓行夏之志云爾。胡文定祖其説，而又引商、秦之書，以謂月亦不改。此則朱子疑而辨之矣。愚切思之，則朱子所謂並行者是也。不獨十二月數，爲周、夏並行，蓋四時之序，亦周、夏並行也。行周者，以改正朔，示革命，故書時事，頒列國則用之。行夏者，以敃天時，存古制，故作禮樂、垂憲章則用之。《豳風》一詩，有一日、二日矣，是周正也，有七月、九月矣，又夏正也。《小雅》之詩，"四月維夏"、"六月徂暑"，是夏正也。孟子之書，"十一月成杠"、"十二月成梁"，又周正也。此其月數並行之徵也。《周官》"冬日至圜丘"、"夏日至方丘",是夏時也。《泰誓》"十三年春,大會盟津",又周時也。此其時序並行之徵也。《金縢》"秋大熟未穫",説者以謂是夏之秋。然熟於酉戌者,獨今南方稻田然耳,若北地之黍稷,則大熟未穫,正在未申之月,又何嫌其爲周之秋乎?由此觀之,則與大會盟津者,又一證也。蓋《泰誓》、《金縢》所謂書時事者也。孔子《春秋》所書,所謂頒列國者也。用周制焉,所以示革命而一正朔也。《周官》祭祀,所謂作禮樂者也。《豳風》農桑,所謂垂憲章者也。兼夏制焉,所以存古法而殷天時也。吕氏《月令》,固非經比,然所述者多周典也,此又周人之禮樂憲章不改乎夏之一證也。孔子作《春秋》,以尊王而大一統,故不獨月數不敢改乎周,時序亦不敢改乎周也。蓋自周先王之頒列國者則然,而孔子從而因之。若曰周不以建子爲春而孔子春之,以寓吾行夏之志,則不獨與尊王之意、從周之語相悖,且以建子爲春,是變夏時自夫子始也,又何志之寓乎?

然則孔子之書此也,遂無意乎哉?曰:有之。夫月王之月也,則時亦王之時也。今於月而系以王,明乎王朔可得而改也。於時而不系以王,明乎天時不可得而移也。王朔可得而改,則從周之義可見。天時不可得而移,則行夏之志又可知。以王正正天下,此一經之名分所以定也。以天道正王道,此一經之大義所以起也。故孔子之言曰:"殷因於夏,周因於殷,及其所損益可知也。其或繼周者,雖百世可知也。"子思之贊孔子,曰"吾從周",曰"憲章文、武",又曰"祖述堯、舜","考諸三王而不謬"。周子亦曰:"《春秋》正王道,明大法也。孔子爲後世王者而修也。"然其志雖寓,而事則不可亂其實;其義雖明,而詞則不可失其體;其道雖爲天下萬世之所折中,而其分則爲昭代臣子之所遵守。故通此四字,而全經始可得而讀矣。

尚書古今文辨

古今文之辨多矣,雖朱子亦疑之曰:"伏生背文暗誦,不應偏得其難,而孔氏校對於錯亂磨滅之餘,不應反得其易。"故吴幼清奮然斷之曰:"四代之書,分爲二手，是不可信也。”近年學者則毁詬尤甚焉，其語殆不足述。余曰：果哉，後學之疑古也。世有辨古字古器者，不論其法之精、工之良，而必曰其紙墨非也，其款識非也，何以異於是哉？漢之儒者，如董仲舒、劉向，醇矣博矣，然而人心、道心之旨，《太甲》、《説命》、《旅獒》、《周官》之篇，二子豈能至之，而況魏、晉以下，六朝之間乎？若夫朱子之疑，則愚嘗竊思之。人之於書也，其鈎棘聱牙者，則誦數必多，誦數多者，其著心必堅牢而永久。安知伏生之偏得其難者之非因難而得乎哉？至於孔壁之反易，則有由也。蓋其甚難者，孔氏既以不可悉知而還之書府矣，則其傳者皆可知者也，此其所以易也。又伏生之書，其女口授有訛音，而鼂錯不敢改。其書既行於漢代四百年，則益莫之敢改也，故難者愈難。孔壁之書，自其校出之時，間或增減以通文意者有之，而其書又藏久而後顯，安必傳者之無潤色於其間哉？故易者愈易。然則古文云者，疑其有增減潤色，而不盡四代之完文，理或有之矣，謂其純爲僞書者，末學之膚淺，小人而無忌憚者也。

方正學釋統辨

甚哉！方氏之固也，其言曰：“三代，正統也。漢、唐與宋，正統之次也。取之不以正，如晉、宋、齊、梁，不可以爲統。戕虐乎生民，如秦如隋，不可以爲統。外國、女后，不可以爲統。”其不以爲統奈何？蓋將不處以天子之禮，而國號、紀年、稱名、行事，皆異其辭焉耳。然則可行乎？曰：不可。蓋聖人之爲道也，通而不窮，故一可以順天命，一可以立人紀。彼其一四海，爲天下君，或傳世數百年而未改，而吾不謂之正統，其將能乎？且夫正也者，非必其得之之正，而後謂之正，蓋異於割壤畫地而偏焉。而方氏以爲正變之義，宜其惑也。

然則統之説何据？曰：一四海，爲天下君，傳世數百或數十年，是之謂統也已。莫與争統，是之謂正也已。有統之始，如漢高元年項氏猶未滅，而與之統，是自其後而與之也。有統之餘，如蜀漢區區在吴、魏之際，而與之統，是從其初而與之也。非此族也，正統不存焉。此朱氏之所定，雖聖人有作，不能易也。曰：新莽、周武一天下矣，何以不與之統也？曰：莽篡而漢誅之，周僭而唐討焉，則二代之賊也，宜乎不與。不與者，有正其爲賊者也。其幸而免及於子孫，或起而誅之而非當代，而彼已儼然爲天下君，則吾亦不得而正其爲賊也。然則大義其廢與？曰：不廢。彼其賊之實固在焉，因而存之，罪將不没。且夫偷一時之利者，固將不恤萬世之名也。如以名，則彼知夫雖天子而罪迹且不泯，固所以懼篡竊者之道也，奚必奪之乎？且方氏之説曰："正統者，子孫雖愚不肖，必貴之，尊以正統之禮。非正統者，子孫雖賢智，而不足掩其惡。"信斯言也，其祖宗篡竊而有天下，子孫知其雖賢智無益也，而不以君道自律，而以天下恣睢，其可乎？又曰："非正統者，用兵不曰討，刑人不曰誅，天下兵起不曰反。"信斯言也，天下奉之以爲君，而不得正其誅討之禮；群起而叛之，而不正其君臣之分；或傳世數百，而上下之誼蔑如。可乎不可乎？方氏之意，始于欲正君臣，辨中外，澤惠生民，而不知説之弊，禍之烈。惟聖人爲無弊，是故或去其名，或存其實，惡惡止於其身，遷善廣於其路。中國而夷禮則夷之，夷而進於中國則中國之，抑揚予奪而人心服，後世安之。吾故曰一以順天命，一以立人紀，是其利民也至大，而慮世也至深。

陳生説周禮辨

陳生之言井田也異哉，未暇與之廣徵而極辨也。但其曰高原之田，無有溝洫，則非矣。彼徒見黍稷之異秔稻，而謂無以水利爲也。夫溝洫者，非獨備旱爾，亦以泄淫潦而限疆界也。且田間必有涂徑，其旁必有溝洫，然後可以避沮洳，利蹄輪。又況黍稷非能捨水者也，何惡乎井田之有溝洫？而以意決之，曰《遂人》、《匠人》必有一誤也。謂《孟子》之國中爲王城，律以《周禮》邦中之云，則亦不類。謂下濕之地，田不可井，然八夫同井，既不可矣，十夫同溝，則亦烏乎其可哉？苟謂十夫、百夫、千夫、萬夫云者，横斜列之，而非以方置之，則下濕之地，斥鹵廣莫，未必不可方也。是先儒所謂避城邑道路、市肆氓居者猶有理，而陳生專以濕地言之，益非也。其末連及兵制，又似以鄰里閭黨與井邑丘甸分中外者。不思五家爲鄰，與十夫同溝，法正同也，蓋倍五則十也。兵有中外，又何訾於田制？以此攻先儒之説，非柳子所謂"淳淳佐予言而曰不逮"者歟？則又文之曰："鄰里、鄉黨之民，即井邑、丘甸之民也，在田與在鄉之異也。"夫既以八聯之，而又以十聯之，一以爲井邑、丘甸，又以爲酇鄙、縣遂，古人之法，比之王莽、荆舒，倍爲雜亂矣。徒見陳生之自爲抵捂，而卒不能通其意也。

朱陸折疑

有宋中葉，運膺五百之期，天顯聚奎之象，其所以紹絶學、理遺經，使聖人之道復明於斯世者，豈偶然哉？周、邵、程、張，皆以先覺之資，任道統之重，又幸而相師相友，講明其所未至。其淵源所漸，所以深造直達於聖人之藴者，必有非後人之所能窺者矣。虞廷群后、鄒嶧諸哲以來，於斯爲盛。是以千餘年之蕪翳堙塞，啓之闢之，攘之剔之，聖人之道，灼乎其可見，坦乎其可循。嗚呼！其功可謂偉哉。

南狩以後，而朱子出焉，祖孔、孟，宗周、程，正六經，黜百氏，躪《中庸》之堂而入其室，雖聖人有作，不能易也。而在當時與象山陸氏，其學終不能以相一。後世隨聲之徒，入者附之，出者汀之，始也安於性之所近，繼遂執爲門户之見而不可回。嗚呼！彼固不知朱子，然亦何足以知陸氏哉？夫陸氏之論躬行，必先於明理，其言窮理，必深思力索，以造於昭然而不可昧，確然而不可移。此固與朱子知行之學同歸。而其心悟身安，言論親切，雖朱子亦且感動震矜而爲之左次。然則朱、陸之道，豈如一南一北之背而馳哉？其始終大致之所以不合者，陸氏之反約也速，收功也近，其教人之法，則徑而多疎。朱子之用力也漸，衛道也嚴，其教人之法，則周而無弊也。夫破末俗之陋，傳聖賢之心，洗訓詁之詭，發精微之意，若是者固二子之所同心。然惟其詭且陋也，則必有以矯而正之，爬梳剔抉，究其枝葉以達於本根，使夫精微之意，聖賢之心，學者有所望而至焉。豈可謂是無益之業，而不復措意於其間乎？

孔子聖人也，問禮于老聃，問業于萇弘，問官于郯子，假年學《易》，至於韋編三絶而不能休，歎夏、商之文獻不足，足則吾將往而證焉。仲尼亦胡爲是孳孳而事此無益之業哉？所謂文、武之道，未墜於地，而天之未喪斯文者，蓋在乎此也。經莫大於《易》，《易》莫大於《先天》。《先天》之學，不傳久矣，自堯夫發之，而陸氏以爲非作《易》之意。無極之妙，主静之宗，自濂溪啓之，而陸氏以爲是老子之旨。性之所以善，心之所以仁，主敬之要，知行之方，自程氏兄弟明之，而陸氏以爲與孔、孟之言不相似。凡如此類，皆可以見其講學之疏，而其議論舉措之間，猶未免于精神用事，而氣不可掩。不如朱子之粹然平中，有以極其規矩準繩於無憾也。揆厥所由，陸氏蓋見世之支離沈溺，而不能以自振，故刊落擺脱，直接乎孟氏之傳。然愚竊觀夫孟子之時，發明人心而無述作者，去聖未遠，群經大備，故第啓管籥，示關津，以爲當世人心對病之藥而已。自漢以來，道喪文弊，《禮》、《樂》、《詩》、《書》，掃地而盡，異端邪説，諸子百家，紛紛藉藉相亂。學者顛倒眩瞀於其中，何由而見聖人之宗乎？濂、洛諸子，扶持整頓者未幾，或疑或信，若明若昧，又緜延而將絶。是故，朱子之矻矻著述以終其身，殆有所不得已也。昔周之衰，王道廢而舊章亂，邪説繁而天義乖，於是仲尼討論《墳》、《典》，述帝王之道，正《雅》、《頌》之篇，除《九丘》，黜《八索》，修明《禮》、《樂》之遺文，使萬世道術有所統一。朱子之心，孔子之心也。若以六經爲注脚，《章句》爲俗學，豈獨足以病朱子，又上以爲孔子病矣。由此言之，陸氏之學，得無極高明而失之過，反説約而弊則疎者乎？是故，陸氏之學，吾儒之學也，其閑道也猶謹，其擇言也猶精。非若明之中世，儒、墨、老、莊，混爲一途，始也師其意，後也言其言，靡然遂入于二氏而不可反者也。雖然，追原其弊，則謂非陸氏爲之端不可。蓋朱子之言曰："今之以學自立者，門户衰塌，唯陸子静精神啓發，其流禍未艾也。"嗚呼！賢者之爲慮，豈不遠哉？

竊觀自朱子而後，幾四百年之間，守其學者，崇正經，敦實履，循循乎其不畔。逮乎中明，士大夫自以其意爲學，於是乎《章句》不足守，文字不足求，甚而典訓不足用，義理不足窮。經術文字，議論行檢，胥爲之一變，而風聲大壞矣。傳曰："差之毫釐，謬以千里。"又曰："不知其形視其影。"生今之世，有欲爲聖人之學者與，吾愿謹而擇之。其有世教之責者與，吾願審而思之。

對

裕親王問無極太極對

康熙壬午年五月端陽後,裕親王銜命有事於恒山古郡,職光地敬率屬寮,迎謁道左。既而拜覲於次,王既幸進而寵接之,又弘錫之以教言。自當官立身之道,引而彌深,遂及性命之要。其説微妙高迴,蓋有近代諸儒所未闡者焉。職敬聽之下,初則茫然以迷,既有所動于中,乃惕然以感,終然後竊自敬歎。知草茅迂滯之學,鄙悋叢積,至老其身而不自悟也。

敬惟王所謂無極、太極之説,精矣至矣,非職之所能窺矣。職所反之於身,參以歷古賢哲之論,而有省焉者。蓋王之言曰:"有心爲善,雖善亦私。我心而不求吉者,還有凶乎?"職思爲善一也,而以爲有心焉者,是張栻所謂有所爲而爲者也。有所爲而爲,安得不謂之私心?以私心爲善,是圖度以求吉者也。命不可以倖徼,福不可以回求,故有求吉而得凶者矣,有雖吉而亦謂之凶者矣。逐名而干人之忌,趨利而冒世之争,既忌且争,禍害將至,非求吉而得凶者乎?幸而蒙尊榮以没齒,席寵厚以終身,然身之榮,名之辱,生之厚,行之薄,非雖吉而亦謂之凶者乎?惟聖賢則無所爲而爲善,無爲爲害者,性也。性之體寂然不動,有意於爲者,人心之動也。人心動必有對,故有善則有惡,有吉則有凶。五性感動而善惡分,故吉凶悔吝生矣。惟反之於不動,以至於雖動亦静焉,則其善也,無聲無臭,純粹至善者也,其吉也,自天祐之,吉无不利者也。

王所謂一念不生,一心不動,先天之《易》,無極之妙。職之蠡測,誠未知有合與否,而就其所見,則所警於愚陋良多。此所謂如飲於河,各充其量者也。職曩者承乏侍從,每蒙皇上開示理數之學,今又從王啓以無極先天之秘。在古賢人,猶歎性與天道不可得而聞也,職何幸而生皇上之世,治媲於堯、舜,道極乎羲、軒,而見而知之有如王者,又贊道德之光華而茂明之。然領不傳之奥,而無以揚微指;仰撝謙之美,而無以副德音;所遇之幸,不足以掩所學之愧,則職不勝惶懼。

榕村文集卷十八

雜　著　一

關　　雎

《關雎》之詩，爲《三百篇》之首，其義不可以不求也。古説所謂后妃之德者，固已得之，但辭有未達耳。如以窈窕淑女者即爲后妃，而輾轉反側之憂，乃爲他人願望之詞，則所謂性情之正者，亦在他人，不在后妃矣。朱子病舊説之偏於一德，故謂不如以幽閒貞静者，形容其統體，則見后妃之德難名，真可以配至尊而爲宗廟主也。

然愚嘗以孔子之言思之，"樂而不淫，哀而不傷"，爲作詩者言也。若作詩者宫中之人耳，雖有願望之心，亦何至於寤寐反側？而"琴瑟友之"、"鐘鼓樂之"之辭，亦豈宫人所以施於尊者哉？蓋古者朝有外職，宫有内職。妃嬪婦御之數，與公、卿、大夫、士等，所以修陰教而隆治本也。公、卿、大夫、士不得其人，則外職隳矣；妃嬪婦御不得其人，則内職闕矣。是故，賢聖之君，側席求賢，至于積精思、形夢寐，世之所以盛也。求焉而意不切，用焉而誠不至，世之所以衰也。文王之興，其后妃有聖德，故其思淑女也，無異君子之思賢臣焉。不敢曰爲己助也，曰君子之逑而已。不敢曰爲己下也，曰琴瑟友之而已。寤寐之思，所以擇德，此所謂憂而不傷。鐘鼓之樂，所以揚善，此所謂樂而不淫。蓋秉盛德之至者后妃也，得性情之正者亦后妃也。如此，則孔子之言"樂而不淫，哀而不傷"者，美其性情之正，而盛德在其中也。《序》解"淫"、"傷"二字，稍失其意。然所謂樂在進賢，與夫哀窈窕、思賢才者，其説蓋亦甚善。此《關雎》所以爲《詩》之首，而又以其出於宫闈也，則道之造端，而王化之始基也。

大抵六經之書，至於好賢，則其義至矣，不可以有加矣。故在《易》曰："井渫不食，爲我心惻。"哀之深也。"可以汲，王明並受其福"，樂之至也。就《詩》言之，則《風》之首，寤寐反側之憂，琴瑟鍾鼓之樂，是后妃所以行於宫内者也。《雅》之首，旨酒承筐之貺，鼓瑟吹笙之燕，是君所以施於朝廷者也。《大雅》之首，則曰："濟濟多士，文王以寧。"《頌》之首，則曰："濟濟多士，秉文之德。"嗚呼！此天下國家興亡治亂之由也。故愚謂《二南》之篇，以后妃之賢先之，不如以后妃之好賢者先之，以合於孔子美《關雎》之意。

二　典

孟子曰："堯以不得舜爲己憂，舜以不得禹、皋陶爲己憂。"是善讀書者也。是故，《堯典》以舉舜終，《舜典》以命二十二人終。雖然，正邪不並立，君子、小人不兼進。故共、驩、伯、鯀之既辨，然後舜可得而舉也；四罪之既加，然後二十二人可得而用也。又其上則經緯天地之事，故曆象授時，《堯典》先焉；齊七政，封山濬川，《舜典》先焉。若其本則皆聖人之德爲之。故贊堯者，首曰峻德，而其效至於百姓昭明，黎民於變也。贊舜者，首曰元德，而其效至於百揆時敘，四門穆穆也。觀二篇所紀，可謂至約矣，而堯、舜之道備焉。故曾子固謂當時史者亦聖人之徒，豈不信哉？抑二篇之事不同，而其體如一，蓋其本末先後，有如前之所言。則堯之道，舜不能易，堯、舜之道，天下萬世不能易也審矣。不修德則不能敬天，不敬天則不能遏惡揚善，退小人而進君子。不遏惡揚善，退小人而進君子，而曰致治如唐、虞之盛者，此後世所以日遠於唐、虞之治而不可復也夫。

禹皋二謨

《禹》、《皋》二《謨》，文意亦相對，然《禹謨》中雜有益、皋陶之言，《皋陶謨》中又雜有禹之言，所以分二篇者[①]，蓋言則以唱其端者爲主，事則《禹謨》中有禹禪受之事也。孟子曰："禹、皋陶則見而知之。"又曰："禹薦益於天。"然則禹之所尊讓者皋陶，而帝卒以天下授禹，及禹即位之後，則皋陶已老而死，故禹薦益而將傳以位焉。三人之更迭陳謨,殆以此也。稷、契無言於唐、虞之間者,蓋其職專於教養,民事是勤,則朝廷之上,固可以委之禹、皋諸人,而已不與矣。抑百篇之名,原有《益稷》,而今所謂《益稷》者,乃就《皋陶謨》中分以備之,非其舊也。又安知此篇無稷、契之言論,而今軼之與?《皋陶謨》"允迪"以下,猶《禹謨》"文命"以下也;天叙、天秩之訓,猶《禹謨》人心、道心之傳也;"無若丹朱傲"之規,猶《禹謨》"滿招損"之戒也;"苗頑弗即",而"施象刑"以服之,夔"繫石拊石"以終之,猶《禹謨》之"苗民逆命"而"誕敷文德"以懷之,"舞干羽"而格之也。二《典》、《皋謨》皆及在廷三凶之事,獨《禹謨》無之,蓋在廷三凶有鯀焉,史者之體也。《皋謨》有三凶而無鯀,義與此同,而又出於禹之言,固不應及鯀矣。《禹》、《皋謨》皆以苗民終,一以見聖人之不忘外憂,一以見聖人之獨務内治。而皋陶賡歌叢脞之箴,則又與二篇之末禹、益傲滿之意相發。其一時君臣交儆之盛,豈非萬世之法哉!

後天卦義

問:"後天卦義,以人物言之,當何如也?"曰:"造化生物,陰陽者華實之分也。《震》則種實在地而發生之時,故曰出。《巽》則枝條備矣,故曰齊。《離》而《坤》則葉茂而華盛之時也,華葉茂盛,而果實之胎在於是,故曰明,曰致養。《兑》則生意充矣,故曰説。雖然,華葉不剥,果實不生,《乾》則成實之時也。脱落華葉,而復返於種,故曰戰。《坎》而《艮》則實熟而堅凝完足,可以復生,故曰勞,曰終始。""物類如此,人倫如何?"曰:"以家言之,陰陽者男女之别也。《震》則長子而當室也,故曰出。《巽》則長子之耦,妻者齊也,故曰齊。有嫡必有娣,《離》次於《巽》,嫡娣之序,天地相遇,品物咸章也。男女相遇,家道咸理矣,故曰相見。如是,則生育之道廣,而母道在是,故次《坤》而曰致養。《兑》則少女也,妾也,家之道,恩洽於賤者而後和,故曰説。於是《震》始成乎父道而爲《乾》,有繼嗣則異日又將爲家之主,雖母亦聽從焉,故曰戰者,陰不敢抗陽之義也。子生而幼,爲中男,爲少男,皆未成人之稱也。飲食教誨以待其成,則又爲長子而當室矣，故曰勞，曰成。以國言之，陰陽者，君臣之義也。君出而守宗廟社稷，以爲祭主，《震》之位也。臣必潔白其心，與君齊力，故《巽》曰潔齊。臣道之盛，朝覲會同，君南面而聽之，故次《離》而曰相見。臣之職莫大乎役於君以養民，故次《坤》而曰致役、致養。君臣相説，太和之治乃成，故次《兑》而曰説，於是而臣功終矣。無敢疑陽，而主威孤行，故乾位於是而曰戰。雖然，臣之功，成而不居；君之德，尊而不抗。勑天之命，不敢忘勞者，《坎》也。凝天之命，端拱無爲者，《艮》也。故曰勞，曰成，而德之所以日新，道之所以不窮，治之所以可久而言繼也。大率陰陽之義，造化之本，天道流行，萬物同根。故其理象參差，而大致皆同。推而言之，無適不有，無時不行，深於《易》者知之爾。"

春　　秋

文敝則捄之以質。周之季，其文縟矣，觀列國辭命，載在《左氏》者可見。先聖作《春秋》，撥華爲根，一言增損，必有深意，可以精理焉，可以決事焉。餘如書體義例，句節字法，皆可以爲萬世修文者折中。韓子謂"《左氏》浮夸，《春秋》謹嚴"者，甚善。荆舒號爲宋文之知所裁者，而不好《春秋》，是故以知其膚末於文也。

周　　禮

《周禮》一書爲近代諸儒改易竄置，真贋相亂，自吴幼清、方遜志之賢，皆不能免。要其疑端，皆生於《冬官》之闕，而《地官》所掌，乃邦土之事。故或則曰《地官》闕而《冬官》未嘗闕也，或曰《冬官》錯於《地官》之中也。然以愚考之，《大司徒》之職，及其所屬之官，雖所掌邦土，而要歸於教，其非《冬官》之誤明甚。且《大》、《小司徒》之章，文意相從，所屬自鄉遂以下，官職相序，亦絶不類他官攙入。

然則諸儒之所改易竄置者，其可信乎？是則何説而可？曰：自虞、夏之間，而司空之職，率先於司徒舊矣。《舜典》伯禹作司空，稷播百穀，然後契繼敷教。

其在後世，則播穀亦司空職也。《洪範》序八政，四曰司空，五曰司徒。《禮記·王制》，説者以爲夏、殷之書，其文曰："司空執度，度地居民。地邑民居，必參相得也。無曠土，無游民，食節事時。民咸安其居，樂事勸功，尊君親上，然後興學。司徒修六禮以節民性，明七教以興民德，齊八政以防淫，一道德以同俗。"此皆司空、司徒二官，皐教相成之證也。周監歷代，損益厥禮，董正治官，六典斯備。其列司空于五官之末者，蓋别有深意焉。然《周禮》者，周公未成之書也，故其叙《司徒》之篇，猶首以《司空》之事，合養教而備厥職。惜乎《司空》未作，而成書不可見矣，學者無由盡知周公之意，又未嘗深考沿革之由，私疑臆決，穿鑿傅會，遇不可通，則悉以爲漢儒變亂之罪，豈不過哉！然則《司徒》之篇，雜以《司空》之事，此周公之舊，而非所謂誤與錯也。蓋周公初革官制，其猶未能變古若此。

王　　制

禹之《洪範》八政，一曰食，二曰貨，三曰祀，四曰司空，五曰司徒，六曰司寇，七曰賓，八曰師。今觀《王制》，自冢宰制國以下至司寇，其序正合。蓋冢宰所司，食、貨、祀三者備矣。然後以司空定民之居，然後以司徒興民之德，至於樂正、司馬，因司徒所教而升之，故以附于司徒，而以司寇明刑終焉。賓、師二者，《洪範》次於後，《王制》叙於前。蓋《洪範》言其切于民生之先後緩急，則柔遠安邦之事，宜居養教之後。《王制》言其關於建國之規模綱紀，則禮樂征伐之柄，必在庶政之先。義各有所當也。此書上比《虞典》，既微有不同，下視周制，又甚相懸絶，獨與《洪範》則其暗合若此。蓋《洪範》作于夏，而殷人守之，則知注家以《王制》爲夏、殷之書者不謬也。然冢宰之名，唐、虞無是。禹宅百揆，冢宰職也，而其自言曰："奏庶艱食鮮食。"又曰："懋遷有無化居。"《禹貢》自田賦財賄，綜理纖悉，則唐、虞之食貨，固亦冢宰司之。《周禮·天官》，其職掌皆食貨之事，則亦有所從來矣。故曰虞、夏、殷、周，所損益可知也。其詳自夫子之時而無徵，然而能言之者，蓋參互考究而得之爾。

孝　經

不愛其親而愛他人,不敬其親而敬他人,其弊至於悖德悖禮,其卒未有能愛人敬人者也。愛親而惡於人,敬親而慢於人,其弊至於及親辱親,其卒亦未有能愛親敬親者也。蓋仁孝之理,得之最先,而統之最全。惟其得之最先也,故施由親始,而一本而無分者,不足以言道也。惟其統之最全也,故事無終窮,而於萬物爲有外者,不足以盡仁也。夫始也舉斯心而加彼,而孝爲之根;終也挹乎彼以注兹,而孝爲其極。故孝也者,仁義之宗,道德之要。孟子之距墨翟,韓愈、程、朱之闢釋氏,其源本之差,正在於此。曾子述聖言而目之經,終篇大意,惟此二者。以是二者爲綱,然後尋其職分之所當,成效之所至,則此經之義,昭白無疑,而章句之間,亦無淩雜之可議也。中間與《左傳》文相出入,故先儒以爲疑。然《易·文言》釋四德處,亦《左氏》文也。《左氏傳》出最後,大抵采摭經史,雜以傳授聞見,烏知非《左氏》撮《易》、《孝經》之意而爲之辭乎?

讀諸葛武侯傳

或疑武侯誠王佐也,何以規取荆、益,爲兼并之謀,非王佐之道;短於用兵,淹歷年歲,非王佐之才。曰:此鄙儒文人之論,非識經權之體者也。漢室傾頽,盜賊蠭起,璋、表以枝葉之親,上無周公定國之規,下無晉文勤王之舉,而攘踞巴西,觀望江表,僭擬擅專,坐自貴大。此爲輔亂之徒,宜伏管、蔡、鄭、衛之誅者矣。先主時方寄食襄樊,衆不盈旅,名義威力,兩有未便。然因琮、琩之亂,將舉國附賊,聲而討之,未負於信。既得荆州,結吴拒魏,正名西征,兼弱攻昧,未損於權。及乎先主托孤之盟已堅,而棄荆土於前。法正、張松之謀既行,而覆西州於後。遂使江東求地,有所執言。成都攻圍,未免遺議。此則時事之變,非武侯之本圖也。故東征喪敗,追惜孝直之亡,以知一德之合,知己猶艱。昔孔子不競於墮成之師,孟氏被謗于伐燕之役,苟不推論時世,則賢聖失圖,獨三代以下哉?奇謀爲短,此陳壽之言也。夫興大業者無近功,志王道者絶小利。是以罪人煽亂，數載斯得，頑民弗靖，歷紀風移。非聖人之無顯績，實規其大者也。觀其馬謖之用，則感攻心之言；二郡之徙，則哀赤子之困；艱難草昧，而仁義愈明。此其流風軼軌，所以取貴於今也。樂毅不急二城之下，論者以爲服齊人之心；管仲不究伐楚之威，先儒以爲不殘民之意。若襲韓、彭之餘策，事攻取之急謀，以暴易暴而助亂略，多殺不辜而得天下，事雖成，其本蹶矣。管仲、樂毅之所不爲也，豈武侯之心乎？

讀　韓　子

韓子之言道也，其論道德仁義之意甚美。其觝佛、老也，所謂爭四代之惑，比於距楊、墨之功者也。或謂終篇無及釋氏者，意退之未讀其書，不知其瑕釁之所在。此可謂輕指古人，不自知其膚略者與。

夫道之裂也，必有一人始爲邪誕，然後尤者得以繼焉。楊、墨非老氏比也，而皆竊乎老氏之意。及佛之入，自謂超然尚矣，識者審其根實，究其崇長增高之僞，又以爲與老源流表裏，而大濟以夸虛。是故，孟子專攻楊、墨，障其流也。退之則源之務塞，而謂道德仁義之説，自老氏離也，然後楊、墨肆行，佛乃以晚出而承其敝。且謂不及釋氏者，彼謂清淨寂滅之言，去父子君臣之言，老書有之與？出三代之下，爲夷狄之人，老氏當之與？吾則曰其所謂蔑禮樂刑政者，老氏也；棄君臣父子者，佛氏也。又申其説，以爲蔑禮樂刑政者，爲太古之無爲者也；棄君臣父子者，治其心而外天下國家者也。韓之時，佛之禍爲烈，故悲其不遇列聖，而生於夷狄之邦，哀後王之不能黜之正之，而反使加於先王之教之上。老子詖淫之始，而釋氏邪遁之窮，其言之蓋有序矣。荀況之言，雜駁乖離，擇焉而不精。揚雄之書，艱難晦塞，語焉而不詳。故道之傳，斷自孟氏而止，而以爲其流也長。

曰："其仁義之説，朱、程猶譏之何也？"曰："先《原性》，後《原道》，則未可譏也。博於愛，宜於行，情之用，道之經也。其論性則異是。性有五，在七情之先矣。《原道》者自情始，殆叙文者失之與，故未可譏也。"然則韓其醇與？曰：

“惜其於性也,詳於三而略於五也。詳於三,故謂孟子不知品之區也。略於五,故未知孟子所謂善之腴也。苟求其故,則知下焉者之可制以法也,乃其善焉者之有同於初,而聖人之意得矣。是故,精焉而有未精,詳焉而有未詳,不然,則朱、程曷譏焉,於道豈獨粗傳爾乎?”

讀周子太極圖説

無極者,無所爲極也。太極者,極之至大者也。無所爲極而爲極之至大,則陰陽之本也,五行之宗也,男女於是生,萬物於是出。其在人,則形神之主也,五性之會也,美惡於是判,萬事於是繁。與天地合德,太極也;與日月合明,陰陽也;與四時合序,五行也。與鬼神合其吉凶,美惡也,此聖人之事也;協于極而歸于吉,君子之事也;不協于極而罹于凶,小人之事也。天有陰陽,五行之氣也;地有柔剛,五行之質也;人有仁義,五行之性也。原夫天地萬物之所以始,太極始之也,而太極無始也。反夫天地萬物之所以終,太極終之也,而太極無終也。有始終者,有死有生;無始終者,無死無生。以其生生,故謂之易。以其極至,故謂之極。易者極之用也,極者易之體也。

記陰符經

《陰符經》亦衰世之書,大抵老氏之苗裔,知其意者爲之也。五賊三盜之云,語尤嶮惡,然其本指,則老氏所謂“反者道之動”云爾。通以儒者之言,則豢養者酖毒也,患難者藥石也。逆制其性,所謂害我之賊,然而可以昌;順縱其心,所謂恩我之親,然而可以亡。德之昏明,命之融短,國之興衰,軍之勝敗,孰不由是? 雖然,見此機者,必歸之於至静。其故何也? 静雖天地之本,而自人觀之,則殺機也。魏伯陽云:“象彼仲冬節,竹木皆摧傷。”反本還寂,外則彫槁,非昊、羲、文王,孰能於此見天地之心哉? 於是有得,然後可以察虚盈之幾,語屈伸之感,萬象變滅不以撓其志、亂其胸矣。故静者心符也,見其機而順之者用符也。雖曰陰陽相勝,而道王於陰,故曰陰符也。

記離騷經二條。

前半篇自皇考命名，以至女嬃訓誡，直述己事。後半篇自陳辭重華，以至問占遠逝，託意寓言。直述己事者，身之已經，而傷其時；道其志行，以攄其憂鬱。託意寓言者，意之未已而決其時之無可爲，斷之以志行之所不屑爲者，以矢其堅貞。書之大致也。前之詞顯，故議者以爲譏誚之太過；後之詞微，故談者以爲荒幻而不經。夫怨誹而其流及上，《小雅》先之矣。親之過大而不怨，是愈疏也。若至決上下之無人，將違棄而遠去，是豈忍以明言者？原之滑稽，其不忍明言之心乎？

《楚辭》所謂求女云者，古注近之而指未明。蓋所謂求女者，非求君也，欲其君之得賢臣焉爾。始也哀高丘之無女，則高位者無人矣。繼而相下女之可詒，猶望其有處於下位而備進用者也。乃求如虙妃者而不可得，相與爲驕傲淫遊而已。上下相習，小大成風，亂國之朝，其勢固然。於是思遺佚之士，曰庶幾其登進乎？乃爲媒者鴆已毒矣。鳩猶巧焉，隱逸之賢，安能以自通？鳳凰既受他人之詒，而不爲吾國媒，則有娀之佚女，必爲高辛先之，而非高陽氏之有矣。雖然，望未絶也。使少康而有賢配，倘所謂祀夏配天，不失舊物者乎？奈何媒理之妬嫉欺蔽，無異於前，則事既可知，而原之望於是絶矣。蓋是時也，懷昏而不知，襄淫而失道，原固灼見之，而惓惓之誠，不能自已焉。他日《天問》之作，反復於鯀、禹、啓、少康之事，夫亦《離騷》之志也。然自原没二千年，而莫有明其意者，方且以求女爲失喻，幽昏爲無禮。嗚呼！原其益冤也哉！

記握奇經

此陣法本《易》八卦。天、地、風、雲者，《乾》、《坤》、《艮》、《巽》也；《艮》爲山，山出雲也。龍、虎、鳥、蛇者，《震》、《兑》、《離》、《坎》也。以四方，蒼龍、白虎、朱鳥、玄武而定。四維方而主静，故正兵布陣則用之；四正圓而主動，故奇兵制敵則用之。天、地、風、雲，取其定位而能變化也；龍、虎、鳥、蛇，取其威猛而能騰繞也。

風以天氣下行於地，故風附於天，在《周易》《乾》與《巽》對是也；雲以地氣上接於天，故雲附於地，在《周易》《坤》與《艮》對是也。前衝變爲虎翼，而風應之，風從虎之義也。風變爲蛇，蟠以應虎，在《周易》《兑》、《坎》西北是也。後衝變爲飛龍，而雲應之，雲從龍之義也。雲變爲鳥，翔以應龍，在《周易》《震》、《離》東南是也。

按《周官・司馬》，自五人爲伍，至七十五人爲乘；自五百人爲旅，至萬二千五百人爲軍，皆以五爲陣法。此則天子六鄉、六遂，諸侯三郊、三遂之兵也。至於四野，則經地以井，異於十夫有溝；處民以八，異於五家爲鄰。意者出兵之數，治戎之法，亦必以八爲其節。何者？凡比鄰共井之人，居則守望足以相助也，行則危難足以相捄也，其歡愛足以相死也。夜戰聲相聞，足以不乖；且戰目相視，足以相識也。如井牧之氓，亦編以伍什之法，則調發之數雜，軍旅之心離矣。故除一甸出車一乘者，數家而賦一人，尚可馭以卒兩之制，以合於《司馬》之法。若野鄙之間，田役教民，或追胥竭作，則家出一人，必以八八之數馭之。蓋始於八家，編之以同邑同丘，而成於一甸六十四井之數。此疑自古以井田制兵之法，而周家但行之野外，今《周官》、《管子》，俱於四鄙，軍制略而不詳焉。是以爲《握奇》者，託之於風后，以大其事，意必有所祖述爲之，未可以出於兵家，而盡疑其僞也。

所謂《握奇》者，兵法尚奇，故云《握奇》也。以天、地、風、雲爲正，則龍、虎、鳥、蛇爲奇也；以天、地爲正，則風、雲爲奇；以龍、虎爲正，則鳥、蛇爲奇也；以前列之八陣爲正，則後隊之遊軍爲奇也。總而言之，則凡正陣遊軍皆爲正，而時静時動，變變化化，不可測度，皆爲奇也。故曰"以正合，以奇勝"，此《握奇》之指也。雖然，餘奇者遊軍也，遊軍稱"握機"，與"握奇"通者，蓋兵家之奇，無所不在，而其用遊軍也爲多。夫所謂正兵者，利戈矛弓戟之用，習金鼓旌麾之節，閑步伐進退之方，識高下向背之地。其教養之素，至於如手足之相撑衛；其節制之重，至於如山丘之不可頓撼。如是則正兵之用盡矣。若夫偵間以得敵情，窺望以審敵勢，未遇而致師，既陣而躡敵，方合而出其傍、繞其後，我退而設之伏、示之疑，變强弱之形，移彼己之利，若此者，非遊軍不足以備其用、濟其機也。是故，養遊軍之禄，可數倍於養兵；馭遊軍之權，或更甚於馭將。此“握機”之號，所以或專屬之遊兵，以爲設奇制勝，專在此也。孫武之書，以權計始，以用間終，其得握機之用乎？湯、武之師，未之有也。作書者，其春秋之後，七雄之世乎？

記太初曆

《太初》章會統元之法：至朔同日，謂之章；交會一周謂之會；至朔分盡同于日首，謂之統；統首日名，復于甲子，謂之元。其日法，以八十一爲分，以一千五百三十九爲小分，以三百六十五又小分之三百八十五者，爲日之周天，以二十九日又小分之八百一十七者，爲月之會日。十二會不盡歲氣，而閏餘生焉。十九年七閏，則冬至復在月初，而氣朔分齊，故謂之章也。然月之周天與會日不同時，故每月雖合朔，而在不周道之交，則會而不食。《太初曆》法，計五月二十三分月之二十而一近交，凡一百三十五月而一當交。當交則蝕既，日月數之終也。一章之日月，雖會于冬至，而不當交，積之二十七章，則朔日冬至。交會分窮，故謂之會也。又以日法計之，一歲全日之外，小分三百八十五，比之《四分》之法而少盈，蓋侵小分四之一也。章會至朔之分，未盡于日首，積之三會，則分釐相補，復得全日，而冬至交會，復起于日首，而無餘分矣，故爲一統也。

然甲子者日名之端，必氣朔肇於此日，乃得曆元之始。故初統而得甲子，次統而得甲辰，三統而得甲申。三統既盡，則復值甲子，朔旦夜半冬至。交會分窮，而一元章矣。是以通而論之，冬至者氣之始，凡推步以爲準焉。一章之日月雖會，然同經不同緯，同度不同道也。至于一會，則同經而同緯，同度而同道矣。統則以得夫時之首，元則以履夫日之端，斯又以日辰干支，與天月日星之紀而相合者也。於是推之，五星亦皆有會合之元焉，歲月亦必有干枝之首焉。引伸觸類，原始反終，曆家立元之法，大抵若此。

記四分曆

《四分》術，即後漢章蔀紀元之法，蓋古曆所同也。四分者，析日以爲四分也。以九百四十爲日法，四而分之，得二百三十五分。故一歲之積，凡三百六十五日四分日之一。四年而氣在日端，十九年而氣朔分齊，七十六年而氣朔同在日端，一千五百二十年而復於甲子日，四千五百六十年而返於青龍歲。蓋日之月分有寸二度十九之七，歲之月分有十二會，十九之七故必十九年七閏，而後氣朔之分齊。四年而景復初，故必四章爲蔀，而後朔日之分盡。八十年而甲子日冬至，故必二十蔀爲紀，而後日之六旬周。六十年而歲運一變，故必三紀爲元，而後歲之六甲窮。所謂歲月日辰皆甲子，而天與日月會於子以爲曆元者，此之謂也。此與三統一元之年數雖近，而推步不同，日法異故也。然自太史公作《曆書》，紀漢《太初曆》而下所列者，乃章蔀之數，意者褚少孫所補。少孫未學《太初》，故直取古法附之，然則古曆並同四分，不自東漢始矣。

記韓子原性二條。

自魏、晉以下，言性者高之，高之則謂虛空而已；言情者卑之，卑之則謂邪欲而已。故其於性也，幾如天之不可親也，如風景之不可捕繫也；於情也，幾如水火之不可蹈也，如疾病瘡痏之不可加諸其體也。雖與韓子並世，如李翺《復性》之書猶然。今韓子之言性也，曰仁禮信義知而已；言情也，喜怒憂懼愛惡欲而已，是皆《禮運》、《中庸》、《孟子》之所言，學者之所誦記。然能見之明，言之慤，卓然不爲浮論，若此書者鮮矣。其曰所以爲性者五，是即程、張天命之説也；性之品三，是即程、張氣質之説也；性視其情，情視其性，是即程、張心統性情，體用寂感之説也。不知天命之實，故謂性爲空虛；不知氣質之流，故謂情爲邪妄；不知體用寂感之無間，故謂情不根於性，性不累乎情。凡此，皆爲老、佛者之蔽。是故，荀、揚之誤，易知也；釋、老之妄，難見也。韓子于三説之偏，折之詳矣，後乃曰："今之言性者，雜佛、老而言也。"雜佛、老而言，何言而不異。明乎佛、老之非，甚于荀、揚不辨之斥，其義至精。

此篇言性，上接孟子，而下啓周、程。蓋其品三，即氣質之性也，而其所以爲性者五，則天地之性也。然既知所以爲性者五，則性非善而何？性既善，則孟子之與孫、揚，又豈可若是班哉？蓋孟子之言性也，授天命以權，而掩氣質者也。韓子之言性也，授氣質以權，而掩天命者也。孟子非不知有氣質，故曰："非才之罪也，非天之降才爾殊也，不能盡其才者也。"以爲雖有不齊之材，而不足以奪其所受之中。韓子非不知有天命，故曰："下之性亦畏威、寡罪而可制也。"以爲雖有未泯之性，而不足以移其所定之品。韓子之極推尊孟子，而言性之有不合者，其在斯乎？抑此蓋韓子之於孟子，所謂未達一息者也。不然，排佛、老之功，且與距楊、墨者並矣。

記韓子原道

此書大指，明仁義，排佛、老而已。然仁義之道，皆出於性，而釋、老言道之謬，皆由其見性之差也。故《原性》之篇，首言五性，而主於一，深得以誠爲本之意。末言二氏言性之異，以斥虛空斷滅之非，然後道之大用流行于天下者，皆性之固有，而非自外至矣。故《原性》一篇，乃此篇之根氐。自編文者失次，而學者誦習，又專此而捨彼，反緣此而滋無本之疑，則韓公之扶樹教道，有所明白者，何自而使後人知之哉？

記韓子原人

天者，四象之宗；土者，五行之主；人者，萬類之靈也。故天地人並立，而其餘者皆舉之矣。民吾同胞，物吾與也，故一視而同仁。親親、仁民、愛物，推恩有序，故篤近而舉遠。不能一視而同仁者，楊氏之爲我也，而老近之。不能篤近而舉遠者，墨氏之兼愛也，而佛近之。

記韓子原鬼

神、鬼、物、怪，四字有別。神者，天地山川之神之類是也；鬼者，人死爲鬼也；物者，本是物而忽有變異，如木石蟲獸之類皆有之；怪者，陰陽不正之氣所生，如夔、罔兩之類是也。此篇因原鬼，而分别鬼、物二者，又因鬼而兼言神，因物而兼言怪。辨形聲之有無，究妖祥之自起，可謂知鬼神之情狀者。

【校記】

① 道光本脱“所以分二篇者”句。

榕村文集卷十九

雜　著　二

記周子太極圖説四條。

濂溪太極之傳，疑者多矣。自朱子發明尊信，濂溪固居然斯道之統，圖亦粹然理學之源也。陸象山頗疑太極之上更加無極，爲老氏有生於無之旨。當日國史又妄增其文曰："自無極而爲太極。"朱子所以辭闢摧辨至矣。夫惟目以有也，故謂生於無，周子非以太極爲有物也，何無之推乎？正惟恐人惑於老氏之説，以爲有物渾成，故以無極名之。又懼觀者二之也，申之曰"太極本無極"，曰"無極之真"。此其不爲老氏之學，何疑焉！夫真者何也？《通書》之所謂誠也，所謂純粹至善也。誠與善，蓋《大傳》、《中庸》七篇言性與天道之極，非老氏之書所有。若乃首句文意，猶之《通書》動而無動，静而無静者云爾。動而無動，静而無静者，有而無；無極而太極者，無而有。有而有則非神，無而無則非道，神理之間，有無之妙，觀之《太極》、《通書》盡矣。

圖首之以太極。太極者，渾然一理而不見其有餘也，粲然萬分而不見其不足也。是故，圖以圓象之，所以目其渾淪一理之妙也。其次爲陰陽，陰陽動静，互爲其根，神之所以不測也。其所以陰陽動静，一本於極，道之所以不貳也。圖之陰中有陽，陽中有陰，而陰陽之中，共函太極，以此也。又其次爲五行，圖之五行，交系乎上，猶之陰陽之互爲其根也。《通書》云："水陰根陽，火陽根陰。"其總會于一，猶之陰陽之中函太極也。《通書》云："五行陰陽，陰陽太極。"皇極者，萬民之所象而效也。太極者，萬物之所肖而生也。皇極有位，故曰"皇建其有極"。太極無形，故曰"無極而太極"。然則周子《圖説》，太極之名本於《易》，人極之名本於

《範》。太極皇極，其理至周子而始明，其義至朱子而始當。

諸儒言有無對之静，超乎動静之外者，皆非周子之意，惟朱子《圖解》得之。主静之静，即動静之静也，中正仁義，動静周流，而静者常爲主焉。如義與智豈無動，然止是纔交義智，便截然而止，澂然無事。故董子謂："陰之位在秋冬，而積於空虚不用之處。"正與此意相合。且如《通書》所言，《圖説》之演釋義疏也。其言静無動有，寂感誠神，動而無動，静而無静，静虚則明，明則通，動直則公，公則溥，皆是動静對言，絶無所謂無對之静者。且其所謂主静之意，惟於末章蒙艮而後見之。其所謂無欲之指，則於聖學一章見之。聖學章言無欲則静虚而動直，不專言静，豈真復有無對之静哉？蓋言無欲則静虚，静虚則動直，是静乃動之本，而無欲則静之本也。明道《答横渠書》、伊川《易傳》皆是此意。

伊川釋《艮》卦，謂艮其背者，止於所不見。然止之而能止者，止之各於其所也。止之下各於其所，則無可止之道。明道《答横渠問定性》，謂絶物以求定，則愈益其憧憧而不自知。惟去其自私用智之心，則大公而順應，静亦定而動亦定矣。張長史監試《無欲故静論》中，言人知静故無欲，而不知夫無欲故静也。知静故無欲，則必專其功於静。專其功於静者，釋、老之學也。無欲故静，則必如聖門所謂戒謹恐懼，以完其未發之中者而後可，吾儒之學也。此論極其精切，自《中庸》首章，《艮》卦彖辭，及《圖説》、《定性書》，皆當以此意求之，則庶乎其不謬於聖賢之指矣。伊川是恐人求静於静，故《艮》彖如此立説。横渠惡累於外物，亦有偏静之意。故明道書中云云。

記周子通書卒章

蒙，初學也；艮，成德也。自初學至成德，一以静爲本焉，所以發明《圖説》主静之意也。蓋嘗論之，《易》卦一陽在下，則爲《震》爲動，於時爲春，於方爲東，於人爲面，於心則感物而動時也。一陽在上，則爲《艮》爲止，於時爲冬，於方爲北，於人爲背，於心則寂然不動時也。所謂人牛而静，天之性者，非謂此静之上，别有無對之静，爲之本體也。所謂主静，亦非謂此静之外，别有所主之静，爲之功夫也。但自其寂若未發之初，性之全體於是乎具，苟無以汩之擾之，則主静之學,亦於是乎存。《易》之《艮》彖,發明此理,故曰:"艮其背不獲其身,行其庭不見其人。"背者人之所不見,至静之地也。艮者止於所本止,主静之功也。其所以能此者,周子以爲無欲,程子以爲敬。然程門所以言敬,蓋曰"主一無適",又曰"其心收斂,不容一物",則亦未有出於周子無欲之旨也。至於初學,未易言此。然古人之教,自其幼穉蒙昧,則已施以整齊嚴肅之規,充其精專純一之性,此即主敬之功也。主敬之功,即主静之學也。程、朱謂敬爲知行之要,蓋始於童稚之習,終於聖人之歸。而周子《通書》卒章,申主静之學,必兼蒙、艮言之,淵源授受,於此益著矣。

記張子西銘

辛未會試,發策問及《西銘》,張長史答云:"《西銘》之義,非專爲明理一分殊也,要之教人盡性而已。謂人生受形性於天地,猶其受之父母。必其能守身而後爲能事親,必能盡性而後爲善事天地。故言'民吾同胞,物吾與也',總以見吾身實爲天地之子,而要歸於存心養性,不愧屋漏,乃盡所以事天之道。是則謂《西銘》乃仁之體者,固言體以該用,言心之德以該乎愛之理也。程子理一分殊之語,亦因龜山兼愛之疑而答之。朱子又因而析其義焉爾,非語張子作書之意專在是也。"及長史登第後,養疾余寓中,復言及此。長史言此有一直一横之理,直上是父母,横去便是兄弟;直上是祖宗,横去便是族姓;直上是天地,横去便是民胞物與。因其横出兩旁者,皆與我自直上生來,故須窮到上頭,方纔筦得兩邊住也。因其論精切,今記于此。

記張子正蒙太和篇

張子以太虚言道,往往不概程子之心。蓋道也者,統虚實,貫清濁,該動静,通有無,孔子、周子以爲太極者盡之矣。以清言道,以虚言道,是道有對也,不幾乎以無言道者同歸與?故又爲之説曰:"所謂清者兼濁,所謂虚者兼實。"如是則有有對之清,有無對之清,有有對之虚,有無對之虚。厥後胡五峰之門,皆謂有無對之静,不與動對;無對之善,不與惡對。以是形容天命之性,未必不由《正蒙》權輿其説也。然老、佛之言無,意主於無,若曰有不礙無,將率天下而無之者也。張子之言虚,意主於實,若曰虚不礙實,將率天下而實之者也。故虚空即氣章,極言老氏有生於無,及浮屠幻妄天地之過。程子以爲至正而謹嚴,可以觀其學之精矣。

記邵子觀物内外篇三條。

邵子之學最精,其功最大者,在發明先天卦畫次第。其《經世》、《觀物》,自成一家,經非附義,道不純師,謂之邵氏之《易》可矣。其説以日月、星辰、水火、土石,爲天地之體;暑寒、晝夜、雨風、露雷,爲天地之用。變化而生萬物,則有性情形體之異,走飛草木之殊。其在人,則爲精神、魂魄、血氣、骨肉之身。其主於腑臟,則爲心、腎、脾、膽、肺、胃、肝、膀胱之應。其發而感於物,則爲目、耳、口、鼻、色、聲、氣味之交。合天地所以生人生物,則爲歲月日時,元會運世之運。聖人所以理人物,贊天地,則有皇帝、王霸之事,《易》、《書》、《詩》、《春秋》之經。此其書之大略也。

陰陽有合有交,乃邵書要妙。燧取火於日,鑑取水於月,賈星爲石,天壤爲辰,此合之義也。日紀於星,月會於辰,水生於土,火潛於石,此交之義也。暑多風雷,寒多雨露,合也。暑晝長,寒夜長,交也。食草之獸,草伏而毛如草之莖;食木之禽,林栖而羽如林之葉,物類之交也。魂隨神而變,魄隨精而止,人身之交也。心肺相聯,肝膽相屬,府藏之交也。元猶歲也,會猶月也,運猶日也,世猶辰也,則以小運之合,而知大運。《易》始於羲、軒,《書》序自堯、舜,《詩》歌詠商、周,《春秋》功過桓、文,則以經術之合,而知經世。

天地之體數十者,如天有四時,合元氣則五矣,地有四方,合中則五矣。五者之中,有無體之一焉,即中央元氣是也。有不用之一焉,則又就四者之中,去其一,用其三。如春、夏、秋生物而冬不生,東、南、西皆見而北不見。無體者體之體也,不用者用之體也。餘四者體之用也,餘三者用之用也。若以十論,則去二而存八者,體之用也。又以其八而十之,去三而存七者,用之用也。故邵子曰:“一年生物之數,夏至之日,皆止於七分。凡人事之極,亦至七分可以止矣。”《河圖》具天地之體數,故以十終;卦者體之用,故以八成;蓍者用之用,故以七變。

記程子定性書

程子《語類》有教人繫累穿鑿一段,即是《定性書》注解。蓋敬以直内,則無所繫累而廓然大公矣;義以方外,則無所穿鑿而物來順應矣。故始終歸之於敬與義,此《定性》下手工夫也。忘怒便是敬,觀理便是義。張子《東銘》,亦是從敬義下手。其戒戲言戲動,如《論語》所謂“不重不威”,持敬之事也。其戒過言過動,如《論語》所謂“遷善改過”,徙義之事也。故其書之上文引《論語》此章,而後以《東銘》系焉。

記　渾　儀

儀有三重,其外一重不動者爲六合儀,所以定上下四方之位;其中一重旋轉者爲三辰儀,所以象天體圜動之行;其内一重周遊四遍者爲四遊儀,所以挈玉衡而便觀察。蓋三辰一儀,尤爲要切。其儀有三環,一環以準赤道,一環横跨之以準二極,一環側倚之以準日道。三環交結相連,上刻南北東西縱横之宿度,以水激其機輪,使之日夜隨天東西運轉,必使在儀之度,與在天之度,相應而不忒,然後可以按候而仰窺也。即以木星言之,今夜經天之處,距極幾度,距赤道幾度,於何知之?以儀上所刻南北之度準之,則足以知之矣。又如木星行疾時,今夜距昨夜幾度;行遲時,今夜距昨夜又幾度,於何知之?以儀上所刻東西之度準之,則足以知之矣。以至日軌之南北平斜,太陰之纏絡委曲,五緯之遲留順逆,莫不皆然。然儀度雖與天相準,而人之轉瞬難定,故四遊儀挈衡管于中,可以隨處低昂,掛於儀之上而注視焉,則儀度與天度,相直不爽。如盤針定於秒忽之中,而外薄乎四表,蓋無幾微之差也。古璇璣玉衡之法,雖不可考,然大要當不甚遠。

記　星　書

李子曰：諸術皆《易》理之殘也。星命雖淺近，然其造初者必有説焉。其術以人生之時，星出地平卯位爲命宫，故星宫者無定者也，卯位者有定者也。此與萬物出《震》之義合也。福禄者其盛，故直巳午；遷者其變，厄者其災也，故直未申。午前爲嚮明，午後爲衰昃之象也。妻者身之敵，故取對宫。僕役者妻妾之餘，故次妻位。在《易》，《坤》爲妻道，《兑》爲妾道，而皆處於西方，亦其義也。其尤精者，子嗣、父母、兄弟，位乎亥、子、丑之三宫，其於《易》也，殆庶矣乎。夫《乾》居亥、子之交，言乎歲序，則前《震》之子也，言乎卦象，則後《震》之父也。亥者微陽之復生，爲今歲之子。子者一年之始初，爲明歲之父。故《乾》之爲子又爲父者，猶之木果也，語實之成，則前樹之子也，語種之生，則後樹之父也。自卯而亥而生子，亥子之繼，子復爲父，終則有始，以終爲始，《乾》之所以如圜無端而不可爲首也與？《坎》、《艮》于《震》爲兄弟，有父母則有兄弟矣，與身俱生者也，故次父母也。梅定九曰："四海之域，惟昧谷與中國通道。故秦火之後，道術散失，而西方往往有聞焉。"西域星盤之序，於《易》有合，吾故曰《易》理之殘也。

東里書生篇

雯蘿子居於清溪之源，碧翠之麓，漱咽巖泉，喟咏松風，充然若有得也。東里書生過別業而休焉，與雯蘿子逍遥而縱乎樵畝之逕，神流於雲物之上。東里書生曰："兹山壁立而峻，多石而華卉不生，與村落隔越，人跡希踐焉，夫子烏乎眷爾？"雯蘿子曰："噫！子之相是也以迹。兹山峻而腴，清泉瀉焉，生喬松不生靡草。天將雨，水氣上，中心蒸薄，貫頂流趾，然後瀰密四野而漫乎東皋。當其絶壁函阿，寒風蕭另，松竹高摇，神籟響應，若顔淵、子輿簞瓢窮巷，曳履而歌商。陰陽既和，雲谷出布，若伊尹、尚父，應會乘機，幡然而出於巖、渭之野。"

東里書生曰："善哉夫子之寓志於斯山乎。"雯蘿子曰："山以石爲骨，潔清不穢,故曰碧。其上多大木,閲四時而柯葉常青,故曰翠。夫惟碧故翠也。肥饒沃美之地,彌望皆紛華繁葩,而不可以歷久也。”東里書生曰:“然。再以請。”雯蘿子曰:“夫山之下泉出焉,山之上雲興焉,瀦澤盛者蒸雲多,膏雨渥者鍾源厚。泉與雲其互相灌輸者耶?曷不息機於騰降,而寂若于太虚耶?雲無泉,將遂滅耶?泉無雲,將遂竭耶?相資於不相資之中,呼噏於真元之始,窮乎是者,吾與子觀化矣。”

於是東里書生俛焉而思,嗒焉而悟,築精舍隣居,與雯蘿子學《易》,期終老焉。

希寥子篇

希寥子學道巖上二十年,鼓枻來溪之西,與雯蘿子游而問焉。曰:“吾聞子業子之業也甚劬,其病矣夫?”雯蘿子曰:“未有得也,不敢言病。”曰:“子之業是也,則亦有所圖矣乎?”曰:“不知也。”希寥子啞然笑曰:“業焉而不知所圖之謂愚,圖焉而謂己不知之謂欺,夫我則知之。盛躬之飾,握世之資,覬時之適,而浮譽是沽。又不然,引志幽貞,媲美蘭蕙,身没名傳,來世之貴。夫子之業,則蓋未離乎是也。復托於悲命,謂己憫人,若有大不得已者,而矻矻爲勤。吾聞之,岷、岷之流,逝者不見其西也。陰陽有乘除,日月有盈闕,天則尸之,而人謀奚爲?標枝之民陋,世淳以睦,六藝既修,亂亡相躅。由此觀之,謂己之區區之爲療世者誕也。若夫飾節以驚愚,移情於南山之竹而不知其身之腐也,則曷不與我按魂熒之候,晞日月之光,驂舵風雹,而與元化翱翔哉?”

雯蘿子嘿然者已久,喟然而興曰:“夫子之論,天人一矣,而又二之。夫世有先後,道有淳漓,渾釁樸散之人,則投以百藥之滋,棄天者不祥,爲己者不公。古之至仁,盡天之職而不疪其躬。《詩》云:‘民莫不逸,我獨不敢休。’誠未能謝役役之譏,而與夫子相從于大荒之野。”

希寥子一笑而别,雯蘿子歌而送之,曰:“四冥寥廓兮,元氣氤氲。往者予弗及兮,來者予弗聞。吾何獨憂兮,爲仁斯存。”希寥子屬而和之,曰:“葵藿希陽兮，鶡鳥呼旦。西崦不留兮，明星彌爛。二物何愚兮，海鷗泛泛。”又歌曰：“獸則有犧兮，木則有材。覬用於世兮，是物之災。含淳還化兮，與道未來。”遂登舟嘯風，而還乎溪東之巖上。

臨川篇

臨川人有游於華山之洞者，其洞至深，游者以炬照行，炬盡則返，率不知洞之奥近。一人者不返，亭慮凝眂，久之則若有微睹焉。又久之，澄若月星之明，旁側傾坎，皆可矚見。其卒也，乃爛如太陽之晝，珉璞之藏，蛇虎之居，神魑之窟，三古之墳埋，千年之蘚葩，靡所不睹，遂極洞之趣而還。

越山高者千仞，衆登之胥敝焉。其一人氣意休暇，若無勞者。問之，則曰：“吾疇昔精力不分，今者之行，視前一步。當其未至，吾不矯首而一望巔焉，猶平地也。是以心閒而不挫於氣。”

洛人有遷於海濱而航海者，颶風至，垂覆溺，舟人跳踉號呼。洛人起正冠衣，若將有所待者，而神不荒。舟既島，衆謂洛人曰：“若子無懼則勇矣，敢問適者之容甚莊，何謂也？”洛人曰：“或者天之以死我也，敢不敬乎？”

希寥子聞之曰：“善乎三者之於道。雖然，夫至人則不然，彼且憩於混沌之谷，而又烏乎見？彼且御於大風之隧，而又烏乎踐？彼且狎於吕梁之波，而又烏乎變？”或以問於雯蘿子，雯蘿子曰：“否否。夫入洞者心矣夫，登山者性矣夫，航海者命矣夫。《傳》曰：‘思之思之，鬼神通之。’心也。《易》曰：‘不耕穫，不菑畬。’性也。《詩》曰：‘上帝臨汝，無貳爾心。’命也。”

衲者篇

雯蘿子邂逅衲者於湖鄉，舊相識也，謂其别後爲有聞也，就而問之。雯蘿子謂衲者曰：“吾聞子法，人爲不善，則身轉而爲禽獸。有諸？”衲者曰：“然。”雯蘿子曰：“吾聞過而不留者，天之道，故物而生，游而化。夫今之來者，非昔之往者也。若子言，則造物者其已病乎？”衲者曰：“自爾爲也，造物烏乎病？”坐有閒，又曰："夫天地則心法爾，生死則起滅爾。起滅者不停，生死者無端，子亦烏得謂子之心之起者之來，非復子之心之滅者之往者乎？子亦知子一日之間，人而獸，獸而人者，蓋不知其凡幾乎？"雯蘿子不答，久之而言制伏之道。衲者曰："徒其制伏者，標哉而非其本也。夫學則有願力焉，有行力焉。願力大者行力大，願力小者行力小。願力完以固，則有折衝於談笑，一戰而功成。徒言制伏者，標哉而非其本也。"雯蘿子歎曰："甚哉！事心之難也。"衲者曰："有是夫。子其心子之心爾，子其心子今日之心爾，不以已陳之迹而誤當幾，不以未生之境而存顧慮，不以浮形幻影而廢大事。"

雯蘿子辭衲者而歸，書其言於几。或曰："我與彼不相謀也尚矣，夫子於其言奚取焉？"雯蘿子曰："斯其言有足以感予者矣。《詩》不云乎：'采葑采菲，無以下體。'"

蒭者篇

蒭者蒭於清源之谷，失其友也，憑爽而呼之，蓋三呼而有相之呼者三，望之則闃無人焉，以爲鬼也。旁皋反走，遇雲谷丈人憩於蒼松之下。蒭者倒蒭於地，而噫氣焉。丈人曰："子何走遽而視變也？"蒭者曰："異矣。適者吾失吾友焉，憑爽而呼之，蓋吾三呼而相吾呼者三，望之則闃無人，玆鬼也與？"丈人曰："昔者吾居於霞塢之村，有行於田間者，其旁有人形焉，己行則行，己止則止，走則追，至顛倒駭愕，疑病以瀕死。或告之曰，愚哉，是己之影也。夫人不知夫侶己而馳者，己之影。今子不知夫相己而呼者，己之聲。夫陰陽相薄，而影響生焉，是虚實之機也，有無之竅也。且夫疑己之響與影之爲鬼，又烏知夫鬼之不爲己之響與影乎？"蒭者曰："善哉！"

丈人曰："吾與子言，智也而未及乎仁。"蒭者曰："敢問仁道。"丈人曰："山川之塊然，禱之則雨雲興焉，是物而神也。荒墟之躅，同氣者血相附焉，是死而生也。盡生生之理，故有廣意於無生之地。存生生之誠，故有感通於不動之境。夫晝夜也，幽明也，應感也，一而已矣，而奚所趨舍於其間？"蒭者於是俛而再拜，起謂丈人曰："微子言，吾且疾吾五官之用。始吾謂吾有睹者，蕞諸區爾，子其寥然覽我以無極哉！"

太乙丈人篇

雯蘿子學於碧翠山中，俯仰圖書，神交千載。一夕肅衣襟，望北而拜，再俛乃興，仰瞻紫微，其光煌煌，祝曰："微臣之生，兩終星紀，質乃童昏，靡有覺知。十七之年，神明是詔，抱此區區，旁稽遠紹。顧惟靈不長，恐負明命，載錫之光，弗墮于成。"祝已，退坐澄心。

既而假寐，見有藜杖老人，鬢髯皤然，神光炯然，爰立於前。徬徨拜迓，問來所由，而曰："吾太乙丈人也。"雯蘿子復拜曰："昔劉向氏讀書，丈人照之，《洪範》五行，實丈人詔之。臣之玩心天人久矣，苞符茫昧，圖緯紛紜，河、洛授受，真贋未分，九京不作，宓、禹鍵門，末流襞積，蔓於祲氛。是以微臣竊疑焉，以爲非精義所存也。"丈人曰："嘻！子知之。吾之所付於劉生者，其糠粃也。神靈精英，天地所惜，道寶不愛于中天，而今日何日，顧子得聞之以藏於名山。子其齋心而祗栗哉！"遂曳杖而歌曰："黑白碁子，環相巡兮。玄黄蓋軫，左右分兮。孰與翱翔，植督樞兮。茫茫之間，神所都兮。河流滔滔，洛湍瀠瀠兮。中有舵翁，不記名兮。子能見之，千秋萬載不數劉更生兮。"雯蘿子默然。丈人還顧曰："環相巡者無端也，左右分者長存也，植督樞者化之性也，神所都者物之命也。滔滔者不返，瀠瀠者迴轉。雖不記名，我思不遠。"言畢飄然而去。

雯蘿子乃蘧然而覺。追念神言，輾轉數日夜，於是乎大悟《圖》、《書》之機，識《易》、《範》之要，以律群經，以睹衆妙。

原　　人

問人曰："《西銘》備矣，退之《原人》，所謂語焉而不詳者與？"未達曰："《原人》一則知三才之各有主，而未知人之所以繼天地而參天地者也。二則知人之宜兼愛乎人物，而未知人之所以盡其性，而盡人物之性者也。此其語之而不詳也。”曰:“《西銘》之言人則備矣,其終以存順没寧,何也?”曰:“人道於是乎至也。周子《圖説》引死生之説以終篇,亦此意也。”曰:“知死生之説如何?”曰:“非苟知之而已,存順没寧,然後可以言知矣。”或者疑曰:“既没矣,又孰從而知之哉?”曰:“夫子不云乎,原始反終,故知死生之説原反者,非特原反之於身而已。萬事萬物,莫不有始焉,莫不有終焉。推事物之何以始,何以終,何以有始而無終,何以使終而無失其始,何以方始而知終,何以既終而無憾於其始,此即一行一事驗之,所謂順且寧者昭然也。所謂死生之説,莫著于是也。豈曰推陰陽期數,如管輅、郭璞之云乎?又豈曰存順吾所知,没寧非吾所意乎?是故,一行之愜而覺夢安矣,一事之適而尤悔去矣。至哉!朱子之以仁義言之也。欲知人之何以生,則仁是已,仁存而後其生也順。欲知人之何以死,則義是已,義盡而後其没也寧。推之萬事萬物,其始也皆仁,其終也皆義。《中庸》所謂誠者物之終始,不誠無物,仁義之謂也。原反事物之終始,則知吾身死生之説矣。故又曰‘未知生,焉知死’。”

原　　鬼

或問:“韓子之《原鬼》,分别形聲有無、殃祥信爽,則幾矣。然鬼之所以爲鬼,未聞也。”曰:“聖人蓋難言之。雖然,不曰知鬼神之情狀乎?於何知之,以吾身之精氣游魂知之也。釋氏所謂以心法觀天地,亦此意也。何謂精氣?耳目之精熒,呼噏之氣息,長存而不散者是已。何謂游魂?精之所交,氣之所感,往來而不可常者是已。耳目呼噏有定體,而其交感往來也有萬變。耳目呼噏,氣之常伸者也,神也。方其有交有感,而所交所感之事,與耳目爲體,亦伸也神也。既交既感,事往而休焉,則屈也鬼也。以其紛擾聚散,故謂之游魂。其根本皆精氣也。噫!鬼神之情狀,居可知已。今夫日月山川之體,寒暑之運,萬古長存,非其常伸者乎?其水土之所生,三光之所感,爲人爲物,爲感遇流形於天地之間者,亦非其暫焉而伸者乎?聚而散,有而無,則非其休焉而屈者乎?常伸者神也,暫焉而伸者亦神也。休焉而屈者鬼也,以其紛擾聚散,故謂之游氣,其根本皆天地也。”曰：“屈而爲鬼者遂無乎？”曰：“精氣之所交接者往矣，而迹之留者未嘗往。留之而久者亡矣，而觸而存者未嘗亡。烏在屈而爲鬼之爲無也。”聖賢之神，與天地敝，信乎？曰：“人有善事嘉行，名言至理，而終身誦之者，此其與耳目心思爲體，而偕之俱敝也，亦何異之有。”

兵　　制

古者民與兵出於一，故天子有六鄉、六遂之兵，諸侯有三郊、三遂之兵。此外又有都鄙丘甸之兵。其實，則皆比閭族黨，井邑之民而已。漢初亦然，然京師有南北軍之屯而已，其餘則天下有事，乃以虎符調發郡國之兵，事已兵休，則仍復於其故。故三代、秦、漢，無養兵之費，而財用足。三代則又不輕於用兵，而民力裕。其時有農隙講武，追胥竭作之法，固無患乎武備之不修也。六朝日事戰争，而兵與民亦未嘗二。至唐，府衛之制雖善，然已駸駸乎有兵之名，而兵民始二矣。於後藩鎮分裂，始有長聚不散之兵，而天下之費，盡于養兵，遂自宋至今，不能改焉。明初，則講屯衛之法，蓋以天下既定，兵無事而坐食，不可也。屯者，漢之所謂屯田也。衛者，唐之所謂府衛也。躧閑曠之地，使兵耕之，而因以爲世業，設衛官統之，職如州縣。是古者寓兵於農，今也寓農於兵，可以漸省養兵之費，而又使爲兵者，不至浮浪而無根。此所謂不師三代之迹而師其意，法至善也。

今海宇承平，而武備不可以不修，則餉饋浩繁，而屯衛亦不可以不講。愚意謂沿邊沿海，形勝阨塞要害之地，則重兵固不可去，法當漸興屯田之利，以省歲給，且使漸化爲土著之民，以固兵心。此非得廉幹之帥而用之，其事不能成，其利不能久也。至于腹内近處，爲可稍師古制而用民兵。何則？腹地者，備盜賊，捍鄉井而已。而客兵，則地利形勢不習，一也；主客之情不安，二也；卒有變故，則無固志，三也。韓愈言土兵之善，以爲無遇敵望風之驚，有愛護鄉里之情，有勇于自戰之意，豈不爲知兵者哉！周、漢之臨事調發，雖難驟復，亦宜使著籍之卒，更番來往，其半在伍，則其半歸耕。當其歸耕之時，則裁其餉給。如此，則合天下邊腹之兵而計之,而費之省者已過半矣。又自宋以來,兵民分,故文武亦分,無事則互有猜嫌,有事則動相掣肘。此而望其同心以敵愾,不能也。漢家列郡之兵,管于太守,唐亦每使大臣臨邊,此則亦其古意之未墜者,倘猶可稍采而師之乎?

榕村文集卷二十

雜　著　三

算　法

周以六藝教士，其曰九數云者，一曰方田，以御田疇界域；二曰粟布，以御質劑變易；三曰衰分，以御貴賤廪税；四曰少廣，以御羃積方圓；五曰商功，以御功程積實；六曰均輸，以御遠近勞費；七曰贏朒，以御隱雜互見；八曰方程，以御錯糅正員；九曰勾股，以御廣遠高深。此聖人所以極數之用也。然古人精密之法不傳，而後世所用，悉皆疎率。故所謂徑一圍三、徑五斜七云者，不過約略之算，而其方圓相求，三分進益，虚加實退，皆非真數也。自漢至元，惟劉徽、祖沖之、趙官欽爲算學之最。故徑七則圓圍二十有二，圓積十一則方積十四者，是其約法也。至於今日，而新法立焉。其於方圓、圍徑、羃積之算，不爽纖毫矣。而其書有所謂《幾何原本》者，則以點線面體，爲萬數之宗。蓋點引而成線，線聯而成面，面積而成體。自此而物之多寡，長短方圓，廣狹大小，厚薄輕重，悉無遁形。自此而物之比例參求，變化附會，悉無遁理。古所謂勾股者，舉中之法耳。今三角法，即勾股也。然而有直角，有鋭角，有鈍角。又其算也，分周天爲三百六十度，而角度封之。故量角之度，以爲起數之根。然則勾股有直而無鋭鈍，其數起于邊而不起于角，豈非有待于新法，以補其所未備者乎？其用之，則以八線之表。八線者，亦古人所謂勾股弦也。今則變勾而曰矢，且有正矢焉，有餘矢焉。變股而曰弦，且有正弦焉，有餘弦焉。其在圓外之股，則曰切，且有正切焉，有餘切焉；變弦而曰割，且有正割焉，有餘割焉。八線相求，互爲正餘，故舉一則可以反三，窮三則可以知一。舉一反三，窮三知一者，則今之三率法是也。三率之法，即古者異乘同除之法，而其立法加妙，用之加廣，則非古人之所及也。欲通新法者，必于《幾何》求其原，以三角定其度，較之以八線，算之以三率，則大而測量天地，小而度物計數，無所求而不得矣。

曆　法

曆象之法，成周以前尚矣，而其法之詳不傳。自漢以下作曆者七十餘家，要其立法之大端，則定氣也，定朔也，步五星也，推曆元也。蓋氣定，則太陽之躔，冬夏之晷，不差矣。朔定，則閏餘之分，交蝕之度，不失矣。五星之步明，而遲留、伏逆、陵犯之期，可覆而知。曆元正，而七政交會之本，可坐而致。此其立法之大端也。然去聖既遠，道業殘闕，故其術以推測而彌精，考究而彌密，蓋至於今而曆學無餘蘊矣。

定氣之法，古謂天周歲終而已，不知所謂歲差也。至何承天始知之，而立爲歲差之率。然其年數，則或以七十五年，或以五十年，或以百年，迄無定論。惟郭守敬謂六十七年者近之。今新曆則不謂之歲差，而謂之恒星行度。蓋自有宗動之天，萬古不變，而恒星亦行乎其中，故不能以無差也。郭守敬有歲分消長之法，然非歲分之真有消長也。日行有高卑，有遲速，冬至之日，適直速度，則是日之晷刻減，而見爲歲分消耳。新曆推得最高之度，不在一處，自至元辛巳以後，最高漸過夏至而東，故其歲又已自消而長。此則郭太史之所未知者已。

定朔之法，古者案日月常行定爲經朔而已。然月有本天高卑遲疾之行焉，又有去日遠近遲疾之行焉，其變尤多，故新曆之立法尤密。

步五星之法，古者以遲留伏逆，别爲段限。王朴謂其遲速也，須以漸，故破段限而立衰次之法，當已。然五星有本天高卑，又有去日遠近，蓋與月行無異。故新曆謂七政終古平行，本無遲速也。但日則但有本天高卑，月五星則有本天高卑，又有去日遠近。月則高卑遠近之分微，五星則高卑遠近之分大。故日有贏縮，而其遲疾不如月之甚，月有遲疾，而無所謂逆與留者。此則其所以同異之由，參差之變。又古但有五星經度，新曆則并緯度有之，凡皆古人之所未講也。

定曆元之法，自《漢》前、後志始，而歷代沿焉。然歷代之曆，皆數十年而遂差，而能使萬年之前，千載之後，入其軌轍乎？故郭守敬破而不用，而新曆亦然。此豈非直捷簡易，不事支離之法哉？至于里差之説，具于《周髀》，而其學不傳已數千載。郭太史分方測候二十七處，其于里差詳焉，然終局于地平之説，故其法不能通于四遠。新曆以地爲圓體，南北東西，隨處轉移，故南北則望極有高下，東西則見日有早暮。望極有高下，而節氣之寒暑因之矣；見日有早暮，而節氣之先後因之矣。推之四海之外，四方上下，可以按度而得其算，揆象而周其變。其説與《周髀》合，不獨自漢以下爲渾天之術者之所未到，而實則聖人之意，乃千載而一明也。然而法既妙矣，而神明之者存乎其人，故隨時修改，損益求中者，人事固爾，天道亦然。今有三角、八線諸法，固已極測算之精微，又得其人而觀候修正之，欽天授時之功，有不超越前代者哉！

西　曆

新曆有理奇而法者數事，一曰天圓而地亦圓，四方上下，皆人物所居，各以戴天爲上，履地爲下也。其説與《周髀》曶合，且渾天之術，本謂如卵裹黄，烏有卵圓而黄不圓者乎？一曰天有九重，最近者月天也，稍遠則日天與金水天，又遠則火星天，又遠則木星天，又遠則土星天，最遠則恒星天，其外則宗動天也。《楚辭·天問》曰："天有九重，孰營度之？"然則九重之説舊矣。一曰惟宗動天行有常度，不獨日月五星右行，恒星天亦右行也。其説則歷代歲差之説是也。一曰日月五星各有天，而行皆有輪，雖望之麗天，而實循輪而行。其理如珠逐盤，旋漩隨水去，雖急轉長逝，而復自作迴環之勢。蓋日月五星，所以有贏縮遲疾者，此也。一曰月與五星，有本輪，又有次輪。蓋本輪以從天，而次輪以法日。在小輪之極遠者，月疾而星伏；在小輪之兩際者，月紓而星留；在小輪之最近者，月遲而星逆。蓋日尊天，月與五星尊天而又尊日也。一曰金水與日同天，而其兩輪包日。蓋二星之行，異于三星，去日極遠，不過數十度耳，不能與日相望也。古人莫察其故，今言其輪包日，則理通而法得矣。一曰月有倍離。蓋五星一合日而遲疾一周，月則一合日而遲疾兩周。又五星之小輪，跨本輪之内外，月之小輪切本輪之邊。其法皆以實測而得之。凡此數事，初若創見，然或符于古經，或軌于自然之理數，其説不可易已。

至於有赤極，又有黄極，有最高，又有最高之行，理尤微妙，事愈難明。愚嘗妄意不獨黄有極爾，自恒星以至月天，皆有極也。蓋樞紐長繫者，惟宗動爲然。觀極星之離樞漸遠，則恒星又有極可知矣。日月五星則其明著者也。最高者，古謂長在夏至而已，然自至元辛巳作曆之前，實未至夏至也，今則又過夏至而東矣。郭太史立爲歲分消長之法，而亦未言其故。愚又妄意夏至最高，則冬至最卑，最高極遲則最卑極速。今言歲分者斷自冬至終始，其日之日軌速而周星易，則見爲歲分減耳，非真有消長也。辛巳之前，最高向于夏至而未至，故郭太史以爲日消。自時厥後至于今乃漸長，蓋最高又過夏至七度矣。然則太史之術，其疎乎？不知消長之根，在最高之行故也。

記南懷仁問答

康熙十一年某月，見西士南懷仁。懷仁深詆天地方圓之説，及以九州爲中國之誤。其言曰："天之包地，如卵裹黄，未有卵圓而黄乃方者。人以所見之近，謂地平坦而方，其可乎？天地既圓，則所謂地中者乃天中也。此惟赤道之下，二分午中日表無影之處爲然。懷仁與會士來時，身履其處，此所謂地中矣。"愚答之曰："天地無分於方圓，無分於動静乎？蓋動者其機必圓，静者其本必方。如是，則天雖不圓，不害於圓；地雖不方，不害於方也。且所謂中國者，謂其禮樂政教，得天地之正理，豈必以形而中乎？譬心之在人中也，不如臍之中也，而卒必以心爲人之中，豈以形哉？"讀吴草廬土中之説，因偶憶及，遂記於此。

愚又案：天地度里，不可窮極，算術紛紜，莫適爲宗。洛邑土中之説，固未可信。然以曆理推之，地勢差異，晷景當殊，南北之極，潛見絶判。西法稱赤道之下，二分午表無景，是冬、夏數均也。昔人有至外國者，熟一羊頭而夜已曙，是晝數常羸也。今法南方四時晝刻，每多于北，又况乎其九州之外者乎？晝夜不均，非所語中，然一歲之内，絶無短永。陰陽消息，其序靡顯，揆之於理，亦未爲中也。如此，則惟中國之地，晷刻羸縮，與四時進退，二至相除，毫無餘欠。而洛又其中之中，謂之中土，理宜不誣。以是知經所言，天地四時之所交合，陰陽風雨之所和會，信乎其爲至理，而非虚説也。

聖人作曆之原

聖人作曆，爲順天以授時而已。天道之大，在寒暑四時，而寒暑四時，運於不可見，於是而紀諸日月星辰之行。是故察日之出没，而晝夜明焉；察月之盈虚，而朔晦明焉；察日之發斂，而冬夏明焉。《書》曰："曆象日月星辰，敬授民時。"《易》曰："觀乎天文，以察時變。"寒暑晝夜者，天道之綱，民用之本，其驗繫乎日星。是故，定四方，候昏旦，測晷景，望中星，而分至啓閉，無所爽其候焉。此所以曆象日星也。朔晦望弦，雖非民事之所關，而聖人亦欲其參合而無間，以閏月定四時成歲。此又所以曆象月辰也。蓋曆理之精微，未有過於《堯典》數言，豈非萬世事天者之法歟？其具必曰曆與象者，説者曰曆，紀數之書也；象，觀天之器也。有曆而無象焉，不可也。

所謂象者，大略有四。一曰儀，璇璣是也。蓋天體渾然，日月五星，經緯異道，遲速異勢，其間離合遠近，不可以目力齊也，故爲儀以窺之。立經緯之環，列縱横之度，轉而望焉，以知躔離進退之詳，伏逆遲留之變，則雖尋徑之間，而天體無所遁其形矣。二曰管，玉衡是也。雖以儀窺天，而人之轉瞬難定，故復以管正之，横於璣之上而凝眸焉，則宿度星辰，皆可以不失其位矣。三曰表，土圭是也。所以致日景，而辨分至，定四方者也。以長短之極察之，則知二至；以長短之中裁之，則知二分；以二分出入之景揆之，則知東西；以午中之景正之，則知南北。故辨分至，定四方，皆由此也。四曰漏，分日爲若干刻，而節水下漏，以數其刻。蓋凡儀管表晷之施於用者，皆以是爲測候之準焉。四者互相參質，以求天驗之詳，夫然後可以紀之於曆，而頒之於天下。蓋唐、虞、三代之遺法，其可考者如此。

規垣宿野之理

北極周迴七十二度，常見不隱，謂之上規。南極七十二度，常隱不見，謂之下規。二規之中，相去一百餘度，其最中爲天之紘。帶紘之内外三十度許，爲日月五星之行，謂之中規。三垣者，北極爲紫微垣，在尾者天市，在翼者太微。紫微爲宫寢位，蓋本居所之義。太微爲朝廷位，蓋取嚮明之文。天市爲明堂位，蓋因出震之理。此或其意之可推者也。若曰某星爲相，某星爲將，某星爲后、太子，則吾不知也。

二十八宿分四方者，蓋以雲漢升降定之。雲漢，陰氣也。列宿，天中也。雲漢之氣與列宿始交於申，勢極于亥，降交于寅，沉化于巳，濳明于午，陰氣循環，於是爲著。故四維之限，因以定焉。陰氣之升，爲西爲北；陰氣之降，爲東爲南，天之道也。古今知列宿之分，而不知其所以分，或者乃以日躔所次而目之。不知軌轍東差，斗分易位，即復南至，長在虚危，而祖沖之所謂春躔義方，秋麗仁域者，亦不可得而强説也。宿象分列，則東者發生之象，南者文明之符，西者兵刑之屬，北者空亡之鄉，抑或其理之可求者也。若曰某星爲箕中之糠，某星爲房中之鍵，則吾又不知也。

星土之文，見於《周禮》，雜出於《内》、《外傳》諸書，其説茫昧，不可究窮。至一行，而始有兩戒河山之説。蓋水土之精，上爲雲漢，雲漢之經乎天，如山河之經乎地也。故以山河爲限，而後區域可分；以雲漢爲章，而後分野可名。列宿之在天中，猶九州之在地中也。列宿者，日月五星，光曜經焉。九州者，禮樂五常，人文萃焉。故列宿者，九州之配也。江、河之首發於岷、蜀、秦、隴之墟，尾没於渤、碣、揚、吴之境。故雲漢升氣，交於升鬼爲秦、蜀分；雲漢降氣，交於斗箕，爲燕、吴野。此又或理之可通焉者。然至於晉、魯、衛、齊，以負海而跨河，得乎雲漢之升；宋、鄭、楚、周，以四達而弘衍，位乎雲漢之降，語其鑿然者，固不可得而盡知矣。又況南疆日闢，而宿度不移；河道既改，而星土莫遷。則分野之書，吾又安敢以殫而信之哉？

是故觀察天地，而爲理之所不可推者，君子闕如也。知爲理之不可推，而必隨聲附和，莫自白其真僞之所歸，其不反覆眩亂者幾矣。無乃非易簡之旨與？無乃非窮理之學與？舉天壤可名之星爲座數百，爲星數千，或連絡爲體，或單舉成名，各有攸司，官曲具備，是果何從而定之，又果孰從而察之與？夫曆數有常，而步之猶不免於差，至於眇冥荒忽而莫之詰窮者，則轉相祖述而傳之以爲信，嗚呼！其亦與於惑世誣民之尤者與！

天人參合之道

聖人所以和同天人之際，而使之無間者，協五紀，念庶徵而已。五紀者，天之所爲；庶徵者，人之所爲。天運人從，不協則睽。人感天應，不念則亂。然所以協之念之，皆一因乎自然之理，豈若末世之凌雜鹽米而放於荒誕也哉？夫一歲之有春秋冬夏，猶一日之曉午昏夜也。日出於寅，没於戌。歲開於寅，閉於戌。故行夏之時者，所以儆民之春生東作，而惕其夙寤晨興。是以天事始於子，而人事始於寅。夫晝刻每多於夜，而陽功常溢乎陰，故爲之法曰陽三而陰一。此生物之心也，自然之道也。上下四方各有辰次，日之出卯入酉，上下之辰。然四方之辰亦然。其出寅入戌，出辰入甲，亦如之。此變應之妙也，自然之道也。出寅入戌爲陽侵陰，出辰入申爲陰侵陽。往來交侵，不越乎東西之三辰，而不至於南北，陰陽太少之位也，自然之道也。陽進則晝長，陰盛則夜永，天變日効，不爽毫釐。貞觀貞明之極也，自然之道也。此豈人之所爲也哉！皆天之所設焉爾。

若夫徵驗之理，則《洪範》亦言其概矣。王省惟歲爲主，氣之柄也。卿士維月，師尹維日爲紀，氣之行也。庶民維星，爲衆多繁，附而處氣之中也。故王道失，則天亂而寒暑易；庶政失，則日月亂而錯行；百姓擾，則星辰變而示異。故曰："周末無寒歲，秦世無燠年。"王道反也。"十月之交，朔日辛卯"，詩人所以刺皇父也。民勞則星動，民散則星稀，史氏之言，其必有考矣。夫列宿麗天，因天之氣而性質各殊，或則好燠，或則好寒。蓋不但箕畢之於風雨而已，猶之八方五土，風氣不通，民生其間，嗜欲不齊，故政教之順民而施，如氣候之應節而至。日月從星，則氣候得而天道正矣。卿士師尹從民，則政教舉而王道行矣。天人相應，故觀夫庶徵之協否，而乂之明不明，賢之用不用，民之安不安，可省念而知也。蓋聖人之意，其可推者如此。

至於辨星土，察星變，望雲物，紀祲氛，各以類占，用謹天戒，抑亦埋之所必然。若乃星占末説，轉爲枝蔓，則是溢乎正理而爲術之流。譬之畫野分地，其物産風聲之可紀者大略也，家區而户别之，雖造化不如是之刻雕也，故不能以無辨。

等韻皇極經世韻同異

《等韻》三十六字母，沿習已久，然其所以區别之源，多莫能明其故。吴人有强謂其方言備此諸母者，察其口中之音，亦不過四聲有清濁耳，且仍不能具三十六之數也。至康節《經世書》，分爲二十四音，析爲四十八行，通其意者亦少。今案字之音母，皆止於二十四。邵子分清濁聲，不論有字無字，皆存其位，此所以有四十八也。《等韻》亦分清濁聲，而於平聲有音無字者不載，故或清濁兼存，或存其清，或存其濁，此所以止於三十六也。二十四母者，“影”、“曉”爲喉音；“見”、“溪”、“疑”古云牙音，今案當爲鼻音；“端”、“透”、“泥”爲舌頭音，今案“來”字亦當附此；“知”、“徹”爲舌上音；“精”、“清”、“心”爲輕齒音；“照”、“穿”、“審”爲重齒音，今案“日”字亦當附此；“非”、“微”爲輕唇音；“邦”、“滂”、“明”爲重唇音。此二十三音者，《等韻》、《經世》之所同也。中間清濁皆有平聲字者，“影”與“喻”，“曉”與“匣”，“見”與“群”，“端”與“定”，“知”與“澄”，“精”與“從”，“心”與“邪”，“照”與“床”，“審”與“禪”，“非”與“奉”，“敷”與“微”，“邦”與“並”而已。如“溪”、“透”、“徹”、“清”、“穿”、“滂”，則有清而無濁。“疑”、“泥”、“來”、“日”、“明”，則有濁而無清。此《經世》兼之，而《等韻》所以或存或闕者也。然《等韻》則以舌上音“孃”字，足爲二十四，《經世》則以重齒音“日”字，比例輕齒音爲二十四，此其微不同者，要皆有濁無清之聲也。是故,二十四音之中,清濁具者十二,不具者十二。不具之中,有清無濁者六,有濁無清者亦六。二書同異之故,此其大端矣。

其部居離合前後,亦兩有得失。《經世》以"疑"字鼻音與"曉"字喉音爲同類,"明"字唇音與"影"字喉音爲同類。不當合而合,此其所失也,當以《等韻》爲正。"來"字本舌頭音,"日"字本重齒音,《等韻》以爲半舌齒而別之於後。不當離而離,此其所失也,又當以《經世》爲優也。至其前後之次,則《等韻》蓋以鼻而舌,舌而齒,齒而唇,以歸於喉,深得貞下起元之意,亦非《經世》所及。要之,音之止於二十四,而分清濁者則一,《經世》之釐爲同類異行,尤易尋別也。

榕村韻書略例

古韻書不可見,而其散於經傳者足徵也。顧氏寧人之論備矣。後代益詳於韻,而等切之學興,雖其字音韻部,間或與古差謬,而其條理可尋,其同異沿革可推。何則?音生於人心,今古不殊故也。夫色不過五,而五色之變不可勝觀;味不過五,而五味之變不可勝嘗;故音不過五,而五音之變不可勝用也。前世爲韻書者,未知五音生生之法,故雖區別有倫,而迷其本始。惟國朝十二字頭之書,但以篇首五字,使喉舌齒唇,展轉相切,而萬國聲音備焉。蓋於韻部,以"麻"、"支"、"微"、"齊"、"歌"、"魚"、"虞"爲首,於字母,以"影"、"喻"爲首,獨得天地之元聲,故可以齊萬籟之不齊,而有倫有要也。從來爲此學者,部多首東,等多首見,蓋失其本矣。惟邵子於聲類以歌韻首列,而辭曲家每字收聲,皆歸影母者,乃爲得其遺意。然邵之諸部,既不盡合,而度曲者只悟收聲,不知其爲生生之本,故亦不能舉而措之而皆通也。然收聲之法,釐爲六部,此則確爲聲樂本要。而國朝字頭亦合焉,神瞽復生,不能易矣。

今譜亦區爲六部,别爲十二行,以首五字宛轉相生,爲百二十聲。於是父子、君臣、夫婦、兄弟、朋友各得其位,性術之變,窮於此焉。韻有有聲無字者,等亦有有聲無字者,計韻之有聲有字者三十六,就《唐韻》而增損改入之也,母之有聲有字者亦三十六,依《等韻》而分别論説之也。然所据者,皆今日同文之音也,考之唐、宋間則已别,稽之於古則又殊。蓋是編之意,存乎明韻而已,非隨時則不通,非諧俗則不悟。若夫究心小學者,將以窺文字之初,辨點畫聲音之始,則有諸家及寧人之書在,此不能具也。

翻 切 法

自"東"、"冬"、"江"、"陽"、"庚"、"青"、"蒸"、"真"、"文"、"元"、"寒"、"山"、"先"、"佳"、"灰"、"蕭"、"肴"、"豪"、"尤"、"侵"、"覃"、"鹽"、"咸"諸部,皆可以合聲,爲切法。如"都翁"爲"東"、"希陽"爲"香"、"幾鶯"爲"驚"、"之因"爲"真"、"孤灣"爲"官"、"沙安"爲"山"、"低烟"爲"顛"、"呼限"爲"灰"、"西腰"爲"簫"、"溪憂"爲"丘"、"妻陰"爲"侵"、"他諳"爲"貪"之類,皆兩聲合成一聲,不用尋其等母韻部,便可曉然。但上一字,須檢是首攝何字所生,必以其字切之,下一字則歸其韻之影母字,乃得兩聲諧叶。或上一字有音無字,則借其字之上去入字,或下一字有音無字,則借曉母、疑母字,則聲氣猶相近,若如古人切法則遠矣。惟"支"、"微"、"齊"、"魚"、"虞"、"歌"、"麻"七韻,乃首攝之字,生天下之萬音者,故可以切他部,而他部不能切七部。蓋七部之字,皆天然獨音非兩聲合成故也。中間惟"麻"韻"鴉"、"哇"等字,可以"支"、"虞"部中字切,"歌"韻字可以"虞"部字切,則以"鴉"、"哇"等,元是"支虞"反切"麻"部所生,而"歌"與"虞"聲韻開閉同類故也。此外凡七部中字,皆應借本字之上去入爲上一字,而下一字歸本字影母切之。影母乏字,仍借"曉"、"疑"可也。

南北方音及古今字音之異

《等》字三十六,其本二十四,清濁平聲具者十二,有清無濁者六,有濁無清者六,合之亦十二,故總爲三十六音也。然就清濁具之中,南北方言又不同。惟"影"與"喻"、"曉"與"匣"、"心"與"邪"、"審"與"禪"、"非"與"奉"、"敷"與

“微”,其爲清濁相配,南北尚相近。若“群”、“定”、“澄”、“從”、“牀”、“並”,則南音爲“見”、“端”、“知”、“精”、“照”、“邦”之濁聲,北音爲“溪”、“透”、“徹”、“清”、“穿”、“滂”之濁聲也。故此具清濁十二音之中,南北同者六,不同者亦六。觀歷代韻書多從南音,所以知者,以上、去、入三聲叶之可見矣。至于“知”、“徹”、“澄”、“孃”之爲舌音,今存者“孃”字耳,餘三字則皆入齒音,不知自何時而變,惟閩、廣人則尚有之。考邵康節《經世》,以“知”、“徹”二字列於齒音之後,而以“孃”字暗對“日”字,則意其時已略如今人音,但不知輕重齒之外,當作如何取此聲也。又“敷”字,今人讀之只是“非”、“奉”一類,不與“微”字同類。在古音必當別,故“風”字爲方馮切,“豐”字則敷馮切,則是“非”、“敷”有兩讀,而“風”與“豐”爲兩音也。此類與世推移,皆有不可以時音概者。

卜書補亡凡例

《洪範》“卜五,占用二”。

占書紀陰陽,故用二;卜書紀五行,故用五。

《周禮》“太卜掌三兆,一曰玉兆,二曰瓦兆,三曰原兆。其體百有二十,其頌千有二百”。

玉兆、瓦兆、原兆者,占龜之三書,如《連山》、《歸藏》之類也。卜之有體,猶筮之有卦;體之有頌,猶卦之有繇。《書》曰:“體,王其罔害。”《詩》曰:“爾卜爾筮,體无咎言。”即此百二十之體也。史傳所引“鳳皇于飛,和鳴鏘鏘”,“專之渝,攘公之羭”,“大横庚庚,余爲天王,夏啓以光”,如此之類,即千有二百之頌也。體所以有百二十者,自五而乘之,再倍爲二十五,又倍爲一百二十五。其中有五純體焉,體純則無生克而不占,故止於一百二十也。頌有千二百者,每體以十日占之,吉凶各別,故極於千二百也。卜書在漢初猶存,至京房輩併卜筮爲一法,故以五行布於六爻之間,而亦以十日起卦。雖借《易》爲用,而其占決休咎,悉卜法也。王仲淹以京、郭爲亂常,此其一端矣。

《洪範》"曰雨,曰霽,曰蒙,曰驛,曰克"。

此占龜之五兆也。古人以火鍥鑽龜,故《詩》曰:"爰始爰謀,爰契我龜。"其所上之烟氣,有此五種。雨者,烟氣濁暗,水之兆也;霽者,烟氣清明,火之兆也;蒙者,烟氣微濛,次於雨者,木之兆也;驛者,烟氣斷續,次於霽者,金之兆也;克者,烟氣交争,倏明倏暗,土之兆也。凡鑽龜之法,先傅以墨,而燃鍥加之。故水火相薄而氣升焉。其或火過則焦,水過則不食墨,二者皆不能成兆,主於其事不可爲而不占也。

《金滕》"乃卜三龜,一習吉。啓籥見書,乃并是吉"。

一事爾而卜三龜者,卜必三鑽,猶筮之有十八揲也。初鑽得五之一,再鑽得二十五之一,三鑽乃得百二十五之一。此時未開書,何以知其吉也?三鑽皆不焦而食墨,故曰一習吉也。及開書而其頌辭又吉,故曰乃并是吉也。後人不悟三龜之義,而以爲使三人分卜者非矣。《洪範》所謂三人占者,既得體兆之後,使三人互相參决,如傳史趙、史墨、史龜之比爾。

《春秋傳》晉"卜救鄭,遇水適火"。

此傳證卜書之爲五行,尤最明著。蓋以兩水而遇一火,謂之水適火也。水遇火則必滅火,如兩水相遇,則不能相勝。齊太皞之後,火之祀也。宋爲子姓,水之位也。故曰:"利以伐姜,不利于商。"

又"筮短龜長"。

古人重卜,故《周官》雖兼立卜筮夢之法,總以太卜之官,而傳又有"筮短龜長"之説。夫陰陽五行,其致一也。然陰陽簡以該,而五行詳以備。自四時五方,甲子分野,物族事類,莫不以五行求之而可見,此其所以爲長於筮也。然《易》經四聖之後,理義、象數,其發之也無餘,而用之也無敝。此所以列于經而孤行,而卜法寖廢。

論曰:凡數皆起於《洛書》,其四正者,參天之數也,故自一而三,自三而九,自九而二十七,自二十七而復於八十一也。其四隅者,兩地之數也,故自二而四,自四而八,自八而十六,自十六而復於三十二也。其中宫者,參兩之合也,故自五而仍得二十五，自二十五而仍得一百二十五，至于無窮而不變焉。三者盡天地人之數，是故先王之設官分職，體國經野象之。在朝象天，故外則有三公、九卿、二十七大夫、八十一元士之列，内則有三妃、九嬪、二十七世婦、八十一御妻之職。在野象地，故有八家同井，四井爲邑，四邑爲丘，四丘爲甸，一甸六十四井，出車一乘之制。國中象人，故有五百家爲黨，五黨爲州，五州爲鄉，以定民居；五百人爲旅，五旅爲師，五師爲軍，以出兵戎之法。若其制作垂後，則樂律者用天數者也，《易》卦者用地數者也，卜兆者用人數者也。揚氏用天數而陰陽亂，司馬氏用人數而五行汩，皆非其本矣。

一百二十五體，除五純體，凡一百二十。每體三變，三百七十五變，除五純體之變，凡三百六十，當期之日。此與三鄉之除里長，三軍之除卒長者，其數相同也。

變止於三，蓋位之上下内外，事之始終備矣。五行參差相錯，有入體者，有不入體者。案其上下加臨之位，視其始終更代之序，别其生克喜忌之情，參之歲月日，以辨王衰；視其所占之人坐位，以定賓主；視其所占之事逢時，以決休咎，亦可以施諸民用矣。

詩選凡例

古者同書考文，雖未聞有四聲之説，而韻部分明，六經、秦、漢以上書皆可見。後世四聲等母，於韻學不爲無功，然案其部分，則自江左之末及唐人而既亂矣。然唐人律詩，自守功令，其古詩則凡所通用韻，皆於古未遠，特古今字聲間有出入者爾。自宋及明，所用全錯，上異《詩》、《騷》，下反隋、唐，韻之既乖，叶諧安在？此大關節，不可不正也。

古人詩，平、上、去三聲皆通用，其入聲則多轉爲去，亦或通用也。今既有四聲，平仄分用，亦自諧聽。然平聲清揚，入聲短速，固與上、去兩聲微别。若上、去兩聲，相差至眇，今南北人多不能辨者。作詩時須案韻本尋撿，則古詩韻脚，兩聲固可通，不獨漢、魏之間，唐詩間亦有此也。

近體詩句中每字平仄，固有律令，然五言倡句第三字，七言倡句第五字，皆用平聲者正也。間用仄字，則下字仄聲必易以平。若適當兩平疊之倡句，則此體不可用，又當變而通之，於和句用平聲爲對可也。然此體在唐初亦不拘，惟杜、韓、柳則極嚴謹，至五言和句首兩字，七言和句第三、第四字，遇下字應用平者，上字必不可用仄。

《三百篇》備諸體，漢初樂府亦備諸體，但樂府五、七言者多，此即後來變體之漸矣。安世詩甚古，列國謳吟，亦多抑揚慷慨，後代詩人轉相規擬，然古勁終不如也。陸象山有言，康衢之謡，擊壤之歌，高文大册，有不能及。中林之夫，漢上之女，碩儒宗工，有不能企。性情之所濡，俗化之所渝，時運之所驅，是以君子論其世焉。漢承秦後，元氣肇淳，故其詩文雄深雅健非後代所復及。雖然，侈蕩悲惋之音多，而肅穆平寬之意少，以彼霸心之存，王澤之竭，固與《雅》、《南》教化異也。誦讀之士，可以觀矣。

古體無所不備，然四言其大經也，故以四言首之，存古也。韋孟、傅毅、曹植、張華、陶潛、王勃，其志美，其詞文，以嗣風雅，亦庶無愧。

長短句，體之雜也，區爲一部，别於粹乎五言、七言者也。内如退之《琴操》，與古爲化矣，用韻則未離乎唐爾。鮑明遠《行路難》，蒼勁奇峭，詞家之絶調。

蘇詩深厚，李詩慷慨，更號之首，信乎不群，其擬作者，風格並高也。建安之詩，氣體疎宕，張、陸以下衰矣。擇其稍聳拔者登之，卑纖弗與也。陶公爲賢人君子所尊，不可改評。鮑明遠，河汾病其哀怨，然自詩人振筆之妙，未有如之者。元暉、子山，可稱時藻，比之陶、鮑，筋束緩矣。陳拾遺、張燕公以氣雄，李供奉以才敏，若杜工部、韓文公之詩，源遠流長，則千載之兩人也。其餘名家，各自斐然，然清音俊筆，則王、孟標新，深情雅裁，則韋、柳擅林，皆此道之能者，故後世有述焉。

兩漢古詩，比興叙意，或稱引古人，則直道其事。不類後人采摭塗附，或至于連章累句以爲工也。且俳儷未興，故其氣能揚，發辭則雄直而曲至。建安猶存斯體，及晉、宋之後始變。

古詩不貴俳儷，正爲其傷氣爾。詩與文相表裏，皆自東京、魏、晉以下而寖變也。韓門論文，則謂建武以還，文卑質喪，氣萎體敗，剽剥不讓，儷花鬭葉，顛倒相尚。

榕村文集卷二十一

雜　著　四

文廟配享私議

祀典之議紛紛也，而於文廟爲尤難。蓋非有明淵源之學，等百世之識，究斯文授受之詳者，則未足與於斯也。三代之間，蓋有釋奠先師之禮，然其所祀者何人，所舉者何議，已不可得而考矣。自夫子以禮樂仁義之教，爲萬世文治者宗，是以東京以來，有立廟舍菜之典。貞觀而降，崇配享從祀之文。宋、元修之，至於明而備矣。然而從祀諸人者，宋、元有益而無損，明則多損而少益。嘉靖之間，大肆升黜，自吴澄而上，即漢、晉諸經師，籩豆登而出廊廡者，亦過半矣。將以謂非乎？蓋諸君子學行容有未醇也。將以爲當乎？則宰予、冉有，蓋有不粹於道者，何以晏然堂上之尊？七十二子，未必盡深於學也，何以不殄東西之祀？況乎漢、晉諸儒者，雖無絶世之德，而有傳經之功。夫苟於經教無所表章，儒術未有發明，則雖以諸葛忠武之才，論者以爲伊、周之亞，猶不得進而班焉。諸君子承秦滅學之後，區區修救，鑿爲户牖，以待後人。苟以後世之光大而盡廢之，孝子慈孫之心，於此宜有所不安矣。故愚以爲七十子當祀，則諸經師亦當祀，有其舉之，不可廢也。此嘉靖之典，所以爲未安也。

抑又有未安者焉，《禮》祖有功而宗有德，故商之三宗，周之文、武，百世不祧，上同太廟，不以相土、鞠陶而下爲嫌也。周、邵、程、張奮乎千載之餘，聞知聖人之道，而使班于伏、戴、高堂之流，則景行之道微，而尚德之風泯。夫曰以世次爲後先，則子思、孟子亦豈當在冉、閔之前哉！今欲準酌舊章，釐成祀典，以弘右文之規，禮至重也。欲濫而收之，懼其後學之觀瞻，混淆于表章之過；欲嗇而裁之，懼其先正之風流，湮鬱於評論之苛。揆之以“三王祭川”之義，則漢儒不得不附于先；質之以“子雖齊聖”之文，則周、程不得不食於後。愚以謂是皆有以處之，而無庸此紛紛爲也。定爲配享於堂之禮，顔、曾、思、孟、二程、周、朱，位列于左，皆亞聖之才，命世之英，有傳道之任者也。冉、閔、游、夏、董、王、張、邵之倫，位列於右，皆大賢之次，名世之彦，有衛道之功者也。文廟之南，更立四祠，各爲垣墉，東西相向，一曰及門之祠，以祀七十子；一曰傳經之祠，以祀諸經師。其二則皆儒先之祠，以擇夫學行之端醇者祔之。仍勅天下，各立私祠于其鄉焉。夫如是，則亦兼收而不嫌于濫，嗇取而不病其苛矣。配享左右，以世次相對，既無後先之嫌；東西四祠，自爲垣宇，亦無復年代之議。其於道德名分之際，豈不兩全而無憾也哉！以是仰答聖賢之歆，可以遡源流於既往；以是光昭人文之運，可以動仰止于將來。庶幾于風教之原，有所裨助乎？姑以俟夫議禮者，采之有司也。

記配享私議後

《朱子語類》云：“配享只當論傳道。”然則將來若有折中[①]大典者，當稍放朱子精舍釋奠儀而損益之，以顔、曾、思、孟、周、程、朱、張九賢配，於義爲允。然自冉、閔、游、夏之徒，亦皆聖門高第[②]，故或拘於河海之源流，時世之先後，則雖漢、唐儒者，猶不可以後賢躋，況於親炙之者乎？愚幼時嘗妄爲之論，以爲文廟左右，當列爲及門、傳經二祠，以祀七十二子及漢、唐而下有功于聖經者。春秋舍菜，各於其所。至三年而大祭，則周、程、張、朱退就後賢之位，而群以世次爲序，略如周人時祫、大祫之制。蓋當其大祫，則雖有功德如文、武者，配食太祖，百世不遷，然亦退就孫子之列，以明順也。顧舍菜之外，又有大祭，則經無明文，列代之所未經，不敢意爲之説。或於天子視學，或郡縣新立廟宇之日行之，亦無於禮者之禮也。聊紀於此，以俟賢者是正焉。

家廟祭享禮略

古禮之壞久矣，其漸有因，其本有根，雖有賢人君子討論而服行之，然所謂不尊不信,則久而莫之從也固宜。況乎復古之難,而變今之不易,則凡所討論而僅存者,亦多賢人君子區區餼羊之意,自其身不能盡行,而望人之從而行之,尤不可得也。禮莫重於祭,而大宗、小宗之法不講者,且數千年。夫無大宗、小宗之法,則源遠末離,無所統攝。分不定而情不屬,雖有儀節之詳,將安用之?是以鄉異俗,家異法,有身列薦紳士類,而迷妄苟簡至于犯分悖本而不自知。嗚呼!其隨俗而安之乎?抑區區講論,行其宜于今者,而不甚遠於聖人之意,庶幾存古道之什一於千百也。

歲乙巳,家廟始成,先君子將率族人修歲事焉。於是講其禮曰,此古所謂大宗者也。當有明時,族中先輩長老亦考古而立宗子矣。然而有數難者,古者無禄則不祭,故庶人薦而已,所謂禮不下庶人是也。其時卿大夫家,非世官則世禄,皆朝廷賜也,而宗子主之,故得以其禄祭。今皆無之,則宗子無禄也,奈何猶備大夫、士之禮以祭?父爲大夫,子爲士,其祭猶不敢以大夫,況庶人乎?難者一也。古者宗子爲朝廷所立,故其人爲一家之宗,而必嫺於禮法。今則有樵、採、負、販,使之拜、俯、興、伏,茫然不省知者矣,而奈何備盛禮以將之。難者二也。凡爲宗子者,以其爲族人之所尊重,冠、昏、喪、祭必主焉。故祖宗之神,於焉憑依。今則輕而賤之者已素,一旦被以衣冠,對越祖宗,人情不屬,而鬼神不附。難者三也。是故,世變風移,禮之義起。今人家子孫貴者,不定其爲宗支也,則不得拘支子不祭之文,而惟斷以無禄不祭之法。且近世褒贈祖先,固不擇宗支授之,褒贈之所加,則祭祀之所及,揆以王法人情,無可疑者。雖然,古之遺不可棄也。蓋緇布冠之廢久矣,而冠禮初加用之。中霤之號遠矣,而五祀之名沿之。説者曰,不忘古也。宗子之法,先王所以尊祖敬宗,聯屬天下之深意。今雖廢,詎知來者之不復興乎?是故,使禄於朝者,執爵奠獻,而設宗子之位參焉。其祝告曰:“主祭孫某,宗孫某。”蓋權以古今之宜,勢不得不出於此也。寒家族人極衆,既有始祖之廟,則又將使合族均勞而伸其敬,於是又有直祭孫者,其位亦參於主祭孫、宗孫之末,而祝版并及之。此余家廟見行之禮然也。

難者曰:“宗孫亦貴,而爵位下於支子,則奈何?”曰:“稍相亞者則先宗子,遠相懸者則先支子也。”“其家而適無貴者，則奈何？”曰：“無貴者則無禄矣，不可備祭禮也。雖有祭田而非世禄，必也殺其牲豆，略其儀節，彷彿乎古之士禮，稍優于庶人而已，或者尚可免於僭妄之咎乎。”“其主祭則以何人？”曰：“使有衣衿而行輩長者爲之，或并無，則以宗子也。”凡前所講者，皆爲大宗也。

若小宗之禮，則在今日尤有至難者。蓋既祀其四親，則必以高祖之嫡長爲小宗，而其弊無異於前大宗之所云矣。然始祖不祧，而四親迭祧，其事體不同一也。今士大夫家，始祖多有廟，而四親無廟，各祭於其家而已，其事體不同二也。故人家之祭四親，莫不高、曾、祖同而父異，或高、曾同而祖、父異，高同而曾、祖、父異，泯泯棼棼，已非復古者小宗之舊矣。此則余家未能正之，姑且徇俗，無可奈何。然猶高之忌日，則就高之宗子而拜焉；曾之忌日，則就曾之宗子而拜焉。要之，大宗不立，則小宗益無所附麗而据依。雖有宋大儒程、馬、張、朱諸賢，固未嘗極論於此，故曰至難也。然則爲今日之禮者何如？曰：“古禮不可復，則存其意焉而已。”始祖四親，於古固不得人人而祭，自伊川程子之説曰，人本乎祖，始祖皆可祭也。服制及於高、曾，則祭享亦如之，四親皆可祭也。此固所以因世變、順人情，而爲後世折衷。然以程、朱所行考之，朱子則不敢祭其始祖，曰疑於僭。伊川遺命，乃有奪宗之言，謂已之官，法得立廟也。然則大宗、小宗之祭，自二賢行之，而後學益疑於所從。

夫大賢言行將爲萬世法，豈其有偏見私意哉？以愚度之，朱子避亂而僑居於閩，其族人遠在婺女，故朱子不敢獨祭其始祖，以安於禮。藉使當日聚族而居，而其族人已設有祖廟，如今人之爲者，朱子豈得廢之而不祭哉？吾知其必從伊川之説無疑矣。伊川之奪宗，學者尤惑焉，曰侯師聖之言，而非伊川之意。然自唐以來，官尊者法乃立廟。立廟自伊川，則必以伊川主祭，故曰奪宗也。但不知所謂廟者，大宗乎，小宗乎？如大宗也，則惟伊川生存，乃得主祭，若其子孫爲無禄人，則亦不得世其祭矣。以理揆之，必也其小宗也。蓋四親之廟，自己立之，則子孫尤可以世其祭，以終于己。此亦所謂古未之有，而可以義起者也。故於今而斟酌二賢之意，則始祖之廟，如愚前所云者，蓋庶幾焉。何則？謂之始祖,則其子孫衆多,必有法應立廟而可以主祭者矣。且既踞不祧之位,則其廟固始祖有也。有之則不可廢,故其子孫得更迭以其禄祭,無所嫌也。若四親則親盡迭祧,而廟非一人之廟,高祖之祭,及其玄孫以下則廢之矣。故祭不常,則廟亦不常,必使法應立廟者立焉,而使其子孫猶得以主其祭,迄于己之祧而止。如伊川之説,固亦變中之正也。猶以爲疑,則亦参以愚大宗之説,立廟者主祭,而仍設小宗宗子之位,奠獻祝告同之,其亦可矣。若乃五世之中無應立廟之人,而其勢不可聚,則各備士庶之禮,以奉其四親。而亦當於高、曾、祖之忌日,各就其宗子之家,而先展拜焉,庶幾古人之意,未盡湮没,而可以待夫後世之作者。

小宗家祭禮略

古者宗法之行,宗子祭其親廟,自天子而下,降殺以兩。蓋大夫僅及于曾,適士僅及于祖而已。伊川程氏祭禮,始令上下通得祭其高、曾、祖、禰,爲四親廟,以謂祭法由服制而起,今喪服及於高祖,則祭亦宜及之,實得人情之安。王巖叟稱其"有制禮作樂之具",非虚語也。然祭四親者,亦止於宗子而已,五服以内之支庶,則固有事於宗子之家,非家立廟而人爲祭也。然古者無田則不祭,祭用生者之禄,是祭祀必大夫、士,而後具明矣。古所謂宗子者,皆世官世禄者也,今貴達者未必宗子,而宗子或夷于氓隸。宗子之分與禄既不足以配其四親,而支子有爵俸者,反絀於不祭之文,而不得伸其追遠之愛。如此,則程、朱之禮又窮。故曰三王殊世,不相襲禮。今之禮僭亂極矣,後聖有作,雖復緣時損益可也。非天子不議禮,吾人身爲大夫、士,行之於家,去其僭妄紊亂甚害理者而已。

吾家大宗之禮,又當别論。以四親言之,我於先人爲宗子,而祖以上則非,揆之於法,得奉禰祀而已。然小宗之法,今世亦不行。吾家舊所通行又皆不論宗支,輪年直祀,吾分既足,于祫上及高、曾,又恐將來之官,不能常與直祀者之祭,食君之禄以豐于昵,恐非先人之志。故今所奉祀,並立四親。幸今聚族祖里,伯叔每歲直祀高、曾祖者,吾咸與焉。然退而修四時之事,亦必並設高、曾、祖考之位,而申祝獻焉,非僭且瀆,實則準以情分而有所不容已也。吾家大宗時祭，舊止春秋，其奉祀祖考者則否，止於清明、七月等俗祭而已。吾思古人合諸天道，春禘秋嘗，樂以迎來，哀以送往，蓋春秋之義大矣。怵惕惻愴之心，自近者始，不當於遠祖獨行之也。若欲以清明、七月俗節當之，則清明爲春暮，七月爲秋始，迎來太遲，送往太驟，亦失《禮經》之意。今欲定於二分之月，别卜日爲春秋祭，而清明、七月，則循俗煎饌焚楮，如《家禮》俗節之祭而已。況《家禮》尚有四時之祭，皆用仲月。今春秋而外，有冬節薦鮮，可當冬夏二祭，其禮稍殺於春秋可也。又《記》曰："君子有終身之喪。"忌日之謂也。故祭爲吉禮，而忌則喪之餘也。今俗廢春秋吉祭，而反於忌日飲酒食肉，謂之受胙。吉凶溷雜，非人情，殆不可用。今逢忌日，亦當稽《朱子家禮》及《語類》所載，變冠服，不飲酒食肉終日，不宴親賓。志有所至，乃近於正。生忌則不然，禮稍殺而情稍舒可也。墓祭原起於奠后土之神，爲祖考托體於此，歲祭焉，所以報也。今祭墓者豐於所親，於土神輒如食其臧獲而已，簡嫚之極，必干神怒。故今定墓祭牲饌，祖考與土神同，奠獻則依《家禮》先祖考而後土神，自内而外，非尊卑之等也。此數者皆大節目，苟失禮意，不可不正。其餘如元旦、五月節、中秋、重陽節，此等皆可不拘豐儉，循俗行之。所謂事死如事生，節序變遷，皆寓不忍忘親之意。

時祭，春秋用羊豕，冬夏或一羊一豕，禰忌日及生忌日，俱用羊豕，高、曾、祖忌日用牲饌，生忌日用牲菓。元旦、清明、七月、除夕用牲饌，端午、中秋用菓酒或一饌，俱角黍、月餅之類。墓祭，祖考、土神俱用特羊或特豕。俗祭禮皆陳饌、釃酒于祖考之前，并進湯飯已畢，然後主人酹酒于地而畢，親賓以次拜而遂徹。不思酬酒于地之義謂何？以謂求魄於陰，則當求之而至，庶幾享之，不當于神具醉飽之後而後求之也。今當奉數饌於神前，便行祭獻之禮，寧可親賓迭拜而進饌未終，不可羹飯既成而祭酒方始。蓋古禮之復也有漸，今時俗趨簡，未能驟行三獻之繁，或堂事狹隘，親賓至有早晚，又未能齊同行列，以正迭拜之失。故只得主人先行讀祝降獻之禮，正其始終而已。其有行列參差，遲遲戾止，則自既灌而往者，吾亦末如之何。若夫酒冷飯殘，以須親賓之至，而後降獻，則斷斷乎其不可也。

近代多用寒食上墳，然稽之古義，廟者神之所栖，墓者魄之所藏也。春與陽氣俱來，則神之伸，而廟祭宜殷。秋乘陰氣而往，則魄之歸，而墓祭爲宜。然八月方行時祭，恐或人事物力，不能兼舉。古人報土功以建亥之月，今定以十月掃墓，庶爲得之。

直祭非古也，然今欲均勞逸，且使祖考諸子孫婦，皆知蘋蘩之義，而皆於宗子之家行之，亦未爲失。

五祀禮略

古者惟大夫祭五祀，然則五祀之祭，士、庶蓋不得而兼之也。然今雖編氓之家，醮祭天地，禱祀河嶽尊神，僭妄無所不至，則家祭五祀，乃得其宜，而反於五祀之祭，簡嫚媟褻，付之婦人奴婢而已。是古者必大夫而後得行之祀典，今則士、庶人之所不屑，必擬夫古天子、諸侯之祭，然後用之。俗之悖謬越禮，莫此爲甚。故有家者，于祭五祀，不可不講也。

上古穴居野處，鑿其最中之處以通明，而雨亦溜焉，故曰中霤。以其最中，是以爲一家之主。後代易以宫室，而仍襲中霤之號，不忘古也。其在于今，則當之者梁脊是已。居一家之中，爲一家之主，其神屬土。古者士、大夫之家，門皆南向，户皆東向，蓋東西陽也，南北陰也。堂之門自外而入，偶而屬陰，室之户自内而出，奇而屬陽也。惟天子之室，左右有房，則左右中間皆宜有户。故在《詩》曰："築室百堵，西南其户。"言西南者，著天子所獨也。其東户，則大夫以下所同，不必言也。大夫、士之制，西室東房，房向北，主婦所居，即所謂北堂，《詩》曰"焉得諼草，言樹之背"是也。室户向東，主席在西牖之下，《詩》曰"于以用之，宗室牖下"是也。蓋古者門户並祭，户陽門陰。今作室者，率以門爲美觀，至於東西兩傍出入之處，亦不設户，陰盛陽衰，豈其所宜？考以五行之内，冬宜祭井。然《月令》其祀行而不及井者，蓋古者數家同井，不能家有之，故易以行。或以行爲門外軷祭之處，恐非也。冬乃收藏之時，豈宜爲出行之祭？蓋兩階之下，屏之中間，有行焉，雨集則水所注，今俗呼天井是已，故以代井祭也。如家有井者，則必祭井無疑。五祀之祭，今世簡略已極。考之古義，則必躬必親，不可委之婦人、婢僕，乃合禮意。惟竈神之祭，婦人可攝行之，而使厨者執事。門户井神之祭，子弟可攝行之，而使司門者、汲水者執事。中霤最尊，主人在家，則必身親而使子弟執事可也。

祭五祀之時，《月令》有明文矣。今俗祭土神用二月，政木尅土傷之時；祀竈神以八月，又金盛火衰之候，皆失其理也。今定依古禮，二月祭户，五月祭竈，六月祭土神，八月祭門，十一月祭井，其禮用牲魚五，奠獻如家祭之禮。

樂　律

樂有聲有律，而聲又有正聲、有變聲，律又有正律、有變律，有正半律、有變半律，數者備而樂之用周矣。正聲者，自宫聲之數八十一，三分損益，以生徵、商、羽、角者是也。變聲者，五聲相次，隔一律則其音和，隔二律則其音遠。角、徵、羽、宫之間，相隔二律，故又自角轉生二律，以補其欠，所謂變宫、變徵者是也。正律者，自黄鐘之管長九寸，積數十七萬七千一百四十七，損益相生，而窮於仲吕者是也。變律者，仲吕反生黄鐘，不及九寸之數，謂之變黄鐘焉。自此而又損益，以生十一律者是也。正半律，則取正律而用其半也。變半律，則又取變律而用其半也。律之所以有變、有半者，則以宫聲最尊，而商、角、徵、羽不得陵焉。故黄鐘爲宫，則其餘六律，皆以正聲應，而無侵陵之患。他律爲宫，則臣民事物，不敢陵君，而或用半焉，或用變焉，所以避陵越而順五聲之序，抑且備清濁而極中聲之變也。

雖然，聲律之本皆起于黄鐘，則黄鐘一律要矣。黄鐘之管長九寸者，定論也。《史記》言八寸一分者，變一寸十分而爲九分，以便于相生也。《吕令》言三寸九分者，謂别製一管以爲律本，名曰黄鐘之宫，自黄鐘八寸一分，至應鐘四寸二分，長短之間，相距三寸九分，于是即其間穴而吹之，以備黄鐘七聲，以爲十二律取聲之準而已。其實三説無以異也。黄鐘圍徑，古無明文，然即周鬴漢斛之制推之，則其面羃當容九分，其積實當得八百一十分。由是以羃積而求圍徑，則黄鐘之實數得矣。蔡邕、孟康言徑三分、圍九分者,非也。胡瑗、蔡元定以冪積求之,徑不止於三分,圍不止於九分者,是也。然胡、蔡之算,亦以徑一圍三之法定之,殊不知徑一圍三者,古人之疎率,以量田地則可矣。一管之微,其聲氣之妙,轉于毫釐杪忽之間,而可以若是其約略疎闊乎?故必以祖沖之密率算之,然後黄鐘之徑圍積實可定也。若夫古人之尺寸,今已無考,故或求之累黍,或參之古斛量權衡之屬。此雖博雅之一助,而實非制作之原本。必也如蔡邕所謂不如耳決之明,程子所謂以上下聲考之必得其正者,乃爲極至之論。蓋音樂生於人心,而成于治化。人心和則中聲可定,治化感則雅樂可興,而又博求知音之人,折以明經之士,使鏗鏘鼓舞,與義理之實同歸,則千年之誤可正,一代之樂可成。

課王生仲退

讀書以窮經爲本,以明理爲至。窮經所以明理也。然六經之規模宏闊,而辭義簡奥,故必以《學》、《庸》、《語》、《孟》爲之階梯。四子之心傳不繼,而純粹云亡,故必以濂、洛、關、閩爲之門户。舍此不講,而厭常喜新,飾詐矜愚。或以經書爲習見,而自匿於釋、老之門;或以《章句》爲陳言,而自炫於詞章之耀;縱能榮華其言,小成其道,君子猶羞稱之。況以吾所遇,亦未見荑稗之有秋,而春華之可采者。何則?唐、宋以前,聖道久熄,而儒學未興,士有求道之心,而不逢先覺;有立言之志,而莫適折衷。故雖遁於異門,淫于末學,而其人皆實有過人之志尚,邁人之資器,百倍於人之攻苦,非心知其不可,而欲藉此以自逃者也。其時禪釋之徒,皆切實理會身心,而以詩文博雅名者,又未嘗不淹貫於經書之義。直以去聖既遥,群言淆亂,故擇焉不精,語焉不詳,而非其罪也。今人之弊,則由心疑濂、洛、關、閩之非真宗,有不欲依傍之意。且見其説理明白,遂并理而卑之;譚經平實,遂并經而易之。更加以苟簡成習,功利成風,一寓目於譚經説理之書,又畏其勞心,而惡其厲己也。於是欲托他門以遁跡,借末藝以蜚聲。此其用心,與唐、宋之人何如,而所謂異端小道者,又烏得成就哉?

今日須以此爲大戒,由濂、洛、關、閩之書,以進於四子,由《學》、《庸》、

《語》、《孟》之道，以達於六經。《學》、《庸》、《語》、《孟》，濂、洛、關、閩，不可一日而不精思熟講者。六經則或且窮一經，務令透徹，隨人姿性，以漸兼通。若貪多泛涉，則又徒爲徇名，而無益於得也。

課　諸　生

資高者，頗能聰明解悟；質厚者，亦多肯埋頭讀書。然及其至也，聰明解悟，徒以長其傲慢輕忽之心；埋頭讀書，只以成其卑庸凡陋之智。此皆其志向之大差，心術之至謬。所以高高下下，其究同歸，求一豪傑之士而不可得也。凡經書聖賢所言，皆先以辨志、立志，志道、志學，此處若無根種源頭，保其榮華之隕不終朝，而汪洋之涸可立待也。學在不息，不息在立志，俛焉日有孳孳，斃而後已者，由於嚮道而行，望道而至也。農夫之志在於有秋，商賈之志在於三倍。今學者徒志富利，則與農夫、商賈何異？況其歸於損人殘物，豈若農夫之食力，而商賈之謀分哉？須思爲士者如何是志，如何在家成得孝子，如何在國成得良臣，如何居鄉而謂之德行，如何仕宦而謂之事業。先有自任之重之心，而後繼以自省之勤之力，此之謂豪傑之士也。

摘韓子讀書訣課子弟

口不絶吟於六藝之文，手不停披於百家之篇。紀事者必提其要，纂言者必鈎其玄[③]。貪多務得，細大不捐。焚膏油以繼晷，恒兀兀以窮年。此文公自言讀書事也，其要訣卻在紀事、纂言兩句。凡書目過、口過總不如手過。蓋手動則心必隨之，雖覽誦二十遍，不如鈔撮一次之功多也。況必提其要，則閱事不容不詳；必鈎其玄[④]，則思理不容不精。若此中更能考究同異，剖斷是非，而自紀所疑，附以辨論，則濬知愈深，著心愈牢矣。近代前輩當爲諸生時，皆有經書講旨，及《綱鑑》、《性理》等鈔略，尚是古人遺意。蓋自爲温習之功，非欲垂世也。今日學者，亦不復講，其作爲書説、史論等，刊布流行者，乃是求名射利之故，不與爲己相關，故亦卒無所得。蓋有書成而了不省記者，此又可戒而不可效。

答王仲退問目四條

“知之者不如好之者，好之者不如樂之者。”説者以氣候淺深言之，固是。然人之資質，合下便有此三種根器。有人於事理，極理會得容易，然曉得便了，無喜好之意，則索然無復餘味；又有人亦知喜好，而不根於心，無耽著不捨一段精誠，則或他好有以奪之，便不能久於其道，復而不厭，亦不能温故知新，日進無疆。惟上等根器，纔知學便有樂意，樂則生矣，生則惡可已也。如嗜芻豢者，雖肴飯可廢，如有山水花石之癖者，雖至於傾家財以供遊玩，不悔也。此方是真種子。二程從此入手，故明道晚年，欲著《樂書》，想是爲發明此意耳。

姿性有鈍敏，不可强也。雖然，亦視其志之分數何如耳。如有十分志向，則其誠必不息，俛焉日有孜孜，斃而後已。則亦無微之不入，無堅之不破。凡溺心於邪者，必有鬼憑之；專心於正者，必有神依之。管子曰：“非鬼神之力也，精誠之極也。”道家之言曰：“神明或告人兮，心靈忽自悟。”王荆公云：“方其幽暗昏惑，而無物以相之，亦不能至也。”所謂神物，非真從天降地出，乃是自家精神靈爽之所爲。《詩》云：“天之牖民，如壎如篪，如璋如圭，如取如携。”此理至確，惟在有精進之力，無退悔之心，有廣大之願，無休歇之期。古人有大就者，往往是鈍魯人，不足爲憂也。

《四書》、六經及濂、洛、關、閩之書，人須終身藝之，如農夫之終歲而藝五穀也。藝五穀者，每種必盡其勤，方其盡力於此，不知有彼也。若來牟未蘇，而又長彼黍稷，雖有上農，不能兼施。此須立課程爲之，每藝一經，必盡自家分量，務令徹底方休。藝之之法，一曰熟誦經文也；二曰盡參衆説，而别其同異，較其短長也；三曰精思以釋所疑，而猶未敢自信也；四曰明辨以去所非，而猶未敢自是也。能於一經上得其門而入，則諸書皆同室而異户者，可以類推而通。古之成業以名世者，其必由此矣。

“吾斯之未能信”，“信”字須玩味。若説是自信得有仕的材料，則如子路、冉有、公西華，皆有以自信者，何以喟然之歎，獨在於點？然則所謂曾點、漆雕開能見大意，須離却“仕”字看，須體會“斯”字是何所指。斯者此理也，觸處皆是此理，不知者固已瞢然，知者亦終是信他不過。既是信他不過，則習俗足以移之，時勢足以奪之，私情足以牽之，事變足以亂之。以之自守，雖有存焉者⑤寡矣；以之應用，欲其沛然也難矣。故夫子曰“篤信好學”，便是“信”字實際。今人皆能道信心、信理、信天、信分，實則信者幾何？時常以此意自檢察，便是漆雕開一派學問也。

答鍾倫兒問目三條

道心是未發，人心是已發。此語似創見，然確不可易，當更精究之。試思謂未發中有人心，於理安否？然謂道心是未發，人心是已發，措語自未妥。須云未發是道心，已發是人心，方穩耳。耆欲根於愛，愛根於仁。可見耆欲自耆欲，愛自愛，而仁自仁矣。非然，何以一物而三名也？若論其根，則豈有離情之性，離人心之道心？即曰已發、未發，已發豈不根於未發乎？

誠敬只是一物，然程子曰：“誠則無不敬，未能誠則必敬而後誠。”又曰：“主一之謂敬，一者之謂誠。”可見只是一物而相首尾矣。蓋誠由敬入也。然雖相首尾，相表裏，而不妨並致其功。何則？敬是不慢，誠是不欺。恭儉豈有以聲音笑貌爲哉？論篤是與，君子者乎？色莊者乎？敬以持之於外，誠以主之於中，內外夾持，而學問之本立矣。“重威章”便是如此，須體貼向自己，勿牽纏於語言之細。

經綸是體道，立本是盡性，知化是知天。體道由於盡性，盡性由於知天。又體道故能盡性，盡性故能知天，亦相首尾之事也。窮理盡性，以至於命亦然。看《四書》最不可苦纏動、静、存、發等字，蓋孔、孟口中無此也。若論心中頓放，則頓放許多父子、君臣、兄弟、朋友便是道，頓放一團仁義禮智便是性，頓放一派元亨利貞的全體便是天。是天也，吾與子莫不有之，而能如聖人之浩浩否也？然則其所知可知矣。

【校記】

①“折中”：道光本作“折衷”。

②“第”：道光本作“弟”。

③④“元”：應作“玄”，避清聖祖諱。

⑤“者”：道光本闕。

泉州文庫

選堂題

（清）李光地 著
黃立一 吴億燊 點校

榕村全集（下）

泉州文庫整理出版委員會 編

创于1897
商務印書館
The Commercial Press

榕村文集卷二十二

書　　後

書項羽本紀後

班史，其司馬氏之流哉！然班史傳王莽，而司馬氏紀項羽，何其謬也！君子曰："羽不足道也，彼嬴秦何以紀焉？"秦本西陲虎狼之邦，蔑禮義，棄仁信，專用威武，力戰數百年而取天下。志既遂矣，乃悉除絶先王之道，欲以塗塞抑遏萬世，至今二千載，其跡未湔。此其立國，猶未足晉、隋比，而罪於后羿、王莽浮矣。故后羿之惡，誅之者不必夏家；王莽之姦，何必夷自劉氏？《春秋》之法，人人得而討之，豈以其曾一區域，猥列奠繫哉？秦既無道，享國又淺，覆之者雖非宗周之裔，要亦共工、羿、莽倫爾。故董仲舒、劉向，皆以爲大漢繼周，班固言秦、莽同歸殊塗，俱用滅亡，別諸五德之外，以爲閏位餘分，豈不卓哉！豈不卓哉！

書漢書諸侯王年表後

封建之事，自子長、孟堅据漢興亡而爲之論。其時前懲秦弊，後鑒莽禍，故稱述《詩》、《書》，以枝葉相持爲大也。比及曹魏，疏棄本支，成坐亡之勢。有宗室曹冏者，續班、馬之議，迄於東漢之衰，反覆前車之戒，尤加詳焉。謂封建非聖人意者，始于唐柳宗元。于後文人之論，史氏之評，各推極利害，不能相一。夫追究古今制度，不原聖人之本指，而徒放乎末流以立説者，皆未可以爲萬代之折衷也。況於利害亦未周盡。彼漢有王莽之專，而欲望援於諸侯，與唐有豎宦之孽，而欲推咎於藩鎮，是無異肝肺之内臟，而争手足之强弱也。故曰："處暑至，蚉蝱生；日月西，螢爝耀。"苟王政不綱，則親疎離畔，於是而較得失於封建，不亦末乎？是故，君子不爲私家之議，而定萬世之經，衆言淆亂，折諸賢聖。至哉乎！朱子之言也。封建之行，一則公天下以爲心，二則達君臣之義于天下，三則有土地人民之愛，而苟簡之意不生，四則無更代變易之煩，而善政之傳可久。至于王度式微，諸侯放恣，此則由來者漸矣，豈法制所能防哉？自漢以來，内無周公營洛之心，外慕秦人一尊之貴，中少漢宣久任之治，下鮮蕭、曹協和之規。井牧因之而不修，學校由是而不舉，地水之比無聞，嶽瀆之祀忽諸。此儒者所以歎爲苟道，而明王賢佐之所慨然思興者也。何暇區區焉比擬形勢之重輕，圖度天命之久近哉！

書後漢書西域傳論後

按：此自佛説入中國後，論佛之第一篇也。朱子嘗言，韓、歐之闢佛以禮法，張、程以道理，而能窮其詭僞變换之實者，宋景文公《唐書・李蔚[①]贊》也。余謂《蔚贊》言佛書𧦬譯差殊，多華人剽取莊周、列禦寇之説，以佐其高者。其言誠當，故朱子作《釋氏論》，盡用其意。然如范史此論，曰“誣異之甚”，曰“好大不經，奇譎無已”，而推其源以爲“道書之流”，極其奇幻，以爲鄒、莊之比，則凡景文之所疑者，范氏先之矣。自來無述此論者，豈以范之人卑之耶？然其家學，乃自武子而來，武子儕二王於桀、紂，則於佛説必有所處，惜乎蔚宗溺於時，雖用其意，必猶有所依違於其間也。且其𨗳騫、超通道西南，而闕然無述，則佛之有無，猶不可知，此尤足爲尚奇好異者之戒。今中國有人，其姓孔，其名某字某，其言其行事，炳明簡册，如吾高、曾家譜，此真可信而萬無一之可疑者。顧捨而求諸似有而無之人，若曉而昧之書，誠韓子所謂好怪者而已矣。羲、農、黄帝，聖人也，夏、殷之禮，聖作也。以其荒遠無稽，闕略無證，則夫子删而不言。况乎來自遠裔，不可詰窮，理絶人區，事出天外者哉！

書蜀志後

余讀《蜀志》畢，爲之憮然一歎。夫劉氏立國微矣，然四五十年之間，人盡其用，大抵清素節約、忠毅果烈之士爲多。且一二之士，皆蜀產也，豈信其時才則美哉！蓋劉、葛君臣之間，推誠樂善，軒豁無猜，惟才是取，罔有親故疎逖。而孔明方秉澹泊之操，厲鞠躬之節以先之。史又稱其科教嚴明，賞罰必信，是以吏不容奸，人懷自厲。夫如是，則雖貪夫弱質，孰不奮起？況巴土山川奇麗，文翁以來，世習文教，因以禮義毆之，所謂"齊一變至於魯，魯一變至於道"，才爲世用，有勇知方，固其所也。夫以區區之蜀，而殫用其材，抗衡天下，乃有餘裕。若治天下而猥憂無人，豈不悖哉？

書韓子原道後二首。

韓子以博愛言仁，程子非之，謂舉用遺體也。愚謂當合《原性》考之，則知其言之精當，不特無可議而已。性者體也，道者用也。《原性》言所以爲性者五，曰仁，曰禮，曰義，曰智，曰信，而七情在其外。此韓氏所以言性也。愛列於情，博愛爲仁，以情言也，有情而後有道。《中庸》曰"喜怒哀樂發而中節謂和"，"和也者，天下之達道也"。韓子繼性而原道，則言仁義者，舍愛宜而何以？故曰性者，與生俱生者也；情者，感於物而生者也。感物中節，是謂率性之道。博愛也，行而宜也，皆仁義之發，性之用也。是以繼之曰"由是而之焉之謂道"，道之名實固如此。今次韓書者，先道於性，故其章首仁義之云，如無所根本者。苟先讀《原性》，以觀《原道》，則可疑者釋然矣。其篇次應更定，以合《中庸》語道之序。

韓子引《大學》止於誠意，朱子亦譏之。愚謂此韓子所以能識《大學》之意者也。《大學》之道，推之至於正心誠意盡矣，身由是修，家由是齊，國、天下由是治且平。《中庸》、《孟子》，所謂誠之者，人之道也，至誠而不動者，未之有也。凡爲天下國家有九經，而所以行之一也。是故語道至於誠，至矣。《大學》之格物致知，蓋《中庸》之明善而所以誠其身者也，不在誠之外也。故《大學古文》曰"物有本末"，即物也；"知所先後"，即格也；"壹是皆以修身爲本，本亂而末治者否矣"，即物有本末也；"此謂知本，此謂知之至也"，即知所先後，物格而後知至也。象山陸氏,引“物有本末”至“致知格物”爲一意,以證爲學講明先於踐履之事,其指固如此。陸譚經,誠非朱倫,獨此一義,愚竊以爲甚精。蓋首章格物之義既明,則其繼以誠意,非錯簡也。王伯安始復古文,又陸學也,不知引此,而自爲之説,何哉?誠者聖人之本也,明者誠之端也,異氏不明理而自謂誠,則折之之辭,當止於誠意正心,不當上及格致。其所以治心而外天下國家,則不能格物之由也。故韓子引經不完,是韓子所以爲識《大學》之意者也。

書韓子送王含秀才序後

隋、唐間,有文中子王通者,講道河汾,据《中説》、《家傳》,蓋聖賢之流也。然《隋史》唐初作也,又謂作史者魏徵之徒,皆其弟子,乃曾不挂其名於《儒林》、《隱逸》之間,故其行跡,到今疑之。然觀王勃詩及劉禹錫輩所論,其決有斯人明矣。禹錫固韓同時,況其書實有過人者,程、朱子皆以爲荀、揚不及也。韓子獨無稱焉,何哉?醉鄉王績,字無功,文中弟也。韓子悲其昏冥麴糵,謂不得如顔、曾遇聖人故然。今文中子孫,尊之以爲命世,使其然也,醉鄉之所遇亦幸矣,韓子何以悲之乎?司馬温公曰:“予讀其書,誠好學篤行之君子也。其自任太重,其子弟譽之太過,反使後之人莫之敢信也。”朱子曰:“假卜筮,象《論語》,及妄引唐初文武名臣以爲弟子,殆福郊、福畤之所爲,非仲淹之雅意。然推原本始,亦其平日好高自大之心,有以啓之也。”予謂兩先生之論皆篤矣,韓子識書之真贋,其平日不道,意或如此。又惡傷於厚也,而託醉鄉以寓意。故伊川曰:“退之責人甚恕,其目荀與揚也,猶曰大醇而小疵。”

書韓子進學解後

此體文,此篇與揚子《解嘲》,千載稱絶矣。《解嘲》中云:“炎炎者滅,隆隆者絶。觀雷觀火,爲盈爲實。天收其聲,地藏其熱。高明之家,鬼瞰其室。”此段是全釋《豐》卦義。炎炎者,火也;隆隆者,雷也。當其炎炎、隆隆,以爲盈且實矣。然《豐》卦雷居上,則是天收其聲;火居下,則是地藏其熱。此其盛不可久，而滅且絶之徵也。《豐》之義如此，故卦爻俱發日中之戒，至窮極，則曰："豐其屋，蔀其家，闚其户，闃其無人。"即揚子所謂"高明之家，鬼瞰其室"也。揚子是變易辭象以成文，然自輔嗣以來，未有知之者。故此卦之義，至今不白也。此篇謹嚴、浮夸、奇法、正葩等字，並極群經要眇，故未有不精於經術而能文者。

書柳子厚與楊誨之疏解車義第二書後

柳子廢錮益自奮，故其文日進，識亦日廣。其矯然于既躓而思所見豎，永、柳諸書牘皆可觀也。此書往復數千言，古來辭命之費，未有方之者。然無餘言冗字，一意反覆，以終竟其説。孔子曰"辭達而已"，此其庶與？道之不傳，學者以意爲説，各如其就之淺深。雖幾似之矣，而毫釐之際，正學者所爲盡心也。柳子曰"方内而圓外"，尋其意，蓋以恭讓、小心、祇懼、敬戒，皆爲圓外之事。而引堯、舜、禹、湯、高宗、文、武至于周、孔以實之。大指則歸于欲行其道，而爲此以售世。嗚呼！是何識聖人之末也。且以是爲圓外，則所謂方于内者又何物？豈《詩》、《書》經傳但讚列聖之外者，而不及其内者與？吾謂凡柳子所稱列聖之事，皆其内者也。不恭讓，不小心，不祇懼，不敬戒，則幾所謂罔念作狂者，而聖無由以聖。聖無由以聖，則彼方兢兢翼翼，自理其心之不暇，而曰吾將以售行其道，不亦遠乎？柳子之爲是言，凡以藥楊生之愁撿局而慕縱肆，故進之恭謹之道，不踰矩之説。如是則是方也，非圓也。謬方圓之實，而號不美，宜乎無以下楊生之心而息其喙也。

《易》曰"敬以直内"，列聖之事，皆敬也，皆所以直内者也。若夫外則義以方之而已，未聞以圓也。由柳子之説，則是義以方内，敬以圓外也，何其與《易》之意異乎？無乃有撟敖不屑于其中，而爲是不得已之恭讓，而所謂敬義者皆失乎？然則圓之説果無施乎？曰：于《易》有之，圓而神，方以智，精義入神，則神圓而智方。圓所以爲方，非方圓兩轍也。或曰：《論語》稱"義以爲質，禮以行之，孫以出之"。柳子之言，或出于此。曰：三者皆由内以方外之事，非義内而禮孫外爾。夫圓外之説行，其敝也脂而不慙。吾故曰以意爲説，而不考于相傳之道之過也。

書王荆公答司馬諫議書後

公之鋭志强氣，此書可以觀矣。惜乎公之褊於心，而疎於術也。夫起千年之積弊，復往古之明規，非精於術者不能也。自謂術之素矣，非公於心而盡於理者亦不能也。公以其所學者，欲試之行，自謂世莫加焉。然周公心法治要，布方策者甚多，顧獨取其制度之末，漢儒解釋之誤者以爲據，不可爲精。民議洶洶而不采；多聞直諒之友溢於朝，著而不諮，不可爲公且盡。彼夫立功名，破俗論，齊法令，矯民情者，商鞅之餘喙，非聖人之至訓也。

書曾子固梁書目録序後

自子思子言性又言道，所以護《中庸》塞隱怪者至矣。至孟子之時，有告子者，立説以賊性，而楊、墨之徒，盛其言以害道，於是性善之指，無父無君之辨，反覆累申而不厭。自此而更秦、漢，以越六代而至於唐，則性道之不明已久，其言性言道者，獨韓愈爲近之。若李翱《復性書》，乃反同於釋氏之意。吁！翱與愈講切素，其作此書，自位爲不庳矣，而如此，況其他者乎？愈之言性也不離情，其言道也根於情而成於教。其匪是而言性，曰雜佛、老而言者也。匪是而言道，曰是所謂老與佛之道也。

予讀曾子序《梁書》，曰“庶幾《中庸》”孟、韓氏之旨者與。《中庸》言“至誠盡性”，則能盡人性、物性，而與天地參也。其言聖人盡道，則“禮儀三百，威儀三千”，動而世爲天下法。曾子祖其説曰：“含智之民，肖翹之物，有待於我者，莫不由之以全其性，遂其宜，而吾之用與天地參矣。德如此其至也，而應於外者，皆天下之達道。故爲之衣冠、飲食、冠昏、喪祭之具，以教其爲君臣、父子、兄弟、夫婦者，莫不一出於人情。與之同吉凶而防憂患者，莫不一出於人理。”嗚呼！其論美矣。夫情與理何生？生於性也。彼所謂得於内者可行於外，不可行於外者，斯不得於内矣。其諸《中庸》合内外之道者與？李翱《復性》則黜情，合

《中庸》、《孟子》之言觀之，情不可黜也。韓子、曾子之有得於是，所以爲賢也。黜情者，助釋、老而爲之攻者與？

書蘇子由三宗論後

殷有天下六百年，而賢聖之君六七作，《無逸》之獨舉三宗，何也？曰：爲其享國之長久也。秦、漢之主，蓋有祠神仙，求方士，以庶幾其長久者矣。其志皆以天下爲樂，而欲永享其逸也。而周公言壽，乃歸之無逸，則知聖人之壽，將以勞天下，非以逸其身也。抑因以知聖人之壽，蓋以勞天下而得之，非以逸一身而得之也。何則？其功德之在世，故有以格于皇天也。而以逸而壽者非天意，其嚴敬之在躬，則有以凝夫正命也。而以逸致壽者非天道，以天道合之天意，則夫强志氣、屏嗜欲，不以外物賊乎其内。武王所謂"恭則壽"也，立命之本也。損己以厚人，德盛而福至，則冥默之中，有以申錫之而不容已。夫子所謂"仁者壽"也，得天之符也。蓋自學士大夫，寡欲清心，積行累善，皆有行之而輒效者。況乎帝王之生，其受氣也尤厚，而其功之所及，德之所施，又非可以尋常福報論者哉？《無逸》之言三宗與文王也，曰"嚴恭寅畏"，曰"恭默不言"，曰"徽柔懿恭"，其凝命之説與？曰"治民祗懼"，曰"嘉靖殷邦"，又曰"保惠庶民，惠鮮鰥寡"，其格天之説與？蓋必其敬天勤民，而後爲無逸之實也。不然，若梁武帝之清浄齋戒，不可言從于耽樂者矣，而其受禍，乃如蘇子所譏，又獨何哉？

書王守溪性善對後

性之説，自周子以誠言之，程子以理言之，至朱子而辨論反覆，幾無餘藴矣。數百年來，凡講訓之書，科舉之文，誦師説，摭成言，未有以測其是非也。中間有憒悱不自安者出焉，而求以識性，乃反不勝其背馳之甚。然則性之説，其果難明與？

近代講性命之學與程、朱異者，曰姚江王氏。其同時以學名而不與和附者，有虚齋蔡氏、整菴羅氏。制舉之學，爲一時楷，而能熟於《或問》、《大全》之書者，有守溪王氏。余少讀虚齋《蒙引》，見其拘拘焉疑於朱子理氣先後之説，大指蓋曰，天地間皆氣也，無始無終者也，安有所謂理先氣後者哉？至求其所謂理者，蓋曰凡氣之運行，無過不及者是也。朱子《圖説》曰："太極者，所以動而陽，静而陰之本體也。"則欲更之曰："所以動而陽，静而陰之全體也。"意以爲言全體，則運行不偏勝之意可見，而云本體，則不可知也。後得觀整菴《困知記》，其疑與虚齋同。其大指亦曰，氣之外無所謂理者而已。而又曰，觀理者觀於氣之曲折而已。至其果於自信，遂呰朱子而上及濂溪，則與虚齋之退然存疑者，又未可同日論也。夫整菴當日號爲直諒於姚江者，而其説乃如此，則其所以失者，何也？曰失皆在於不敢離氣而論性。王氏以氣之靈當之，蔡與羅以氣之迹當之也。吾之所謂性者，非靈非迹，雖離氣言之而未嘗無。此則所謂本體，所謂大原。實驗之在陰陽五行之中，默識之則超乎陰陽五行之上者也。守溪之論性，曰："天地間偪塞充滿皆氣也，氣之靈則性也。人得氣以生，而靈隨之也。"姚江之傳，守溪舉是爲稱首。夫釋氏之説，尊靈覺於無上，守溪以爲隨氣而有，其陋必爲佛所嗤也。姚江，佛者而亟稱之，亦爲以靈言性之説合耳。虚齋、整菴所執又出其下，然則性之説，其果難明與？守溪又引夫子之言曰："心之神明謂之性。"以吾所聞，是聖也，非性也，此未知其誰是。然既不出於《大傳》、《論語》之篇，先儒未之引用也，則置而不辨可也。

書鹿太公家傳後

班固謂四豪者，五霸之罪人也。漢之俠者，又四豪之罪人也。豈非謂其赴難死黨，而不軌於義，無益於公與？東京之季，倚乎公義矣，然亦有徇聲挾氣爲之者，不根於忠懇之誠，不出於醇厚之德，則於儒者之行猶遠。故論之者曰，一變至道也。

鹿氏父子祖孫，粹然儒者。其服官居鄉，潔修亮節，暨乎投難死毁，代有傳紀。太公則介乎其間，終身不仕，頹然若一耕夫耳。當魏忠賢糜滅善類之際，中外仰息，回焰濺波，靡不焦爛。於斯時也，能爲申屠、太丘之事，亦庶幾賢矣。而太公護持營救,歸骨收孤,曾不慮吹毛之及己,卒以誠心厚德,神之相之,雖有害幾,莫之能發。此其所處,較諸古人,不亦優乎！或曰:“不在其位,而犯其難,於中道概乎。”余曰不然。國步方艱,食土者皆君臣也,嫠猶恤宗周之闕,況公之父子皆朝列,非遯荒出逖者比。《詩》曰:“相彼投兔,尚或先之。行有死人,尚或墐之。”觀其佐父以清直,而勖子以勤瘁,直至視其子孫殞身以殉忠孝,而悲慰交胸,大義慨然,則公之平生,其非逐名矯節,而無怍於聖賢也決矣。其諸隱德細行,具傳中,不悉論,兹特論其大者以風焉。

書家譜傳後

諸公在隆、萬間,皆一時之選也。雖奉常善、揚祖德,然諸公靡然共聲,可以觀仁矣。蓋吾祖之仁,洽於鄉、顯於國,斯是以不可罨②也。今吾子孫千餘,雖有惰游,食舊以老。嗚呼！仁之遺,不其遠哉！山之鬱雲,以澤物也,雨於山而草木潤滋。天地萬物施應之道,如環在循,智者昭昭乎見之,仁者亹亹焉行之,豈有倦哉？譬子孫於祖,如草木於山焉,山之澤不涸,故草木不敝。然益自栽植茂翳,以蒙覆陰潤,山之澤其愈長乎？燔焚斫伐,澤且竭矣,而亦何可恃之有？是故今日之稱祖德也,不以幸而以戒。

書先公遺帖後

鄭康成云:“天不欺至誠者。”先君子平日多見忽於人,而蒙神諒,凡叩卜祈禱,及夢寐感通之事,鮮不應者。此事地等脱難後,先君子每每言之。是時,先慈夫人亦夢神告:汝家出賊,須初夏初秋耳。至四月九日,伯父始劫賊巢,拔兩口。七月七日,合門生還。皆顯異也。明年丁酉八月朔,父又夢大父與同郡先正蔡虚齋先生合居,壁間語録盈滿,記其語云:寒暑非可意定。故隨時爲静中功夫,不可知爲何祥。然父生明季士習披猖之時,動以先儒詬病,乃獨多蓄程、朱書,及同郡蔡、林諸公講説,諄諄教授諸子。精誠交通,蓋非偶然者。越七年,癸卯之冬,地鄉舉刖歸,父一日忽曰:“科目行有變,汝等讀書俟之。”明年果改策論，而地丙午以是售，亦未知其感何魄兆也。是冬，又夢入關侯廟，見有偉然丈夫翔步者，或指曰侯也。父拜問前程事，曰："《屯》初一爻，牢記在心。"父曰："非盤桓居貞之云乎？"侯曰："固然。"至甲寅，閩中大亂，親疎日以利害相劫。父曰："神警在斯乎，可不勉諸？"時二賊多誅夷不從己者，甚更爲釘鑿之刑，以威士大夫。父拳拳一意，憂危彌厲。嗚呼！不肖遺孤之免於隕其宗，非父之教，祖考之餘德，而神明之顯佑與？

父平生孝誠，不以自居，動曰："神庇也。"此紙季弟藏之，後三十年，地捧讀於京師，哽塞如覿音容。回念少壯幾何，而今白首，蒿棘之悲，欲報安極？敬書其後，以示孫子。

策　問

己丑會試策問

問：先儒論學之旨，一曰主敬，二曰窮理，三曰踐行。此三者爲學入德之方，亦即尊主庇民之道。是故其敬純，則所以不欺幽獨、靖共夙夜者，在此矣；其理明，則所以通達治本、周悉世務者，在此矣；其行粹，則所以潔己奉公、憂國體民者，亦在此矣。我皇上學貫天人，道符堯、舜，於近代程、朱之書，尤惓惓表章焉。良以其標持敬以爲宗，揭知行以爲要，有默契於聖神之心者也。夫義理不窮，則於賢聖精微，古今事變，不能知也。踐履不篤，則於特立獨行，遺大投艱，不足籍[3]也。然必先之以敬者何與？敬爲知行根氐，朱子論之詳矣，而或者以析知行爲支離，提主敬爲增添。然則朱子之意，其亦可尋源極委，而親切言之與？唐、虞命臣必曰"欽哉"，傳曰"君臣主敬"，則敬之一言，於事君尤所重。《易》之《乾》三言誠，《坤》二言敬，程子又曰"誠則無不敬"，無乃存誠者即居敬之實與？二字所以分合之旨，又何謂也？夫修身致主，同條共貫，多士涵濡聖澤，數十年於兹，所以講於儒先而爲自獻之資者，必有在矣，其抒所學以對。

問：《周官》之法，溝洫以防旱潦，委積以備凶荒。蓋統天行人事之消息，而爲之計，意至周也。我皇上於河渠水利之要，窮極精微。日者南北二河，悉經聖謨指授，濬渠修堤環千里，水澤荒區，淤爲沃壤矣。又推之江、浙列郡，使大吏巡行相度，因地勢高下，建閘啓閉，潦有所洩，旱有所資。《詩》所稱"原隰既平，泉流既清"者，何以加焉。復以積貯爲生民大命，常平之外，又推行社倉之法，無非所以責成有司，加惠元元，廣蓄儲而豫振救也。夫河渠之大者，患其潰溢，則隄防宜急：小者慮其填淤，則疏濬宜勤。常平之筦於官者，則主守之出納宜嚴；社倉之貯于民者，則鄉正之選擇宜慎。將無講畫之詳者存乎法，行法之善者存乎人歟？我皇上宵旰民瘼，慮周萬世，而有司奉行良法，未能盡著成效者，何歟？漢召信臣之水利，耿壽昌之常平，所以使民稱便者，其要安在？朱子之社倉，行之數十年，而一縣無憂荒歉者，何道之遵也？諸士異日皆有民社之責者，其矢心竭慮以對。

問：經道汙隆，與世盛衰。故漢、唐、宋、明之興，莫不敦尚經術，所關可謂重矣。我皇上所以尊經崇道者獨至，而且篤信周、程、張、朱之書，以統壹諸儒之説，經學之盛，千載一時也。夫經者，天下之公理，非一家之私言，故有後人發明之功不可誣者，亦有前人傳述之勞不可泯者。考五經傳、注，朱子手定《易》、《詩》二者而已。夫京、焦卦氣，孰與邵《圖》？王弼清虛，何似程《傳》？朱子宗程、邵以作《本義》，其視前儒淺深醇疵之致，可以約略指歟？齊、魯、韓嬰之詩不傳，而毛氏孤行，其説果盡孔門之舊歟？考亭、東萊之辯，孰爲得失也？餘三經者，朱子未有成書，而或者盛詆《尚書古文》以爲贋作，呰議《春秋三傳》以爲謬於聖人之意。至於黜《儀禮》，疑《周官》，莫不推之爲漢儒之過也。夫《禹謨》、《伊訓》、《説命》，傳道之書，可得而詆與？《春秋三傳》，去聖最近，可得盡呰與？《儀禮》、《周禮》，周公經世大法，可得疑且黜歟？漢儒守先待後之勤，朱子蓋屢稱之，後學紛紛之論，其果有當歟？夫溯聖經之源流，辯先儒之同異，信而好古，以仰贊尊經崇道之化，學者事也，其敷陳所見於篇。

問：歷代史書，多有律曆一志，所以授人時而興王道也。論者謂二事相爲表裏，理則然矣，然其立法紛紛，從來靡定。至我皇上，曆數在躬，聲律身度，以故天官之職,超邁古今。其於律吕隔八之法,圍徑之數,莫不審究根源,考定密率,誠千古疑誤,至今日而始明者也。夫曆法古稱地平,今則曰地圓;古立歲差,今則曰恒星行;古推嬴縮,今則曰高卑度;古紀五緯順逆伏留,今則曰星輪。非今之故爲異,實測則然也。其所以然之故,可縷而指歟?黄鐘律管,司馬遷曰八寸一分,班固曰九寸,《吕覽》又曰三寸九分,三家果不同與?抑未嘗不同,而其説各有當與?胡瑗、蔡元定知蔡邕圍徑之非,其所定律管,則仍徑一圍三之疏率也,不遇聖神,孰審其真與?夫律曆二者,皆生於算。古算術有勾股,有弦矢,於以割圜測弧,亦綦密矣。今則有勾股、直角,又有鋭、鈍二角,而三角之形始全。有弦線、矢線在圜之中,又有切線、割線在圜之外,而八線之用始盡。二者之算,又皆歸於四率,而比例以得之。其理精微,豈無能明言其致者與?夫禮樂曆象,儒者宜知,《九章》之名,列於六藝,多士或言其理,或陳其數,以仰佐制作之盛焉。

【校記】

①“李霨”:按《舊唐書》、《新唐書》,應作“李蔚”。

②“罨”:道光本作“掩”。

③“籟”:道光本作“賴”。

榕村文集卷二十三

講　義　一

鼇峰講義有序。

康熙五十六年二月，安溪先生還闕，道過三山。世遠時應中丞陳公聘，主鼇峰書院，九郡之英，咸來就學。因率諸生請先生詣講堂，於時陳公暨學使車公咸至焉，環鑑亭而觀聽者，無慮千人。世遠請先生教言，以開誘後生，先生讓於陳、車二公，二公遜謝良久。世遠復舉《性理》一章以請，先生曰："子爲諸生講之素矣，諸生豈有疑義相質者乎?"世遠顧謂諸生前問難，先生誨示明切，諄諄不倦，聽者充然若有得也。講席既散，諸生願記之，以備觀省，垂永久。因與同學陳君萬策及先生從子鍾旺、孫清植，同憶所聞，條之如左。受業漳浦蔡世遠謹書。

陳生羅登問："未發之中，程子謂不可於喜怒哀樂未發之前求中，李延平謂觀喜怒哀樂未發前氣象，未解其義。"曰："朱子初年説未發之義，謂日用間大要俱是已發，但就裏有天命之性一層，便是未發。後來見程子有所謂未發之時，方疑未發有箇時候。年四十後，遂變前説。人自有思慮未起，耳目未交之時，未發、已發，恰有兩箇時候，不得以日用間皆爲已發也。程子所謂中不可求者，蓋以未發之際，著不得求字。求便有思索，有思索便是心已動，不可謂之未發矣。延平觀字，須活看過，非是另有一心以觀一心，只是時常提醒此心，不令放逸昏惰。要之喜怒哀樂未發之前，只有涵養工夫，更不得有思慮以雜乎其間。蓋人心至虛至靈，本自光明，惟存而不放，則此心常在也。"

問："上蔡所謂常惺惺法者，即此謂與?"曰："然，惺惺中自有未發之中在。敬字，原自通貫動静。如當無事時，而如見大賓，如承大祭者，此涵養也。至見大賓,承大祭,而敬行乎其中者,亦涵養也。蓋見大賓,承大祭,人多打起精神,惟當無事時,能自提撕警覺,敬所以無間斷也。其實雖當應事接物時,涵養之意,何嘗不在。凡其中之澄然清明者,即是存心,即是主敬,不可專指涵養爲屬静一邊也。《中庸》'道也者,不可須臾離'至'君子必慎其獨',舊説滚成一片,謂不覩不聞,所以必戒懼者。蓋不覩聞,雖甚幽暗,然莫見莫顯,即在於此,是以君子慎之。程子亦因此説,朱子始分作存誠、謹幾二義,其理最精,誠傳心之要也。下節章句,自戒懼而約之,以至於至静之中,即是由動而推至静,所謂敬以直内也。由謹獨而精之,以至於應物之處,是由初動而推至動,所謂義以方外也。方外直貫至應物處,獨只是幾之方動,事之起頭。自此謹之,無乎不謹,以至於事理完當,皆屬方外之事。朱子分此兩節,以兩'故'字作眼。'道也者'三句,恰對'莫見乎隱'二句。'是故君子'以下,對'故君子必慎其獨'。二義既明,凡經中所謂敬以直内,義以方外,以義制事,以禮制心,丹書所謂敬勝怠者吉,怠勝敬者滅,義勝欲者從,欲勝義者凶,理皆如此。直内方外,所謂内者即心,所謂外者即事。凡義利、公私、是非、邪正,皆就事上見得。敬只是收斂此心,使常醒覺,自然清明在躬。若昏困便是不敬,事至然後有義利、公私、是非、邪正之可言,件件剖别處置,停停當當,便是和,便是方外。"問:"《通書》誠無爲,幾善惡,其旨如何?"曰:"亦是此意。無爲不是萬慮休置之謂,只是實心實理,徹始徹終,初未涉事,故曰無爲。幾是由静而動之介,是非真妄,皆從此判。此處審之既精,而後事爲不至大段差錯,所以謹獨爲要也。"

問:"格物之義,陽明固爲異説,但程、朱所謂窮至事物之理者,事理儘多,從何處下手?"曰:"舊説解格作來,温公解格作去。如來之説,則當作感召天下之物。如去之説,則物是物欲,如耳目之官不思,而蔽於物之物。言能去其物欲,則心體便自虚明。陽明以格爲正,物爲事,正事者,格其不正以歸於正也。凡此諸説,自然非是。程、朱以格物爲窮理。當矣,然亦須就要緊處格將去,如舜明於庶物,察於人倫。人倫中平庸無奇,何可思索?不知就上須大段與他思索一番,方得透徹。子孝臣忠,如何方是孝?如何方是忠?大有事在。物物各有一性,性即理也,物性猶吾性也。物各有牝牡雌雄,是其夫婦之性。海燕哺雛,雌雄代至,飲食之恩也。羽毛稍長,引雛習飛,教誨之義也,是其母子之性。同巢鳥獸,無不相倡相和,是其兄弟之性。類聚群分,是其朋友之性。就中必有爲之雄長者,是其君臣之性。蓋物雖殊而性則一,此處窮盡,便見得萬物一體,廓然有民胞物與之意,而所謂生之有道,取之有節,此心自不容已。至如草木臭味,種種各別,此則醫家之所宜悉,而非儒者急務。陽明因見一竹推格不去,遂不以程、朱之言爲然,殊不知格物原非止留心於一草一木之間,而欲其忽然頓悟。然苟因此遂廢却格物工夫,則何處可以著心乎?《大學》所謂格物,《中庸》又謂之明善,《孟子》又謂之知性,蓋格物只是明箇善,明善只是知箇性。"

王生世仁問:"性反之别,如《孟子》所謂'動容周旋中禮者',性之者也,行法俟命者,反之者也。竊疑行法君子,豈必因干禄而後經德不回,此處何從分别?"曰:"謂之行法,則是有法在而君子行之也。性之者,聲爲律而身爲度,不可以行法言。故曰由仁義行,非行仁義。蘇子由言聖人之爲善,如水之必寒,火之必熱;其不爲不善,如騶虞之不殺,竊脂之不穀者是也。經禮三百,曲禮三千,中間冠昏喪祭之等,依樣做去,所謂行法也。"

史孝廉大範問:"爲己、爲人之義,學者最宜蚤辨。今日諸生圜聽,如何是爲己切要處,求詳明剖示。"曰:"象山'喻義'講章,最爲親切,所宜熟看。爲己非是使人不仕,言寡尤,行寡悔,禄在其中,君子三月無君,則皇皇如也,何嘗不仕? 蓋父母望子之心,君子致用之學,得科名,膺爵禄,亦是分内事,未便是爲人,只看他意思是何如。且如諸生作爲文章,只求心得,便是爲己。打量去行世沽名,便是爲人。爲官而思所以濟人利物,亦是爲己。必自爲身家之謀,方是爲人。然爲官而爲子弟謀田宅者,此固爲人。若訓飭子弟,使之循規矩、秉禮義,能自守其家業,雖是爲子弟謀,却是爲己。要之,只須義利之介,辨得分明而已。"問:"南軒有所爲、無所爲之説,是何如?"曰:"南軒之説,須看得活。凡人做事,豈有無所爲而爲者? 即如爲己,亦是爲著自己,便是有爲。聖人許多事體須做出來,豈不是有爲? 只是爲著理所當爲。如見孺子入井而有怵惕惻隱之心，便是爲孺子。南軒所指，蓋謂涉於私心而爲之，如内交要譽，惡其聲之類耳。”

元亨利貞

臣謹案：元、亨、利、貞者，天之四德也。天德雖無形，而於春、夏、秋、冬見之。蓋方其春也，生意初動，萬物資之以爲始。而此生生不窮之理，周流貫徹，實統乎一歲之始終，是則所謂元也。及其夏也，生氣滿盛，雲雨交作，萬品之物，悉流其形，是則所謂亨也。至於秋，則物已成就，其形之所成，與夫氣之所稟，用之所宜者，乃物之性命也，至此莫不秩然而各正，是則所謂利也。至於冬，生意收斂，而太和之元氣，渾然包涵于内，有以爲復生之機，是則所謂貞也。以春夏言之，生意動則必通，故曰“乾元者，始而亨者也”。以秋冬言之，性既完具，而情之發生者，已伏乎其中，故曰“利貞者，性情也”。以春生之氣之統天者言之，則氣之初動，藹然一生物之心，是之謂乾始。是心也，無所偏私於其外，故動而“能以美利利天下”，無所留滯於其中，故静而又能不言其所利也。於是而總贊乾德之大，曰“剛健”云者，謂其元亨之時，流行通達，莫之能禦，承始亨而言也。曰“中正”云者，謂其利貞之時，收斂堅固，莫之能摇，承性情而言也。曰“純粹精”云者，謂其生物之心，肫篤而至純，潔白而至粹，微妙而至精，蓋無一毫私僞之雜，無一毫偏倚之駁，又無一毫形迹未泯，渣滓未融之粗也。此又承“乾始，能以美利利天下，不言所利”兩句而言。

臣惟聖人之言天德，於此盡矣。是以帝王體之，動而法天之元亨，則德澤旁流，民物各遂其生。其在卦象，則九五一爻，兼統六陽而居尊位，如乘六龍以御于天，有以興雲氣、雨下土者是已。静而法天之利貞，則大化既成，民物各得其性。其在卦象，則九五居尊，上下順應，如一人首出於上，垂象端拱，而萬國之遠，太和翔洽者是已。天以一元生成萬物，故帝王亦體元以育正萬類。所謂體元者，體其生生之心也。生生之心，發於性之自然，無所爲而爲者也。其存于中也，無計功謀利之意；其及于民也，無市恩干譽之私。亦如天之以美利利天下而不言所利焉。故天德即聖學也，聖學即王道也。《易》言天德，曰“爲玉爲金”，《詩》言聖學，曰“如金如錫，如圭如璧”，先儒言王道，曰“如精金美玉”，皆謂其至純、至粹、至精。非如俗學之名利，霸者之驩虞，疵累之未消，而粗犺之未化也。臣愚見如此，未審是否。

消息盈虚

臣謹案：消息盈虚，亦於時見之。春爲陽氣之息，夏爲陽氣之盈，秋爲陽氣之消，冬爲陽氣之虚。息則盈，盈則消，消則虚，虚則又息也。在時序爲消息盈虚，以世運言之，則曰治亂盛衰。治猶陽氣之息，君子道長，民物孳生，如歲之春，温厚之氣行，而草木萌動也。盛猶陽氣之盈，人民衆多，物力豐阜，如歲之夏，炎熱光明，而品物繁庶也。亂猶陽氣之消，君子道憂，民物殘剥，如歲之秋，肅殺之氣行，而草木摧傷也。衰猶陽氣之虚，人民蕭條，物力耗匱，如歲之冬，寥落慘澹，而萬類彫枯也。是故，《易》之取象，以天道之消息盈虚，做人事之興衰治亂。

雖然，一歲之消息盈虚，天爲之也。天爲之者，雖有生長收藏，而於物無傷。其消與虚也，乃陽氣斂息之常，正所以爲發生之機也。一世之盛衰治亂，人爲之也。人爲之者，欲動情勝，利害相攻，其亂與衰也，至于逆天理而悖天心，人道或幾乎熄矣。是何也？天心之仁，萬古不變，而人欲之肆，横流無窮。故方其衰亂之極，復開治運，如沍寒之後，再啓陽春，此天心之不變者爲之也。由此觀之，治生于天者也，方其盛治之極，變爲衰亂，則民物相殘，而與草木之順化凋零者異矣，此人欲之横流者爲之也。由此觀之，亂生於人者也。

吉凶悔吝无咎

臣謹案：人事之有吉、凶、悔、吝，亦如四時之循環也。吉屬春，吝屬夏，凶屬秋，悔屬冬。吉者祥和之氣，故屬春。然吉之後，必有肆意徇情之事，而可羞吝者，亦如春後之有夏，陽盛既極，微陰萌生也。凶者慘殺之氣，故屬秋。然凶之後,必有愧恨感悟之心,而圖改悔者,亦如秋後之有冬,陰道既窮,一陽來復也。耻過作非,可以招禍,故吝必致凶。亦如夏後之有秋,陰氣漸盛,必至摧傷也。改過遷善,可以求福,故悔必致吉。亦如冬後之有春,陽氣漸長,馴致休和也。吉者必有所得,凶者必有所失,悔者必有所憂,吝者必有所虞。虞者,安也,樂也。吉凶其已著者也,故曰言乎其失得。悔自凶而趨吉,吝自吉而向凶,其未形者也,故曰言乎其小疵。四者之外,又有所謂无咎焉,則如四時之有沖氣也,又如五行之有土也。人無日不在吉、凶、悔、吝之中,亦無日不欲避凶而趨吉者。然避凶之心勝,必至於害而苟免;趨吉之心勝,必至於利而幸邀。惟君子之心則不然,曰吾求无咎而已。求无咎者,修其可吉之道,而無心於獲吉。至于既吉,而其惴惴於无咎之心常在也。去其取凶之道,而亦無意於避凶。不幸而凶,而其怛怛於无咎之心常安也。是故"震无咎者存乎悔",悔者所以能无咎之機也。悔而无咎,則可以至於吉矣。吉而无咎,則不至於可吝矣。吝而无咎,則必不至於凶矣。凶而无咎,則亦無所可悔矣。故曰"懼以終始,其要无咎,此之謂《易》之道也"。

凡此者,皆以常理言爾。天下固有作惡而獲吉,修善而遇凶者,然此其變也,非常也。變者不足以勝常者,故曰"貞勝"。貞者常也,言以常者爲勝也。天地陰陽,亦有愆過,然而以常者觀示也。日月光景,亦有災謫,然而以常者著明也。天下之動,氣數參差,人事錯糅,固紛然而不齊矣。然既以常道爲勝,則其所常者,豈有出於一理之外哉?故曰"天下之動,貞夫一者也"。禹曰:"惠迪吉,從逆凶,惟影響。"益曰:"滿招損,謙受益,時乃天道。"成湯曰:"天道福善禍淫。"伊尹曰:"惟上帝不常,作善降之百祥,作不善降之百殃。"此之謂貞夫一,而其道常伸於千古者。彼夫回邪之福,无妄之災,時所偶致,不久而復其常耳。吉、凶、悔、吝,生乎動而貞乎一,此《易》所爲因貳以濟民行者也。

易與天地準章

或問:"'《易》與天地準'以下,言聖人窮理盡性至命之事,無與於《易》,何也?"曰:"章首以'易'字冠之,則是三節者,皆言《易》也。首節自'《易》與天地準’至‘情狀’，是言《易》之作，盡天下之理也。準者則也，效也，所謂天地變化，聖人效之，是也。蓋仰而觀象於天，俯而觀法於地，則知陽明陰暗，陽施陰納，幽明之故可通，而《易》中之晝夜有自來矣。遠取諸物，而原其所以始，反其所以終，則知陽變陰化，死生之説可悟，而《易》中之進退有自倣矣。近取諸身，精氣聚而爲體質之軀，魂魄交而生思慮之變，則知陰静陽動，陽伸陰屈，而鬼神之情狀可測。凡《易》中之成變化而行鬼神者，莫不自此通矣。

“自‘與天地相似’至‘能愛’，是言《易》之既作，體天地之性而與之相似也。陰陽、剛柔、仁義，是三極之道，性之藴也。天道光明而下濟，故《易》之一陰一陽，周遍無方，而其實理皆濟乎事物者，天也。地道順天而有常，故《易》之一陰一陽，旁通不滯，而其定理皆截然方正者，地也。天以理爲主，而涵氣數之變，故《易》中三極之道，有以樂天理矣，而復可以知氣數之命。此其道所以不憂，而與高明者遊也。地在氣之中，而含生物之性，故《易》中三極之道，有以處氣數矣。而復有以厚所性之德，此其道所以能愛，而與博厚者體也。

“自‘範圍天地’至‘无體’，是言《易》之既作，至天地之命，而範圍其化育之功也。萬物者，化之迹也，《易》之理，陰陽迭用，能曲成之而不遺。晝夜者，化之機也，《易》之理，陰陽互根，能貫通之而周知。所以然者，化者變易而已。天地有存主之神，合一不測，故其推行之化，通復不窮。《易》之神合一不測，如天地之无方，則其《易》通復不窮，亦如天地之无體也。

“大抵此三節，是申第二章變化進退之義。故第一節，以進退、晝夜言也；第二節，以陰陽、剛柔、仁義，三極之道言也；第三節，又合陰陽、剛柔、仁義、進退、晝夜而統言之也。”

堯　典五條。

“厥民析”之類，驗之於民也。“鳥獸孳尾”之類，驗之於物也。然百穀草木之生落榮枯，乃時變之著者，而不及之何也？蓋言東作，言西成，則是專主耕穫之事爲重，而百穀草木，皆在其中矣。

堯時，冬至日在虚，今則在箕矣。古法皆以爲日行有差，實則日行無差也，其所以差者，由於恒星有行度耳。古人以恒星即爲天體，亘古平運，而日月五緯之行，有速有遲。新曆則以亘古平運者爲宗動之天，一氣渾轉，無光象者也。恒星與日月五緯，皆行於其中。日，日行一度。月，日行十三度奇。金水隨日，亦日行一度。火，二日行一度。木，十二日行一度。土，二十八日行一度。至恒星，則六十七年奇乃行一度。因恒星之行最遲，故人莫之覺，而以爲不動耳。惟恒星六十七年奇而移一度，故日躔之在恒星者，亦六十七年奇而差一度。今改歲差爲恒星行，理異而法同也。

王氏充耘以"寅賓"之類爲曆象日，"星鳥"之類爲曆象星者，極確，然未言曆象月辰者在何處也。蓋"曆象日月星辰"一句是總綱，"分命"四節，則曆象日星之事也。"汝羲暨和"一節，則曆象月辰之事也。日紀於星而成歲，故有分、至、啓、閉之節；月會于辰而成月，故有朔、晦、望、弦之分。分至啓閉者，民事之所關也，故以定其節候爲先務。朔、晦、望、弦，雖非民事所關，然亦於天道相爲經緯，而于庶政相爲紀綱者，非有以參合而整齊之，則亦五紀亂而曆數乖矣。是故，測日晷、考中星，是所以曆象日星，而使分、至、啓、閉之無失節者也。推交會，置閏餘，是所以曆象月辰，而使朔、晦、望、弦之無失期者也。必至是而後曆事就，故上云"敬授人時"，而此以"定四時成歲"結之。

"克諧以孝，烝烝乂，不格姦"，似當專承象傲而言。蓋"諧"之一字，非所以用於事親，而"姦"之一字，亦非所以施于父母也。夫父母之不愛舜，以有象耳。使舜不能與象和諧，則益拂父母之心，安能孝乎？故能和諧于象者，乃其所以盡孝也。象之姦甚矣，驟欲格而正之，適長其惡耳。舜惟以和氣薰烝而嘿治之，而不格正其姦惡。如《孟子·萬章》所述之事，雖未必有之，然亦可想見其親愛和厚，而無幾微藏怒宿怨之心也。

人不能順於父母者，由不能和于兄弟也；不能和於兄弟者，由不能刑于寡妻也。故凡人之情，有妻子而友愛薄，友愛薄而孝道疎矣。堯聞舜之孝友，而又聞其有鰥，故曰"我其試哉"，欲試其既有妻室，而能孝友之不衰也。

舜　典六條。

舜"濬哲文明",則非啓明而嚚訟者比也。"温恭允塞",則非象恭者比也。五典從,百揆叙,四門穆,則非方命圮族者比也。"乃言厎可績",則亦非静言庸違而績用弗成者比也。一一與《堯典》相對。

正日正字,非用力字,蓋如正月之正,乃是日之端首,謂二至二分之日也。此處不差,則其餘皆不差,如五器,孔説亦有所據,然於如字費解,不若從傳。

"肇州"節,疑即使禹治水之事。肇非獨訓始,如所謂"肇修人紀"、"肇造區夏",皆有整而理之之意,即所謂"九州攸同"也。封山,即所謂"九山刊旅"也。濬川,即所謂"九川滌源"也。其州數與《禹貢》不同者,疑舜之前,原有諸州之名,舜始定爲十二。至禹治水,又并爲九。未必舜之肇州,在禹治水之後也。殛鯀興禹是一時事,如此則無嫌於在四罪之前矣。

經理山川及明刑,兩事最大,故舜首重其事,而其後必使禹、皋陶專掌之。"四罪"一節,上係明刑之次,以見刑法之服人心,下起咨牧命官,以見用賢之先去惡也。如《堯典》亦先記其辨共、驩、伯鯀之奸,然後能咨岳以舉舜,義例相似。

以"服"字對"宅"字,似當爲衣服之服,如赭衣之類是也。三就,應氏可備一説,然對三居言之,亦當以古説爲愈。

陳氏以命專爲君命,與傳義異。然命即言也,納言是官名,納兼出,納在其中,言兼命在其中。如今勑書與章奏,自君視之,則皆國家之政事,均謂之命可也。

人心道心

人心,人欲也。道心,天理也。兩句分別極明白,然試於人身驗之,則口之於味,鼻之於臭,耳之於聲,目之於色,四肢之於安逸,所謂人心也。貌之恭,言之從,視之明,聽之聰,所謂道心也。二者同出於耳、目、口、鼻,而有天理人欲之辨，何哉？蓋聲、色、臭、味，生於耳、目、口、鼻者也。恭從明聰，則雖發於耳、目、口、鼻，而非生於耳、目、口、鼻者也。無主宰是者，而使耳、目、口、體，徇其聲、色、臭、味之好，是心役於物也。性制於形，志受命於氣，是之謂人欲之流。有主張是者，而使耳、目、口、體，效其恭從明聰之職，是心役物也。形制於性，氣稟命於志，是之謂天理之正。譬之一家，主人用事，而妻妾、子弟、奴僕，聽命分職則所爲莫非正理。如妻妾、子弟、奴僕，各行其志，無所檢束，則人人私意用事矣。又如一國，大君制命，則自左右近習，至於百官有司，莫不守法奉令，惟理之循。不然，則臣下各行其私，政事豈有不亂者哉？就耳、目、口、體中分別理欲，其大致不過如此。孟子曰："耳目之官不思，而蔽於物，心之官則思。先立乎其大者，則其小者不能奪也。"蓋此意也。夫聲、色、臭、味，耳、目、口、體之所欲也，恭從明聰，則豈爲適耳、目、口、體之欲而然哉？蓋天生蒸民，有物有則，其本然之理，當如是也。南軒張氏曰："無所爲而爲者，爲天理。"蓋此意也。

蒹　葭

序者以蒹葭喻秦俗，白露喻禮義，闊矣。何不曰蒹葭者守禮義之士，而白露者爲秦俗乎？歲寒然後知松柏之後雕，蒹葭蒼盛，而霜露既降，則惟有晦隱以善其身而已。是以影響昧昧，若恐聞於人，而混迹人間，初不異乎衆也。

下　泉

"洌彼下泉"，説者以洌泉喻衰政，蕭稂喻下國，似非詩意。《易》曰："井洌寒泉食。"泉之洌者，宜乎溉良田、殖嘉穀也。今所浸者，苞稂耳，苞蕭耳，苞蓍耳，此所刺與《候人》同意。蓋爵禄不加於善士，而惠澤不下於良民，皆亂國之常也。如是，則何爲而念周京乎？以王命不行，故小國無政。若四國有王，如郇伯者奉命布之，則陰雨之所膏者黍苗，彼稂莠蓬蒿，安得奪其潤哉？

常　棣

《常棣》，思兄弟也。首章言"凡今之人，莫如兄弟"，而次四章分申其意。

蓋朋友之墓,有宿草而不哭焉,則原隰之裒,惟兄弟求之而已。朋友有同患憂歎之情,而無不反兵之義,則急難禦侮,亦惟兄弟赴之而已。曾是無喪無亂安寧之時,而謂兄弟之好,反不如友生乎？故曰“莫如兄弟”也。後三章,則言友于之道。凡兄弟之情不親者,乾餱之愆,而妻子之言間之也。常人孺穉之時,兄弟同食同嬉,故其情相篤,長而日益遠焉,則疎矣。故必籩豆酒食,日相飽飫,則兄弟僃在,莫遠具邇,而無異於孺慕時也。常人未有妻子,則其情專,一有妻子而不同心,則骨肉爲之離間。故必妻子好合,如瑟琴之同調,則兄弟爲之聯聚,不但和樂,而且耽慕以終身也。然則敦兄弟之好者,必宜爾室家,而無有忿争之事,樂爾妻孥,而無有離異之端,然後兄弟之情可終。人試究之圖之,此豈不誠然乎哉？後三章之意如此,與舊説異。

伐　木

《伐木》,思朋友也。然其後及於諸父、諸舅、兄弟云者,此詩蓋與《常棣》相首尾。《常棣》之詩,疑於朋友不如兄弟矣。然朋友者,同氣相求,同聲相應,以德義相成就,去暗昧而即高明,若出幽而遷喬也。可以人而不如鳥乎？然而世之朋友,多所謂酒食游戲相徵逐者,故有薄其所厚,而雖有兄弟,不如友生者矣。必也友朋之驩,自父、舅、兄、弟先之;友朋之樂,與父、舅、兄、弟共之。然後親、疎、厚、薄,不失其倫,所謂不順乎親,不信乎朋友者,其相孚之誠,相成之義,亦不能舍此而見取於賢人君子也。是故,《常棣》之詩,得《伐木》而其理始僃。

鶴　鳴

《鶴鳴》之詩,盡取友求益之道。鶴鳴聲聞,誠則必動,《易》所謂“居室言善,而千里之外應”也。在渚在淵,心同跡異,《易》所謂“君子之道,或出或處”也。樹檀矣,又有蘀穀焉,尊賢容衆,《易》所謂“包荒”也。石以攻玉,取益無方,《風》所謂“采葑采菲”也。上截是一意,皆言其志合道同者,下截是一意,皆言其弘收節取者。

白　　駒

《白駒》，勸隱之詩也。賢者之去，同僚惜之，故欲縶維朝夕，而喜其賁然相顧。然又決之曰，行也，使爾爲公爲侯，則憂深責重，暇豫未有期矣。韓子云"子之中棄，天脱羈羈"是也。優游者，猶豫遲迴之意，言其不必優游，而可以勉決其遁思。士大夫之相勇於去如此，其周德之衰乎？亂章乃望其音問之常通，此則朋友之情也。

小　　宛

鳩一生九子，以爲兄弟之喻。鳩飛戾天，喻人之能自奮也。故思念父母，其心憂耿，達於明發，則其守身之志決矣。惡旨酒者，以顧養也。畏天命者，子之翼也。中原之菽，蕃其種也。螟蠃之子，肖其類也。草木昆蟲，猶有種類，人受教誨於父母，而不以善似之可乎？此所以日月征邁，以求無忝。此兩章，申有懷二人之意也。桑扈而啄粟，瘵寡而岸獄，民物失所甚矣。當此之時，何以修身而避咎乎？温温矣而惴惴，惴惴矣而戰戰兢兢，惕彌深也。集木矣而臨谷，臨谷矣而履冰，危彌至也。此其所以守身，而庶幾其不辱親也。此兩章，申"各敬爾儀"之意也。

蓼　　莪

《蓼莪》，思親也。孔子曰："立身行道，揚名於後世，以顯父母，孝之終也。"傳曰：父母既没，欲爲善，思貽父母令名，必果。欲爲不善，思貽父母羞辱，必不果。《蓼莪》孝子，其斯志也夫。父母有善而不能繼，不猶"蓼蓼者莪"之一變而爲蒿蔚乎？然則劬勞憔悴而生我者，不能無忝所生，是亦可哀也已。缾受酒於罍者也，缾罄則罍耻。子受身於父母者也，子而無善可稱，則是爲父母羞辱而已。故寡德之民，其生也不如死之久，哀之至也。失其怙恃而銜恤靡至者，情也。念其生成鞠育而思報其德者，義也。南山之茂，而飄風摇落之，則其草木懼不滋矣。父母之年,而奄然奪之,則其子安能成立乎哉? 穀善也,害傷也,人莫不善,而我何擢傷? 人莫不善,而我何不終? 蓋終篇皆有自責意焉,如徒曰遭亂感時,則寡味矣。

楚　茨

"楚楚者茨",始言祀先祖,饗神保,降神迎尸之事也。繼言賓客助祭,共爲獻酬於神,三獻之事也。"笑語卒獲",非謂人之笑語。《記》云:"齊之日,思其居處,思其笑語。"於是見祖宗之如在,則所謂笑語卒獲者矣。繼言工祝致告,飲福受嘏之事也。繼言送尸廢徹,而備言燕私,則祭畢而燕於寢之事也。祀事之始終大致,盡於此詩也。

旱　麓

"瞻彼旱麓",終篇多以時物起興。旱麓廣大,則"榛楛濟濟"矣。君子有愷悌之德,協於山川,福禄之生也,亦濟濟焉而已。有玉瓚則黄流注之,君子有愷悌之德,比於金玉,福禄之降也,亦舍是安適哉? 然而愷悌之實,作人是也。物各從其類,而君子善類之宗。故韓子曰:"志同而氣合,魚川泳而鳥雲飛也。"此愷悌之實也。"清酒"、"騂牡",序其事也。有干禄之本,有愷悌之實,然後可以修祀事而祈大福矣。有柞棫之材,則民之所燎也。有君子之德,則神之所勞也。此祈福而神報之之應也。條枚正直,而葛藟自附之。君子修德,而正直感通,其求福也,豈有邪曲之行哉? 終干禄愷悌之意也。

臣工噫嘻

《臣工》、《噫嘻》,祭稷詩也。句龍主社,而棄主稷,三代共之。周家受命,推后稷爲太祖,郊祀配天,則社稷之祭,不敢斥言后稷,故呼保介之神而祝祈之,先儒所謂農官之副是也。先嗟嗟於臣工,代神命人之意。後嗟嗟於保介,代人祈神之辭也。春之既暮,麥秋將至,故欲其助上帝以錫康年,使我得率衆人以觀刈穫。後章又言自周公相成王,制禮秩祀,而既昭假于爾有神矣,故爾當率是農夫,以勤耕而終事。蓋其生也專職,則没世主之。二詩繼《思文》之後,故知爲郊社相附也。嗟嗟噫嘻,稼穡艱難,念民命而發歎。夏有雩祭,取於吁者以此。

榕村文集卷二十四

講　義　二

論語詩三百章

“《詩》三百，一言以蔽之，曰思無邪。”非言作《詩》之人思皆無邪，亦非言《詩》之辭義無邪。蓋言《詩》之爲教，所以禁止人邪心而已。“無”字亦當與“毋”通。夫子言《詩》三百篇，而其爲教，則可以一言蔽其義，不過禁止人之邪心而已。夫先王之教，《詩》、《書》、《禮》、《樂》，孰非所以收放心、養德性之具。然至於諷詠優游，感發興起，使人之邪慝自消，則未若《詩》教之切。《詩》之爲教，人事洽於下，天道備於上。然其要，所以道性情，使人以勸以戒，則蔽其義者，未若“思無邪”一語之精也。此“思無邪”三字，與“毋不敬”語氣相似，皆當作戒詞看，則文意自然明白。“《詩》三百”，亦刪後之詩，所以垂世而立教者。纔道“詩”字，便有“詩教”二字意在裏面，非尋常歌謠絃誦之詩也。若言作《詩》之人思皆無邪，則如《鄭》、《衛》許多篇什，序文雖以刺淫釋之，然極有辭意穢褻，不似諷刺者，真不可通也。朱子與東萊吕氏反覆辨難，其差在此。然緣當日未指出此章“無”字作戒詞，故使文義解釋之間，亦多勉强，而終無以破東萊之疑也。

點爾何如節三條。

夫子與點處注，當分作三段細看。“曾點之學，蓋有以見夫人欲盡處”云云，是一段，乃言前意思，故其動静之際從容如此。“而其言志”云云，是一段，乃言中意思。“而其胸次悠然”云云，是一段，乃言外意思。在點當日言志，不過以己未願仕，但就目前之境而樂寓焉，就目前之樂而志存焉，如此而已。推其所得力，則必其見地透徹，世間利欲無所入於其心，故能超然自得如此。且以其言外之意觀之，則又浩然有與天地萬物同流得所之妙。故程子以爲已見大意，又以爲堯、舜氣象，皆自他人觀之如此耳，非是點胸中便横塞了許多天理，又著了一段堯、舜氣象也。

夫子明言"如或知爾，則何以哉"，而點絶不及酬知之意。蓋點所對，謂不願仕也。故先發其端，曰"異乎三子者之撰"，非是抹了三子，蓋即自述不願仕之意耳。子曰"何傷乎"，或出或處，"亦各言其志也"。點即言其志之所樂，樂之所寓。此與漆雕開不願仕之意同，而點高明和樂，有狂者之風，漆雕開沉潛篤實，有狷者之操。故夫子一説而一與之，而程子以爲皆見大意也。

點也之樂，固可以庶幾於顔氏之樂，然春風沂水之樂，則與陋巷簞瓢之樂不同，何也？陋巷簞瓢本無可樂，顔氏之樂，不以陋巷簞瓢而改；春風沂水原有可樂，點也之樂，則以春風沂水而見。推點之樂，亦將可以樂往而不存，但就其所言之志觀之，則見其藹然和樂，而有對時育物之意。故知道者往往有契於其心，推而極之，則以爲堯、舜氣象也。

不患寡而患不均節

"不患寡而患不均，不患貧而患不安"，下文解釋當云"蓋均無寡，安無貧"，方與上文義相對。今乃不然，又添出"和"字、"傾"字，此見聖人立言之精密，而解者往往失之，故爲之説曰："均則無貧矣，何寡之足患？均而和則并無寡矣，和而安則并無傾矣，何貧之足患？"此但取其文意相足而已，未得聖人立言之意也。蓋凡物兼并則多，均分則寡，均未必無寡也，富者多危，貧者多安，安未必無貧也。古人之意，以爲寧寡而不可使不均，寧貧而不可使不安。故所患者在彼而不在此。夫子又推論其理，謂古人所以不患寡而患不均者，蓋均則各得其分，不相侵奪，雖或有寡，不至於貧。且均則各得其分，不相侵奪，其和可知。和則有無可以相資，盈虚可以相濟，并可不至於寡矣，此古人所以貴于均也。古人所以不患貧而患不安者,蓋安則内變不生,外釁不作,雖或不免於貧,而決不至於傾矣。夫爲國家計者,慮傾危耳,無傾危之慮,則貧猶不足患,而況於寡乎?此古人所以貴于安也。

孟子不動心章

或問"不動心章"。曰:"是必先知告子之説,而後有以得孟氏之意。蓋告子之事心也,以爲吾儒之事心者外也。或憑依於語言文字,而以識見知解爲心,非心也;或倚附於綱常名義,而以氣魄精神爲心,非心也。故其説謂若不得於言,則但以言視之可耳,而不可求之於心。蓋求之於心,是以言爲心也。不得於心,則但於心求之可耳,而不可求之於氣。蓋求之於氣,是以氣爲心也。其學自有明心之法,而不在於識知見解之間;自有定心之術,而不藉於氣魄精神之用。最與後世釋氏之道相近,故能倡性命之説,與孟子争衡。而不動心之效,實堅且速,稊稗之熟,先於黍稷之秋也。"

曰:"孟子之非之也,如何?"曰:"孟子之意,以爲氣魄精神之用,較之於心,容有本末之可言。至若心以知爲體,以思爲職,奈何以言之不知者,而以爲非心乎?且究極言之,志氣亦一體而相爲本末,非截然二物也。故曰志至、氣次云者,言志之所至,氣必至焉。即下志壹動氣之説也。蹶趨之所動者氣也,而心亦震掉驚悸者久之,況夫卒然之臨,積盛之勢,其氣之動,有萬於蹶趨者乎?此則氣壹動志之説也。志之當持而氣不可暴也,明矣。暴猶害也,害其氣者,失養者也。以直養而無害,明不可暴也。譬之樹然,志則根也,氣則枝也,撥根則傷枝,然披枝則亦敗其根也。譬之水然,志則源也,氣則瀾也,塞源則絶流,然堙流,則亦潰其源也。由斯以言,告子以氣爲非心者,亦豈識心者乎?"

曰:"孟子所以異於告氏,何也?"曰:"孟子不以言爲非心,故必知言也。不以氣爲非心,故善養其浩然之氣也。至大至剛,以氣之本體言也。其所以塞天地者,配道義者爲之也。氣與道義,渾然一物。告子之不知氣而外氣者,其原生於不知義而外義也。告子視一切之義,以爲皆安排裝綴而有,故視夫人之養其氣者,亦以爲假區區之義,震厲張王而生,皆非心也,皆非内也,故不足事也。孟子謂我之浩然之氣,是集義而自然生者,非借義而可掩取者。蓋此借義掩取之人,其行必有不慊於心,而氣隨以餒矣,安能如是其浩然當存者乎?告子乃獨不察於此,而以義爲外,以氣爲非心。我故不獨曰告子不知氣,而曰告子不知義也。是故,人之事心也,但當有事於集義,而不可取必於心,又不可忘,不可助長,則庶乎其可耳。四者相因,然其病至助長而極。告子之外義也,無事而忘者也,其先我不動心也,取必於心,而助之長者也。宋人以有事於芸,爲無益於苗,故揠之以助長於苗。告子以有事於義,爲無益於心,故制之以助長於心。孟子之意,若曰苗則槁矣,其先人而長者,是宋人之害其苗也,吾恐心亦槁矣。其先我不動者,豈非告子之害其心乎?蓋後代釋、老之學,棄捐倫理,而立定坐忘直指人心而成佛見性,其道冥然,正與告氏同歸,而背孟子之所大戒也。彼方以爲心學大成,而自聖賢觀之,其心則已枯槁而不足用矣。"

曰:"襲取亦有正助之病否?"曰:"固是。但襲取是襲取氣,其所助在氣。告子不求於氣,而直取必於心之不動,其所助在心。襲取氣者較粗。"

曰:"其以持志爲言何也?"曰:"此因告子'不得於心,勿求諸氣'之云而言。告子之不以氣爲心,故不得於心,則但當强制其心而已。持志者,制其心之謂也。夫持志之功,吾儒亦有之,但吾儒所持者,義理之志,持之之功,貫動静而不偏。告子所持者,空虚之志,持之之功,偏於静而無用。是則不待究論夫氣,而所謂持志者亦已非矣。孟子不之言者,以方較量志氣而未暇及。至下所謂無事而忘,正心而助,則正指其持志之誤,而不動心之適以害其心也。"

曰:"朱子《或問》之云,及程子之説,似以持志爲敬以直内之事,而集義養氣爲義以方外,信乎?"曰:"以字義觀之,似矣。細尋文義,則持其志者,即不動其心之别名也。然氣不在心之外,則養氣之功亦不在持志之外也。告子持其志而必外其氣者,空虚之心也。孟子持其志而不暴其氣者,義理之心也。是告子以置氣者求心,而孟子以求心者養氣也。以求心者養氣,而氣之成則爲有輔於心,此所以其道一貫,其用同歸也。必有事焉而勿正,心勿忘,勿助長,持志之事，養氣之功，不動心之要也。若曰何者爲敬，何者爲義，何者爲事於義，何者爲事於心，則恐觀者割裂穿穴，紛如亂絲而不可治矣。”

曰：“告子之亦得爲持志者，何也?”曰：“程子固言之矣，釋氏敬以直内則有之，義以方外則無也。夫學豈有義外之敬，敬外之義哉？釋氏無義，烏有所謂敬？就其近似而言之耳。故程子又曰，既無義以方外，即直内豈有是處也。告子持志何以異是?”

曰：“孟子之喻志氣交動，而有取於蹶趨，何也?”曰：“凡氣之動於外者，兩端而已，一則驟感而不能持也，一則方盈而不能止也。如蹶者之傾跌爽容，如趨者之喘息未定，舉是類之，天下傾危巉岨之乘，吾身蕩軼馳騖之餘，其爲蹶也趨也大矣。而氣有不撓且亂，而心有不惶且惑者乎?”

曰：“詖淫邪遁何謂也?”曰：“以正路譬之，詖則稍偏側爾。淫則一出一入於此疆彼界之中也。邪則棄大路而趨小徑；遁則陷草莽，墜荆棘，而無所於歸矣。蔽陷離窮，以此意求之，則得之矣。”

曰：“此其爲指人言耶？己言也?”曰：“人言、己言，等言也。孟子所謂知者，他人之言也。然而曰聖人復起，必從吾言，則自知其言之不易也。告子所不知者，亦他人之言也。而既入於詖淫邪遁而不自知矣。是故，其不動心之病，生於外言與氣；外言與氣之病，生於外義；外義之病，生於不知義。不知義故不能知言，外義故不能養氣。於是而能不動其心者，衹以害其心，而害及於政事而已。”

或曰：“告子既無事於言，而何詖淫邪遁之有也?”曰：“夫言與氣，烏得而無也。釋氏自謂芟去語言，不立文字矣，而荒唐之説，爛熳而無極。自謂不著色相，無所滯礙矣，而張皇震耀，神通變化之迹，方且以爲美譚。此與告子之詖淫邪遁，正心助長，正相等耳。告子蓋亦知言與氣之不得而無也，至所欲無者義也，欲無義，不得不以言與氣爲粗而外之。故自論知言養氣以下，舍曰告子不知言，不知氣，而曰不知義云。”

禹掘地而注之海節

《尚書》禹言：“予決九川，距四海，濬畎澮距川。”此其治水之規模次第也。

蓋先使大水歸海，而後使小水入川，則下流既通，而上源自滌。故《禹貢》紀經營九州之序，始於冀、兗，次及青、徐、揚，然後次及荆、豫，以終于梁、雍者此也。此節言掘地而注之海，即決九川、距四海之事。下文所謂水由地中行，江、淮、河、漢是也，即濬畎澮距川之事也。蓋前此者，懷山襄陵，水不行於地中。今行於地中，而有江、淮、河、漢之名，則泛濫之水，各有所入，而無復浩浩滔天之勢矣。當水未入海，則蛇龍居之，民之大害在此。掘地注海，則遂驅蛇龍而放之，先除其大害也。然山林川澤，險阻之處，鳥獸盤踞，以害民者尚多，必待水由地中，處處循軌，所謂"九山刊旅，九川滌源"，然後險阻盡平，而鳥獸之害亦消矣。先海而後江、淮、河、漢，先蛇龍而後鳥獸，各以害之大小、輕重言，而施功之次序，因亦可見。下者爲巢，避蛇龍也。上者營窟，避鳥獸也。得平土而居之，則二者之患亡矣。

周室班爵禄章

諸侯之卿，不命於天子者，其禄秩與大夫等；命於天子者，不論大小國，其禄皆當四大夫也。但大國三卿皆命於天子，故視大夫四倍。次國三卿，二卿命於天子，其一與大夫同禄，則以三卿與三大夫總較，惟三倍耳。小國三卿，一卿命於天子，其二與大夫同禄，則以三卿與三大夫相較，惟二倍耳。故曰："次國之上卿，位當大國之中卿，中當其下，下當其上大夫。小國之上卿，位當大國之下卿，中當其上大夫，下當其下大夫。"當大夫者，皆非命卿也，秩既相當，禄亦相等明矣。

中庸仁者人也親親爲大二節

以五品五常配四序而論之，父子主仁而屬春，君臣主義而屬秋，此陰陽之純，仁義之正也。兄弟近父子而殺於父子，則自仁而即義。朋友近君臣而殺於君臣，則自義而即仁。故長幼之序，主禮而屬夏。夏在春秋之間，禮在仁義之間也。禮之窮處則恐文勝實，故朋友主信而屬中央土也。夫婦之分，繼乎君臣，而道開乎父子。父子兄弟，天合者也。朋友君臣，人合者也。夫婦男女兩體，則是人合之終，是生父子，則又爲天合之始也。明所生於天地，知自别於禽獸者自此始，其道亦仁義參焉，故主智而屬冬。此二者又陰陽之交，仁義之互藏其宅者也。天地之陰陽大會在夏，不大會則不别，故秋繼之。長幼朋友，人倫之大會也，爲其統四海皆兄弟也。陰陽大别在冬，不大别則不合，故春繼之。夫婦，人倫之大别也，爲其本兩人之身也，是以聖人因其會而嘉其會，因其别而厚其别也。此言仁、義、禮之施，親親賢賢以及等殺，其管乎五達道者備矣。

於智不言所施，何也？曰：知人知天者，智之所施也。知人知天者，乃專言之智，猶修道以仁，乃專言之仁，故無專屬也。雖然，知人知天者何哉？知其所以生生云爾。周子曰："《乾》道成男，《坤》道成女，二氣交感，化生萬物。"此生生之原也。知人知天者，亦知之於此而已。《西銘》亦以天地父母推究，然後有以明體性之所自來。則智之爲知人知天，而分屬乎夫婦者，其道大矣，又豈容以居室之近屑屑言之乎？

至誠之道可以前知章

有人問："前知之學，聖人不貴，而《中庸》稱至誠之道，可以前知，何也？"曰："貴者理也，不貴者數也。""理與數二乎？"曰："理者天之意，天之意當知者也。數者天之事，天之事不當知者也。有人於此，於子親而厚，凡子之所行所爲者，彼必知其意焉，則子悦之。何則？人之意，未有不欲人相知者也，況天心之至公乎？若子之所作所爲者，彼必察其事焉，則子尤之。何則？人之事，未有盡欲人預知者也，況天機之至幽乎？且夫知子之意，則事有若相反者，而彼不疑也。而觀子之事也明，察子之事，則意有若相反者，而彼不知也，而誣子之意也甚。斯二者，天人之故也，子何預焉。"曰："《易》言極數知來，何也？"曰："聖人者，知天之意，又察天之事者也。雖然，其察也以迎，不以豫。或天既動焉，或人既動焉，因而推之，是之謂迎。若天未動焉，若人未動焉，從而推之，是之謂豫。迎則幾之有兆者也，而濟民行也深；豫則術之無端者也，而惑民志也大矣。是故京、郭之流，古謂之亂常人。康節之學，程、朱猶不尚焉者此也。"其人曰："子之論可謂高明。"

周子太極圖説六條。

周子言動静在兩儀先。蓋自漢以下,説天地者多如此,謂未分天分地之初,當有瞬息不停者,爲元氣未嘗死之驗。横渠所謂坱然之氣,升降飛揚,未嘗止息,然後浮而上,降而下,以分清濁,亦此意也。然此直懸揣之耳。兩大未生[①],固莊生所謂存而不論者矣。孔子作《繫辭傳》,先言天尊地卑之定體,次及雷霆風雨之鼓動,寒暑之運行。其贊《易》象也,亦以天地定位者先之,然後及於雷動風散六子之用,此則聖人之言天也。故曰:"天地設位,而《易》行乎其中矣。"又曰:"《乾》、《坤》毁則無以見易。"

一動一静互爲其根者,氣之流;分陰分陽兩儀立焉者,質之對;陽變陰合而生五行者,質之對;五氣順布四時行焉者,氣之流。陰陽則先氣而後質,五行則先質而後氣者,何哉? 曰: 動静,元氣之呼吸喘息也。元氣不壞,喘息呼吸不窮。兩儀則清濁判,上下分,開闢而後有者也。夫未生五行,則五者之名何有? 五者生矣,故以其氣上配於天,造化則然,非苟於立言而已也。陰根陽,陽根陰,於動静言之,兩儀之立,其互藏者,可以觸類而知。水陰根陽,火陽根陰,於變合見之。四時之行,其交根者,可以不言而喻。

《圖解》所謂"生之序"、"行之序"者,當善觀之。愚意謂當云,推其所由生,則水、木陽也,火、金陰也。指其所自盛,則木、火陽也,金、水陰也。生之序與行之序皆然,如此則四時之分明,五行之性得,而於朱子之意,亦不相悖矣。

五行各一其性,偏所從起也。五性感動,過所從生也。過而不已則惡,惡者過之極而已矣。然則人生而静之初,純粹至善,何惡之有哉? 至哉! 周子之言天人之際也。天地五行以生萬物,形神五性以出萬事,萬物終始於天,萬事生化於心,一也。此實三才合一之機,窮理盡性至命之源也。

天有陰陽,氣也,四時具之矣。地有柔剛,質也,五行統之矣。人有仁義,德也,五常該之矣。自無極以下,立人極以上,三才之藴備矣。故特舉《大傳》之言證焉。陰陽、剛柔、仁義,未及太極也,而所稱引止此。周子之意,以爲太極不離乎此也。夫離陰陽、剛柔、仁義，則無所謂太極，況離太極，而更有所謂無極乎？紛紛之疑，可以釋矣。

朱子謂陽也、剛也、仁也，物之始也，生之說也。陰也、柔也、義也，物之終也，死之說也。信乎？曰：其義精矣。萬物終始於天，萬事生化於心。萬物不出乎陰陽、剛柔也，萬事有出於仁義哉？通乎陰陽、剛柔、仁義之道，豈徒知形氣死生之說而已哉？所以死生之理，可體而順也。

通書誠上章

誠者，天之所以爲命，而人之性稟焉。聖人之所以聖者，盡性而已，非有加于性之外也。故曰："誠者，聖人之本。"此句是一章之綱，以下皆發明其意。乾元者，天地生物之心也，萬物各得其心以爲心，是誠之所自來也，故曰源。乾道變化者，二氣五行之錯綜也，人得之以爲人，物得之以爲物，品質一定，不相假借，是誠之所以成也，故曰立。夫一元生生之理，固無有不善矣。及其變化以成萬物，則雖偏正通塞，雜糅不齊，然既有是性，則莫不有是善。故統而言之，則皆純粹至善者也。繼，即資始之謂，謂天人賦受之際，莫非善也。成，即各正之謂，謂萬物並育於天地之間，莫不有性也。引此二句，正以發明上文之義，至是而性之說明矣。又言其在造化者，元亨乃太極之動，實理之流行而通也；利貞乃太極之静，實理之歸根而復也。此二句，是言天之所以爲命者，乃性之本也，其理皆具於《易》，故曰"性命之源"。

通書動静章

動而無動，静而無静，即張子所謂"兩在"也，所謂"合一不測"也。動静以陰陽言之，互爲其根者也。陰陽一神也。水、火以五行言之，互藏其宅者也。五行一神也。所以然者，五殊二實，二本則一。惟其理之一，所以其神不二。神也者，其天地萬物之至一者與？理也者，其天地萬物之所以一者與？自五行而上，上而陰陽，妙於神，統於極，混焉者此神爲之，此理爲之。自五行而下，下而萬物,各一其神,各一其極,闢焉者亦此神爲之,此理爲之也。

通書聖學章

《通書》言作聖之功二,一曰思,二曰無欲。思所以致知而窮理,無欲所以養心而盡性。此即程、朱知行之學也。

通書理性命章二條。

物各有理,然物顯而理微,故其彰者即其微者也。非通微之睿,孰能明之哉?氣質之生,有剛柔善惡之殊,惟善而又得剛柔之中者,則合乎性之本而至矣。天命流行,賦予萬物,故萬者本於一,一者散於萬。

理具於物之中,彰者至顯之象也,微者至隱之理也。性賦於氣之内,剛柔善惡稟氣之偏也,中者受衷之正也。命立於理性之原,一實萬分,乾道變化,各正性命也。是萬爲一,維天之命於穆不已也。知顯之微,可與窮理矣。知偏之中,可與盡性矣。知萬之一,可與至命矣。此章之文,至簡而深,凡程、朱所言性與天道,一皆權輿於此。

通書精蘊章二條。

聖人之精,畫卦以示,伏羲之《易》是也。聖人之藴,因卦以發,文、周之《易》是也。精謂太極陰陽之本,藴謂萬事萬物之撰。立象以盡意,故曰示。《繫辭》焉以盡其言,故曰發。惟其理之精也,故爲五經之原;惟其藴之富也,故天地鬼神之奥盡矣。

聖人之精,畫卦以示,邵子所謂"先天之學"是也。聖人之藴,因卦以發,邵子所謂"後天之學"是也。邵子又曰:"先天之學,心也。後天之學,迹也。""心迹"二字,出文中子,不如所謂"聖人之精"、"聖人之藴"者,意義渾然也。

通書乾損益動章

"乾乾不息於誠",主敬存誠之學也。"懲忿窒慾,遷善改過",謹幾克己之學也。主敬存誠，則《中庸》所謂“戒懼”；謹幾克己，則《中庸》所謂“慎獨”。此章所謂“慎動”者，即謹幾也。然必於乾損益之外，又特申明之者，所以致丁寧之意。

通書家人睽復无妄章

《大學》云：“欲治其國者，先齊其家；欲齊其家者，先修其身；欲修其身者，先正其心；欲正其心者，先誠其意。”此章即《大學》之指也。前章言存誠以克己，此章言克己以立誠。首尾相需，聖學盡矣。

張子西銘

塞者，天地之氣也，化也。帥者，天地之心也，神也。化以迹言，故曰事。神以心言，故曰志。所以述之繼之，亦曰踐道於身，體道於心，而於體性之本然者肖焉。至於窮神知化，則德之盛焉爾。未能知化，則不媿屋漏，行合神明，踐道之事也。《詩》曰“夙興夜寐，無忝爾所生”，共爲子職者以之。未能窮神，則存心養性，事我天君，體道之事也。《詩》曰“夙夜匪懈，以事一人”，永言孝思者以之。

【校記】

①“兩大未生”：道光本作“兩大未全”。

榕村文集卷二十五

頌

皇帝省方頌

皇上撫宇之二十八年，念九域安寧，疆理及於方外，區廣民繁，阜成惟亟。且吏道澄淆，土俗澆朴，既坐照于九重之上，穆清之中。然稽古神后，不廢時巡，采風詩，聞謡誦，旌賢黜幽。施勸懲之典，視民好尚，知其淫辟奇衺而設教焉。是故，望顏承幸，而爲之歡忭歌舞；服誨畏神，而爲之震疊恪恭。爻象、《詩》、《書》、《禮》、《傳》之所昭垂，是爲制治保邦，誠民疑命之本。爰以正歲八日，再舉省方，扈侍之官，僅餘三百，芻茭之峙，郊遂靡供。

臣謹案：王通云："古者巡狩，而國不費，民不煩，護衛少而徵求寡也。"方之聖代，毫末無取，徒旅不驚，豈特少與寡而已哉？甫涉山東，預免明年正賦。至江南，弛舊逋。駐蹕浙江，詔蠲除獎賚，風厲禁飭，凡十餘條，皇上所加意于黎元甚厚。所在循良吏，每擢以右職，常調不拘，賞舊勞，録死節，皇上所訓迪于臣工至隆。禮岱宗，優嶽祀，南渡浙水，親祭夏后氏之陵，返駕鍾山，奠明祖而展拜焉，皇上所施敬於明神甚恭。河、淮二瀆，利害之説，自古棼然。在京時，群臣表請臨閲，上可其奏。於是往返相度，躬親指授，聖謨之遠，洞若蓍龜，皇上所勤懷於國儲民命至悉。抑臣聞之，聖人之能感人而莫不悦者，仁也，誠也。

臣等觀六御所經，氓民擁聚，雷動稽角，趨迎者懽呼，追扳者霣涕，芹菽之貢，無異私親。蓋《書》有父母之文，《詩》有子來之頌，亦言其誼均情等耳，從未有皤老髫稚，依戀轍跡之間，日以數十萬爲群者，竟三千里投懷趨膝，真如赤子之怙慈愛。臣等乃今所謂見而知之者，《詩》、《書》所稱，未足云也。非天下之至仁至誠,詎能與此乎?載考《周詩·樊》之章、《般》之章,言時邁巡狩之事,皆有頌聲傳之無窮。皇上戢戈耆定,六服承德,蓋熙熙乎懷柔裒對之世矣。臣於是時,代匱清班,而且歷受皇上超遷眷顧,不世知遇,臣實叨之。每念高天厚地,曲成一物之恩,中夜汍瀾,未知所以稱塞。在諸臣之中,才藻最下,言詞最拙,不自度量,作爲頌詩,與衆旅進。知無能圖繪日月之光明,竊比葵藿傾向而已。謹拜手稽首而獻頌曰:

天命皇清,奄壹萬邦。攸函攸履,靡不率從。天命我皇,大皇清之烈。籥勺內狂,遂鉏外蘖。歲惟甲子,九域大定。東禮嶽宗,百神受命。薄觀其疆,至於南紀。玆已之春,肆浹五祀。民氣日康,民志日臧。皇謨孔長,皇心如傷。曷吏其肥,曷民其腓。曷風其微,曷俗其非。六御不嚴,三辰不練。載焉省方,曰民之見。知民所天,寬租已責。加惠東人,爰覃吴、會。知民所父,惟牧惟司。我進其良,顧貪者誰。雨露瀼瀼,含靈畢沾。或謳于序,或抃于閭。或諯于津,或拔于犴。順彼春陽,天施同散。黄流激激,南下清淮。今昔之議,或濬或排。孰抉群瞀,需我皇斷。以涸揚瀦,以固徐漫。禋于宛委,思夏后之迹。朕方心其心,有不翼翼。忠厚之風,鍾阜之恭。天祚我盛德,夫安有窮。萌萌者黎,其性孔明。曷比匪仁,曷格匪誠。燕、越之袤,餘三千里。夾路緣限,千萬赤子。扳摭睠戀,言出淚垂。非發天彝,而孰使之。臣之所聞,國惟民視。相厥歸皇,如怙如恃。臣之所聞,天在民心。相厥歸皇,奔淵鶩林。臣之所聞,民緊德懷。我皇之德,海蕩嶽崔。神人既洽,迅首歸路。皇極萬年,昭回百度。

表

進朱子全書表

玆者伏蒙皇帝陛下命,臣等編校《御纂朱子全書》,總六十六卷,刊刻已竣,謹裝潢成帙進呈。臣等誠惶誠恐,稽首頓首上言。

伏以道光載籍,統承四子之傳;德備文明,象應五星之聚。非爲一時而出,樂有後聖之知。果不虛行,殆同親炙。蓋繼天出治,職兼總乎君師;而稽古右文,功乃隆夫作述。五百歲之遥源斯在,二千年之丕緒聿新。

臣等竊惟危微心法,肇自伊耆;終始大成,集維元聖。中間言天言性者,則有禹、皋、成湯;言德、言學者,乃由阿衡、傅説。《丹書》垂乎敬義,《周禮》著夫中和。逮洙、泗而發揮無餘,歷漢、唐而明昧相半。直至濂溪默契道體,親授二程;爰得考亭剖析精言,兼綜諸子。斯文賴以不墜,後學由此弗迷。然其道湮鬱於江沱,惟其書流行於海内。前代雖頒行學校,知德者稀;全編則剥蝕經坊,研精實寡。從未有紹其道,傳其心,典極累朝尊異之隆,文經乙夜校讐之久,如今日者。

欽惟皇帝陛下,心畫羲爻,身符夏度。功巍文焕,猶兢兢業業以敕幾;仁熟義精,方矻矻孜孜而論道。謂朱子爲諸儒之醇粹,不難以聖而不學於賢;故其書爲六籍之津梁,將俾沿河而東至於海。崇其禮秩,方自廡以升堂;薈其遺編,乃命官而授簡。發凡起例,無非稟聖心之裁成;提要刊繁,逐一經御筆之删定。雖至微文碎義,周覽甚詳,轉注諧聲,摩求必當。沍寒蒸暑,未嘗輟誦於萬幾之餘;夜漏晨壺,不聞停披於寸晷之暫。是用規模晝一,條理分明。自小學、大學以開端,漸及《四書》、六藝;合道德性命而一貫,極於聖統王功。文約而彌該,義備而不複。權衡取舍,必得其肯綮之精;次第後先,一準爲施爲之序。歷選六百年來編朱子書者,其得詳略輕重之中,誠未有如我皇上者也。非夫心心相繼,不隔絲毫,聖聖相承,如合符節,孰能與此哉?加以親製序文,冠諸書首。大義微言之秘,啓發靡遺;修身覺世之方,會歸一致。於是頒諸宇内,使儒林有入聖之階梯;布在學宫,凡來者得窮經之指要。教思若風行而雨化,徯志自谷應而鐘鳴。

臣等章句習深,經籍道邈。生逢堯、舜,尚慚比户之民;少學魯、鄒,詎是及門之士。纂言不如韓愈,惟荷訓誨以成編;校書遠遜更生,幸藉指撝而識字。身遊道化之盛,奮而忘愚;名掛典册之端,榮以爲愧。臣等無任瞻天仰聖,激切屏營之至,謹奉表隨進以聞。

進性理精義表

兹者伏蒙皇帝陛下,命臣等編校《御纂性理精義》,總若干卷,刊刻已竣,謹裝潢成帙進呈。臣等誠惶誠恐,稽首頓首上言。

伏以文明式焕,五百年道運重光;删定聿新,億萬載儒宗有統。契聖真而行王事,沿近派以泝遥源。惟道術一歸於醇,信群言必折諸聖。臣等竊惟伏羲始畫,中涵性命之精;堯、舜相傳,顯抉危微之奥。是以孔門垂教,推本於執中;鄒嶧揚風,求端于性善。聖賢心法,于古昭然,理學源流,其來尚矣。下不雜于功利,故管、晏不免事業之卑;高不入於空虚,故鄒、莊大爲賢智之過。秦、漢而下,申、商、黄老代興;魏、晉以還,釋典禪宗相煽。推其言厖而道散,皆由學絶而風微。爰及周、程,首尋聖緒;輔以張、邵,悉闡天機。太極建圖,依然《易》卦之指;《皇極》經世,蓋取《洪範》之書。體仁孝者莫如《西銘》,乃《孝經》之要義;發性情者莫如《定性》,本《艮》象之微言。以故朱子之生,得因五子之師承,上遡六經之聖制,一倡群和,無愧當日鄒、魯之風。蓋有開必先,實啓于今唐、虞之運也。

欽惟皇帝陛下,道符天載,德合健行。學緝熙于光明,治允升于淳古。初踐基于大寶,日披簡以窮經;中削亂于四方,尚投戈而講藝。默成性命之理,允矣覃心;坐徹天人之宗,判若指掌。以今日行仁義之有效,知古人論道德之非虚。凡宋儒皆獲表章,至朱子尤加尊異。斯實前賢之厚幸,得蒙後聖之深知。謂《性理大全》之書,修於前代永樂之際。采摭綦備,而芼擇未精;門目雖多,而部分失當。恐學者貪多而無益,使斯道反晦而不明。特發宸衷,重加纂輯。務合揚粃糠而取精鑿,故記録之汎濫在所芟。不欲醨元酒而和太羹,故衍説之支離在所棄。約其義類,如網在綱;切於進修,猶階有級。詳而有要,簡而無遺。雖屬群賢之成編,亦存至當之精義。學必謹其純雜之辨,治必酌於古今之宜。一稟睿裁,盡經皇斷。縱使諸儒復起,必奉聖明以爲折中矣。賜弁序文,頒行學校。從此學者先河後海,悟斷潢絶港之差;望牆入宫,識宗廟百官之富。學以從政,人心正而人材興;習焉成風,大道行而大化茂。

臣等業同蝕蠹,技比雕蟲。叨服章逢,清夜有慚儒行;徒伸佔畢,白頭未覩賢關。謬受役于編摩,幸日親於指示。與聞至教,信雄況之非真;取成聖心,允游、夏之莫贊。遂使臣等枯株朽質,賴薪櫄以舒光;腐草微明,乘陽蒸而發照。

遵道遵路，思無玷于前修；是訓是行，期有立於聖世。世等無任瞻天仰聖，激切屏營之至，謹奉表隨進以聞。

擬清文鑑書成刊行謝表

伏以鳳篆龍書，大啓同文之治；金繩玉字，弘昭一代之風。經睿智以裁成，功參造化；稟聖謨而采擷，理盡包羅。遊韻海之鏗鏘，聲驚律吕；入字林之錯列，日觸琳琅。一字昭回，萬方作覩。臣等誠惶誠恐，稽首頓首上言。

竊惟圖書宣洩，文字始興，卦畫肇開，書契爰作。象形、會意，歸于指事，以盡物情；假借轉音，純乎諧聲，而窮風氣。司徒所掌，與六德六行而並頒；行人所司，必七年九年而一協。蓋雖鄉校之小學，實爲王化之大端。故漢庭之學童試史，必諷萬言；吏民上書，皆通六體。然而義沿支流之失，人趨簡易之歸。《史籀》、《倉頡》之章，變而造隸；《凡將》、《急就》之作，續以纂編。厥後形體差訛，土風相謬。平上去入之分部，猶限偏方；齒舌喉脣之切聲，未叶正始。《韻英》作於天寶，有百五十韻之新加；字學成於雍熙，以二十一字爲獨得。邵堯夫唱和之法，用補中原雅音；周德清母子之書，實開《洪武正韻》。要以元聲既邈，世變風移；制作不親，家殊人異。未有句譚字議，盡語言義理之詳；門別部居，極律吕聲音之本，如今日之盛者也。

兹蓋伏遇皇帝階下，濬哲在躬，文明出治。規制齊乾坤之矩量，經緯同日月之輝光。舉六籍之宏綱，經文復旦；撮諸儒之機要，道業常新。以至册府藝林，罔不窮漢濱而求照乘；旁及天官地志，一皆罄荆石而得連城。固已極典學之盛隆，仰崇文之大化矣。惟是國書之重，實爲昭代之文。出納所關，風行于中外；紀載攸係，典垂于億年。雖爲上下所通行，未有綱目之條舉。鴛行蒼序，既鮮問字之揚雄；舊德遺民，亦少疑年之絳老。浸焉忘舊，久漸譌真。將爲一代之成書，綿至卅年而未集。于是躬勤蒐討，親定規模。分領于群臣，旁稽之壽耇。大開四庫，包括三倉。與治同興，言必存乎訓戒；稽古徵事，義必實以典謨。下該草木蟲魚，無煩注《雅》；精極道德性命，寧異詮經。部分爲三十六區，自成義例;遡原於十有二母,冠以提綱。蓋字頭之書,原與五音六律相表裏;而連字之法,實取偏傍協韻而折衷。是以一經聖裁,聿成鉅典。窮事物之要,將以治萬民而察百官;推聲氣之原,直可通大樂而回正雅者也。於焉弁之御序,共欽玉麗之章;頒之庶僚,同凜金科之守。斯誠聖天子繼志之善,勞瘁窮年;故使我國家受命之符,光昭萬世。

臣等職忝校書,陋慚識字。手提一槧,未曉方言;目覩七章,無緣正讀。沿流忘本,誤有甚於豕魚;棄實採華,識莫明夫豹鼠。審音辨畫,猶難列于瞽史之林;弄墨燃脂,徒自擬于抄胥之職。祇遵裁決,稍效編摩。伏願文化彌隆,淳風常扇。心畫微妙,淋漓筆墨之先;性道流行,洋溢文章之内。同倫同軌,敷三重以徵民;天文人文,察二儀而化世。則如天垂象,群仰日月之華;與化同流,莫竟乾坤之藴。傳弈禩以無極,邁前古而有光矣。臣等無任瞻天仰聖,激切屏營之至,謹奉表稱謝以聞。

擬平定朔漠方略告成刊布謝表

伏以皇威遠暢,極萬里以揚旌;聖武遐宣,垂億年而作範。超金匱玉鈐而上,獨握元機;得五權三至之微,自操常勝。有征無戰,功不待於逾時;以攘爲安,道永存乎方册。用昭謨烈,式示儀型。臣等誠惶誠恐,稽首頓首上言。

竊惟弧矢原於《易》象,義取諸《睽》;鳥蛇始自軒《圖》,數符于《井》。合六卿而作誓,首嚴左右御馬之方;命九伐以專征,莫大進退金鐃之節。凡以民必教而後戰,師以律而始臧。仁義與節制兼行,文德並武功共焕。鬼方罙入,殷宗不愛勤勞;玁狁興師,周后用申奮怒。萬全而動,獨斷乃成。漢武登漠南之臺,躬操武節;唐文駐蓋牟之域,親繫戎衣。未至犁庭,仍然阻固,猶且功光史册,志見歌詩。爲行邊之美談,成陟迹之勝事。然或運籌在己,師武須人。封山而還,聞登臨于去病;呈圖以進,志方略于營平。空撰金弢,未嫺玉帳。所以禦戎新録,輯自儒生;籌邊有樓,開于作牧,未得伐[①]謀之勝,難收永定之勳。未有動九天之上以發機,功成袵席;極窮荒之外以稽顙,烈照縹緗,如今日者也。

茲蓋伏遇皇帝陛下，乾健天行，震威雷動。春生秋殺，鼓萬類于洪爐；賞勸刑威，躋斯民于壽域。方行天下，來自昔不賓之臣；化徧寰中，拓從古未開之土。龍沙、象群，固已一尉候于西東；青海、朱崖，早見混車書于南北。顧茲蠢爾，自絶並生。翕張蜂蟻之群，崛强雞鹿之塞。靡修鄰好，致其叩款以歸朝；敢逆諭言，狡焉倡狂而啓宇。而且摇動邊鄙，煽誘外藩。潛渡瀚海之區，闌入烏瀾之地。既敗衄以遵約，復反覆而渝成。勢將難圖，罪在不赦。于是，皇赫斯怒，親總六師；我武維揚，躬臨絶域。身先士卒，不避風雨勤勞；指晝軍儲，預籌駝車轉運。密勅東路，爲左犄右角之形；分布西師，作首擊尾應之勢。重兵既壓，文告疊頒。三面祝罄，尚拓恢恢之網；一朝脱兔，竟罹肅肅之罝。震皇旅以宵奔，遇伏師而晝衄。僅以身免，盡喪軍資。朔漠遊魂，知餘灰之不燄；廟堂深計，稔根本之務除。於焉再駕而至鄂爾多斯，三駕而至狼胥山麓。招携黨羽，遏絶路途。致部落之盡歸，旋元兇之就殪。自茲要荒稟職，絶塞同風。雖周之詰兵治戎，振王威于薄海之外；漢之撞鐘伐鼓，朝藩國于清渭之濱，曷克方茲，未容遠譬也。爰以兵非得已，須知創業之艱；謀必務成，欲使臨事而懼。特命載筆，編纂成書。凡調兵措餉之規，無遺纖悉；及發策決機之要，必究精微。累紙連編，歸於神武不殺；垂世行遠，總令耀德休兵。弁以王言，即序事而存儆戒之意；勒成大訓，如成功而作《雅》、《頌》之詩。誠令典之不刊，仰聖謨之無斁。

臣等幸叨班列，未歷戎行。讀閫外之《春秋》，有懷壯士；感兵鈐之問對，俯愧書生。淮右紀功，筆極慚於《唐雅》；燕然勒石，志切陋夫漢碑。虚縻給札之榮，妄希實録；莫盡運籌之妙，難測神機。伏願不戰屈人，止戈爲武。弘邇安遠來之德，普容民畜衆之仁。大化涵濡于域中，生成覆載；湛恩洋溢于方外，血氣尊親。則荒磧沙陀，無匪同懷之赤子；朔垂寒露，盡爲世享之外臣。占風雨和調而知聖人，窮日月出入以崇天子。職方長琛賮之貢，宗社永磐石之安矣。臣等無任瞻天仰聖，激切屏營之至，謹奉表稱謝以聞。

【校記】

①“伐”：道光本作“代”。

榕村文集卷二十六

疏　一

蠟丸疏

臣李光地謹題,爲密陳機宜事。

臣自二賊搆亂以來,遁逃山谷中,賊遣人延致,至于再三。臣抵死固拒,幸到于今,未汙清節,以辱朝廷。然踪跡孱危,尚未知草莽孤臣,復能幸全腰領,以再瞻天日與否? 蟲蟻微命,無足言者,臣不敢自惜。獨至于一隅安危,大勢所繫,敢冒萬死,蹈不測之禍,希徹天聽,惟皇上垂察焉。

臣惟八閩疆宇褊小,糧稅稀薄,今自二賊蹂躪,兵革不休,椎骨剥膚,民以大弊,而賊之勢亦窮矣。此時官軍誠宜以急攻爲主,不可置此一方,曠日持久,恐粤東、江右,必生他變。然所謂急之之道,不可不審也。今耿逆方悉力於仙霞關,鄭賊亦併命于漳、潮之界,獨汀州一道與贛州接壤之處,防備極疏,耿逆置守禦,不過千百疲卒。竊聞北來大兵,皆於賊兵多處盡力鏖戰,而不知出奇以擣其虚,此計之失也。以臣愚度之,仙霞地連浙江衢州等處,杉關連江西廣信等處,漳、潮連惠州廣城等處。此三者本地經制之兵,堅壁深藏,虚張聲勢,自足以控制覊縻之。至於汀、贛一道,爲宜因賊防之疎,選精兵萬餘人,或七八千人,詐爲入廣之兵,道經贛州,遂轉而向汀界。贛州至汀州,七八日耳,而汀州至福州、泉城,來往非月餘不至。比二賊聞知,則大軍入閩久矣。此所謂避實擊虚,迅霆不及掩耳之類也。此時賊方悉兵外拒,内地府、州、縣盡致空虚。所在殘黎,望大師之來,正若時雨。苟出汀州小道,横貫其中,則三路之賊,不戰自潰矣。漳州守臣黄芳度,嬰城固守,以待大師,此不可以不急救。而汀州、漳州地略相屬,接應尤極便易。臣乞皇上密馳詔旨，勅總兵官，間諜虚實，隨機取效。仍恐小路崎嶇，更須使鄉兵在大軍之前，步兵又在馬兵之前，庶幾萬全可以必勝。臣今者雖已爲樊鳥湯雞，然葵藿之心，睎見太陽，尚幾幸於萬一。倘有可采，伏乞睿鑒施行。緣在患難之中，奏對失體，仰惟聖明照亮。

覆平糶倉米疏康熙三十八年三月二十一日。

臣李光地謹題，爲詳請循例咨明事。

該臣看得，存貯餘剩米粟，原係題定每年春間發糶，秋後買粟還倉。康熙三十八年應糶米粟，經臣循例咨請發糶，户部移咨，以秋收果能一定買還，應令具題到日再議等因。行據守道高必弘呈稱，平糶米粟，實爲濟民善政，各屬秋收之後，自能買粟還倉，即偶遇薄收，亦不過稍緩時日。至於不肖有司那移虧空，出於意外，未便以後日難料之事，置良法於不問。仍請援例題請發糶等因前來。理合具題，謹題。

請借倉拯濟贊皇疏康熙三十八年四月初八日。

臣李光地謹題，爲借倉貯拯濟窮黎事。

該臣看得，贊皇一邑，深居山僻，向因紙蝴套匪類爲害，附近居民，悉多逃避。乃于去年荷蒙皇上德威遐暢，撫安寧謐，盡屬良民，而昔年逃避者，紛紛歸里。但此輩失業既久，資生無術，若不設法拯濟，勢必轉徙流移。兹據守道高必弘詳議，暫動倉粮，借給牛種籽粒，俟秋收還倉等情前來。臣思積貯米穀，原因拯救窮黎起見，今贊邑歸里之民，既鮮資生，議動倉穀，借以牛種籽粒，似屬允當。謹題。

條陳清查錢糧虧空疏康熙三十九年正月二十一日。

臣李光地謹題，爲請嚴虧空之法，以除積弊事。

臣蒙皇上天恩，畀以重任。竊見目前因循之積弊，未有甚於虧空者也。夫賦税有民間之逋負，米穀有雀鼠之耗蝕，即或地方有萬不得已之事，因公那移，亦所不免。然此等皆爲數無幾，法雖難寬，情可原宥。惟是有不肖各官不問公私，任意侵那，動千萬計。至歲終盤察之時，或將銀錢那新掩舊，或將米粟借指支吾。更有錢糧不清，假捏完報，其盤察上司，多牽于情面囑託不即舉發，至積年不清。又知失察有革職之條，遂不得不扶同支飾，以倖一時。故現任官員，各項悉報無虧，奏銷盡結實在，及陞遷事故，無不人人虧空者。上司復懼有處分之例，多將歷年虧缺倉庫，捏作現年揭報，以圖脱卸。迨參究之後，又慮本官舉發，曲爲庇護。無論盈千累萬，止以那充公用擬罪，其至重者，不過以擬流準徒。定案塞責，積習因仍，視公帑爲私藏。萬一地方有賑救災荒之事，必至倉貯皆空。誠不可不立法申飭，以期釐清宿弊者也。謹臚列三條，以備聖明採擇。

一、雜項錢糧，應同正項盤察也。州、縣、府、道收貯錢糧，于地丁正供及常平倉糧之外，如不入奏銷案内之承追銀米，減糶漕糧各案餘剩核減，存貯一切錢糧，經手之官，以爲考成，可以那掩。該管上司，亦以不在盤查之列，任其抵飾。移彼補此，滋弊無窮。似應將此一應雜項錢糧，責成該管上司，于盤查正項時，一併照例盤察保結，則項款肅清，而那移之弊杜矣。

一、盤察例限，宜量爲寬展也。上司盤察屬庫，例責年終。所轄地方遼遠，盤察一處，動經數日。且定例時限甚迫，勢不能親身周歷，何能嚴察屬員支飾之弊？嗣後應將年終盤察之例，酌量寬展。請責令該管上司，于所屬本年地丁正供，及不入奏銷案内一切雜項存貯錢糧，自該年十月起，至次年奏銷以前止，于此半年中，親至轄屬，秉公清察。如有虧短，立行揭報。若現存無虧，據實出結。自具結奏銷後，有虧空發覺者，即照定例治以失察之罪，則期限舒徐，可以逐項周察。道府各官，利害切膚，未有不知自愛，而甘於扶同徇庇者也。

一、虧空審明那移之後，當分别錢糧多寡定罪，以示懲戒也。官員虧空錢糧，那移之罪，律例雖有正條，但止擬流準徒，而本案革職者，例得免罪，别案革職究審虧空者，遇恩赦熱審，又得寬免減等。法輕易犯，致無顧忌。嗣後應將那移之官，如其數上千百，那用有據者，仍照現例擬議外。如錢糧那移至五千兩以上,或倉糧及粟折米至六千石以上者,無論已未革職,仍予滿流,不准折贖,不得以雜犯準徒各例完給。即遇恩赦熱審等典例,亦不准減免。庶人知畏法,而庫藏加謹矣。

請定倉穀春糶秋糴之例疏康熙三十九年正月二十七日。

臣李光地謹題,爲循例請糶餘米事。

切照直屬米粟,除按大、中、小州縣,分别均貯米石之外,餘剩留存者頗多。而各處倉厫缺少,收貯不固,其高阜地方,不過露積散堆,低窪之處,每多潮濕蒸爛。所以米穀屢報虧空者,固係不肖州縣任意侵那,而因歷年浥爛,以致耗折者亦不少。臣查每年俱有春賣秋買之例,原以平市糴,更陳舊也。近雖康熙三十七年小有收穫,三十八年各處豐登,然至青黄不接之時,農事方殷,市集頗稀,無業之民,未免難於貿易。且春夏之交,地氣潮濕,米粟腐爛,正在此時。發糶餘米,蓋於平價便民之中,而寓推陳出新之法,宜每歲常行者也。向例咨部題請,屢經部覆,以致允行之日,或以愆期。臣乞自今年始,勅部著爲成例,每年值應發糶之候,只咨存案,不用瀆請。至春糶之米,秋成如數買還,年終盤查,不容虧短,皆有報部文册,似可通行無弊。謹題。

請開河間府水田疏康熙三十九年七月二十七日。

臣李光地謹題,爲備陳濱海水利,更請幹練能員,仰乞特簡,以課後效事。

切河間府,昔稱九河下流,近代因運河堤岸,南北横亘,出海之口更窄。其水自西南來者,大水如漳、滏、滹沱,小水如大陸澤所受之水,及正定諸山水,皆合流并勢,由獻縣、河間,經青縣、静海,以入于澱,而與十五河之水,並出於西沽之一線。源大末小,勢易横流,是以直隸水道之宜講者,惟河間爲最。臣近因修子牙河,及築大城、河間、獻縣等堤岸,採摭見聞,參考形勢。此一帶原屬窪下水鄉,雖復歲治隄防,但足補苴萬一,倘遇潰決,仍付淹没,非有變通之策,終非永賴之計。查南方水田之法,行之畿輔,往往有效。曩者涿州水佔之田,一畝鬻錢二百，尚無售者。後開爲水田，一畝典銀十兩，即今淀中浮居村莊，歲收蒲稗菱藕之利，無旱暵之憂，其資生未嘗減於高地也。臣愚謂静海、青縣上下一帶水居之民，正宜以此利導之。其可興水田者，教之栽秧插稻之法；其難以成田者，則廣其蒲稗菱藕之利。使民資水以爲利，則不患水之爲害矣。至於獻縣、交河等與正定接壤之處，係鹽河之上游，若能修治溝洫，雜興水田，則水勢漸分，將下流之水勢亦日減，是資水之利，即以除水之害也。

然舉行方始，若非有熟識情形，歷經試用之人，使之實心任事，恐托之空言，無裨聖政。查管河同知許天馥，籍貫江南，諳曉農事，現居河職，源委周知，前曾任文安知縣，教民修治水田。聞此數年，文安水田，殆且半縣。乞皇上將許天馥特授河間府知府，即令於職事之暇，興舉水利，三年之後，課其成效，以爲功過，或有微績，以廣聖世愛養之方於萬一也。伏乞睿鑒施行。

條議學校科場疏康熙三十九年八月初二日。

臣李光地謹題，爲遵旨議奏事。

康熙三十九年七月二十八日，據户部筆帖式德明齎到禮部轉遞内閣文，開大學士伊桑阿等，奉上諭："直隸巡撫李光地、河道總督張鵬翮、湖廣總督郭琇、廣西巡撫彭鵬，此四人處，著將部院揀選筆帖式，各遣一員，限期前往。將郭琇條陳學道事務，鄭惟孜條陳鄉試之處，經九卿會議事宜，及禮部議覆滿普條奏科場事件，俱令抄齎往，令看九卿、禮部所議者，得其當否，若何施行，方得無弊，永遠稱善。著各殫心詳議，務期歸於盡善，即具本付遣去人員齎回啓奏。伊等皆居官素好，行己清廉之人，此事若瞻徇諸臣情面，不務求盡善，殫竭乃心，從公議奏，則伊等一生讀書制行，俱有忝矣。欽此欽遵。"并禮部抄疏到臣。

仰惟皇上加意作人，澄清士路，既嚴主考、同考之處分，又重學院、學道之差遣，今復因督臣及滿、漢言官條奏學校科場之事，九卿、禮部業經議覆，仍特諭臣等，俾各殫心詳議，務期歸於盡善，此誠堯、舜清問之盛心也。愧臣所見凡近，不足以窮利弊之源，求至當之歸，贊裨文明，增光大典。獨念今日遭逢聖代之盛，實由昔時草茅呫嗶而來。學校、科場,是臣等進身之階,若有知不言,則爲上負聖明,下忘所自。敬將督臣、科臣、臺臣條陳,及九卿、禮部覆奏,分學校、科場兩項,一一議明。有未盡者,仍列臣愚昧之見於後,仰候皇上裁鑒施行。

遵查學校弊端,如督撫、司道之需索陋規,知府之要挾包攬,以至情面書札,乞恩討賞之類,誠如督臣郭琇所陳,業經九卿議定處分,督撫、司道、知府及該學院、道等嚴例。此時正當天下歲考,百弊叢集之際,誠宜作速通行直隸各省,嚴飭督撫、司道、知府及學院、道等官,實心奉行,以除積弊者也。

臣愚又謹推廣四條,以備採擇。一則學臣宜經考試也。學臣職司文教,不但考校之日,務須秉執清公,而教養三年,尤宜竭盡誠悃。近來得此差者,不能盡教士之職,以仰贊育材之化。揆厥所由,雖因人品之未樹,亦緣學植之久荒,欲推所業以及于人而不可得也。今皇上方簡任清端之士,而人之心術操行,或難遽見。仰請于點用學差之時,自翰林官以下,皆[①]令到内廷考試。窮日之力,試以一書、一經、一論、一策,擇其文理最優,議論有本者,欽點差遣,則學醇者行必不悖。且教士衡文,取諸素業,自不至漫不關心,迄無成效矣。仍乞于試日,皇上臨軒親命題目,以杜豫擬。及陛辭之際,仍加天語訓飭,庶幾自愛。

一則教職宜稍清汰也。學臣之有教官,猶督撫之有府、州、縣官,所賴以宣教承流者也。闒冗庸陋,則學校日以頹廢,而斯文無從興起。臣請嗣後選授教職,其應選前一年,宜令各省督撫,會同學臣,查明挨次將選之人。若歲貢年甚老耄,眼目昏眊,不能動履者,給以職銜,令其休致。捐納人員,年未三十,穉幼輕佻,難以服衆者,且令需次。至三十歲以外,再行考驗,其有全無文理,不能成篇者,亦應考驗,令其休致。造册先期咨明吏部,按所存扣,以次銓除。至於現在教職,亦令督撫會同學臣,按此三款詳慎虚公,酌行澄汰。庶幾司鐸之席,可以漸清。

一則士習宜正也。自賄買風盛,文武生員,多不識字、無行義之人,其購買衿頂之意,不過以爲護身之具。故保官告官,抗糧包糧,興滅詞狀,武斷鄉曲,甚至窩盜藏奸,罪惡甚衆。其讀書識字者,所行便不如此。是賄買生員之弊,不但孤寒爲之不伸，而風俗因以漸壞也。今除學臣納賄處分，經九卿議覆，郭琇條奏已定嚴例外，臣愚請申禁直省文武生員，敬遵現在頒行《學政全書》條約，雖有切己之事，止許子弟家人代告。若有出入衙署，上書陳言，保留官長，包攬錢糧，唆証詞訟者，悉犯明條，地方官立行詳革。仍乞勅下禮部，撮取學政要語，推廣舊時卧碑，詳明剴切，作爲誡條。更立新碑各學明倫堂上，務令學臣、地方官，及學校師生，恪謹遵守。庶幾閉户讀書，安分守己之人衆，而習俗日變，人才日出矣。

一經學宜崇也。皇上表章經術，以正學養天下士。而邇來學臣，率多苟且從事，以致士子荒經蔑古，自《四書》本經，不能記憶成誦。其能者，不過讀時文百篇，勦習雷同，僥倖終身，殊非國家作養成就之意。前歲，皇上旨下學臣，使童子入學，兼用小學論一篇。其時幼穉見聞一新，胸中頓明古義，此則以正學誘人之明驗也。然書不熟記，終非己得。宜令學臣于考校之日，有能將經書、《小學》講誦精熟者，文理粗成，便與録取。如更能成誦三經以至五經者，仍與補廪，以示鼓勵。庶幾人崇經學，稍助聖世文明之化。又童生既令通習《小學》，以端幼志。生員及科場論題，似當兼命《性理》、《綱目》，以勵弘通。今《孝經》題目至少，以致每年科場論題重複雷同，似宜通變。

遵查科場弊端，自皇上將敗檢考官，嚴加處分，大小臣工，稍知自愛者，當無不惴懼警省。又念大臣官員子弟，夤緣倖進，恐妨貧寒之路，特諭諸臣議另編字號，均數額取。仰見皇上天地無私，不遺側陋，甚盛典也。至臺臣鄭惟孜監生回籍之疏，經九卿議覆，在九卿之意，以爲國學觀瞻之地，不可虚無其人。其論誠是也。然數科以來，營鑽奔競之弊，信如臺臣所云。夫士習江河，未可驟挽，故後輩樂於苟得，先達意在樹私，始建不正，終身豎立，無不苟且。則暫令回籍，以稍息奔營，亦捄弊之一法也。然每年順天南北監生，各有應中額數，如令就本省鄉試，而不帶回原額，未免有不平之嘆。朱子議貢舉學校云，欲革奔競之弊，則宜均諸州解額，而稍捐太學之額。臣謂正宜采用朱子之説，將每年監生應中額數，均之各省，量增其本省中額，俾各歸試。惟現在八旗教習及内閣中書兩項，仍准在京鄉試。勅部以人數另編字號,酌量取中,囂競之風,似當少息。其非鄉試之年,各項監生,仍聽其照常到監考職,庶不至虚無其人也。至禮部議覆科臣滿普請除鄉試之弊一疏,稱直隸各省鄉試時,將三品京堂官以下,一併開列等語。臣愚謂各省或可仍由舊章,惟順天都畿重地,勢利環集,宜如部臣議,將三品以下開列,聽皇上特簡大臣差遣。蓋身既列在大僚,萬一不公不法,致受辱如李蟠等之事,皇上即寬其處分,亦當愧恨,不敢自齒于衣冠之類矣。至房考,亦將京官、外官盡行開列,恭聽欽點。又嗣後旗人、漢人點名授卷後,即入號房,不許混亂行走,及踰牆找尋代作等語,俱應如部臣議,以塞弊端者也。

臣愚又復推廣三條,以備採擇。一則容首告也。查得每年分房考官,亦有頗知自愛,而逼于勢要,不得已而收受者。嗣後如有此等勅收關節之弊,應許房考據實出首,即與優陞。如此則不惟無所懼,而且有所勸,似亦可稍懾營競者之心也。

一則嚴外簾也。近來鄉、會二試,不但有换卷倩作之弊,且有帶人到場中代作,而本生空手閑坐,直待交卷者。又有徑僱一人頂名進場,而本生身在場外者。此等大弊不能察出,則外簾之官,虚負職掌,亦已極矣。臣前年提督學政,考校八旗時,親見貢院牆垣破壞卑矮,巡綽軍人及瞭望守門人役,無一非受賂代爲傳遞之人也。此輩下人,惟利是嗜,無法可以禁止。惟知貢舉之部臣,及外監試御史,大破情面,竭盡精神,關防檢衛,庶幾不致恣行無禁。若瞻徇縱容,漫無防檢,勢必外堂收受之卷,半屬假僞,内簾但就文取士,雖有至公之人,難免誤收矣。臣乞嚴飭外簾監試,嗣後務精密嚴肅,盡絶此等弊竇。仍于鄉、會試之後,特遣一二大臣[②],會同禮部禮科,傳集中式之人,當堂覆試一義,驗其真草筆跡,是否符合,且觀其文理之通否,與原卷相對,則假僞之弊,似可稍除矣。

一則儒士宜斥也。數科以來,鄉、會試場中用儒士八人。歷年作弊,皆由此等。蓋分卷之時,某卷分入某房,既可以暗行其奸,而十餘房考官,心腹未孚,聲氣不接者,亦皆此輩往來聯絡之。臣戊辰、辛未兩年,主文、武會試,深知此輩情狀。近經言官論奏裁革，部覆未准。臣竊以爲，扣數填名，寫榜謄録之事小，而積慣作弊，壞亂科場之罪大，似宜永遠革逐。臨期行文各衙門，保送繕寫書手應用。

以上學校、科場兩項，臣謹就愚昧所見及者，遵旨議明，附以微臣管見。自知凡陋，無確當之議以報聖明。伏祈皇上恕其庸愚，臣不勝戰慄慚惶之至。

覆馬廠疏康熙三十九年十二月十一日。

臣李光地謹題，爲遵旨事。

該臣看得八旗馬廠地畝，臣先經與守道高必弘，會同各都統臣佟吉、辛玉等，分翼查勘覆奏。準部文稱，除二十二年丈過准其納糧地外，將現今廠内開墾地，從何年開，有無納糧，行令查明等因，隨檄守道仍照原案清查。除東翼馬廠餘地數目，未經各都統查明，臣業咨準部覆另行扣限完結外，其西翼正黄、正紅、鑲紅、鑲藍四旗廠内餘地，原係臣同都統查清之項，臣專委河間府知府許天馥清查。該府親至滄州、鹽山、静海、青縣、天津、文安、大城、霸州、武清、楊村等各州縣衛，會同地方官，細查餘地一項。有現在水佔不可開墾者，又有從前無知愚人，舍自己堿薄之田，偷墾餘地，因無收穫旋拋者。更有三十八年秋後，搜掘蝻種於蝻子生發之處，遍地耕犁，竟似開墾，無人承認者。除此等地土外，其可耕餘地，河間府知府許天馥，因去年十二月内，奉旨："耕過地畝馬廠，無益馬匹，能有幾日牧放。已經耕種地畝，仍著給民耕種。欽此。"該府遵布皇恩，勸民不必驚懼偷墾之罪，投首認墾。現在民人認墾餘地三萬二百一十六晌零。至部臣行查開墾情由，查無知愚民，因自種糧地堿薄窪下，舍自己之田，偷墾餘地，原未多佔漏糧。所當仰墾皇恩，寬小民從前開荒之罪，使之各安耕種，照則輸糧。至現今水佔，及旋耕旋拋、翻掘蝻種等地，現今無人承種，容臣檄各該州縣，相視有可耕者，陸續召勸，擇地報墾，照墾荒之例陞科。目下轉盼東作，除東旗查明另題外，應將西旗查出願耕餘地，先行奏請。使小民及時興農，以副皇上憂恤黎民之至意者也。

再查正黄旗餘地，今年四月間，臣準都統移送啓奏清摺，開地係三萬四千五百九十五晌零。隨據地方官册報，地數相符。續準户部咨開，餘地係三萬七千三百二十五晌零，今知府許天馥查報地畝，正與四月間都統移臣存案清檔，及地方官册報，數目符合。又鑲紅旗餘地，四月間都統移送啓奏清摺，開地係六萬五千六百七晌五畝，隨據地方官册報，餘地六萬六千五百五十九晌零，續準户部咨開餘地六萬九千八百七十四晌。今知府許天馥查報地畝，正與四月間地方官原報數目相符。此二旗餘地，部咨所開數目，與當日會文原奏，及地方官册報，少有不符。臣已咨開户部，將都統原奏清摺，抄譯咨覆，以便備細核對在案。應俟查明之日，彙入本案完結。

除將已經認墾餘地花户起科糧銀細册，俟查造到日送部，并將現在分别已墾、未墾餘地總册，咨部查核外，理合具題，伏乞睿鑒施行。

請嚴定承審虧空處分疏康熙四十年五月初八日。

臣李光地謹題，爲請嚴承審虧空處分之例，以除積玩事。

切惟錢糧絲毫爲重，虧空殊干法紀。臣近經條議清查之法，嚴定處分在案。但虧空之官，固當嚴行治罪，而承審之官，每多積月更年，寧受遲延參罰，終不肯定是侵是那之案。查承審侵那，並非承追賍産，難於完結者比。如問官果能秉公察訊，其是侵是那，何難片言定斷。無如積習成風，臣於虧空各案，雖屢行嚴催，屢次參處，而承問各官，展轉稽遲。如前撫臣沈朝聘等所參滄州王洪遠、交河縣金廷宣、懷來縣白有斌，已經三年，臣任内所參開州沈宏緒、高邑縣吴秉智等案，將及二年，俱未完結。一遇限滿，守道仍不過以州縣承審遲延，揭報塞責。凡此弊端，若非本管上司，素有點染，爲州縣所挾持者，不敢據實明正其罪，則必州縣央托權勢，壓制上司，不令據實審結。上下相徇，一味以遲延僥倖巧脱，若不再行嚴定承審處分，則案件終難完結。

臣請嗣後凡虧空之案，專責守道，於部文原行到日，嚴督府、州、縣各官，務遵四箇月定限，將是侵是那情由，作速審明招解。如於四月限滿不能完結者，揭參遲延後。又有四箇月之限，鞠訊非難，更當上緊催審，勒限完結。若再有以承審遲延報參者，應將本管知府，一併揭參，俱照易結不結嚴例議處，以除積弊。再查被參虧空官員，多非潔己謹慎之人，承問者當以錢糧爲重，據實審擬，懲一儆百。近多虧空，大概藉口於修城池、蓋倉厫、濬河渠、葺學宫等項公事，那移爲詞。豈有操守不謹，虧蝕錢糧之人，反能留心政務若此者乎？不過借此以減其侵欺之罪。又明知言無情理，巡撫勢必駁覆，若一經駁覆，又可以遲緩年月，而中其遷延僥倖巧脱之計。今若定承審之嚴限，而不禁絶其假揑之虚辭，仍難以清件結案。嗣後似應嚴飭守道以下承審之官，務必確實審解，如果那移因公有據者，方許從實開具；如繫假揑，將承審官以徇縱例嚴加議處。仍應通行申飭，以後地方官，果有欲修理城池、倉厫，完葺學宫，開濬河道者，雖係私捐，亦必通報巡撫、守道，而後興舉。則虧空之後，無所容其抵飾，審問不煩駁詰，而案件得以應期結清矣。理合且題，伏乞勅部議覆施行。

報河工完竣疏康熙四十年五月二十二日。

臣李光地謹題，爲恭報工程完竣情形，仰祈睿鑒事。

切霸、保、文、大一帶，沿河水淀州縣，地處窪下，歷被水患。仰蒙皇恩軫恤，修築各處河隄，爲民除害。臣等去年所修子牙等清河，已報完工外。今歲承修永定河，自郭家務至柳岔口，開河築堤，并釘樁下埽七十餘里，大城縣西堤，樁埽工七十餘里，又子牙廣福樓新河，接修至賈口等處，兩岸堤工五十餘里，并雄縣去年水佔民堤未完工程二十餘里。於二月間，恭蒙皇上巡幸，訓飭臣等及時興工。臣等欽遵親行催督，至四月内垂成之時，又蒙聖駕周流察視，并於永定新河，放水暢流。臣等扈駕後，復將各堤土工樁埽稍有缺略之處，填補豐滿，今俱已完工訖。又四月二十一日，恭逢皇上視河時，特命永定河石堤之下，接修樁工一百餘丈，及南北岸堤，速行動庫補修，又修大城南堤，并河間、獻縣等險工。以上工程，俱務於發水前先竣。臣等欽遵，查接石堤樁工，原限二十日修完，南岸坍堤，原限十五日，北岸限一月内完工。今臣等將工料銀兩，星夜解交分司，責令色圖渾、齊蘇勒嚴督興工,俱可先限早完。又新築大城南堤,及河間、獻縣等險工,臣等已發銀委員,及時趲工,俱不日即可告竣。

欽惟皇上德比神堯,勤深大禹,念水鄉淀居之民,歷被淹澇之苦,特命開河築堤,無間寒暑,屢煩車駕。臣等欽遵聖訓,各項工程,一時並舉。仰賴皇上至誠感格,指示精詳,清渾等河,土工、樁工共數百里,先後告竣。現今沿河各州縣,田土涸出,二麥豐收,士民謳歌聖澤,真同覆載。除此後保守之法,另疏恭請訓旨,并堤岸道里用過工程物料錢糧,俱俟查明另行報銷外,謹將完工情形,特疏奏報。謹題。

請裁河兵疏

臣李光地謹題,爲請節錢糧,預修築,以濟河防事。

該臣看得,永定河南北兩岸,設立河兵二千名,原備險工不時搶修防護之用。今據分司齊蘇勒、色圖渾呈稱,一年内工程緊急,惟桃汛麥黄,伏秋時候,此時搶修、防護更急,時或十日、半月不等。遇水勢洶涌,埽壩工程,一時並舉,其縛緵、縛繩、運土、運料、捲埽、堆埽、釘樁、鑲墊,每工必須二百餘人。各工將河兵按數分派,每工只得八九十名,不敷所用。更兼兵遇緊急工程,率多逃竄,以致堵禦不速。及水緩停工,嚴冬無事,則又坐食糜餉。請于二千河兵中,揀擇存留八百名,每工均派三十名,爲釘樁下埽、守堤鑿冰之用,汰去其餘一千二百名。若各工遇一切工程,於附近村莊,僱募民夫充役,即於所裁兵餉銀一萬六千四百餘兩内動用,餘剩者解還道庫。再原築大堤,奉旨傳來勒限一年,保守人員,賠修者甚少,且互相觀望延挨,終難告竣,并請動項,及時修築,仍向原修之員,照坍塌丈尺之數追補。如有來工賠修者,仍准賠修等因,條議前來。

臣查額設二千河兵,按工分派,停修無事之時,坐食糜餉,頗覺其多,至遇搶修險工,又以分布不能敷用。且所募之兵,凡於夏秋需用時,每避勞逃竄。似應照該分司所議,揀選年力精壯、熟悉樁埽、有籍貫誠實者八百名,分給各工,以爲釘樁下埽、守堤鑿冰之用,其餘一千二百名,全行裁汰。餘餉銀一萬六千四百餘兩，于工程緊急時，僱募附近民夫充用。至河兵餉銀，例於房山等十二州縣内撥解。今除應存八百名兵餉，仍照舊例外，其應裁兵一千二百名多餘額餉，若仍令各州縣征解，恐緊急時緩不及事，似應仍解道庫，令分司於需用時，呈請撥給可也。再查保守原修堤岸人員，賠修殘缺處所者，止十之三四，其不行賠修，展轉延挨誤事者甚多。臣屢行察勘，業經彙疏題參在案。今麥汛將至，亦應如分司所請，暫支正項錢糧，令分司督率各工，核實修築完固。仍將用過錢糧，于原修之員，照依坍塌丈尺應賠數目，於本旗及各省原籍追補還項。如有赴工賠修者，仍准令照數賠修。庶河銀無事虚糜，修防得以及時矣。理合具題。

【校記】

①“皆”：道光本作“俱”。

②“大臣”：道光本作“人臣”。

榕村文集卷二十七

疏　二

請嚴定承審命案處分疏康熙四十年十月初一日。

臣李光地謹題,爲請嚴承審人命之例,以杜弊端,以免淹累事。

竊臣蒙恩簡畀畿輔重任,日以鰥曠職守爲兢兢。俯惟吏治民生之要,莫如錢糧、刑名二事,倘積案不清,曠日持久,未有不爲叢弊之藪者。臣前因屬員錢糧虧空,其是侵是那之處,積年不行審明,曾經陳請嚴定承審期限之例,已奉旨欽遵通行在案。伏查刑名中最重大者,乃命案、盜案,而命案又與盜案不同。蓋盜案内或有渠魁未獲,等候提拿,或有賍證未明,須待質對,更有官役人等,挾仇扳誣,賄買銷案,指良爲盜等項,必須反覆研審真情,原非可以速結之事。至人命一項,雖有謀故仇鬬之分,然斃命告官之日,原被証佐,多係同邑同里之人,承問官立可勾拿質審。如真兇果有脱逃未獲,又例不扣限,非如盜案未經獲賊,先行勒限緝拿者可比。所以命案從前原與盜案俱扣限一年,後因人命易結,改限半年在案。今各州縣于人命事件,告官通詳後,或已犯證提齊,情是真實,而乃塵積一二年,不行招解。且有賄囑道府,托故番駁,改招易罪等弊,以致命案久懸,每難審結。臣思命案若兇犯證佐已經到案,承問官秉公察審,斷無難結之理。只因地方官遇有人命之事,或爲權勢制壓,或以利慾薰心,故爲遷延遲緩,以圖出入開脱之法,且又事情重大,耳目難欺,一則牽於財勢,一則怯於公論,遂拖延歲月,意在監斃原告,以滅口完案者。更有聽惡役借端苛索,無故牽連鄰里,株逮無辜,名爲研審真僞,實係借命居奇者。種種弊竇,總以命案限滿,不過以遲延題參,而承審有司,罪止罰俸,未有嚴定上下處分,以致任意稽延,歷年積歲,事久則要挾營求者愈多,獄淹則疾病死亡者益衆。而且波累良民,匍匐千里,羈留一二年,不得耕商生理者,一案之中,動以十數。誠不可不嚴立承審限期,以求速結而清弊端也。

臣請將一切命案,照例勒限半年,專責巡道,嚴催府、州、縣速行完結。如初次違限不結指參,仍照常例議處外,自參遲延後,又有四月之限,儘可審解。如再有不結,復行揭參遲延者,必將巡道、府、州、縣上下承問各官,亦照臣題定承審虧空新例,以易結不結嚴行參處。如有聽訟不平,鍛鍊失實等項,另行嚴查究劾。庶命案無久稽之虞,而刑名之弊可清,官吏之奸可破,囹圄可無幽滯,而良善得以安生矣。伏乞勅部議覆施行。

覆廣平縣不可築堤疏康熙四十年十月二十六日。

臣李光地謹題,爲欽奉上諭事。

恭惟皇上念切民生,修防水利,近以永定河、清河各處工完,沿河田畝,漸次涸出,復念廣平縣當漳水之衝,其田土多有被淹,特差臣等察勘,此誠已溺已饑之盛心也。臣等查勘得廣平縣,係歷年積水所佔,田地抛荒頗多。今臣親看得該縣東西水淹之地,長六十里,廣七里,俱生短雜蘆葦,百姓歷年未能耕種。經今道、府、縣丈勘,查明被淹田共二千一百四十一頃零,但該縣一帶土鬆河深,從來漳河遷徙不定,開河則旋淤,築堤則旋塌。詢之鄉紳士民,咸稱不可築堤。且歷考漳河經由之處,所淹不過一縣,如以前曲周、肥鄉、成安等縣水淹地方,今皆已涸出共成沃壤。不過目前被水之縣,耕種維艱,該地方官民,惟有仰希聖恩,於被水鄉村,暫除一年錢糧,容其將就食近縣之民,招回墾種。如明年河道遷流,水勢消涸,則所淹田畝,悉可耕種,下年即行照舊起科。如明年水勢未消,則仰乞聖恩再蠲一年。總以荒田墾種之年,即爲起科之限,而一邑數十鄉村之民,可以稍蘇矣。臣等愚昧所及,伏乞睿裁。

覆漳河分流疏康熙四十年十月二十六日。

臣李光地謹題,爲欽奉上諭事。

臣等欽奉皇上面諭:"漳河現在分流,須令永久分流纔好。若并而歸運,則於漕道有妨。并歸子牙河,則民田受害。爾等再往詳看來奏,欽此。"臣等遵奉諭旨,查看得現在漳河,分爲四支。一支自直隸大名府之魏縣、元城縣,流至山東舘陶縣地方,歸衛入運。一支由直隸廣平縣,至山東丘縣地方,復分爲二,其一俗呼老漳河,自丘縣東北分流,經直隸之威縣、南宫、棗强、景州、武邑、阜城、交河等地方,至青縣杜林木村,與完固口之支流合,至鮑家嘴歸運;又其一俗呼小漳河,亦自丘縣西北分流,經直隸之鉅鹿、廣宗、平鄉,至寧晉,與滏河會,又經束鹿、冀州,與滹沱河會,由衡水至獻縣完固口,復分爲兩支:一支自完固口流至青縣會老漳河,至鮑家嘴歸運,一支經河間大城爲子牙河,出王家口歸淀。查漳河現在末流所分四支,三支歸運,一支歸淀。然歸運三支,水勢頗弱,其歸淀一支,水勢獨强。約其水勢,三支之水,僅可以敵一支。是則此時漳水,一半歸運,一半歸淀,運道既無難受之虞,子牙河亦得分殺之勢,誠有如聖諭所云者。

臣等竊觀此時水勢,惟經寧晉、冀州會滏河、沱河一支,最爲深通。其歸舘陶及青縣入運之兩支,水勢頗淺,或恐將來淤塞。臣等議得,應令所經由各地方官,每年於水未發時,分段挑濬,臣等按季察視,務令此兩支俱疏通無滯,以殺小漳河之勢。如遇水大時,仍用挑水壩等法,逼水分流,庶幾北不至挾滹沱以侵田,南不至合衛河以害運。臣等愚陋之識,未必有當,伏乞皇上訓誨指示遵行。

請興直隸水利疏康熙四十一年八月二十六日。

臣李光地謹題,爲請興行水利事。

臣惟畿輔荷蒙聖慈,濬河築堤,蠲租除逋,連年五穀洊登,雖下窪之地,俱免湛溺,白叟黄童,無不歌謳聖德。竊繹今春聖訓,深慮天行難恃,申飭臣等預爲之謀,誠古帝王儆戒無虞之盛心也。臣惟屢豐者,天心眷顧之常,而備豫者,人事綢繆之責。查北方土性,往往苦旱爲多,然麥穀黍豆之類,原屬旱種,稍得澆灌,便獲收穫,非若南方純賴稻田,必日日浸潤者比也。直隸泉源甚衆,隨處可以通溝灌田。若近河鄉地,則又可築壩逼水,引渠廣溉。至於無泉無河之處,勸令民間鑿井，亦足以濟水利之窮。再如正定府之隆平、寧晉、冀州，順德府之任縣、廣宗、鉅鹿，廣平府之成安、廣平、肥鄉，大名府之内黄、南樂、濬縣等處，又苦於地窪水多，各有應修應濬大小河道，必并去水之害，然後可以興水之利也。顧此興利大事，必邀聖諭下頒，乃可鼓舞吏民，課其成效。中間更有旗民、鄉紳、豪富之地，故意阻格者，又有接連鄰省地界，愚民争執，不容修濬者。如係奉旨事宜，自然遵行，不敢違撓。又通溝、鑿井、修河等事，雖出民力，然多有貧民開濬無資者，敢乞聖俞暫借道庫，量行資給。如借至十五萬以上，則容臣等三年捐俸補還，十萬以下，二年補還，五萬以下，本年補還。再查近京處所，通衢平野，輦轂所經，不便多行開鑿。至於各府、州、縣窮鄉僻壤，似皆可一例施行。但事關通屬利病，臣愚陋之見，恐無足採，伏乞聖明裁定。謹題。

覆糶積貯米石疏康熙四十二年二月初八日。

臣李光地謹題，爲移咨事。

康熙四十一年十二月十八日，準户部咨江南清吏司案呈，康熙四十一年十二月十六日，内閣來文，内開户部議給事中徐賓，條陳州縣所存米石之事折本。大學士馬奇等奉旨："預備存倉米粟，關係甚要。徐賓條奏之事，著抄寫行令各省督撫等，照所奏應否可行之處，各出意見，明白議奏。欽此。"相應抄録條陳原疏，移咨各該督撫，欽遵施行。計粘抄一紙等因到臣。

臣欽遵查得，直隸各屬州縣，現存米粟，以粟折米，共不過一百萬六千五百四十九石一斗二升零。總數既自無多，即各州縣中，惟南宫、南樂、長垣三縣過二萬石，其餘多者皆不能滿二萬之數，少者不過數千而止耳。如有賢能官吏，設法收貯，以時晾晒，亦可免浥爛之虞，而不致有虧空之事。今如將米穀糶銀繳庫，既恐日後一遇薄收，價值騰貴，買賑艱難，又恐地方有司，一奉賣銀解庫之旨，借名米穀陳腐，相率以賤價希圖收受，動煩增駁。臣愚謂積米太多之處，如南宫、南樂、長垣各縣，可照科臣所陳，各存二萬石，餘者易銀繳庫。但此繳庫之銀，不許其零星賣交，似應于每年各屬撥給兵餉項内，就近將米穀搭放，其餘州縣,存貯原不至甚多者,仍舊加謹存貯。至每年出陳易新,法非不善,但地方官吏,奉行未必有方。樂歲之民,不願借糴官米,則有勒買攤借之患。如遇荒歉,則秋成買補之時,追比紛然,民且重困。今既多貯米穀之處,減其額數,則各處所存米穀,皆不過數千至一二萬石。仍嚴飭地方官,設法收貯晾晒,倘值收成歉薄之年,應行發糶者,呈詳題請可也。理合具題,伏乞勅部議覆施行。

覆虧空霉爛米穀例疏康熙四十二年二月初八日。

臣李光地謹題,爲欽奉上諭事。

康熙四十一年十二月十三日,準户部咨福建清吏司案呈,抄蒙本部案驗江南清吏司案呈,該臣等會議得,康熙四十一年十一月二十五日,上諭大學士馬奇等:"各省、府、州、縣經管錢糧官員,虧空庫銀,理合照定律處分賠補,其虧空霉爛存倉穀石者,既經賠完,仍行治罪,似屬太過。且各州縣存貯米穀甚多,倉廒不能盡貯,在各處分貯。且南省地方,又係潮濕,米穀易至霉爛。爾等應與九卿會議具奏。欽此。"仰惟我聖主洞鑒下情,上諭諄切。查存米穀年久,不無虧空霉爛之虞。嗣後凡官員將存倉一應米石虧空霉爛者,該督撫題參,仍照革職留任,限一年賠補,賠完免罪復職。如逾一年不能賠完者解任,再限一年賠補,賠完仍准復職。如二年外不賠完者,照定例擬罪,著落家産追賠可也。康熙四十一年十二月初四日題,本日奉旨:"著行文各省督撫等,照此議行,可否之處,各定議具奏。欽此欽遵。"相應行文該督撫,欽遵施行等因到臣。

該臣看得,存倉米粟,關係緊要,虧空處分,定例甚嚴。荷蒙皇上俯念虧空霉爛米石,既經賠完者,仍行治罪,似屬太過,復命臣等定議具奏。臣恭繹上諭,虧空霉爛米石者,蓋謂因米石霉爛以致虧空者耳,非謂任意侵蝕至於虧空,而可與霉爛者同邀寬典也。查倉貯米穀,歷年俱經行令加謹收貯,至新舊官交代之時,又例有開倉盤驗,其參雜糠粃及陳腐不堪者,皆鼓煽[①]换補,然後收受。是則本官任内,雖逐年霉爛,或所不免,然亦不過十分之一二耳。今若不計虧空多寡,皆准其留任賠補,則不肖官員,或將米穀盡數侵盜,藉口霉爛,亦未可知。至於僥倖留任之時,則又功名心重,此一年之内,必至私派病民,以補空缺。以臣愚見,嗣後如有虧空發覺,指稱霉爛者,令該管上司,核其所虧分數,如于本州縣存貯額内,虧三分以下者,應如部議革職留任,限一年完補復職,不完者解任,再限一年完補,仍准復職;其虧空三分以上者,不准混稱霉爛,仍應以虧空倉庫論,照例解任,審明侵那,除侵欺按律處分外,若果係那移,能於解任一年内如數賠完者,亦免治罪,仍准復職。此兩項人,如限内不賠完者,照定例擬罪,著落家産變賠。如此,則官員既沐皇上體恤之仁,又不得因此而耗倉儲於平時,累閭閻於事後,似于積貯稍有裨益也。伏乞勅部議覆施行。

請汰河工冗員疏康熙四十二年十月初三日。

臣李光地謹題,爲請汰河工冗員,以專職守事。

竊照永定河設立分司筆帖式等官,定例三年限滿,保題議叙。後于康熙四十年九月内,奉旨:“筆帖式等官,保守年限,從今春爲始,滿日查明保題。”欽遵在案。今三年將滿,容臣另行查明具題外,臣查永定河兩岸設有分司二員,正筆帖式十八員,副筆帖式十八員,把總四員,及情愿在工効力之人甚多。雖保守河工,需人料理,然員冗則難覈其賢否,責專則易課其功過。如多容年幼不經事之人夾雜其中,不無糜費錢糧,貽誤修防之弊。臣愚謂此等正副筆帖式,似應俟其今年限滿之後,量行裁缺,其收發錢糧,保守工程,應留用幾員之處,令分司自行酌量揀選,呈臣題明,永爲額設,此外俱行裁去。倘分司瞻顧情面,仍將才具不堪,與幼小未諳之人,混行保補,貽誤河工者,應將分司嚴定處分,以責實効。惟是直屬清河,因無歲修錢糧,將工程交與地方官保守。永定河既有歲修錢糧,又有分防筆帖式等官,所以地方官並無責成。但河工於搶修要緊之時,如僱覓人夫,採買物料,非州縣官和衷協助,或致呼應不靈。嗣後永定河歲修,遇有僱夫採買等事,似應令分司足發價銀,與沿河之霸州、固安、永清、東安等處,協同僱備。如分司發價短少,應行參處。如州縣僱備怠玩,推諉貽誤者,亦降清河一等,定爲處分之例。庶地方官與河員有共相保護之責,其于工程似有裨益也。

臣再有請者，永定河雖有兩岸，而河止一道，且兩岸相隔不遠，舉目可周。若將分司裁去一員，只留一員總理河務，似爲責任專而無彼此隔膜之異。是否可行，伏乞聖裁。

請發倉賑借仍酌行平糶疏康熙四十二年十一月初八日。

臣李光地謹題，爲特請發倉賑借，仍酌行平糶之法事。

看得直屬今秋低窪州縣，報被水災，經臣將永清等處被水民人，題請賑借米穀，并聲明沿河災甚地方，如有應賑應借之處，察明報部等因具題。部覆奉旨行令查明，作速賑借，并有應賑應借之處，察明具題，到日再議等因。

行據守道宜思恭呈覆前來，臣查得永清、寶坻、廣平、安州四州縣，及大名府屬各州縣已準部文行令分别賑借。其餘沿河窪下州縣，經報災者，如薊州、豐潤、玉田、武清、梁城所、慶雲、故城、鹽山，南及青縣、滄州、景州、静海、天津衛、雄縣、新安、大城，以及永清縣之小惠家莊十二村等處，再有不成災而亦被水，如吴橋、東光、阜城、任丘、高陽、寧晉、唐山、曲周、雞澤、清河等處，經臣駁察明白，皆應分别賑借以恤窮民。但臣伏思今歲米價，比常頗騰，發倉以濟貧民之食，其施有限，而平糶以出富家之穀，爲惠無窮。今除被災稍甚，無力買糴者，仍應分别賑借外，其餘所存米穀，俱令道府察明實在數目，交與州縣，確訪時值，量減平糶。如時價稍平，即復量減，務令富室不得擅囷倉之利，庶小民不致有升斗之艱矣。如地方官出納不清，實未賑濟，而妄報賑濟，及借出米穀，假捏非實，至明歲借口民窮不能還倉者，除勒該州縣賠補外，仍行參處。至平糶所賣過價值，皆即時解交道府，至收成時領買實儲。其價值務須比時值逐漸量減，争差三二十錢之間，方許開報。如有與時價大相懸絶，借口賤賣者，必係官吏侵蝕入己，仍行追賠參處可也。伏乞勅部議覆施行。

覆社倉疏康熙四十三年三月初四日。

臣李光地謹題，爲欽奉上諭事。

户部會議社倉一案，奉旨："這事情著差人問直隸巡撫去，欽此欽遵。"臣恭惟皇上念切休養，深求備豫之方，既於直隸各省，設立常平倉儲，復考古社倉之制，分貯鄉村，不使有司經管。恭繹諭旨，直隸地方，有滿州莊頭，可會合數村，立一社倉。其管理社倉事宜，令於莊頭内，有伊等願付托之人選出，交與收貯。若係民人村莊公設社倉，則於民人内，伊等願付托之人選出，交與收貯。誠爲區畫精詳，可以廣積蓄而裨民生者也。臣自去歲奉旨後，即通行各府，妥議詳籌，鼓勸輸將。因去歲適值米貴之年，富民出穀未能甚多。據現在報到，永平、宣化、保定、正定、順德等府，米穀等項二萬七千一百一十二石零，尚有順天、河間、廣平、大名數府，未經册報，約亦不下一二萬石。如今年夏麥秋禾，洊獲豐登，則好義願捐者必益衆矣。但立法之始，應有成規，除旗民村莊，俟册齊日，分别量地設倉，收貯看守，另行奏聞外。可否分上、中、下歲，上歲加謹收貯，中歲糶舊貸新，下歲量口發賑，并應否令地方官，勿得預其出入之權，但令主其事者，每秋後開單報官，俾有鈎考。伏乞勅下九卿詳議，面請聖明裁決指訓，庶可以遵守奉行，貽永利而不至於滋群弊也。臣謹就直隸現行之事條對，其各省或土俗不同，事宜各别，應聽九卿行查。臣謹奏請聖裁。

辭大學士不允恭謝疏康熙四十四年十一月。

臣李光地謹題，爲恭謝天恩事。

康熙四十四年十一月二十八日，準吏部咨，爲微臣叨恩非分，冒罪控疏瀝辭，仰冀聖慈俯察誠悃，以紓微臣忝竊之咎，以安微臣報効之心事。康熙四十四年十一月十九日，奉旨："覽卿奏，知道了，已有成命，不必控辭，該部知道。欽此欽遵。"移咨到臣。切臣學淺才庸，起家寒陋，早歲叨登科第，歷受聖朝厚恩，謬列清華，洊膺卿貳。自承特命提督順天學政，繼以巡撫直隸，前後九載，力小任重，愆過多端。中間如水利、農田、河渠、堤岸，及一切備災振窮之政，皆籌自聖心，并有成策，且復屢煩鑾輅，巡閲郊畿，凡地方事宜，莫不面承方略，而臣奉行無狀，績效不彰，難逃大計弊吏之條。況值三考黜幽之候，恭逢皇上仁同覆載,念其爲久次舊臣,蕩滌斑瑕,保全終始,恩光下照,寵賚弘施。真求之千載而難逢,矢之三生而莫報者也。伏念臣自守土外吏,躐長六卿,非分所安,至今惕息。兹乃欽承新命,俾佐綸扉。恩出踰涯,懼深覆餗。昨披瀝微悃,仰瀆聖聰,實出惶怖之私心,非敢襲控疏之陳迹。復荷恩旨下逮,慰諭有加,載感載慚,措躬無地。顧庸虚之陋質,彌凜淵冰,撫衰暮之微軀,重虞尸素。惟有仰承聖誨,勉竭駑鈍,依附天光,幸完晚節,上觀皇上萬世無疆之盛化,下酬微臣平生未報之恩私而已。爲此具本奏聞,伏候勅旨。

萬壽六十謝恩疏康熙五十二年三月。

固山貝子、領侍衛内大臣,滿、漢大學士,八旗、滿洲、蒙古、漢軍諸臣,九卿、詹事、科道,公同謹奏,爲恭謝天恩事。

欽惟皇上至仁性植,景福天申,躋一世於春臺,享萬年之曆服。大德得壽,聖有明徵;昌後燕天,詩歌炳焕。兹者恭逢萬壽六十,自近畿遠省,暨於海澨邊陬,老幼扶攜,奔趨闕下,盈千累萬,祝聖瞻天。此真發于愛戴之公心,故不覺其歡呼之同願。自三月朔日起,至二十一日,日霽風和,塵霾不掛。輦輅所經,萬姓跽伏焚香,填塞道路,咸得仰觀芝宇,俯愜葵傾。蒙皇上賜席數千張,沿途擺設,醉飽天恩,普及氓隸。逮至祝頌事畢,二十二、二十三兩日,甘雨應時,淋漓普徧,貽我來牟,兆啓豐穰。臣等愚昧,有以窺天意人心,上下響應,斷斷乎其不爽也。更蒙皇上軫念遠來官民,於二十五、二十七等日,舉行養老之典,且使臣等在朝滿、漢大小臣僚齒及格者,皆得與焉。皇上御門,親酌臣民老者酒,又命諸皇子皇孫,執爵傳觴,遍行勸侑。二十八日,又宴八旗年老婦人數千於皇太后宫中。隆儀渥澤,振古稀聞。凡兵民男婦年六十五以上者,賜緞匹銀兩有差。又進臣等於内六十五以上者,賜煖涼帽、袍、褂、靴、襪、寶硯各有差。《詩》所稱般賚之恩,旨酒之燕,衮黼之錫,未足爲喻也。至於舊臣以詿誤落職者,皇上憫其年老,還以原官,使完晚節。其中大臣有逮事世祖章皇帝者,則復特加宫保,以示殊恩。故事,恩詔封蔭,止於現任,特旨准休廢在籍諸臣,亦得均霑。此皆歷代之所未有也。皇上又手撰諭旨,示天下老人以朝廷優養之恩,實爲草野風厲之本,俾各歸家教導子孫,力行孝弟,以篤風化之源,以興禮樂之基。訓辭深厚,臣等跪讀之下,莫不悚然動心焉。

伏念臣等生際明期,躬逢曠典,平昔之所未聞者,今日乃得親見。千載一時,欣幸何極。況乃共沐恩波,光榮逾分,感極生愧,又未知枯朽之身,何以仰酬雨露於萬一也。臣等不勝懽忭感激之至,謹合詞具奏,稱謝以聞。

進方略疏

臣李光地謹奏,爲纂修《方略》,繕寫已竣,恭呈御覽事。

臣等恭惟皇上聖德神功,超越前代。御極以來,内收叛亂,外靖凶殘,絶島窮荒,靡不歸命納款,固已輝煌史册,照耀古今矣。乃者厄魯忒,逞其鴟張,摇我邊鄙,屢逆明旨,致犯天誅。皇上欲詒中外之治安,不憚聖躬之勞瘁,三臨遠塞,盪滅元兇。自兹萬里朔漠之區,同奉五服要荒之職,功尤邁於曩昔,事宜播之無窮。臣等遵奉綸音,纂修《方略》,祗憑記注,用効編摩,不敢虚飾一詞,庶幾徵信萬禩。惟淵謨睿慮,非管蠡所能窺,而大烈耿光,愧覲揚之不盡。臣等謹率在館官員人等云云。

恭請調護聖躬疏

固山貝子、領侍衛内大臣,滿、漢大學士,八旗、滿洲、蒙古、漢軍諸臣,九卿、詹事、科道,公同謹奏,爲大孝之尊養已隆,聖躬之調護尤亟,伏乞勉循古制,俯順輿情事。

臣等竊惟皇太后違豫,皇上憂焦,以致頸暈足腫,仍勉强親詣寧壽宫看問,皇太后握手心傷。復移御幄,次於蒼震門内,衣不解帶,輾轉中夜,未曾安寢。聖躬因而勞瘁,頭愈眩暈,不能支持。臣等不勝恐懼,合詞奉摺懇請回宫。奉旨:“朕昨住帳幄,因體不能支,今暫移房舍。欽此。”臣等既未遂回宫之請,又恐皇上至孝純誠,皇太后脱有不虞,必欲盡情盡禮。仰惟皇上春秋已高,又值時適抱恙,倘或哀勞不節,此臣等之所大憂懼也。臣等謹按,《禮》稱“六十不毁”,皇上聖算已瀕七旬矣。夫力不能養,則有菽水之恨;養不逮年,則有風樹之悲。古今孝子,緣此傷痛。今皇上富有四海,以天下養,而皇太后聿躋上壽,受備物之奉者幾六十年。是皇太后之福,皇上之孝,皆極古今之所稀。言念及此,聖情亦可以寬慰矣。至於禮之儀節,臣等雖愚,豈不知皇上孝思維則,爲萬世師。然考漢儒鄭康成,最精於禮,其論國有大憂,而君有疾者,使子執事。朱子深以其言爲是,議之於朝。即朱子謹禮終身,及暮年有疾,遇家祭祀,坐視子孫拜跪而已。此皆禮典之明證,前輩所已行。伏乞皇上深抑聖情,俯衷古制,如有不諱之事,命諸皇子悉心經紀,凡拜跪行走,一切勞力禮節,聖躬切未可身親。萬分保攝,以仰體宗社之重,以上慰皇太后之心,以下愜朝野臣民之望。臣等不勝迫切懇款惶悚之至,爲此謹奏。

【校記】

①“煽”:道光本作“扇”。

榕村文集卷二十八

劄　子　一

覆發示朱子全書目録及首卷劄子

臣李光地謹奏。臣伏讀諸臣所進《御纂朱子全書》目録及首卷，竊惟朱子平生著述，除注釋諸經諸子，如《四書集注》、《或問》、《易經本義》、《啓蒙》、《詩傳》、《儀禮》、《經傳通解》、《太極通書》、《西銘注》，以至《韓文考異》、《楚辭辨証》、《參同契考異》諸成書外，其門人所編《文集》及《語類》，又不下數百卷，弘深奧衍，與諸成書相爲發明。明永樂間，所采入《性理全書》者，殊爲未備。恭遇皇上特命儒臣，依倣門目，逐類增入。自此朱子譚經論道，以及講世務、評人物之言，披卷粲然，無復遺憾，誠聖代表章之盛規，儒林折衷之要典也。謹詳諸臣所編，皆出《文集》、《語類》二書，而諸成書孤行於世者，不復采入，最爲得體。即明永樂間《性理全書》所收，亦據《文集》、《語類》二種，不敢離析成著也。但閲諸臣採摭，尚有《易圖説》、《楚辭注》一二條，此類似應删去。再詳諸臣各段下所注，既有《語類》、《文集》等字樣，又有《朱子經濟文衡》、《性理》小注，及《朱子節要》、《朱子近思録》等字樣。臣愚謂《經濟文衡》，即就朱子文語編出者，似不應或謂之文集，或謂之文衡也。《性理》、《太極圖》等小注，即是節取《文集》、《語類》附入者，只應於《性理》本篇中兼載，亦似不應纂入他處，另立小注名色。又明丘濬有《朱子學的》，高攀龍有《朱子節要》，近年汪某者，合二書爲《朱子近思録》。此等書皆出於《文集》、《語類》之後，所采俱在《文集》、《語類》之中，亦似不應另立名色。臣愚竊謂，《性理》原文，每類皆應悉仍其舊，其下注六字云"以上《性理》原文"。其餘續添者，出《文集》則注明"文集"，出

《語類》則注明"語類",而總注四字云"以上續入"。此外諸書名色,總不出《文集》、《語類》二書之中,似可無庸分别。伏候聖裁。

進朱子全書首卷并請改定書名劄子

臣李光地謹奏。臣於四月十二日,蒙皇上面發《朱子全書》首卷一册,并稿本一册,命臣接原任左都御史臣吴涵編次,仍與原任大學士臣熊賜履商議酌定者,欽此。臣等即會同重加校勘增改,注明《語類》若干條,《文集》若干條。其出自《文集》應注明某篇者,亦逐一注於每條之下。今另將首卷繕寫進呈。

恭惟皇上躬膺千載之道統,默契列聖之心傳,於近世儒哲,尤特重朱子之書,自深宫以至巡省,無不留神覽閲。其選擇之精,折衷之當,誠非臣等愚陋所能仰窺萬一,伏候皇上睿覽裁定發下。臣等又伏思御纂之盛意,蓋分别門目,以便學者誦習,所以嘉惠天下後世至明切也。書名應否改爲類書,統候聖裁,以光大典。謹具摺奏聞。

進朱子全書第三册并請改祭祀神示目劄子

臣熊賜履、李光地謹奏。本月十五日,蒙皇上發回《朱子全書》首册、次册凡四本。臣等祗受捧讀,其第二册内簽二處,謹已欽遵改正,仰見皇上覽閲精詳,無微不到,臣等雖校讐數十過,不能及也。所有校畢第三册,相應一并呈進。内有"論祭祀神示"一目,臣等切思上篇既有"祭祀祖考神示",則此篇之義已包之矣。今《語類》及《性理大全》復以祭祀神示爲目,似涉重複。且神示者,謂天神地示,皆尊稱也。細尋此篇所論,多世俗怪神、土木淫祠之類,則統以神示之號,似亦非宜。臣等謹擬改爲"雜論祭祀鬼神",未知可否。旁貼浮簽,統候聖裁。謹具摺以聞。

賜諭停覽朱子全書覆奏劄子

臣熊賜履、李光地恭請聖安。七月三十日,學士等自行在寄信到臣等,内開七月二十八日，傳旨："前發《朱子全書》第二册、第三册後，微有目熱多淚，一切奏章，照常批發，而朱子書尚未能細閲，即書字亦未曾寫。近時存養目光，今已全愈，仍當朝夕披覽。爾等可傳諭大學士李光地知之，勿謂朕久疎文翰也。欽此。"

臣等恭惟皇上念典之勤，前超漢、宋；心傳之妙，上接唐、虞。不特臣等曲學末光，難賡二曜，即古來理義象數，盡炳中天矣。而猶宅衷彌虚，遜志時敏，就將不倦，動巽無疆。偶因觸熱而停披，即以惜陰而賜諭。跪讀之下，備見聖心。退誦之餘，祇增臣愧。伏惟緝熙者日月之運，傾向者葵藿之私。仰祈頤養天和，稍紓睿覽，俯徇誠款，庶遂瞻依。臣等不勝感激懇悃之至。

條奏朱子全書目録次第劄子

臣李光地恭請皇上萬安。本月初二日，南書房發出朱子書一封，御筆批："此書送南書房交大學士李光地，欽此。"臣祗領檢讀，已欽遵指示改正訖。所有繕就第十二卷至第十四卷，謹送交南書房進呈，伏求聖誨。臣查前進呈目録内，其讀書法及讀經讀史等題，原在力行、教人、人倫等題之後，臣愚陋淺見，切惟讀書、窮理，乃一事也。故朱子行宫便殿奏劄，有云："爲學之道，莫先於窮理，窮理之要，必在於讀書。"此朱子告君之定論也。然則讀書法與讀經史諸題，似應與致知相次，不應在力行之後。又有理欲義利、君子小人之辨一題，原在力行條下。臣愚切惟明辨于理欲義利、君子小人之際，實致知之事也，辨之明，知之真，然後行之果而守之固。則此題似亦當與致知相次，不應在力行條下。臣謹稍移其序，繕卷進呈，但恐愚昧寡識，於理有悖，伏乞皇上明賜指誨，以啓迷蒙。或應仍舊，即可改正，另行繕寫。

臣又更有請者，查原目録内，首十數卷論學之後，即繼以四書六經、諸儒諸子、歷代人物等目，然後及於治道。臣切惟《大學》格致誠正，與齊治平相爲表裏，孔子告君，達德達道，與九經相爲經緯。蓋天德王道，同條共貫，自堯、舜、禹、湯，至我皇上皆然也。臣妄謂首十數卷論學之後，似即宜繼以論治。而論治諸目，則宜以奏疏爲首，然後以君道臣道、養教兵刑、用人理財等目次之。如此，則開篇數十卷之中，而内聖外王之道備矣。然後繼以四書六經，以證明之；又繼以聖賢諸儒、諸子百家，以折衷之；又繼以歷代人物，以參考之。似爲得先後緩急之序，而使天下後世學者，知爲學爲治之出於一，不作兩意推求也。臣無知臆度，愚妄已甚。今繕至四書，暫停候聖旨明訓，或可接寫治道，或應仍舊接寫四書六經等類，統容臣遵訓行。臣又按朱子當日有手自紀録與蔡元定講論之語，名曰《翁季録》者，此書自宋人罕見之，然近年□□□□□□□[1]家有此書，後因兵火失落，則是猶傳於人間也。恭遇聖駕南巡，乞旨下獻此書者給賞。倘幸而復得，以備朱子之微言，則萬世學者幸甚。臣煩瀆聖聽，不勝悚惕之至。

命移商熊賜履朱子全書條目覆奏劄子

臣李光地恭請皇上萬安。臣於本年六月初二日，奉旨："《朱子全書》關係緊要，交與熊賜履、李光地纂修，今所奏目録次序，有未畫一之處，著李光地移會熊賜履，商酌妥當，畫一奏明，然後將書呈進。"又於本日奉旨："此書完竣，欲發與熊賜履看，若到彼時有所辯駁，則從頭更張，必致擔閣，而書無完期矣。須乘此時商酌妥當，則趲日纂修，方無遲誤。欽此。"臣即具書，并詳列應商條件，連前後寫就書卷，專差家人前往江寧府，投遞熊賜履家。

今得其回答手劄，於七月十七日到京，其現在論知行處數卷，臣已依熊賜履舊目編纂，經熊賜履留去人住三日，一一看訖，今恭呈聖覽，乞睿裁指示。所有向後目録，臣恐路遠難以零星商議，總列劄後，俟熊賜履逐條批定。今得回字，令臣於重複處酌而删之。謹將熊賜履回答原劄，附呈聖覽。以後編纂，庶幾畫一，無復參差，以仰副聖明鄭重責成之意。臣不勝戀慕悚切之至。

請發朱子全書磨對劄子

臣李光地謹奏。臣奉修《御纂朱子全書》，所有未完各類，謹繕寫爲八卷，恭呈聖覽。通計全書凡八十二卷，其目録次第，遵依聖諭，以四書六經爲首，然後分類編次，自理氣以下，至于詩文而止，奏牘及自著書序跋兩類，舊目所無，皆遵旨添入者。謹將目録一卷，一併呈覽。

臣竊惟朱子之學，粹然孔、孟之傳，誠有功於人心，有裨於世教，元、明以來，雖家誦户習，然未有傳其心，嗜其書，躬踐其道於修身齊家之間，而實驗其效於治國平天下之遠，如我皇上者。所謂先聖後聖，如合符節，孟子之言，信不爲誣。此書之纂，條條皆經皇上覽閲斟酌，間有筆畫及句讀訛謬，隨貼内簽，命臣改正。近又面奉諭旨："首以四書六經，次分門類，足見朱子平生精力，盡在研究經書之指而闡明之，平生議論，無非源本經書之指而發揮之。朱子之學，即孔、孟之學，一披卷而原委昭然矣。"聖見高明，尤非從來諸儒編集以流傳於世者，所能幾望萬一也。臣愚昧淺謭，雖一一稟承聖誨，繕寫成編，次第進呈已畢，然此書關係甚大，伏乞聖明裁定之餘，召臣面諭可否，有臣愚陋未能通曉者，因得隨事面請，逐句記憶，以便遵行。又書之卷數既多，前後恐不無重複參錯，更乞皇上全覽後，盡行發下，容臣通融全部，一一磨對。如有重複參錯之處，更改抽换，另繕進呈。庶幾不至謬舛，以干罪戾。臣不勝惶悚。

進校完朱子全書劄子

臣李光地謹奏。前因臣承修《朱子全書》告竣，面請聖旨，乞將陸續進呈卷册，盡賜發下，便臣從頭磨對。其目録次第，奉旨改正者，逐處改正，或因篇帙浩繁，前後有重複參錯應抽换者，逐處抽换。荷蒙俞允，將全書發下，已兩月餘，臣謹細加覆閲，逐類編摩，所有目録次第，悉遵明旨，釐定卷數。内有重複數十條，及遺漏數條，俱已更换補備訖。凡爲卷八十三，分作五十五册，裝成八套，相應恭進御覽。仍將奉旨并請旨條件，開列于左。

一、《性理》、《語類》諸書，所分門目，原以理氣、太極、陰陽爲首，臣面奉天語，朱子平生功夫，在於發明四書六經，須以四書六經爲首。臣仰見睿識高卓，遠出宋、元、明諸儒萬萬，片言之下，遂令朱子之書，規模一新矣。謹遵依序列編端，然後繼以分門云。

一、朱子有萬言封事數篇，竭忠愛之誠心，實理亂之龜鑑。若破析分入各類，則無以見其立言先後本末，委曲詳盡之致。臣面奉天語，奏疏須自爲一門，不可破析。聖見高明，又從來編集類書者之所未知也。謹遵依另立門目，以封事奏劄論道經邦者居前，以謝恩辭官進禮退義者居後，俱録全文，不敢破析。

一、臣於聖駕避暑前請旨，奏疏敘於朱子内外任之後，荷蒙聖俞，今遵依列序。

一、臣於聖駕避暑前請旨，治道中所有細目次序，頗覺雜亂，似當略倣六曹職掌，次第編列，荷蒙聖俞，今遵依更行寫定。

以上數條，皆係奉旨事理，其餘篇目先後繁簡，俱是熊賜履在時，與臣斟酌議定者，無所更改。

一、理氣門類下細目，先以總論，次太極，次天地，次天度曆法，次天文，次雷電風雨雪雹霜露，次陰陽五行時令，次地理潮汐。臣愚見竊謂，陰陽五行時令，似應接太極天地之後。蓋周子《太極圖説》，首言太極，即繼以陰陽兩儀五行四時也。天度曆法，似應接天文之後，蓋有日月星辰，然後有行度，然後有曆法也。地理似應即繼天文天度曆法之後，蓋有天文即有地理也。雷電風雨雪雹霜露，似應在地理之後，蓋此數者不可謂之天文，乃地氣上交於天，絪緼聚散於兩間者，則當附天地之後也。然臣所見，未能確當，故原本不敢更改，謹别寫二册，另封請聖明教誨。或可采，則乞發下南書房詞臣，撿對換入，如無當於理，則仍用原本，統希皇上裁定施行。

覆朱子全書删節幾條劄子

臣李光地謹奏。魏廷珍、王蘭生、梅瑴成傳旨，十月初五日，奉旨："《朱子全書》已看完，選得皆妥當，惟'吾與點也'章太多，有可删者，就删去幾條。欽此。"臣謹遵旨覆閲，此章所收，果屬冗長，其間説曾點實能爲堯、舜事業處，亦似稍有過當。恐門人記録朱子之言，不能無誤，謹擬删六條，逐處簽貼。乞聖裁。

十月初八日，奉旨："'其次致曲'章，'問其次致曲'條，隨其善端發見於此，便就此上推，致以造其極。發見於彼，便就彼上推，致以造其極。與引蘇軾數語，其意有似乎釋氏所謂'專用想於一處，而不他適'者。見李光地說與他仔細想，若於道理無害，就存著，若有啓人疑惑處，就去了。欽此。"臣仰見皇上辨理之精，入於毫芒，非臣等粗淺之慮所能至也。細看後，數行以仁義爲言，又似不礙儒者功夫。乞聖裁。

十月初九日，奉旨："《易》首卷'一二三四九八七六最妙'條，注云'丙丁合辛壬合'，有錯否？問李光地。欽此。"臣按十干日數，丙與辛合，丁與壬合，今云丙丁合辛壬合，意未明白。聖鑒極是，上一"合"字，似當改作"與"字。乞聖裁。

覆發示圖象第一劄子

臣李光地謹奏。本月初九日，蒙行在發到臣《易學圖說》共三件，仍奉上諭："朕避暑山莊，常多幾暇，參《河》、《洛》數目，偶得數之合於古書者有幾條，欲問通達《易》理者，無一人知道。卿留心《易》學，最久且明，若細察，可以知朕之用心矣。但《易》理無窮，失傳已久，此圖此論，未必甚當。況自己之意見，不敢即爲是，卿看此論，自然明白。若未合於理者，直言勿隱。倘有些須可用者，朕再細察，另畫圖樣，併用法開列寫去。欽此。"恭惟皇上聖學淵深，妙極道數，發遺經之閫奥，探皇古之端倪，蓋有歷代鉅宿名儒所未能測窺者。臣章句末學，所知不踰文義之近，忽承封示聖製圖書，又賜諭旨，令臣詳看，且許以直言無隱。臣伏讀連日，茫不得其涯涘，真如籬鷃之乘長風，井蛙之遊滄海，目眩心迷，疑是而非，雖欲從之，末由也已。賴皇上條畫詳明，立象以盡意，撮要以盡言，俾臣下愚，亦得按圖循文，粗見髣髴。至於賾理精義，尚多未通。恭遵明旨，敬附所知，逐條開列於後。其愚蒙未曉了者，亦因奏請聖誨。自省於高深無所發明，惶悚累息，言多舛差，伏乞聖慈矜恕。

一、《天尊地卑圖》，次第相乘，得天地始終全數。臣恭繹此圖，正與司馬光

《潛虚》圖樣相同，但司馬光衍《河圖》數，一一得一，二二得四，三三得九，四四得十六，五五得二十五，六六得三十六，七七得四十九，八八得六十四，九九得八十一，十十得百，合之得三百八十五數。雖有合於《易》爻三百八十四中，含虚一之理，但天地之大數，猶未全也。今以所得乘數，逐旋相乘，極於三百六十二萬八千八百，然後天地終始之數，周而無餘，變化盡而能事畢矣。

一、三皇歲數。臣謹按邵雍之説，謂一元有十二會，如一年有十二月。天開於子，如一年之子月，陽氣回也。地闢於丑，如一年之丑月，土膏動也。人生於寅，如一年之寅月，萬物萌芽也。儒者取此以證三皇之説，故謂天皇十二人，是十二會全數，各一萬八百歲者，每會一萬八百年也。地皇十一人，是從丑會算起，去子會而言也，亦各一萬八百歲者，每會亦一萬八百年也。人皇九人，是從寅會開物算起，至戌會閉物而盡，前去子、丑，後去亥而言也，亦各一萬八百歲者，每會亦一萬八百年也。据此説，則當依《綱鑑》補作一萬八百者爲是。但据此説，又須改古書十三爲十二方合。又一本作人皇兄弟九人，合四萬五千六百歲。按九會之數，九萬七千二百年，今以開闢至中天折半算，得四萬八千六百年，亦須改古書五千爲八千方合。未知是否？

一、《河圖》衍六層之數。臣恭繹圖象，《河圖》四面之數，衍以六層，凡三百有六十，當期之日，而且縱横與天地之數，無往不合，可謂妙矣。又按朱子説蓍策，亦起于《河圖》四面，其西之老陽九，合於北之太陰六，其東之少陰八，合於南之少陽七，皆得三百六十。今玩聖明所衍，則其西其北之數，得百八十，亦老陽老陰之合也。其東其南之數，得百八十，亦少陽少陰之合也。蓍策所謂"當期之日"者，實以此爲根原。此朱子所未言，至皇上而始發者矣。

臣自少受經，於文義多所未通，前儒訓解，亦未詳晰。如《尚書·洪範》曰："月之從星，則以風雨。"切疑日行月行，俱經列宿，而獨云月之從星，何哉？又《禮記·禮運篇》曰："天秉陽，垂日星，地秉陰，竅於山川，播五行於四時，和而後月生也。是以三五而盈，三五而闕。"又切疑天有三光，日月星皆懸象於天者也。今獨云天垂日星，而以月爲天地之和，何哉？積思累年，猶未省豁。今伏讀

《圖説》,乃悟所謂月之從星云者,不獨謂風雨陰類,月實主之。蓋其行度一日而離一宿,故以二十八日遍歷周天二十八舍,此則月從星之義也。又悟恒星與七政,獨月與人最近,故凡萬物胎産,皆以月爲節。皇上所謂"'月'字乃'肉'字,係於下土,居中爲人"者,豈非天道聖奥,精微不傳之藴哉!惟月爲天地之和,故人爲陰陽之會。孔子《禮運》特揭之指,於是可通矣。

且皇上之發明人道,又不特此也。恭翫諸圖,皆以天地二者之數,合而成人,因悟《洛書》四正四維之位,其一三九七,順而左旋以相乘者,參天之數也;二四八六,逆而右行以相乘者,兩地之數也;中五特立,而自乘者,乃天三地二之合,是人位也。人爲天地之心,而皇又爲人類之首,故《洪範》於中五曰"建皇極",明乎天地之性,全具於人,立人之道,皇爲之標。皇極建,則上天下地之理,於此合矣。由此觀之,古所謂三皇者,即皇極之皇也。天皇云者,猶言天之帝耳;地皇云者,猶言地之祇耳;人皇云者,則正謂繼天地、統萬類之主,《洪範》所謂"爲天下王者"是也。其所著人歲之數,不過推元會以見三才並立之原始,表曆數以示皇極配天之無疆。古書多隱語,故神奇其説如此耳,豈真有兄弟迭興,沕沕穆穆於羲、黄、堯、舜之前者哉?我皇上既以三皇之號,盡歸之理數,又以天地之道,悉統之人皇,足以破邃古之荒唐,啓《河》、《洛》之秘要。皇上之膺道統而衍心傳者,於是在矣。

臣幸荷聖教,略有開悟,然螢爝之光,所照咫尺,恭遵聖諭,揣度妄言,譬如捏眼生花,總非實象。自知庸謬,悚慄良深,伏乞皇上裁削開示。

覆發示圖象第二劄子

臣李光地謹奏。本月十九日,臣因奏摺,奉御批:"卿之所看極詳。摺内有《洛書》四正四維之位,其一三九七,順而左旋者,參天之數也;中五特立,乃天三地二之合,人位也等語,正在第二次發去圖中。所有之理,卿未見之前,已知之矣,不用朕多論。今將大圖隨報帶去,卿再細察便知。"又批:"自三三圖至十十圖,在《算法統宗》内有,其理全無。欽此。"

臣謹披圖伏讀，歷晷移辰，未能得其端緒。恭惟皇上躬上聖之姿，性與天合，而且探賾索隱，積慮功深。豈臣愚下淺陋，一二日之間，所能曉了。潛神累夜，略見端倪，但恐億度之言，不能屢中，謹條列所見。恭求聖明教誨，以指迷蒙。

一、大圖所衍《河圖》全數，有微圓積數之法，有平方乘法，有立方乘法，逐位注明，逐層結斷，算術源流，已盡於斯。然從來爲算學者，率於本源未徹，惟我皇上心通至道，即數窮神，寫天象地形之真，發太極三極之奥，倣結繩而作天尊地卑之圖，若網在綱，有條不紊。不獨操籌握算者通之，其用至博，而窮理盡性者得之，其妙無窮矣。

一、微圓逐層積數，與三三至百子八圖，相爲表裏。然則微圓積數者，三極之天象也，八圖者，亦容方之地形也。天圓地方之象，天三地四之數，皆於是乎顯矣。

一、臣謹按三三圖者，即《洛書》之數，神禹所爲叙九疇也。從來説《洛書》者，皆以五行生尅言之，惟"三三"兩字，最盡其妙。蓋神禹所叙者，三才之理，而又三其三，以爲九疇也。

一、臣謹按四四圖者，《易》互卦之數也。《易》卦有六十四，以中四爻互之，只得十六，邵子所謂"四象相交，成十六事"者是也。

一、臣謹按五五圖者，古龜卜之數也。龜卜之數，起於五行，《洪範》所謂"雨、霽、蒙、驛、克"者是也。重之爲二十五，又重之爲一百二十五，《周禮》所謂"其體百有二十"者，去五純體，故云百有二十也。今其法雖不傳，然《洪範》、《周禮》注疏尚可考。

一、臣謹按六六圖者，甲子之數也。干支相乘，究於六十，六其六而一年之數周矣。

一、臣謹按七七圖者，蓍數也。大衍之數五十，而其用止於四十有九。蓋一年三百六十五日四分日之一，以日法四乘之，得一千四百六十一，以月法三十除之，得四十八十分之七。四十八者，蓍之揲策也，應三百六十日之整數也。十分之七者，蓍之掛策也，應五日四分日之一之盈分也。故孔子《繫辭傳》，以之象二氣四時朞月閏法，蓋爲此也。

一、臣謹按八八圖者，卦數也。《易》卦有八，重之爲六十四。

一、臣謹按九九圖者，算法之總數也。數有十，而用止於九。蓋至十則還於一，而十無位故也。此數之所以乘除消長，而無終窮。隸首造《九章》，與伏羲畫八卦同功者，以此。

一、以上諸圖者，天地文理粲然列於其中，群聖製作範圍於其内。顧自理數之學分裂而聖人之奥不傳[2]，至我皇上，然後天人之道，一以貫之。曆數在躬，造化在手，萬幾之暇，研極深微。羅列諸圖，溯厥原本，自羲、農以來，不傳之精藴，揭於中天矣。

一、十九歲一章，氣朔分齊，每歲十二月，得二百二十八箇月，并七閏月，爲二百三十五也。圖中下層，硃書十九，上列墨書二三五，恐是此數。

一、二十八歲七閏日之法，及圖下層硃書"二八"，上列"添墨書"三字，臣未能通曉，姑以妄意揣測。每年三百六十五日四分日之一，其三百六十五日，整日也，四分日之一者，零分也。零分積至四年，又成一整日，古曆法謂之景復者是也。四七二十八，故零分之積，至二十八歲，當得七日。此二十八歲七閏日之説也。"二八"兩字之上，添注三字者，蓋以月二十八日週天之數計之，則一歲凡十三週天，又餘一日四分日之一也。若以週天十二爲一歲，則每歲只得三百三十六日。計二十八歲之中，得月週天之歲二十八，得月週天之月二十八，得所餘之日又二十八，而七日之閏分，尚在其外。因歲月日三者皆二十八，故圖中注三字於"二八"之上，或是此意。未審是否？伏乞皇上明白指示。

覆發示圖象第三劄子

臣李光地謹奏。本月初一日，臣因奏摺，奉聖諭："'七日來復'的意思，大概有了，未必全是。卿十分留心朕以理數爲根，件件要細察。圖還有好些，若全發去，念卿閣内事多，有年紀之人，恐累著，所以卿摺子到時，纔發去。欽此。"

臣謹將發下圖一幅、説一册，熟讀精思，僅得彷彿。蓋天人之道，極其廣大，而理數之學，窮於幽微，雖蒙皇上前後以圖説開示，因此推彼，略能明其大意。然至於聞一知十，以達於性道之淵源，觸類引伸，而畢乎天下之能事，則非微臣之所及也。況臣素之所學，僅能記誦經文，解説詁義，拘於末習，迷彼大方。是以連日伏觀聖製，始則駭而驚，繼則疑而思，稍有所得，乃欣然以喜。但所揣摩而似是，未必義理之誠然。恭逢聖明[③]，不敢自匿，謹陳疑悟之端，雜以膚凡之論，伏候聖誨，以啓愚蒙。

一、臣伏讀"七日來復"之説，乃知前日圖説，不特以十九歲七閏月，二十八歲七閏日，而盡來復之義也。蓋七之爲數，乃曆算之根。何則？天三地四者，理數之原也。勾三股四者，算法之本也。以天三地二言之，則五數者，二三兩數之合也。以天三地四言之，則五五之積者，三三、四四兩積之合也。故五爲人數，合德天地，而與之相配也。三三之積九，四四之積十六，五五之積二十五，并之得五十。然開而方之，則不盡一數，而止於四十九，故曰"大衍之數五十，其用四十有九"也。自聖人以四十有九定大衍之數，故方圓圍積算法，莫不以七而定。蓋方者徑七，則圍二十八，四其七之數也。圓者徑七，則圍二十二，三其七而有餘之數也。由是以起方圓之積，則方積十四者，其中含圓積必十一，猶之二十八與二十二也。圓中又復含方，其積必七半外方之積數也。然則大衍之數七七四十九者，豈非曆算之根乎？若以其理論之，則《乾》之太陽窮於九，而《震》之少陽生於七，故在《易·坤》、《震》之卦曰"七日來復"，復其見天地之心乎？又曰"躋于九陵，勿逐七日得"，又曰"婦喪其茀，勿逐七日得"。凡言吉利之占，皆以七日言之。則七者，又豈非陽生之始，天地人之心之會乎？顧理學至微，而數學至賾，是以從來未有發斯義者。我皇上以天授之智，加極研之功，探厥根源，創爲圖象。臣愚初聞之，茫不省其意指，伏思累夜，粗覺開明。然所得僅止於此爾，譬如鼷鼠飲河，自謂腹滿，烏足以議夫萬里之汪洋哉？

一、臣伏觀《天尊地卑圖》，與《七日來復圖》，實相表裏。蓋《天尊地卑圖》者，《河圖》之全數也；《七日來復圖》者，大衍之用數也。《河圖》之數，除其一二三爲三才之尊位，自四至十，凡四十九數，則大衍之策也。夫自四至十共七位，而七居其中，故七者中位也。四與十合爲兩七之數，五與九亦合爲兩七之數，六與八又合爲兩七之數，分居六位，而七七之數備矣。

一、臣伏觀《易卦加倍圖》，窮盡精妙，真從來所未有。蓋自太乙肇判分而爲二，其第二變爲四象，則左一右一者，純陰純陽也；中間二者，陰交於陽，陽交於陰也。三變爲八卦，則左一右一者，純陰純陽也；中間則陽交陰者三，陰交陽者三也。第四變爲十六象，則左一右一者，純陰純陽也；中間則一陽三陰者四，一陰三陽者四，陰陽相半者六也。第五變爲三十二象，則左一右一者，純陰純陽也；中間則一陽四陰者五，一陰四陽者五，二陽三陰者十，二陰三陽者十也。第六變爲六十四卦，則左一右一者，純陰純陽也；中間則一陽五陰者六，一陰五陽者六，二陽四陰者十五，二陰四陽者十五，陰陽相半者二十也。其數既井然而有條，而其理則尤有精焉者。蓋左右之純陰純陽，天地之象也；中間陰陽相交，四時五行變化之象也。《易》曰："天地定位，而《易》行乎其中矣。"故《乾》、《坤》爲《易》之門，謂如門之左右兩扉，一闢一闔，而千變萬化，於是乎出入也。以此圖括先天之要，可謂數顯而理明，法簡而道大者矣。

一、臣謹按陰陽之數，雖各居其半，然陽饒陰乏，陽多陰少，故數之有餘者，必歸之於陽，其不足者，必歸之於陰。此非聖人以意爲之，蓋造化尊陽之理，天地生物之心，其本來如此也。故《乾》、《坤》二策當朞之日，然《乾》之策二百一十有六，則七月而有奇，《坤》之策百四十有四，則五月而不足。此邵雍所謂"開物於寅末，至戌初而後閉物"者。今皇上復以晨昏之景日，距地平之度推之，其數尤爲脗合，其理尤爲神妙。皇上之扶陽抑陰，撥亂開治，進君子而退小人者，臣於此圖見之矣。臣愚昧無識，統求聖誨。

覆發示圖象第四劄子

臣李光地謹奏。八月初十日，蒙御批奏摺："卿留心《河》、《洛》久矣，見來書，愈知理明識遠。此事非卿萬不能辨其是非。但筆墨不能盡處甚多，容朕回宫面諭商量。目前有幾圖卿看，又批圖還未定次序，前後有些參差。欽此。”

臣末學膚陋，從幼雖受《易經》，而乏師寡承，姿性蒙昧，《河》、《洛》精蘊，萬未一窺。伏惟此經所言，固皆道德性命之奥，然其淵源實起於《圖》、《書》，苟象數未能精通，則義理亦無根據。自壬午之冬，聖駕南巡，臣扈從至德州，皇上指示算法大略，並賜御修秘書。雖以庸謭衰老，不能竟學，而啓教之下，粗知意味。故於方圓勾股之形，參兩乘除之算，略能辨其縱横，而數其一二，以之與《河圖》、《洛書》卦畫蓍策相證，蓋不啻相爲經緯，而若合符節也。是臣雖白首窮經，實賴皇上聖誨，稍得端緒。今又蒙前後發示諸圖，契悟精深，制作詳密，通理數天人而一貫，合羲、文、周、孔以大同。臣何幸得以垂暮而窮域外之觀，以下士而與見知之列，上慶遭逢之幸，下慙學業之疎。惟有恭披圖象，一一規摹，祇藏名山，永爲世寶，動觀静玩，或者雖愚而必明，俯誦仰思，幸免無聞以終老。謹將疑悟大端，開列于後，自知未必有當，伏求皇上批駁教示。

臣謹按物之圓者，每以六而包一，虚其中則六也，實其中則七也。物之方者，每以八而包一，虚其中則八也，實其中則九也。陽實陰虚，故九七爲陽數，六八爲陰數。然則陰陽之純者，獨七八耳。九雖老陽，而實積方之所成，則陽已將變而爲陰。六雖老陰，而乃積圓之所得，則陰已將變而爲陽。《易》之七日所以爲純陽，八月所以爲純陰，而用九、用六，所以爲陰陽之變者，此也。今伏觀皇上所立之圖，三角者雖數九而象乾，然三角之形，裁成勾股，則一變而爲正方。六角者雖數六而象坤，然六角之形，徑一圍三，則又一變而爲渾圓矣。方圓相變，天地相銜，圖中無窮之妙如此。

臣又謹按從來説《圖》、《書》者，皆以五行相生相尅立論，雖亦理之一端，而其説頗膚淺。蓋《河圖》所藴，乃陽奇陰耦，二氣流行之序，而其中數則太極也。《洛書》所具，乃參天兩地，方圓相包之形，而其中數則皇極也。太極者，周子所謂“無極之真”是也。皇極者，周子所謂“定之以中正仁義，立人極”者是也。此羲、禹畫卦叙《範》，所以爲天啓文明之運，而萬世道統、治統之宗也。今所建天尊地卑一圖，其外之三角形，則陽奇而天參之數也。其内之六角形，則陰耦而地兩之數也。最上一點，則在天爲太極之象也。最中一點，則在人爲皇極之象也。此圖實合《圖》、《書》之理，混而一之者也。非皇上身膺道統、治統之傳，而心契伏羲、神禹之妙，其孰能與於此哉！然《河圖》、《洛書》所謂"太極皇極"者，皆以中五之最中一點當之。皇上聖圖，其上一點在第一位，中一點在第七位。臣愚以爲，奥中五之理，實相貫通。何則？天雖有五氣，其實一元也，人雖有五常，其實一誠也。故一與五無異也。天有五星，合日月而爲七；地有五行，合陰陽而爲七；人有五性，合健順而爲七。故五與七無異也。孔子曰："禮始於太乙。"又曰："人者，天地之心也。"大圖之最上一點在第一位者，所謂"太乙"者也；其最中一點在第七位者，所謂"七日來復，而見天地之心"者也。《易》、《範》之理，千載同符；《河》、《洛》之精，萬形一貫。皇上所闡《圖》、《書》之奥指妙義，大約與周子"太極"、邵子"先天"，相爲表裏。信乎百世之上，百世之下，有聖人出焉，而此心此理同也。伏乞聖明裁教。

【校記】

① 此處所闕七字，或係避吕留良案所致。

② 道光本闕"而聖人之奥不傳"七字。

③ "聖明"：道光本作"聖人"。

榕村文集卷二十九

劄　子　二

進周易啓蒙并請定書名劄子

臣李光地謹奏。臣承修《易經》,其首卷《啓蒙》四篇已畢,謹繕録,恭呈聖覽。又臣前後所蒙皇上指示象數之精微,誠不傳之秘奥。但臣井蛙之識,不能盡窺,所記憶聖訓,恐有差錯,不敢輒附本文,謹别擬爲圖表論説,另作一册進呈,仰求御筆改定。將來系《啓蒙》之後,可以發朱子未盡之意,實《易》學之幸也。其《乾》卦以下,臣即陸續編修,次第呈進。仍求欽賜書名,以便繕寫時恭題篇首。臣更有請者,經傳次序,奉旨依朱子《本義》元本編次,但外間坊肆,難得此書。臣雖略知其意,尚恐或有舛誤。乞賜發内藏宋板《本義》,俾臣檢對數日,臣即另摺恭繳。

進啓蒙附論劄子

臣李光地謹奏。七月二十二日,魏廷珍等傳旨:"新編圖象二册甚好,李光地《易》學功夫極深,所見者大。於前發去諸圖中,採取數條,發明其故,即包括無窮,非他人所及也。至《先天變後天圖》,朕近按卦爻排出,尚未暢發其理,著發與李光地看。應否并存,或擇取其一,必有確見。附論中《洛書開方圖》,與本法稱異,須再斟酌。"又本月初一日,奉御批:"此書原非朕本意,多是問西洋人之舊書察來。若論數有可取者,近日也就爲難。但各處有關於《易》數者,總發到卿處酌量。今欲改書之名,覺得太大了,還當依古人理斷纔是。欽此。"

臣前後所擬撰圖説,具荷聖鑒。兹謹從頭編次,先《圖》、《書》,次卦位,次蓍策卦變,如《啓蒙》之序。其《洛書開方》,誠非本法。臣初意只欲借此明其理爾,今遵旨改正。至於西人諸圖,其算恰合處,無非自然之理,推原到此,非如近代譚象數者,附贅懸疣,全無理致也。臣又只存其綱要,寥寥無多,似不必更加删削。

御製《先天變後天圖》,理藴精深,非元儒胡一桂舊説所能及也。臣反覆精思,其理正與元進天地水火説相表裏。蓋八卦歸於《乾》、《坤》、《坎》、《離》,《坎》、《離》又歸於《乾》、《坤》,不極其用之變,則不知其體之一也。但臣所擬圖説,殊爲膚淺,又恐有錯繆處。皇上於天文地理,妙極精奥,非臣等所能測窺。伏乞御筆一一改正,使臣等亦得與聞秘義,不勝幸甚。

臣又因此思先天乃後天之根,故又增《先天卦位圖説》一篇。蓋雖先儒所已道,然其四維卦之理,則實微臣數年來所聞於皇上者,故敢附著其説,或有差謬,恭求聖誨。又古人迎日推策,則蓍數實與曆法符合。故孔子於《易》未嘗及曆法也,而獨於大衍之數言之,必有微指。臣謹據唐僧一行《大衍曆》之説,而頗删其附會者,存其本根,以與《繫辭》、《大傳》之言相應,爲《迎日推策》一篇,并求聖誨。又自《圖》、《書》以下諸圖説,當日尚有未詳備者,今多所增益改定。伏乞聖鑒之下,逐一指示是非,發下更改,臣不勝顒切。

覆發示陰陽動静圖劄子

臣李光地謹奏。本月初八日,編修魏廷珍奉旨,發下《河圖洛書》、《陰陽動静圖》二紙到臣,欽此。臣所擬舊稿,專主陽不易而陰易一説,雖似不悖於理。今觀御製新圖,陰陽互爲動静,上下左右,反覆縱横,無不適得《圖》、《書》之位。不特此二圖之秘,於此盡洩,即先後天圖義,及凡《易》中陰陽、剛柔、交易、變易之妙,無不權輿於此矣。恭惟皇上性與天通,心由神契,故能指示摹畫,大發造化之藏,至于如此。豈微臣膚淺固滯之所能與萬一也?熟復數過,誠爲《大易》第一要義,欽服忭舞,不能自勝。但所擬圖説尚恐粗略,不足以發明聖意。伏乞御筆增删改定,以惠萬世,臣不勝幸甚。凡例應增一條,一併呈進。

覆發閲周易要義劄子

臣李光地謹奏。本月十二日,蒙皇上發下《周易要義》一套,令臣領看。欽此。臣查此書即是《十三經注疏》中《周易疏義》,但稍有删節耳。蓋唐太宗既命孔穎達等爲《易經正義》,後又命長孫無忌等删取其要,以爲《要義》也。今修書只看注疏,則此書在其中。謹此覆。

奏明周易折中承修大指劄子

臣李光地謹奏。臣此番承修《易説》,乃擬稿進呈,皇上親加裁削,將來爲御纂之書,垂示後世者,非比書生撰作,可以放言高論也。臣奉旨祗懼,逐條擬議。凡所採録,必其深者根極道德性命,其大者維繫倫理綱常,即其細者亦須於物理事情,曲中精切,卦意文義,吻合符會,然後詳慎收入。其有援引古今,牽合象數,浮泛無根,冗雜無倫者,概不敢多取,以溷聖覽。蓋此書從來説者頗多,中間儘有真僞相亂,難逃聖鑒也。惟是臣氣逐年衰,過用精力,便生症候。所奉旨看詳各項,未免稽遲旬日,統乞皇上慈恕。

謝周易折中列銜改承修爲總裁劄子

臣李光地謹奏。本月十二日,侍講魏延珍傳下聖旨:"《御纂周易折中》,卷首列銜,將臣承修字樣改爲總裁。欽此。"臣伏惟歷代修書,多是儒臣承詔編纂,及書成投進,即與頒行,未必皆經覽閲也。今此書自開編下筆,片辭隻字,悉費聖心,大義微言,盡歸明訓。無間晨夜,再歷春秋,探賾鈎深,旁搜遠紹,其裁定之精審,檢校之勤劬,非臣等所能庶幾於萬一也。臣忝承修之名,已極榮悚,聖恩易以總裁,下情不勝踊躍惶懼之至。謹具摺,稱謝以聞。

進性理精義凡例劄子

臣李光地謹奏。臣承皇上面命修纂《性理大全書》,且誨諭以修纂指意。

臣恭繹聖旨，擬撰凡例七條，繕呈御覽。恐未有當，乞皇上逐條改正發下，使臣奉爲科律，便可隨日編次，刻期告成也。又臣思性理自分門以後，文義明白，不費講解。惟前面成書中，如《皇極經世四象圖》、《聲音圖》，原注未明，學者恐不得其門而入。《正蒙》、《觀物》、《律吕新書》，亦有一二處須提明者。故臣擬凡例第七條，遇有未明處，略加案語。此一款未經奉旨，并乞指示可否，或不必增添，則此條可删也。書名并修書効力人員，亦另摺開列請旨。再蒙發三三、四四諸圖象，實皆《洛書》之藴，宜入《啓蒙》附論。但其算法，蒙皇上指誨，臣已粗曉，至其理致，容臣思索旬日，方敢具稿，求聖筆裁定，須於回鑾後進呈。又何國宗、魏廷珍等所交《曆法明原》數册，臣亦未暇逐一推敲，心力短淺，數項未免挨次料理，伏乞聖慈矜恕。外有繕完《周易折中》下經十二卦，共四册，相應一并呈進。

覆催性理精義劄子

臣李光地謹奏。本月十九日，翰林魏廷珍奉旨："所進經書，俱已校完，如《性理》修成，著即進來。欽此。"《性理》現在編《啓蒙》、《家禮》、《律吕新書》三種，因此三書原本繁多，今遵旨約取簡要，以便學者。又恐既從簡要，其大綱節目，或有遺漏，故定稿之時，未免再四推敲。又中間遇禮有儀制，樂有度數處，亦須一一稽考計算，方可畫圖繕寫。爲此稍稽時日，目下已脱稾，現在并日繕清，於月内恭呈聖覽。謹先具摺奏明。

進性理精義學類劄子

臣李光地謹奏。《御纂性理精義》，除前面《太極》、《通書》、《西銘》、《正蒙》、《觀物》、《啓蒙》、《家禮》、《新書》八種，爲諸子成書，此外應分門類編輯，謹遵旨以學居首，次以性命理氣之説，而以治道終焉。臣謹看得，前代永樂間纂集此書，頗覺疎率。其中冗泛者收采太多，精要者反有遺漏，以至所分門目，殊爲破碎，引用姓氏，間或譌錯。欽惟皇上重纂新編，嘉惠學者，奉旨務須選擇精義，芟去繁文。臣謹遵依明訓，詳慎收採。計其篇帙，大略僅當舊書八分之一。其有諸儒格言，裨益六經，而舊書所遺者，亦謹遵旨補入。至其門目太多，則從并省，引用訛錯，亦與更正。又程、朱《語録》，本係問答之言，其間不無鄉音俚語，恐不便於學者誦習，故遇襯句虚字可省去者，亦略加删節，以就雅馴。以上各例，臣雖祇遵成命，然學識粗淺，深以不能得當爲懼。今謹將繕完《學類》，先呈聖覽，其餘各類，亦俱已脱稾付寫，即日續進。伏祈皇上垂覽之餘，細加駁示，其有不當之處，容臣一一更改。臣雖蒙恩准告歸，然此書一處未穩，臣一日未敢行，不敢苟簡以圖完編，伏惟聖明照諒。《家禮》一册，經前奏明，暫留細校，今并附進。

進性理精義治道類劄子

臣李光地謹奏。《御纂性理精義》，除經節次進呈外，今有《治道類》，繕完恭進。所纂門類止此，向後道統人物詩賦之屬，奉旨不收，伏思之，深爲潔凈也。臣惟此書，萃宋儒之精英，實理義之淵藪，關係甚大。臣雖遵旨詳慎采輯，然學識膚淺，多有未當，伏乞皇上俯加駁正，明賜指示，俾臣得以逐處修改，爰成大醇無疵之書，有補内聖外王之道，天下不勝幸甚。所有原發下凡例一册，并姓氏一册，目録一册，謹附恭進。臣前所進諸卷，俱是挨次編集繕寫，今書成分卷，須略計其篇帙多少，以定卷數。故目録分合之處，與原書頗不同，恭候聖覽裁定。如今目録不謬，乞發下原書，得以逐卷區分，添上標題，庶無參錯，臣不勝顒望。

覆填寫經世聲音圖滿文劄子

臣李光地謹奏。武英殿翻書諸臣，奉旨填寫《經世聲音圖》中滿字，移商于臣。臣未敢臆斷，謹臚列數條，具摺請旨。

邵子《聲音圖》，是用古音，若以今時官音對之，恐不合，似須用古音爲是。

滿書無四聲，即平聲亦無清濁，今所對滿字，重複者多，應請作何分别。

《等韻》有三十六母，邵韻有四十八行，以今音對之，則今音所缺者多。即如疑、徵兩母必不可缺者，而今京音無之，故滿字亦無之，則此兩字無音可對。

古人有閉口音，乃今詩韻侵、覃、鹽、咸四部，在滿字則、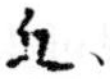、一頭是也。浙江、江西、閩、廣間，此音尚存，直隸及他省皆無之。邵子七聲中後兩行，即是侵、覃、鹽、咸之韻，如對以京音，則與真、寒、删、先等相複，似應以、、一頭之字對之。

如知、徹、澄、孃四母，原抵舌音，而近代俱以知、徹、澄三字混入齒音，與照、穿、床三字無别。若以時音對上，則失古人之意，似只應注明緣由而闕其音。

邵書黑圈者，原是無聲無音之位，無字可對。其白圈者，雖有聲音，然音之同類者多，未知邵子當日欲用何音，似只仍舊存虚圈爲是。

惟反切之類，則漢字無音者，俱可以滿字叶之，將來修韻書時，用此法極當。

覆樂律數表劄子

臣李光地謹奏。本月十四日，舉人魏廷珍、王蘭生、梅瑴成奉旨回京會試，到臣宅見臣。臣恭請聖安，伊等具述皇上體氣强健，神志清明，而且涵養之厚，溢爲至和，藹然如春風之被萬物，灑乎如秋月之麗層霄。伊等雖日在威嚴之側，而常遊光霽之中，真新進之奇逢，而觀光之盛事。又述皇上躬自校對《朱子全書》，風雨不輟，一字一讀，悉費聖心。至於格言至論，則再三嘉歎，爲伊等指陳講説，移晷未休，歷時不厭。草茅下士，誠未能仰測高深，然想自古好學樂道之君，未有如我皇上比者。臣聞言之下，抃喜欲狂，沉痾遽起，非獨爲一身遭遇幸，又幸斯世斯民之有所覆露，而千聖萬賢之有所憑依也。

至伊等學習樂律，臣亦細叩宗指。據伊等所受聖誨，言樂者必以黄鐘爲本，以黄鐘爲天地之中聲也。夫天地之聲，寄之於人，而人之喉，自最低以至最高不過十餘聲而止。自古及今，謳吟歌曲之音，不絶於天下，而笙管琴笛之類，即與之相應，則所謂中聲者，自寓乎人聲、樂器之間，但人習而不察，則以爲微妙難知耳。今定長九寸、圍九分、容黍一千二百者爲黄鐘，既與古法相合，而驗之現行樂器，或有用黄鐘積加八倍者，有用黄鐘積加四倍者，匏笙之管，或有用黄鐘積八分之一者。形雖不同,而實皆與黄鐘暗合,至塤篪、編鐘之類,亦皆按黄鐘分數加減而聲可得。此黄鐘所以爲萬事根本也。

又受聖誨,論樂莫要於審音,審音莫難於半音。蓋相去全音則辨之易,相去半音則辨之難,能辨半音,則全音不難知矣。又受聖誨,聲之應於絃者,以短長爲差,故倍半之聲,得以相應。至於管音,既分於長短,又分於粗細,必用積實加減八倍之法,而後相應。蓋線與線、體與體之比例各異也。又受聖誨,古人論樂,言高下必言疾徐,有高下而無疾徐,非樂也。故西人有五線六名以辨高下,有八形號三遲速以别疾徐,其説深爲可取。又受聖誨,宫聲君也,宜居中位,徵、羽宜有濁聲在宫聲之前,其清聲則在商、角之後,與濁聲相應。

恭惟皇上心得神通,博稽廣覽,指示之下,伊等未必盡記其詳。然略述梗概,則所發於臣之愚蒙者已多。顧臣未嘗一審樂音,一親樂器,扣樂捫燭,以爲聲光,安能得其真象?所敢信者,自幼讀《周禮》、《禮記》、《國語》、《管子》、《吕覽》、《淮南》、史遷、班固之書,以及朱、蔡師弟子之所講論,其大且要者,質之聖言而皆合耳。其精理實用,曲折細微,尚須面請訓誨,庶窺萬一也。廷珍等又出御刊數表示臣,其用法以加減代乘除,以加倍折半代自乘開方,即數十乘方,皆可以一除而得之,其用誠爲簡捷。至扣其造表之法,則伊等咸誦聖訓,所謂中比例者,蓋以一與十,用相乘開方法,至二十餘次,得真數之二。以一與十之假數,用相併折半法,亦至二十餘次,得與二相對之〇三.〇一〇三。兩數既得,餘可類求,此數表之根原。非聖明孰能啓其秘奥,真隸首之别傳,《九章》所未載也。臣雖不能算,然奇書秘册,覬得什襲家藏,以待能者。伏乞皇上恩賜一册,俾奉爲至寶,臣不勝希幸。秋深氣肅,神護天和,微臣引領戀慕之至。

命魏廷珍等寄示學習樂律所得覆奏劄子

臣李光地謹奏。本月初五日,魏廷珍等奉旨,將伊等學習樂律所得大概,寫與臣知。臣閲竟,不勝驚喜。竊以秦火之後,禮壞樂崩,故漢文帝語及制作,則謙讓未遑。武帝策董仲舒,問及樂事,然亦曰鐘鼓管絃之聲未衰而已,未嘗深探原本也。哀、平間，所討論，乃王莽、劉歆之爲，東京所用，乃公孫述之作，其不足取信於後明矣。江左離亂，泯泯棼棼，唐太宗又不信樂律之事。至宋仁宗乃留意於此，特命胡瑗等考古定律，及書成而藏其副於名山，後世有述，故稱賢主焉。然黄鐘制度，歷世迄無定論。朱子、蔡元定相與折衷考正，著爲《新書》。今以十七史《樂志》觀之，未有若此書之簡而明，詳而有要者也。顧鳩工制器，非貧士之所能；審音協律，非儒者之所兼。是以理雖著明，而用則茫眇，此真所謂百世以俟聖人，待其人而後興者與。

恭惟皇上修德行仁，勑幾興事，其所以致中和，在治忽者至矣。故既竭耳力焉，而又參驗於器數之間，既得真聲矣，而必取證於儒先之説，遂使數千年失傳絶學，一旦可以見於施用而不爲空言。非天所命，其孰能與於此哉？臣前日蒙皇上發示新製律管，及命工所造風琴，吹而按之，使臣細聽。臣雖不甚曉了，而亦心覺其和諧。況魏廷珍等所述旨諭，古尺當今營造尺八寸。憶前歲皇上遣官立表量地，自京師至德州，約極高移一度，而地差二百里。合之古人二百五十里而差一度之説，正爲古尺得今之八寸也。夫既參之縱横之黍而合，考之上下之聲而協，而又有天地日月之度，足爲根據。此《漢志》所謂“天効以影，地効以響”者，悉和會於今日矣。臣之愚昧，竊以爲信而有徵，古者禮樂百年而興，我朝受命，將逮百年矣。伏望皇上勅下太常，以新聲比校舊樂，如新聲渾厚，舊管清急，即以今日所定，立賜施行。實太平之基，曆數萬年之符也。

抑臣又有愚見，仰求皇上裁教。《孝經》曰：“移風易俗，莫善於樂。”然則樂者，行於民間，非獨朝廟用之也。後世縱有議樂事者，典領有司，施之祭祀朝會而已。至於教坊詞譜，則端人正士，往往鄙爲俗樂淫樂而莫之談。孟子曰：“今之樂，由古之樂也。”古者民間歌曲，即如今優伶之所爲，故雖小民可以感動歡欣，而風俗爲之移易。臣幼時觀作戲者，至於忠臣、孝子、貞夫、節婦，雖耆老孺稚，無不沾襟焉。惟近年所演唱，專取其鄙褻荒唐者，而俗樂亦亡矣。宋人太常雅樂，及教坊俗樂，皆以有司領之，猶存古意。倘取今之詞曲，禁其鄙褻荒唐，而文以忠孝節義之事，其底本則採諸史書稗乘，有姓名事實不全虚無者，於以風諭黎庶，是亦返樸還淳，鼓吹休明之一助也。臣前奏對時，略及之而未盡，玆因大樂之成，復瑣屑瀆聞，未必可行，惟皇上恕其妄言，不勝幸甚。

覆發閱韻譜式樣劄子

臣李光地謹奏。本月二十四日，接王蘭生來札，内開六月二十日，奉旨發閱《韻譜》式樣。臣反覆詳看，其韻部次第及等切法律，皆有條理。蓋古今韻部，惟本朝十二字頭，爲得天地之元聲，符三代之古法。今崑山樂工，及士大夫識韻學者，頗能辨其部分，有條不紊。然一概沿唐人之舊，以東、冬、江等爲弁首，終不如本朝字書冠之以ᠠ、ᡝ、ᡳ一類，其音與支、微、齊、魚、虞、歌、麻七韻相對，實能生餘韻而不爲餘韻之所生。推之切字，則亦能切餘韻而不爲餘韻之所切。臣愚陋無知，常竊以爲聖人復起，不能易也。今若修《唐韻》，自應且仍其舊，不必更張。至修今韻，似應以本朝字書爲根柢，一如發下《韻譜》次第。匪獨昭我文明，誠爲與古符契，伏候聖裁。

至三十六等母，以見、溪爲先，本朝字書，則以影、喻爲先。意作《等韻》者，置喉音於後，以寓歸根還原之意，然亦不如字書揭之於首之爲當也。此一事，則或且仍《等韻》，先見、溪、群、疑，或遂先之以影、喻、曉、匣，似乎兩可，伏候聖裁。

王蘭生又將所承旨諭，高麗、回回、喇嘛諸國音韻，與古法合者，詳寫來說。益信元音天籟，薄海同歸，非皇上天亶聰明，好問好察，孰能博採殊方異域之言語文字，以驗此理之同哉！恭遇神聖之朝，覩稽古考文之盛，臣不勝欣幸。中間有應商量數字，臣另寫字與王蘭生，俟其察明轉奏。臣謹具摺奏覆。

覆發閱王蘭生所纂韻書劄子

臣李光地謹奏。二月二十九日，奉旨："著王蘭生將纂的韻書，送與大學士李光地仔細看閱過，具摺啓奏。欽此。"王蘭生所修韻書，臣於前歲乞恩回籍之先，曾經奉旨與王蘭生商量斟酌。今看得蘭生所修，其大體似頗潔浄，但聲音之道微眇，臣與蘭生等，俱淺陋末學，且局于風土，不能周知古今語言文字之變，亦不能備悉九州方音謡俗之殊，但据古人成書數種，略爲折中，而以本朝字書爲之根本。恭惟皇上亶聰天授，兼於方域内外，以及四裔之音，無不入耳立辨，通其異同之故，非臣等下愚之所能窺也。謹摘書之大凡數條，恭請皇上指示可否。

一、三十六母及四等四聲之類，自江左、隋、唐以來，已極詳備，惟是字韻部分，則至本朝字頭書，始爲派别支分，各從其類。自來韻家及俗樂聲譜，亦有窺見一二者，然終未能覩其源流也。何則？聲樂之家，雖或知有部分，然所分部，不免皆從東、冬韻起。惟本朝字書第一頭，所對者乃歌、麻、支、微、齊、魚、虞七韻之音。此七韻者，實聲氣之元，萬籟之所從出，能生諸部而不爲諸部之所生，能切諸部而不爲諸部之所切。是此七韻，允宜列爲韻部之首，以明爲天地元音，更唱迭和，以盡無窮之變。如十一律之有黄鐘，班固所謂能生他律而不爲他律役者也。今應否仍依一東二冬之舊，以存不遽變古之意，獨於凡例中特發明本朝韻部之精當，使後人知唐、虞、三代之絶學，實嗣音於聖世。是否相合，乞聖裁。

一、歷代反切之法，蓋用上一字定母，下一字取音，兩字相求而真聲得矣。然此必知等母者乃能辨之，初學童孺則不能也。惟本朝連字之法，兩字相合，即得真聲，不待知等母者然後能辨也。蓋其上一字，乃第一頭之母所對歌、麻、支、微、齊、魚、虞七韻之音，以其能生諸部而爲之根柢，是以能切諸部而無不諧協也。今應否兼存古人反切，其後則以合聲正之，其有音無字不可合者，則借傍近之聲代之。要其上一字，必取於歌、度、支、微、齊、魚、虞七韻之中，不似古人雜用諸韻也。至歌、麻、支、微、齊、魚、虞七部聲音之本，非他部之所能切，今應否借本韻平仄字以自相切，乞聖裁。

一、反切之法，其下一字，古人亦雜用諸母字，甚至有不論平聲之清濁者。本朝字書第一頭，以阿、厄、衣、窩、烏五字喉聲爲主。蓋凡聲皆出於喉，然後傳於鼻、舌、齒、脣之間，及乎鼻、舌、齒、脣之響既終，又未有不收聲於喉者。今下一字取音，應用影、喻喉聲叶之，然後兩音合成一音，渾然無迹。惟至喉聲有音無字,無從取用者,則間取傍近之聲代之。是否相合,乞聖裁。

一、影、喻雖爲諸音母之本,然古法列之於後,而以見、溪、群、疑當先,今反切取聲,雖以影、喻爲重,至於每韻中列母,應否仍先以見、溪、群、疑,存不輕變古之意,乞聖裁。

一、《等韻》書分列四等者,以聲有開口、齊齒、合口、撮口四呼。凡同此四呼之中者,其音皆可通用。此三代、秦、漢之古音也。唐人又細别之爲東、冬以下諸韻。此則律詩所用唐家一代之音也。今仍用唐人部分,則每韻之中,四呼不能悉備,然亦有備二呼至三呼者,如東備合口、撮口,支備齊齒、合口,麻與陽備開口、齊齒、合口之類是也。今似應存而不廢,以見一韻之中,讀法不同而皆相叶,則古音亦因可想而得矣。是否相合,乞聖裁。

一、古今音不同,如韻部中江字,古音讀與東、冬爲類,今讀與陽爲類。字母中知、徹、澄,古讀與端、透、定爲類,今讀與照、穿、床爲類。敷字古音,與非字異讀,今亦讀爲一類。此等近代元、明韻書,多混而一之,似非存古之意。故音雖從時,而其部伍則猶仍舊。是否相合,乞聖裁。

一、韻書所收字樣,必須煩簡得中,以便學者考究。凡經史子集中用過之字,皆應收采。臣與王蘭生等,學皆狹陋,不能淹博。仰候皇上選擇臣下中有博涉經史,兼曉六書本末者,公同採摭,使之備而不冗,約而不漏。庶幾成書,仰副皇上詔修之意。是否相合,乞聖裁。臣愚蒙,但據所見陳奏,恭候皇上指示。

覆發閱程宗舜皇極總數劄子

臣李光地謹奏。正月初九日,翰林臣趙熊詔奉旨,捧出程宗舜所作《洪範皇極總數》,交臣看閱。欽此。臣伏惟《易》之一書,經四聖而後備,非後學所可妄擬也。自漢揚雄作《太玄》以儗《易》,故班固譏其僭,程子、朱子皆以爲疊牀架屋,無用之書也。厥後關朗之《洞極》二十七象,司馬光之《潛虚》五十五行,無非踵襲揚雄之陋,摹倣聖經,朱子亦嘗於《洞極》而辯其僞,於《潛虚》而嗤其拙矣。蔡沈受業朱子之門,不應於朱子殁後,復作此書。其八十一疇,體製與揚雄八十一首無異,乃復深詆揚雄之失,似無以服其心也。明永樂間修《性理大全》,又不應采此以繼周、程、張、邵諸書之後。故學者疑其必有妙義深理,重加穿鑿。如程宗舜此書,就八十一疇中,又復益以七百二十九澤,以儗周公之爻,仍有疇澤,以儗孔子彖象,文義俚淺,道理荒唐,姑且不論。唯其僭經千聖之咎,似不可訓。恭惟皇上學際天人,傳列聖之心,睿覽之餘,難逃鑒照。臣謹具摺覆。

覆駁諧聲韻學劄子

臣李光地謹奏。南書房奉旨,發下《諧聲韻學》五册,交臣看閱。欽此。臣看得《等韻》原有三十六字母,今此書删去其十五,只存二十一母。蓋《等韻》備清濁之聲,而此書不分清濁故也。聲有清濁,自古已然。故宋藝祖《中原雅韻》、明太祖《洪武正韻》,雖韻部有歸併,而清濁不改。邵子《皇極經世》又增多至四十八母,雖并有音無字者而兼收之,略與《等韻》同異,然於清濁之辨,亦未嘗稍渾也。此書清濁不分,可否通行,伏候聖裁。又每字母中所收平聲,多是入聲,入聲多是平聲。蓋此二聲,北人多不能辨,故有此誤。若編爲成書,似須用古今韻書參對,庶幾平、上、去、入,不至譌錯。又字様多係生造,似亦當用六書所有之字,乃可行遠。至有音無字,則倣邵子之法,直空其位可也。統候聖裁。

進樂律琴律圖劄子

臣李光地謹奏。臣蒙皇上發下《朱子全書》,俾臣從頭校對,并叙卷頁次第者。臣現在細加磨勘,倘有重複參錯之處,即改正抽换。如有遺漏一二,亦即以類補入。俟完畢之日,裝潢進呈,恭候聖明裁定。所有《樂律》一卷,謹先行繕寫,進備御覽。臣愚昧無識,私以朱子之意,作《樂律旋宫》、《琴律旋宫》兩圖,但恐學無師授,未必與古人有合。臣不能自知,一并呈求聖誨。臣不勝惶悚。

榕村文集卷三十

劄　子　三

辛卯乞休劄子

臣李光地謹奏。臣海濱微賤，遭遇聖世，厠名清華。累蒙皇上不次之恩，由編修躐陞侍讀學士，又陞内閣學士，改翰林院掌院學士，洊歷通政使、兵部侍郎、督學京畿，未經報滿，遂受巡撫之命。在任四年餘，復陞吏部尚書，仍管巡撫事。又二年，即陞今職。是臣一生除授，皆出聖心特簡，非臣階級俸次之所宜受也。前後居官，庸碌無狀，荷聖主寬大含容，察其疎愚，恕其罪戾。在巡撫任時，自念邦畿重大繁劇之區，以臣非才，必難稱職。幸逢皇上每歲巡省郊圻，必使臣瞻覲天顔，曲垂教誨。凡地方興革事宜，一一皆有成命可以祇遵。矜憐保護之下，遂得苟全身名，卒膺光寵。至於顧問優渥，錫予便蕃，尤非感頌之所能罄也。每與同官張玉書、陳廷敬等共述恩遇，以謂生千百載難遘之期，被數十年極隆之眷，未報酬於涓埃之末，恒跼蹐於高厚之中，徒有夙夜鏤心死生刻骨而已。

臣久嬰殘疾，老而彌劇，坐起甚艱，行步益苦。蒙皇上賜臣西洋鐵帶，支持數載，實荷再活之恩。然每至旅進趨蹌，班聯陪侍，傾側拘攣，動移常度。雖臣之軀命甚微，而典禮觀瞻之場，所繫于國體者至大。今年已七十，血氣益衰。三月間，患苦瘡毒，不能入直辦事。老病侵尋，即欲請避賢路。因念陳廷敬乞休未久，不忍相繼告歸。嗣以張玉書溘爾隕殁，聖心方在軫悼，臣雖至愚，粗誦詩書之文，略識君臣之義，豈敢復于此時，自陳衰憊。又蒙恩准坐湯之後，下體略覺平復。隨于六月末旬，盤跚至閣，已經具摺奏聞。狗馬餘生，勉自鞭策，療治多方，發物禁忌，未敢少疎。不料餘毒緜延，屢寢屢熾，至今兩手硬腫，匕箸俱廢。

且膿血多至數升，癢燥經夜不寐，服餌涼劑，元氣因以消耗。始謂疥癬之疾，馴有腹心之憂，遷延床簣，遂歷半歲。綸扉重地，曠職如此其久，縱君父包容，不加罪責，臣獨自安於心乎？是用仰天恩，許臣謝退。臣不敢便離闕廷，欲望粗息病軀，俟十指略能伸屈，所承修朱子書，即當次第收拾，彙函進呈。中間條目有應面求指示者，更乞於燕閒賜臣一見，逐件請旨裁奪，以便遵依改正，恭繕成書，臣然後取次歸里。

臣離家二十四年，自臣母以至兄弟子嗣，死喪相繼，臣父死於閩亂之時，淺土窆封，與臣母猶未合祔。臣長子亦未埋葬。臣之諸孫幼小，不能代臣襄事，皆待臣以安土。又臣母有應得卹典，亦未經該部請給。皇上所賜臣祖母林氏"女宗挺節"，臣父兆慶"教忠"扁額，並須臣到家，方可恭諏時日，設立懸掛。臣爵禄逾分，自惟鐘鳴漏盡之年，萬一哀榮不逮於泉壤，爲鄉里所笑嗤，臣雖死亦愧恨於無窮。故敢干冒陳情，覬邀恩命，上得無玷于崇班，下得自完其私計。臣之銜結，尤爲無極。臣知遇既出尋常，恩施皆踰格外，身雖歸老，豈能忘君。倘抵家後，幸邀日月之蔭，舊疾不至增加，筋力僅支，喘息纔績，尚冀扶曳萬里，瞻望殿廷。伏乞許臣不待奏請，輒自來京，復得一覲天光，以申葵藿犬馬傾向戀慕之私。臣餘年至願，于此足矣。臣未敢即具正本，赴通政司投納者，臣受恩深重，一旦以區區之情，嗚于君父之前，非獨難爲言，亦不忍言也。謹先繕奏摺，仰干宸覽，倘邀聖俞，方敢具本請旨。伏乞皇上垂憐，鑒照施行。

乞休奉御批恭覆劄子

臣李光地謹奏。本月十五日，蒙發下臣所具奏摺，欽奉御批："覽卿奏摺，朕心慘然。想當時舊臣，近來全無，如卿等者不過一二人。今朕亦老矣，實不忍言也。早晚回宮，當面再說。欽此。"恭惟皇上至仁大德，養育群生，誕膺萬壽無疆之福。太陽餘照，覆露臣工，凡先後在廷諸臣，多得以禄壽功名終其身者。而聖心篤念耆舊，猶且有加無已。家人父子之情，溢於毫端，臣跪誦循環之下，誠不知涕泣之横集也。臣受恩至重，敢不黽勉衰邁，以報明時。直以展轉病患，垂及半載，素餐曠職，内不自安。故敢具摺陳情，因及瑣細家務，蒙皇上温諭下頒，且許以回宫賜見。臣欣喜無極，迫欲咫尺天顔，跪承諭旨，但瘡毒近日更甚，遍體盛發，上及髮際，不能勝任衣冠，不能動移數步，聖駕回鑾，未得與諸臣俯伏道左，恭請聖安，悚息憂懼，不能自已。容臣調治旬日，略可勝衣移步，即匍匐御前，恭聆天語。然臣自延醫服藥，總不如坐湯之有効，恨前日識見短淺，所請日子不多，以致未獲全愈。今欲再乞天恩，賜坐湯二七或三七，臣稍能就車轎，即扶曳以往。庶幾脱體可望，面聖有期。臣不勝感恩嗚謝，惶悚待命之至。

御製朱子全書序文發示恭謝劄子

臣李光地謹奏。本月初七日，傳示《御製朱子全書序》一篇。臣伏讀數遍，切念朱子之書，在前朝列之學宫，著爲功令，弘、正以前，家習户誦，經學醇明，則明之所以盛也。嘉、隆以後，王守仁等異説汩之，浸淫至于萬曆、天啓，言語文字，詭怪百出，此明之所以衰也。然則朱子之道，關乎治亂，是其明徵矣。然方其盛時，亦惟學士、書生相與講明，未有南面之君，深嗜篤好，積數十年沉潛體味之勤，以造其道，以傳[①]其心，而且實驗於躬行，發揮於政事，至於武功文德，巍然焕然，而猶兢兢業業，與治同道，由濂、洛、關、閩，以承堯、舜、禹、湯、文、武、周公、孔子之統，如我皇上今日者。儒家言五百之運，術家言上元甲子之歲，今日皆適當之，自非天開文明，聖賢之道將亨，不能及此也。

恭惟皇上好學深思，稽古服道，真所謂得之聖性，又加聖心焉者。天行之健，則百年如一日；地載之厚，則萬邦如一家。四夷來王，而無怠無荒；庶績咸熙，而有典有則。此固非儒生修身苦節，著書垂世者，所可庶幾。而獨惓惓於宋學之淵源，信其可以致君澤民，而興太平之基。使朱子之道，湮鬱於江沱，而不得施者，爛然如星斗於今日。躋位大成之堂，刊書中秘之殿，表章之盛，可謂至矣。至於御序，理致之深，氣格之厚，無一字而不合於天心，無一言而不本於王道。其叙數千載，而脉絡分明，近如一息也。可以仰聖學之淵邃，統緒之悠長。其累千餘言，而元氣盎溢，渾如一貫也。可以卜聖壽之升恒，歷服之永久。古人謂文追典誥，論極皇王，非聖序不足以當之矣。臣光地膚淺末學，乃蒙聖序亦齒及之，掛名篇端，自托不腐，又未知何幸而得此。除恭録寶藏外，合將原稿恭繳。臣誠懽誠忭，謹摺奏以聞。

御製周易折中序文發示恭謝劄子

臣李光地謹奏。本月初一日，編修魏廷珍捧出《御製周易折中序》一篇，奉旨交與臣看。欽此。臣伏讀數遍，恭惟皇上承三古四聖於一心，總歷代群儒之衆説，摘其指要，序厥篇端。理明義精，故其之言簡而當；學醇道粹，故其持論公以平。文無葉枝，辭尚體要。包涵櫽括，曲盡漢、宋義疏之純疵；潔浄精微，直與周、孔經傳而輝映。誠非經生末學，所能措一語於其間，臣不勝欣服佩誦之至。

至臣雖分承修之役，然微言大義，悉稟聖裁，賾象元圖，盡由指示。自開局以迄成書，逐旬進呈，無一字一句不經聖明酌定者。臣得與聞至教，挂名簡末，已爲大幸。乃蒙皇上序述篇中，奬許逾分。片言華衮，非不附明聖以增榮；一日鉛刀，未免顧鈍頑而知愧。臣光地無任感悚慙汗，謹謝天恩教誨成就以聞。

御製性理精義序文發示恭謝劄子

臣李光地謹奏。臣因萬壽嘉節，不得隨班拜舞，謹具摺遣家人齎奏。蒙御批發下，家人以五月二十四日至家。臣恭設香案跪接，叩頭謝恩訖。内有另封文字，臣謹啓函捧讀，係《御製性理精義序》文。臣伏誦數十遍，仰見皇上理造精深，詞尚體要。躬行實踐，學已達於性天；緝熙單心，道實兼夫聖哲。總其條貫，以勒爲成書；約厥指趣，而序於編首。莊嚴簡重，論極皇王；潔浄精微，體絶晚近。真三代訓誥之文，非秦、漢以下葩藻無實，枝蔓無根者，所可比儗也。鄉村人士稍有見識者讀之，咸謂“性理”二字，向者習而不察，一經聖明闡發，始知性爲真源，理爲實際，體用合一之指，昭昭乎如撥雲霧而見青天矣。除另繕稟謹藏外，應將原發稾本恭繳。

另魏廷珍書中恭奉聖旨一條，係命臣還朝者。臣另差家人齎摺請旨外，謹先將領到御序情由，具摺由總督滿保處代奏以聞。

御製論詩發示覆奏劄子

臣李光地謹奏。本月某日，傳示《御製先天後天論》一篇，五言排律一首。臣恭讀之下，仰惟皇上道遹極于微隱，學緝熙于光明。默契傳心，直搜《河》、《洛》龜龍之秘；優游彌性，時矢《卷阿》梧鳳之音。邵子謂畫前有《易》，刪後無《詩》。非我皇上孰克窮圖象而標《風》、《雅》哉？論剖別精微，其究體用之分也，能使《道德》、《參同》，無所託於開物成務之正。其推理數之合也，能使膚儒曲技，無所遁其枝離傅會之偏。蓋尺幅之中，而二千年《易》學之絶續明晦，同異淺深，如指諸掌。臣等不特欽聖學之廣淵，而且服聖言之簡當。雖復窮年著述，没世咀嚌，豈能措一筆而贊一詞也？詩格律深厚，其寫景寓情，則盛唐人之體也；其阜財解愠，則有虞氏之音也。臣竊謂論宜勒之韋編，以繼《翼傳》；詩宜被之弦管，以紹《豳風》。私心雀躍，非敢容諛也。除恭抄存稾頌讀外，相應將發下原稾恭繳。臣無任欣幸之至。

御製論詩發示覆奏劄子

臣李光地謹奏。本月十六日，傳示《御製理學論》一篇，《湯泉應候詩》一首。臣反覆奉誦，切惟《易》曰“窮理盡性以至於命”，蓋事物之理，即吾心之性也，吾之性，即天地之命也。然欲盡性至命者，必自窮理始。此《大學》之教，所以先於格物也。世儒言理者，傷於繁碎，故或拘牽文義，摭拾名物，而不知會通于性命之真；言性命者，涉於空虛，故或直指人心，好言超悟，而不知實驗於事理之著。是皆不能合内外之道，而得聖人之指也。

我皇上推極理之本原，至於天命率性，而以格物致知窮其至理之當者，爲盡性達天之路。蓋合《大學》、《中庸》首章之義，而一以貫之，不但朱子宗指，不爲俗儒曲學所亂，臣愚謂聖人復起，不易斯言矣。嘗觀朱子平生著書，最重者《大學》；《大學》之説，最要者窮理。百餘年來，陳獻章、王守仁輩，破除窮理之論，而易以認天理、致良知之説，故士無實學，而世無實用。闢之者，又但滯於名物粗淺、文義支離之間，亦安能有以正之哉？皇上此論，宜刊示萬世，以廓清洙、泗、洛、閩之統緒。現在刻《朱子全書》，《大學》已將告竣，臣謹請以聖論一章，特系《大學》之後，其於道術人心，誠非小補。

《湯泉詩》，情意懇惻，音節高妙，蓋聖心無日不與天地民物同流，故觸景怡情，莫非真機之所灑發，非學士詞人敢望其規製也。臣愚素不能詩，然生逢唐、虞、成周之世，飽聆賡歌、《雅》、《頌》之音，勉索枯腸，奉揚聖作，鏜鏞之下，雜以鼃黽，其爲顔厚何如。惟冀皇上恕其老朽荒拙，不勝幸甚。

御製記詩發示覆奏劄子

臣李光地謹奏。本月初一日，傳下《御製避暑山莊記》一篇，《覽孝經衍義詩》一首，賜臣觀看。臣再四伏誦，竊以皇上性定而神全，故其發於文辭也，浩乎若江河之沛；思明而意美，故其發於文辭也，盎然如天地之春。含英咀華，而無文人雕鎪組繪之陋；源經本史，而無學者勦説雷同之卑。記文述叙山川，眇八荒之在抱；鋪陳景色，錯萬象而同流。日月氛靄，當聖世而倍益其光華；草木禽魚，依聖澤而相欣於茂育。使臣等不在扈侍之班，翠羽之下者，皆可以想像而如親見之焉。其歸在於先憂後樂，固本寧邦，比類興懷，寄情獨遠，曲終奏雅，餘韻無窮。臣佩服懽忭，非頌言所能仰贊也。

至於皇上仁孝天植，形爲詩歌，故能以數言而括全經之要。博施兼愛，由於歡心和氣之深；濟世匡時，不出地義天經之大。無惡無慢，舉斯心以加彼，而愛敬咸孚；不驕不危，挹乎彼以注兹，而富貴長守。存心養性爲匪懈，故教及於無方；稽古右文以日新，故德修而罔覺。凡此，皆皇上之所躬行身體，揆之先聖遺經而同符者也。帝庸作歌，實關世誼，皇自敬德，溥勵民風。臣私心感悦，不能自已，謹具摺恭頌以聞。

賜御書調息箴扇恭謝劄子

臣李光地謹奏。本月初一日，南書房傳旨，賜臣御書《調息箴》畫扇一握。

臣謹叩頭衹受訖。

伏惟時際伏金，溽暑未退，臣遠離行在，惟有瞻望雲日，虔祝聖躬清和。乃蒙皇上以犬馬寒暄爲念，錫之佳箑，被以薰風，而且親書調息之良箴，開示延年之要道。臣雖不能服行古訓，希羲、農淳沕之民，猶覬扶掖衰齡，觀堯、舜仁壽之化。臣不勝感激，謹具摺奏謝以聞。

賜示輓將軍吴英詩覆奏劄子

臣李光地、王掞恭請皇上萬安，臣光地爲具摺請安，并進書。本月十五日，奉御批："朕安。書留下了，詩二首，卿同大學士王掞看。欽此。"臣光地、掞等恭捧天章，再四熟讀，仰見我皇上眷念舊勳，始終優渥，誠爲史册所不經見。然皆出於居安思危之意，推心任下之誠。故溢爲詩章者，情誼温靄，訓詞深厚，宜與《彤弓》之什，照耀千古，《大風》之歌，未足云也。臣等謹手寫敬藏外，合將發下原稿恭繳。臣等不勝欣幸。

奏明開捐議稿未敢畫題劄子

臣李光地謹奏。切修蓋通倉一事，係臣等傳旨九卿，理應列名，但臣詳閲九卿所開捐納條款，似太繁碎，亦有當日爲用兵賑饑，一時權宜之計，俯允廷議者。今昇平在運，正鄭重名器之時，修倉所費無幾，似未可以彼時事例，概行今日。況其途太雜，其價太賤，雖市井負販之人，用一百餘金，加一監銜，再用千金，便得知縣之職。層累而上，再用數千金，遂至道府，而未嘗一日辦事也。臣所見同鄉之人，有口未生髭，目不識丁，便已牧民者。或剖百里之符，或擁一道之節，而其爲童騃無知自若也。似宜於遞呈之時，别其出身之良賤，給職之際，驗其年貌籍貫之真僞，考其文移書判之通否。且令其所出貲，果足以濟公家之用，而不至於低賤易得，以褻天朝爵禄之尊，庶於國體民生，兩無虧損。九卿但取赴納之多，未加詳慎，似未能仰體皇上澄清吏治，愛恤民命至意。此案會議經月，臣以閣務不能每日在班。及至定稿，臣心未允愜，亦曾對同官言之，是以未敢畫題。

相應具摺聲明，乞皇上鑒臣惓惓愚誠，非敢違衆立異，俯垂矜恕，臣不勝感激。

覆江南督撫互參及科場兩案劄子

臣李光地恭請皇上萬安。日者張鵬翮等所審江南督撫互參及科場兩案，蒙皇上聖明洞鑒，諭旨周詳，臣等已欽遵會議具摺覆奏訖。臣又伏思之，臣等細繹督撫互參疏内，兩面多屬虚詞。蓋張伯行操優才短，以之理煩治劇，廢閣事務則有之，然皆非有心之過。噶禮身爲兩江總督，斷無於科場取錢之理。總緣二人素不相合，激爲過當之言。今若欲窮竟其事，究無實跡，徒使封疆大臣，以誣罔之詞，互相汙衊，恐於國體有傷。臣愚乞皇上斷自宸衷，將二臣作何處置，或者嚴加懲譴，赦過録長，出於天心，總無偏黨。

至科場一案，壞亂已極，士氣沮塞，物論騰沸。今張鵬翮已往福建察審數大案，來往稽時，延及冬春，則萬壽大慶已近，爲臣子者，亦不願以此等濁惡之事，塵瀆聖聽。臣愚乞將一干人犯著解來京，發刑部嚴加鞫訊，則盡三秋可以結案，官邪儆而國法伸矣。臣愚拙無識，不勝冒昧惶悚之至。

賜熱河菜疏恭謝劄子

臣李光地恭請皇上萬安。本月初九日，總管王朝卿傳臣至南書房，奉旨頒賜瓠、茄、蘿蔔及醃菜等物，臣謹叩首祗受，薦之祖先，然後伏食而品嘗之。恭惟食瓜斷瓠，聖主每撫時令而繪《豳風》，遂使場人之獻，頒及老臣。微臣敢忘兢惕，謹具摺奏謝以聞。

報雨澤劄子

臣李光地恭請皇上萬安。伏惟旬日以來，雨澤時降，節序當大小暑之中，實一滴萬金之候也。又聞山東、河南，俱已霑足，江、浙、福建等處，亦皆調和，可以仰慰聖懷，稍紓憂軫。即日伏盡秋生，涼熱狎至，萬望頤養天和，厚培海内臣民之福，臣不勝欣幸。

賜菜品恭謝劄子

臣李光地謹奏。臣因遣家人奏摺，恭請萬安。奉旨："朕安。"仍交家人帶回菜品十罐賜臣。臣謹北向跪受，合家品嘗。以飫聖恩。伏惟聖德茂育，百穀用成，故盈畦之茹，競獻其青葱，而實豆之菹，下頒於尸素。臣不勝感愧，謹具摺奏謝以聞。

賜草荔恭謝劄子

臣李光地謹奏。本月二十一日，蒙皇上發來花水果一包，賜臣嘗之，仍諭："此果産於寧古塔，求種於興安大山，移栽熱河，遂致蕃茂。"臣伏思雖一草一木之奇，皇上必不遺遐遠，致之上國，而況於人乎？《詩》所稱"菁菁者莪"，樂育材也。臣恨無文藻，不足以歌咏其事耳。至此果香味，果可與荔枝相仿。臣脾病月餘，鼻不識薰蕕，然蒙賜啓視，孔竅忽開，遽聞香氣，可知馥烈非常也。皇上錫之嘉名，自此便當譜入異品，千載流芳。草木猶需遇時，臣益自幸其遭逢之偶。謹具摺奏謝以聞。

賜玉泉山水恭謝劄子

臣李光地謹奏。臣因奉差内侍問及臣病，臣具摺謝恩。蒙皇上御批教戒，委曲詳盡，上律天時，下襲水土。臣雖不明醫理，然從前遵行聖誨，歷有成效。惟有益加謹疾，使脾氣滋生，以延犬馬餘齡於聖世而已。又蒙皇上特諭中官，每日給臣玉泉山水。傳示之下，益深悚慄。前歲臣患瘡瘍，賜之海水以滌煩病，今者偶病中虚，又錫甘泉以潤湫底。沐浴載德，飲酌知源。惟恩施已極於汪洋，而報効曾無於涓滴，感激之私，實與愧懼俱長。謹望北九叩，具摺恭謝以聞。

賜佳菓恭謝劄子

臣李光地謹奏。本月初十日，行在兵部發來黄包一具到臣，奉旨云云，欽此。臣俯伏感悚，不能自已。竊念臣自夙歲受知，到老益荷憐念，年來血氣衰憊，諸症雜發，乃氣候所當然。蒙皇上俯注天心，備加救護，賜醫賜藥，以至食物湯水之類，無不自内給發。艱於行步，則每命參扶；怯於晨興，則時令憩息。自古人臣不可倖邀之恩數，臣獨何人而身叨受之。兹所賜佳菓，性味非常，服食數次，腸胃俱寬。草木異滋，更重以天厨之法製，此炎帝所謂神而化之，應能延犬馬之齡，不特卻病也。退念昊天之德，晻嗞餘景，何路報酬？惟有仰師皇上之聖學，於千古而有光；私祝國家之歷年，永萬祀而勿替。臣不勝感激涕零之至，謹具摺恭謝以聞。

【校記】

①“傳”：道光本作“待”。

榕村文集卷三十一

劄　子　四

乙未乞休劄子

臣李光地謹奏。臣海濱微賤，遭遇聖世，厠名清華。累蒙皇上不次之恩，由編修躐陞侍讀學士，又陞内閣學士，改翰林院掌院學士，洊歷通政使、兵部侍郎、督學京畿，未經報滿，遂受巡撫之命。在任四年餘，復陞吏部尚書，仍管巡撫事。又二年即陞今職。凡臣四十年來除授，皆出聖心特簡，非臣階級俸次之所宜承也。前後居官，庸碌無狀，荷聖主寬大含容，察其疎愚，恕其罪戾，矜憐保護之下，遂得幸全身名，以至今日。至於顧問優渥，錫予便蕃，尤非感頌之所能罄也。臣久嬰殘疾，老而彌劇。又因三年前，瘡毒發體，曾具摺丐恩休致。蒙御批云云，欽此。臣伏讀感咽，竟日沾纓，不能自禁。既復奉面諭，以内閣現在老臣彫零，令臣勉加調攝，藥餌食物，賜賚頻仍。枯株敗枿，復得更生，皆日月雨露之所晞潤也。五十二年萬壽節後，臣復叩申前請，又蒙皇上以承平日久，修文爲先，垂念理學緒微，經書説雜，特加删輯，以惠萬世。《御纂朱子全書》，繼以群經、《性理》諸編，皆煩聖心裁定。臣所承修，係《易經》、《性理》，猥以淺劣末學，二三年間，荷皇上殷勤指誨，字酌句議，縷析毫分。每一經駁正，則能使愚蒙頓開，昏翳立現。臣上幸先聖前賢之復光，下喜暮年餘生之有覺，是以黽勉從事，忘疾病之在身，知其有重於區區之軀命者，而不敢自愛也。

今稟承筆削，二書將次告成，俯念臣年七十有四，古人懸車，於數已過。而且痼疾纏綿，症候旁雜，每遇奏對，多失儀節。聖主哀矜之至，往往令人扶掖，而臣何敢自安乎？又臣父没於閩亂之時，窆封淺土，與臣母未得合祔。臣母之没，因臣在京守制，應得恩數，亦未蒙部給。臣長子、臣妻、臣媳，相繼淪喪，久者暴露已届十年。臣孫幼小，未能襄事。臣以草露風燭之齡，前期不能自料，誠恐臣身已極於寵耀，而泉壤未沾夫哀榮，烏犢私情，難免悽惻。故敢瀆懇君父之前，允臣休致，庶微臣得遵止足之戒，而稍盡骨肉之恩，不勝感激之至。

臣伏念人生所難值者太平之世，所難逢者堯、舜之君。至於身受特達之知，心迹無間，日聆至精之論，道法親承，則千百年來，未有如臣之幸者也。臣聞野老扶杖，以觀化也；葵藿傾葉，以向陽也。臣之遭時如此，受恩如此，其樂觀熙皞而傾心聖明者，曾是野人園花之不如乎？抱誠結戀，雖夢寐不敢忘君，衰病引年，實不獲已。伏乞聖主哀而諒之，臣不勝悚息待命之至。

乞休得温綸恭謝劄子

臣李光地謹奏。切臣以衰疾乞休，實出於萬不獲已。上疏之後，累夜反側，不能自安。蓋身病不任樞機，年暮則須引退，此臣之義也。然曠世之恩難忘，而如天之德未報，此又臣之情也。本月十一日，恭聞聖旨："卿才品優長，文學素裕，寬弘休容，得大臣之體。自簡任機務以來，恪其清慎，益著勤勞。今雖以老疾乞休，朕眷注方殷，何忍允其所請。正資倚毘，共樂昇平。奈泉壤骨肉之分，亦係一生之要事。暫給二年假，事完即來京辦事，以副朕篤念老臣至意。欽此。"臣捧讀感激流涕，雖親戚僚友見之，莫不爲臣悲喜也。

伏念臣以海濱賤士，自壯歲即受聖明特達之知，延及晚節，有加無替。爵禄之餘，教誨成就。本駑駘也，而鞭策之比於良乘；本樗櫟也，而繩削之比於佳材。誼兼君師，恩同父母。至於衰老疲癃，應與敝帚同棄，而又褒獎以榮其歸，眷念未忍其去。凡天語之優厚，一一非微臣之所敢當，臣誠何修而得此於聖世哉！再念君父矜惜之恩，至於如此，爲臣子而敢頃刻懷安，非人類也。但恐頽齡已迫，而痼疾久嬰，不知此生有分復見天光與否。倘託皇上天地洪鈞之庇，喘息猶在，筋束僅支，雖不能効力班列，尚覬扶曳萬里，瞻覲聖顔，以畢餘生之願，則臣雖瞑目不朽矣。除修本赴通政同謝恩外，謹具摺先此稱謝以聞。臣收拾諸書完明，且調理脾疾稍愈，即赴熱河，交繳書籍，詳請聖訓，并叩首陛辭，請期就道。臣不勝感激戀慕之至。

陛辭回京奏謝劄子

臣李光地謹奏。臣蒙恩允回鄉，趨行在謝恩辭陛。蒙皇上欽賜寓舘，每日賜食兩次，又賜見六次，教誨諄渥，雖父母顧復之慇，無以爲喻。所最驚心者，臣以微非賤士，通籍四十餘年，出入中外，毫無報稱。從前恩遇隆加，慚懼已極。今兹老病求退，愧恨尤深。乃荷皇上恩旨，錫之褒嘉。御製餞詩，録其微節。古人有云："文追典誥，論極皇王，一言既出，孰敢改評。"臣誠不足當此。然聖明終始保全之厚，雖没身何可忘也。又命諸王及大臣、詞臣，賡和成篇，播之朝端，永爲家寶。加以重賜扁聯，義取《詩》、《書》，皇上所以策勵老臣者備至。而循省平生，無能髣髴聖言之萬一，汗顔踧踖，尤不自勝。臣祖、臣父、臣叔、臣弟、臣，冒昧以微善奏聞，俱蒙御筆扁聯之賜，泉壤生光，蓬門改色，私家何幸而邀此於聖世。恩施愈重，報塞愈難。惟有舉家相勖，循分讀書，處爲守法之民，出爲奉公之吏，如細草欲酬三春之德，聊存寸心而已。

今臣住京數日，與武英殿諸臣，商略未盡事宜，且收拾行李書籍，於九月初旬内，買舟登程。北向叩首，瞻戀無極，禱祝聖祺，與天同壽。謹此具摺恭謝以聞。

賜食物紅稻恭謝劄子

臣李光地謹奏。本月二十六日，南書房捧出皇上恩賜臣燻細鱗魚一匣，鮮鹿肉條一匣，另紅稻一石，即叩頭祗受。隨奉薦祖先，均霑天澤。

切臣以辭闕到熱河，旬日之内，朝饔夕飧，悉飫尚膳。此從古藜羹糲飯之人，所未經見。今臨行匆匆，猶蒙皇上念及，遠自行幄，馳賜珍鮮。眷注深恩，有加無已。其時適有同僚數人送臣者在坐，莫不歎息咨嗟，謂皇上篤念老臣如此其至也。紅稻異種，出自天貽，臣謹推錫予之意，試之兩熟之鄉，使萬世頌后稷者，亦無此疆彼界，不獨臣家子孫，服穡先疇，誇爲盛事而已。謹具摺恭謝聖恩，臣不勝瞻依戀慕之至。

報到家日期劄子

臣李光地謹奏。臣自八月初十日，在熱河叩首陛辭，至九月初三日出京，初九日開船。迴望闕雲日遠，戀主之私，結于夢寐。緣水行遲滯，而臣以衰病之軀，遇江湖風雨，則多停宿，直至臘月，方涉閩境。一路見浙、閩年歲甚是豐熟，閭閻安堵，枹鼓不驚。至武臣仰體聖意，塢候墩臺，處處修整，器械衣甲，亦甚鮮明。此皆皇上德威遠暨，故能使陬澨從風，蒼黎食福也。臣託皇上天地洪庇，長途無他疾病，但兩耳益聾，自是老人氣候。抵家後經營私事之暇，當仰遵聖訓，調攝餘生，庶幾筋力猶能支持，再圖一望天光，是犬馬之至願。伏祈皇上爲社稷蒼生保重，稍節兢業萬幾之勞，優游彌性，迓無疆之休，海内臣民，不勝厚幸。

萬壽節恭賀劄子

臣李光地謹奏。恭惟皇上運際中天，德符隆古。民心歸而帝命鞏固，謳歌遍而曆數悠長。蓋有超千古之事功，則必有冠百王之禄壽，此自然之感應，在《書·洪範》、《無逸》，在《詩·天保》、《卷阿》，皆可徵也。恭逢康熙五十有五年三月萬壽，陽序布和，羲躔舒景。萬物齊潔，同兆庶之熙風；永晷增加，協升恒之純嘏。《河圖》數周而《洛書》方始，皇極福斂而天壽同流。頌禱覃於澨陬，瞻依及乎蠕動。臣適以家居，未得與廷臣蹈舞墀下，遥望紫闥，徒有心傾。率父老以祝三多，臣民齊願；聞山川之呼萬歲，草木同聲。臣不勝懽欣慶幸之至。緣在籍未敢奏表，謹具摺稱賀以聞。

萬壽節進書劄子

臣李光地謹奏。臣蒙恩賜准歸里，以舊歲除夕抵家，隨於本年正月初三日具摺報明，遵旨送交總督滿保代爲封奏訖。臣一路所經，凡歷六省，烟火萬里，雞犬相聞。延及海澨，波浪不驚，允稱太平極盛之世。雖福建土窄人滿，民貧俗奢，未能家爲久長之規，人興禮義之化。所賴聖明遠照，文武冰兢，兵民和安，姦盜斂戢。視臣二十年前還朝之日，吏治民生，營壘學校，又覺蒸然一變矣。臣以暮齒，身載殊恩，日與鄉村耆老，歌詠堯、舜之澤，曠古遭逢，史乘希覯。惟是戀主私衷，拳拳夙夜。當此拜舞之辰，未與班聯之列，萬里陳誠，不勝悚息。臣撿得家蓄舊板書八種，俱屬平常之書，其中真德秀《讀書記》，乃其平生攻苦積累所成，頗爲前儒推重。然訪之德秀浦城舊鄉，久無此板。故此本皆係前人寫補，間亦殘缺一二，無從鈔足。若禁苑未備此書，似亦可供乙夜之覽也。緣閩中僻陋，鮮有收藏，愧無精善之本可獻。臣不勝惶懼依切之至。

旨催還朝乞展限劄子

臣李光地謹奏。准翰林魏廷珍手劄，内開閏三月初八日，召魏廷珍至清溪書屋，皇上親交摺子一封，著給大學士李光地家人帶去。再傳旨："他去年除夕到家，其家事皆舊日事，八九箇月可完。事完後，著於十月或十一月起身赴京，過歲三月間可到。再傳與他，北方住久，北方高燥，南方暑氣熱難受，著善爲保養。再荔支性極熱，亦著少喫。當日朕初食荔支味好，久覺極熱，故不令進送。此皆朕所親歷過者，著傳與他。欽此。"皇上眷念微臣，不待假滿，速使趨闕。又憫其衰老，起居飲食之節，教誨備至。臣伏讀涕零，望北叩頭謝恩訖。

切臣夙受恩知，獨深且重，河嶽之潤，涓埃未酬，陽春之暉，寸草難報。徒以衰老聾聵，坐立艱難，政事重地，義應引年解職。且家有窀穸私事，瀝控下情，籲乞歸里。恭蒙皇上哀憐俞允，而且天語諄諄，褒勉慰藉，命其假滿復來。在君父垂念臣子如此，爲臣子者，苟一息之僅存，何忍不重繭扶持，一覲天顔，以畢餘生之永願乎？臣原擬於明歲秋間就道，今奉明旨，當即束裝。但臣私家之事，纔得兒媳輩歸土，臣妻尚未安厝。閩俗得地甚難，乞恩寬數月，俾以三冬買地妥當，便可以葬事委之子孫，即於明歲開春登程赴闕矣。又念臣忝列政府，進退之間，頗係國體。有下情劄與魏廷珍代奏，亦恃皇上恩知深厚，故敢斗膽冒罪如此也。伏乞聖明垂照，臣不勝恐慄待命之至。

報明途中患病劄子

臣李光地謹奏。臣於本年正月十六日，遣家人奏摺後，臣隨收拾行裝，以二月初十日，自家起程，望闕神馳，恨不得尅日飛至，瞻覲天光也。祇以犬馬齒衰，年異一年，出門後，感劍溪、仙霞一路烟嵐之氣，三月中旬間，遂得脾胃之疾。及過杭州，舊病因之大發，平常每發歷朝昏即平復，此番夜以繼晝，至次日早飯後，猶未痊。病中自思，幾不敢有朝天之望。荷蒙皇上如天之庇，幸而更甦，自此趲程迤北，紫極日近，晨夜引領，載欣戴奔。但衰老之軀，加以病後，誠恐水陸之次，買藥問醫，躲避風雨，較以常程，不無遲滯。心切於日月之旁，而身羈於江湖之滋，夢寐不寧，無以自道。謹先差家人齎摺奏明，伏乞聖慈矜其老憊，俯垂寬恕。倘到京不能及避暑之前，即當星赴熱河陛見。臣不勝瞻戀惶悚之至。

請赴熱河劄子

臣李光地謹奏。臣自二月初，由閩趨闕，緣途中屢患疾病，舟輿遲延，不得遂其瞻仰逼切之私，經具摺遣家人奏明，幸達聖覽。及舟過臨清，接京中家信，内開五月初六日，上諭："魏廷珍寫字與王蘭生、李鍾僑，大學士李光地早晚到來，夏至以前到方好，夏至以後，小暑天氣已熱，往熱河來，一路山溝甚多，恐雨水陡長，難以行走。大學士不比泛常之人，且有年紀，甚有關係。欽此。"仰見皇上哀矜老臣，至於行止艱虞，悉入睿慮，父母之慈，有不能逮。恩私隆厚，史册希聞。但臣急于一覲天顔，結誠夢寐，雖值此雨行水發之候，然途次瞻望雲色，以爲行止，或遇霪潦未收，即於旅店遷延，以待消退。仰體聖心，不輕冒險。託皇上同天之庇，自然無事。今臣已至張家灣，入京雇車騾收拾衣裝，即便就道。相應先行奏明，臣不勝瞻戀之至。

賜示輿地全圖覆奏劄子

臣李光地謹奏。本月二十五日，蒙皇上發下《輿地全圖》賜臣看。臣謹捧到寓處，披開詳看。上準天度以定道里，既廣袤之不差；下盡地域而究山川，尤源流之易見。至於岱宗一脈，實從青、營横海而來；黑水三名，確有雍、梁長河之隔。此尤歷朝史志之所未講，專門名家之所未明，非皇上擅仰觀俯察之智，而紹伏羲之心，乘一統無外之時，而陟神禹之迹，斷不能周徧精詳如此也。從此傳之萬世，不特昭本朝之聲教覃敷，圖王會者多其紀載，抑且息從來之經史聚訟，述皇輿者有所折中矣。謹將原圖奉繳，伏乞皇上賜臣一幅，永爲家寶，不勝幸甚。

再上年因《性理精義》中，朱子講江、浙、閩、廣山脈處，兩段可疑，奉旨命臣具奏。臣隨奏摺請旨，未蒙發下。今《精義》已刊刻成書，伏乞皇上御筆裁定，或删去此兩條，再搜别條補入，或詳作案語，令學者無疑於朱子之説。統候聖誨，遵奉施行。

丁酉熱河乞休劄子

臣李光地謹奏。臣自康熙九年通籍，荷皇上豢養之恩，垂五十年，中間陞轉，俱越常調。比及近歲以來，恩施益厚，眷顧益優，在旁人視之，莫不爲臣欣幸，而臣夢寐惕驚，自量材德淺薄，不足以膺非常之福。况晚節末路，古人所難，誠未知犬馬餘生，終能苟全身名於聖世否也。前歲陳情乞休，復蒙優旨慰留，命其私事完畢，來京辦事。微臣伏念受曠世之恩者，不可守拘硜之節，苟喘息僅續，無非報國之年，豈敢以衰老力求休罷。惟是臣下脱殘疾，日劇一日，加以耳聾脚弱，精血既虚，六氣易感，内閣重地，百僚具瞻，誠恐奏對不聞綸綍之音，趨蹌有失堂陛之節，在臣身之事甚小，而國體所關實大。是敢冒昧籲控於君父之前，乞將臣缺簡授賢能，庶幾要職不致久虚。至於臣萬里瞻天，實係葵藿傾依，下情不能自已。倘邀皇上許臣留住一年半載，或有卷帙不多之書，賜發一二種，或修或校，恭請皇上教誨施行。因此得以時近天光，以畢終身之永願，尤臣所禱祈而不敢希幸者也。伏乞皇上矜憐垂察，臣不勝戰慄待命之至。

丁酉湯山乞休劄子

臣李光地謹奏。臣自通籍至今，垂五十年，立朝之久，受恩之深，荷皇上教誨成就之篤,歷數朝列,罕有倫比。徒恨犬馬齒衰,心長日短,加以身嬰殘疾,慙厠班聯,故前歲瀝誠籲恩,丐休林壑。仰蒙皇上聖旨温優,錫假二年,俾畢私事,仍令作速還朝,復供舊職。此前代所謂再入中書之勞,史册誇耀,臣誠何人,而得此於聖世。家居一年,雖在夢寐之中,感激之私,與恐懼交集。蓋自知德薄榮厚,報少施多,苟節晚歲晏之有虧,則孤負天地父母之恩於無窮。此螻蟻之情,不敢自隱於日月之下者也。本年二月自家赴闕,七月趨熱河恭請萬安。誠不自料垂盡之齡,果能復來,重望天光,自悲自慰,更復何恨。惟是微臣衰殘聾瞶之態,日甚月加,陛見之頃,難逃聖照。雖宏慈矜憫,賜之以休憩扶掖,格外寬假,而微臣上念國體之不可不尊,下思職事之不可不舉,耳目手足之用既廢,則對揚趨走之節必愆,具瞻攸存,大典斯係。前在熱河具摺面奏,奉旨俟回宫日再發旨意。是敢冒昧塵瀆申懇,伏乞聖慈准解幾務,别簡賢能。庶微臣尸素之罪可以少寬,從此或得仰藉洪鈞,苟延視息,大期未盡,莫非瞻依結戀之年。臣不勝懇切惶懼之至。

戊戌四月乞休劄子

臣李光地謹奏。臣於去歲七月間,赴熱河陛見,具摺以老病乞休,奉旨著於回鑾日再奏。及十月間,臣在湯山迎駕,賜見之頃,臣復請旨。奉旨:“著於萬壽後具本。欽此。”仰見皇上矜憫老臣犬馬餘生,終始保全之至意。嗣值皇太后違豫,以至賓天,國有大恤,神人悲慟,豈臣子言私之時。且聖躬憂瘁成疾,臣日夜恐懼,寢食不寧,亦無暇爲草芥微命計矣。近日從諸臣後奏事,仰瞻皇上神明粹清,氣色温潤,微臣纔私自狂喜,知天祐邦家之意厚也。伏念臣年七十有七,自本朝閣臣辦事,未有如臣之耋老者。兼以殘疾不能步趨,近又兩耳全聾,每奏對不聞玉音,惶汗霑背。至於在直議事,或奉旨與九卿會議之時,答問殊不相應,不特同僚譏笑,即臣内顧,亦自憎嫌。臣聞知足不辱,若老不引分,則招惹物議,恥辱必至,下玷晚節,上負深恩。此微臣之所惴惴危懼,如臨淵谷者也。幸荷皇上矜憐,准其休致,臣應即具疏陳丐。但王掞時方以病在告,閣内乏人,臣俟王掞假滿入直之時,擬繕本赴通政司報遞。謹先具摺奏明,伏乞聖慈垂察。臣不勝惶悚懇逼之至。

榕村文集卷三十二

書

答劉國昌

夙聆貴昆玉令名，殊懷企慕。來諭諄諄，連牘累紙，其所稱引者甚多。然以愚書生之意觀之，三十年來，迄無成績，徒令沿海生靈，千里爲墟。《詩》不云乎，"維桑與梓，必恭敬止"。斯非諸公父母之邦乎？何其蹂躪之至於此極也。客秋亦嘗不揣寒陋，發其端緒，事雖無成，區區之心可矢也。曾請於康親王議撫，故云云。今者諸公驟勝之餘，志氣方賒，固未足以語此。然恐將來亦有悔禍之日，不佞尚能令貴君臣，服其黼冔，賓于王家。此事非區區無其至誠，亦莫肯担負也，目下又何必相逼乎？且吾所以軍灞上者，備他盜耳，老親臺其安心以俟，勿躁。此劄彼中傳誦，殊無怨怒，爲有"服其黼冔，賓于王家"兩句。

與友人

所示《惜陰録》諸編，未能逐條細撿，惟《學》、《庸》粗讀一過。諸所發明，悉由心得，與世之勦説雷同者，不啻相萬也。《大學》古本，稼書不謂然，然觀賢者之所劈畫，不動古文章次，又不悖朱、程宗指，度越姚江之説多矣。看來經傳之分，不必太拘。"知止"兩節，及"自天子以下"三節，即所以引起結斷格物致知之説。雖未知其是否，自可修改存之，以俟後之君子，與方、蔡諸説並傳，未爲害道也。獨二書中所講論援引，則區區有欲相違覆者，未能細論，見概而已。

尊録云："戒懼，惟一也。謹獨，惟精也。"又云："戒懼，正心也。謹獨，誠意也。"夫舜言"惟精惟一"，而子思反之，其意安在？曾子明言"欲正其心者，先誠其意”矣，今如以正心爲致中，誠意爲致和，則云“欲致其中者先致其和”，可乎？餘如尊德性、道問學等處，皆是此段話頭，申明到底，此恐于程、朱學的，不能無差，惟明者審擇焉。蓋程曰：“涵養須用敬，進學則在致知。知之明故信之篤，信之篤故行之果，行之果故守之固。”朱子曰：“致知以啓其端，躬行以踐其實，而敬者所以成始成終。”程、朱之言如此，是二子之學的也。知在行之先，敬又在知之先。此《大學》之教，所以雖始格物，而所謂涵養薰陶以立其基者，已於小學豫之，非無根本而直從事於此也。《中庸》之戒懼，持敬之説也。其慎獨，則兼知行以爲言也。尊德性、道問學，意亦如是。然程、朱所謂敬云者，立乎知行之先，而未嘗不貫乎知行之中，亦未嘗不周乎知行之後。故知則曰篤志、審問、明辨、慎思，行則曰慎獨，曰誠意，是敬貫乎知行之中也。《大學》誠意之後而有正心，《中庸》内省之功繼以敬信，是敬周乎知行之後也。聖賢之言敬者，或先或後，或即存乎知行之中，皆有條而不紊，而不可以失其序，亂其名者也。今若稍更尊稿，以戒懼爲存心、爲尊德性之事，以慎獨爲致知力行、爲道問學之事，則此書前後通貫，而於程、朱本旨，亦不相悖矣。此尊録中大節目，所願訂正而求一是之歸者也。

大抵程、朱之學，直接顔、孟，真所謂先聖後聖，若合符節。至於文義章句之間，後賢有作，不妨補備。如朱子於程子，可謂傳心者，然解釋經書，如《語》、《孟》、《易》、《詩》之類，纖微委折，豈盡同哉？《大學》、《中庸》，宗程尤篤，而訂正尤多。蓋其精且至者無不同，則雖更相發明，乃所謂其揆一也。近世於其所遞傳相繼者，往往不盡心焉，而輒争於一章次文義之更定訓釋，以是爲尊朱則末矣。此愚所以不譏先生古本之作，而惟竊願於其學脈加之意也。

上猗氏衛先生

畿輔日月之旁，勢要鱗集，大懼隳素訓而履危機，朝夜惕息，至于今日。人之所易，地之所難，是以凡百艱虞，非師門則不能諒也。歲試大破人情，悍然不顧，以既厥事。然此都自董默巖題革學院供應後，一輛一蹄，官役皆得藉口以相要制。徇之不可,亢又不行,剛柔兩無所施,始知此老慕名之舉,未盡善也。朞月後,内外頗蒙信諒,然胥役及四方奸吏,亦繁有徒,無非窺伺投抵,以相欺誤者,一有不察,便當坐受其過。僚友亦將有所執言,而不復原其心矣。此所以一日未竣,時時恐慄也。學規不敢遽倣古人,歲試只釐剔弊竇而已。科考預戒童蒙,有能誦三經二經,或經書圈内外注,及《小學》全部,古文百餘篇,成熟者,文理略通,即與入頪。初試大名府,應此科者四五十人,拔取三分之二,以勵實學。今諸府皆欲推此行之,且令蒙士胸有數本經書也。

一行沉埋時文中,舊學全無温理。吾師積年深造,大業有緒,明歲夏秋間,都人之便,倘得賜示一二,以發愚迷。地所刻一二種小書,皆示生童者,不足呈教。惟《朱子語類四纂》一種,須就正。時下方駐順、廣間,竢益近京,圖覓寄耳。

與張長史

昨論及"戒懼"、"慎獨"兩節,謂省克功夫,貫徹日用,不是只在獨知之處。兄即云:"注中自謹獨而精之,以至於應物之際,即此意也。"深服敏妙,因而更加尋討,則於注兩條,始得其解,始歎朱子之書,綿密深確,疑駁者固粗疎不足道,篤信而爲之疏釋者,亦或未得其意也。蓋"自戒懼而約之"兩條,自史氏伯璿分作四條,而王姚江以爲朱子之意誠如是也,遂痛譏排,謂動静固强分矣。今乃有静又有至静之中,有動又有應物之際,豈不益支離哉?此因錯會朱子之意故也。惟蔡虚齋爲之説曰:"'自戒懼而約之,自謹獨而精之',二句一讀,以下十六字,一句讀下。蓋言自戒懼而約之,必使其至静之中無偏倚而守不失焉。自謹獨而精之,必使應物之際無差謬而無不然焉。是'致'字工夫,在'約'字、'精'字内,不是極之至静之中,應物之際,而後謂之'致'也。"僕每讀《蒙引》至此,輒歎以爲精當。今因兄言思之,則虚齋亦有未盡者。虚齋是以存省分動静,自其發解時,文便如此。恰似戒懼工夫,專爲静而設,而獨之外,無所謂應物者也。蓋朱子之意,誠有四節,特不如伯璿、伯安所謂"有静又有至静之中"者爾。

自戒懼而約之，以至於至静之中，是自覩聞説到不覩聞也。戒慎恐懼，自是動時事，但到静中而此意猶存，謝氏所謂"常惺惺"者爾。自謹獨而精之，以至於應物之際，是自隱微説到顯見也。動静隱見，分爲四節，而非如史、王之所云也。但《中庸》文意俱從覩聞顯見處説來，以見其功之至純至密，而朱子立言乃如此者。若主敬而存天理，是本源功夫，故必返諸寂然，而其體始具。省克而坊人欲，是末流功夫，故必推之萬感而其用始行。理既如此，又將以兩項分屬未發之中、已發之和，故一則自動説到静，一則自微説到著。朱子之義可謂精，而詞亦巧矣。

準是以觀《章句》之義，則覩聞動也，不覩聞静也，更無所謂至静者。隱微獨知也，顯見對物也，更無所謂應物者。且戒懼即約也，謂收束此心，非復有更約於此者。謹獨即精也，謂辨明理欲，非復有精於此者。"致"字實義，乃在"無所偏倚，其守不失，無所差謬，無適不然"十六字之中。蓋存養省克功夫，必至於此，然後體用一原，顯微無間，而中和乃極其至耳。兄思之以爲何如？

答彭學士

蒙示纂子牙河一段，誠有未合目前形勢者。如單家橋水只一二分，臧家橋水有八九分，以爲單七分、臧三分乃傳聞之誤。又雄縣、任丘，自受順天、保定、河間之水，與漳河無涉。又漳河未合滏、滹之先，已分爲二支，既合之後，又疏爲二支，此處似須詳明。又廣平縣被潦，專係漳水，乃在未合滏、滹之先，滹沱之水不能至廣平縣也。謹將原委大略，臚列四條，奉塵清覽，伏惟垂擇。

大抵聖明①數載精神，自永定河而外，惟留心漳河一事。漳河即《禹貢》所謂"洚水"也，其性湍悍，不亞黄河。況至冀州，又挾滹沱並流，滹沱亦係渾水，性亦剽急，所以其勢盛大。臧家、單家兩支皆其末稍也。臧家一支，即所謂子牙河，貽害八州縣已十餘年，自上命築堤之後，六年以來，生民衽席矣。此段洪恩，似宜據實紀載。至於漳水未合滹沱之先，初入直隸之境，如成安、曲周、肥鄉、廣平諸縣，自古受患。蓋此數縣，地皆沙土，所以容易遷徙。先時河經肥、曲等處，至近年全河悉注廣平一邑，水流到此散爲多支，所以民地多被河佔。聖明[②]察民疾苦，豁除地賦，以需水涸，民始有更生之樂。此漳河上游、末流兩大關節也，其應如何叙述，以表皇仁，伏想諸先生自有鴻裁。

一、漳河之源有二：一出山西樂平縣少山，名清漳；一出長子縣鳩山，名濁漳。二漳異源，而下流相合，有合漳口在林縣境内，東至磁州虞讓村，自豐樂鎮而東，至臨漳之西北，流入成安之西南，入直隸界。

二、漳河入直隸，現在分爲四支。一支自直隸大名府之魏縣、元城縣，流至山東館陶縣地方，歸衛入運。一支由直隸廣平縣至山東丘縣地方，復分爲二：其一俗呼老漳河，自丘縣東北分流，經直隸之威縣、南宫、棗强、景州、武邑、阜城、交河等地，至青縣北杜林鎮，與完固口支流合，至鮑家嘴歸運；又其一俗呼小漳河，亦自丘縣西北分流，經直隸之鉅鹿、廣宗、平鄉，至寧晉與滏河會，又經東鹿、冀州，與滹沱河會。由衡水至獻縣完固口，復分爲兩支：一支名單家橋河，自完固口流至青縣，會老漳河，至鮑家嘴歸運；一支名臧家橋河，經河間大城，爲子牙河，出王家口歸淀。查漳河現在末流所分四支，三支歸運，一支歸淀。

三、先因臧家橋一道，水勢深廣湍悍，而河間、獻縣上流之堤岸不修，大城、静海下流之堤岸久壞，故夏秋之間，水發淹漫，不獨四縣之民田受害，而水勢所注，青縣、文安、霸州、保定各州縣，俱一片汪洋，人民失業。己卯春，聖駕南巡，因大城、静海二邑士民迎駕陳奏，乃指授方略，命撫臣將静海、大城、獻縣、河間一帶堤岸，盡行修築。蓋西堤以護河、獻、文、大、霸、保六州縣田廬，而東堤以拯静海、青縣兩處淪没。又恐兩岸對迫，必有一傷[③]，復命於東子牙堤上游，廣福樓地方，開河一道，分水入淀。由是水勢暢流，兩岸完固，五六年間，八州縣田土盡涸，收成豐倍，歌咏聖恩，出昏墊而登衽席矣。

四、至康熙四十年，又欽奉上諭："漳河現在分流，須令永久分流纔好。若并而歸運，則於漕道有妨。并歸子牙河，則民田受害。爾等再往詳看來奏。欽此。"遵奉諭旨，巡看河源，至臨漳縣。十一月，在玉泉山摺子啓奏："查漳河現在分爲四支，三支歸運，一支歸淀。然歸運之三支，水勢頗弱，其歸淀一支，水勢獨强。約其水勢,三支之水,僅可以敵一支。是則此時漳水,一半歸運,一半歸淀,運道既無難受之虞,子牙河亦得分殺之勢,誠有如聖諭所云者。然歸淀一支,强而深通,入運三支,弱而淤淺。臣等議得,所經由各地方,應令官每年於水未發時,分段挑濬,臣等按季察視,務令此三支俱疏通無滯,以殺小漳河之勢。如遇水大時,仍用挑水壩等法,逼水分流,庶幾北不致抉滹沱以侵田,南不致合衛河以害運。臣等愚陋之識,未必有當。仰乞皇上訓誨指示遵行。"奉旨:"知道了。"

與湖南巡撫趙松五

羈縶職守,各天一方,音素雖疎,然心神則無日不相拳切也。荆南要區,古稱蠢爾之地,積歲宵旰,故特簡清德涖之,二年以來,績效立見。誰謂洞庭、彭蠡之外,頑不可化哉?令弟頓致清華,無階上摶,謂非聖明④曠代之知不可。勵節酬恩,自是尊兄家法,方愧悫步趨之不暇,無容更綴一辭矣。弟久在畿疆,未得釋負,衰老殘病,兩者交攻,偃枕而接將吏,幾不能自支持。而聖恩以其豢養之久,未肯驅遠,退慙尸素,進憂罪罟,此心惟可爲知己者道耳。有以提省鞭策,尚祈因風指示。

答桐城張相公

素蒙摯愛,所得於前輩先生如水而彌永者,平生一人而已。獨是語嘿出處之間,心儀之而不能步其後塵爲愧。此則氣質學問爲之疵累,雖承先生終始不棄,然而一龍一豕,固不待後世而品題定矣。新恩洊驚,晚節滋懼,又不得先生者,朝夕瞻仰于班行之末,以觀型而寡過。鴻逵益高,小子方厲,先生豈可徒喜其一日之遭,而不錫之訓辭,以覺悟其終身也。近又新有亡兒之痛,今所撫者,煢煢諸孫而已。誦王荆國詩所謂"夢事中千變,生涯老百罹"者,不知涕泗之零落也。因思厚德如先生,亦復經此蓼毒,矧行負神明者耶?獨羨世兄言行悉稟家法,群望翕然,此深爲先生喜者。惟先生知其發於真悃,而非諛詞耳。遠惟爲吾黨自愛。

與孝感熊先生商酌朱子書名目次第書

本年六月初二日，奉旨："《朱子全書》關係緊要，交與熊賜履、李光地纂修。今所奏目録次序，有未畫一之處，著李光地移會熊賜履，商酌妥當，畫一奏明，然後將書呈進。欽此。"切地前摺奏數條，一謂讀書乃窮理致知之事，擬次于致知之後；二謂理欲義利、君子小人之辨，亦窮理致知之要，擬次于致知之後；三謂學之後宜即繼之以治，以見聖學王道，體用合一之意。凡此皆據地淺見，仰質聖明，不敢自謂有當也。今讀先生所批駁，則仍舊目次序，亦無甚碍于理。謹照舊目，另編爲五卷，繕寫已完，奉呈尊覽。如尚有未當，亦祈一一簽示，以便改正。又於本日奉旨："此書完竣，欲發與熊賜履看，若到彼時有所辨駁，則從頭更張，必致擔閣，而書無完期矣。須乘此時商酌妥當，則趲日纂修，方無遲悮[⑤]。欽此。"仰惟皇上訓旨，至爲明切，地敢不小心上緊以竣厥事。但先生既在遠，遇有所疑，不能時時請正，謹臚列數條，求詳確指示，以便如式編纂。

一、當日目録，原合《性理》、《語類》二書合編者，故未免有重複參差之處。如《性理》目録，則有治道類之禮樂，而無六經類之禮樂。《語類》目録，則有六經類之禮樂，而無治道類之禮樂。今《全書》目録中，六經内既有禮樂，治道内又有禮樂，恐涉重複，應否删去，祈詳示。

一、治道内有宗廟、宗法二目，《語類》所無，惟《性理》有之。然《性理》無禮經一門，故以此二目附於治道。今全書目録，既依《語類》列禮經一門，則宗廟、宗法等，已悉在禮經之内，再出亦涉重複，應否删去，祈詳示。

一、君臣一目，《語類》所無，惟《性理》有之。然《性理》所載朱子語僅三節，查對吴總憲交來舊稿，已收入人倫類中，其所批文集内，采入君臣二條，則出奏疏。今奏疏已另編，則此目似應删去，祈詳示。

一、謚法一目，查《語類》、《文集》、《性理》三部，朱子並無片言及之者，此目似應删去，祈詳示。

一、節儉一目,《性理》所載僅一條,乃在道千乘之國章采出。今既有四書,《語類》此條應歸本章。而吴總憲舊稿所批文集,采入節儉一條,查亦出奏疏。今奏疏既另編,此目似應删去,祈詳示。

一、《語類》目録,有老、莊、釋氏,又有戰國、漢、唐諸子。《性理》目録,則但有老、莊以下至宋諸子,而無釋氏。今《全書》目録,以釋氏附于蘇軾、王安石之後,竊謂不如附于老、莊、列之後,似從其類。應否如此,祈批示。

與楊賓實二首。

自聞太翁之變,未能以一紙奉唁,兼慰孝思,道遠希便,加以病憊支離,塵忙卒歲,情理之曠廢者多矣,負疚何言。河上之行,乃藉以省覲晨昏,且得親湯藥飯含之事,終天無恨。若神明有以相之,不獨見天心佑善,亦以知雨露霜雪,莫匪君恩,至於慰遣江干,彌占浩蕩也。區區以衰疾之軀,孤居邸舍,家門亡兒營厝之事,亦復無人經紀。京中親友,近更寥寥,以此胸次悄無佳況。雖孔、孟、周、程之書,未嘗釋手,而霽月光風之趣亡矣。《易》稿重改一過,所存舊十之一耳,規模體制,亦與舊不同,恨未與兄對面商確,以決是非,欲寫一編相寄,亦非倉卒所能辦也。讀《禮》之暇,幸于此書更一留神,俟其首末貫通,疑信參會,然後合併折中,庶乎彼此之間,互有啓益也。《孟子》三篇先謄去,試爲細閲一遍,以爲何如?有未是處,即逐段劄記,覓便寄示。年月間倘得陳情祭掃,當即預期相報,覬會我於錫山、揚子之間,連纚旬日,攄此宿抱。餘惟斟酌思慕,存神揚顯,不宣。

又

南北睽違,接札方知又有萱堂之戚,洊更慘怛,緬想孝思哀慕,情何以堪。然各享大齡,又兄適以行役密邇,與古人丐近地就養者無異。崦嵫餘景,及奉清光,而湯藥殮殯,一一躬親無憾。此可謂純誠之感,鬼神者爲之布置安排,非人謀所及也。由是而推之,人生禍福倚伏,大氐如斯,吾儕益可以坦然而遊於憂患之域矣。惟兄嗣息未朕,深用關情。然爲德不懈,終須響報。寒宗萬曆間,有華溪老人者,艱于生育,六十而始生子,衆人笑語,不知華溪見子勝衣否。後壽九十六,其孫以是年舉于鄉,猶及見之。稗野記識,長老傳聞,如此類者甚多也。衰疾日劇,退息之念,魂夢爲勞,日復一日,未得好機會。蒼蒼者難知,諒亦必有自然氣候。昔所稱急流中勇退,殆亦其時命適然也。勞頓之下,頗理舊業,然今年所修改,明年輒復不愜于心,以是久未有脱稿文字。《易説》改又十來遍,與兄處舊稿,頭面全非,筋骨亦换。又釐爲二編,一則依經釋義,不入旁意;一則發揮凡例,推説精蘊。篇帙頗多,現已就緒,稍加一重推敲,即略歇手矣。先抄《乾》、《坤》二卦奉覽,字句亦尚有商量處,然大致如斯矣。《中庸》亦分二編,一章段,一餘論,尚未愜意。然承索無以應,諸友將此備禮。異日有相見期會,得假旬日面論,庶有長益耳。

與梅定九二首。

保陽忽忽言别,兩懷惶苦,非復疇昔披對胸襟,至今猶不堪回首也。弟之涼德,幽負神明,不敢尤怨。先生忠厚,徹於表裹,口不聞言人過,何戾於陰陽之和而罹此毒哉?古人有言:"名者美器,造物忌之。"故明逸無子,乃得中壽;堯夫晚娶,僅以延年。先生異日名家傳世,當與二公同。乘除之數,或有司之者。弟則學仕皆負初心,將與蕭艾委翳。若但以世間所謂名位者,準折天性之傷,豈不滋慼乎?殘疾彌劇,而聖恩深重,未能引去。又恐庸才處非其據,晚節末路之難,深可憂懼。此與先生投老丘阿,委順造化者,更甘苦相萬也。數年來著述,雖有數種就緒,然《疑問》、《存古》之類,尊意以爲不可不成者,即後學所不可闕。精神稍健,幸并日爲之。來書謂體氣勝前,此周公有鬼之效也。尊稿有陸續成者,煩令孫寫草先寄,遠期爲絶學自重。

又

違誨倏及五年,雖音問間歲一通,終未如時親德範,面質奇文疑義之可以開愚蔽也。無日無夜魂魄不念家山,而次且濡滯,明歲即懸車之期矣,猶未能自保獲踐古義否也。先生山林日永,得遂卒其大業,以知修文述古,自有天命。更知比來體氣清佳，未減於昔，未竟之緒，鬼神相之矣。凡屬舊遊，無不深幸。弟舊殖益荒，獨於《易》學，汲汲欲終初志，然旋稾旋棄，自知未足就正有道。蓋雖無述作之才，而頗有自知之審故也。《曆象本要》，雖于此道未能萬一，然經高明增改，故亦不忍便毁棄之。夏間復點竄字句，諸友重爲圖畫繕寫，雖竊取《疑問》，彌縫其闕，終是隔壁堂下人，窺影尋聲，其弊至於扣槃捫燭之爲愚。古人所以重口授親炙者，蓋以此也。因便寄正，求輟三五日正務，細爲删改，務使文雖淺略而無譌謬，非欲以示他人，聊欲稍決疑瞢，而隱之于心也。圖有舛錯，亦求標出。不宣。

答安卿仲弟

來厮去後，我又病嗽積月，甚虚弱。總之衰期已及，略失調度，便使六氣侵薄腠理，以漸而入府藏。其餘保攝，猶可自主，至於衝犯風寒，奔走疲敝，則與仕宦相爲終始，無所施其宣節之力也。頗有陳情省墓之意，然奉旨編朱子書未竣，須畢此乃更擬議。弟行取恐格於大臣子弟成例，要之功名天定，以我平生驗之，一毫不由人主張。且隨分及物，百里猶勝曹署，但觀人情事勢，以爲行止之決可耳。固不汲汲於進，亦不可犯古人苟去之戒，恰當其節，方合出處之義。萬一上官禮貌未衰，學校農桑之事，尚有可爲赤子竭微誠者，留遺愛於一方，不强似博一卿相耶？弟好讀西方書，無用，如憚理致淡平者，即《前漢》、《後漢》人物志傳，亦好觀，中間有許多可師可法之事，便可印證今日進退行藏也。我此二年間，甚有疾病災厄，雖然摧感，亦不敢忘戒懼，雖然任運，亦不敢廢調攝。知晚節末路之難，時刻愛身補過，其餘則倘來安之耳。此近狀，故相聞。

答魏君璧王振聲

諸兄奉旨學習樂律，能通其意，聞之不勝狂喜。近代讀書人，於八股外，無所知曉。諸兄倘非遭遇聖明，安能開口出聲而譚禮樂之事哉？僕雖看過樂書，盡是故紙空言，真馬貴與所謂“剥舟覆蕉，扣槃捫燭之爲愚者也”。前在暢春園，皇上賜觀律管，兼聆吹按之聲，微能知其和諧，終未喻其要眇。所望諸兄盡心學習，他日悉以告我耳。此事千載絶學，非皇上生知大聖，安能使理法大明於今。此殆天意也。已具摺請勅下施行。蓋僕雖不知律，而見皇上前後之所參稽制作，鑿有根據，故輒獻妄言，或不至隨聲從諛也。諸兄已能辨音否？素謂《周官》郊廟不用無射，爲是金氣之盛，又不用太簇，爲是黄鐘商聲。試察驗之，果有清厲殺伐之音否？空言無益，須有徵乃可信。

與魏君璧二首。

十日相聚，頗慰所懷。來章甚佳，近來詩學尤進也，謹飭收斂，臨岐數言盡之。相期遠大，尤當以酬塞聖恩爲念，不獨身名避禍幾已也。僕年已稱上壽，過此不敢自必，況耳益聾，殘疾益下脱，雖延視息，亦未知五官四體，明年復作何狀。荆國詩云："我老孤國恩，結草以爲期。惟子善事主，有知無不爲。千里遠相望，昧昧我思之。"此刻不暇和答，借此數句，以寫吾心可也。

又

自客歲重九，張家灣解纜，直至除夜，方入里門。蓋水程既已遲滯，中間又有幾段陸路，衰軀不任疲頓，遇風雨須停歇，當壯盛時不及覺，老而後知行路之艱也。所喜聖明在御，海宇清平，山行水宿，毫無顧慮。所至人民熙攘，雞狗聲聞，詩書弦誦之風，迴異疇昔。到浙江，遂取道江西，歷觀玉山、鵝湖，朱子講道諸處，至武夷瞻拜御扁"紫陽精舍"以歸。雖筋力罷倦，而耳目蕭爽，自幸老作太平之人，兼載恩華，榮耀祖考，忘乎疾病枝離之在身也。玆以萬壽節未得隨班叩首，特差家人齎摺恭祝，恐聖主垂問賤軀形狀，地方光景，附此奉達。不宣。

與浙江巡撫徐善長

先生爲邦方朞，輿望大洽，韓子所謂"聽於下風，竊自增氣，草木臭味，固共愛惜其行藏也"。弟離山二十八年，得蒙恩休老爲幸。至於寵榮有加，則非始願所期。念與先生卅載相知，中間契闊風顏，迴首如寐。今弟老而先生亦非少，幸晞日月末光，江湖邂逅，悲歡交并，傾暍何極。自登舟來，計日吴山，而水行濡滯，于今始達境上。開書見使，德音琅然，知先生之代數亭站，無異弟之預整冠裾也。不宣。

答富韜尚

東垂寒露，鞅掌爲勞，然吏事之暇，彈琴賦詩，比之朝朝趨直、觸寒冒病者，猶倍蓰相校耳。王司馬言，亦相憂至意，蓋恐宦途之累，愈積則愈深也。凡兄自滇南以至來東，前後所屬望於弟者，非不備悉雅意，然未嘗不歎待弟之厚，而規世之左也。薦賢是寥濶難行之事，區區薄劣，又非其人也。中間有逖聽不審，致親友相尤望者，皆傳説之誤耳。且人所至親極愛，急欲吹噓而置之青雲之上者，無如同懷之兄弟。嘉魚沉埋公車，二十餘載，耜卿亦以措大終矣。雖無奇才異等，然嘉魚涉獵經書，通算法；耜卿能背誦十三經而解其義。比之今日名下，亦非無一善可稱者。縱弟避舉親之嫌，何不宛轉營托，同升要路，而使之卑栖漢水之濱，投老湖山之上哉？區區衷曲，不樂自白，姑舉此證，以爲不知其形者，視其景則可知矣。而猶云云，是兄待弟之過厚也。

詩賦一道，當留爲吴、越羔鴈，誰敢與之争衡？黄石齋云，吴兒往往輕閩音。蓋魯爲齊弱久矣，如寒壑之魚，聚而相濡沫，無益也。至聲韻一事，風土所咻，散而無垠，古今未始有定論也。邵康節以際天人之學，定爲平、上、去、入、開、發、收、閉諸部，欲以倡和律吕，窮萬物之變。然議者擯爲西音，莫之循用。今言南服侏㒧，吾土爲甚。弟前書所謂閩人而欲同天下之文者，恐言未發而先破朝士之口矣。兄之規時也，不亦左乎？區區之私，但迫欲以垂暮之齡，覲幾丐退，而思得古心樸貌如兄者，相與吟詠山谿，優游餘景耳。誠恐吏路傾仄，異時有良朋永歎之羞，是以前書直而無禮，誠知其過。今翫來示，知綽有餘才，浣慰何似，罪累之外，餘不足計也。臨風瞻溯。

與滿凫山總督二首。

前小摺煩勞使者萬里投遞，感不去心。至荷御筆批答，又旨命省視老朽存没之狀,跪讀悚切,至於零涕。弟自抵里數月,竊見民俗無甚震驚,官邪頗有畏憚,近時暘雨,應節順敘。此皆開府正己率屬,勞政勤民之效也。屢承下問,反覆思維,未有以助治化者。惟是士習久於競囂,民風亦極險詐,詞訟十紙,未有一真,彼此傾危,詭僞萬狀,倘或通飭有司,必須就事論理,勿避强以逞豪富之奸,亦不可違道以干百姓之譽。務令訐告稀少,閭里相安,則風俗之歸厚也有日矣。此自明睿所最洞晰者,老生常談,徒成贅論也。近日訓誨自家子弟,姑以家法治之,倘終無悛心,必藉威嚴懲戒,當列名撿舉,望爲我一肅家規也。不盡馳仰。

又

价回捧讀尊示,具見台慮之詳。漳、泉雨澤雖稍愆,然惟海濱頗苦,若近山諸邑如敝縣者,則可稱豐收也。兩浙屢有潦患,今又重煩尊神,發倉賑糶之外,似無長策。當年直隸亦有兩府罹災,捐俸煮粥,借庫銀五萬,買粟平糶。但所差州縣印佐官,須極老成慈愛,而又精明幹練者,甚不易也。明府籌畫周詳,兼有徐撫軍協議,自然能爲一方造福。下問所及,愧無以仰贊也。不宣。

答陳眉川中丞四首。

明府厲行清修,得儒者淡泊寧静之要,而且克廣德心,以教人成物爲念。移棨來兹,真九郡士民之福也。前翰垂問,未有以復。蓋"教化風俗"四字,自明季而不講。禮義廉耻,自士大夫犯之。讀書者荒於業而不檢於行,齊民亦惰於游而習於奸。風聲日下,殆非旦夕所能還返也。司士者學使,司民者郡縣。今聖上特重其選,意有在矣。明府莫若引學使、郡縣諸君,與之上下議論。學校則清貨賄、絶請謁以外,如何可以成材興學?郡縣則謹簿書、飭簠簋以外,如何可以厚俗移風?令之各盡其心,而各條陳所宜行者。明府虚心採納,而實意鼓舞之,精誠聳動之下,自然有風草之勢,比之就士民而家喻户曉者,萬不侔矣。區區老生常談,聊以備高明之擇,惟裁教之。

至書院師長一席,在宋、元間,實與當路者相扶持,誠得其人,造就不淺。昨歸途見南浙、江右所延致者，粗讀書，不放蕩耳，求稱其任，難之又難。閩中先正風流，久已墜歇，學植淺薄者，固無以服衆，即稍有聰明聞見，而習爲華贋，無高志遠識者，群居終日，其誤學者更深也。漳浦蔡翰林世遠，有嘐嘐慕古之志，與俗下秀才一片名利心者不同，所讀書，又知以朱、程爲宗，經史諸家，漸能涉獵，所見紳士，未有過之者。明府若欲引與共事，更盡前輩切劘之義，庶幾於敎學交收其益也。

弟抵里來，見自家子弟及鄉黨間，習染深重，未暇與之語上，聊爲立規約數條，望其去太甚者，知懷刑守法而已。謹録呈記曹，非望推行他處，但恐將來有頑梗負恃，非懸車里老所能化者，須藉威重加之猶牿，故願豫知之也。吾輩受恩深重，砥礪同心，倘有教誨，無悋嗣音。不勝顒望。

又

价回多煩裁答，儒雅風流，溢于墨楮。敝鄉自蔡虚齋、陳紫峰、林次崖諸先生後，實學衰歇，至明季而大敝。欲興之者，舍崇經書、勵行義，則復古終無望矣。若徒課文、賦詩，爲制舉之羔鴈而已，雖使科名盛如吴、越，恐非明府所以振起育成之本志也。蔡聞之志尚不凡，既蒙招致，惟授以規橅次第，賓主相與設誠而致行之，朞月而變，三年而化。弟老矣，庶幾猶見閩學之興，豈非數百年而一時與？不宣。

又

南訛舒炎，緬想仙鄉風候，於兹爲烈，況名賢自有性分，清薰啓處，安和可卜也。《朱子全書》前承制軍惠示一部，兹《周易折中》校刻之工，尤爲良善。此二書上意在廣播，雖有發在學宫者，而庯鐸束之高閣，士人了不見聞。似須許坊賈刷印行賣，先以百十部付之，俟其鬻盡更請，庶幾猶有好事者樂觀。在此時閩中，則漳州士子，最有高興。每販古書者至漳，未嘗不售盡也。惟高明裁之，餘悃嗣布。

又

衰疾已甚，坐立俱已艱難，無論宣力。徒以聖恩逾分，牽勉扶曳，一望闕庭，用盡餘生葵藿之心。來書盛有稱引，不但德不逮於古人，亦自度漏殘聲稀，非復大扣干雲時也。明府以醇學清修，有虔秉鉞，自是七閩蒼生厚福。過承沖挹，誠未有以効芻蕘者。至於俗化澆訛，由於長吏政教之不先，訟獄以貨賄爲高下，農桑學校，嗤爲陳言而莫留意，則昨日固已及之，明府亦甚深憂累歎于兹矣。或者振動懲創，時行一二於寬大寧静之中，吏畏則民懷，奸鋤則善勸，不知可爲新政之一助否？今日俶裝，明旦於鳳山橋相俟，眠食格言，長路當以書紳，附謝不盡。

答江蘇巡撫張孝先

先生清風惠問，披拂三吴，故令士民謳思，譽命上達，蚍蜉之撼，莫能謗傷，凡屬同道，無不仰頌聖政，而私喜賢路之不崎嶇也。弟舊芘棠陰，抃幸尤切，屢荷翰教，不勝溯洄之慕。直以衰病虚點朝班，未能親承講論。早晚倘邀天澤，投老林丘，維舟閶闔，一瞻德粹，是所夢寐繫想者也。未一。

與浙江學使汪荇洲學士

去歲舟中夜話，兼檢課牘，殊愜鄙望。今竟邀譽命，所謂神之聽之，文章有神者果矣。到京後，累承折華以爲慰薦。自客冬丁國卹，春來職鞅頗多，未去之身，義當黽勉，數字寒暄，無暇相寄。然所願者，益勵素心，使上下無瑕可摘，非特懲毖於目前近事，而所以風流兩浙，百世不磨者，在是矣。論文之隙，以真品實學誨諸生，尤當有興起者。前此一變至魯，今三年養育成就，豈無趨而逾進以繼吾聲者乎？令昆竭誠相助，又得多聞直諒，與共晨昏，自然儒效彰明，俗下相咻，盡不足信也。僕衰聾已甚，勢不得不力匄歸山，倘於桐水、三衢之間，重獲邂逅，豈非厚期？預寓數字相報，諸款未悉。

【校記】

①②④“聖明”：道光本均作“聖主”。

③“必有一傷”：道光本作“必有一復”。

⑤“悮”：道光本作“誤”。

榕村文集卷三十三

傳

孝子王原傳

王原，直隸文安人也。父珣，於明正德中，苦歲荒役重不能支，辭其妻曰："我去則呼者不及門，庶嫠婦孤兒猶可安也。"遂逃出不復返。是時，原方在抱。稍長，從群兒學，有嘲其無父者。原歸，問母故而悲，曰："我當求父。"母曰："兒幼，不能也。"原慧甚，爲母計策，移居邑治中，開設酒飯店舍，多作袜屨諸行色所需物，遇他方遠客至，則或資以袜履，或雞黍厚款之，不受直。問所欲，曰："吾父姓某名某，身貌若何，亡出有年矣，倘所寄寓若道途邂逅者，客幸爲兒跡訪相告，生死不忘酬也。"居久之無得。

既娶婦，乃復辭母覓父去，母泣留曰："年遠，父存亡不可知，且若父眇耳，流落何處，誰知名者？無爲父子相繼作羈鬼，使我無依。"原痛哭曰："不得父，兒不歸也。幸有婦陪母，母毋以兒爲念。"遂遍走尋覓，足迹幾半天下，日乞食充腹，跣步重趼，至於見骨。南北去來，雖距家百里不歸望，積十餘年無倦色。一日，渡海至田橫島，假寐神祠中，夢至一寺，當午，僧炊莎食之，味苦，以細肉爲湯和之乃甘。適一老父入而驚寤，老父曰："孺子頓憊若此，何爲者？"原以情愬，且語之夢。老父曰："吾試爲子占之。午者正南位也，莎根附子，泥肉和之，附子膾也。求之南方，父子其會乎？"原喜，拜謝去，而返南。踰洺、漳向洛、汝而行，所歷寺刹皆遍。已而至輝縣帶山者，有寺曰夢覺，原心動曰："吾夢豈至是徵耶？"天雨雪寒甚，卧寺門外，有僧徒見之，詰知其爲尋父也，憐之，導見其師而與之食。師曰："子何貫？"曰："文安。"曰："吾徒舊有文安人者，盍出與叙鄉井乎?"相問姓名,則即其父也。乃相抱持慟哭。嗚呼！世果有鬼神乎？無鬼神也。苟有鬼神,則一念之孝,爲宜捷于枹鼓,何乃淹歷時歲,無歿存之問者,十有餘年,始告以兆哉？夫惟神不能離人而孤行,故必待其力之盡、誠之極,然後幽明響應,此鬼神之情狀也。父猶未肯即歸,曰:"吾棄家絶意久矣,無顔復返。"原牽衣哭不止,寺僧莫不感動,相與勸其父曰:"若不歸,子必死,子死,妻媳必繼死,奈何忍滅一家親也?"於是相將還里門,夫妻子母復聚。鄉人爲之嗟歎至于今,宅里墳墓必指孝子名之。父子並登大壽,比孫而顯貴,族氏科名繁盛,迄易代不絶。

贊曰：孝子生不識父,稍長而哀慕不已,匍匐顛頓,百身殉之。此天常之厚,義合古人,非習于名教勉强者也。近年,浙人有兄,亦因貧去不返,後其弟成家,辭妻子單身尋覓,南北東西,所涉萬里,數年而得之黔中。其事可與孝子作配,忘爲何人所記,異日當撿出與孝子同傳。庶幾頑者感,薄者愧,百世之風,豈必夷惠哉!

鋭峰和尚傳

鋭峰和尚者,俗姓楊,少爲儒業,稍長,激於家落内釁,薙髮依僧,在順治乙未、丙申間,年四十。頗能談論賦詩,與予諸父相往還。一日,大寇林某劫余家十二口以去,索贖甚賒,羈縶榜楚者年餘。僧謂余仲父曰:"是望不可厭也。寇强而驕,有玩心,夜覆其巢,家可奪取也。吾徒某能識賊山後路,彼爲導,而君家僮鄉衆隨之,出賊不慮,萬一幸濟。"卒用其言脱家難。

五十而受法於其師,稱悟道。偶邂逅溪亭與余語,余問:"人與禽獸環復轉生,信有是乎?"僧曰:"不足問也。佛法所以觀天地者,用心法觀而已矣。夫人晨暮逡巡間,變滅萬念,爲人者屢,爲禽獸者屢矣。"又問:"悟與修孰要者?"僧曰:"發大願力爲要,大願既堅,悟與修精進乃可語爾。"又問:"佛説所謂了心性者如何?"曰:"除善惡無記。"問:"其指?"曰:"心不存惡,亦未存善,又非昏昏然不省覺者,是除善惡無記。"是後居余鄉之南山,閩亂時,危苦無聊,數登山訪之，或竟日話，所言皆能發人心意，計度世事成敗，人所以處置患難，甚有中機者。旬月下山與吾徒遊，默然終日坐，言笑因物，雖酒肉狼藉於前，自食一盂飯厠其間，無厭惡色。尤喜與人奕，敗則拂衣自笑，然再强之亦不倦。作詩率爾而成，時有可誦句。年八十五，晨起沐浴端坐而終。

顧寧人小傳

顧炎武，字寧人，吴之長洲人。自幼博涉强識，好爲蒐討辯論之學，十三經諸史，旁及子、集、稗、野、列代名人著述，微文碎義，無不考究。騎驢走天下，所至荒山頽址，有古碑版遺蹟，必披蓁菅、拭斑蘚讀之，手録其要以歸。十餘歲至七十而老，勤如一日，於六書音義，尤獨得。余始官庶吉士，曾相遇爲半日話。時余於音學無曉也，寧人舉大指示之曰："古者同文，聲與形應，凡字旁從某，音必從某。後世不悟音譌，反謂古書爲叶，皆非也。唐韻承江左末流，部居悉舛，分合之間，紛不可治。今當以《詩》、《易》、周、秦之文爲正，質驗字傍，分者并之，合者離之，使古書無二音，然後得復其舊。"予聞言，猶未省了。

家居數載，追尋言緒，未達者，自以意爲之説。又七年，復來京師，則寧人没矣。聞其書已成，亟求觀之，所意者幸不謬。然寧人之學，於是始窺其備。蓋平、上、去三聲，雖有差互，猶得類從。入聲則雜亂尤甚，如人經荒流者，不第鄉貫不可復追，姓氏族系皆不自别矣。有顧氏之書，然後三代之文可讀，《雅》、《頌》之音各得其所。語聲形者，自漢、晉以來，未之有也。書既刻，厚自寶秘，曰："五十年後乃有知我者耳。"尚有《日知録》數十卷，識大小，覆同異，辯是非，亦有補於學者，其徒潘耒刻之閩中。衛先生爾錫言其地理書用心尤多，然未見也。孤僻負氣，譏訶古今人必刺切，徑情傷物，以是吴人訾之。然近代博雅淹洽，未見其比。

閻百詩小傳

余聞百詩閻先生名久，曩撫直隸，先生嘗郵致所著書數種，得披讀焉。今之學者,大抵搜華擷卉,爲文辭之用而已。至於字義故實,書文形聲,尚未有留意講考於其間者。若大者爲遺經源流,禮典同異,細而地名山川,史載人物,真贋是非之跡,則豈徒以樸學置之,抑其惡頤就簡,而自恬於謏陋。嗚呼!文、武之道豈有小大哉?萬一朝廷舉行石渠之典,吾知衆籍羅奏而莫之措辭,儒者之羞,非云小缺矣。

先生學極博,論極核,間有出新意、掃沿説者,究其持辨本末,悉有所据依。趙贊善志其與汪鈍翁難喪禮事,昔者眉山蘇氏,曾以是嘲伊川矣。其門人爲之答,亦曰:“正叔太君先逝而已。”令有如先生歷引古義,折以通禮,彼不得於言者,豈能無愧?惜乎先生逸處終老,曾不得奉清燕,備顧問,蒐秘府,校藝文,與諸儒上下折中,贊經史於方微,補遺軼之文獻,是誠可悲也已。余嘗慨夫老成日遠,舊學彫傷,晚出後生,益將無所考質。自余登朝後,識面者長洲顧寧人、宣城梅定九、鄞縣萬季野,知名者尚有三數輩,而先生其一也。諸君子者,皆博極群書,能以著述自通於後。中間有專門名家者,就其所造,古人不讓也。今惟定九尚老而康,時致音問,餘則皆零落不可復見。每覽《周易》碩果之辭,《大雅》典型之詩,俯仰斯文,不勝寤歎。

先生子詠,求予言揭之原,予不工金石之文,故謝不爲,而其學行大致,則趙志具焉。聊寫予《那》頌先民之思,倣司馬氏伯夷、屈原體,爲閻先生小傳。

施將軍逸事

施將軍名琅,閩之晉江人。值明亂,少而從戎,曾隨大學士黄公道周出僊霞關。知事不可爲,輒以偏裨有所建陳。公報之曰:“君言是也。顧吾大臣,仗義守死而已,倘有他奇變,可以佐時,君輩行矣,勉之。”遂謝黄公去。明亡,寄食海上。鄭氏嫉害公,不相容,囚公艙中,欲殺之。公以計遁脱,鄭遂殺其父若弟。公歸本朝,用戰功數年間至大帥,佩將軍印,召入爲内大臣,列伯爵。

余素未深知公,一夕就公燭下話,道及順治己亥年事。余曰:“社稷之靈也,令賊不頓兵城下,驅而徑前者,是誠可危。”公笑曰:“宜何向?”余曰:“循山而東,奈何?”公曰:“南北步馬不相若久矣,衆寡勞逸又懸,所在雖響應作聲勢,實觀望不能爲之助也。纔涉北地,與官軍交,賊立盡耳。”徐又曰:“向彼舍短用長者,委堅城,泝江而上,所過不留,直趣荆、襄,呼召滇、粤三逆藩,與之連結,摇動江以南,以撓官軍,則禍甚于今日矣。棄舟檝之便而敝攻圍,故知賊無能爲也。”余以是知公能。

明年,天子以海患久未熄,復起公提督水師,專平海事。越二年,余請急家居,邂逅公小店中,雨甚稍憩,余曰:“公出師在此月,然衆皆言南風不利,公必犯之,何也?”公曰:“賈竪之言也。夫北風日夜猛,夜則更甚。自此至澎湖,舟戴星行,就能魚貫相尾,幸而不散。然島嶼悉賊据,到彼未能一戰奪之,舟無泊處。坐與行殊,風浪飄拍[①],軍不能合也,將何以戰?夏至前後二十餘日,風微夜静,海水平如練,可以抛舟泊洋。聚而觀釁,不過七日,舉之必矣。用北風者,徒幸萬一,南風則十全之算也。然節候月離,旬日間當有颶風,亦偶間歲不起。此則天意,非人慮所及。又賊將劉者,爲彼魁傑,設以他將守澎湖,雖敗未服也,必用再戰。如守澎者劉,或死或敗,則勢盡膽喪矣,臺灣可不戰而下。”余喜曰:“寇平矣。”公笑曰:“何相信也?”余曰:“聞爲將者,必識天時利害,地理向背,較將之智力,公兼之矣,能無平乎?”公以六月十四日舟發銅山,十六日至澎湖,二十二日尅勝,果在七日中。戰之日,東南角微雲起,劉方調遣拒敵,望見喜甚。須臾雷聲殷殷動,劉推翻食案,歎曰:“天命矣!”海行占風者,以雲起爲風兆,聞雷則散云。劉敗後,乘小舟走至臺灣,憂沮無復戰意,率先納土,悉如公料。

先是,明季鄭之祖芝龍,海大寇也,歸誠後貴顯,嘗朝京師,過龍虎山,有異人爲決未來事,語甚隱,然意若跨土稱孤,争衡南面者。末云:“金雞唱,龍種消。”公辛酉生,其事征又以辛酉年。龍種者,芝龍子孫也。余十五六時,便聞斯語,後二十餘年而驗。

贊曰:此余所聞見於公者,雖其子若孫不知也。公以功進封侯,爵及後裔,史臣當有傳,故紀其逸事云爾。

書吴伯宗尋弟事

吴伯宗，山西稷山縣民。弱歲喪父母，兩弟俱幼相依。一日，其少者忽失去，伯宗訪求數年未得，其次者忽又失去。伯宗哀切不能已，遠近尋覓，稍有音問，則以負販爲名，不憚千里，庶幾得之。後其少者得之都中，爲高姓人僕，高遇之頗厚，且感其兄之義，謂之曰："吾爲子善撫以待，子方求次弟有行，來時可併歸也。"

時已微聞其次之信，乃在寧古塔將軍所部下。寧古塔者，北去遼陽、盛京尚數千里，爛胛天明、墮指裂膚之地，國家所以處罪人也。伯宗慨然與其季别曰："吾得仲則偕返，不返則併吾之妻子屬子矣。"舊都郊關出入有禁限，伯宗率以計達，至則跡其弟果在也。赴將軍訟之，使部下將領質焉。中間伯宗忽躍起不跪，將領怒而朴之②，血被面。伯宗徐曰："民非敢與官抗，適見略吾弟者、奴吾弟者，皆王法不宥之人也，美衣帽，平立官側。民兄弟良家子，爲奸人誘掠，萬里投命，官不急明其冤，而以罪囚相待，俯伏詰訊，民是以不服。"將領意悟，且懼其還返闇籥，白之將軍而歸之。自出關至入，歷三時，其在寧古塔，正冬月節候極寒，足凍盡見骨。兄弟相扶，數日行冰雪中，僵仆幾不能起。嗚呼！其懇勤可書也。

李子曰：兄弟相失相求，人情之常，非高行也。自俗化之衰，倫理日薄，兄弟尤甚。及父母之存，而有尤鬩不相能者。逮乎同氣而分，富則競財産，貧則計錙銖，妻子奪之，外人間之，漸而陌路不如。故哀原隰、急患難者，聖人猶以爲情之至，而系之經也。伯宗之求弟，久而篤，勞而決，及其出關訣季之言，則之死而不怨，人盡伯宗，世豈有手足相忘之事哉？伯宗頗識字，嘗於旅店讀《論語》，至"父母之年"，則歔唏哭失聲。嗚呼！《小宛》之哀，興於明發，能友者未有不厚於孝者也。伯宗雖農民，在京師，相國澤州陳公高其義，既與爲禮，又爲詩七十六韻以歌之，縉紳士友多就見之者。夫農之秀者則升爲士，古之制也。冀缺、茅容，路側耕夫，以内行之敦，爲有道者别識，卒於賢臣名士，青史爛焉。余誠未知伯宗志質何如，然願伯宗自此永昆弟之好，無使異日鄉之人曰，昔之求之，如此其勤也，而後乃稍衰。且曰，兄之念之如此其至也，而弟乃不類。則雖未澤于詩書，文以禮樂，而使鄉黨嘉尚以終始，宅里之表，王政其舍諸。

行　狀

吴愧菴行狀

君之歿於京師，太翁實眂焉，親見子之病亡，憂戚棼亂，幾無以自勝。一夕進小子地謂之曰："吾哀而不節，神明荒矣。又父子之親也，屬辭爲難。夫交兒之久，識兒之深，舍子其誰矣。兒命雖夭，而行有足稱者，子其述諸，抑猶吾兒之志與？"地不文者也，又不能爲譽，顧與君交異尋常，不得以拙於文墨謝，聊述吾所知於君者，靡一字逾美，欺死友于幽冥也。

君諱曾芳，字孫若，第南宫後，自號曰愧菴，曰："吾學行未成，而亟臻兹，聊以志吾歉也。"自其五世祖恒菴公來，皆世修儒業，文行蜚聲，處者仕者，操持特吉以爲常。君生質清明，神爽灑落。自太翁以淵源之學，著述選訂，無翼而飛，君侍側有所聞。然居恒不拘拘呫嗶纂組，而凍解冰釋，發於天機。篇成而人見之，蓋莫知其所以然也。丙午舉於鄉，五策簡要明剴，易人所難。丁未試春官，俛得而失。庚之役，令甲一變矣。君在舟車中，始爲䌷經談理之文，檃括合體度、中程式，聲色詞華燦如也，遂振籜取高名。其天材卓絶如此。

性行至孝，出於自然無矯飾。自太翁、太母感其誠，稱之無異辭者。比與太翁周旋道路，爰及京邸，太翁少恙，則魂寐爲之不安。三餐茹歠偶失調度，則憂形于色。晴陰愉拂，拊摩慰藉，務使體適而心懽焉。其胸中無宿物，愠喜隨所觸，過而輒忘。與人交，開口見肝肺，或爲人謀，必竭其忠。樂道人善，不訐人惡，及夫聲色睚眦，卒能理遣，不圖所以報也。性坦易，耻修邊幅，外視之若絶無稜崖者，而實有觚隅。不苟爲破節事，姿識通朗，善察人情僞，曉暢事機。然實知大體，執大義，非小黠爲錙銖者比也。吾於君中表兄弟，辱傾知者最深。自往歲同鄉薦，循是以來，四五年間，行住必共，蓏葛之後，繼以新姻，指壬爲媒，合若天作。成進士後，與君並擬清華之選，試詔東閣之下。君乃竊謂予曰：“予得失無足齒，然得幸相從，假三年優暇，讀書論理，以補吾欠，是吾隱也。”既不得遂，則又曰：“吾别子而歸，所憾者此耳。”至彌留垂絶，猶以是相感歎。嗚呼！其所嚮乃如此，而身彫零不得致也，造命者其果有知耶？嗚呼！哀哉！自革至歿，神氣清整，言身後事不亂，若豁然于去來間者。

憶丁未春試日之前，地夢仙樂降康，迎君于館。卒之夕，又夢君來相見，執手升階，陰飈盈堂，君撫予涕泣嗚咽不能任。詢所從來，云得假于帝者。送之出户，擁喝甚都。嗚呼！君之精魄靈氣，不與土苴腐散無疑也。男兒修短命矣，如君者未獲世之滋垢，而速返清虚，夫復何憾？獨其家貧，遺兒小，棄煢煢之親，投以劬勩，抱孝思之大戚，隱幽憂于九京。平昔從游，靡不永歎，而況于生死形魂之交，如地者哉！君既辱予知，死又予屬。知我貧也，知我不利于時也，君于予奚取？苟有鬼神，覬予相焉耳矣。君年少未有設施于世，故約略其行，質諸親友，既以哭吾私，亦莫使化者渺無聞焉。

先大夫人行狀

嗚呼！不孝光地等，誠薄疊深，不獲更徼休福，以引吾母年於數年。生死長訣，皋戾極天，聞報摧裂，荒迷哽塞。獨念母壽登八十，强半在貧賤患難中，際窮不仆，遇險而脱。晚乃大蒙國恩，褒封三至，見其子孫科第三人。八十之辰，尚能强起受家人拜。逾二十日病困，呼子婦諄諄教誨，凡七日夜而乃瞑然而含。此在古人，稱壽德考終焉。孤等既無光顯之才，誠孝之感，緬惟祉不虚附，蓋母生平孝慈寬厚，達節明義有以致之。將邀大人先生衮錫片言，用耀幽翳，雖在昏積，不可不忍死以有述也。

母姓吴氏，安溪儒族吴公參贊女。年十七，于歸先大人。逮事舅姑，以敬以愛，最能得父母驩心。處妯娌間，終始以和忍，群莫間言。鼎革後，閩中多故，山訌海潰，迄無寧宇。母隨先君轉徙避地，至于危巢深箐猿狖之家，皆托足焉。先君剛正，而母佐之以和柔，故所遇而安，雖有鳥獸蟲蛇，不攫不螫。如是者幾二十載，曾祖以下，兩世未葬，惟先君仿皇日夜，卜兆開壙，惟母營謀拮据佐之。兵燹後，村落焚燬，先君未有棲止，亟構一椽，以依先神，亦惟母節嗇萬端，克竟其事。家極貧窶，衣食之入，悉爲葬塋、祠宇、祀田費，至饑餓無怨聲。流離中未嘗肯使諸子廢學，内雖甑空，館餐必具，雅不樂諸子濫交，惟儒衣者造户，雖不告，豫酒肴焉。諸子不學，憂見於色，聞讀書聲，則曰吾貧不恨矣。

光地既幸成名，官翰林，丐假歸覲，未三月，三逆亂作，閩以蕞爾地，二豎居之，務在汙辱士大夫以固民心。光地遯而野處，幸無磷緇於賊，而爲蠟丸報至尊，父母實教之。大師既收疆，其明年又再亂，漳、泉所屬縣皆淪陷。光地守一村，與郡城相犄角，如湯雞釜魚，坐待爛耳。時先君既背，母絶無兒女子怖畏態。鄉里走散，母獨與光地俱，且曰："汝惟義之爲，吾不懼也。"於是密請兵於親王、將軍、巡撫，鑿嶺濟師，萬騎飛渡，而重圍解。嗚呼！當艱危時，忠孝之完虧，呼吸間耳，一毫之差，千仞之墜。古今有際此不能決者，多以父母故也。令母幾微譬於利害，悲啼援裾，方寸必亂，孤等將要領之不暇保，又安能苟全身名以有今日？晚荷國恩，稍稍得温飽，然勤素不改其舊。晨夕紡績，至于耄且疾弗廢。臨没之言，未聞其悉，而伯父書云，皆忠孝友悌之言也，無及私瑣者。嗚呼！母之始終大略如此。

母生於某年月日，卒於某年月日。六十之年，翰林庶吉士封誥適至；七十之年，内閣學士兼禮部侍郎封誥適至；今八十之年，翰林掌院學士兼禮部侍郎封誥又適至。綸綍臨門，皆與懸帨不相先後，蓋巾幗知大義，若有冥符之感焉。惟孤光地弗類，數十年來，色養無狀，居官又無勤勞，大負慈母拳拳報國之訓。而今而後，雖自悔責，其將何及？孤露餘生，縱未即填溝壑，而報酬又何施？三春既邁，風樹遥落，悲夫！悲夫！末可追已。大人先生有以哀亡而未棄其孤，先親不朽，孤等死且不朽。

墓　誌　銘

代仲父爲朱氏姑墓誌銘

余兄弟六，同母者四，女兄弟三，同母者一，即妹也。妹既適朱氏，吾母以少小愛之,故每思憶,輒病沉頓,歸則爲之脱然。輾轉憐念,心口呼哦,至于大故。妹既得父母懽,而尤竭誠於兄弟,凡郡行館其家,饋奉接待,腆而加愉,其事兄雖父弗翅。嗚呼!吾母於是爲能愛矣。入朱門,克幹其家,其才優。旋奔走於亂,屢還與兄弟相依,卒死於兹。又十餘年間,甥繼之,妹夫又繼之。甥已幸登科,爲當振朱氏以慰妹心,而亦速殀,其命嗇。雖然,自妹有行,則因亂數寧,歸卒于斯。今又以時事弗克合祔,藏于斯。生也淇衛之思,没焉營丘之首,雖命則然,抑亦吾母與妹之志也與。

妹生於某年月日,卒於某年月日,以某年月日葬于感化里上黄肚鄉之鋁孔崙。時日孔亟,其孀孺不能備物,其兄弟亦不能勦也。納磚于壙,聊具日月而銘之曰:

生不遠父母兄弟,藏鄰先世之松楸。魂傀此宅,義歸于朱,以永其庥。

姪婦翁氏墓誌銘

余之宗屬,稠夥冠一邑。自能書爲儒外,其有行義材幹,魁傑拓落,以自見于鄉里,游大人成名者,尚數十輩。若猶子行世若,其稱首也。余既素知世若,世若又有子讀書能文辭,余謂世若之世將顯矣。一日,次子廷璋抱一編,拜而起,視之,其殁母行狀,世若所述,於是二年矣。卜厝有期,干我幽碣。余曰:"諛墓非古也,况我於而親,以屬則宗,以叙則尊。且婦人無外事,以不見爲德,吾烏可亹亹爲虚辭充幅而已乎?"蓋古之爲志也,譜日月,備世系爾也。雖然,吾有所感焉,不可以已。

昔者吾鄉俗之厚也,不可見矣。比年以來,人不識禮義,女子攝夫職,把門户,有大事公議,則丈夫遯匿,使婦人出而尸之。暇則相從宴會,遊遨爲歡,談笑譏切,旁及當世之務。其外人弗之禁,又從以爲能。嗚呼!豈不痛哉?古人曰:"福之興,莫不起於室家。道之衰,莫不由于閫内。"以吾所聞,而母事姑奉良人,以孝以順。子之翁,家貧好客,而中饋無謫聲。歲時躬履田園,收其枲絮菜果,麤衣塗手,不辨爲良家婦,可謂賢矣。昔者子之王母,寡居厲志,翼而翁而伯叔于成。子之母之德又如此，此福之基也，可不勉諸。廷璋泣而受之。

姪婦生于某年月日，卒于某年月日，以某年月日葬于某所。姪婦課子有方，又嘗夢其亡舅謂之曰："若善事姑，必蒙冥祐。"然則斯藏之吉，不蔡於陰陽。銘之曰：

陽節流邁，委翳陰魄。儀範昭然，不掩厥德。志誼有終，矧予世澤。

族子世寬墓誌銘

吾族子世寬卒練後之四月，其孤鳳先等，以葬期來告，且泣而請曰："先子昔厚于從曾祖封大夫，晚又獲愛於叔，愛之斯録之矣。願得一言，嘉其行誼，將以寵諸幽。"乃本其生平而誌之曰：

君諱夢植，世寬其字也，號澹齋。父蜚碧公蚤卒，母洪氏撫孤四人。君爲叔子，稍長能自樹立，有長才，以勤嗇起家爲望人，俾寡母生食其孝養。復痛其父不逮，贖歸公祭田，俎豆之宗祠以榮之。晚益推其有餘，流民之來於吾鄉，餓者與之食，貧無殮者畀之櫝材，以百數。先大夫再新宗祠，君亦舍財搆爲廊廡，完好其内外。山行水涉，惻然動心，爲橋梁以通津，或平庀确犖，疏爲道塗，肩者徒者多侈其利焉。於是前後之任於吾邑者，皆以禮禮賓之。嗚呼！勤於積而不儉於施，嗇於己而周於衆，其所以承先燾後，委祉于子孫者，亦云有志于是矣。昔我先大夫，追孝前人，又嚴於交處，而獨與君腎腸必敷，無小大無或不諮諏，無遠近無不相及。移時歷歲，於君未嘗有所厚薄疏數，君亦悉意與偕，衰壯惟一。先大夫屬纊之辰，距大斂已將一日，君來哭拜，四體俄動。嗚呼！君今亦歿矣，姪親也，故人舊也，是將反于幽丘，哀其原隰。感痛先大夫所以終始于君，生死之際，烏可以無言哉？

君生於某年月日，卒於某年月日，享年六十有三。將以某年月日葬於來蘇里之虞埔鄉許礤宫後牛角壠，坐乙向辛兼卯酉。銘曰：

嗚呼吾姪，孤幼是丁。爲爾自騖，以底於嬴。孝心爲質，上逮宗祊。施而不窒，哀此獨煢。漸遠是即，嘉魄於塋。銘吾述之，爾後之成。

夫人林氏墓誌銘

夫人年二十而歸余，性安静，寡言笑，親疎雖莊其淡，然莫能指其口過以疵。來時正家貧窶，何有何無，母太夫人必躬親之，而夫人佐焉。逮余著朝籍，僅一請急省親，而值閩亂。七載憂危，繼以先君辭世，艱煢萬狀，及爾顛覆，相保至于巢卵無傷。嗚呼！何可忘也！戊辰後，予一出十餘歲，祖贈公祠中堂甫新，而前楹未搆，夫人自偁百費，連垣接屋，門堂兩室，不斂不醵，奂然就成焉。母太夫人之喪，余留京守制，自宅恤至安厝，凡百哀勞，皆夫人率我諸昆經紀。其後乃將子孫視余官舍，聚首七年，護長子喪以歸。又五年而夫人亦繼逝矣。嗚呼！夫人以予貴，累荷國恩，窮極品服，拜舞私庭，世俗所豔也。而其始之鞠困，中爲諸子殤折摧悲，實終身無樂況，非夫婦之際，其孰能知之？

夫人姓林氏，歲貢、進士華捷公之女。生於某年月日，歿於某年月日，享年七十有三。子三。今予丐歸，買地葬夫人於光得里，形家以爲吉，夫人其安之。銘曰：

同穴之義著於經，誰謂後死者撫紼以行。子魄有歸予心寧，終爾慈愛，福我後生。

冢男鍾倫墓誌銘

兒名鍾倫，字世得。生而聰慧，四歲，未讀書，先能識字，誦《千字文》竟篇。稍長，性至孝，凡其父母疾病，婢僕侍者，夜闌皆憊，獨不解衣扇爐下，需湯藥立應。二十能時文與詩，甚不屑爲俗體，志亦向學。而夙多病，及余宦於官，又代事祖母，勞家計，年四十四而夭。故有姿性，而不能克之如古人。要其可稱於家鄉者，奔走陵阜，度祖母之封，自得吉土，營費勤劇，哀叔没而推與之。禮耆舊，畜孤嫠，阸[③]憂困，能别而有恩。指擯鄉邪，義動於色。此親疎有述，不以父子之私也。

癸酉舉於鄉，余視學及撫軍於直隸，皆從。入閣命至，而兒已病困，咫尺不能同行，朝暮馳急馬相訊。既色起而旋反，遣醫去，猶能詢我安候而瞑。聞喪裂胸，慟可勝哉！

初娶黄氏，先逝，繼娶何氏，則今合祔者也。後兒九年殁，獨爲長媳撫諸孤，風雨之餘，不覯寧宴，故尤可慟也。今以某年某日，葬兒與何氏於本里土名成道院前。望諸先墳尤近，父爲子志，非情所堪也。歲壬子，余感異夢，謂兒當特上青霄者，一科未足厭兹兆也。嗚呼！或在其嗣裔。銘曰：

期汝堂祊，而夙山阿。人能弘道，其如命何。有根者必蕃，庶以榮其柯。

施太夫人張氏墓誌銘

昔余請急時，正當靖海將軍、靖海侯施公平島之歲，其用兵本末，悉所聞覩。若乃逆揣賊形，預握勝計，排衆議而駕南風，奪澎湖以扼要害。凡其蕩掃六十年盤互積寇，不旬朔而功成者，皆準以氣節風候，晝行夜泊之宜，參以敵將敵兵彼己强弱之算，詳慮以坐籌，而神速以決機。雖文淵之圖隴右，指畫山川；鵬舉之定楊么，尅料時日，不足遠譬也。故公海外勳伐，人盡見之，而其曲折深密，則余知之尤詳。

又二十餘年，公去世久矣，地代匱綸扉，公嗣子襲侯爵世范踵門請曰："范生母張太夫人，所生男子二，定海總兵官、今陞提督廣東全省總兵官世驃者，與范實爲同懷。太夫人以是春二月，終于定海官署。念先人舊交，微子莫與志其墓者。"余病且不文，一切應酬俱斷絶，然枌榆寧静，嘗於公有微管之歎，且深交至戚，義不容辭。乃據狀而撮其略曰：

太夫人張姓，系出閩之同安望族，生而端莊，幼嫻女儀。年十六，歸于施公，嫡媵雍和，終始無間。侍養洪太夫人，尤能得其懽心。及公留京爲内大臣，宦槖素薄，太夫人至鬻簪珥、親女紅以佐家，使公無入室憂，而又日夜訓子讀書，十餘年無倦色。公銜命再督水師平海，則夫人二子，皆已束髮能從戎。夫人勖之曰："勿以年幼而忘請纓之志，殉父報國，在此行也。"事定之後，公封大爵，世襲罔替。遺疏以范嗣封，而驃自山東濟南參將，歷擢以至專閫，皆位尊品極，繩公之武。夫人往來就養其間，諄諄教誨，無異幼少時。嗚呼！觀樹之根，視其枝，其條遠而實繁，必其資者厚也。公諸子皆質有文武，自振於時，夫人撫之一也，而其所生則又卓卓成就如此。厥考功烈之所貽，内德純茂之所鍾，於是乎不可舍一論矣。夫人累以子貴，受一品封。及迎養定海，恭遇南巡，特賜御書"錦堂萱茂"扁額，以爲光寵。病革之前，總戎君以軍政自陳，優旨褒留。夫人猶及見之，感激涕零，呼總戎囑以忠孝而没。嗚呼！二子雖哀，可以無恨矣。

夫人生于某年月日，卒于某年月日，今將以某年月日，葬于某原。夫以公之百戰勤勞，歷致爵位，夫人起家而居有之。此《詩》序所謂"德如鳴鳩"者，而匡衡又謂"福之興莫不始於室家"，則其多膺象服，昌大厥嗣，不亦宜乎。銘之曰：

南陽擇德，令淑實當。彌厚厥積，是以世昌。握節分茅，寵藉紛紜。載此天光，游於九原。含彼純懿，復歸于坤。我碣諸幽，以兆其子孫。

【校記】

① "風浪飄拍"：道光本作"風浪飄泊"。

② "怒而朴之"：道光本作"怒而撲之"。

③ "阱"：道光本作"拯"。

榕村文集卷三十四

祭　　文

祭河神文

年月日告于永定河、漳、滏、滹河暨順天保河十五河之神曰：比年聖主勤念民災，廣修堤岸，荷神休佑，三載于兹。卑濕之場，盡獲豐稼，明德遠矣，神功懋焉。今歲入夏以來，雨澤孔多，挾以晉、豫洪流，河防往往危潰。雖天道之有愆恒，知神心之無悔怒。伏祈乘兹秋令，肅以金風，淫潦不降，駭濤不張，千里坊墉，永爲民蔽，完者以固，缺者以苴，無墮靈功，幽翼聖世。我吏民其敢懈歲事以忘神貺，謹以剛鬣、柔毛、清酒之奠，望伸禱祈，尚饗。

告關侯祈雨文二首。

維年月日告于歷代加封大號漢關侯之神曰：維神義勇於昭，靈威有赫，感通既顯，位業斯崇。自地承乏畿輔，肅恭象教，雨暘雩禜，靡祈不應。兹者靈雨愆春，炎光届夏，旱將太甚，田懼卒荒，廊廟憂勞，百僚震恐，每聞殷動之聲，未獲滂沱之賜。昨者得旨於朝，咸命各伸虔禱。俯思祈望，匪神孰依，跪薦寒流，仰干震豫。維神千世萬世，福國芘民，名山顯位，神得追之，星躔月離，神得回之。呼翕陰陽，暫攄浩然之氣，周沾中外，立覩沛若之施。用濟斯哀替，以佑我國家。不勝懇切，以待靈命。

又

自春及夏，時雨沾足，來牟豐登，稻田暢茂。非神休祐，曷克躋兹？今蚤播之穀，已獲全穫，猶有下種稍遲者，尚須雨澤。旬日以來，微覺暵乾，昨宵疎雨飛零，未得沛然之效，誠恐膏潤不繼，堅栗難期，一簣之功，群望神賜。嗚呼！雩請之節，禮不敢於祈頻，而哀諮之情，義可通于禱久。恭叩慈靈，不勝悚切。

告關侯祈晴文二首。

維神靈威於赫，主名山川，廟食於兹，萬室攸賴。今春自人日以後，陰雨連旬，既沾既足，勢猶未厭。麥秋將至，懼沈浸之爲災，又恐播穀非遥，或愆伏之互乘。恭惟一方有祲，神人同憂，敢丐神靈，力收宿靄，憫兹民命，迄用康年。地與紳耆等，不勝合誠，祈禱之至。

又

今歲自春徂夏，每以穡事仰干神惠，曰暘而暘，曰雨而雨，麥稻豐穰，繄神之賜。兹冬稼及晚種，碩大堅栗，於前有加。如得一月無災，庶幾千家有望。旬日以來，沱雨頻降，誠恐黄熟之後，遇霖澤以更生。又慮積陰之餘，致大風而隕籜。恭惟烟雲滿望，豈人力克致兹休？宜令京坻興歌，庶神功終竟厥事。亟收浮潦，用濟築場，邦人不勝幸甚。地抱疾未能親叩神前，謹遣弟某代伸祈禱。謹告。

丙申四月九日祭關侯文

順治紀年，乙未之歲，大寇攻家，老幼係累。時余童稚，從父之季，叩禱神前，靈筊三蹶。三之又三，至于十二，其兆不改，云家無事。祖且余從，主我家内。身方在囚，安得幾會。猶豫狐疑，或祈之贅。丙申是日，仲父爲帥，覆賊高山，有戰無潰。三月以遥，鉦鼓聲沸，肉骨生歸，像教迎致。果符前兆，龜誠有智。自是以還，相我無貳。迭出精英，驚噩夢寐。談《易》之《屯》，示日之晦。瀕危以安，恭惟神惠。大橈干支，六十相配。是年月日，豈敢忘墜。越代感通，神理昭昧。沈想幽明，天命是畏。潔牲薦酒，樂侑神醉。小大稽首，共聽禨瑞。赫赫威容，巍巍顯位。保我終始，無作神愧。

丙申七月七日祭關侯文

昔家遭難，乙未夏季。丙申初秋，纔釋係累。母夢神言，斷無死理。立夏立秋,乃事終始。四月之九,迄於七日,十口繼歸,於是完室。神許活我,又肯適我。寒家何修,公以爲可。六十年間,靈爽相追。謂余不信,驗以風雷。逮余仕路,彌荷神警。投老休居,不忘深省。今夕何夕,雨過新涼。層雯高褰,漢亦有光。迴念是日,甲子當對。爰載潔牲,以答慈衛。兵戈之中,父伯墨戎,季則同縶,閔予于凶。鳴鳥恩勤,鶺鴒赴難。神眷既專,家風未散。今俱還真,在神左右,設位東西,偏神以侑。其有存者,元戎六甫,出入戰場,口作家譜。率我諸昆,羅拜于前。村童雜劇,聊以喧闐。女罷機杼,牛不服箱。神且遨嬉,樂歲豐穰。

御賜急公尚義扁額恭懸告文

年月日,敢昭告于小宗初祖旌義賜爵樸菴府君之靈曰:維吾祖厚德天植,爲家發祥,自少至老,樂善無荒。鄉國歸仁,譽命上逮,餘澤殘膏,子孫是食。流大枝繁,實惟祖賜。在前朝曾采于史傳,而當宁未聞於褒嘉。光地適以求休,邂逅面聖,奏述祖勳,遂蒙額錫,光遠有耀,歷久彌彰。積善餘名,時乃天道。昔人自喜功德者,一勒山上,一沉漢淵。何似吾祖,天語昭揚,鎮在嶽麓,表厥宅里,祠廟高懸,瞻仰萬衆。今諏吉日,奠告恭掛,伏惟祖靈,祇受歆喜。於戲!垂裕後昆,既席舊德,無念爾祖,宜勉新猷。凡我子孫,有不力田孝弟,詩書禮義之是守者,匪我族類, 祖其明譴。

丁酉還朝臨發告祖文

年月日敬告于四代祖考妣之靈曰:地以年例丐休,僅得予假。今又前期旨趣,至于再三。畏此簡書,義不敢緩。黽勉俶裝,即以今日啓發。松楸戀重,廷闕恩深,二事交胸,寤言不寐。恭惟祖父,德澤庇後,神靈在天,惠以光明。完其名節,使之進退不謬於古人之義,兼以繼述得修吾祖考之遺。遊既有方,出則必告。伏惟垂佑,不勝懷慕之至。

祭阜卿叔弟哀辭

伯兄自官署致哀辭於功受貢生叔弟阜卿之靈曰:嗚呼!人亦有言,莫如兄弟。若我同懷之數人,又非尋常之可比。蓋自幼而艱危,齊呑身于虎兕。歷奇山於未經,囚大幽之無底。我以居兄,備受撻捶。汝尤攖兇,行刃必擬。蒙祖考之遺祜,脱性命於斯須。非家門之和濟,詎有生之理乎?既稍長而學業,吾課汝以攻書,能盡誦夫諸經,出頭角于隊魚。逮我既達而寧親,倏遘鬪亂于倉卒。海揚波而浮鯨,山伏莽而張貏。我墨衰以從戎,弟儒衣而戰血,帥滿百之烏聚,驅盈萬之獸獗。夜阻雨於山谿,衆憂命之難活。弟擁盾以不退,賊晨視而不敢發,遂離散以追奔,經七日而破滅。自是有役,弟悉代之。内嚴里鼓,外濟王師。功聞于朝,選造有期。田園迂癖,十畝自嬉。嗚呼!自我再還闕庭,一十八秋,念我同生,曷云無愁。昔因老母之須奉,後緣汝疾之未瘳。欲致汝以遠至,空盡歲以遲留。愾籩豆之不具,今原隰焉是求。雖欲悔其可追,吾實爲之而又焉尤。嗚呼!吾之此來,上負深恩,下慙履素,徒割情於所親,歲紛紛其聞赴。廢莪草之哀謳,寄脊令之永慕。矧諸父與諸兄,皆溘盡夫風露。痛越鳥之北栖,望嶺雲而南訴。有幸返於松楸,何術起乎泉路。信吾行之負於神明,俾骨肉盡愆於禮數。豈獨哭汝而悲,長沾纓於屺岵。敢不念先人友愛之言,使汝恬然於兒女之顧。嗚呼哀哉!汝其知之。

告長兒鍾倫文

嗚呼!兒生而聰敏,稍長而醇孝。十歲以上,祖父母、父母之病,憂愛徬徨,出於天性,湯藥烹煑,必身親之。其均調水火之節,雖婢僕之老於侍奉者不能及。或憐其幼小,慰而驅之,蹔去而復來,至於夜分不懈。蓋至成人如一日也。其於伯叔祖父母、伯叔父母,悉能推父母之心,致其敬愛,疾病患苦,匍匐救之。見義而疏財,自推食解衣至于讓産,皆以行之爲樂,不獨無難色而已。吾審其至性如此,而又穎慧能文,故竊期之以大就之事。不謂其行業未成,而僅止於兹。嗚呼!豈非吾行負神明,而使汝得天之厚者,默損潛消於冥昧之中耶?病革矣,與吾言,既而寄我以書,拳拳於改過遷善,冀異日之有所立、有所聞者,垂絶而一語不亂。嗚呼!齎志以没,汝其然矣。以汝之學植文藝,家鄉行蹟,文而張之,豈在人後？雖然，吾有志於行古之道，雖先世美行，猶不願爲夸飾，況子孫乎？親友有問吾以汝之行者，吾辭焉。惟戒汝姪輩，以收汝之書，存汝遺文。吾幸而未死，撫汝之孤，勖而教之，苟一二有所成立，以繼汝之志，則與汝之自力以傳者無異，而汝可以不腐也。嗚呼哀哉！汝以三月十一日，亡於保定旅店。二十五日，柩至京師，寄於西門僧寺。痛我鞅掌，不得伸其哀。四月初四日，乃得憑柩而一慟焉。嗚呼！父子之親，至是而魂神始交。初六日昧爽，我徂西郊，假寐車中，汝來相接。汝不暇悲慼，而但憂吾憂。吾亦坦然忘哀，而開汝以前路。謂上天下地，其理則一，苟性靈不泯，豈以死而迷謬？汝聞吾言，頷首以對，遺書一卷，似欲詒汝子者。未問而僕夫噪呼，吾蘧然驚覺矣。嗚呼哀哉！異氏之法，名曰超度，是耶非耶，果其有之，夢中所言，乃第一義矣。吾當省愆補過，以卒餘期。汝亦當慎之於其無所不之，焄蒿悽愴，長與我而相依。輔余之志，相爾之後，百年朝暮，知合并其有時。嗚呼哀哉！

贊

易　贊

《易》之爲書，源流已遠。至于近今，爲説家滿。衆星繁繫，必辨緯曜。群言紛錯，孰執其要。我論聖統，則折諸賢。胡心是師，曰余單傳。折中賢者，又以聖斷。聖雖邈矣，微辭有爛。聖欲加年，愚者須幾。徒有日孳，至斃乃已。紬繹聖訓，觀象可知。姬公有言，文王我師。故知稱名，始自文考。憂患有興，《繫辭》已曉。六爻之作，於是取材。位之凶吉，時哉時哉。夫子之傳，莫先於彖。彖意既得，爻斯過半。其次釋爻，片言摘抉。夢寐周公，如合符節。人象之立，推類廣引。或離卦意，皆卦之緼。載稽三傳，祖文宗周。又通其象，使理周流。復總全經，通論其要。易簡之精，乾坤之奥。河、洛苞符，蓍卦圓方。《繫辭》義例，學《易》典常。廣大精微，著明深切。如網在綱，若車有轍。厥後三篇，出自河内。圖隱象湮，千載明昧。首定其類，次變其通。序之雜之，觸長斯窮。

顔子喟然歎章贊

顔氏庶幾，去聖一息。觀於喟然，其意可得。夫子誘教，並時三千。知其善者，曾有幾焉。《詩》、《書》執禮，衆飫其説。識其爲我，斯足以發。求畫中道，由誦終身。有休之志，無日之新。曰力不足，曰書可廢。是不能竭，匪才之罪。譬之飲食，知味斯嗜。譬之登踐，憚勞曷至。顔子嗜之，曰子善烹。顔子至之，曰子善程。顔曰善誘，子曰好學。鼓舞之神，千秋孰覺。子曰不惰，顔曰竭才。自非大勇，孰與此哉？好生於誘，竭由於循。不謂己勉，實聖恩勤。至於欲從，依然不罷。雖復末由，豈以才謝？揚雄有言，顔苦孔卓。玆其苦也，所以爲樂。欲從末由，匪病其艱。正謂竿頭，妙不容言。孔至七十，欲不踰矩。欲矩之間，如毫髮許。孔、顔之從，其欲則同。所嗟慕者，中道從容。窺顔之心，在於兩欲。罷無修蹤，從無止躅。此外惟曾，任重道悠。子思繼之，至誠無休。孟子亦然，所願孔子。壽夭何疑，修身以俟。我觀聖賢，惟在不息。不息之至，便達天德。讀顔此章，此意須通。作超悟語，則墮禪宗。

諸葛武侯像贊

王佐不生，于玆千載。鄒、魯群聖，靡遇其配。天恐皋、伊，其迹眇芒。欲修厥業，而世未昌。岌岌晚造，鼎運難移。聊使先生，爲臣之師。先生不降，蕭、管立極。霸圖施張，邈矣王澤。先生之道，足俟後聖。紫陽、伊川，莫敢改評。誰追軌躅，誰識容光。我摭史書，以命長康。

關侯像贊

操歎義士，瑜曰虎將，遼允忠信，蒙稱鯁亮。超群逸倫，勇而知義，誠非韓信，黥、彭可方。周旋間關，死而無悔，不使季路、仇牧居上。拒江東如叱狗，俯河朔若吞象。摧良十萬，報曹以去，大厭中州人士之心；没禁七軍，興劉垂成，幾慰故都父老之望。功有毁敗，義無虧喪。沔水秋風，空齊恨於渭濱；宇宙大名，直並垂於漢相。

朱子像贊

堯、舜之道，二典僅垂。孔氏六經，至秦而灰。漢、唐之間，道墜文喪。董、韓、王、楊，晨星相望。宋之中葉，其學大醇。及乎夫子，程、周彌尊。閑聖之嚴，憂世之厚。頽瀾稽天，獨執其咎。刊去枝華，務見本根。菽粟麻絲，至味大文。肆開堂户，示我奥宅。苟有能者，便達天德。於戲！五百之運，歷古而同。建武、貞觀，一時之功。天爲萬代，金口木舌。夫子之生，于湯有烈。方明之初，一術專師。風流篤茂，夫子是資。詭説汩之，於聖則畔。夫子道微，貞元亦散。孰陟嵩華，越彼平岡。孰能涉海，而棄舟航。夫子之道，與時屯泰。婺女之墟，光耿長在。凡我後裔，瞻仰來兹。古人有言，心嚮往之。

謁朱子武夷精舍贊

道斷堯、舜，昌於夏、殷。不有夫子，《墳》、《索》荒榛。絶學有繼，濂、洛、關、閩。朱子不生，諸家亦堙。婺女之鄉，斯文所屬。有耀於他，宅此夷曲。俾我後人，如夜斯燭。彼岨者壇，望陟相續。五十餘年，鑽仰末光。腐草薰蒸，蝡動飛揚。微卉後春，援我手强。螟蠕非類，祝我聲轟。受兹罔極，夢寐嘅只。自棄高山，云何德否。庶幸暮年，瞻仰視履。先生有靈，式遄其軌。

菊花之隱逸贊

采采黄花，于彼霜下。誰其尸之，晉之逸者。喻彼生時，春過夏殘。秋風拂衣，白露爲餐。粲粲芳馨，今也蕭艾。不有幽香，巖谷何賴。

自　　贊

瞿瞿而每涉於驚波，蘇蘇而終已以勞歌。惟哲人之玉於礪，信乎頑石不足以礱。獨丹鉛之有癖，或在險而平邁。吾聞之也高山仰止，不知景之無多。

箴

勸學箴

《易》與《詩》、《書》，最務精熟。《三禮》、《三傳》，隨分誦讀。西京、東京，文極醇厚。唐人之雄，曰韓曰柳。北宋文章，於唐有烈。歐、蘇條達，曾、王峻潔。擇其尤者，含咀英華。將來融洽，不名一家。諸子之粹，亦可采焉。荀卿論學，莊子譚天，仲淹《中説》，子雲《法言》，偉長《中論》，康節《外篇》，奥指奇辭，手録心追。醇疵小大，默而識之。周、程、張、朱，至爲精鑿。孔、孟通津，經書正鵠。《易通》、《正蒙》，《性書》學論，以逮雒、閩，微言至訓，並須熟講，益以精思。篤嗜深契，尚友遥師。義理昭明，庶幾不畔。窮經觀史，靡不貫串。猶有餘力，列代詩騷。搜春擷卉，以詠以陶。如是讀書，方有根氐。文學德行，實相表裏。

惜陰箴

武公九十，猶曰小子。伊川涪還，聰明未止。須知聖賢，何故如此。後之學者，志逐氣衰。日昃之離，云胡不摧。心無退法，乃與道歸。待文而興，匪直也民。廢於中塗，千載同淪。自知是勵，昔人所尊。先病後瘳，蓋喻晚節。人能自新，鬼神所悦。新之又新，咎戾斯雪。榮華顩頷，誰其免兹。消息盈虚，委命于時。惟是善惡，不可不思。一夕之旅，便仰顔色。樊鳥羈牛，心焉安息。一朝終身，君子是擇。念來無端，書之無緒。天者難明，我也無具。分陰可愛，上哲亦懼。

誡家後箴

少小之時，謙謹是尚，動則畏譏，言則懼謗。傲不可長，志不可蕩，使人視之，如璞未鍚。《毛詩》有言，維莠驕驕，童子佩觿，古人所嘲。柔顔捫舌，賢聖猶勞，矧爾小子，而敢矜高。父祖艱難，供爾衣食，便自放肆，而忘撿飭。性既漓薄，質又乖逆，幾何不爲，敗類凶德。湖山諸子，驕慢成風，汝等又然，恐替吾宗。今與汝約，改過於蒙，再罔悛心，吾不爾容。

銘

御賜研銘有御書“以静爲用，是以永年”句，恭書其後。

静而延年，仁者之厚。我皇克之，箴此座右。臣拜稽首，天子萬壽。

砥石硯銘一名松花石。

用汝作礪，牛角相屬。元德既升，巧匠斯琢。賜等夏后之璜，價重荆山之璞。

旋心羅文研至難得友有餉余者銘之

廓然虚心，窈兮圓神。此老氏所謂其中有真，非東坡指爲物之病者，以取妍於人。

歙石硯銘

徽爲子朱子之鄉，歙石出焉，兹其所以可貴，而近頗稀傳。惟識者能購其真，以爲堅潤殆過於端。世方競紫夸緑，而孰知守吾之元。

月印清溪硯記

此硯前代周藩府中物，王極愛惜之，裝匣以藏，題曰“月印清溪”。遭亂匆遽登舟，百物棄捐，獨呼内豎歸取研，比至而追王不及矣。流落民間，然猶懷研不忍棄。後爲劉君太乙購得，今以贈予。劉君時讀書翰林，能詩，博雅士也。

榕村文集卷三十五

詩　一自選。

家居寄友乙丑年。

昔也歲上章，始擢春明第。讀書二十七，吾子最年穉。頑然玉未剥，祇見石麄礪。又如未調馬，往往肆踶嚙。惟我識兄真，同裯多卻避。稍稍論經書，兄從質凡例。或其中所感，有洟下沾袂。至于三年久，直諒無所畏。不是申棖剛，翻覺魏徵娟。困頓已必千，憤悱人無一。先聖思狂簡，卓爾見高致。我去省晨昏，兄追水之澨。夜飲張家灣，盤饗手自膾。摻路號失聲，兹情安可替。回首纔經春，妖星明造次。閶闔閉不開，君友道茫昧。兄見蠟丸人，把握共拜跪。云汝非臧獲，嘉爾壯士誼。七載重相逢，悲喜不能視。徐徐抽舊編，簇簇立新義。兄輒折我角，我且盛兄氣。我有烏烏心，懷之未能遂。假兄爲胝兆，指期若執契。嚢母及小人，明時真錫類。勿復言蔡功，心恐慚柳惠。緬憶出京師，兄役坰野外。悠悠竟長河，濯纓有餘懟。明魄幾昭蘇，星霜四清厲。念子何當親，離憂慘中肺。余季至幽都，蒙兄傾腹示。持回古絶句，照見相思淚。知我遊所懽，問我何所遺。我近營一區，乃不在高鋭。平野出清漪，密葉交重蓋。窪突自然有，曲折參差會。側右爲小山，今始覆一簣。欲起地下脈，乘高穿石澮。下有三株榕，其初本一植。此物遇摧偃，著土便爲蒂。不知何代風，顛狂南北吹。遂令不斷種，夾澗相樛纍。蜿作雙橋通，聯成一幄翠。喻我二三子，炎朔生而異。雖然齊幽根，盈盈一水離。何用寄所欽，歷録收我笥。謝翁居閶門，夢我奉册秘。其間第二章，三經而九緯。檢押盡琳琅，拳披蝌蚪字。上言翁不知，下言夏后氏。一卷獻當扆，宛如夢所紀。未必膚末學，不謬作者意。三篇河内文,陋哉講師蔽。前輩蕭泰和,近年王諫議。穿穴各短章,區區重補綴。難忘三益心,頗有四方志。限迹吾未能,嗚呼名山閟。吾子千古交,直道冠氣類。將煩鍾子聽,遂斲矱人鼻。庶幾決否然,用自知已未。批糾有報音,從此跂予遲。

遊成雲洞戊辰年正月用朱子登蘆峰韻,時方疏請侍養。

溪深樵路微,峰迴面勢盡。涉亂渡雜沓,探崖窮攀引。村火蔽烟樹,居然成異畛。寒篠釣沙黄,奇石剥山磷。霽色限霜飇,清聲絶蟲黽。昔我營兹村,高天風息緊。修途節又弭,直逕步方窘。白日照歸烏,和風罷征隼。況是日邊書,取次浮名泯。有願斸金芝,無心聯玉筍。一諾在山靈,皇肯爲微允。八風正鳴條,四節時在蠢。冠童真五六,日暮命歸軫。時同遊長幼凡十一人。

甲子南巡恭紀己巳年衍聖公命題分作。

燔柴躋岱巘,舍菜戾宗祊。獻愷方於泮,升中告厥成。巾車陳法駕,大馭儆行旌。望望觀風意,遲遲采俗程。徒遵時邁迹,那有登封名。嶽瀆公侯配,山河帶礪盟。懷柔均載德,設險竟銷兵。目擊波臣順,興言禹績宏。遂臨牛女次,還税虎龍城。禮致鍾陵重,心忘磬折輕。朔風吹返旆,白露湛寒英。訪道思方切,崇儒意獨誠。宅仍生所里,堂儼夢時楹。入廟申芹薦,隆賢肅鼎烹。師存宜禮拜,帝用作歌聲。泝統休公旦,傳薪偉孟卿。豐碑齊屹立,巨牓繼高擎。先後吅明典,存亡感至精。恭惟天子學,實共聖賢并。枯植紓皇豫,泉源啓睿情。人如根不朽,天與水流行。微義昭雲漢,貞珉列瑰瓊。章懸群象仰,覝動百神迎。匪獨斯文焕,時當大道亨。

家山公兄以南海神廟碑見貽漫賦學韓體癸酉年。

吾宗宫詹探嶺梅,銜命秩祭廣利迴。走勞道途言語畢,乞得韓碑驚復猜。此文熟誦四十載,曾聞故刻尚崔嵬。年深豈免點畫缺,觚稜應久混莓苔。入眸了了從頭讀,想像鐫工初下鎚。公之此時自潮海,量移楚嶠方徘徊。鱷魚驅去鬼神避,衡嶽延佇停霧雷。巨靈竦息仰忠德,文章一字卻十災。碑成自合歲稔熟,孔公德政亦塹哉。岐陽石鼓埋荒草,吉甫山甫知誰裁。岣嶁山頭隱科斗,聖跡茫昧公所哀。豈如此碑垂千載,文完字好光皚皚。當日慕古多憑弔,安知天壤大名開。吾徒辛苦同羈宦,帀月繙緗對寒煤。一尋再閱動光彩,有若岱頂披雲堆。字兼顔柳存隸體,陳諫何人亦不灰。煖茗澆腸便屬賦,即事標題興已恢。東窗紅日儵晻靄,颯颯乘麟自天來。

送唐偕藻宗丞致政丙子年。

先生其鴻鵠,寥廓不可蹈。有似無心雲,翻飛返峰嶠。曩者辱鄉賓,相看各盛貌。如何素髭滿,枯槁若同調。山鳥問歸意,嶺花向人笑。越水横灘高,舟子喜相勞。屈指到霞浦,晚色正炫燿。陶菊媚秋霜,柳橘銜夕照。海霧避山樓,谿風親野棹。孰測冥冥踪,坐令羈者悼。往歲不自知,共談陳與邵。時哉惟先生,斯覩象之奥。溽雨暗陰沉,款扉以行告。撫迹祇含辛,檢篇方廢蓼。未能餞青門,何以慰長道。曷日託丘山,願執篲芭掃。

歲杪戚友頻集寓齋同限韻四首　丙子年。

一年光景疾於箭,四壁殘緗空復存。手縮無心開古瓦,步頻有客對芳尊。南中遇臘尋冰嘸,野外終冬看火燔。何爲霜風簾帟裏,非關誦講不窺園。

其　二

天涯急晷動寒風,串戚依依對影同。羈旅十年雙鑷白,鄉賓何日共披紅。地連碧水人非遠,釀識金藩酒倍工。南嶺臘前梅蕊發,他時莫負訪春融。鄉同年陳宜亭,同安人,邑出金蒲名酒。

其　三

羈宦躊躇忘歲月,鈎輈遮莫響南園。徂年髩逐銀華長,一夜庭空木葉繁。霜厚兼貪凌老瓦,月寒偏肯照貧門。與君邑里還葭附,連檜韋編理細論。陳介石,同縣姻親,雅好譚《易》。

其　四

寒曦冉冉到除邊，匝月風霜特地全。同志即今爲勝日，高情自古付流年。伴人蟾影强如燭，報歲春光不計錢。便是枯腸搜索盡，無那霽色又連天。

送杜大宗伯致政與諸子限韻庚辰年。

先生在朝著，荆國之純璧。胡然遂抽簪，太室方嘗麥。比者轄中樞，亭立掩孤柏。真氣充以腴，獨覺寡物役。晚出欣服寀，託附比蘿薜。晨夜春風中，日月豈知積。有時同吟咏，申之討墳籍。每造拜賢郎，待我匪賓客。醇意何薰人，蒲夫不能釋。三月帝京遨，桃杏正紅澤。詩字出莆田，鏤檀精可擇。先生發吾藏，閒月勞履舄。頃刻成工妙，至今有餘跡。賤子自憂艱，三春避廣陌。先生每惠顧，賤子慰居索。塵勞又四載，夢寐想風格。攜杖孰追隨，北望西山碧。元臣既拂衣，顧我何補益。迢迢望越絶，扁舟何日刺。權公文道斷，鄴侯仙姿昔。借問祖青門，千秋誰煇赫。遲任惟求舊，典型詩所撫。先生蹔行行，曠禮在朝夕。東觀有遺憲，上庠貽簡册。蒲車行殷路，皋比非久隔。炎曦熱天動，夏嶂連雲擘。驅馳久顦顇，思公聊捲帟。風雅蚤説詩，行藏晚學易。臨風懷寥廓，何處尋六翮。從來世三公，未曾厭清白。

梅定九自南至諸子從學中西算術悟性强力各有所造以其暇日談文賦詩喜而有作癸未年。

交我十載前，惠我十載後。幽諾未云踐，晤期固非偶。徐魏響然臻，陳氏集昆友。雖無廣亭榭，西軒舊槐柳。雖無飲庶幾，滄易致佳酒。繄我煩委暇，聊來共尊缶。或邀步華池，秋風驛路口。年運遞奔馳，六藝缺復久。諸子意未衰，斯文幸已厚。吾少也無能，今老亦奚有。忽見弟子師，古道生白首。涼色入新郊，素光昇遠藪。唱咏日未厭，申篇夜還趣。王事驚我埤，先業賴兹守。況復喜晴穫，披衣望星斗。

新安舟次甲申年。

撥霧追星入海壖，荒營儘處水連天。平生不作登車夢，八載何曾穩枕眠。

吏部衹應抽手板,蘇州詎忍利餐錢。書纔有味身將老,歎息宣尼欲假年。

劉子青藜太乙以前代周府寶研見遺其款云月印清溪與友限韻有賦而失稿矣劉子索觀不得記是歌韻聊復占此丙戌年。

疇昔汴州亂,賢王奔渡河。蒼黄盡割棄,一研所愛頗。登舟還遺豎,追程遂蹉跎。流落數十年,舊事記不磨。猶能言題識,明月印清波。劉子中州秀,好古劇沉痾。邂逅得手把,感慨爲哀歌。售之實行箱,贈我情何多。著墨刀削似,映燈星月羅。清溪是吾邑,嘉名喜無譌。余生寡所好,對此良摩挲。叨承太乙惠,將奈七略何。

讀唐宋名人詠諸葛武侯詩與諸子限韻三首　丙戌年。

武侯誠龍德,潛卧天地否。一歗渺無儔,名浮猶有耻。置身管樂間,后稷平人爾。遇主煩三顧,託孤寄千里。普天困豺狼,一民悲有死。王佐久不生,此心誰與比。才美戒吝驕,器大斯儉禮。所以大賢度,抑抑以終己。不見烈如火,但見平如水。惠政流甘棠,佳兵聞苦李。原公茅廬初,躬耕没則已。翳翳成都桑,百代頑者起。前輩盛謳歌,微辭安足齒。雲羽動儀型,高山勞仰止。載覽季興編,一竟三歔唏。

其　二

賢聖三季後,十九生屯否。或以晦避禍,或以遯遠耻。武侯居南陽,其志聊爾爾。公威能一郡,士元非百里。公則笑無言,不遇寧守死。無奈龐馬推,姑且管樂比。豈曰知己恩,難者訪賢禮。一洗虚聲辱,幡然不爲己。欲吹西歇炎,力挽東流水。主威移董桃,中壤食螬李。竭服言若兹,鞠躬事則已。思結渭河深,恨逐秋風起。輿人爲悲謳,伯氏痛没齒。晉武求遺裔,劉弘表居止。豈獨異代人,仲達亦嗟唏。

其　三

漢業自桓靈,運長小人否。管寧之遼東,侯印田疇耻。之子亦南遊,歗罷長莞爾。英英豫方牧，階身無百里。元龍固盛推，二虎願同死。片席定大謀，繾綣莫與比。幡然十年心，來疇三晝禮。在田欲及時，輟耕豈以己。出師重於山，刑國平若水。八八軒后陳，三千咎繇李。大器夙既成，清風流不已。前輩共心傾，來者尤興起。知深鮑叔牙，論定習鑿齒。但言名世生，誰覺霸圖止。禮樂未應興，吞魏何足唏。

梅丙戌年。

江春幾夜回，送色上高疊。素築寒先動，輕香暗自催。迎風飛玉遍，灑雪和鹽來。正憶南溪畔，低枝映水開。

寓有盆梅因檢林和靖詩前人以爲絶調睠念故山悵然有作丙戌年。

春風朔地見條梅，夢繞家山白玉堆。背面移松將竹伴，南中少雪有雲來。巖泉片片流香去，谿鳥枝枝踏粉回。漫道此花非隱逸，西湖半畝爲誰開。

舊洞梅株倫所手植愴然傷悼丙戌年。

雨露沾身鹹作潤，風霜落子苦難裁。爲悲聖叟憐苗秀，亦誚荆公擬木摧。樹藝十年何所託，馨香三嗅有餘哀。他時獨撫盤桓處，乾死酸心老茂才。

又口占

歲云秋矣落其實，月不淹兮忽已期。禄閣有文無訂草，鍾山投老得悲詩。夢長的是幽靈接，心折能堪政事遺。後死猶思成子女，何年買畝住清洴。

四弟生日得詩三章贈且期之丁亥年。

愛子窮經久且專，蘭陵心法兩俱全。焚膏繼晷恒終歲，流水循環不記年。曾見東吴顧文學，近惟吴下顧炎武能通十三經大義。人言北海鄭薪傳。宫坊陳介石常戲呼弟康成公。殷勤垂老來相就，夜夜篝燈説二天。

其 二

六藝經秦並失門，就中周禮最崩奔。墜餘文武二三策，賴得康成什一存。行寡更因難讀廢，道亡便以不經論。丁寧此是吾家事，倬彼仙宗弈葉孫。

其 三

子之近壯始昂然，發憤垂帷似老泉。貢舉無私知必世，弟連不得志於有司。丈夫有念靡窮年。後生茂起須家法，我老栖遲望子傳。今夜吟成三闋句，持歸誦與子孫賢。

送友人外艱歸丁亥年。

教子能名世所希，況堪經史道方微。幾年庭訓摳齊受，兩度君恩插翅飛。養志離憂人北闕，傷心長恨草春暉。九京此日應含笑，持慰博博素韠歸。

六叔父至京喜而口占丁亥年。

戎馬當年海國多，霞關贛嶺兩嵯峨。一丸重跰丹心苦，卅載相看雪鬢皤。杜曲幾驚凋耆舊，枌榆幸得久婆娑。竭來矍鑠真堪喜，顧問重勤老伏波。

蘭丁亥年。

楚澤當年九畹滋，修森未比建溪奇。空山行跡幽無侶，長路香風惻不知。一出林來常味減，幾經盆種奈根移。同心何處通言語，折與懷人贈數枝。

送四弟用京江相國原韻丁亥年。

此夕亦何夕，鴈聲驚客坐。長連雲外直，遠點天邊破。兹物知天序，飛止相鳴和。如何一孤翻，云有簡書荷。成業賴不仕，文中子：吾不仕故成業。子無悲坎軻。誰爲脱羈羈，使子寬然卧。徂徠已千株，淇澳餘萬个。昔人猶躊躇，遲迴非我懦。臨岐興遂初，末路思補過。共言且分飛，無令雪羽涴。

疑經世用康節體戊子年。

我觀今古代，治亂何多遷。當其否閉時，乾坤亦慘寒。謂此帝之爲，帝豈若是殘。如曰陰陽運，則帝乃無權。緣此世疑開，天問發其端。揭來狂馳子，瞻仰詬且冤。我言莫詬休，帝仁無間焉。斯實陰陽爲，帝心良憂慇。今我有一説，我説古未言。人事如弈局，天造如弈盤。茍非極其勢，何以解其紛。則知天地心，無異聖與賢。凶吉同憂患，備彼百苦艱。事變盡更閲，天能乃周全。鶩陸有仄坂，泛流有驚瀾。不識篙師意，徒然怨傾翻。未喻開鑿理，嗟此行路難。理持固多術，至義亦密傳。道業相支拄，用待大化還。譬之觀弈者，局盡乃可觀。元會往不返，此理尚未然。

讀坡公朱孝子詩戊子年。

人而無父母，四海無所歸。此心孰不然，此事何其稀。一則久而忘，不爾他而移。貧疾多失養，況乃際流離。歷覽孝子傳，壽昌行可欷。至今優伶輩，能使婦孺悲。摧斷孩提日，稍長走孤羈。卒下烏烏羽，來栖庭樹枝。自古有荼毒，所傷在分飛。不得存亡問，安忍刻木爲。感入三千界，慕伸五十時。百身疇覆載，一念徹皇祇。我讀坡仙贈，似未到精微。徵引區區者，豈有至心祈。諸姑與伯姊，連類抑何訛。世間有此等，須仗少陵詩。

友人讀參同契戊子年。

異迹多推漢，皇家亦已東。修來成九百，悟處得三同。術法參玄秘，聲詩入古桐。談經諸聖後，厠籍列仙中。霄宇驚籬鷃，冰天限夏蟲。由來龍善變，自昔鳳高翀。歷劫帷金在，單傳是火攻。神山青未了，白日去何窮。凝息含元氣，嘘吁滿大風。冥觀禽化水，坐惜鳥貪籠。結志思騎鶴，馳心又送鴻。羡君無退轉，早晚上衡嵩。

清明日周易四勿詩戊子年。

泰陂豐昃，勿恤勿憂。喪茀喪貝，勿逐勿求。无妄之疾，勿藥則瘳。損己益人，勿問其酬。我觀古人，志務自修。禍福不計，何況恩仇。今人之心，利害横流。圖度天命，廣設人謀。有者欲聚，去者欲收。殺人除患，責報無休。概以天道，奚止贅疣。因風益火，畏溺自投。若慮陰雨，無過綢繆。欲禦寒冬，無過添裘。朝暾皎皎，浮霧不留。洩雲濟物，還雨崇丘。凡百君子，玩易於周。補過无咎，心逸日優。

賦得孟夏草木長和諸子厲志之作限韻戊子年。

四月初維夏，松茂薇亦剛。欣欣齊天澤，田野又已蒼。農夫勤服穡，汗下職所當。躚躚媚學徒，念此惻中腸。彼不昏作勞，歲暮將何嘗。而我倦道藝，老大無乃傷。人生中歲後，譬如度秋陽。南晷日以速，西風日以猖。斯時興言邁，景促道路長。及此曜初曦，庭院積餘涼。對時懷壯厲，鍵户探幽藏。逸興縱横飛，今古在一堂。鬼神將來會，千秋惠我光。唐風有遺詩，其無以太康。管子戒懷安，齊姜激謀桑。聖賢不勤止，一念亦作狂。所以騷人悲，撫壯棄芬芳。

端午詠懷用老杜韻戊子年。

廿載長爲客，天涯一病人。東山虚雨屐，南澗逗烟綸。蓄縮平生志，蹉跎聖代臣。流年多感慨，弔古坐酸辛。此日天中節，微雲塞上屯。羲和初正夏，《書》：以正仲夏。日月始交秦。五月辰在鶉首，秦分也。一片三湘浪，千秋二女神。興哀招滯魄，擊鼓動潛鱗。遺事荆巫遠，悲歌郢雪春。誰憐荒國舊，但覺歲華新。紛我南陬士，朝天北闕頻。幾經梅雨染，長訝帝京塵。鼎實慚無素，書空擬與親。徒餘忠作屏，幸有德爲鄰。屢省幽蘭佩，還垂户艾緡。重華今在運，何處整冠巾。

又口占

風雨多佳節，端陽忽似秋。綴窗猶剪紙，趨直正重裘。垂老耽無味，開編贈百憂。静中先子句，寒暑任遷流。寒暑非可意定，故隨時爲静中功夫。此先人四十年前夢中語。

題楊氏園戊子年。

清神瘦骨舊黄堂，累石行泉注曲塘。獨手栽花兼插柳，誰家載酒去尋楊。間辰寸晷真難得，薄暮浮雲又散將。極喜此翁無世法，懽然顛倒忘衣裳。

七夕限韻賦詩次日直中閒坐因鄉賓期届悠然有懷復用前韻兼勖諸子戊子年。

帝門方廣闢，天牖當如攜。將雨動山川，水上無高低。賢聖有側陋，君子固卑棲。獨行道則爾，争先術匪迷。馬骨九方歎，羊皮百里奚。日照無光處，風動不言蹊。中人固脂韋，雄者尚滑稽。碧霄尋枉逕，暮夜躡高梯。一雉豈譽命，十禽自矜嘶。時雨忙春草，長河驚渴鼷。惟有蘭菊心，嘿嘿馥空齋。修身原不援，知命更誰擠。食野相呼去，遷喬自在啼。廟堂佇舟檝，四海望雲霓。愛國精心待，思賢極目睇。道隆應有象，氣感目然齊。昨者初秋節，敲詩至平西。不堪陪坐勸，即事起新題。

長城懷古和友人戊子年。

列垣竟遼洮，屹爲中原衛。昴畢限華夷，招摇轉面背。未封關將丸，常争野人塊。古昔事羈縻，隄防遏其潰。誰爲萬世謀，閭巷自破碎。至今壓連峰，徒有灰石在。後來踵迹者，臨邊亦已再。思古拊髀嗟，懲後刺心悔。德義信千城，尊卑殊外内。跳躑天所驕，瀆亂神斯廢。豈知有道時，干戈長戢載。威武極露寒，聲名窮日戴。塢候鈴柝稀，猛將單車代。繫頸組空煩，稽顙印競佩。即見受降城，延連起耕耒。堙塹歌未休，興亡千百態。三駕域中清，一怒天下對。瀚海即溝渠，趙代安足塞。

題關侯像

青縹多義烈，公聲自悠緬。域外欽英風，何論禹所甸。聿當草昧時，歸依識繫奠。相事王霸圖，力疲龍虎戰。餘焰誰共吹，南陽一巾扇。擘畫規宛洛，隱以上將薦。故委吳魏衝，俾公當一面。渡河計已窮，浮江事中變。敗盟楚甲起，監國殷人畔。怒浪排三湘，悲風彌漢沔。昔在保陽初，關亭伸藻獻。夢公與武侯，再拜容相見。想像季路勇，彷彿覩纓弁。代匱禜雩多，精靈每迭現。豈況五十年，災屯護持遍。以兹念神感，齋心奉繪絢。朔望整冠裾，晨夕禱私願。公其啓我衷，補過消罪譴。

聞家駒多舉者喜而有作且留勉勵戊子年。

八月中秋夢，或餉四鹿來。果然閩書至，群從與計偕。吾宗自明始，經營祖德開。於今正八世，陳仲卜方諧。諸子何爲者，君恩祖澤哉。懸知爾父母，顏充髮變皚。親鄰羊酒賀，告墓闢荒萊。羈宦忽聞此，驚懽腸幾迴。酩酊離披侯，酒力花容衰。所以古人心，惕惕念栽培。我今蒙積厚，無功逼三能。每憶先人苦，宵終明發懷。禄既不逮養，志行日以頹。蓼莪莪蒿感，白華華黍哀。休祐德所承，福基禍之胎。集木未足喻，深淵倚磴苔。諸子亦念此，無爲天棄材。謙使六位吉，孝能百行該。洊年閲人事，榮落風葉催。子今如不畏，天命安可回。歲莫屬當聚，爲爾酌深罍。侑以宛鳩詩，睍睆鳴和喈。

題吳禮科行樂圖戊子年。

我猶及見公朝立，一時器觀盛容威。揣摩利弊善諫草，同官從丐賸膏肥。閩中舉子數百輩，已入文吏四面圍。公朝抗疏陛下聖，捎開羅網各飛飛。逆藩債帥專鹺政，家家淡食瘇而痱。誰能觸踜陳民苦，此事猶得鄉評歸。亂起坐知公不免，公已前期與世違。吾鄉俗化輕先達，公之功德獨嗟唏。況我附葭兼忝識，奬我寸長匡我非。即今逢人多假借，益念古老無脂韋。摭公大節示後嗣，長康小卷爲公揮。

韓文公己丑年。

吾觀近代士，於古務相逾。誦讀兼草草，指摘又已疎。有如唐韓公，鄙爲詞章儒。慠若齊晉大，卑視滕與邾。昔人亦有言，湖海非雙鳧。適此儒先後，孰不摭其餘。況乃嚌咀淺，未能去皮膚。奈何坐自貴，動擬昆侖渠。韓公生是時，胡不一考諸。玄元國之祖，西方代所趨。奮然並斥逐，怵心人鬼無。揚雄似孔子，宋世猶陳鋪。截取自孟氏，無見乃云乎。六朝淫靡甚，樸學不能驅。公與極其藝，然後識典謨。謂公流溺者，亦匪公之痡。尊周如其仁，距墨聖者徒。法施於吾人，索垢曷區區。親見貌位者，不怪舊唐書。張籍但知文，漫以大賢呼。李翺庶高第，開首論楊朱。

農民苦行己丑年。

四民最苦是農家，食無兼設衣無華。遇歉已傷熟亦病，坐視大賈居贏邪。不受公廛佃富室，場登早已來分瓜。天行十八無盈數，私租豈肯毫釐差。朝廷時有蠲優詔，農錢多不上官衙。或逢繇役富者免，追胥仍向農家撾。初春指畝貸升斗，桀强收息數倍賖。年豐未足填責負，仳離荒歲又何嗟。衝炎冒雨敢辭避，但恐乾溢及桑麻。粒食之艱自古志，豳風綴景正而葩。前代賢君識此意，治效輒得史臣誇。聖朝寬恤無虛載，訓辭深厚漢文加。歎息作甘人長苦，殷勤示儉國無奢。欲使大官知穀貴，不矜元老歸禾嘉。周書無逸陳座右，憂思鰥寡至日斜。噫嘻農業爲國本，聖祚應與姬曆遐。

賦得閑宇常自閉沉心何用寫己丑年。

昔尋舊壑去，偶爾爲時舍。居然謂真逸，朝暮雲峰下。翻笑浣溪花，不是知音者。長疑勸駕多，何因招隱寡。未上五湖舟，果秣萬里馬。別洞屢移文，羈棲成久假。豈少近郊坰，無心出遊寫。荏苒龍鍾來，躑躅麋性野。駑足金鞍施，枯栴湛露灑。閉閤非關痾,省愆動盈把。

賦得孟夏草木長遶屋樹扶疎限韻己丑年。

廿載燕師邇帝居,西山遥影擁琴書。青郊露重枝先拂,緑畔烟消草未鋤。長日惟能吁暑暍,流年徒自省空虚。汗濛不是無佳蔭,素食優游愧有餘。

喜仲弟至作又每賡之三首　己丑年。

江漢喧卑難久留,一行作吏豈能由。雖無最課膺徵拜,幸免辜功入例收。回首不貪魚穴美,翻飛恰值塞鴻秋。家駒在側猶堪慰,小宛繁音續未休。

其　二

廿年紫禁此淹留,始信行藏不自由。卻羡埃塵三載後,便將江漢一身收。新詩舊卷抽風晚,雜竹閒花砌露秋。拚得榕村權鎖閉,連牀未覺雨聲休。

其　三

成雲洞裏白雲留,幾度移文蓋有由。木落山空須一掃,梅肥笋嫩未曾收。離魂渺渺終成夢,寒露瀼瀼又洗秋。但得君恩紓倦鳥,行行余季亦來休。

和王姚江火秀官示諸生原韻二首　己丑年。

平旦陟高岡,岡高日又晚。上頂本是真人居,欲趁光陰路彌遠。左右屭迹蒼苔斑,多少先登人非緩。余髮方未燥,即慕夷曲與天泉。夷曲幽幽九折坂,天泉半灑雲外天。泉洞老仙語,朗朗總欺人。原當胎氣未完足,雷霆發亂來驚春。丹成淡泊守規矩,瞥見狎鬣誇龍鱗。我與往還四十歲,回望故山新又新。竈火如銀一片白,案上徒有明窗塵。殊無許多單傳訣,坐知光景萬非真。自從東京入佛後,例倚正議助怪神。先生便是廣成子,安在别人都已死。横將生死作分疏,打斷虚空無乃此。

其　二

宣聖當年尚假年,儒衣千載此真傳。萬形不是周遮遍,太極如何恁地圓。

只可占將後死者，休來突過古人前。操戈同室堪嗟嘆，恨不當身與講筵。

中秋催月己丑年。

微出潮頭影已新，閒庭延望早通神。一年佳賞長如許，此夜清光別有真。蕭颯雨餘堪濯魄，朦朧雲際便翻身。桂花欲伴黄花發，寄語幽宮浄掃塵。

蔡聞之尊人雙壽己丑年。

南浦扶輿浸海波，風流近代發黄何。明季黄石齋、何元子兩先生俱漳浦人。龜山舊得中州派，河南中丞張公講道吾閩，翁從之遊。湖府新增太學科。翁爲羅源教授，張公延入省會書院，俾作師長。更喜熊丸知母教，即今鳳羽已天摩。雙星齊向陽春曜，朋酒賓筵喜氣多。

榕村文集卷三十六

詩　二

翰林陶君尊人七十壽以讀書未能歸迎致京師用伸陔慕二月初吉同人畢集舉觴余亦詩以賀之翁於今未謝應舉也庚寅年。

寒白家聲歲晚收，西江靖節舊風流。學弓今已通金馬，埋劍還能上斗牛。晝錦循陔羈北闕，春花扶板耀皇州。知翁用世心猶健，此日賓筵即壯遊。

二月七日仲弟生辰詩以祝之庚寅年。

回憶髫童纔如昨，相看鬢髮已成蒼。庭羅五子書收拾，腹有三壬禄主張。二月吉初春雨霽，上絚景滿夜光長。髦期潦倒吾諸父，暍日飛鳴繞舊梁。

題汪千陂黄山採藥圖庚寅年。

兹山源流遠，岷峨發崔巍。峽雨通荆樹，江風入嶺梅。山脈自梅嶺而來。迤邐兩都會，又發脈生江、浙。佳氣亦悠哉。旁魄非凡境，草木得未栽。吾友汪君子，告我採藥來。勾吴異代事，彼值殷商衰。吾子生明聖，何病獨徘徊。回首上章歲，春風塔鴈哀。同裯十九人，取次已塵埃。望子大先業，好勇宜取裁。武夷與黄山，仙霞爲之媒。中有聖靈迹，夢寐日幾迴。所願如吾子，至今未得諧。安知不如今，子志亦行灰。壯子出氛意，欲勸又停盃。語默果由人，訪我閬山隈。

王孝子詩并序　庚寅年。

有明中葉，霸州文安縣孝子王原者，父以貧苦避徭役逃家去，遂久不復返。

去時孝子在抱，稍長問母始知之，慟哭求出門迹父所在，母未許也。既受室，即堅辭母行，徒步數萬里，歷十餘年，乞食爲糧，遇神則叩顙哀禱，至於感異夢逢異人，卒得父於僧寺中，如所占兆，遂奉父還家，力耕以養。父子皆眉壽，迄乎孫曾榮貴，至今不絶。前輩多傳其事者，余覽而悲之，爲代孝子詩十數章，以綴本末。又系之以歌，寓一唱三歎之指焉。夫《南陔》、《白華》、《華黍》，有音無辭，然序者以爲皆孝子之詩也。余意必周之盛時，俗化醇茂，有至行著聞而不以文見者，無《蓼義》屺岵之什以抒其哀，而後之人爲之譜其憂思，被於絃管，厚王化之本，彰人倫之勸。蓋余今者之作，亦束晢《補亡》之義，而長歌之篇，則眉山蘇公所以累欷於壽昌也。

哀哀生不辰，幼小失嚴父。嚴父去何之，爲憂猛於虎。

其　二

七歲識人事，慈母告我知。使我痛欲絶，慘裂中腸悲。

其　三

無父吾何怙，從父母誰養。抑哀度日月，不覺年華長。

其　四

弱息可陪姑，孤子當求父。亦有倚門悲，傷心去不顧。

其　五

生當與父返，死當傍魂飛。宇宙雖茫茫，幽明必有歸。

其　六

侵尋遂多年，跰足走萬里。日食仰朝烟，夜宿荒山阯。

其　七

逢神即有禱，遇人但告哀。東入田横島，白浪兀崔嵬。

其　八

清晨感異夢，覺來向人説。老者顧憐余，從頭爲分别。

其　九

莎根本附子，和之苦後甘。應有會合喜，行行且嚮南。

其　十

辛苦至中州，寄食夢覺寺。僧出文安人，爲叙同井誼。

其十一

相問姓名間，父子驚悲倒。兒貌父不記，小字猶分曉。

其十二

父言已絶念，無面返鄉村。牽衣投地哭，哀感動沙門。

其十三

誰言僧無父，殷勤爲我勸。幡然發回心，感彼大悲願。

其十四

抵里叩荆扉，慈母幸猶强。驚子來無死，且得父相將。

其十五

喜極哭復昏，閭里亦横泗。聞説古來人，果然有此事。

其十六

但願大椿茂，歲歲蘐花開。躬耕吾能養，不望檄書來。

右代王孝子詩十六章

文安孝子二百年，弈葉之孫宦中翰。昨夜聞言歎且唏，今朝得閲前人傳。父子誠然是性生，亦緣慈愛日相見。世間孩幼失怙恃，忘情絶憶更無算。孝子心傷無根草，鮮民之生死所願。尋訪一去十年賒，周游何止天下半。自古完名乞與人，必令諸苦皆填遍。天公憐無退轉心，指點路途出夢幻。在昔明初高皇時，給諫侯公救父難。彼父在謫身可踪，難者生死無音唁。中葉風厲道寖衰，莫將行誼當朝薦。事君不求孝子門，使捕魚蝦老葭亂。獨有神明感至德，孫枝茂衍科名洊。我曩承乏撫邦畿，往來洄溯文安淀。鞅掌未暇聽風謡，愧不表彰誠靦面。雖無文采動法宫，長歌庶作薄夫勸。

右贈王孝子歌

壽高翁不危九十翁有弟特聘棄家遠去庚寅年。

綺里采芝逝，東陵但種瓜。高風同百代，語默道未差。徐淮俗化異，奇俠隱音華。笑談海客去，然諾楚人誇。世出世間事，二難并一家。千秋高士傳，雪映黄河沙。即今九十耄，綜理及魚蝦。心知地行僊，翻嫌舉者遐。令威如一返，應識吾道賒。

仲父破賊拔家難於今五十餘年矣欲爲家傳紀其事而未成偶因爲文安孝子詩慨然念先世舊德屬韻述其梗概且寄家後六叔父及弟姪輩庚寅年。

我歲十四五，乙未丙申年。山海正摇蕩，四郊盈氛烟。避地高山頂，巨寇掩其顛。舉家悉纍去，季父亦在焉。父雖脱身走，骨立形僅全。吾祖以憂隕，遺恨子孫還。伯父時遠出，更有官事連。驚聞家喪亂，奔回哭柩前。與父握手泣，何以救髫鬟。我效東漢[1]人，輕身赴其艱。妻兒牽不顧，直入虎狼樊。慷慨陳詞義，賊帥欷歔歎。備禮送之歸，肉骨終未完。至心忘恐怖，危事轉機關。此寇樹本固，擇居巖奥間。三窟安永德，四出延漳泉。分收要地路，高据插天巒。官軍屢失利，爲徒實有繁。自從鼎革來，至是已星環。伯氏召家僕，益之傭與佃。涕泣以情告，甘心願喪元。乘夜劫其巢，巢嶮雨又漫。百人造峰下，廿八爲登先。霧重晨昏晦，泥深漨且顛。既知入死地，大呼撼賊盤。睡夢賊驚起，不能辨衆單。踉蹌填崖谷，妻孥全棄捐。余季來無死，季父得先奪出。諸孤纍猶攣。尚有七八口，被羈在他山。賊氣憤怒甚，逐日戰聲喧。余時在賊中，見之魂魄寒。兵敗便榜撻，刀刃頭上旋。且戰且議贖，又許歸其媛。賊云我無家，不足相準權。無那害氣究，勍寇一朝孱。萬夫當百卒，有似卵投拳。嘗以十九人，父伯同孤墩。千賊凌曉至，勢無復生存。仆旗殺其將，十里窮追奔。此事尤奇異，鄉人到今傳。孟夏迄初秋，小大鬬百番。係囚盡拔出，兇燄一時湔。伯父士之彦，聲藉弟子員。每入文場會，芝草擢枯菅。奮起爲急難，衝髮上儒冠。文武聞天下，諸公瞶有言。學使者孔文在公與僚友書云,李葆甫文事武備見於天下。哀戚患難中,爲詩廢午餐。癯然深墨色,銷盡渥丹顔。一家隸也力,三縣壘無堅。良有神道庇,豈非誠所專。當道斂袵推,功成絶因緣。朅來遊太學,遂去遯家園。别駕拂衣謝,巾車下澤間。書史湛日夜,餘事寄絲絃。我祖當明初,八世祖立功天順朝。好義聞海堧。曾從平江伯,軍功得授官。小子方家居,適值閩沸然。亦以濟王師,黄閣驟超遷。伯也誠高蹈,時論何恝然。奇節未章表,懷之心惓惓。昨者撫京畿,奏事乾清門。乘間陳始末,從容蒙下詢。在原嘉昔日,于野遂聞天。巨牓揮宸翰,深恩賁九原。命遣偏裨送,鄉衆萬聚觀。國編未敢望,家乘庶華爛。沉思孝友後,必有本支賢。我今如不述,蹟久事將湮。況懼流風微,末遠忘根源。薄物多詬誶,觸眼互睊睊。儻憶前人厚,足令鄙夫寬。他日詳紀載,爲詩發其端。

世祖賜柏鄉座主雪江獨釣圖恭題庚寅年。

側聞長老説先皇,館閣臣寮如家常。政職之外通讌笑,有時揮灑翰墨香。吾師丐得當軒蹟,子孫奉之寶金緗。先皇明示絲綸寄,又欲臨淵振天綱。果是兩朝爲舟楫,功成譚笑入滄浪。莫言五相一漁翁,宰相漁翁一概量。鍵户著書五百卷,應與渭水論行藏。盛世君臣饒勝事,尺幅烟波有耿光。

讀漢留侯唐鄴侯傳有序　庚寅年。

留侯、鄴侯,出處語默,大致相似。然自《漢史》則以鬼物爲疑,唐《舊書》遂用詬厲。余觀二子,固非董、葛大醇者比,然所遇亦各不同。方外之託,殆古人隱曲深心,未可據迹議也。

嬴焰烈已極,不獨報韓私。碣石狂風來,九域正離披。二子誠逸民,豈忍坐視之。雲龍三古後,安必虞夏期。相印輕於銖,侯封比丸泥。攘袂扼擊處,即有善刀機。呼噏存亡間,卻似閒點棋。坐呼采芝叟,緩誦種瓜詩。幾回思塞兑,再出整重離。此是賢人心,神仙固詭辭。自從崆峒來,下迄華山希。身授帝者法,不爲帝者羈。是或一道爾,於義不相疵。我論兩先生,如惠復如夷。史遷好奇偉，畫工只毛皮。唐人亦貌取，珊珊骨所嗤。何況東方者，立德不純師。

喜孟秋月有閏庚寅年。

不愛春光豔，惟貪秋景頻。霜華多溉物，月色倍還人。場圃寬收拾，桁楊慢設陳。每年以孟秋奏讞。西成應再熟，京畿各道，秋禾甚茂。巽命洽重申。是歲停刑。魄滿增他夜，宵中正兩辰。山花迷曆日，黃菊破枝新。

送張景峰司寇歸韓城庚寅年。

鎖院藹沉沉，偕公事撿校。群英發春暉，孤潔懸秋曜。閒夢到幽蹊，千花向我笑。中有十丈紅，知公爲領袖。病夫何碌碌，承風採餘俏。旋膺北斗司，其奉明離詔。職掌同奔波，西園一般頫。如何便歸飛，告我家山妙。淇澳萬蕭森，嶧陽兩修峭。洵訏樂丘林，無競報廊廟。司敗一片心，東皇萬里照。惟有青門人，含情酒不醮。早晚踰梁山，陰陽遲爾調。

讀明季魏孝子學洢贈鹿太公百韻詩摘四十韻庚寅年。

明衰當晚造，時事沸於湯。亂象成郊野，深根起廟廊。蠅營渝白黑，龍戰混玄黃。占得守宮兆，星搖宦者芒。晉君迷二豎，秦國棄三良。處士摧東漢，清流湛末唐。祖宗優積累，節義滚成行。慘裂聞周魏，彫殘繼左楊。即家誅宿舊，提逮出軍廂。孝子紛營護，忠臣自慨慷。緹縈誠可憫，張儉豈曾藏。烈烈名家子，哀哀岐路傍。上書嗟聽遠，避迹畏聲揚。投命明知德，抽肝發頌章。閒情皆懇款，苦調反鏗鏘。猶切完巢望，終罹滅性殃。詩辭盈百韻，才藻歎兼長。宜作時之瑞，如何遇不祥。瓊英灰烈焰，碧蕙殄秋瀼。漫説身無就，吾云行已芳。不亡是聃壽，何處論彭殤。鹿氏傳忠孝，燕臺擅族望。直辭批衮闕，偉績佐巖疆。子也遑將父，翁言但死王。太公故韋素，義問滿衣裳。交盡南州彦，亭齊北海香。奉常怡暮景，閣老事高陽。雨化江村席，風移易水鄉。承顏伸稚慕，蒿目激中腸。他日孤城碎，空身白刃當。賢郎哀毁甚，魏子後先相。始悟玆亭闢，無心海内飅。平生多與許,變故忍忘將。直爲憂同病,非因救有喪。草枯憐臭味,狐死痛悲傷。任俠寧堪儗,求仁庶可方。山戎表孤竹,昌國剩汶篁。臣子垂千祀,幽燕有耿光。斯人良繼躅,況我舊乘障。感彼蓼莪什,賡歌爲變商。

中秋喜月庚寅年。

昔年拊王甸,所蘄風雨和。每逢節序日,瑣屑問謡歌。三五殷秋仲,來歲占麥禾。往往深夜望,白露濕衣多。責重信神理,不謂民言訛。今夕復中秋,孤曜奪星河。游絲渾不掛,緑净一天波。是日巽音下,恩施沸滂沱。海郡直乾卦,千家槁上科。轉米三十萬,帥府爲聯舸。兹事漢來無,禹稷或經過。喜氣排新霜,豈爲枌榆頗。即見三登治,吾老卧丘阿。

李巨來母吴氏六十庚寅年。

草廬舊望在江洲②,婕妤曹家世業修。永夜燈光兼紡讀,由來壼教即箕裘。斑衣線迹春暉滿,彩軸綸音歲晚收。好把蘐花高樹背,明年甲子又從頭。

擬古詩十九首　庚寅年。

蘇子卿懷李陵

熒熒陌上花,經霜著根蒂。人生義與恩,蠻貊不可棄。蓬轉入邊沙,所分長委翳。回飈忽天來,吹我上雲際。故友盈觴酒,殷勤爲我置。短舞復哀歌,淚下霑襟袂。嗟子慕奇勳,終怵神明忌。自非上聖人,達節安得冀。

武侯躬耕言志

我生逢離亂,避世來南州。四體聊且勤,正爲衣食謀。中原戎馬暗,微管何時休。天王狩洛許,厥咎在諸侯。耕夫亦何冀,場功歲晚收。稂莠紛不薅,誰謂我無憂。

又續梁父吟

我昔瑯琊日,行吟悲晏子。今此輟耕來,居然寄百里。歲歲欲東征,苦無精鋭士。先生相齊國,一日遂忍此。晉楚方彊大,時欲疆我鄙。民感區豆恩,争爲陳常死。公室正睽孤,漫言以禮己。

陶靖節懷古

五世生韓家,秩比趙魏老。一朝西風動,武穆枝葉掃。邘、晉、應、韓,武之穆也。張子亦何歸,避迹甘枯槁。不待擁立時,預識商山皓。偶乘少年氣,平沙奮一搗。意外逢真人,因緣攄素抱。時會非邂逅,辟穀良須早。

張曲江歸韶州

海嶠摶飛來,科名慙我設。曲江中道侔伊吕科。既乏匡時資,寧敢忘歸潔。皇路雖清夷,吾道每弭節。黨人樂已婾,衆女曼相説。鄙夫抱狷介,生還固無缺。翻思忤王鳳,又曾識石羯。余身豈憚殃,誠懼駭機發。贈汝繞朝鞭,恃有祖宗烈。

杜工部居夔

文翁既已去,相如病奈何。溯游夔子國,坐望巫山阿。襄王名跡卑,先主顧命多。古編增感慨,近事日蹉跎。蜀嶂有洩雲,蜀江能興波。飄零乃如此,卒歲但浩歌。

又聞郭令公退回鶻

我有八哀詩,昔爲寵亡族。郭公方朝宁,未敢入題目。曩者二京淪,收功兩年速。掉臂行艱危,無心避螫毒。顛沛義益明,晚節誠尤篤。片言拜花勢,杯酒卧廬幄。宗衮伏忠信,王路濟傾覆。名配尚父尊,兆叶大人卜。庶幾叙西戎,從此靖荒服。詩史病江干,無才頌方叔。

韓司馬從軍

宣王既平淮,桓公亦侵蔡。苟非以兵車,到今民何賴。列朝姑息恩,逹官老成態。書生憤欲絶,儒纓擬將壞。但令渠魁殲,不望通侯拜。

又撫山東過華山

我昔登華巔,慟哭憂墜死。今來諭强藩,日行四百里。引分有重輕,匪我前怯耳。孝子不登高,臨陣無退靡。

柳子厚與劉禹錫論詩

退之文最奇,往往似周漢。能爲揚雄拗,卻効孟軻串。詩亦大破時,自言格一變。天秀綴枝柯,所恨放直幹。古人不相師,終然存體段。

又柬韓退之

少小不自量,失身誠有之。雖然愆過重,終與仁義期。夷吾從子糾,仲由比季斯。亦云行吾誼,遂貽君子嗤。魑魅爲人禦,鬼神諒我知。願言出三物,釋此同道疑。

種明逸見希夷

我志薄時尚,簪組非所求。遯迹華山下,養親具薪羞。側聞山間人,綺季乃其儔。聖祖混中原,抗不事王侯。乾坤理一貫,水火道雙修。長夢周海嶽,回來飲寒流。顧視五代亂,升沉擬蜉游。真龍既受命,一笑萬事休。松風正屑屑,山路轉悠悠。雖無雲霞姿,結願在滄州。

范文正登第後

韓子虀鹽飯,我乃親嘗之。讀書得一第,穆然更憂思。宋承五代敝,馮道老韋脂。士習今未振,致主當何時。翩翩鴻漸羽,所貴樹之儀。絳灌雖重厚,坐使賈生悲。

王荆公與曾子固論文

歐公文之彥,懇欵自紆徐。近出縱横家,源流取張蘇。懸知百年後,靡然皆步趨。尚存古人體,惟我與爾夫。柳韓未足爲,何況漱其餘。勖哉曾夫子,共味六經腴。

又鍾山書懷

夙有家食尚,中路聖明偶。俄然忘薄劣,欲以瓦納牖。宣尼衰無夢,姬公去我久。儒生何不量,虛己良已厚。狂瀾方滔滔,豈易挽之走。但知霜雪嚴,誰待陽春後。望誠負蒼生,怨乃及朋友。投迹鍾山下,日夜訟愆咎。雅衰四裔侵,俗敝人鮮飽。器窳蠹莫知,瓶存綆已朽。民訖是多盤,孰言革三就。我憶白露詩,願將周禮救。同裯不我察,棄我如敝帚。鑠盡固是金,所哀樹百畮。寄語爾新昏,無易發吾笱。

蘇長公贈劉器之

退之在潮陽,不覺大顛下。云能外形骸,衣服爲之卸。況我同道人,意氣相凌駕。及此共遷流,鐵石乃君亞。海外乏友生,傾心向日夜。謂我浮華芟,無亦虛假借。

朱奉使還朝

燕山十六年,不料復生回。悠悠涉淮泗,西郊已漸開。休兵雖可喜,誰言兩莫猜。憶在彼中時,賓禮數日陪。密問何音耗,新自順昌來。仇讐不足雪,蠡種安在哉。不望麒麟閣,願參御史臺。歷歷述所見,仁聖豈無哀。深恐和戎人,未是魏子才。歸心何鬱紆,歸步正俳佪。

岳倦翁謝改國史

先臣誠好勇,殉國昧知幾。匡復親承詔,精忠獨建旂。雖張難與並,自檜更何譏。異慘當朝泣,深冤列聖唏。九原紆勃鬱,五嶺返羈鞿。日歷澌虛影,春秋炳白暉。名存身不死,功隳節還巍。煢孑安能報,中興仰帝畿。

真西山謁建陽祠

生于夫子鄉,髫齡未負篋。幸此崑崙渠,爛熳山溪浹。孟氏計所生,相望猶幾葉。今我拜幽宮,高第響然接。既茹瓊玉英,花露豈足獵。同里兩文公,楊億亦謚文公,浦城人。吾將安卒業。

春日西郊泛舟辛卯年。

田生非田家,諸父皆嗜儒。買舟具殽核,邀我泛清渠。玆塗日所經,車馬但喘吁。風埃洛城外,何曾省鑑湖。是日天濃黝,餘寒頗蕭疎。愛似南溪水,晶瑩照髮膚。含恩魚在藻,捕魚有禁。應候柳依蒲。太液通西岫,深溝寫平蕪。扁舟思夷曲,錦纜憶姑蘇。尋花升遠岸,行藥到浮圖。諸子雜逸興,老者忘病軀。及辰修禊事,翼日恰爲清明之巳。歸路滿風雩。薄晚風勁。連年看夏苟,春朝此遊孤。長望山之阿,所思天一隅。信美非泉壑,聊樂出闉都。主人善醉客,懽言日未晡。

怡園雅集排字辛卯年。

晨起嘗銜餐，折柬謝文翰。徂歲易新姿，舉風破舊院。朝岑景已迷，夕峰根未斷。午氣納寒輕，疲身獲欹徧。繁陰谿香開，茂密鳥啼亂。句律欣共搜，心迹憐全判。德音抵蘭芬，低回極歡翫。

送唐次衣歸省壬辰年。

緑浪漾麥華，之子循陔去。白頭望斑衣，應倚庭前樹。巧匠忽袖手，遺誰實館署。俗下但奔波，豈憶南山霧。此行盛所業，來只光文部。況是古人心，不以三公顧。柳雨湖邊舟，花風壖上路。無窮惜别意，轉作羈人慕。投老負君親，素食已孤露。慰薦賴友朋，栖遲付良晤。愁人兮奈何，風萍偶離聚。邀恩抵故丘，去來幸一遇。事業富後生，鼎鼎方未暮。振刷步清夷，甘使流年誤。吾歸山之阿，寓我以佳句。

壽梅定九先生八十壬辰年。

去聖三千遠，六藝日以湮。專家多墜緒，絶學少傳人。往往振奇者，紛綸失道真。坐令殘陋輩，嗤斥謬云云。我識梅先生，倏逾二十春。始見浩然博，繼飲薰然醇。扣其生平書，累世莫問津。秉鉞在邦畿，館置城之闉。後生頗知問，我老又誰陳。獨念千秋業，名山猶可分。誰能師老聃，存之俟子雲。金薤一毫芒，梨棗已繽紛。寶氣驚星斗，天上動至尊。連日乘仙槎，輝光薄紫宸。授官臣已老，賜牓顔其門。别來又七載，音素常諄諄。蠅頭滿長幅，龍馬想精神。堯夫室一堵，欲學范希文。衣冠鮮此志，無力故足珍。借問今何其，丹書出渭濱。道術混默語，古節高賤貧。有孫能傳業，文質已彬彬。況是連牀話，歲歲雨風辰。當朝盛制作，官曲一齊論。吾知先生壽，有如川方臻。上之偕五更，饋酳爲國賓。就其老巖藪，户外屨亦屯。惟恨千里隔，無因奉酒樽。春風九十度，祝哽及兹晨。姑蘇佳麗地，杖屨每逡巡。頗訂明年諾，相遇菊花新。

題成絅齋所居畫圖壬辰年。

城南有風榭，煩暑每來洗。草樹暗生秋，蒹葭明寒泚。静者厭卑喧，蓬居乃鄰此。繪事寫幽襟，歌篇勸逸耳。子佩十年初，鄉賓他日始。名穫渾無心，學荒矻有耻。悠然思溯洄，何人秉周禮。

題高氏望親廬壬辰年。

子房負奇氣，此地遇石公。君親事既畢，然後從赤松。高士諸生雋，幼慕出樊籠。顧瞻乏嗣息，嚴君壽未終。適館授荒餐，卧不設苴茸。云有萬里游，欲令狎瀧涑。夜視蝨如車，拔髮串蟣蟲。親喪婦已産，一暮若騰空。孝子哀求索，歲行又閼逢。君留有誓言，吾去不可踪。其兄今大耄，儒俠淮泗東。君理猶應存，遨嬉八紘中。以兹孝子思，爲作望親宫。屬我紀其事，高揭碑之豐。我本塵土士，素論薄崆峒。嘉君無弱節，足以厲卑風。天上有神仙，不離孝與忠。聞者休詫驚，爲爾話參同。

劉西谷館丈宿負詩名罷官乃益攻苦遂造古人妙處方期鼓吹大雅奄疾不淑同道歎傷余久瘍病喪不親唁追作挽詩寓爲盛世惜才之意壬辰年。

棼棼植春卉，幾人穫其畬。非啓山川閟，終當塵霧遮。劉子雍州雋，早乘鳳池槎。秦風古悍勁，濟之以柔嘉。名聲久藉藉，而我日星車。未能發篋笥，已向傍人誇。會建行臺節，來觀析木鹺。迎我西沽西，水灩漾日花。職事甞何遽，文章厲益加。何殊永柳者，芝菌擢寒葩。近日數王陳，館閣鬬詩衙。君材尤茂出，清泚露文砂。二公相繼老，代匱有絲麻。聖世誰潤色，朝著佇朝緺。歲内隕三星，兹行豈龍蛇。風騷齊委翳，人物發深嗟。孤旐幽都暮，荒車崤嶺斜。玉樓知何處，詞會失專家。北地才難久，西鄰文喪耶。不鄙謂余老，披心共酒茶。百韻篇在手，寶之瓊瑶華。君没我方病，大招無挽些。書此寄吹篪，白露正萋葭。

寄六叔父有序　壬辰年。

六叔父七十壽辰，擬爲詩文以祝，職鞅鹿鹿，三年而未就。今朝援筆，聊爾成章，仍是叙述艱難，非祝耋體也。雖然，言於尊親者無文，而叔父至性奇節，所以取勳名、延福壽，在吾宗則宜有後於魯者，其大致曷以加兹。既用奉寄，又將廣徵能言者詞韻，彙成册頁，俟他日納致尊前，貽示子孫有孝友天植者，尚得以論其世也。

叔父少奇俶，善悟不耽書。稍長從所好，高下遂鳥魚。適值閩中亂，奴隸亦節符。叔以俊傑名，儕輩盡招呼。吾叔莞然笑，云我病在軀。坐視群兒戲，三歲集于枯。我時一丸蠟，無路至幽都。上懼驚長老，下畏洩童雛。向叔咨度之，答言忠必輸。汝迹不應露，吾艱敢避乎。再遣未能達，身送我僕痡。夜走連城險，直上贛關孤。拜表西江介，取道鄱陽湖。歸來成血胝，半載卧呻吁。王旅既南下，及我共憂虞。排浪扼鯨蛟，依山搏虎貙。團鄉勞子泰，哭庭劇申胥。中丞阻白鴿，將軍滯石珠。支橋通鳥道，枕席過師徒。代我控辭章，遂上機密疏。元凱權爲將，班超便棄儒。西邵東渡海，專閫衡山隅。雅歌長游詠，輕裘獨曳婁。非久丐身去，不與詿誤俱。忠智哉吾叔，章逢孰有逾。收踪從松石，浪迹恣枌榆。書畫已工絶，晚更事鉛朱。經義數十篇，風格變唐瞿。以兹課孫子，騰達有三姝。幼學尚多輩，飛鳴竚後圖。前歲吾面聖，顧問尚憶初。人生終始節，完全世所無。少小同災患，相將兩素鬚[3]。白楊傷滿望，寒柏只孤株。魂夢歸杖几，嬉遨[4]想巷衢。瞻依應有日，預此寄區區。

壽蔣子遵母五十壬辰年。

吾友何屺瞻，設教姑蘇城。其徒八九輩，盡爲天下英。或能熟紀載，或能妙唱賡。晚更撥其華，驅之以窮經。柳州有家法，韓門互自名。擁比渾無迹，曳笏何須驚。就中制藝者，直蹂王錢庭。曰金又曰蔣，舉德如輶輕。古人亦今爾，何以學易成。外則功師長，内則恩父兄。蔣生有賢父，厚教薄經營。既知所日嚴，因識誰寧馨。孰言芝無根，醴水源自清。橫塞他日事，即此爲親榮。今朝北堂舞，下奏南陔笙。百歲兹方半，正似月絙平。我歌致所望，不復作聲鏗。

題汪荇洲館丈把犁圖壬辰年。

贊颺魯齋賢，昔有王磐者。便章政事堂，躬耕懷孟野。此是一絡事，如何知者寡。遮莫下[5]畦荒，塵埃紫陌馬。嗚呼！乘馬騎牛會有時，君今此志尚愆期。阿昆暍日采藥去，黄山移文未許歸。白髮青簑春雨外，一幅長康爲我揮。

夜坐不眠念修宗禮述志壬辰年。

我先君子，天常性生。篤厚源本，推溯宗祊。衰俗之中，心焉禮經。　我祖之終，其目猶視。祝之不靈，先君乃誓。立廟修墳，怡然而閉。　兵燹之後，祠燬墳荒。所以我祖，念之不忘。先君誓止，永言皇皇。　皇皇多年，其志乃就。頹址桷新，堙丘松茂。割田立守，蒸嘗是侑。　乙巳元日，聚族於斯。肇行一獻，咨度禮儀。于今四紀，姓戚循之。　宗子法廢，愛羊存朔。值年均勞，奠獻以爵。三人居中，跪聞嘏祝。　爲此禮者，非曰貴貴。載稽古義，無禄不祭。左宗右直，以昭穆位。余家主祭三人，有爵者居中，左宗子，右直年。蓋有爵則得以其禄祭，宗子以存古，直年以均勞也。其序立則以昭穆尊卑爲前却，若宗子貴而又直年，則主祭只用一位。　大宗之祭，長至春元。始祖先祖，論取伊川。尚有春秋，沿舊以禋。有明時，宗中先達率於大宗祠祭春秋，先君增以長至、元旦，實與伊川論合。然春秋如舊有，其舉之未敢廢也。　此外小宗，各遵其格。法得立廟，自厚於昵。五世則遷，自統於嫡。今達官封贈及高、曾，則法得立四親之廟。然五世之中，須以達者之宗子宗孫主祭，雖旁支又有貴顯，自復立廟爲宗則可，不得於小宗廟主祭。蓋先者之澤未斬也，與大宗之禮不同。　大體既具，細文未修。凡我後人，置此悠悠。羈宦於外，有軫心憂。　老負國恩，宜禮而退。服古於家，庶啓來裔。鄉鄰慕者，兼此講肄。　祭禮之外，謹始慎終。冠昏喪紀，弔問吉凶。有殷無替，民德斯隆。　文省情多，費薄意厚。雖貧可申，雖愚可究。減積周郁，忠質爲右。　徇俗既非，返古尤難。事不駭衆，義則稱先。厥維艱哉，損益之間。　有弟勤經，能誦三禮。我將即之，討定大指。述作宗規，以諗我里。

【校記】

①“東漢”：道光本作“東海”。

②“江洲”：道光本作“江州”。

③“髯”：道光本作“鬒”。

④“遨”：道光本作“遊”。

⑤“下”：道光本作“夏”。

榕村文集卷三十七

詩　三

御書篤志經學額賜韓學士菼恭紀

六籍如列曜,迭出經上古。暨周始會元,珠璧聯一縷。漢氏燔灰餘,殷勤賴綱取。文章最深厚,至今不敢侶。貞觀盛疏義,詳密理訓詁。鬱爲經術文,元和差可幾。宋德隆嘉祐,尊經自廟宁。自時六百年,斯文得統緒。聖代復皇初,四術崇規矩。不有國元龜,誰校觀白虎。學士南州來,宸眷久所佇。平生焉不學,經義其垣堵。采擷極菁英,涵釀并苴茹。根華共一貫,軒豁略門户。再召清夜勤,三接晝日舉。一朝下天章,巨額忽開宇。蟠拏蛟螭翔,騰擲鳳鳥跗。寓此優儒意,因之播鐸鼓。舊簡龍頭重,十載吴江雨。美節何高清,深恩即酬補。帝睠翰林枝,儀以凌霄羽。還代夔龍司,是冬正偃武。奪席與賜金,褒勉未榮汝。藉爾文道行,始信經學努。皇言孰改評,朝賦漫自譜。況復采巴歌,誰能托不腐。

反鮑明遠放歌行

天物天用之,委意孰爲非。冥冥良足慕,未必如我懷。越絶烟霞外,山川翠練開。龍目生花細,魚須拂水來。飛飛春海燕,渺渺銜泥埃。繡户知已入,忽與時令歸。豫章在南山,度者云可材。幽幽盤壑底,而無棟樑猜。棲遲何以晏,三逕生荒萊。豈乃昇金掌,更欲表雲臺。無心作解難,順命且淹迴。

榕村初構二十韻二首。

歲星初伐國,月令未攻鮫。弱水封三溢,烽烟直四郊。田横客已附,公旦誥徒聱。萬里狐狸穴，誰家燕雀巢。風颸傳鼓角，驛路滿弓弰。意興無斷絶，高深窮突坳。一枝營未足，陋巷網堪捎。所遇識之表，聊爲來者髇。中峰氣特異，遥海色相包。迴澗盤窪頂，淺茸鶱小麃。僊人驅石砌，神女插幽苞。披莽佳將盡，誅茅跡尚膠。衡門甓啜菽，世室及吹鐃。曲澮通漪沚，連榕起密梢。阮公田惠與，宅相築渾殽。夜魄疎猶透，春流攪復淆。輕芬淡遠麝，微籟咽清筊。絶嶂孤雲迥，三村細鳥嘲。時從長者飲，或與狂失呶。弭節紛華路，放心汗漫交。

其　二

石塘當曲水，異産聞濺鮫。宿昔耽幽徑，終身戀近郊。迴流清且淺，盤幹老而聱。屈折通疎岸，繁陰芘一巢。傾羲漏百線，缺魄懸孤弰。聚石開洲渚，因坰出突坳。雨過潤欲滴，烟宿翠堪捎。静夜潺聞瑟，颸風厲發髇。畦分楚國佩，國雜揚州包。坐蔭人親鳥，伏茸犬似麃。假山穿竇細，直角插篘苞。菡萏香分醞，麗支膩北膠。風流魯木鐸，感遇漢金鐃。歌罷皓衣裔，暝還黑樹梢。蔽虧寒暑變，激射雨晴殽。源徹思何慮，塵同跡又淆。冥心入遠羽，條歖起清筊。守拙天應允，長疎人未嘲。春連雙影動，農逐一聲呶。寄語市朝客，息機巖岫交。

思哉席上即事

繁條結緒風，新軒每遊矚。陰晴生變態，萬象起亭毒。之子盡素心，寤懷矢相告。雨氣傍暮多，盛歊欲起粟。主人岸西偏，晒網晨來屬。同調騁幽思，詠言導所欲。君有五色絲，我是桑下蠋。六宫品玄黄，無乃譏同浴。翩翩何與楊，齊心解朱襮。孫陳角嶄然，誰令久横牿[①]。史兄廿年交，古色紛歷録。詩滿老杜胸，杖護新葵足。夷險頗中更，今日興還續。兀兀喜呼觴，碌碌但攻玉。坐側衛侯弁，酣掀武帝幞。吟苦入枝梢，步閒觀畚挶。微飂動清陰，幽漪灑煩溽。欲借魯陽戈，西崦弭羲旭。鎮日浩忘歸，勿受茶然趣。方今聲利心，摇摇亂風纛。鶱黰侈登龍，儆光羨籠鵠。我與二三子，願言超季俗。一慕羲農真，洗卻衰周縟。況此静鳴吠，並食帝恩沃。我輩殊潛見，清修同所勖。未妨大雅編，留作聖唐曲。自從鼻疾除，疑有獿斤斵。荷麗日飄香，莫厭荒瓢緑。

待　月

茂樹晚忘歸,高梢爛碧緋。詩成前夕話,吟向今宵暉。嫋嫋起風葉,遲遲清炎威。東方渾未素,雲露已霑衣。

榕二首。

南方有佳木,冬夏常青青。脂可雜金碧,文能擬畫屏。幽根依澗壑,長幹老郊坰。意色今如此,中應藏百靈。

其　二

獨有榕村榕,低垂前古風。孤根吹不斷,一水渡還通。偃蹴人何意,傾危神者功。每須風雨會,流韻滿谿中。

又排字

濃綠嚥庭户,繁梢浸水天。眼看搖落盡,好似青陽偏。蘭浦伴芳草,清秋急斷蟬。滄洲長結蔭,吟咏有孤篇。

搆榕村草堂用王介甫招約之職方韻

吾甥孫氏子,小城阡之曲。門外一横塘,鄰頭幾竿竹。村外烟火深,路口麗荷馥。卧雲古樹黝,遮雨春疇緑。維時四郊閉,吾壘於焉築。閒情滿驚栖,幽心寄游目。有榕摧著地,旋生非一木。分枝鳥已猜,問根人未熟。雙橋曾涉川,合幹擬支屋。我行蔭煩暑,或來憩嚻黷。仰聽高翼喧,下俯微鱗逐。惜哉羈代網,不得騖孤躅。風埃汔少霽,王路趨何夙。犬馬戀恩長,禽烏愛日速。版輿三逕花,飛帆六月舳。甲子竟妖星,枌榆吾已足。逮此荒十畝,居然灑清瀆。臺漏萬翠金,池擢千紫玉。疎雨移時聞,西曦亭午縮。覆苑擷山阿,穿源下淇澳。畦中無數藥,雜以伊何蔌。地湧九仞蔽,天虛十里矚。勝踐光行葦,寬腸懿苜蓿。蜩分葉露餐,黽共蘭膏讀。罨靄正望山,陰晴時候谷。結者度外交,來此園中續。

佳賓不須筮，良夜惟所卜。洛下多雪肩，東山富絲肉。背樹真悠哉，傾葵尚跼促。方今盛棟樑，暫委檀下穀。

賦得雨水夾明鏡雙橋落彩虹

一村烟色泉溶溶，亦有前人得句同。夾水對開幽事滿，雙姿枯老踏花通。鷗心渺渺虛圓外，鶴羽翩翩錦畫中。此地更令詩點綴，吟成月上四山空。

賦得人烟寒橘柚秋色老梧桐二首。

對坐新花池，縣憂淡遠思。桐心虛易感，柑美氣何遲。遣興空昏暮，招朋拙鬬詩。盈盈一水外，吟罷隴西辭。

其二

林中通勝事，晨夕泛秋光。老色人先賦，菁姿句入唐。凝香迷月桂，結子亂金剛。更有幽蘭滿，霜輝倍鬱蒼。

題魁星畫像

孰始爲圖畫，遂流遍九州。嶄然人見角，高作天之喉。彩筆生春夢，寒花占上頭。清宵陪短檠，坐佇唱雞籌。

酬泰山和尚見寄

冉冉今秋又送將，山僧贈我意何長。幾番局爲貪機誤，千古人纔著手忙。僧書中以弈爲喻。報德三生終罔極，行年四十已非强。西崗來抵移文久，夢繞仙鋪澗底菖。

送施少保南征

七載經營後，帝心厪八荒。南車周譯至，樓櫓漢威翔。況是門庭寇，詎容卧榻旁。臨軒思宿舊，高宴陪明光。服遠知無戰，安瀾更不揚。丈夫懷報德，豈獨眷維桑。

諸葛武侯排字

蛙聲居漢路，朱歷久曛黄。割踞三分會，玉葉亦飛揚。奇才晚草廬，英心乃自藏。抱吟遥所託，孤嘯悲榮光。孰令辭高卧，卻教勒斜陽。瀟洒昏塵際，綰巾傲豪强。秦隴奚難收，回瀾且一方。秋風渺魂魄，排淚計株桑。關河陳復非，萬年感以傷。片言誠拜獻，後世幾西梁。

諸葛武侯步王荆國韻

後人於古老，易地遂雌黄。炎季忠武侯，論者每推揚。嗚呼公不作，千載無行藏。受託白帝城，東征斧鉞光。區區控三巴，步卒馳咸陽。仲達四十萬，鼠匿畏其强。尅日還舊都，流星没西方。以死殉先帝，咬咬慘黄桑。我讀公遺文，胸臆填悲傷。惜哉漢業傾，虚有大厦梁。

張留侯步王荆國韻排字

發憤驚萬乘，低心捧素編。寂寞五君恩，泣涕當流連。邂逅識真帝，去留每閒閒。傾危在倉卒，應之何其寬。漢庭茅社開，託疾駐頹年。寄言圯下人，相需穀城邊。一起來采芝，手正重罹懸。出處有深意，愚者以爲僊。區區形貌閒，世多司馬遷。

嚴子陵排字

漢家弘濟艱難時，渺渺鴻飛有所思。舊學未煩明主戀，幽懷已結滄洲期。空臺漠漠江初冷，驛路蒼蒼客尋奇。今古低回籠鳥恨，别來斷壁傲秋危。

陳希夷二首。

玄理浩難尋，大象藏於密。夫子洞幽微，千載無與匹。其殆羲農在，或疑端周逸。鳳詔枉然來，鶴馭安且佶。皇世廣成生，代衰老子出。明滅三墳道，賢者識其軼。又如殷父師，圖疇紛有秩。周邵得諸人，前乃無旁弼。瀰淼浙西崑，紛華沿素質。先生卧未醒，白雲滿空室。

其　二

先生生唐末，早結桂華根。一自九州亂，逃人抱其醇。易道通消息，丹經浄魄魂。虚聲紛以謝，林壑浩埋真。拂枕長高卧，鳥鳴山花然。浮遊淩四海，所邀皆散仙。老爲清時出，心戀舊谿寒。爐火飛洞室，天風野鶴翻。傳及李之才，千秋起百原。白雲滿西谷，紫氣連函關。

新搆小亭排字

凭流倚築俯新谿，落照移陰壓短籬。最是林泉無待買，近多詩酒頗曾癡。蕭疎殘魄嘌蘋草，澒洞冥霖度野池。拂席攤書還暮眺，浄瀾平浸數峰低。

榕

十畝之間，有榕三根。三根惟一，其植則分。根不摧兮，何以三植。枝不根兮，何以絛肆。彼風能摧，彼枝能根。摧者其天，根者其人。既根在人，摧亦天意。欲令遠揚，十畝陰翳。

泰山新泉和韻

泰山天下望，峰有號金泉。觸石立成潤，登封此告虔。胡兹崇頂秀，襲彼舊名鮮。卓錫栖靈異，拈枝灑鬱煎。歲奔祈望者，昔著法師賢。一自上人至，再聞絶響涓。孤絲雲獨往，一片心相牽。解帶寒家舊，回頭滄海田。風雨將懼恐，夷險幾瀾湍。人道僧鄰俗，我言師不顛。蒼蒼南嶺下，藹藹長林邊。羈束每塵頓，馳依在蔚芊。何期行跡枉，告語新泉濺。涴土印須友，干霄自詠言。源因斷復出，點便石如硃。多是名山秘，今流法水湲。勞歌吾把卷，同調那安絃。歷落長幽侶，優游可忘年。酌甘蒼蘚壁，采苦白雲天。何用里兒喜，於焉故我全。吾懷云爾已，師意將無然。尹邑旱望久，清渠聊可傳。

御製孔庭檜賦恭紀用韓昌黎太清宫韻

聞出聖人手，今存夫子家。三千天上種，五百道之華。荒蹟披圖遠，孤根閲歲賒。神明依檻宇，風雨護龍蛇。季葉呈苞早，傳崇禎十六年，手植檜生枝葉。肇基降命遐。相傳關代運，歷古不參差。質與真容舊，氣隨王澤芽。我皇來釋菜，睿藻賁枯葩。幽興道心合，新篇都下譁。金鐃泮水奏，鼉鼓辟雍撾。南國棠猶惜，西州柏已嘉。人湮物乃貴，天敝教無涯。健筆蛟紛拏，貞珉玉絶瑕。音看精一衍，世即五三加。岱色增靈異，奎分焕彩霞。小臣睽隸御，三喟起咨嗟。

壽舊館毛念益八十

十七年前三衢道，我始逢君君已老。今日歸途又過君，開屏授几稱大耄。此地來自五嶺間，豈有異術駐朱顏。從戎暗指盧龍塞，王師徑度仙霞關。多君義俠酌君斗，霜風未厭茱萸酒。生逢聖明已倦飛，何似世出世間苦此叟。

讀　書

吾衰兼劇疾，讀書始知味。景迫身未休，又苦無專志。瞥若桃花源，雲霞一夜醉。堂室終自扃，大截何由嚌。昔哲有師承，空山十年閉。動静相乳入，點點著心地。

七夕督學政至通州

連旬傾暑雨，天意誠若何。北地惟愁旱，傳聞不厭多。傷哉漳滏濆，頻歲沈驚波。高土猶自可，下游勢則那。我來坐深院，雨脚亂如麻。文場時滿屐，絳帟手可挼。中宵七夕響，星漢漫平沙。云何禆野事，祲精爲擊摩。芃芃苗黍外，庶以育菁莪。雲霖道苦遠，心跡只藤蘿。

校士上谷將之永平

神京西出右扶風，控帶邦畿第一同。勝蹟徒餘今易水，英聲漸近古山戎。

杏花開處迎長路，棗葉香時静閟宫。自是虚缾畏罍滿，他時安敢望文翁。

和魏蔚州題俗傳吴道子寺壁畫水

蔚州先生忘年友，去我幽藏十載久。傳聞古壁餘波濤，我信先生紀其後。山河已改關城頹，豈有垣宇不傾灰。流俗好怪徒如此，先生好古亦甚哉。

燕臺懷古倣謝玄暉韻

堯令宅幽都，禹功奠冀隩。星分紀津漢，垣塞限荒服。五嶽迴北首，三光轉南陸。霸跡遺汶篁，賢踪表孤竹。俠游輕生贄，慷慨重言複。趙代連悲謳，滄齊一極目。王氣鎮千年，農功宜百穀。襟帶控諸州，衣冠致群牧。唐季矛始興，宋代師猶曝。雪滿薊門深，風清北平儵。關河域無畛，山川靄方淑。窮髮來梯航，不毛混軌軸。幾歲滯京華，六年守上谷。匪棠行當翦，無膏民何沐。顧瞻喟雄藩，循省思舊築。

荷花池聽蟬八韻

陵夏曾窺郭，尋秋再采苓古蓮字。雨過畦草緑，池漲岸葭青。爽色來平野，繁絃下廣庭。居標清獨迥，抗韻久還停。素潔參朝露，餘音落遠坰。終須神蜕跡，豈欲耳煩聽。好友群深院，高人自敬亭。覽兹感時序，相望想丹經。時梅定九先生自宣城至。

扈從應制

宵旰殷憂意獨多，頻年禹跡御南河。車書混一天無塹，琛賮長來海不波。萬頃烟光浮彩翠，千峰月色静嵳峩。皇情遠邁横汾日，極目清平帝作歌。

關侯廟懷古用謝朓登孫權城舊韻廟在撫署之東偏射圃

世祖夸篡亂，舊物收一戰。昌符起白水，重光全赤縣。庠序跡周基，聲明訖禹甸。昏德誤閹贇，賄政易賢選。千里草遂青，萬方甲如練。帝子攬雄奇，良臣感顧盼。受寄永安宫，規取雒陽殿。詐權息諼謀，淫叡罷荒讌。微管衣裳非，似姬禮樂蒨。曩者下關時，豫將上將薦。華夏讋威彈，秋星靈爽變。心紆炎鼎移，代連洪鑪轉。河沔英風流，梁益咨述徧。我來近明神，古往動深眷。獨解劉氏襟，遂委曹公弁。涿州魂所思，樂毅風如見。緣玆締廟宇，欲以永丹絢。慨息共欷歔，顧步獨行衍。

寓興示兒

大海掀翻一葉舟，極知沙界等浮漚。支分家口存猿鶴，摒播擔囊謝馬牛。投老那堪爲僕射，數奇原不計封侯。何曾世事關身事，身外焉能替汝愁。

題易稿

至聖通憂患，孜孜翼此編。三千誰受者，五十獨加年。幸與翳經在，還同候緯宣。高當淪象罔，下則著言筌。徒曰奇而法，烏知道所遷。京焦號師授，王管各門專。洛水標孤指，原山别有天。坐令臯席撤，一掃麻衣傳。朱子雖生後，羲皇未畫前。精微歸一契，淳厚得真詮。塵霧爲披去，幽昏頓灑然。如何思過半，更欲覽其全。理豈終朝悟，心從弱歲研。二毛今種種，衆妙只玄玄。摧緒西河暮，羈思碧澗邊。書成何必副，縢鎖寄風烟。

感懷

我生月在尾，疾厄備諸劬。樗材難斲削，無乃費般模。早齡逢迍險，末路足憂虞。竭來司民社，終歲事禜雩。鏡能催人白，紩猶困我朱。殘病鎮偃蹇，對卷蹔踟跦。餘生傍日月，光景不可圖。撫己誠庸虛，義與夏畦徒。陽春萬物競，天意存枯株。云雖瓦黄質，陳以先玉珠。秋風動燕山，兩紀度平蕪。平生學海志，東望愧斷洙。性命誰雙修，心迹古來殊。寒花强自嫩，倦鳥嗄能癯。顧盼聊自喜，多有臭味俱。綦履登我堂，讌笑忘我愚。雅歌全至魯，風韻欲歸儒。皎皎白駒賁，我往不能趨。沈吟思大過，鳴和起中孚。晨誦超然句，衰容欻已腴。

古詩多有數梁甫吟者冬至後坐直戲成一首

步出青郊望,先朝有禪亭。西風驚草木,日暮動金聲。吁嗟微管子,列郡自交兵。東介不可留,戾止思南荆。仰視雲雷屯,沉想日月清。九州誰樂國,没齒吾深耕。

澤州陳相國扈從南幸有詩留别即奉酬

先生落筆鬼神驚,獨擅中朝雅頌聲。綸閣同時瞻粹品,泰山他日仰鴻名。徘徊酬德君恩重,直截當仁聖果成。下士最嫌聞道暮,殷勤愧殺丈人情。

兩用朱子韻

故園值此日,山色朝暮明。最宜暑雨會,榕樹滿村鳴。驟合嶺雲暗,倏至溪風生。塍浮千畝緑,瀑渲萬丈傾。衣爲帝京緇,夢繞舊林清。耆宿遠相問,誰言出者榮。臨岐屬昆友,三逕預經營。他日共蓑舟,欸乃入樵耕。

賜魚

挍獵曾臨渭,豐年已兆魚。尊親虔俎獻,寮寀飫波餘。頌雜庚丘奏,詩歌《魚麗》,笙《由庚》,歌《南有嘉魚》,笙《崇丘》。風聞丙穴居。東方勞宰割,馮煖省空虚。此日兼殊典,他時應大書。入梁斯適可,在鎬又焉如。賢辟宣恩徧,高官喜氣攄。素餐誰獨媿,釣野未忘初。

壽澤州陳相國七十二首。

寥遼大雅典型詩,四十年來繼者誰。聖域公真窺閫奥,鴻文世僅得毛皮。功名了不關房杜,寵利何曾及傅伊。晚出朝朝親欬謦,春風一坐又經期。

其二

山右多賢夙所親,蔚州猗氏老成人。欽公道德追隨晚,憐我庸虚笑語真。

天壽中朝應有意，星明南極久生身。恰逢陽長昭融日，下里無能祝降神。

和京江張相國西郊□行原韻有序。

前歲從京江相國請安西苑，聯轡還歸。時值初秋景明，緑柳垂蔭，先生欣然邀予憩坐，既申請益，更飫行厨，未賦頌言，先荷投贈，敬和請正。

長信曉鐘稀，白露塗寒楚。百執起居罷，歸蹄亂禾黍。裴公未緑野，即辰懽嘯侶。池荷明夏殘，河楊結風緒。誰忝京洛行，追陪慙馬吕。提拂念念裯，傾輸忘齟齬。席地醉香醪，從庖紛菜茹。亮節當朝欽，高標暇日舉。芳音難屬和，循誦祇含咀。

暮春二日集汪氏寓齋

百疢老來并，況堪職鞅多。雖有朋舊好，五載一蹉跎。燕京古垣塞，時卉亦紛羅。人事長如此，風物奈我何。二妙吾世講，長者恒抱痾。朝揖猶希鮮，鄰巷乃星河。今晨杏花開，邀我先經過。時雨渾未至，樓名"聽雨"。春風颯已和。悠然見故友，釋褐金盤陀。同遊者誰子，洙泗文學科。盃行忘禮讓，局戲仍干戈。夜闌披卷帙，上巳舊詩歌。玆焉時又適，主人意匪他。當今際明盛，猗蘭采可掇。山陰會何陋，安晏只江沱。龍見方及運，三月龍見，又恭逢萬壽節。鳳飛在卷阿。才賢賡前事，愧我出聲哦。

題韓城張司寇皆山畫卷

歐陽尋郡日，樂此江淮介。何如長河北，崩奔几席在。扶輿岐邠間，夾岸崑崙派。梧竹滿幽谿，絲管摇天籟。南宫昨同叨，題目忽拈帶。公遂寫所心，德與知仁會。因之想舊窩，豈無峰與瀨。白首京洛春，未了飈塵債。移文徒喧豗，披圖紛靉靆。彼美烟霞外，悠然發深慨。

餞宗伯許時菴致政

國朝論前輩，蔚州魏先生。公爲下榻者，於是始知名。視學南中去，淚向孤寒傾。文章咨賞外,慨息不能平。瓠子浩未塞,抱薪勞公卿。惡池挾漳滏,東騖勢雷砰。三年雜丞尉,風雨一茅楹。拜賡翕河頌,帝嘉績用成。召歸局泉布,非久命寅清。衆竚文風上,誰言鄉思盈。聖主褒二疏,群僚羨四明。心戀南山祝,花朝出王城。車迎滄海曙,櫂轉錢塘聲。引年盛世事,當代幾人榮。倦鳥廿年飛,夢遶舊林鳴。臨風餞鴻鵠,喟然歎冥冥。君恩共友誼,感惻有餘情。他日辟雍啓,還來備五更。

餞太宰宋商邱致政

引年古有之,榮耀如公難。控楚才何武,字吴心彌殫。入作卿師表,坐令吏改觀。行藏臣節古,終始主恩寬。璽徵黄霸至,詩送四明還。天光聞晝接,馬錫更便蕃。朝堂惜别時,六月正間關。惓惓去國意,豈覺道旁歎。驛路恩華滿,旌旜悠以閒。迎問領孫輩,扶車侍清班。而我忝寮寀,操手抱悁悁。悵望典型遠,賴公守歲寒。胡然卧商郊,疑事孰周爰。

餞太宰徐浩軒予告

四海雲霖望未休,超然元宰一身收。看來自是蒼生病,此去誰分聖主憂。幕府甘棠多惠愛,家山堤柳舊風流。髫齡相識今皆老,早晚隨公上小舟。

題馬氏家譜二首。

兆叶鳳凰五世昌,兩朝顯績樹疆埸。擁旄執戟君恩厚,説禮敦詩祖澤長。此日源流探水木,他年閥閱爛縑緗。將門司馬專名號,更羨儒風又發祥。

其　二

六載偏裨初起家,超遷南北擁高牙。投壺竊訝風標迥,仗節今知世德遐。派溯江州傳幾葉,流來河曲正緜瓜。勸君勉樹分茅業,物色青蓮髩已華。

再望風雨

北陸當黄道,炎神入紫微。先庚金伏氣,季夏火餘威。觸景遊孤寺,通颸啓四扉。前宵襟稍展,洊晝願猶違。縱壑思游泳,凌雲慕奮飛。蕭蕭慜夜晦,習習兀山巍。翻憶南州日,長娱昔樹暉。榕陰虧午照,瀑洞散朝霏。雨蓋從商假,風雩與點歸。貧耶寧足病,勝者自能肥。汗浹槐三署,涼辭栝十圍。盤餐蠅跡滿,偃息蚋聲稀。口暍惟嘗蘗,心煩欲佩韋。何時興地籟,早晚發天機。納爽羲農似,蠲苛趙孟非。不嫌行遠泥,霧盡帝京衣。

七夕前喜陳季方至用昌黎韻

昔月苦暑中,詩句猶在念。有如渾水魚,相聚但喁噞。惟願梅雨頻,豈覺柳花染。白露已新秋,煩痾方一砭。節變亦難調,酷後未敢厭。輝輝牛女辰,下有豐城劍。出爲雷公開,飛去龍津閃。晉豫初蘊隆,吴越坐昏墊。所望君子亨,康哉斯可驗。是歲禮賓興,書箱滿行店。貧者道路艱,賢者階梯欠。周貴士有時,晉富吾何歉。幽蕙出澤中,無人不敢豔。道合世當驚,文馳俗始讇。聞説天上星,猶然阻河塹。會合爲之稀,況乃守鉛槧。顧我一勺水,羨君萬丈焰。王路賢既登,山林吾可占。素食意長慙,緇衣餐不贍。默默元尚白,又虞吴楚僭。

和韓昌黎薦士韻論詩兼諗同作諸子

洙泗所誦習,六義列典誥。周游尚參稽,采摭無不到。虞夏闕其文,吴楚惡其號。中間備殷周,四術此先導。騷賦起江湘,調存而變操。宫往人不返,哀厲國斯耗。鬱聿大風歌,雖雄少渾奥。況復趙代謳,啾啾候鳥噪。李陵本降人,曹家亦群盗。文藻共繽紛,音節空騰蹈。幸有蘇子卿,抗節北庭暴。罷王泥不滓,超然入堂隩。彭澤曠以達,明遠幽而鷔。餘子騁其長,後人從所好。中聲亂鼃黽,正室奪羿奡。浮靡同逝波,根源比行潦。大樂運攸關,心聲響旋報。興衰問季札,災祥哂裨竈。雜思精必亡,多眡眼恒眊。誰能觀治忽,於焉見静躁。百勸而一諷,爾謔匪我耄。狂簡苦無裁,高明甘此冒。李白英偉姿,未免專放慠。工部忠孝人,往往獨深造。比物陳幽緒,鱗毛皆覆幬。閔國憂民勞,遺音滿傷悼。尊親思補衮,氣類日贈縞。荒涼跡已卑,繾綣心自告。誠然身中清,未妨頭不帽。此外鄭聲淫，寧殊秦國嫪。邵謂世無詩，吾言須采芼。譬如其文昭，何分魯與郜。又若輯萬寶，貴者大圭帽。當代富文亂，壇幄盛旌纛。體合古并今，美能頌兼禱。陋士掇芳菲，終朝不盈抱。韓障百川歸，劉引關東漕。正雅當復興，頹風不足懊。沽酒城之隈，將爲吟者犒。他年樂堯天，擊壤遠相勞。

七 夕 限 韻

溽晨長怫鬱，麗景好招攜。餘雨褰雲暮，新霜壓月低。何曾牛服耜，不見女治棲。邂逅傳空徧，綢繆事杳迷。涼風先白露，清漢緩朱提。舉目無烏鵲，沈心問祝雞。禾周人怨曠，安識象端倪。力穡勞焉似，成文懶則奚。俗情多捷徑，神物亦荒蹊。聞説今星紀，平分古會稽。耕桑殫地隩，飛挽上天梯。户户支機倦，家家礪角嘶。何堪紅乃蠹，更有食之饑。天子垂衣念，群司纍綬齎。瘡痍應即起，溝壑庶無擠。杜甫兒何結，韓公室不啼。大東瞻斗宿，直北布雲霓。陶謝連宵聚，陳荀五緯睇。章成方奪巧，槎泛遂搜柢。奎壁誠星府，崑崙信地臍。玄參童子草，光照老人藜。有分愚夫魯，觀風大國齊。洵許霄漢豁，未覺歲行西。連作三朝詠，横排七夕題。

編纂朱子全書仍用七夕韻

少讀建安書，平易樂取攜。晚歲乃稍覺，至味在卑低。先公忤時相，薄宦遂羈棲。光遠自他耀，孕靈悟世迷。藹藹春木芚，援我一手提。極亂宜生聖，風雨正鳴雞。善窮詩款曲，直抉易端倪。千年統有在，五百運屬奚。關濂流正派，洙泗闢荒蹊。敬義爻雙揭，危微典若稽。數字真堂奥，萬世此階梯。炎室時當晦，青蠅不住嘶。馮依同社鼠，齧噬比郊麑。萋菲憂方愠，荃蓀怒反齌。王淮陰毀毒，侂胄顯排擠。林栗攻堪笑，季通别不啼。没後光星斗，生前翳虹霓。聖明懷一德，異代荷瞻睇。傳心出符節，搜理入根柢。測曜循天腰，尋源溯地臍。摩編分執管，挍閣預燃藜。學淺慙程薛，篇訛混魯齊。徬徨三歲暮，點勘恒日西。惟應承制決，簡末敢望題。

自警詩仍用七夕韻

攝衣登泰岱，群峙如兒攜。及與乘長風，又見五嶽低。平生戀一壑，畹晚采幽棲。幼志難甘棄，前途孰指迷。金丹莫得要，槧鉛空自提。人當用醬瓿，我也其醯雞。治才輸管子，資生拙計倪。志節非虞士，功名謝嬖奚。祇應蓬户牖，闢此荒山蹊。況乃侵肌病，何時拜手稽。尚思刺兩櫂，高處覓雲梯。日暮倦飛噪，長途疲足嘶。沉冥嗟鴻鵠，憂懼等鼫鼷。欲乘一息在，更作三日齋。宫牆非可入，門屋庶堪擠。澒洞西巖響，鈎輈南圃啼。道心生明魄，世象息虹霓。不勝修途遠，勞止高山睇。可追枝葉悔，能復建根氐。策今如扶躄，循往欲噬臍。歲晏植嘉穀，平蕪刈棘藜。過時勤以苦，曷月化而齊。風歌衛武耄，日轉魯陽西。昔訓明且清，補過是新題。

寄梅定九仍用七夕韻

先生昔歲遊京師，亂稟丹黄富有攜。欲向西方南工部，從頭一審天高低。南公神識西歸去，滯迹五載猶栖栖。我時初得承清論，九章六曆總然迷。單傳自是有神授，寧許凡胎問粉提。心知揚雄越諸子，未敢賤近厭家雞。邸齋三月欵行笈，彷彿似瞥乾端倪。翻從背面虚假借，一似叔向忘祁奚。千秋絶業干誰事，抽心鉥肺窮荒蹊。軒姬神軌依稀在，七十二家理可稽。儒學本自遺經得，豈必外海②來航梯。别後官館又延致，走僵學子汗流嘶。況我簿領相填委，觀覽圖象但咨齎。殷勤惟奉棗梨役，不忍名山空擯擠。中間風雨吹何惡，草玄未就童烏啼。直爲萬年拭此淚，滂沱欲隕且收蜺。燕市宣城四千里，經年一問樹雲睇。才與不才皆言子，枝披落葉動根柢。我又與君同痁病，中虚不脱氣攻臍。何時江皋再聚首，細聽他日一丈藜。周公有鬼前言戲，君壽應與伏生齊。徐陳王魏數來往，相思共託夕陽西。七月七日賦此韻，先生入夢作新題。

諸子臨場文會

周室賓興宴，西京計吏車。三秋當日焕，五色報雲遮。吴越聯帆暮，燕齊複路斜。道亨千載會,人樹百年賒。至理遲遲待,浮生戚戚嗟。諸公深自重,我友聽無譁。有命方連茹,從天會隕瓜。林幽藏虎豹,水闊蝬龍蛇。環堵成儒業,名山閟國華。碧霄元匪枉,暮夜不須誇。白露行西令,金光粲月花。風清窗景徹,暑退户涼加。夜語侵巡柝,晨吟亂響笳。五星開此地,孤曜照誰家。投合同香蕙,匡持類直麻。傾心歌伐木,洄路賦蒹葭。思動瀟湘雨,文成嶺海霞。雕蟲新出巧,正鵠舊傳葩。老我聲需鳥,如魚目代蝦。忙追辰日燕,蚤離午門鴉。壑邃聞芳芷,波澄見錦沙。知珍迷布褐,嗜味隔絺紗。韓愈驚鳴静,夔翁喜髩茎。頻呼沽易酒,不住煑夷茶。玄鳥將歸岫,蒼蠅尚散衙。商飈吹大角,雲物建高牙。蘭葉抽仍翠,黄英茁未芽。惟應尋鄰舍,何處問天涯。景運初來鳳,中音即變蛙。誰言星漢邈,早晚上浮槎。

又三首

若連閏月即重九,正是離潛或躍時。星聚只今占世泰,風迴自古在人爲。明蟾洗眼應無障,黄菊低頭却不欹。每隔三秋愁枉路,還能慰我老開眉。

其二

隋唐遺事越千年,無怪明時亦得賢。望斷玉衡懸水鏡,心癡膚寸合山川。安仁撫景欣同道,元禮臨風惜共船。屈指正逢橙柿候,河南宅上擬開筵。

其三

彬彬諸子亦時哉,潛羽三秋獻賦來。簾幕何人知晛睆,海雲迴首望崔巍。落英晏節嗟園菊,食實他年待鼎梅。不是白衣關宋祚,非烟當唱爲誰開。

【校記】

①“牿”:道光本作“郊”。

②“外海”:道光本作“海外”。

榕村文集卷三十八

詩　　四

陳　思　王

孤竹生二子,勾吴有延陵。芝英不擇地,敗柎固所蒸。當塗實姦漢,陳王臨其崩。百代哀斯志,當與日月争。以故餘述咏,噴風排嶸嶒。悱惻齊變雅,湘騷庶可朋。身窮行中慮,道廢人能弘。文采雖通後,吁嗟情不勝。

和杜拾遺武侯二韻

季興帝子英無對,不讓先生獨遂高。抵掌匡扶輕一羽,鞠躬顛頓至二毛。聞聲服德雖鄰國,寫款開誠在署曹。最愛建安弘毅詔,當仁自昔有勤勞。

其　二

後世功名只直尋,吾門五尺論森森。不圖明主衰無夢,勃起先生得嗣音。汾曲重期興禮化,伊川獨許佐王心。風移叔季皤溪遠,每揭陳書爲整襟。

讀唐宋名人詠諸葛武侯詩與諸子限韻

當年諸葛師,先聲在仁義。時史諱仲達,所以云節制。吾聞善奕者,固本而收勢。豈有三代王,多殺以争地。陳壽生也晚,但識孫吴計。始以將略疵,終將天命媢。君觀七擒兵,寧與七旬異。事雖非文德,格心乃一例。入國長如賓,雜耕兼老稚。皇皇公東征,哀我一何至。管子南伐楚,卻兵待盟刵。樂毅緩二城,欲以服華裔。豈無捷速謀,而非遠大利。漫言功烈卑,自許有深意。

和鹿侍御題己丑省試五魁卷原韻

老鶴刷縞衣，在陰鳴不已。豈無雲霄侶，呼嘯寧爲起。清唳引高吭，古節怡幽耳。不令寫入絃，不遣編在紙。喧啾邈不聽，孤潔結成痞。飛去自翩翩，來下何緜緜。閒看燕臺山，渴飲雞泉水。同調悄何方，沉吟觀至理。片響落人間，聲絶娼學子。少陵殘膏盡，剩馥今在此。慨息道之衰，哇濫有餘耻。自從文敝來，審音誰與比。又知隱者心，鎮爲時憂喜。異日東觀開，尚煩公一眎。

編朱子年譜

此老髫童便已賢，終身嘿語獨超然。蒹葭白露存周禮，松柏寒霜衛聖傳。共信姱修多本末，始知出處在幾先。風流百世非文字，汗浹頑夫正湧泉。

初　　秋

商律動吹室，金氛入候臺。涼風初瑟瑟，白露始皚皚。積雨全消暑，多陰未蟄雷。初秋關一歲，五穀繫三才。晚穡看雲滿，餘糧尚野堆。公閒長把卷，客至得銜杯。空有書成癖，何時道結胎。勞歌短髪暮，風物長年催。旅思愁還劇，鄉心夢一開。散懷千古去，同好幾人來。草色沾猶翠，蟲聲静復回。宵零尤可喜，六陌避纖埃。

陶然亭秋望

爲踐夏日諾，閒來坐小亭。蒼蒼葭在水，綿綿隰有苓。秋聲中夜發，蕭屑正堪聽。層雲午未褰，樹色增幽冥。暫爾違囂市，居然度遠坰。流光截道飈，浮迹逐風萍。何物似故里，西山入望青。名士多京華，況復新羽翎。校書觀閣罷，幽意未曾停。洲荻續唐作，白蘋步楚經。雕搜無落韻，吟諷有餘馨。會友聊云樂，移文且勒銘。

中秋後晚集兼訂買菊

開尊望月正秋中，飈戾星移玉露風。便指寒花爲會主，先期佳節待文雄。

長憐歲晏光華滿，三嗅霜姿氣味同。他日遨遊能踐約，不勞送酒入甌東。

中秋喜禾稼有秋得禾字

爽色中秋最，清光此夜多。友朋頻來會，風雨喜同科。不有幽懷者，其如素魄何。賞妍情獨發，憂國意周羅。湛露棲長畝，飄風入廣阿。皇恩披朔雪，膏澤至南訛。吳越仍安土，江淮自息波。哀鴻遵渚涘，舊葉守枝柯。我與二三子，謡歸雅頌歌。當依顔有喜，衢巷腹堪摩。勞役成誰事，寒盟志匪他。猶慙應册免，未敢饋嘉禾。

重陽前晴暖

九月難逢妍暖時，庭花蓓蕾紫黄枝。新霜瀌霧輕塗屋，微月清泠緩照楣。

論　詩

三百列之經，五言乃自漢。緜延頗秀出，濃淡遞相扇。李家最能鳴，無與拾遺健。姿濯松桂疎，氣噴春濤漫。池鼃信可嘲，鮮采争堪玩。快目摘其尤，删除發芳潤。唱答謝知交，坐令一元轉。

有　感

勞生未得休，欲愁且自勸。浮迹隨化往，築底須命判。園菊後時花，凌霰偏爛熳。青青巖上柏，孤矯寒雲半。誰能求稻粱，又復老葭亂。始謀乏古心，終已違初願。冥冥慕飛鴻，衎衎愧漸雁。不是伊吕科，骨驚鬢亦變。宿習無始來，塵編竟日伴。三百興發憤，六爻起憂患。老至憂樂并，衰久魂夢亂。金丹信何遲，雞犬歲又晏。樹蟬吟秋節，高風在一旦。成相聊申歌，還欲告親串。

和友人上元夜即事限韻之作

獻歲開顔又豈曾，荆舒投老欲依僧。同有元澤之感。寒風對榻三更話，時舍弟在寓，每夕談論。落葉前軒一夜燈。潮水到門推上月，朝陰澀馬歷餘冰。那知亂緒難將報,雜佩空多愧子能。

賦得御製憶咏吴中風俗習尚非交讓官箴乏協恭也二首效翰林散館應制

班聯難肅穆,俗化易遷流。慨想陶唐理,時煩聖主憂。五方雖異尚,庶類乃分猷。雀鼠風須變,羔羊道豈悠。恬熙遵帝路,黽勉贊鴻疇。再覩時雍盛,方知峻德修。

其二

職貢三吴外,憂勤五位中。山川雲水闊,江海地圖雄。有教斯成化,無私可效忠。至今勞聖主,何以報皇穹。返樸民還樂,和衷吏自公。天文高雅頌,先譜二南風。

效進士應制

帝省休徵切,民依歲事忙。歌風知作苦,肄雅正豐穰。國福占生聚,天心念蓋藏。歸禾來牧伯,猶自勅幾康。

恭和聖製湯泉應候詩

山川望幸出靈泉,塞下新萊萬頃田。甘雨和風恒有象,深仁厚澤至無邊。繙書五夜希停手,任道千秋獨仔肩。宵旰勞心時發詠,豳詩一幅繪依然。

恭和聖製讀孝經衍義詩

虞舜中年慕,曾參愛日催。丹心遥獨接,青簡坐相陪。兆億歸同敬,孤鰥惻所哀。須知仁孝理,休頌聖明才。社稷二南啓,宫幃萬福來。配天三后肅,裂土百男開。證義分曹輯,微言稟睿裁。即玆天地察,何用白雲堆。

題離騷

離騷言求女,非用比明王。女有事人義,賢臣乃所當。當軸盡邪佞,高丘已絶望。庶位亦無人,下女日淫荒。豈無遺佚者,媒不遇鳳皇。恐爲他姓得,相率去高陽。惓惓貴戚卿,未灰心少康。庶幾屏夏肄,配天業復昌。公子雖未家,二姚誰送將。終知賢路斷,割意思游翔。遠遊何所適,山東一概量。徒有西風壯,颯颯捲八方。幾回指西海,麾旌裹行粻。所恨仇讐國,我馬摧悲傷。風人比興思,隱約遂微茫。幽昏情侈肆,天外事荒唐。郢書不可説,無乃燕人盲。四求女,爲君求之,非原自求也。

己卯元夜宴集同子未諸子用韓吏部韻

畹畹二年征路塵,皇恩中道改絲綸。歡情自昔輕難遇,薄酌今宵莫厭頻。古柏前庭終夜月,臘梅後院半枝春。何時緑印經旬合,雖未歸休也息身。

苦熱雨後驟爽署中口舌

連朝雨氣敵炎風,猶在先秋伏日中。坐上來歌人泮涣,窗前一覺月朦朧。萬牛起處西疇滿,列駿鳴時北冀空。早晚休徵叶叙後,寒流洞口憩深叢。

題青花硯

嶺外稱殊産,文朋至寶歸。氣含訛火潤,根漱粤江肥。寒藻參差發,朝霞爛漫飛。沈思悦研處,光景坐相依。

孫柏加冠詩

人生始於弱,八經首在冠。望以家之楨,期以邦之彦。南有喬木陰,盤大由根幹。又聞老農言,見苗已收半。殿閣崔嵬高,有址便崇奂。河海流無極,緣源得浩瀚。迢迢行路人,舉足貴無勌。仡仡射者夫,體值乃洞貫。尚論古之賢,誰非早自勸。

讀書有感

西土有虎賁,於越聚君子。不逾三六千,國甲豈盡此。此其腹心者,熊羆不二士。然後億萬多,無難臂指使。我論讀書方,要道亦云爾。汎濫同飄風,精熟乃根氐。漢人重專經,宋人務窮理。

周濂溪愛蓮詩同翰林作

因讀愛蓮説,譜作愛蓮詩。幽芬無限好,貴此手中奇。在隰文王望,《詩》"隰有苓",苓即蓮也。濱皋屈子衣。山林廊廟致,惟此能兼之。根苗同結果,謂藕與蓮子。花葉異抽枝。祝子類窠蜂,張翼陋蹲鴟。荷葉如蘋而圓。心虚通七竅,藕莖皆有細孔。體淨滅三尸。蓮不産蟲。承露高金掌,迎風遠翠支。蕙蘭傷隱約,芍藥太紛披。沈吟洗濯理,屢動溯洄思。在昔中州氣①,扶輿産賢者。一出南嶽下,投老西江湄。比德念兹物②,攄篇發爲辭。伊人碩大儼,河水清淪漪。圓相千秋秘,高風百代師。我亦愛莫助,空嗟泥不淄。非關來身篤,佛以清淨不染爲蓮花身。無乃繼皇羲。潔淨精微,《易》教也。

喜　雨二首。

溽暑憂愆陽,秋禾最易暵。翛爾三日陰,微雨飛近甸。聞道迤南去,田疇已汗漫。而乃帝京中,郊塍猶未遍。是日雷殷殷,閣窗爲震撼。歸塗度南城,流潦正侵骭。煩痾喜一蘇,野無農夫歎。市集籌米多,庶用慰薄宦。

其　二

初秋未徂暑,不寐如煩痾。一雨挾風至,蕭然襲絺羅。出門雖泥涴,散野喜禾多。天傾十日雨,人沐九重波。坐堂親騷屑,捲帘看滂沱。

送阮子章參戎閩海

矯矯班家子,投毫心迹奇。時哉憑軾會,難者臨軒知。不次尋常得,無窮事業期。旌旜停社樹,矛戟亞桑枝。赤手圖天水,丹心照昊曦。猶嫌王粲者,徒有從軍詩。

恩賜扁聯酬陳對初二首。

伴食常懷素食憂,女蘿桐樹倍驚秋。自天霖雨誰能作,振古高風不可儔。

舊植久荒三逕路，滄波暫繫五湖舟。連朝浹背非關候，累息深恩媿復羞。

其　二

與君先子舊時諾，夜月清溪曉露林。委翳不勝良友念，羈飛虚負故園心。雲迴舜世重華日，夢結商家萬里陰。巨榜高懸驚越分，新詩况復抵南金。

賦得爲有源頭活水來效翰林應制

咫尺靈泉隱故林，由來鈍嬾寡参尋。目窮行潦潢汙路，識取先河後海心。月景臨時蒼壁動，川光起處白雲深。先生喫緊開來裔，坐俯寒塘一睇吟。

賦得三十六宫都是春效翰林應制

安樂窩中舊有經，希夷洞裏見分明。坐知一本能變榦，又覺翻來只六行。乍瞥天根初息息，閒遊月窟亦生生。洛中幾度春光好，慨想風流萬古情。

擬杜工部端午日賜衣限韻

晨起趨丹陛，輕烟散曉霏。章成勞織女，繭獻動宫妃。適館風何似，承筐雅庶幾。波深零露後，候變炎訛非。卦序離當令，爻文日正暉。新恩榮作服，舊德念初衣。鵷翼情應愓，鶉懸事既違。素絲操者衆，元衮闕行希。履集驚添滿，冠彈倍覺巍。歸班参柳緑，曬篋亂榴緋。拜手稽將舞，循躬汗欲揮。睇思新浴理，刷羽慕高飛。

新　秋二首。

今歲足時雨，旬朔殷雷電。平明西門西，駐馬觀緑畔。昔者撫京畿，巡陌兼塞岸。長愁潦水發，又畏明星爛。雖復謝奔馳，民憂安得遠。且況煩痾中，餘涼爲我散。微風蠅已癡，連朝篋紈扇。幸當填委簡，喜有休沐便。何時親農簑，溪帆飛一片。聊與羈跡人，畢景窮遊翫。

其　二

郊西朝洩雲，屋北夜燃電。嘗麥方告寢，藝黍囂盈畔。我友三四人，平坦剗崖岸。著碁或敲詩,去工取熟爛。豈無聲華客,往往敬而遠。南士鮮參尋,儒官飽閒散。招之高春坐,直至暮颸扇。榕園憶方陰,訛寢從所便。谿來驟雨聲,巖落飛雲片。歸與異日遊,翻憶京華翫。

病中讀書

少壯知讀書,頗無閒歲月。于時寡疾病,無樂乃懽悅。或負東户暄,畢景獨繙閱。或迎樹下颸,吟咏自消豁。奥域豈必遇,涉趣生顛蹶。如彼春來草,芽蘖日夜茁。自從度始衰,症候纏如葛。寒暑長畏之,風月只虛厥。稍稍窺書意,千載未覺闊。俯仰多呻吁,形神不相發。日者爲病肺,羹飯徒茹啜。知味無餘馨,心鼻正一轍。秋物貪結子,何處辭風雪。乘除理則然,堪爲達者説。

九日望鄉有作用杜工部發秦州韻。

平生仕宦跡,不作經年謀。濡滯二十載,冀域古封州。幾度望鄉井,目送鴻鴈秋。丘塋固有念,豈爲此都幽。完名思樂毅,謝爵慕田疇。恩重力不稱,夙願非所求。駭機朽索馬,孤踪不繫舟。負乘曾寇至,舄履聽辭游。皇鑒穆中天,寵驚亦已稠。丹心敢二念,白髮難分憂。潔身庶猶愈,欲以晚節收。忽忽桑榆暮,靈瑣尚淹留。十月霜露降,夏畦滿源頭。一觴遥未酹,明發沾纓流。豺祭逐金花,孤露營魂浮。松楸蒙錫類,谿谷匪優游。

恭賦御製詠竹詩濟濟心寧憶俊賢效翰林散館應制

由來梧竹鳳凰栖,截管崑崙理亦齊。高節清風長拂拂,蒼枝白露更萋萋。興懷側陋虞廷遠,繼迹卷阿雅什低。多士今朝初獻賦,賡成棫樸是新題。

御賜教忠扁額磨崖墓道恭紀

顯考生逢離亂期,莫年藩帥又傾欹。辛勤祖宇兵荒後,勉勖孤忠涕淚時。帝語煌煌今表厥,子心昧昧老思之。貞珉霧草應苔蘚,哲裔磨崖誦此詩。

讀　史二首。

武侯不憐才，殺延不待儀。汾陽修小郄，臨淮無旌旗。古人就大計，度外豁所施。我讀炎興史，始謀誤者誰。一疏忠定去，再怒岳侯危。張也徒堂堂，自檜更無譏。迂疎輕決事，俊哲重知時。晏子殺三士，梁甫有悲詩。

其　二

嬴氏何其愚，欲使文字埃。六丁收不去，二酉錮將來。王莽飾六藝，猶蒙嚴筆裁。鼂聲同一貫，何事獨免哉。少康嗣夏家，羿浞固沉埋。共工霸九州，五德無推排。高光皆除暴，何分姓氏乖。我欲遵孟堅，一辭贊麟臺。

董　江　都

下帷歲月長，丘園邈不視。遂使霸秦餘，中天揭仁義。三策徒裒舉，兩相終淪棄。六藝振王迹，千秋首儒系。譚經雜禨祥，籌邊同表餌。白璧有纖埃，豈足賢者累。

諸葛武鄉

管氏稱於聖，徵以仇者言。豈獨廖李輩，失職不訟冤。孝尼身在魏，張儼自事權。鄰國欽英風，紀述故足傳。結好分天下，江東爲誓篇。至誠動天地，煌煌信史焉。

韓　文　公

性道炯有覺，聃釋驅無礙。浩然生不虛，卓爾人爲貴。説禮譚刑兵，專門未足概。倘在二水中，必列四科位。

聞東南得雨詩以志喜

吴越三載天行舛，大河之北亦多沴。賜復動至千萬餘，米價增高殊未損。

奸宄因緣訌其間，遂令飢者越兹蠢。兵凶二事每相循，聖心洞古燭微隱。周政十二舉無遺，楚粟千艘下來賑。近聞市直欻然平，靈雨六月又已零。先蘇東南財賦地，旋知列道報西成。奏至欲寬宵旰意，詔來不覺夢魂寧。雖無東漢三公責，難免宗周嫠婦情。況是升降多意表，從此吏治日休明。病夫亦在一物數，當使優游餘息謝歸耕。

追贈蔚州魏尚書環極先生

氣稟山川茂，頎然海鶴姿。早窺中秘册，帝命簡拾遺。鵷雛擢珠樹，雲露忍朝飢。忽憶東山卧，一去十年期。誰料丞相薦，晚著豸冠巍。遂懷古人心，感慨登車時。臺舘同華署，旅進每相追。嘗聞彈劾聲，清厲徹彤墀。有似噰噰鳳，引吭梧桐枝。又如執法星，暉暉明太微。嶽立西華勁，煦姁冬日熙。前輩風流遠，于公庶見之。洊陟漢司空，地軸發蟾機。衝死排九閽，批根摘輔毘。貪懦畏之久，殫力肆傾危。卒荷日月照，驛送錦衣歸。我辱忘年契，前後寄篇詩。獎許空逾分，終身負鮑知。曩歲貳中樞，奉命察邊陲。暮宿紫荆隘，朝遵易水湄。雞酒拜公墓，一慟哭吾私。獲聞公窆日，五雲護靈輴。生芻來徐孺，大鳥揖關西。投老點朝著，嘅息如公希。國初人物論，非公欲首誰。秃穎中書老，立傳少葳蕤。懷昔敲殘韻，落句日將欹。

六月六日祈晴

前夜近簷坐，飛蟲繞客燈。共言占水至，揮手氣如蒸。中宵驚枕夢，越宿猶翻崩。土令當爲帝，坤維正得朋。飽飫畿民諺，可以豫豐登。盛時無淫太，連朝亦已恒。卧聞雞不已，出見豕盡烝。晨起告明神，速導暘烏興。密壓收將旆，高褰固其縢。什刊雨無正，篇頌日之升。庶免咨者怨，明非怒所膺。有職執斯咎，自公憂不勝。所倚靈助順，爲我止頻仍。

承修性理精義

洙嶧輟微響，諸老尋其聲。六籍誠深迴，大義亦已明。何事蜉蝣陰，力盡大樹傾。爾來二百載,屏燭中夜行。我皇丁道會,俎豆鼂然更。建安既躋位,群哲庶憑靈。欲新比士制,推配博士經。是道由有託,於心遂取成。河洛何栖栖,天使光我清。承局輯遺書,兹愧以爲榮。淵源非游夏,何以飾昇平。

賜遊熱河行宫紀恩二十八韻

方囿文經始,新豐漢别丘。頤居誠伴奐,孝養更休優。兹地藏良閟,洵天作未修。帶環中采衛,控引外藩侯。形勢紛奔會,山川鬱糾繆。禾苗同腹裹,種樹雜遐陬。石矗孤峰起,溪迴萬户稠。泉源行堞上,烟霧洩城頭。鹿跂靈臺坂,魚依在鎬舟。誰將歷衡霍,何似望京周。省野紓皇豫,觀邊本廟謀。薰風朔巡守,訛火此淹留。民事兼程報,曹章計日郵。道存仁智樂,心與躍飛游。即景多餘意,懽言有至憂。登高小天下,面内撫皇州。納稼咨千畝,披經論九疇。引年辭玉陛,七月渡寒流。目盡關山古,神清澗壑秋。病軀乖扈侍,禁直闊宸旒。及此歸來去,叨爲汗漫遊。卷阿風肆好,遵渚興夷猶。涉陟資車櫓,追陪動馬鄒。亭皋類憩坐,瓜李互沉浮。賜息攤書處,羅張典膳羞。賓商疑入夢,凌影悟升悠。頹節應捐蒯,衰材分黜幽。天施無已極,夕惕卧南洲。

甲午春日送喀警庵村居

移室就村墟,幽栖愜素尚。陌塵静不飛,野色正騐宕。嫩絲舞緒風,早麥摇新浪。春雨深一犁,晴川浮兩舫。眷言農圃老,久與簪裾忘。陳編得披尋,枯棋對閒曠。出逢漁樵鄰,卧想羲皇上。起予丘壑情,烟霄時極望。

【校記】

①“中州氣”:道光本作“中州物”。

②“念兹物”:道光本作“念兹氣”。

榕村文集卷三十九

詩　五

恭和聖製餞賜詩二首。

嶺海微臣謬厠儒，身親武烈更文謨。深仁膏雨從天下，和氣陽春匝地敷。無力宣勞恩未報，有心師古道難符。翻驚垂老膺殊寵，載得光華滿驛途。

其　二

輸忠爲國慕前儒，薄植無能佐典謨。曠職每承天網闊，乞身又得帝恩敷。長河有夢依龍衮，裨海無烟仗虎符。戀主區區同犬馬，繫心紫闥竟征途。

御製餞詩又命諸王諸皇子及扈從大學士學士尚書都御史翰林諸臣俱賡和恭紀

帝庸撰作餞卑儒，盛有親賢效矢謨。三闋工歌麟趾繼，九成樂奏鳳文敷。繽繽散藻承天象，郁郁流華遶日符。節謝四明慚二傅，青門何以耀歸途。

賜餞詩又賜謨明弼諧四大字八世祖先人皆有扁聯嘉獎總兵六叔父處士弟亦叨恩焉恭紀

申錫新章許號儒，更題巨牓古明謨。榮光八世占先兆，養逮雙親典又敷。尊輩微戎高宅額，諸昆素節耀門符。自知庸朽難堪此，惕息驚心漫首途。

留別南中諸友

郢書既重誤，燕人自得師。漢儒專門學，朝議猶倚之。六經如日月，涉夜則晻晦。蔑古不尊經，何世不幽昧。穀熟生齒富，經熟人材植。兀兀蒔春華，歲晚君何食。諸子乘休運，翩然潛大業。吁嗟大業荒，昔在明中葉。始我出山時，長恨山無林。屢逢來者説，松樹已成陰。有源第一義，無息兩字箴。古人亦有言，子寧不嗣音。老馬僅知道，逸足乃所欽。巖石雖粗礪，能悟出雲心。瞥瞥秋日飛，戾戾晨風發。翻令主爲賓，與子牽手别。還憶我言耄，不鄙吾道拙。藉非名世期，胡然淹朔雪。

留别北地同學諸子

幾封稱自善，歷代有聞人。毛鄭一家學，江都號大醇。其流今豈歇，厥緒貴能振。況此文明會，休哉化洽辰。諸賢生實幸，皇極邇相親。十載三餘聚，千秋六藝新。敢言吾道北，共荷聖陶春。陟巘多迷路，浮波在問津。采苓曾木末，適魯幾西秦。近哲傳心鵠，餘編援手鶉。如何揠苗者，不作力田民。訶祖三千律，華詞萬劫因。徒然斷根種，未論侮明神。昔戒惟三畏，余懲守一真。有源始名水，非道悉歸榛。布帛休嫌陋，饔飧莫厭陳。雅終還尚質，風亂必思豳。獵獵驚秋節，怱怱掺路晨。相期師樸學，他日出純臣。行遠難中憩，孳孳聖所申。

留别成絅齋

時世蒔華碎，萊汙莫耕菑。太音誠泊淡，歌罷歎者誰。輔嗣方弱冠，超然釋筌蹄。三禮如木札，二鄭耽嚼之。元凱豈無癖，斷爛朝章爲。韓愈儷花後，獨將本實披。黿生大笑道，成子屹不譏。雅效成弘體，喜誦建安詩。校字武英殿，皇心正表微。三年勞編劖，坐閣比下帷。孟氏出鄒鄉，近聖亦自嬉。況生皇極地，日月耀光曦。燕閩萬里遠，從兹阻且隮。所望遂有就，及泉揚其泥。内心惟惕息，外事攝威儀。并力己所檢，遮莫他人非。周行古在望，攸遵子既知。臨岐何以處，三復宛鳩辭。

出京舟中

自與閬山别，已逼三十秋。今日秋風晚，纔上張家舟。初齡偕計吏，髫髴認沙洲。吟咏向滄景，喟念昔同裯。彼時雖落第，歸著老萊裘。歐生榮禄願，鮑戎坎壈憂。微名一日得，多難七星週。力將親度亂，義與主同仇。名籍達閶殿，心期違壑丘。烏私清夜切，子舍白雲悠。事業終微管，詩書祇夢周。坐令杜曲上，楊樹風颼颼。蓼莪既已廢，頍弁付河流。玆事古同歎，循心我餘羞。徘徊空素食，荏苒遂白頭。君恩猶有耻，衆議豈無尤。此生逢堯舜，豪髮鮮裨酬。徒然錦衣暮，晝行如夜幽。携杖餘阮籍，連牀有子由。庶幾諧我老，日將舊緒抽。洞竹聞成蔭，榕枝未改稠。頗憐杜預癖，往遂虞卿謀。勞歌亂以雅，知命更何求。

宿遷遇雨徐氏通家子來會

冉冉涉南土，依依見楚山。湖收沂沭水，地接穆陵關。昔觀瓠子至，今省松楸還。歲月良興感，風土一開顔。是時冬之孟，肅氣來催寒。雲飛岱畝上，月介髦頭間。諸生恭父執，澀滑遠追攀。肥螯新酒熟，名鯉鹵糟乾。慨想蓴鱸意，日親蝦飯餐。便如履鄉貫，足以慰夜闌。

渡　淮

張子思食鱸，韓公喜見蝎。詠雅傷載離，賡風懷曷月。況我燕師滯，請就絳縣説。三九歸不盡，四七除方豁。今晨濟淮黄，山川皆昔悦。行路成親串，旅店如房闥。即看江都花，及剥洞庭橘。迢迢循吴會，行行指越絶。仰瞻嚴臺峻，俯濯嚴溪潔。上賓武夷君，便立考亭雪。諸昆言來迓，停橈騰頰舌。釋爾他憂捐，暫將生理撇。烏鵲投其林，狐兔奔其穴。公望所以仁，疏傅於焉哲。喟然眷南山，蓼莪歌未闋。

望　金　山

碣石韜靈跡，玆山矗立頎。東南分底柱，河漢落支機。月出連天近，潮來帶海飛。風帆斷雲散，漁火點星稀。禹會留科斗，堯階鎖翠微。烟嵐長日護，谿壑萬年歸。聳色排今古，孤根眩是非。還躋嚴子巘，更上武夷巍。

過蘇州題泉州會館

我祖昔遊此，輸公活殍瘥。義聲蒙采摭，前乘有餘華。我行吴江汜，適舘久咨嗟。身慙有嫣後，八世賓王家。恭逢陛下聖，星漢入風槎。海客皆親串，相看手盡叉。摇漾扁舟遠，崎嶇石路斜。勞歌蹔一息，即此見桑麻。

蒙恩假歸過釣臺

少微天列象，嘉遯聖所珍。高尚誠如此，猶然論屈伸。孤竹初就養，紫芝晚來賓。功成餘石祀，霸定委金人。超然終不染，夫子獨標真。舊交排禁闥，有客亂星辰。匿名青海岸，沈迹富江濱。幽谷遂相慕，東京日以淳。後來躬耕者，義與釣漁均。三顧渾未起，依稀高卧身。大賢通出處，千載兩君臣。停舟頻夙歲，躡級及兹晨。總笄乏�節，投老愧絲綸。霜色孤峰厲，寒光淺瀨新。蹔喜踈冠蓋，徘徊倚明神。

霧　鳥有序。

來自海外，脰與尾連，不見腹足，栖息常在霧中，其尾修長潔白，南方乾之，以頭爲柄，如麈尾狀。

不是樹間翮，相將雲際看。梢長垂亂柳，末茂散幽蘭。薄霧連成縠，輕烟疊作紈。走飛何所藉，飲息更無端。憐足夔應惜，潛文豹其寒。中膨羞豕腹，側睨陋雞冠。奇羽傳來乍，佳賓聚觀圜。何殊遐舉者，縹緲馭風摶。

錢塘舟次詶費副戎汪千陂

自從渡揚子，種種似家山。草樹渾殊候，魚蝦日異餐。亦有故人好，宦游此江干。扁舟勞行色，連朝道所懽。長吟參戎事，高詠佐文權。未酣萍跡聚，忽唱離歌還。别贈留珠玉，芳情指佩蘭。從此三衢道，回頭七里灘。役役吾輩老，何似客星閒。

斑　竹

律筒調宫商，卦氣序蒼筤。剥蹟留蝌蚪，幽心起鳳凰。風傳楚水曲，種入閩山陽。近憶劉誠意，高標漢子房。伯温嘗應詔作《斑竹箸》詩。

擬感興五首。

清淮限橘枳，易地不能良。春蘭與秋菊，各自爲華芳。襲土順時令，芸芸以爲常。灌彼松耶柏，植根乃磽壤。密葉雜霜翠，剛枝借雪强。問之何能爾，所資日月光。日月無終極，萬古吐精芒。上界混冬夏，燥濕安足嘗。

其　二

岡陵餘古樹，淮海變微禽，如何靈貴者，翻限百年陰。以兹遊方輩，感激多悲音。争修野狐道，競投化羽林。不悟夔蚿足，孰與風升沉。泰山石可腐，未如雲古今。耳目饒長注，終輸存者心。精觕居然别，何乃苦參尋。

其　三

繁星萬一千，未似獨月朗。同被太陽耀，何爲孤者迥。勇士力千鈞，便爲百夫長。流潦浩無收，一壑盡歸往。聚散理若兹，專騖意可想。所以顔之推，鼯蚓爲之況。

其　四

聞説金身道，須由鐵漢修。鐵使衆根斷，金將萬影收。悲岸無疏戚，覺海絶沉浮。造物曾未痛，雷電鎮日流。斯言盈十載，聽瑩爲我憂。嗟彼談根果，何不向此求。

其　五

人言江河水，百川滙乃成。雖然此不讓，一勺乃其精。縱非横瀾赴，呼噏百潤生。又如崑崙枝，遠條東西傾。葉葉與根映，枝枝與根迎。雨集共緑結，何時到霄溟。

廣 信 道 中

江水清見底，人從鏡上行。草樹夾洲岸，窮冬猶青青。掠波孤鷺過，淪漪寒藻生。南枝歸越鳥,心親眼自明。羈旅多鄉串,懽欣訪行程。

留題鵝湖山下石井

靈脈鵝峰阯,天雕石作欄。嵌空含宿潤,黯淡絶飛湍。遥海潛通碧,平疇廣浸寒。前修多寄詠,無限水哉歎。

謁御額學達性天武夷精舍三首。

昔年長老逐遊興,從問何處名山盛。迤邐莫須敷淺原,曲深第一武夷逕。尋幽易步衆壑殊,獻奇觸眼群峰競。宋家南狩西山西,光移婺女開賢聖。

其　二

居於夫子似鄒魯,來往未曾拜舊宇。此行棄舍浙江舟,取道廻邅西水滸。探源莫憚九折深,仰止方知萬仞古。飄風爲謝武夷君,不是看山非采苦。

其　三

高山巋然哲人邁,猶有手整六經在。章句初年成習心,專門白首歸模楷。下竿淺刺寒溪風,肅佩上趨精舍靄。相看來裔寢微茫,誰念前修久相待。

寄臺灣姚總兵二首。

勳名已結九重知,借寇三年意不貲。宵旰無踰滄海郡,恩威獨倚武臣師。更番樓櫓趨轅下,絶島桑麻亞戟枝。從此甌閩東漸遠,如君何用賈捐之。

其　二

歷鎮巖疆望翕然,量移海外績堪傳。南中須得張嶷久,交阯未容英國還。同事更欣來棨戟,新撫軍陳公,前分守臺灣,與君同事。休居何幸息風烟。迢迢隔島遥相祝,盟府高勳挂簡編。

壽黄達甫并序。

達翁黄君,安平舊家,兄弟同居,以友愛稱,患難尤篤孔懷之誼。又曾毀家貲數百，振人危困。余識其嗣廷樞君，適訪我湖山，告歸祝翁壽，詩以貽之。

長日紫荆樹，經風常棣華。尋常急人難，什伯傾其家。堧海衣冠舊，循陔玉樹葩。賓堂初夏滿，相侑酌流霞。

五月五日濯纓臺觀舟

知章投老去，得與舊林親。童冠偕行邁，簪裾暫出塵。籠銅喧里鼓，欸乃繼騷人。角飯沉香餌，機絲續釣綸。風謡千古上，世代幾番新。雲暗三湘暮，花開萬嶺春。幽情捐紫珮，餘事寄青蘋。徙倚黄昏候，斜陽别有神。

關侯誕日懷古用杜工部謁先主廟韻

建武中興後，風流大作人。屠沽嫺禮讓，處士卓經綸。擾攘生豪傑，間關定主臣。一朝明契分，千里蹈危辛。中壤黄星豔，西偏赤曆屯。羈栖阻江漢，宗社越周秦。祀夏猶應帝，生申故降神。從遊來二虎，枉顧起孤鱗。沔水襄陽北，秋星渭曲春。成功轉息異，遺恨到今新。志義移風遠，詩騷弔古頻。争知銘日月，不繫鼎灰塵。雖者熊羆將，歡然魚水親。無猜匡大業，有望壓强鄰。舊史紛三統，新安序一緡。萬年兹仰敬，歲事肅衣巾。

賦得爲有源頭活水來

天稷流精遠，千年一問津。相期星漢客，須待武陵人。共望汪洋失，還歸滴瀝真。幽光含物象，清景絶虚塵。藝苑休勞日，心齊好競辰。春秋書底事，爾雅注何因。往哲悲岐路，前修貴反身。沈思入室者，是處起經綸。

又效宋體一首

靈源何所起，達者自知津。絶學非無緒，單傳固有人。欲尋活潑趣，須剖渾淪真。未用添新料，惟勤掃宿塵。當仁五百載，省己十二辰。樂處憂相乘，疑來信則因。六經歸一理，萬物備吾身。多少臨淵羡，何如理釣綸。

賦得夏雲多奇峰

四序多蒸變,炎離行雨辰。噴騰通嶽氣,澒洞走龍神。本自山川出,依然形影真。纖踈羅草樹,嵬礧兀嶙峋。忽助華嵩聳,猶疑蓬島新。風朝觀締造,月夜想沈淪。禾得陵霄至,偏堪仰止親。功成歸澗壑,嘅息念斯人。

壽陳子對初

一滯都門三十秋,南北諸賢從我遊。才難誠如聖師歎,求之不得是吾憂。吁嗟俗學塞天下,振古文章束高架。六藝小學亦失傳,忍使經書如長夜。有嬀之子熒熒暉,曩者木天啓絳幃。尊人白首稱弟子,又華其繼丹雛飛。邸舍空齋鎮集止,一向一歆陪揚子。疑端强半爲諸經,辭咏亦抽作者旨。小陳之詩獨造妙,能與唐人角風調。舘閣王陳劉若干,未知孰是領深要。更涉六書通九算,此事尤與今河漢。南宮之文雅以清,安得白眼垂青盼。奉詔修經揚絶微,聖學高深誰得知。圖象摹畫假君手,遂使隸首參皇羲。憶昔相從幕府行,風帆驛路急王程。長觸塞雲蒸訛火,身披薊雪頹落英。蹉跎荏苒便中歲,血指汗顔真可慨。君不見杜甫送高生,男兒成名多老大。得塗年少甚誤人,風流坎壈亦纏身。直經百忍千災散,坐守純愚萬福真。誰言祝釐非古禮,二雅幾篇稱壽祉。遠溯嶽神至邦楨,歸之令德風人體。況我與君同邑書,岧嶤佛耳望仙鋪。世好連葭情不淺,周旋夷險意何如。贈言惟誦古人修,質有其文世所求。君悟碧霄無枉路,徒有相期歲晚收。霜風嘹栗摧葭菼,寒菊未彫早梅綻。君去應有十日觴,聊用俚歌諗親串。

榕村重構十六韻

西麓委初盡,平疇曲水通。開村名以樹,跨岸勢因風。偃作雙橋斷,聯成一幄同。摧頹雷雨意,緯繣鬼神功。久矣勞于役,歸來老此中。雲山皆接北,軒檻盡朝東。石峻希巖築,池灣儗頖宫。遠條陵廣沚,清泚度幽叢。無限晴光好,尤令暑氣融。精心藏秘册,餘事息微躬。是地方營構,兹郊正起戎。憂思忘後樂,雌守那知雄。日霽今王會,霜華既病翁。白駒馳不住,青竹業何窮。昔夢榕陰緑,斯晨荔子紅。懷哉聊慰志,時復叩虚空。

五月十日遊成雲洞

買山三紀事,卜築舊無能。雜樹全荒徑,孤齋未宿僧。宦遊如泛梗,代網類牽繩。責諾誠虚負,移文固已曾。密林喧虎吼,傍巖有瀑布水。繡壁蝕蟲薨。山石盡玲瓏,如蟲蠹。淇澳青千箇,終南白百層。木棉松幹倚,菡萏蘭香朋。隔岸環三渚,連潭曳一泓。當黏花苜蓿,荇藻葉荷菱。鳥馭東西軌,蟾弓上下絚。谿風秋瑟屑,峽雨夜奔崩。信美知無度,懷思夢不勝。深恩紓倦鳥,老態劇寒蠅。杖策拘攣去,肩輿卷跼登。巨靈云既許,福地自然興。禹蹟藏何極,遷書寄有承。歷年賜書,將建樓安設於此,并收藏一二私籍。斸將巖石錮,付與谷雲縢。餘潦横猶漫,初嵐直似蒸。南訛翻赤幟,且比踏曾冰。

祭鋭峰和尚

師本狂狷者,家落遂披緇。中歲頗歷扣,裒然稱傳衣。能言種種心,聽者開肝脾。樂成率爾句,慣著低甚棋。交我已三世,祖父歡迎之。誰謂僧無親,風雨相因依。余家昔遘難,自師發其奇。古言邵康節,亂世奸雄姿。隱几揮戈事,當機聊爾爲。下山便適舘,到老無嫌谿。世出或世間,往往見幾微。我欲冠其顛,師欲剃吾而。上引韓潮州,下述周濂溪。巨榜山門路,無如愚者迷。甚服人禽論,最喜月花詩。師但莞爾笑,謂我徒毛皮。儒釋一齊衰,相取重相思。今安得是人,飛錫下南陂。況是共憂患,投分過親知。長老當筵説,使我涕漣洏。廻車腹痛者,昔人所猶譏。而我久曠闊,豈不負雲枝。今晨載齋飯,迢迢渡虎谿。無住一應現,爲我指端倪。

妙峰寺弱冠讀書處今來屈指五十餘年

昔有苦行僧,自名參唯者。中歲海外來,結構兹峰下。先兄好與遊,晨暮武溪瀉。猶然效陶潛，恣酒不入社。德林居南山，天問隔蘭若。相望三高人，世外亦風雅。逡巡五十秋，儒墨齊飄瓦。嘅息吾道衰，帶累逸民寡。投老訪林丘，徒有巖泉灑。從遊獨含弟，舊事記真假。當年讀書聲，户牖尚咿啞。淹坐至日西，憮然我憂寫。

榕　村

卜築三紀前，落成三紀後。游宦如涉波，邈不知其久。榕樹加遠條，雜植頗陰黝。澗水無消添，稍復導源首。抗榭觀遥山，闢亭通四牖。前軒及南舍，皆俯魯侯茆。爲此將藏修，不量倡士友。薄遽遂周星，行復朝北斗。匪我老未休，命有驛神守。

榕村落成用朱子卜居韻

休居且慰意，誰復憶驚秋。風候南中異，家山事事幽。況此豐樂歲，晨夕履西疇。翻思三十載，身如不繫舟。暮鳥各有歸，三逕豈無求。夙歲徒經始，今朝再爰謀。鑿池通澗道，抗榭出山頭。斜陽交積翠，漲雨亂寒流。皇肯棄頗頷，甘爲汗漫遊。勞生分有息，寡過是吾憂。賓朋多雅話，學子念藏修。古人世耕讀，所望在箕裘。

六叔父恭懸御扁詩以賀之

當年重繭馳丸蠟，此日華顛捧帝書。駭浪驚波今已矣，高堂巨榜意何如。汾陽諸子皆金佩，元凱終身老蠹魚。況是瞿瞿多夕陽，家傳辱寵未曾疎。

丁酉還闕臨發申定鄉規口占

山水浄明淑氣嘉，那堪俗化任澆訛。人非本業皆無賴，里有仁風即太和。富貴長因驕佚敗，貧窮半是惰游多。今朝不作相如難，父老碩聽臨路歌。

留題鼇峰書院有序。

趨朝道經三山，觀所謂鼇峰書院者。此地闢自儀封張公，而海康陳公繼之，二公皆以宿學清修，建棨於兹。下車之日，首注意於文事，是閩學將興之祥也。陪讌講論竟日，留此志喜。

扶杖趨朝命，停車采國風。諸姜齊稷下，三峽待文翁。倡道中州傑，尊師百粤雄。有虔初秉鉞，主静日銷戎。媚學招韋素，賢僚倚帳紅。蔥青環藻棁，幽翳滿芹宫。我老迷非是，群徒質異同。抗顔愁笏曳，寫腹已缾空。白首慙嘉會，虚心竚聖功。作人天子意，翩羽戾朝桐。

壽六叔父并序。

六叔父八十大齡，國老家尊，兼見兒孫騰達。逆想秋園瑶兕，神爲馳越，遥奉蝦言，獻諸緝御。

磻溪此日始登車，何似功成復釣魚。坐客當筵催警句，經生繞膝問難書。完名式里兼耆壽，恩獎顔門賁索居。古道親親尤憲老，長慙猶子未歸歟。

恭賦御製借景勤經學

六藝無終歇，皇心在表微。洛書浮水出，鳳鳥應期飛。繼日思猶仰，先天道不違。同符乾德運，何處是春歸。

榕村文集卷四十

賦

木瘿瓢賦

何所懷之怫怫兮，駕言邁以遊遨。覽物性而潛思兮，感余心之忉忉。彼雨露之所施兮，寒暑之所化。物生各有以自舒兮，獨紆鬱而則那。余將問此由兮，陰陽幽而孔秘。眇相觀於四極兮，乃殊行而同義。日掩則生蜺兮，氣屯而爲雲。水衝而生波兮，火遏而成熏。器蠹以生瘢兮，玉疊而成璘。蓋存此而爲病兮，乃去此而何珍。在昔世之方茂兮，嘗抔飲而汙尊。儼元流之在中兮，蓋馨香之所聞。君子之高蹈兮，亦一瓢以怡怡。信斯美之可尚兮，又何必夫廟之犧。余固服於古之誼兮，悟屈伸之常道。蓋有蹇産於一時兮，歷終久以爲寶。維輪囷以樛羅兮，非草木之本願。嗟佳人之好修兮，獨遲回而歲晏。發微文於素質兮，心幾焦而飲苦。猶磨礪以終生兮，夫孰知余之所以自處。紛瑚璉之繽繽兮，燦金玉之熌熌。苟不陳於商、周之庭兮，曾不滿夫一盼。羌硜硜而自固兮，信古人之所佩也。余既不争夫世之榮兮，宜非造物之所敗也。忽返顧以回首，見緑野之陰翳。恐微霜之所踐，有歲暮之嚴風。嗟獨酌兮獨樂，悵弭忘兮何心。

憶閬山賦

惟閬山之高大，耦華、岱而與齊。鍾神秀於南嶠，奠吾廬之正西。晨余陟於平阯，日中而始躡乎危梯。矯中峰之峻極，猶勞心於阻隮。及次巒而稍憩，有仙鋪之庭院。若斷裂之曾冰，等戔裁之素練。廣可坐乎百人，勢舒掌而平面。信神者爲之工，匪人域所經踐。豁兹巔之曠迥，羅童髻之諸峰。水淙淙而環流，覆巽卉之青葱。忽大石之中拒，溜刳溝而深通。閲萬年之穿穴，緬涓滴於濛鴻。我欲窮其源始，闢荒蹊而薙莽灌。至靈竇之所開，纔沾濕而如汗。距數里以成流，越里許而成澗。遂懸長瀑以高飛，沃深潭之龍伴。潭中有魚四足。策餘力以黽勉，乃直上乎中之峨。眺武夷於雲際，俯莆、漳之陵阿。眇近郡之青紫，謂清源、紫帽山。盡壑底之乾嬴。倏白雲其下湧，漭滄海之浮波。行日月於須眉，走風雷於懷抱。偉人寰之若兹，矧翱翔乎天之道。念孕靈之何時，計顯迹之晚早。邈天地其無窮，諒兹山之不老。昔吾夢抵崔巍兮，乃在乎甲之秋。睇游佚而渡江左兮，哦《離騷》之覽冀州。登絶頂以寥廓兮，云當見今古之長悠。心驚惶而來下兮，殘劫灰之未收。始悟古人之言升中兮，天與山其相接。故賢達之栖懷兮，常危躋而嶮躐。猶思及餘年以成吾書兮，斵巉巖之石篋。借烟縢以雲扃兮，託千秋之大業。日翳翳以呈黄兮，山沉沉而變蒼。鶩歸塗而乘急景兮，微飈發乎金方。雖無上之苦辛兮，有奔躓之周防。月色滿於平楚兮，孤清浸乎寒塘。繄兩紀之舊踪兮，獨往來於寢寤。非兹遊之有啓於余衷兮，余何爲乎永慕。思投老以尋諾兮，既中虚而弱步。尚耿耿於攀援兮，倚巨靈之休祐。

雲無心以出岫賦

下士之乏節兮，傷語嘿之道屯。懿昔人之幽貞兮，超厲跡於青雲。信坎离之合德兮，乃非形而非氣。混陰陽之至精兮，洩神物之深意。縱行藏之所適兮，惟顔氏其庶乎。固潛隱而未施兮，飯没生之水蔬。昔殷商之大旱兮，曾發王之咸陟。一隨渭水之龍彪兮，假靈龜而衍忒。緬千載以悠悠兮，或三顧其追踪。矧六代之泯棼兮，遇典午之曹公。溘吾遊彼彭澤兮，丐區斗之惠也。紛美人其滿堂兮，誰獨哀此憔悴也。迅回馬而驅車兮，望松菊之青青。離塵氛之靡靡兮，混元化之冥冥。斯人而不可親兮，長鬱紆而顧步。日月絢其中天兮，際清夷之皇路。靄川澤之上氣兮，吾獨媿夫膏陰。懼雷師之我責兮，翳望舒以何心。朝翻飛於海嶠兮，夕余宿於靈瑣。悵汗漫而未收兮，恐清風之先我。魂營營其幾逝兮，喟天施之未酬。仰日暮之歸翮兮，詠三湘以銷憂。

憶昔年賦

憶昔年之方壯兮,洵有志於古初。矧世務之未知兮,羌無樂而歡娛。及蒙難而憂艱兮,乃備嘗乎顛沛。徒觸嶮以冥行兮,不知幸之已大。昧《易》爻之介石兮,輕《小雅》之臨淵。無古人之高節兮,乃獨易於由言。孰能施而不酬兮,宜怨及於朋友。至今耿耿以自思兮,誠反己之未厚。鍵哀誓於寵初兮,固不願此脂韋。豫終始以陬訶兮,亦豈先民之所非。寧不孜孜以慕學兮,愚而不足以發。始知道之信修兮,汝獨尚夫孤説。紛古哲之隨順兮,故語默之差違。至言行之無愆尤兮,則泯然而同歸。中未離於罪罟兮,仰天地之浩蕩。顧物性之既非兮,虚雨露之培養。年荏苒以西馳兮,意肅然而驚秋。何彼賢人之坦坦兮,忳獨懷夫百憂。思補過之無路兮,願假年以學《易》。曾未窮日月之故兮,敢深言於一畫。亦既奉教於先生兮,識時位之無常。擇經言而撿史兮,求吾身之所當。古有幸而獲濟兮,徒得福於無妄。欲握柁以操舟兮,又未知一葦之何向。無亦返於幽獨兮,問厥初而省之。歷萬法以徵心兮,庶天命之不吾欺。蔚巖松之青青兮,謇獨能彼歲暮。直以其有貞根兮,得幽靈之長護。唯嘐嘐之狂斐兮,曾未試于阻深。冀大咎之終无兮,誦小宛之遺音。

眼鏡賦

及余歲之方壯兮,辨白駒之散花。試玻瓈以著目兮,如山行之霧遮。越雒數之一週兮,當堯夫之始娶。忽有闓之自中兮,知蟾蜍之何處。丐此寶於西家兮,長堊鼻而不斵。又牽耳以防墜兮,若奔豨之在服。緊吾受之离光兮,固獨有此天明。曾幾何而瞀昏兮,假石麵以偷精。心憒憒以未平兮,恨攝生之未固。譬兹理於大荒兮,亦欣然而有悟。吾氣之充腹兮,何以日乎三餐。吾躶然以乘陰陽兮,歲又何以乎裘衣。逮熒衛之失馭兮,致二鬼之遊嬉。彼區區之草木兮,烈山奚取而嘗之。信萬物之我役兮,審吾生之爲貴。日月何所不容光兮,必發爇於陽燧。蓋真精之自然兮,本一氣而同流。得其所憑依兮,乃成功之我收。

昔虞后之四目兮，豁廣寄於天下。及其苗裔之重瞳兮，褊不容夫范亞。樂工以耳眂兮，静者以心觀。惟其初之必合兮，如地之輸灌乎山川。抱耿耿之褊心兮，謂附贅之之可詫。謇既得夫希通兮，遂上手而稱謝。

秋高鹿鳴賦以"盛世蒐羅英才樂育"爲韻。

始進以秋，欲其肅敬。興物類之呼招，比人倫之求應。垂簾鎖院，自隋、唐而以來；籲俊闢門，於虞、周而爲盛。惟士首民，用才顯世。故良臣資焉以事君，王者以之而享帝。由鄉升國，比三歲則賓興；貢郡朝京，隨逐年之吏計。揚於顯，動於幽。或眂兆以遐訪，或假寐以旁求。非梧弗栖，固來下於朝日；生草不踐，亦戾止於春蒐。于焉燕以鄉飲，席之工歌。陳旨酒之備有，詠嘉魚之已多。一矢者夸射策，三驅者廣張羅。竚鼂、董、公孫之對，列孔、顔、伊、吕之科。氣以類感，道不虚行。若神劍之干霄，匪張翳壤；比大圭之敵國，微卞沈荆。是以嘉祐追論，美歐陽之司柄；元和動色，爲權公之作楨。寄語太忙，無煩地上之友；借問至樂，孰與天下之英。時則金風肆發，曾霧褰開。月眸朗朗於孤帳，星象隱隱於三能。光動寒竈之烟，巷憐羈客；明收渫井之水，梯接妙才。野老無歡，賢人是樂。勞心斫桂，將爲貧者之薪；連口相舂，欲助飛仙之藥。爾乃茅茹彙升，菁莪弘育。《宵雅》肄三，《南陔》補六。惟孝惟忠，初衣初服。昔也求侣之鶯，今爲嘯群之鹿。陋羊假質，走中澤以蒙皮；希豹舒文，向陽生而解角。望湯網以斯奔，指文囿而攸伏。而且白呈洗髓之心，静守緣經之督；豈徒效長途千里之驅，固將備宫沼四靈之畜。

榕村别集

目　録

榕村别集卷一

等韻辨疑

凡字母，或取平字，或取仄字，雖不知何故，於平、上、去、入四聲，皆有清濁，在當日分别甚明。故所取以辨清濁二母者，非其平聲，即其上、去、入聲也。今人於入聲，頰舌間皆不能具，故於《等韻》分母之理，益不能知矣。

見清聲。

溪清聲。

群北方爲溪，濁聲。南方爲見，濁聲。

疑濁聲。

端清聲。

透清聲。

定北方爲透，濁聲。南方爲端，濁聲。

泥濁聲。

知清聲。

徹清聲。

澄北方爲徹，濁聲。南方爲知，濁聲。

孃濁聲。○案：知、徹、澄、孃四字，今音惟孃字，入舌音泥字内，知、徹、澄三字，俱混在照、穿、牀齒音内。據《等韻》諸書，俱當作舌音。但端、透、定、泥吐在舌尖，而知、徹、澄、孃收在舌上耳。今閩、廣人知、徹、澄猶作舌音也。

精清聲。

清清聲。

從北方爲清，濁聲。南方爲精，濁聲。

心清聲。

邪心，濁聲。

照清聲。

穿清聲。

牀北方爲穿，濁聲。南方爲照，濁聲。

審清聲。

禪審，濁聲。

邦清聲。

滂清聲。

並北方爲滂，濁聲。南方爲邦，濁聲。

明濁聲。

非清聲。

敷清聲。

奉非，濁聲。

微敷，濁聲。

曉清聲。

匣曉，濁聲。

影清聲。

喻影，濁聲。

來濁聲。

日濁聲。

凡三十六字，分清濁皆以其母之部，平聲爲主。有有清有濁者，則清濁並立母，心與邪、審與禪、非與奉、敷與微、曉與匣、影與喻是也；有有清無濁，而或南北音譌，彼此互異者，群、定、澄、從、牀、並，南方爲見、端、知、精、照、邦之濁聲，而北方爲溪、透、徹、清、穿、滂之濁聲是也；有有濁無清者，則以濁聲立母，疑、泥、孃、明、來、日是也。蓋其部之字有平聲者，則立母，無平聲雖有上、去、入亦闕之不立母也。群、定、澄、從、牀、並,今以四聲叶之,則北方惟平聲可叶,餘三聲仍不可叶,當從南音爲是。○見、溪、群、疑,一類也。端、透、定、泥,一類也。知、徹、澄、孃,一類也。精、清、從、心、邪,一類也。照、穿、牀、審、禪,一類也。邦、滂、並、明,一類也。非、敷、奉、微,一類也。曉、匣、影、喻,一類也。惟來與日,則非其類。來字當從端、透、定、泥,爲舌音。日字當從照、穿、牀、審、禪,爲齒音。《皇極經世》改之是也。

皇極經世韻附

古甲九癸即《等韻》見字。清聲。

□□近揆即《等韻》南音之群字。濁聲。

坤巧丘棄即《等韻》溪字。清聲。

□□乾虬即《等韻》北音之群字。濁聲。

黑花香血即《等韻》曉字。清聲。

黄華雄賢即《等韻》匣字。濁聲。

五瓦仰□即《等韻》疑字之清聲。

吾牙月堯即《等韻》疑字。濁聲。

安亞乙一即《等韻》影字。清聲。

□爻王寅即《等韻》喻字。濁聲。

母馬美米即《等韻》明字之清聲。

目貌眉民即《等韻》明字。濁聲。

夫法□飛即《等韻》非字。清聲。

父凡□吠即《等韻》奉字。濁聲。

武晚□尾即《等韻》敷字。清聲。

文萬□未即《等韻》微字。濁聲。

卜百丙必即《等韻》邦字。清聲。

步白葡鼻即《等韻》南音之並字。濁聲。

普朴品匹即《等韻》滂字。清聲。

旁排平瓶即《等韻》北音之並字。濁聲。

東丹帝□即《等韻》端字。清聲。

兑大弟□即《等韻》南音之定字。濁聲。

土貪天□即《等韻》透字。清聲。

同覃田□即《等韻》北音之定字。濁聲。

乃妳女□即《等韻》泥字之清聲。

内南年□即《等韻》泥字之濁聲。

老冷吕□即《等韻》來字。清聲。

鹿犖離□即《等韻》來字。濁聲。

走哉足□即《等韻》精字。清聲。

自在匠□即《等韻》南音之從字。濁聲。

草采七□即《等韻》清字。清聲。

曹牙全□即《等韻》北音之從字。濁聲。

思三星□即《等韻》心字。清聲。

寺□象□即《等韻》邪字。濁聲。

□□□□此一行係清聲而無字,蓋日字輕齒之清聲也。

□□□□此一行係濁聲而亦無字,蓋日字輕齒之濁聲也。

□山手□即《等韻》審字。清聲。

□士石□即《等韻》禪字。濁聲。

□□耳□即《等韻》日字之清聲。

□□二□即《等韻》日字。濁聲。

□莊震□即《等韻》照字。清聲。

□乍□□即《等韻》南音之牀字。濁聲。

□乂赤□即《等韻》穿字。清聲。

□崇辰□即《等韻》北音之牀字。濁聲。

□卓中□即《等韻》知字。清聲。

□宅直□即《等韻》南音之澄字。濁聲。

□折丑□即《等韻》徹字。清聲。

□茶呈□即《等韻》北音之澄字。濁聲。

右二十四聲，并清濁爲四十八，與《等韻》三十六母同。《等韻》凡無平聲者則闕之，故止於三十六。《經世》兼存之，故有四十八也。二十四聲者，見、溪、疑、端、透、泥、知、徹、孃、精、清、心、照、穿、審、邦、滂、明、非、微、曉、影、來、日也。《經世》并孃於泥，則少一聲矣。其亦有二十四者，輕齒當有一聲對正齒日字，而有音無字，故爲虚位以對之也。《經世》併來於舌，併日於齒，此二處高於《等韻》，餘則互有得失。其《等韻》所謂開口、合口、等呼，《經世》所謂開、發、收、閉四位，古今音異不可盡知，且推之多有未密者。惟其大綱體要，則不可不知云。

字音圖説

第一部

阿直喉聲	○入鼻聲	衣舌齒聲	烏脣聲	於撮口聲		○	○	耶	窩	○
○阿阿切	○○阿切	鴉衣阿切	洼烏阿切	○於阿切		○	○	○	○	○

第二部

埃阿衣切	○○衣切	○衣衣切	威烏衣切	○於衣切		○	○	○	○	○
○阿埃切	○○埃切	挨衣埃切	歪烏埃切	○於埃切		○	○	○	○	○

第三部

鏖阿烏切	歐○烏切	優衣烏切	○烏烏切	○於烏切		○	○	○	○	○
○阿鏖切	○○鏖切	腰衣鏖切	○烏鏖切	○於鏖切		○	○	○	○	○

第四部

昂阿○切	○○○切	英衣○切	翁烏○切	雍於○切		○	○	○	○	○
○阿昂切	○○昂切	央衣昂切	汪烏昂切	○於昂切		○	○	○	○	○

第五部

安阿尼切	恩○尼切	因衣尼切	温烏尼切	雲於尼切		○	○	○	○	○
○阿安切	○○安切	烟衣安切	灣烏安切	淵於安切		○	○	○	○	○

第六部

菴阿母切	○○母切	陰衣母切	○烏母切	○於母切		○	○	○	○	○
○阿菴切	○○菴切	奄衣菴切	○烏菴切	○於菴切		○	○	○	○	○

右六部十二行,凡六十聲,又各有下聲。惟首行可辨,曰○○耶窩○。自次行以後,則但如上列之聲而加濁耳。今惟南方有之,北方則無,所以存其位者,兼誌南北聲氣一也。又古人亦多用下聲,如麻字韻内阿、鵶、洼三聲,古皆不用,乃歌、模二韻之聲耳。以此推之,凡對此數字之聲皆然。故下列之位,不可不存也。○撮口之聲,古人無之。故凡音之變,皆以四聲展轉相生而得之。首三部皆喉聲之切也,止三部者,阿、衣、烏三字聲明,次○聲暗,故不用也。第四部原生於次○鼻聲,又取其鼻中之鼻。第五部原生於第三之舌齒,又取其舌齒中之舌齒。第六部原生於第四之脣聲,又取其脣中之脣也。撮口之聲,存今俗音耳。

凡一百二十聲,各以平、上、去、入八聲分之,爲九百六十聲。

平、上、去、入,各有清濁。如翻、反、泛、發、煩、犯、飯、乏,是翻字八聲也。雍、勇、壅、約、融、詠、用、藥,是雍字八聲也。推之字字皆然。但今惟南方,迤北往往不備。

九百六十聲,各以等母。今正音。二十一聲分之,爲二萬一百六十聲。

等母凡三十六,今云二十一者,以今京師、江寧府及中州之聲爲凡也。三十六母之説，紛紛不一，其分宫、商、角、徵、羽五音，亦人人殊。今既約以現行二十一聲，則影、曉二字爲喉音，宫也。溪、見、疑三字爲鼻音，商也。透、端、來、泥四字爲舌音，角也。清、精、心三字爲輕齒，變徵也。穿、照、審、日四字爲重齒，徵也。滂、邦、明三字爲重脣，羽也。非、微二字爲輕脣，變宫也。

凡聲不離開、發、收、閉。以六部經聲論之，第一聲爲開，第二聲爲發，第三聲爲收，第四聲爲閉。以四聲論之，平爲開，上爲發，去爲收，入爲閉。以等母論之，喉音爲開，鼻音爲發，齒音爲收，脣音爲閉。又以六部全聲論之，前三部爲開，第四部爲發，第五部爲收，第六部爲閉。

第一部收聲，皆收本字之喉音。第二部收衣字，第三部收烏字。至第四部雖收鼻音，第五部雖收舌抵齒音，此舌齒所以同爲一部。第六部雖收脣音，然其爲各收本字之喉音，無以異也。

第一部則歌、麻、支、微、齊、魚、虞皆如模聲。諸韻是也。第二部則佳、讀該。灰諸韻是也。第三部則蕭、肴、豪、尤諸韻是也。第四部則東、冬、江、陽、庚、青、蒸諸韻是也。第五部則真、文、元、寒、删、先諸韻是也。第六部則侵、覃、鹽、咸諸韻是也。凡同部者，古韻皆可通用。而詞曲家亦分爲六部收聲，此其最明者。然支、微、齊收本音，則衣字也。而第二部之佳、灰，亦收衣字，故第二部之佳、灰，可與第一部之支、微、齊通用也。魚、虞收本音，則烏字也。而第三部之蕭、肴、豪、尤，亦收烏字，故第三部之蕭、肴、豪、尤，可與第一部之魚、虞通用也。自江左以後，後三部有入聲，前三部無入聲。故今坊版小韻書，平、上、去皆三十韻，惟入聲只十七韻。蓋東入聲屋，冬入聲沃，江入聲覺，陽入聲藥，庚入聲陌，青入聲錫，蒸入聲職，真入聲質，文入聲物，元入聲月，寒入聲曷，删入聲黠，先入聲屑，侵入聲緝，覃入聲合，鹽入聲葉，咸入聲洽，凡十七韻，而其餘十三韻，則無之也。考古音，則諸入聲惟第六部不可易，其餘皆應入前三部，而後二部反闕。今北方之音猶然。古今南北之不同若此。然以字傍求之，則古得其正，北方猶其遺意，而南方則江左以後之聲耳。如支字以質交質。爲去聲，質文質。爲入聲，質、質一字也。模字以惡惡是何言。爲平聲，惡好惡。爲去聲，惡美惡。爲入聲，惡、惡、惡一字也。藹爲上聲，謁爲入聲，謁即藹之傍也。噫爲平聲，意爲去聲，億爲入聲，意即噫、億之傍也。沸爲去聲，弗爲入聲，弗即沸之傍也。箇爲去聲，涸爲入聲，兩字同一字傍也。由爲平聲，柚爲去聲，軸爲入聲，由即柚、軸之傍也。消爲平聲，誚爲上聲，肖爲去聲，削爲入聲，肖即消、誚、削之傍也。如此之類皆在上三部字中，而下二部入聲字，未有與平、上、去字傍通者。偶有一二，亦恐聲音相沿之誤耳。如旦怛、滕縢之類。此可見古韻之爲正也。然古人讀入字聲，皆與上三聲相近，故其氣長以舒。《詩》篇既可與上三聲叶用，而施之歌曲，亦無短促梗格之病。今南方度曲者，到入聲字，亦不得不轉而就北音矣。

榕村别集卷二

鼎　符

上　篇

《乾》、《坤》設位，而《坎》、《離》行。至哉二用，萬物資生。鼓舞寒暑，雲霆以形。《坎》者天魄，《離》者地熒。二者相交，《易》道乃并。《易》始《乾》、《坤》，終於《既》、《未》。中六十卦，互爲終始。三百六十，推策定爻。時與月競，日與歲周。晦明出入，晝夜剛柔。能事畢矣，觸類可求。陰陽無端，動静無極。生死同根，德仇並域。日火質暗，金水内光。夏熱爲陰，冬寒爲陽。昧爽丕顯，日中履霜。智者憂盛，達人固窮。《易》道交泰，玄門顛倒。不交不生，不反不妙。撫世修身，斯爲至要。知之心得，不可明道。

《坎》、《離》戊己，其位居中。甲乙壬癸，《乾》、《坤》始終。《震》、《巽》、《艮》、《兑》，下生上窮。庚辛作配，丙丁是當。是名納甲，月節亦符。《坎》、《離》無位，周流六虚。哉蘇爲《震》，初昏見庚。《兑》丁《乾》甲，弦望乃明。旁死之後，候以平明。《巽》、《艮》至《坤》，辛丙乙成。六支之位，《乾》、《震》起子。《坎》寅《艮》辰，順播陽序。《坤》未《巽》丑，《離》卯《兑》巳。按節逆行，週陰六紀。《屯》以子申，《蒙》用寅戌。觀兹二象，亦可究悉。

《復》繼生龍，《姤》始包魚。寅申門户，《泰》、《否》是居。消息律琯，升降璿璣。名十二辟，按氣受符。此與六卦，同體殊塗。俱去《坎》、《離》，以候盈虚。《震》、《兑》、《乾》左，《巽》、《艮》、《坤》右。迭乘《乾》、《坤》，消息有序。

聖人之興，繼天受圖。察於陰陽，混然中居。探微知幾，窮神體易。本仁祖義，協天刑德。君以下交，臣則上逮。皇明畢照，幽隱咸遂。《泰》恤其孚，《豐》

憂其中。《否》嘉其祉,《困》亨其窮。聖人於世,如治一身。陰陽既交,盎然常春。閫於未然,闢於未形。三光順軌,四海和平。本失用乖,擾雜皇極。日月告凶,星辰顯慝。灣麓交吞,陵原倒易。如人病者,薰心限隔。煢魂糟莩,曠枯淪匿。德之昭明,休徵來格。聖人御世,永命過歷。

中　篇

黄、老何言,以静爲動。以柔爲剛,無用爲用。患吾有身,耳目與口。以爲三要,亦曰三寶。以明自視,以聰自聞,以兑自言,三者歸根。無怨無喜,无咎無譽。廓然歸虚,元神常聚。魂魄相抱,性命同居。和氣充塞,與古爲徒。天道益謙,挹盈注虚。暗却邪害,預遠憂虞。斯乃至要,形氣之主。世人執有,難與合慮。

天神無體,地火無形。高明遺象,沈潛晦明。上德如水,道以器比。水静而清,器虚而靈。故静不絀,而虚愈盈。金水相涵,其中有光。光者火性,陰中之陽。外黑内白,白中有朱。自裹達表,朱衛白居。徑寸之中,方圓相包。天依形立,地附氣浮。周流分布,彌戒不虞。環匝密固,握命之符。外閉者有,内閉者無。無爲至德,神明所都。

人既生魄,其陽曰魂。二者相依,受命之根。一合一離,生死之門。何以留之,抱一爲先。愚者徇形,達士治神。神先形生,亦後形傳。以神攝氣,如磁感鐵;如燧方諸,以致日月。以氣留形,如火存湯;如寒凝冰,所畏春陽。慈母懷子,胞息十月;孝子報親,祭祀不輟。生死存化,延連不絶。皆有漸也,誰能遽歇。能握元神,以致元氣。先天之學,其前無始。無始之道,其後無既。氣固神完,與天地敝。

老子言元[①],治性之道。道家言丹,修命之要。不元[②]不丹,不丹不元[③]。一而已矣,不可二言。凡氣之禪,赤白黄黑。驗之人生,草木榮落。太陽亦然,朝昏可識。神僊之道,顛倒背逆。先黑後白,黄中赤色。自元[④]還丹,嬰兒之宅。性命家言,如是蔽之。近在己身,大藥可期。世人徇生,欲其不老。棄正趨邪,誤入群道。智者内觀,賢士返求。不出市肆,翱翔三洲。

下　　篇

《火記》之要,在乎伏食。食故相生,伏故相滅。水以火温,火以水制。察其機者,長生可致。修命之道,以伏爲食。克克生生,其機不測。魂魄相拘,交互反覆。兩不相離,配合無極。

二八之弦,魂魄正平。酌而無竭,注而勿傾。象歲春秋,建緯卯酉。刑德並會,相見歡喜。晦朔之間,日月交侵。舉水威火,猛火燒金。日明不虧,月魄不喪。金還故性,不失其重。火乃得滋,威光愈壯。真陽正色,故曰還丹。其候至矣,《火記》名焉。

仰觀日月,俯察五行。三五之道,二八斯并。木龍金虎,水火之母。咀嚼相吞,和合爲侣。舉水滅火,火滅成土。土從火生,鎮水不起。五行會合,土爲宗祖。是名黄輿,調停勝負。黄中通理,暢於四支。入赤色門,復還嬰兒。斯爲真火,和氣所生。金乃還丹,汞不虧盈。壽命長久,改厄易形。變化陰陽,解離五行。

汞曰流珠,火遁淵藏。輕盈流娟,姹女神光。鉛懷金華,被褐之徒,足以制之,又名黄芽。流珠得之,姹女逢夫。知雄守雌,乃安其居。抱合相守,養毓孕孳。鉛汞凡質,金乃至精。道家取此,覆謬諸名。精氣魂魄,鉛汞之比。正陽真金,夫豈外是。棄不燒煉,同於瓦礫。謂金無種,良可嘅息。

人稟正氣,天地至靈。變化之道,超然群生。遺佛成果,播種必穫。何況吾身,性命之故。蜣螂弄丸,雌雞覆卵。草蛇含珠,野蠶獻繭。本於是物,精氣之極。然必有種,豈可幸得。事無實理,譚餅充饑。炊砂成飯,勞苦無裨。識道之根,專精不二。不離己身,神僊可至。世多外道,妄作持行。外耗資財,内摇其精。呼神致魔,藥物殊名。河漢乖異,衆人莫明。邪道充塞,正氣淪冥。定在鬼籙,豈得飛昇。

後　　語

吾昔從希夷,得識造化機。四聖心如灼,三教見同揆。如何天地判,中乃有

《坎》、《離》。惟兹一交互，千門萬徑蹊。顛倒無終極，明者察其微。大哉《易》元旨，《火記》豈外兹。下士晚聞道，精神乃早漓。空知不實踐，虚華何所裨。歲晏鶗鴂鳴，醇白已磷緇。上負七祖恩，骨脈相判離。顔形日以改，淚爲感憂滋。神存實足寶，榮名豈虚垂。如寐得呼音，聲靈殫太虚。明有功德報，幽有鬼神符。如不遇賢哲，豈可洩天符。大道無元[5]遠，所貴在深思。玉册二千年，其如知者希。文字猶迷罔[6]，神明付與誰。上下六千周，條别復分枝。依類相倣託，聊復綴斯辭。

爐　火

鼎器如何兮圓尺五，其餘一分兮法閏數。二八之倍兮以爲口，置二爲唇兮圓數覩。兩者同歸兮無增補，斯實重器兮舊規矩。俯仰天地兮近可取，正位凝命兮鼎之主。爐事如何兮金水火，金水同宅兮金爲主。水受火化兮金不窳，真金之水兮二分許。餘與火交兮變化侶，渣滓灰燼兮歸無所。强目中宫兮正名土，和氣混成兮真金母。金欲成兮火斯武，赫光熺兮丹色吐。既滿百兮一轉度，餘歲日兮從兹數。陰火白兮水相與，鉛汞名兮此其故。長黄芽兮入僊路，陽火施兮赤威布。金還性兮理不誤，肖火色兮光精露。節候盡兮體堅固，功德完兮神明護。刀圭霑兮魄魂聚，窮元氣兮蔽終古。

爐火後語

吾爲儒門弟子，不知道教終始。聞之前賢格語，天下有三定理。治國永命祈天，爲學至於聖賢，修身益壽長年，皆以人力致焉。伯陽遺書三篇，微意髣髴斯言。根條枝葉相連，幽光與世留傳。殆有深義可觀，讀者慎無苟然。

自　叙

《參同契》者，三道同契也。《三相類》者，三道相類也。三道者，《大易》、黄、老《丹經》也。觀變陰陽，發揮神氣。二編之中，奥旨備矣。余恐讀者，莫暢厥要。道侣元[7]流，蕪義蔽真。性命道德，既非其舊。魏氏之志，是以荒焉。用配前文，更作《鼎符》。道我所知，匪必元[8]宗。要之辭理，可推類云。

【校記】

①②③④⑤⑦⑧ “元”：按此避清聖祖諱，應作“玄”，下文同。

⑥ “罔”：乾隆本作“冈”，道光本作“罔”，據道光本改，以“罔”爲是。

榕村别集卷三

納　　甲

納 甲 直 圖

乾坤艮兑坎離震巽乾坤

甲乙丙丁戊己庚辛壬癸

《乾》納甲壬,《坤》納乙癸,《乾》、《坤》包括,始終之義也。其餘六卦,則自下而上,法畫卦者之自下而上也。《震》、《巽》陰陽起於下,故《震》納庚,《巽》納辛。《坎》、《離》陰陽交於中,故《坎》納戊,《離》納己。《艮》、《兑》陰陽極於上,故《艮》納丙,《兑》納丁。甲丙戊庚壬爲陽干,皆納陽卦。乙丁己辛癸爲陰干,皆納陰卦。

此以六卦應月候,而《坎》、《離》爲日月之本體,居中不用也。《震》直生明者,一陽始生,又生明之時,以初昏候之,月見庚方也。《兑》直上弦者,二陽浸盛,又上弦之時,以初昏候之,月見丁方也。《乾》直望者,三陽盛滿,又望時,以初昏候之,月見甲方也。《巽》直生魄,則一陰始生,又生魄之時,以平明候之,月見辛方也。《艮》直下弦,則二陰浸盛,又下弦之時,以平明候之,月見丙方也。《坤》直晦,則三陰盛滿,又晦時以平明候之,月見乙方也。皆與納甲相應。

納甲圓圖

乾	戌--子--酉--巳—	震	戌--寅—卯—未--
	申--戌—亥--未--		申--子--巳—酉—
坎	午--申--丑--酉—	艮	午—戌--未--亥—
坤	辰—午--卯--亥—	巽	辰--申—酉—丑--
	寅--辰—巳--丑--		寅--午--亥—卯—
離	子--寅--未--卯—	兑	子—辰--丑--巳—

納甲納十二支圖

此以八卦之六畫，分納六辰之法也。凡《乾》在内卦，則爲甲而納子寅辰，如初九爲甲子，九二爲甲寅，九三爲甲辰也。《乾》在外卦，則爲壬而納午申戌，如九四爲壬午，九五爲壬申，上九爲壬戌也。《震》之納辰與《乾》同，但初爻爲庚子，二爻爲庚寅，三爻爲庚辰，四爻爲庚午，五爻爲庚申，上爻爲庚戌耳。其餘諸卦，皆可案圖推之。《春秋傳》陳公子奔齊，筮得《觀》之四爻動。占者曰："有嬀之後，將育于姜。"注家謂《巽》長女也，《巽》居外卦，六四辰直辛未，未羊也，羊加于女，則姜字也。此可見漢、晉間人説《易》，用納甲之法。

總　論

納甲之法，不知其所自起。因以其六月卦直月候，明魄死生，陰陽消息，與《先天圖》有相似者，故道書《參同契》中所陳，本述納甲之説，而朱子以爲即《先天》之傳也。孔子之後，諸儒失之，而方外之流，密相付受，以爲丹竈之術耳。今案《先天》之圖，八卦具備，而納甲則除去《坎》、《離》以爲二用，則其法亦不盡合。或曰《説卦》言天地定位，山澤通氣，雷風相薄，乃以三陽三陰至一陽一陰爲序，而其後方言水火不相射。蓋以六卦寓消息，而以水火爲用，或者古有此説也。至其參錯六辰之法，則陽皆順行，陰皆逆轉，陰陽之老長中少，每差一位。惟《震》與《乾》同，長子繼父體也。《坤》不起于丑而起于未，尤與《洛書》偶數起未位，《後天圖》《坤》居西南，樂律林鍾爲地統，而應未月之氣者相合。故諸術之中，惟納甲爲粗近理。今《火珠林》卜卦，蓋即其法也。

納　音

納音次第圖：

言五行者，以氣始形終爲次，則《洪範》之水火木金土是也；以播于四明相生爲次，則《月令》之木火土金水是也；以飭庀五材相尅爲次，則《禹謨》之水火金木土是也。納音五行，始金，次火，次木，次水，次土，既非本其始終，又無取於生尅，故説者莫知其所自來。今案諸術源流，無非祖述《易象》之意。納音之

先天之圖

法，蓋亦兼《先》、《後天》之理而用之者也，各爲之圖以明之。

《先天之圖》，《乾》、《兑》居首而屬金，次以《離》而屬火，又次《震》、《巽》而屬木，次《坎》而屬水，終於《艮》、《坤》而屬土。故始於金終於土者，《乾》始《坤》成之義也。金取於天之剛，土取於地之厚，火附於天，水附於地，而木以生氣居中間焉。此納音所本於《先天》之序也。

《後天之圖》，亦以《乾》居首，而逆轉自《乾》、《兑》之金，旺於西方，轉爲《離》火，旺於南方，又轉爲《震》、《巽》之木，旺於東方，又轉爲《坎》水，旺於北方，而土旺四季，故退《艮》、《坤》以居終焉。此納音所本於《後天》之序也。

後天之圖

納音五行

甲子 乙丑 金	丙寅 丁卯 火	戊辰 己巳 木	庚午 辛未 土
壬申 癸酉 金	甲戌 乙亥 火	丙子 丁丑 水	戊寅 己卯 土
庚辰 辛巳 金	壬午 癸未 木	甲申 乙酉 水	丙戌 丁亥 土
戊子 己丑 火	庚寅 辛卯 木	壬辰 癸巳 水	甲午 乙未 金
丙申 丁酉 火	戊戌 己亥 木	庚子 辛丑 土	壬寅 癸卯 金
甲辰 乙巳 火	丙午 丁未 水	戊申 己酉 土	庚戌 辛亥 金
壬子 癸丑 木	甲寅 乙卯 水	丙辰 丁巳 土	戊午 己未 火
庚申 辛酉 木	壬戌 癸亥 水		

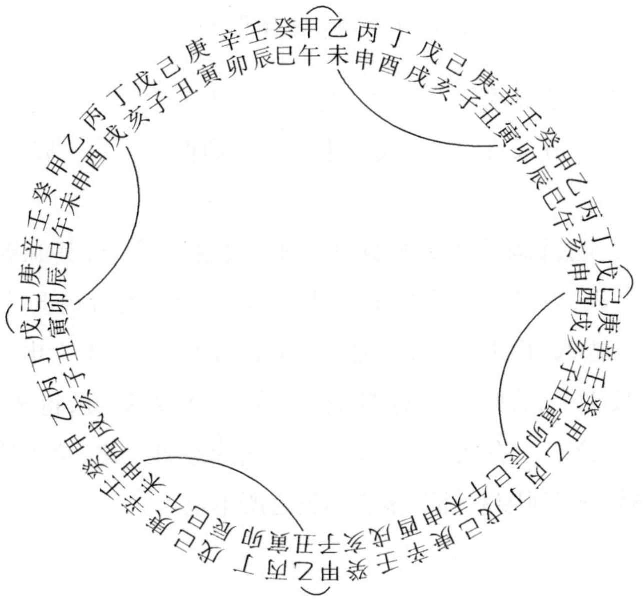

納音五行分三元應樂律隔八相生圖

甲子、乙丑爲金上元，壬申、癸酉爲金中元，庚辰、辛巳爲金下元。三元既周，則傳於戊子、己丑爲火上元，丙申、丁酉爲火中元，甲辰、乙巳爲火下元。自此以後，皆依前圖金、火、木、水、土之次，而用樂律同位娶妻、隔八生子之法，以終於丁巳，而納音小成矣。又自甲午、乙未爲金上元，如前法以終於丁亥，而納音大成矣。〇案：十干、十二支，相錯爲六十，五音、十二律，相乘亦爲六十。故納音之法，兼二者而用之。甲子金而乙丑亦爲金者，同位娶妻也。乙丑金而壬申又爲金者，隔八生子也。一行各三元，而後傳於次行，猶春有孟、仲、季三月，而後傳於夏也。自甲子至丁巳，而五行之三元一周，猶《易》之三畫爲小成也。甲午至丁亥，而五行之三元又一周，猶《易》之六畫爲大成也。其立法雖與律吕相應，而不知其於聲音何所用之。今間有用之者，尅擇之家也。

納音干支起數合五行圖

甲巳九	乙庚八	丙辛七	丁壬六	戊癸五
子午九	丑未八	寅申七	卯酉六	辰戌五
已亥四				

此揚子雲《太玄》論聲律所紀數也。凡兩干兩支之合，其餘數得四九者爲金，得一六者爲火，得三八者爲木，得五十者爲水，得二七者爲土。如甲子皆九，得數十八，乙丑皆八，得數十六，合之三十有四，故爲金。壬六申七，得數十三，癸五酉六，得數十一，合之二十有四，故亦爲金。庚八辰五，得數十三，辛七巳四，得數十一，合之二十有四，故又爲金也。其餘案圖推之，莫不皆然。但所配一六、二十等數，與《河圖》不同，未詳其説之所本也。

榕村别集卷四

星命本要

論禄命之理本於易

四柱合兩儀四象圖		
	太陽歲	陰陽
	太陰月	
	少陽日	
	少陰辰	

八字合八卦圖				
	歲干	月干	日干	時干
	乾	震	坎	艮
	歲支	月支	日支	時支
	坤	巽	離	兑

禄命之説,於《易》理亦有合者。蓋歲日主於日爲陽,月辰主於月爲陰,兩儀之象也。歲爲太陽,日爲少陽,月爲太陰,辰爲少陰,四象之象也。歲之干陽支陰,《乾》、《坤》也,父母也。月之干陽支陰,《震》、《巽》也,長男長女也。日之干陽支陰,《坎》、《離》也,中男中女也。辰之干陽支陰,《艮》、《兑》也,少男少女也。八卦之象也。故衛家以歲主父母,月主兄弟,日主身及其妻,辰主所生之男女,蓋取諸此也。歲爲根,月爲枝,日爲華,辰爲實。父母者人之根也,兄弟者同枝而生者也。成人授室而生生之道具矣,故曰華。育嗣有繼而種類不窮矣,故曰實。年主初歲,未離乎父母也。月主弱年,未分於兄弟也。日主强壯,授室而成家也。辰主晚暮,傳嗣而休老也。其所主於《乾》、《坤》六子者如此。至其運行,則一於月乎取之。蓋人之終身,如物之終歲。終身之稚壯衰老,如終歲之生長枯落。終歲之生長枯落,逐四時十二月而變,故運行必主於月。而日辰者,則四時十二月之中,其物生之應節違候者也。《易》以十二月卦,紀陰陽之盛衰,而三百八十四爻者,隨之以定凶吉。故曰禄命之説,於《易》理亦有合也。

論年月日辰相乘之數

以六十年甲子乘十二月，得七百二十，以六十日甲子乘十二時，亦得七百二十，又以年月七百二十乘日時七百二十，得五十一萬八千四百。則凡生於天地之閒者，人禽、蟲魚、草木之倫，其大數皆筦於是矣。康節之數，亦從十與十二起，然康節以三百六十乘三百六十，故其數終於十二萬九千六百。禄命家以七百二十乘七百二十，故其數終於五十一萬八千四百。五十一萬八千四百者，四倍十二萬九千六百之數也。於是而陰陽五行之變盡於是，而動植之化齊，就其二五之參差交錯者推之，則偏正純雜，於是見焉；清濁貴賤，於是分焉。此禄命之術所由起也。

論五行生克比和名義

此圖設甲乙木日干取用，餘可類推。

五行有生我者，有我生者，有克我者，有我克者，有與我同類者。禄命家以生我者名曰印綬，克我者名曰官殺，我生者名曰傷官食神，我克者名曰財馬，同類者名曰比肩。以人倫言之，生我者應爲父母，我生者應爲子孫，克我者應爲官殺，我克者應爲妻財，同類者應爲兄弟。此則占卜家皆用之。今禄命之術惟以母爲印，而父反爲財，以官爲子孫，而傷官食神者，不過主人生之精神智慧而已。其故何也？蓋以人生於母，故印主母。而印者財之所克制，是財之妻也，故反以財爲父也。妻者我之所克制，故財主妻。而官者財之所生，是財之子也，故反以官爲子也。緣婦人之命，以制我者爲夫，以所生者爲子。故男子之命，與之相因者如此。以人事言之，克我者爲官，以有官爵，則有法度而不敢肆，是我爲官所制也。我克者爲財，以人生所費用者財帛，是財爲我所制也。有官爵則有印綬，是生我者乃制我者之所生，故生我者爲印也。有精神智慧，則威權勢力皆可以制之，是制我者乃我生者之所制，故我生者爲傷官食神也。此其大略也。人生所求者，官與財而已。然能以官自鈐束,則克我者爲克制之克;不能以官自鈐束,則克我者爲尅害之克矣。於財也,取用有節,則我克者爲克制之克;取用無度,則我克者爲尅害之克矣。吉凶同域,禍福隨之,故禄命家專以官財二辰,推人之貧賤富貴、禍福休咎。或其命中無此二辰,則從微處取用,謂十二辰中所藏之胚胎朕兆也。凡物愈微則愈專,愈小則愈辨。於物取用既真,而所行之運度,有以生扶而引動之,則發達之候也。

論用神藥神

命中所取用官財之類,謂之用神。又取其害此用神者,謂之病神。又取其去此病神者,謂之藥神。凡命無病藥者,雖五氣平和,而不爲貴,猶國家以患難而興,人生以困厄而顯,天道之常也。如所用者官,則以傷官爲病,而印爲藥。如所用者財,則以比肩爲病,而殺爲藥。如以傷官爲用,則以印爲病,而財爲藥。如以印爲用,則以財爲病,而比肩助身乃藥也。凡命中病大者,則藥神即用神也。如殺重身輕,則須取其制殺者;財旺身衰,則須取其扶身者。傷官太重,則藥之者印。印綬太重,則藥之者財。藥亦貴於微處取用,如太多則亦不貴。何則?藥多則不靈,格中制化太過,則行運處無力也。故大病則在格,大藥則在運。然亦必格中栽根,而行運幫扶之乃吉,無根而行藥方,雖發必淺爾。

論五行偏五

此圖設甲日干取用,餘可類推。

五行相生相克,各有偏正。凡陽生陰,陰生陽,陽克陰,陰克陽者,謂之正。凡陽生陽,陰生陰,陽克陽,陰克陰者,謂之偏。故有正印,有偏印,有正官,有偏官,有正財,有偏財,有傷官,有食神。惟比肩則以陰陽同類者爲比,不同類者爲劫。是又以陽比陽、陰比陰爲正,陽比陰、陰比陽爲偏也。然命家取用,往往以偏爲奇。何則?正者理之常也,偏者理之變也。道有變動,然後吉凶生而事業起,猶之取病爲

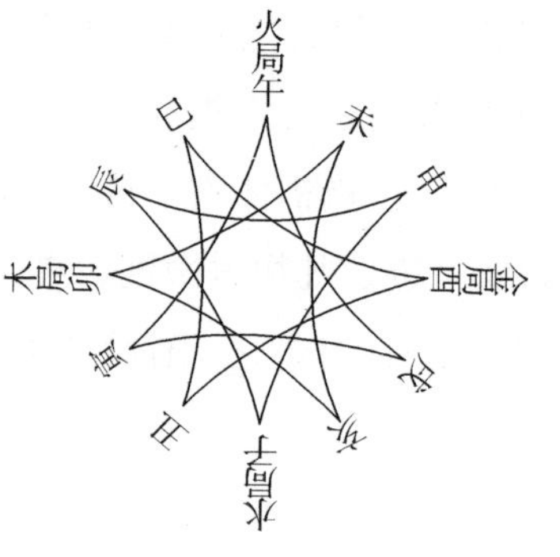

論五行三合

貴之意也。

子藏母胎，母歸子舍。故當其有木，而火之根[1]已寓，及乎土盡，而火之用乃息。此寅午戌所以會成火局也。餘行皆以此推之而可知矣。當令者强盛之候也，若長生則氣之所滋息，庫墓則氣之所伏藏，雖微而必著，雖息而必生，乃五行之所以互爲其根者。故所謂微處取用，多於四長生四庫中取之。

總論星經

星盤之説，其來亦舊。故宋蘇轍集中，亦曾論及之，但未詳明爾。凡人之生也，根於陰陽五行之氣，又感乎三光七政之精。故禄命之術，以年月日時之五行干支，推衍休咎。星盤之術，以年月日時之七政躔度，究測吉凶。蓋相爲經緯者也。然日月五星，皆運行不定之物，周流於十二辰、二十八宿之間。故造此術者，又以十二辰分爲七政所次之舍焉。以十二辰言之，午爲日宫，未爲月宫，子丑爲土宫，寅亥爲木宫，卯戌爲火宫，辰酉爲金宫，巳申爲水宫。以二十八宿言之，房、虚、昴、星四宿爲日舍，心、危、畢、張四宿爲月舍，氐、女、胃、柳四宿爲土舍，角、斗、奎、井四宿爲木舍，亢、牛、婁、鬼四宿爲金舍，尾、室、觜、翼四宿爲火舍，箕、壁、參、軫四宿爲水舍。凡七政之運行於是者，居其宫爲歸垣，入其舍爲升殿。苟非歸垣升殿，則各有所喜所忌焉。五星則生我者恩也，所喜者也；克我者難也，所忌者也。日則喜金水之扶陽也，忌木之蔽翳也。月則喜火木之清光也，忌土之昏濁也。若火與日同類，斯則所謂無怨無德者矣。凡七政行度相遇，與其所躔宫垣次舍，皆以此辨好惡、定吉凶焉。○宫者如人所居之室也，舍者如人所寓之次也。七政行度相遇，如人所與處、所與交之人也。居得其室則樂，寓得其次則安，所親交得其人，則相助而不相害。是故恩讐喜忌由此而生，順逆吉凶由此而起也。

論十二辰分屬七政

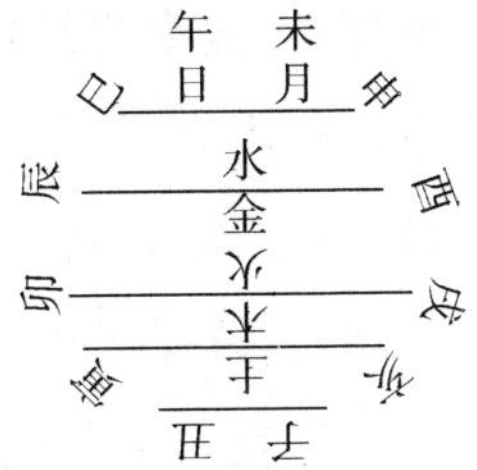

十二辰之分屬七政者如前圖。午未居上爲天,故屬日月。子丑居下爲地,故屬土。四時行於天地之中,故以左右兩行相對相合而命之。寅亥之合爲木爲春,卯戌之合爲火爲夏,辰酉之合爲金爲秋,巳申之合爲水爲冬。自下而上,自始而終也。

論二十八宿分屬七政

二十八宿之分屬七政者如前圖。四方七宿,各分七政之位。其最中則日之位也,近日之左爲月位,近日之右爲土位,次左之旁則爲火位、水位,次右之旁則爲金位、木位。蓋除日月土三者居中宫外,其餘水火金木四宿,皆以序自左而右。十二辰之木火金水者,相生之序也。七宿之水火金木者,相克之序也。四氣襌續,主於相生。七政蝕犯,主於相克也。

論十二宫

福德	官禄	遷移	疾厄
相貌			妻妾
命宫			奴僕
財帛	兄弟	父母	男女

生人之命亦分屬十二宫。卯所以爲命宫者,日出東方,如人有生而受命之始也。有生則有相貌,故辰宫爲相貌。有相貌則有福德,故巳宫爲福德。有福德則有官禄,故午宫爲官禄。官禄者人生發達極盛之時,如午位爲太陽上升,極盛之時也。日中則昃,

故在天道則有變動,在人事則有遷移,此未宫所以爲遷移也。愈昃而西,則陰氣侵陽而有災厄,此申宫所以爲疾厄也。日東月西,夫婦之道,故酉宫與卯對而爲妻妾。奴僕者,妻妾之餘也,故戌宫繼酉而爲奴僕。亥者數之窮也,生生之道,無有終窮。草木有子而蕃衍不窮矣,人有子而嗣續不窮矣。故亥字從草爲荄,從木爲核,從子爲孩,皆生生不窮之義。草木至亥而結實,此亥宫所以爲男女也。凡此諸宫,皆受生以後之事。若在人生之前,則父母其生我者,故子宫爲父母。兄弟或先我而生者也,故丑宫爲兄弟。人生衣食,自其生初而已定,故寅宫爲財帛。人立命於卯,而根乃在於子。如日出東方,而氣已動於夜半,《先》、《後天》之道也。〇凡所定宫位,乃由地盤而分,一定不移之宫也。人生所值之宫,則以天象加地盤而得。如生之時,氐、房、心正出卯位,固於卯宫立命矣。若亢、角出卯位,則於辰宫立命。尾、箕出卯位,則於寅宫立命。以至諸宫,莫不皆然。相貌以下諸宫,則皆依命宫而順播之也。〇父母、兄弟、財帛三宫,在命宫之前。相貌以後諸宫,在命宫之後。然星家謂一命宫,二財帛,逆算以至相貌者,蓋以七政之行皆右轉,故以右轉數宫位。至論行運,則仍起命宫,次相貌而順行,應乎四時十二月之序也。

論恩難喜忌

所直之宫,當時者旺。如木生於春,金生於秋,火生於夏,水生於冬,晝生日木土,夜生金火月,皆所謂當時者也。首論立命之當時,次論諸宫之喜忌。喜忌者,由七政四餘加於列宿而得。如恩星入命宫,命主入恩宫;難星入命宫,命主入難宫;以至諸宫,各視其恩難之所加者是也。然恩難吉凶,不可一概而定。福生於憂患,業起於艱危,故遇凶星厲曜,而有以制化之,則福禄反增,事業反大。疾病災厄,生人之大害也,而身主入之,或用星入之者,權藉不小。熒惑守西,太白經天[②],天象所最忌也,然鍛鍊所成,氣燄所加,亦非尋常禄命之比。此則陰陽變化之微機,禍福乘除之冥數,術也而進乎道矣。

論命主身主

所謂命主者，如立命在木宫，則木星爲命主；立命在金宫，則金星爲命主也。所謂身主者，則主於月而已矣。日者父也，月者母也。人受氣于父，受形于母，是以立命宫本於太陽，而月爲身主也。餘如官主福主之類，皆以其所直之宫名，加於列宿之曜也。

論四餘

四餘謂羅、計、孛、炁。羅、計者，日月交道之首尾也。孛者，月行遲疾之所生也。炁者，積閏餘而生也。此皆於天無象，而星術家立此色號，且以羅爲火餘，計爲土餘，炁爲木餘，則未知其説也。

論行運

推行運，一論生來之十二宫，如行到某宫某宿，則五行之性，各有喜忌也。一論生來七曜四餘之躔次，如行到某宫某宿，則遇原躔之七曜四餘，又各有喜忌也。一論流年七曜四餘之躔次，如現行某宫某宿，而有諸曜之加臨，又各有喜忌也。末術多端，其根本大致則如此。

【校記】

①“火之根”：道光本作“火迷宫根”。

②“經天”：道光本作“批天”。

榕村别集卷五

招徠僞黨告諭

爲招徠事。照得山海交訌,民無寧宇。玆幸滿、漢之大師遄會,漳、泉之逆醜盡殲,豈但如鳥之方傷,高飛冥逝;譬則若獸之既散,裂決横奔。況吴三桂既以惡極兩朝而受天誅,鄭氏亦將以數終三世而犯神忌。少如蔡寅倡亂而以瘟殞,班鳴鳳亦以興妖而至戮身。觀群盜之繼亡,知殺運之將究。本院儼然衰絰之中,非有封疆之責。初因蔡寅糾衆,犯我鄉閭,繼以劉國軒乘勝,殘此一方。衰墨而賦《無衣》,銜憂而念國恤。激厲鄉里,如螳臂以當車;仰賴神靈,同閶風之掃籜。既紓義憤,復守私哀。適撫軍吴部院移書再四,惓惓以流孽未殄,恐至滋蔓民間,謂本院生居山僻,誼屬鄉鄰,土俗民情,互相諳委,以勦則熟,以撫則信。勉强會師,越境犯分,在本院非有《小戎》尚武之心,然猶未免於《匪風》思治之急,再搏虎而下車,一攘雞而將已。凡我親鄰,孰不念亂,幸賜教于軍次,共夙往以收成。其或餘寇蹢躅,奔逃無路,豪傑知幾,率衆來歸,須廣其遷善之門,與以投生之路。將則啓授劄付,兵則給發歸農,斷無相負,以虛鄉親倚賴之意,以副撫軍篤信之心。須至諭者。

申飭學校牒

爲申飭學校事。本部院奉命督學,考試畿南一道,行已告竣。見其俗尚樸厚,士子文行可觀者,所在不乏,未嘗不心爲慰喜。然風土差殊,或有師友淵源之異,或有師生斆學勤惰之別,以故諸生童佻達城闕者多,矻矻窮年者少。平日學植既落,臨事剽竊應文,根株淺薄,詞采乾枯,謬體相沿,理法不講。自諸生甚者,一縣無可充優等,而新進童子不能及額,皆由師儒玩愒姑息,不修厥事之過也。今朝廷重爾教職之選，分别流品，一以舉貢代匱。廟堂責成之意，宜各念知。其自今顧名自愛，大變因循積弊，相與立爲教學規條，月考歲計。至本部院科試程士之日，蒸蒸一變，是則金口木舌弗懈之效也。

凡讀書作文，須有根氐。今士子徒誦幾篇坊刻時文，又不能辨其美惡高下，但以選者之丹黄爲趨舍。浮詞填胸，千里一軌，遇題旨相近，剽剥不讓，公然相襲，不復知有勦説雷同之禁也。間或理致及典實題樣，與所習相左，則荒疎杜撰，無一語中肯綮者。何則？理致精微，非平日體認真切，熟於諸儒講説源流，敷辭安能動洽理趣？若典實題，則或係禮樂名物、井田、學校、制度之屬，或稱引唐、虞、夏、殷、周[①]帝王賢聖德美功業之類，非略覽《易》、《詩》、《書》、《春秋》諸經，曉其故實事跡，但就時文中搜摘應副，甫脱口而謬戾不可勝言矣。今將責士子淹該經史，驟未易至。若沉潛經書，使先儒理解融會通貫，自是諸生分内事。至于他經，即不能盡究其全，固當略涉其趣，隨其天資分量，左右采獲。積累既多，造意措詞亦自略有本原，而坐進淹茂矣。

飭興水利牒

爲通行事。照得直隸九府，荷聖恩優渥，感召天和，比年收稔，民有起色。然旱潦災祲，天行常數，雖太平屢豐之世，不可以無備豫之道。近代講備荒者，止於倉貯蓄積而已。豈知千有餘里，有數十州縣之寥闊，以百餘萬米穀散在民間，大祲之年，濟一郡尚不足，況又有赴縣城領給之煩，吏胥鄉長侵蝕之弊，將來又有追比還倉之擾，是倉米在今日，殊不足賴也。本部院思北土地宜，大約病潦十之二，而苦旱者十之八。然北方苦旱，遂至于不可支，不能如南人補救者。非獨惰農自安，蓋根在于水利不修，束手無措故也。今歲本部院因春夏微旱，屢行通飭，凡州縣各因其山川高下之宜，如近山者導泉通溝，近河者引流釃渠。若無山無河平衍之處，則勸民鑿井，亦可稍資灌溉。若一縣開一萬井，則可溉十萬畝。約計畝獲米一石，十縣之入，已當通直全屬之倉儲矣。一溝之水，又可當百井，一渠之水，又可當十溝。以此推之，水利之興，其與積穀備荒，其利不止於倍蓰而什百也。用地利以濟天時之窮,用人力以補天地之缺,自古爲政,莫不以此爲先。只因近來守令,但恤身謀,無能以民事爲家事者,故視此等議論,邈若河漢。

今直隸經皇上濬河築堤,蠲災釋逋之後,孚誠下洽,吏習民安,有所興利,莫便此時。仰該道司府廳,乘兹農隙,令各州縣親履境内,按視山川形勢。何處可通溝渠,何處應修隄障,水之源委何去何從,地之高下何蓄何洩,何處平壤宜勸穿井,何處水鄉應疏河道,一一繪圖具説,務須簡潔詳明,由該府及管河廳詳守道分司彙繳。本部院另檄飛發,立爲簡便之法,畫一遵行。至於此事,原爲百姓籌謀,非如欽工上差諸務,期會徵發,隨以督責也。該府州縣履歷民間,務要減省徒從,隻馬單車,勞問父老,詢以農事,不得騷動閭閻,費民一草。胥役有藉此作一名色,驚擾編氓者,立斃杖下。到彼時興修,有應用官民力之處,另行詳請。限冬至前,各府報齊,如遲慢不到者,該道府等詳揭。爲此牌仰該道司府廳官吏,火速遵奉毋違。

飭廣積貯牒

爲通行事。照得直隸地方,荷皇上至德深仁,仰格天心,連年屢獲收穫,山佃澤農,稍有起色。然盈虚爲天行常數,備豫乃王政先務。故本部院年來每以開導水利,爲諸郡牧民者勸。今半載有餘,或以空文報答,或竟寂然無聞。雖北方土脈水性,與江南不同,且其民因循怠惰,難與慮始,或旗莊鄉宦,抗不奉行,爲其佃僕者,又以非係己業,無心從事,所以推行其艱。然一日爲民牧,則須盡一日民牧之心。該府州縣,宜於理事辦差之暇,輕車減從,按行阡陌。因地勢以制宜,順民心而興事。遵照本部堂導溝、釃渠、開井三法,擇其便于民者,講究行之。總遇旱澇,足以補救,此則爲民興利之一法也。

比因屢被召對,仰窺聖意,每以民間蓄積爲拳拳。又慮有司奉法無人,推行不善,則利民之事,適以滋擾。故宜使民牧講試,以引其端,不可使部文督責,以重其累。此誠聖明無隱不矚,體念官民之盛心也。爲此牌仰該道府,即移行各道府，除從前存倉米石，仍嚴飭州縣謹貯外，其各市鎮村莊，可否倣古人遺意，于收斂之歲，或勸募富家出穀倡義，或計算田産按畝薄輸。何鄉所出，即貯之本鄉，司以本鄉之人。遇上歲則有入無出，年年增損[2]。中歲則平糶，務使價極廉賤，不必取贏，秋成以其價糴補。下歲則發貸，其力能還者，秋成交倉，不取利息，力不能還者免之。如果逢凶饑，則盡數賚賑，俟豐年從新勸募。如此則官不累而民不擾，多一分蓄積，則所在獲一分之利，是又爲民藏富之一法。

但行法之初，須使民樂從，無官吏抑勒之患，一難也。既行之際，必須得廉善公平之人，以司其事，此在有司察訪真確，否則徒爲蠹蝕貽害，二難也。行法之後，付之民則漫無稽察，責之官則吏因騷擾，其弊至使良民不願管掌，而奸棍反用爲市，三難也。有此三難，所以良法美意，或致滋弊，義倉社倉，徒空名而已。該道府將本部堂以上所條利病，深思熟講，仍會集所部賢紳耆老，廣諮博議。如謂可行，即詳悉講議條款，詳請施行。或有應題敘之有司紳官，應旌獎之富室義民，作何分别鼓勵，亦一一條列詳請。古[3]人有言，有治人，無治法。該道府勿視爲易，勿畏爲難。果能實心推行，必有績效可紀。限自文到至秋收日，各道府務將積穀利弊，及所治之内民心曾否樂從、人才有無可托，并該管州縣有無能奉行之人，該道府以爲此事應舉應停之處，一一具文申覆，于八月内到院，勿得遲慢取咎。

戒子孫

昔吾祖念次府君，起家艱難，十三歲能脱父冤獄，遂輟學，業營生以養親，谿谷林麓之中，顛沛萬狀。至于壯歲漸贏，然自五十以前，率百里徒步不肩輿，曰非力不能乘，念親苦也。傷以貧失業，課子孫爲學諄甚，期望之殷，每形憂歎。尊師篤舊，樂善分災。此吾祖所以崛起中微，翼我後裔者也。前乙未、丙申間，家遭大難，陷賊者十餘口。漁仲府君，因心則友，義不反兵，毁室復完，遂殲巨憝。鼎革之餘，繼以寇亂，祖里榛荒，墳廟毁翳。惟念府君，承先志而修之，輟其饔飧，宗族是事。焕新舊址，披識荒丘，雖袒免以降，不使有饒焉忽諸之恨。顛頳形神,涣屬復收。西岡府君,繼惟念府君之後,整肅宗規,修明世牒,春秋朔望,疾病必親。甲寅、乙卯之年,閩亂大作,余既踪跡孤危,亦繫家門禍福,耳屬于垣,莫可計議。白軒叔父,避世佯狂,陰相謀畫,蠟丸贛嶺,拜表西江。款誠既達,臣節無隳。天吏南征,餘孽尚熾,執鋭披堅,掖余以濟。家世舊事,此其大略也。

夫世無百年全盛之家,人無數十年平夷之運。興衰激極,存乎其人。昔者家道單微,而祖振之。中更大難,而伯父平之。宗法陵替,而父與季父修之。天狼妖星薄蝕太陽,而六叔父與余艱貞以幸度之。此皆興衰存亡之機,間不容緩。原其所以克濟,豈曰有他謬巧,亦云孝友未漓,本實存,故枝葉未有艾也。三十年來,頗安且寧,食禄通籍,遂稱宦家。爾等生晚,皆在此三十年前後耳,身不預憂艱之事,耳目不接官吏訶詬之聲,貴强桀大倨侮侵陵之狀,漸習驕惰,其勢則然。夫先世既以孝友勤勞而興,則將來亦必以乖睽放縱而敗。吾生七十年間,所閲鄉邦舊家、朝著顯籍多矣,榮華枯隕,曾不須臾,天幸其可徼乎?祖澤其可恃乎?譬之花木,不衝寒犯之,則根可護。譬之爐炎,不當風揚之,則火可宿。收斂約素,和順謙卑,所以護其根而宿其燄也。且況維桑與梓,古人必恭,巷路鄉鄰,孰非親串?侮老犯上,謂之鴟鴞;貪利奪食,謂之虎狼。吾等老成尚在,必不爾容。即祖宗神靈在家,亦必不爾佑。况于不類子弟,又每藉吾影似,以犯理法。爾不爲吾惜名節,吾豈得爲爾愛身命?國憲有嚴,亦必不爾寬也!

本族公約

吾族聚居於此,十有餘世,根衍枝繁,人丁衆夥。然鄉土褊窄,恒産無多,又不能守分勞力,勤儉成家,遂有不肖子弟,日與惰游無賴之輩,妄覬非分之財。小則賭蕩以至于穿窬,大則霸據溪港行市,攘人之利,使賓旅裹足。又大則假借名色,出没招摇,不可窮詰。其尤可恨者,或聚兇徒百十輩,公執器械與鄉鄰格鬭。或妄斷曲直,不聞官府。原此等惡習之所自來,蓋因先年閩亂,山海猖獗,奸民倚盗賊之勢燄而作威,豪家壓鄉里之柔懦而武斷,而官府莫之能問也。今山海蕩平已三十餘年，天子神明，照及萬里，當路執法，大小寅恭。民間赴愬，自有所司，非宦家所宜預。即自家門户事有應申理者，亦應憑官府公斷，豈可恃强糾衆，以自陷法網哉？凡再實之木，其根必傷，席蔭驕矜，衰落立至。況抵扞文法，便有目前顯然之禍，君子懷刑，如何勿思？不佞壯離鄉井，皤老歸來。念桑梓之恭敬，喜故老之僅存，閔童雛之頑惰，慮餘風之未殄。吾聞之，教人以善之謂忠，愛人以德之謂君子。況乎一家之親，豈可自蹈姑息，納之於不義之域，是犯王法而替祖澤，自我始也。自今以往，有犯規條，我惟有從公檢舉，聞於官而與衆共棄之，不能徇私庇護。他日成家立業，澤及後人，爾等閱世之久，自知吾今日之言，是親愛之至。此時雖冒刻薄之名，所不辭也。

同里公約

鄉俗自當年寇亂以來，習染最深，今雖泰平三十餘年，流風猶在。吾家子弟及他姓土著寓居之人，不肖無賴，實繁有徒。除逆犯人倫及抵扞官府文法者，另有禁約外，合將目前顯爲鄉里害者，摘出數條，公行嚴禁。嗣後如不悛再犯，分别懲治，條列于後。

一、鼠竊狗偷，即大盜之漸。每有慣徒竄伏鄉井，能使人無寧居。以後須自相挨察，其有素行不端與匪類相出入者，家甲公舉，逐出鄉井。如事已發覺，則拘執送官，永除患害。

一、倫理風俗所關，奸淫爲甚。爲士者犯之，尤不齒於人類。以後如有淫蕩男女，不顧人倫、大壞風俗者，察知素行，立逐出鄉。如有容留，即係約正鄰右之責。其以犯奸聞者，務須發覺送官，不得於約所薄懲塞責。

一、賭博廢業啓争，乃盜賊之源。鄉里此風尤盛，以後須嚴察嚴拿，送官按律究治。

一、盜牽耕牛於别處私宰者，固當以盜賊論，即買牛屠宰，亦犯禁條，並當送官究治。

一、山澤之利，節宣生息，則其利不窮，摧殘暴殄，其餘有幾。鄉俗動輒放火焚山,遂至大陵廣阿,經冬如赭,林藪無資,樵蘇何賴。若乃長溪深潭,一經毒害,微鯢絶種。民俗貧薄,此其一端。以後須立厲禁,察出主名,合鄉究治。

丁酉還朝臨行公約

一、諸鄉規,俱照去歲條約遵行。我已囑託當道,凡係人倫風俗之事,地方報聞,務求呼應作主。但恐我輩用心不公,處事不當,或心雖無私而氣不平,事雖不錯而施過甚,則亦於仁恕之理有乖,皆未足以服人心而取信於官長也。嗣後舉行舊規,必酌其事之大小輕重,可就鄉約中完結者,請於尊長,會鄉之耆老,到約完結。必須送官者,亦請尊長,會鄉之耆老,僉名報縣懲治。如事關係甚大,而有司呼應未靈者,鄉族長老僉名修書入京,以便移會當道。最忌在斑白退縮,袖手緘喙,使二三乳臭聽匪類指使者,把持鄉政。奸匪投懷,則爲之逋逃淵藪;僮僕挾私,則奉其發縱指示。動夸拳勇,挾制尊卑。此乃數十年前倚亂作威之故智,今四海清平,寥寥數惡少,將安逃命?諸父老不能正色仗義,共扶鄉里公道,而畏之如虎,遂使横行,以致種種惡習,有加無已,甚無謂也。

一、清家甲一事,乃絶匪類之根源,況經地方上司頒示申嚴,則奉行不爲無藉。此事我行後,約正可稟尊長,一面報聞有司立爲規條,著實舉行。作事久而倦者,不特徇情避咎,皆自己本無誠心之故也。

一、約正於族行雖卑幼,然既秉鄉政,則須主持公道。自後鄉鄰曲直,有未告官而投訴本鄉者,除尊長發與約正調停者,則爲從公訊實,復命尊長而勸懲之。其餘年少未經事者,雖分爲叔行,不得役約正如奴隸。約正亦不得承其意指,顛倒是非,以壞風俗。

一、宰耕牛一件,斷乎不可,我已禁止本鄉一年,但發價頗須微費。今除舊存外,我臨行再發交貯,并[④]向好義之家題助,再力行一年,以遲我歸可也。

一、約正須置功過簿一册,寫前後所立規條於前。而每年分作四季,記鄉里犯規經送官,及約中懲責者於後。務開明籍貫姓名,并因何事故,以備日後稽考。或能改行,或無悛心,俱無遁情也。

【校記】

①“周”：道光本作“商”。

②“增損”：道光本作“增捐”。

③“古”：道光本作“故”。

④“并”，道光本作“月”。

榕村續集

敬書重鐫榕村續集後

《榕村續集》二卷，先從祖父遜齋先生所編梓也，歲久板蠹。且先文貞公生平著作，遺佚尚多。先從祖父林下幾三十年，不憚博訪廣搜，手自抄撮又若干篇，存諸笥篋。維迪於壬午春，修補榕村各種遺書，檢校之餘，得自從叔延永先生之孫學洙處，如獲奇珍。復將先從祖父所刻遺編，及未刻録存者，重加詮次，陸續付梓。迨丁亥秋竣工，共七卷。先公手澤幸不致磨滅，而先從祖父半生攟摭辛勤，亦庶幾可以無負矣。

道光七年，歲次丁亥，孟秋七夕，元孫維迪敬識。

目　　録

榕村續集卷一

書　一

上柏鄉魏先生書

某辱居門下者，年有餘於兹矣。自夫子光輔宸扆，朝夕署府，曾不得請益問業於退食須臾之間。逮乎文旆西歸，嬉遊巖澗，以繫維朝野之望，而小子睠戀若失之意，尤有非偶然者。自念從少小受書史，即知辨古今人文章，以爲理之所積，氣之所發，淳漓高下，昭昭乎可察而知也。趙氏南狩之後，風聲而既日卑矣，五百年來，鮮足稱者。明之中葉，紛然有作，然櫽括當代，其不遂淫于衰陋，而庶幾醇以肆，天台氏而止耳，姚江氏而止耳。天台之文，取材韓、蘇，而火力未足。姚江之才至矣，自中歲講學，以爲不暇雕刻錘鍊，故其氣或汗漫而不收。

恭惟相君夫子，道明先天，學觀無始，天稷之源，其來已遠，宜非小子區區所預窺者。真編大業，又未克究其藏，而但沐浴乎咳吐珠璣，以竊觀其浩瀚。豈非所謂理積而不掩，氣盛而皆宜者耶？故雖酬酢常譚，點染餘論，入性命，出謀猷，絢爛而歸於平淡，行止一放乎自然，卒澤於七國、西京，鏘如也。宋、元來音節，無所掛齒牙間。蓋自斯文派衍以還，以是鳴昭代者，如優曇花時一現耳。

某也資昏而植簿，志約而聞孤。顧自十七八以後，興會感觸，留連纏緜，未忍捨去。天地古今，出入明晦，亦不可謂不涉其流者也。自惟生長荒僻，日尋蕪陋，方將北學而求依歸焉，乃一朝而得出於大賢之門，深自幸也。甘曠年以自疎遠，則有由矣。今之所謂師生者，非真有文章德義之相求也，權勢是追，而聲華是亟，旅進旅退之下，懼無所結於大君子之知。故積誠守塞，落莫自期，庶幾釋子之言，將此身心奉塵刹，是則名爲報佛恩者。以爲人生所以酬君親師，宜在是矣。區區奔走之疎稠，殆非君子所遐棄。然緒言要旨，闕焉未聞，瞻送道周，佇立徒反，良自恨爲俗見所拘，而自絶於希通也。伏惟夫子矜其愚而察其誠，亮其區區而終有以閔育之，幸甚幸甚。

又家仲父諱日爆者，其行事别有帋請。其人在日，可稱奇士。向嘗一遊太學，識之者稍多。然性好古而薄名利，遂遯荒野，寢匿聲光。小子念家仲父之行，必有附而後傳；夫子之言，必傳而且遠。苟録奇節，采幽芳，綴名山大册之末，異日或有用於世，或終不爲世用，而薦紳誦之，邑乘書之，其必有傳也已。昔何蕃氏得紀於韓公，仁勇之聲，至於今不廢。考家伯氏事蹟，似著於蕃使，幸而獲托其人以傳也。其亦無擇於川澤澗谿之高下，而亦有施者與？情辭交懇，忽忘冒瀆，伏惟鑒宥，則又幸也。爽氣初臻，崧光載絢，而小子隨行課誦，末由舞蹈于杖屨壺觴之前，瞻仰南山，祝眉壽以光邦國而已。

與徐壇長何屺瞻書

僕以投老歸林，而舊恩深重，弗獲寧居。先妻藏室，已於去臘破日者傳而了畢之。擇於二月初間登道，但行程紆遲，不能趁萬壽節朝賀，特遣小价持摺先行。賤體益衰癃不必言，近復爲瘡毒苦楚，但非前歲惡症之比耳。君恩之外，得重與故友相見，亦是垂暮愜心之事。凡同志諸友，皆先爲我致意，即覿面不能一一寓筆札也。屺瞻志在《春秋》，甚妙。大抵士大夫治經，便是太平機兆，治經而能祖述淵源，節中前聖，尤足以厚世道人心於無窮也。

與徐壇長書三首。

十餘載群聚倏别，黯然舟行，多值逆風而逐水曲，月盡始達臨清。過此朔風順流，便可計程站也。閒中欲理舊業，感寒鼻塞，經歲未輕，殊覺坐起煩悶，兩耳益聾。五更時，卧聽鼓角棹聲，微茫在雲霄之外。獨眼視比前稍明，應是吸鼻烟之效如赫公説耶？過此度行人抵家，惟時寄音書，以慰懸念。宦途古比波浪，我輩惟以言行尤悔自循，更無彌縫補救别法。一日夜坦然，便是畢世千秋形影。

身雖投老,未免憂畏,亦祇以此意自檢勒,故欲公諸同人,守此護符也。

又

途次遲滯,又一行衆多,幾度夫船未易卒得,歲暮趕程,除夕僅得抵里。與發棹時計,日竟差蓂莢也。過吴門,恰聞于思公事,一路關心,至敝省乃知消息。生聖明之世,何患蔀覆? 此恩乃磊落無他之効也。紫陽貽龍川書云:"願老兄退然以醇儒之道自律,則豈獨免于人道之禍,而所以涵養本原,以爲磨礲事業,發揮文章之地者,益高大而光明矣。"雪後陽春,長養加茂,豈非愛助者之惓惓乎? 兹以萬壽節具摺請安,天末無可陪手,離圖書別又輶褻非所獻。吴門曾托子遵令昆代覓,然未必恰好。家中舊書四部姑帶去,《讀書記》是一部名篇,浦城已無此板。此册亦係前輩寫録補凑,尚缺少三頁,然難得之書,所缺無多,似不妨進否,幸惟留意。

又

閒中重訂《詩選》,删去百餘首,然增入又不下二百首。長路抽添,應略見端緒。恨兄與屺、對二君不在此,逐篇評酌,庶無遺憾耳。近外間禁止小單章疏,外無所聞。身雖投老,然有所樂聞、所應知者,言其所可言,是在明者檃括裁寄。尤願讀書多,應酬少,相見朋友,論文章,勿談世事,似是儒者本色。行是而仍有謗傷,則坦然付之義命可矣。

與何屺瞻書十三首。

御試文極酣暢,論亦切題,不作泛語。以後有所作,正當確守宋人彀率,即異日藏之名山,亦不過抉窈微、尚體要,去宋以後之冗長耳。歐、曾、三蘇文,使當日稍裁剪,何讓古作也? 所示背誦《禹謨》,不喻其指,豈寓出好興戎、招損受益意耶? 信然甚善,或别有他謂,然而吾説亦爲燕説矣。

又

兄志在以學自通於後,科名原不足爲兄喜。所可喜者,出自聖明特數,爲昭代美談。二則爲高堂垂白,苟非以險幸得之,亦古人所以變色動心者也。趨禁有日，深知慎默容忍，又因此得大精進。賢人君子，歷乎寵辱榮頳之途，處處是學，正爲此等。如必曰矯矯直遂而已，此以肆志山林則可，入世之後，即如千金良藥，亦須泡製幾巡，獨存真性，然後自度度人，其道不窮。況在我者未必盡是，在人者未必盡非，即令全非，又不足校。觀兄近事，真能以是自撿勒，此尤區區之所歎服，誇於子弟，以爲愜我深期者。會場已迫，想未免費旬日揣摩。壇長及小兒輩先後來集，晤言之次，可以陳所未悉。小兒囑其度外置勝負，恣意吾所作。如此則神完守固，未必不於局促規趨者愈。尊意以爲何如？

又

小兒回得書，備悉衷折。所料擿者輒已得之，無俟更贅矣。不能據理揆幾，而但以聞見爲先覺，一日十二辰，幾番摇震，何自立之可言？終須以千金易敝帚，其智不足稱也。劉大山卷，迥出其歷科闈作之上，如區區司衡，無超其右者，當弁冕矣，顧未知諸公賞識如何？舍弟輩又最推重兄文，以爲排奡妥貼而有聲響。恨匆遽行役，未得即觀之耳。

又

見殿試榜文，甚喜。雖不在三人之内，然充館職，便與才稱。且將來得箇好學院，主司文章，有種子矣。前得字云云，備悉心苦。此等在當場者，内斷于心，拏處拏、拚處拚，有不能相謀者，故久而不答也。《易義》刻將竣，《名文》尚須補備數十篇。昨有蜀中學差劉君過此，來取諸書。初不之應，及面間頗自命，又於區區各前輩批論，皆歷歷記憶，獨不曉"費隱章"，略爲剖析，卻言下涣然，似非全無實者。因贈以諸書，與之講論學政。不知其人素望何如，後來可指擬不也。賓實教人子弟如己，誠篤可風，觀射亦率府縣官，盡人一日之長。件件皆能如此，天地間漸有實事矣。

又

久不相聞，一爲密切難通，一則自春至今，苦無善況，神瘁於吁嗟雨暘，力疲于檢衛胥史，殘疾日深，坐起艱難。室雖云遐，然中外相應之文，亦無時而斷。區區景色，知己者固可料揣得之，無容以告也。畿郡西成，此時已八九定，大約尚可稱豐年。蝗蝻則發二十餘州縣,其吏民皆能如法捕滅,與初歲調發倉皇、儼如勍敵者異矣。數河獨子牙發水最少,予將漸得優游,亦造物者哀龍鍾也。近疾病辛苦,隙中改得《中庸》、《春秋》一遍,《春秋》固如鷄肋然未足道,《中庸》亦尚有蕪蔓處,恨相去遠,不得面質。《周官》想已得其精奥,有著述闡明,能寄示一二否?算學,對初、君璧居然升堂,壇長尤爲困學以造階墀,有志誠無所不可。《名文》亦已竟選,稍復搜入而又汰去,其已刻者,約不過三百七八十篇内外。初欲兄叙行之,今姑冠數語目録之端,免使其書不成而已。有來索者,亦鮮應之,度其必至覆瓿也。

又

扈駕在外,即聞兄有伉儷之戚。正擬回日奉慰,適值官署焚煬,傷壞幼孫,意思不佳,小兒尤甚,是以遲遲未及遣价。不謂兄相念切篤,乃輟至情而憂我之憂也。兄神理内足,將來自然有所擔荷於時,傳述於後,夢寐恍惚,亦何足云。見與壇長書,乃惑心所進,想與因成,管、郭之所不占。僕昨涿州暴病,自念已無活理,其時公私百念俱熄,但覺糊塗一生,未免耿然餘恨。因悟得《論語》"朝聞"一段,意思真切。今幸不死,迫欲有所參尋,而自少從無根脚,此時何處安身立命?乃欲於故紙中妄有點汙,蚓竅蠅鳴,亦已疏矣。平生諸書,惟《易》稍熟,其塗改稾,幸隨行篋餘,抄寫批點,一二百本俱無存,日間便無可温繹者,頗以爲撓。樂律要緊處,尚能記憶,得一年工夫,撿括類萃,可以卒業,然無此晷刻奈何?聖明一見,即稱奬淹雅,甚有喜色。僕平生頗受友朋之累,然每諷"蒹葭"、"場苗"之詩,思所謂"舉逸民而天下歸心"者,喟然永歎,以爲此太平之基,太上盛德也。故每披誠不顧,其後良以自笑。近又推行水田、社倉、平糶之事,將來亦必爲人口實。然意謂雖不成,亦且存此端緒,毁譽蓋其外者。王仲淹云:"縱我不往,子寧不嗣音,奈之何以不行而廢也?"高明何以教之?

又

比偶與澤州語及小韻書,坊無佳本可以持擕。臘前煩季方就《廣韻》摘出入用者,韻目下注明唐人律令及古詩諧協之正。蓋盡用寧人意,約而少之,使幼學知大凡。然恐尚有差譌取笑處，渠帶去校好，屬龔君鐫版，兄或取看，更一鑒定，又無餘恨也。日月有時，制期遂闋，旁觀者淹速之論棼如，不如内斷於心之爲善。或筮以決之，亦古人所謂行止聽命於天者與？

又

素車南旋，倏忽周星。緬知大孝不匱，哀禮之餘，永言善繼。惟良朋闊遠，結懷莫伸，疑事靡質，老病摧頽，加此悵悶耳。見季方頗問仙鄉形景，但得秋禾大穫，則千災漸散。否則才吏猶難遏其衝，况每下者。吾兄儼然在憂戚之中，雖閉户莫加責，正好緘其頰舌，讀遺書，考古禮，以終王制。鄭崟陽所謂"收視返聽，而通幽明之故"者，固不以人廢言也。曩會聚時，曾以摘《宋史》、選古文兩事相屬，日月之暇，且了其一，亦非細故，未知得分神于兹否？近閱孔子之道，大而能博，雖朱門答問，亦破句讀。甚矣！看古文之難也。詩亦大有關繫，但古調新聲，既難判決，知人論世，考究宜詳，須俟異日合并圖之。近代作述太草草，真可以爲戒，不可以爲師矣。《韓文考異》舊本，爲翻刻已畢役。壇長悉依《廣韻》字樣，校對更改，似稍精細。今納去一册，兄更詳閲一遍，有錯誤處，覓便寄示，乘此時尚可補正也。

又

日望車音，未聞發軔之期，想默語自有定見，區區思之未熟，亦未敢便贊一辭也。衰疾拘繫，動彈更不能自由，誠不敢以時命擬古人卷舒由己之説。鮑照所謂"乏古節"者，其根源遠矣。家居所就何業？想當有體大思精者而日措意焉，時寓一二，慰我寤思。季方刻韻書，至今未寄到。前所示仄律極是，不審尚有謬論否？開口便多錯誤，此讀書所以難。然時下朋友，便分兩種，一則執其誤而嚐争，一則慮其誤而泯默。竊意二者皆非也。知錯誤之無足慚，而有所大慚者，庶幾爲古之益友乎？庶常蔡聞之道闇門，欲相見，兄素負人倫鑒，試叩之何如？東漢郭、李輩，甚能成就人，區區未得其術，但細勘有嘐嘐慕古氣味。如論真實切靡，則惟勤讀書者便佳，細讀正經要緊書者更佳耳。

又

小兒信至,云春初起程,計建溪一帶,溯流濡滯,保護長幼,須春盡乃達閶門。兄必不爽舊約,俶嚴偕北,涼風徂暑之先,便望聚會也。緣功令以《極》、《銘》、《通》、《蒙》命論題,而《正蒙》文意奥賾,從來未有注,聊與疏釋大旨,并三書朱注刻之,即日成編矣。字係王端一手所寫,大小均勾,款式頗善。去歲病急中,一無所念,但以一二卷書粗通,而未卒業爲歎。今思之,猶拳拳惕若。雖日事簿鞅,然欲以今歲改就《庸》、《易》,未知能否耳。餘商略事頗多,總俟覿面。臨風引盼。

又

季方留此,爲之覓館,其人志趣不俗,而能思索,將來名世佳士也。吾兄服闋,還朝必難緩,某明歲有丐假之志,但相遇於京於途,則未可必耳。聞兄憂戚之中,暇復講誦,此誠大業,不可遲遲,恨不得時聞新得也。潘稼堂聞有韻書,已脱稾,諒未得即鋟版。兄爲作書問之,不敢希得全篇,但抄其括要凡例數帙,因便惠寄,足慰傾暍。

又

得手札,覼縷即如面談。兄行遲速,亦曾細思熟籌。兹見所與壇長云云,具知慎重之意,變不可以先圖,幾動即應可也。貴鄉大吏,力行文翁、常衮之事,其意甚美。惟其輕於著述,有如所言,刻書豈是易事?古人竭終身之力,猶未敢公傳道之。近代不知此意,此從爲己爲人關頭失脚,將來豈區區沿習之過哉?令其心欲求明,意欲求安,即無論聖賢大業,非旬月所可就緒,顧寧人、梅定九書,名象數專家耳,精勤五十載,廢寢忘餐,僅乃有得。觀其自命,皆有質鬼神、俟後聖在其意中,非急於湊集刊布,書成而撫己茫然者也。保定所刻,皆可有可無小書,中惟《洪範》爲輕舉,今則觀人省己,益不敢矣。《中庸》依經解釋一遍,又爲《餘論》一編,皆未成之書也,俟有暇抄正。《易經》亦從頭修改,有正解,有餘論,如《中庸》例。看一二年,頗穩于心,方與兄及賓實共評論之。學者求不自欺而已,頗實見其然,非敢慕古也。惟《榕村稿》,若有閒日,稍爲改削增損,付刻不妨。蓋八比是秀才家業，如唐人詩賦樣，從衆自嬉，原非可傳者，故無大罪爾。近因令小孫及諸友五日一課，直中批擬既畢，亦隨手成篇，一字未經點竄，故未敢奉覽。此道一則當代功令，二則使後生知讀宋儒書，以上達於六經之義，有明所以治太平而俗醇厚，疑亦有助焉。今稍有才氣者，慕爲古文詩辭，而土苴棄之，故雖素負文望者，一爲學使主司，殊不能鑒別精粗。兄今諄諄以此指授生徒，甚善。將來心細理明，即爲古文詩辭，亦當迥然異於凡俗矣。

又

季方在此亦半載，讀《易》及宋人諸書契，悟殊徹。此人淳意未澆，而又不以義理爲厭，長此不懈，殆書種也。餘則大山時常過語，寂寥時，藉此數人當山泉雲物。愚自度年邁，略有晷刻，不敢虚過。《易》稾又改數次，與前復不同矣。封印後，又草就百餘帙，略如歐公《童子問》體，與正編相補備。今既脱稾，更加細改一番，將屬仲穎、振聲輩寫出，畢日相正。樂雖不曉，然紙上譚兵，略能剖其條理，紀其算數，故亦就舊業修完，工程亦幾六七。然身心不理，雜好無窮，真正無派頭學問，如博弈然，猶賢乎已。韻學次耕舊説，早年曾面過，其大綱尚能記憶，但不知後有新見否？愚所臆撰，與渠同者爲多，故願一見其遺稾，以相參證。書義與秀才們拈題者，皆揮灑不加意匠，非正始也。小孫輩録存者，與索來寄數篇去，其何首頗可，幸標出見示也。《洪範》依經重解一遍，仲穎倣《音韻五書》字體，寫出付刻，去歲曾奉寄否？今再去一册，并爲改駁其不中倫處，得以换改。敝鄉解元文曾見否？氣味時文也，然書理甚暢曉，閩中歷科第一元也。四川劉益侯所掄榜首，亦清正，此科兩人而已。壇長近文能入理，但恨生澀，倘非區區持衡，恐猶難覬邂逅。曩年曾以詩文、《宋史》三事相屬，未審暇時亦曾爲之兆否？側聞銜恤杜門，有司加重，至願有所周爰而不可得，高矣美矣，或虚懷而至，造廬則片席而福枌榆者，亦古人所不恡也。

寄楊賓實書

小孫會課，輒將其題目率寫大意，積數十篇，然須略加改竄，方可寄質。憶兄在京中處館，曾有授學生百餘作，皆短篇精鍊，理法周到，獨起講稍存時體，當時議欲改削存之，未審已就稾否？近日諸友方有深知兄前稿之妙者，得繕一本見寄，使孫輩及朋友觀法爲望。

寄王振聲書二首。

所示《韻書》，規模皆穩當，其精微處，更須細請聖誨，裁定指示，恐吾輩井蛙之見，不能及遠也。行文間有應商酌者，如序中“合於古而傳於今”一句，須潤色。蓋馬、邵之書，亦無悖於古，而未嘗不傳於今也。來字中“最古”兩字亦然，諸書皆在《唐韻》之後，非最古者。又説中既以陰平、陽平分清濁，則是見、溪與群、疑之類耳。若官、關、閒、堅，則雖南北音異，然皆陰平也。此又是一様清濁，與陰聲、陽聲之清濁似不可相混。此一句愚未能曉，或有别説，可寄來知。又守温似亦是唐人，序中謂宋人，有所據否？其與神珙或同時，或先後，更須細考。至其大端處，已具摺奏明。

又

《韻書》未能細看，大抵規模亦好，且依此修去，從頭斟酌，損益亦不難也。重中、重輕、中輕之類，亦不甚確。如古人有此説，姑存之，以俟商定。看來東、冬、鍾、支、脂之類，雖唐人强爲分别，只好仍其舊貫，必替他尋一着落，終屬影響耳。餘面論不多。

榕村續集卷二

書　二

上雲麓富先生書

承先生報翰，諭以情禮，即日白馬素車爲入郡之計，而劇寇氣焰，日以嚮邇。初猶不過意借道敝地，爲入永、德深菁之謀。比見晚聯集鄉衆，申明約束，兼捉獲其黨羽，及偵伺者三四人，意懷忿恨，遂有密相圖謀之志。耳目手足，分散四出，皆裝扮如平民，布滿街陌巷市。砦門傍晚即閉，子弟夜不解衣，蓋凜乎遂成敵國矣。自念孱貧，有何才力，況在先君子憂服之中，悲慕不寧，安能復聞鼓角韻耶？但思欲乘間郡行，而晚一離此間，則大盜不須時而至。老母在堂，安敢棄去？欲盡挈眷登舟，則又纍纍多人，關係重大，山行水宿，憂虞滋多。況先子區區十來年精神，經營家廟甫畢，亦未忍驟委之盜賊之手。以此趦趄卻步，日復一日。賊勢不解，救援不來，而仄聞先生駪駪車馬，則已戒程有期矣。初意官軍能來，足以牽掣其勢，猶可間道一行，對先生商略肝鬲。望眼已穿，絶無箇人隻馬，時事相羈，王程不待，邂逅之慳，豈非命耶？衡、岳塘報當不謬，天下大勢已定，而維桑之苦，未有瘳期，政不知仁人君子，何以救之？大抵禍本不除，亂勢不弭，多置兵則病民，稍撤備則致寇，此閩海三十年之亂，所以相尋於無窮者，此也。此時撲滅餘灰，汛掃五六十年島嶼之穢，宜其勢若反掌。而文武觀望，情類養寇，坐使死燼復燃，奸黨生心，言念厲階，可勝惋歎。

去歲兩啓親王，幾不自量，薄寓請纓之意，由今追思，可謂狂妄悖謬。然憂感憤激，近忘其身，而遠不計人之疑己，庶幾知己君子，猶有能諒之者。鄉親自先生一家而外，各懷兩端，向背不測，故此啓始終不敢示人，有問之，則對以撫議耳。其實撫云撫云，非晚本意也。然中間所譚勦撫機宜，亦不過老生常談，賜蟒秀才輩舊話耳。第二啓又適逢卧病，假手於人，文辭曼漶，頗少警切，絶無可動先生之聽者。承索，固不敢匿，然粗閲即畀祝融回禄其可也。

竊意主上南顧之憂，可謂拳切。自去歲三月後，採訪閩事使者，相望於途。晚嘗一遇之道路之間，爲之揮淚感激。然萬里之外，遥制實難，要之得其人，則一大吏、一大帥便足坐制群盜之命，岳鵬舉輩文武兩言之箴，拯時良藥，無過是者，顧安得此而副簡在之心乎？又此番剋復，雖簡册以來，絶無而僅有之大功，然海内元氣，亦虚耗已極，不特閩中爲然，恐自大江南北，凡徵發調遣，輸挽所至之處，俱已大疲極弊。昔漢武戰功已竟，而四海空虚，霍子孟爲之休息數年，乃復文、景之舊。今大亂取次削平，撫卹瘡痍之道，似宜亟講。嗚呼！非大小多廉吏，誰能承此德意乎？

憶晚於丙辰夏，夢三烏共食，一日幾盡。頃之二烏相鬭，各飛去。又頃之一烏亦飛去。晚方快睹日光之完，忽己身在日裏。見其中有屋宇廳事，上坐關侯小像，晚即祝曰："適者所見，豈非耿、鄭二逆將自相吞噬，吴賊以次蕩平，聖天子復手定太平之象耶？如不謬者，神其點首應我。"言訖，木像遽點首如人形。無何，海寇取汀州，遂與精忠絶好。又無何，而親王度關矣。今吴三桂奔竄窮蹙，授首可期。三烏之兆已符，太平之徵不遠。又聞主上益自厲精，雅好讀《性理大全書》，此又太平之瑞。漢、唐以下，好學之主，留心文鑑者多矣，未有潛神性命者。武功文德，求之二千年中，皆匪其倫。吾儕幸親見之，其於太平之化，亦拱而俟之耳。然時若有所深思，時若有所願言者，何也？其思爲嫠杞之憂，其言爲芹曝之愛，知無益損於高深，而自有不能已。且傷彈之烏，聞弦則驚，野人遇虎害者，譚而色變。晚生三十年，而傷彈遇虎，不一而足，安得不色變心驚哉？主上聖明如此，而凝厚忠誠如先生者，即日台衡翌扶元化。吾君乎？吾師乎？庶幾厝我於衽席之上矣。

至於三年患難中情形景色，雖不足追述，然亦有可相感歎者，顧非晤面不可筆繪也。恐先生欲知其概，謹以僞吏官洪磊聘書、知縣楊芳請札及晚辭啓稟並繳覽。當時啓稟，受意於先子而爲之，先子曰："立言卑遜不妨，要使此啓異日字字可質於聖明之前，而後爲不負心也。"稟成，先子復陳於先祖之前，父子墮暗淚而書之。嗚呼！患難教子，安樂棄之，而今而後，晚雖窮盡人間富貴，此痛莫消！先生愛先子者，念此當亦喟然增惘也。此三紙，自親王、將軍及諸當道，未嘗一出以示，蓋示人則近於好名，今以呈先生，則家人父子之誼也。

與甥孫思哉書二首。

吾泉害氣未究，重羅此厄，不獨在局中者無完卵之望，即不佞亦自圖遠竄，不復能守祖宗之墳塋矣。今幸解脱，實藉天幸。然此番當事，苟不懲毖後患，剗絶根株，吾儕從何處安身立命，委之大運而已，奈之何哉！不佞擬到郡慰問諸親戚，而海寇屯住同安，逼近坂頭一帶，仇我深矣，備之宜密。又數日感疾，是以中輟。前興兵時，無處取糧，凡諸親租穀，各有那借。甥倉中借貳百挑，俟將來當道有設處，即填補，併聞。

又

不佞原擬再到府城，而自月初冒病就路，歸來覺日日俱不爽快，一往一來，殊非易易。不佞此時，强弩之末，家中百凡罄空。昨因天氣漸寒，查所以禦冬者，自綢緞衣服至粗布，俱盡解以與人，所存者朝衣耳，爲之憮然。然祖宗無虞，足愜素願，要之力亦竭矣。今吴三桂已死，劉國軒又敗，大兵于廿二日入長泰縣，蔡寅斗亦於十九日死矣。看此大勢，取次削平，如亂得遄靖，不佞方有郡居之志，甥乃更來耶？碑石之喻，不可不思。再觀幾日景色，以定行止，勿得輕易，以貽後日之悔也。餘縷未悉。

寄季弟耜卿書二首。

近以簿鞅餘暇，覆點《朱子文集》，將取其要者，彙成數卷，庶便温繹。須得《年譜》，檢對先後，人來時，或他確便，弟可搜出封寄，切切。覺得五百年來維持,真是此人之功,孔子所謂“民到于今受其賜”也。此人與孔子相爲維繫,百十年來,人莫盡心其學者。故經義之道亦熄,不獨雒、閩爲土苴,幾於鄒、魯亦贅物矣。中間有幾人自名者,皆是今日繙閱,明日立論,無爲己之心,而忽以持世自任,祇貽嗤笑,益助衰歇。渠輩蓋不知菽粟之味,是凡人飲食而不知者,故一則惡其説之害於聲利而不事,二則謂其理之庸常無奇而不思也。近如顧寧人、梅定九,皆盡終身之力,專門名家,卓然可以自通於後。聞北方尚有一二人同於梅子之學者,至於移其心以事經籍,則吾三十餘年,未見一人。蓋彼之學奇奥其外,而此之學精實其内。外奇奥故有好名之心者歆羡焉,内精實故無爲己之志者畔援焉。豈知從上聖賢,二千餘年,心血盡此數編,安有不出一點辛苦,而夢見者不成。周公俯仰待旦,孔子發憤忘餐,是在彼搜奇摭異,眩視駭聞也。歷覽俗尚,殊爲可憂。不過數年,恐更有左道異端,乘之而起者。蓋消長盛衰,人心爲之魄兆,其證候先見也。吾儕又無德業足以重吾道,惟挾區區之明,狂嘷一二後生,使事探討經傳,而卒無應者。

弟平生與十三經相寢興,而又觀翫閩、雒,可謂賢者識其大者。今於孫卿所謂“誦數以貫之”者,儘已成熟,不足復費日力。惟一意於精思探討,有得則効横渠修辭之法,條條劄記,以備遺忘。如前書所説《三禮》,是一件大功程,異日將以相屬,切具其端緒,再作一二年講論,便當幽者明,散者同也。屬有所感,晨起作書相報。

又

自弟出署時,吾巡漳河,凡月餘乃返。未煖席,復迎鑾,又月餘乃返。返時簿牘如山,又值報銷奏讞之期俱逼,竟不得數日坐理功夫。又以捕蝗遍歷郡縣,至今四十日未歸也。老大殘疾,鞍馬殊危,兼以伏日暑雨,炎溽交蒸,北地泥水深厚,終朝跋躓,然中心安焉,雖冒病不辭者,自惟垂白,功德不竪,督學時粗盡區區,爲有以及人。今則捕蝗蝻已近十萬石,將來當不下數十萬。直隸秋成大熟,幸未爲此物所傷,抑亦竊比於禦灾捍患之細者耳。考亭至訓“身勞而心安則爲之,利少而義多則爲之”,吾輩其奉此以老乎?

弟遠遊兩年，古文、時文俱大進，并詩字亦自不能而能，可識吾前言之非謬。今無論秋闈得失如何，可以來者尚其自勸。千秋事業，於科名何有？況有韞必章，造物亦有時而巧於宣洩者乎？汝與傅、佃二姪，固必無虚發偁，只令崇積學殖，要勿以淺近滯其心胸也。臨場須慎閟，來者又是源瀾群吠，烏能知我家法？多言可畏，矧有一二不類子姪，無知而受人愚，如汝所言前歲云云者乎？"内恕己以量人，各興心而嫉妬"，古人之言，于今累驗之矣。垤兄處有我所寄游定夫、朱子、王姚江等字，俱屬爲我收好，我將遣人來取。墩兄、垤兄車馬間未能俱寄字，即以此遍傳觀之。

寄耜卿諸弟書

我去秋面聖，即求解幾務，許俟鑾歸，既又許以今歲春後，而屬至尊宅恤，加以違豫瘠容，殊未復以私事黷請，不獨不敢，亦不忍也。冬間隨班奔走國憂，拜跪之外，日扶曳行四五里，兼有文字起草看詳，本分職掌，衝嚴寒，受極憊，不知此身何以捱過，意亦祖考默相佑耳。行止固有鬼神，今直虚舟視之，不敢存意必於胸中矣。

行年七十七，耳目手足之用俱廢，天恩君恩擬亦非久相舍也。去歲偷隙，《論孟劄記》、《詩經説》、《離騷》《九歌説》並脱稿。家居整年，反無一字。故知平生領得勞碌文憑，老杜所謂"斯文憂患餘"，其有感於兹歟？今歲有暇力，又將《學》、《書》、《春秋》、《樂》原有稿，惟《禮》不敢動手。得耜弟究此業，將來斟酌存家，成湖山小小經學，俟後世好古博雅君子，亦一事也。根枝未離，凡子姪皆篤愛，遠地屢有訓言者，深知不類之非福，欲其共登于岸耳。言我過者我之師，阻尼吾事者吾之益友也，將感激之不暇，忿懥藏蓄，以爲仇敵而念報復，可乎？

示長兒鍾倫二首。

我起身後，須與汝母及諸叔善事祖母，朝夕省問温寒，三餐外詢察飢飽，暇時相率聚譚其側,務得懽心,比我在家時,要加數倍周密。我得閒即圖歸養,極多不過二年,斷不稽久。此意屢當與祖母言之。每月寄平安問一次入京,封皮寫明月日。我到京亦頻寄家書,以月爲度。

家中費用以儉爲主,除墩叔處我有另單分發,其陶督官店賬,我結明後,可按月支取雜費。租粟亦須查核各處多少,遇時季成熟,發該管承行催趕收貯。何處實收若干,皆須稽察明白,遇用支發,勿致侵欺。族中鄉中户婚田土,一概事務,閉門勿預。有以微利相啖,浮言相激,虚罔不實之事相欺者,小人情狀,千態萬端,切須謹察,勿墮奸計。投拜倚託之類,尤宜慎之,此輩皆無好意,操豚望歲,爲累不少也。

家中門户,早暮須謹啓閉。婢僕一束之以法,火燭更須防慎。

明歲直年祭祀,前一日齋戒省視牲饌,其儀注就諸叔處取觀,倣而行之。請墩叔奠獻,其豐儉之度,依前歲所刻圖,不必以多爲貴,但須件件鮮潔,不可陳污涉慢。

五祀依舊圖,届期以牲酒致祭勿忘。

我行後,或有至親意氣不合時,不必以格格待之,仍然春風和氣,敬愛之不改其常。亦不必屑屑暴白,自盡吾事而已,自然消化也。

讀書須有常程,月會歲計,皆有成緒乃佳。以勤爲本,以虚爲用,就將積累,自有見効之時。大抵見辛苦意思多方妙。三英須時時鞭策之,今政是敬業時,萬一放倒,便無足望。

每年以完輸錢糧爲第一義,須察我本户李聖義歲額多少,按限完納,謹藏糧單,以備查考。若當交輸時則納,李義總户亦如之,并諸叔皆須以是告之,勿爲官役口實。

我行後,事事俱須與聞。至親未必皆明大義,相與愛惜名節。閫内或爲小人鼓煽,干預鄉里一二小事,尤易蔽於是非曲直,而暗於利害之機,更爲害事。

輸糧　閫政　鄉事　讀書條目　至親禮節

當道交際　親朋往來　家中用度　租店稽查

京書時通　委任常人　濫交雜要切戒

右訓示十二目

又

途中看梅先生書,其功夫可謂不媿古人。漢人學務精熟,誠兩字妙訣,惜其時以專門自限耳。看來近代讀書無一精熟者,不獨吾儕也。精熟以治經爲先,能治一二經作本領,然後從吾所好,則不犯程子遊騎無歸之病矣。吾嘗欲以暇日取《易注疏》、《大全》及《語類》,宋、元諸名家,精擇詳裒,萃成一編,既令胸中浹洽群言,又以惠後進之業是經者。塵鞅如斯,安能卒就?且自所筆記,亦欲及時改削,粗使條序,不可得兼也。汝便可稍立一規槸,逐漸做去,勿忘勿助,歲月可成。若至取舍難決處,共講議之,此功一竣,不愧父祖傳經矣。如有書寄四叔,將我此意寄曉,贊其起《三禮》稾。人生至五六十,收拾家業,不可悠悠矣。況朱子云,惟此等事,尚可從容講論,以慰窮愁也。

寄示柏藻諸孫

途中節次寄書,想俱到。今於六月初七日入京,有二次旨意,令伏暑且勿衝雨水赴熱河,俟處暑前後出口,又賜官房一所居住,皆本朝來未有之曠典也。我病已痊癒,但殘疾益甚,不能坐起爲苦。又寒暑陰晴,皆入腠理,鼻長塞而耳全聾。要是老態及之,無可奈何。壇長輩於旬日前,爲我筮得《乾》之《小畜》,玩一"或"字,似非持久之兆,乞身非遠,未可知也。過蘇州後,病稍差,即於舟中草出《論孟劄記》,四十餘日而脱稾。向後閒時,并《學》、《庸》舊稿删改,便可謄清家藏,以酬宿願矣。

孫輩此時,想已在省,讀書做文章之外,淹速莫非命定。若果是有志大業者,發洩愈遲,成就愈遠,切不可以俗情墨於胸懷也。十二伯事,辯明便可撤手,服而舍之,人益悔感。奭是佳子弟,正當以厚德培養之,其不温經書,不誦古文,乃俗下派頭之誤。一舉人進士,便當作天來大事看,英材淪溺於無師友之助,良可惜也。賓實分巡,乃當宁試可之意。餘家事須汝等體吾意,不能一。

寄示爽亞台菊四姪孫

汝爹之變，出自非意。我之諸姪，老者惟渠一人，吾嘗戲言，將引爲老友。今又先我彫謝，何其悲哉！所喜汝兄弟，皆讀書守規矩，將來食漁仲公德澤，必能昌大其家。目前惟銜恤杜門，然暇時不可忘本業也。少時曾讀過經書，須取起温習，既知作時文法，則不必埋頭誦臭爛坊刻，摘選兩漢、唐、宋古文一二百篇，口讀心追，筆下自然健勁。勿惑於苟簡議論，蹉跎歲月，爲賢者所惜。謹記吾言，望之望之。漁仲公碑陰，吾暇時另作一篇，托屺瞻寫好續寄。

疏

謝寬免保舉處分疏

臣李光地謹奏，爲恭謝天恩事。

臣因去歲三月間，請假陛辭，口奏侍讀學士德格勒、侍講徐元夢文學優長，在漢人中罕匹。及臣行後，皇上親行考試，德格勒理體乖謬，不能成文；徐元夢亦膚淺凡庸，最出廷臣之下。臣以一時愚迷，遂成欺誑之罪。又德格勒妄奏臣願爲外官，以便養母。彼此互相稱引，更難免朋比之嫌。九卿廷問之下，臣惶媿交集，置辨無辭。惟有據實供吐，俯聽皇上嚴加處分，以爲臣寮阿好徇私、薦舉不實之戒而已。隨兵部尚書張玉書、刑部尚書圖納、都察院左都御史馬奇等傳上諭："李光地先奏德格勒所學甚博，文章甚優，亦善占《易》卦。德格勒又稱李光地若以總督、提督任用，令同伊母赴任則來，若於别處任用，必不肯來。因伊等互相陳奏，朕欲辯其真僞優劣，特加考試。迨將德格勒治罪，又有稱德格勒被朕左右之人誣陷冤枉坐罪者。今德格勒活口尚在，李光地亦至，朕欲明白此事，故令詢問。李光地既自認妄奏，同考之人又將德格勒不能作文懇求之處供出。九卿、詹事、科道等官並李光地，俱稱德格勒所作之文全無文氣，甚屬陋劣。事已昭著，應將李光地治罪。但李光地前爲學士時，凡議事不委順從人，臺灣之役，衆人皆謂不可取，獨李光地以爲必可取，此其所長。除安奏德格勒外，亦别無如此啓奏之事，姑從寬免其治罪，令仍爲學士，嗣後勿再妄冀外任，並希圖回籍，宜痛加省改，勉力盡職。爾等可於九卿、詹事、科道官員前，將李光地嚴行申飭。”臣跪聽之下，泗泣嗚咽，不能仰視。

伏念臣奏對失實，孤負皇上拔擢深恩，自知罪戾宏深，無復闕廷之望矣。皇上不惟寬以處分，許之滌慮，而且念其從前一得之愚，訓飭之中，尚存奬録。聖仁高厚，天施地生，真不知所以爲報。惟仰承聖訓，夙夜匪懈，精白一心，以補塞天恩於萬一。臣不勝感激涕零之至。

榕村續集卷三

序

洪範注初稿序

《洪範》一書,不傳久矣。微文碎義,雖更演繹,而天錫禹叙之精微,茫昧而莫測其端。故其義理象數,兩失傳焉。使神聖之大法大經,面稽天若者,不白其緼於後世,歷漢、唐而迄於今矣。夫《河圖》撰二氣之變,《洛書》立三才之經,故羲、文因圖而造《易》,禹、箕叙書以作《範》。此二者是天地之所條陳,而千古聖賢,所以兼體而盡其道也。故《圖》、《書》、《易》、《範》之學不明,則天地聖人之心皆晦。程、邵之纘羲、孔,揭日月於中天也,而《範》猶未著,其將有所待於後人耶?

愚自讀《洪範》,即有所不允於心者,大覃思稽,慮合《圖》、《書》以究其原。三年之後,恍然若啓余焉。三千餘載之心,豁於明月,而凡遺經之所載,微象奥理,義類融通,舉無毫髮之可疑,質諸禹、箕而不悖,竢諸後世而不惑。於是傳而明之,不敢避其專焉。嗚呼!天人之故,遠哉微矣!非玩心高明、神智幽通者,未足以與於斯也。吾所信者,禹、箕之心也,不然,推衍之説多矣,又何竢於區區?《圖》、《書》之象,"九疇"之例,列於篇端,智者觀之,亦思過半矣。總論三條次之,乃繼以"疇説",而又復採集諸儒之論,裁其最冗而膚者,比次録之于篇末,以相參考。其間或得或失,有所偏全,要皆"疇學"之藴也。

四家文略序

近茅氏選《唐宋八家》,然考宋人之論已如此,蓋定品也。於今世應三場之業尤相近,而亦鮮熟讀精思、篤嗜其辭者。剽剥於村學坊賈之餘,其氣體卑凡,殆非才之過。然而姿有上下，或家貧不能具書，欲其備觀而盡心焉，是二難也。得書矣，才足以遍獵，然猶率莽忽略易，孫卿氏所謂"誦數以紀之"者，不知何如也。況能詳求作者之意，考其言之淺深醇雜，辨其體之遠近高下，晝分其段目，彌合其條貫，使古人之營度削鑿，如出於今日者，斯則難而又難。余將課子弟學古而竊病之，先摘四家之文，纔百餘篇，稍爲之區别批導，間亦發端一二，以徵悟者。使村下家貧皆不苦於難讀，與高者驟無汎愛不精之患，先殫其口耳心思焉，而後博可致也。先四家者，以其體爲近古。

唐偕藻易經圖説序

《易》至近代，而《圖》、《書》先後天之説紛如。徑情之士有所感焉，以爲造端百源，而證成之者朱氏，撰空之彈，上及二子。雖然，二子不可非也，《圖》、《書》先後天之傳不可誣也。鶡鼃之誚，蚍蜉之撼，而於日月奚傷乎？且彼紛如者有所感，而徑情以彈者，亦因陳言而立論爾、肆譏爾，其於所謂經緯表裏、分合變化、精微幽賾，無覩也。蓋倀倀乎莫得其端以疑，又烏能灼然道數之原而信之哉？

霞漳唐偕藻先生，覃思《易》象，比丐假里居，寄所著《圖説》示予。予讀之歎曰，此所謂觀象觀變者與！無文之《易》，其不在斯與！夫順數、逆數之説，《圖》、《書》之合也。上消下生、下消上生之説，先後天之合也。以順數、逆數之説，合於上消下生、下消上生之説，《圖》、《書》先後天無所適而不合也。他所錯綜貫串，卒根極理致，與朱、邵微言相發，有天巧之會，無人智之鑿。意於此"奇而法"、"精微而不賊"之指，其亦庶幾矣。先生氣静神恬，樂易而堅確，古稱默而好深湛之思，與所謂清明坦平，洞見中外，覘其用意，無乃相似。宜乎味無味之味，而窺人之所不窺。異日者于周、文之經，朱、程之傳，必將發揮真得，以究性命之發，予尚得執卷而聽之。

蔡方麓詩序

《詩》有"四始"，惟《雅》可以見君臣相與之際。故人之始入學也，《宵雅》

肄三，願其他日之如此也。"旨酒"、"承筐"，所以仁下也。《四牡》、《皇華》，所以忠上也。紀思燕者，有《蓼蕭》、《湛露》之篇。祝壽祉者，有《天保》、《南山》之叶。以至《采薇》、《六月》，則且履行間，歷時歲，"雨雪"、"楊柳"，感物詠歌，使讀之者如覩成周之盛。《詩》之爲教遠矣！然其爲之者，多出一時文人賢士，或自叙其事，或互相褒勉，人與言傳，夫是以編之詩書之策而無愧。

方麓蔡先生，少占巍名，官禁近，才學爲天子所深知。長於賦咏，其作滿家。兹編蓋先生之一體，所以述恩遇，紀隆盛，抒忠愛，序行勞，效唐人之近製，而能嗣二《雅》之遺音。柳子有言，欲使木鐸者獻之法宫，增聖唐大雅之什。今先生地望足以自建，颺言矢詩，九天垂聽，又何藉乎采諸遒人，副在有司哉？萬壽後，先生受命祭告，遂犒西師，尤能得軍士之和，宣拊循之德，兹所謂"誦詩而能使於四方"者與！唐人應制，莫善於燕公張説，其平生被遇荷榮，鳴聲流溢，巡邊詩則又清壯，凉風夜雨，笳音成歌，與東壁、西園相爲掩耀。始奏以文，復亂以武，先生似之矣。予非知詩者，而先生猥以示予，聞音撫節，自附於竊抃者而已。

許徵若文集序

己酉冬，計偕自南來。黄兄御掞在京師，以書逆予於道，及許兄徵若者，盛有所稱引。予於御掞，斷金友也，惟其言之信，知其稱譽爲不苟也。甫入都，舍館皇皇，許兄亟來相訪，稠人廣衆，會集之中，未嘗有所論質。然其勃窣英悍之氣，固已得之眉睫間矣。既數日，出所爲八比之文相示，其取神措體，駸駸乎師道、定宇諸君，無障、嘉賓而下，察其意望望如也。予於是知徵若學不溺於時，奮然以先正爲師，私心益歎慕不能置。

嗚呼！文之弊也久矣，即以制義論，行於今三百餘年，中間文質升降，與其國家氣運盛衰，如合符節。化、治、正、嘉之文，非善也，然方諸末流之淫放，則已如《咸英》、《韶濩》，一唱不可再聞。於是而溯斷響，肆力追之，豈非所謂豪之士者與！雖然，先正之所以爲先正者，不以其文也，而况於業舉之文乎哉？予願徵若益知其所未知，養其所難養，厚其文章之本，而應舉以緒餘爲之。譬之交際婚姻，聊爲士女之羔鴈而已。區區所論，守之者瀕十年，逡巡懦憊而不能尺寸進。然不揣厚顔，每樂爲知己道者，冀有勇於予者，而俾予焉是資，則庶幾將終於有立，此予所以於許兄焉眷眷也。黄兄謁選數月，一日以德業未逮，浩然南歸，許兄實從之。予乃歸其文而引其端，承許兄意也，故不專乎序文，有贈言體。

鋭峰和尚文集序

鋭師交余家三世矣，所卓錫必買山相隣，近時爲人牽挽去，去則復來，來而若忘所適。情款之篤，季俗所爲難。乙未、甲寅間，余家有寇戎之厄，師以心相憂，以意相助，卒其所以出險者，師有力焉。師習静之久，幾先屢中，雖絶口不言人事，或時於茶弈譙談，微文隱要，及驗之事後，往往而然。

李子曰：世之譏浮屠者，謂其棄天親、薄世義。師以家貧親病，不得已而逃空虚，感念所生，終身於邑，凡所交遊知愛，無賢愚，待之若一，視物有患，如身親之，可不謂之有心人哉！而又何譏焉？余不曉釋氏法，而師往往見許。顧惟愚陋，蔽舊學已深，不能入也。有問余方外交者，必以師爲稱首。揣師於章縫之倫，亦復如之，豈非以公道相取與？師之序，余安得辭。

富雲麓少宗伯七十壽序

國之將興，必有端亮醇直之人應會而生，蔚爲風流，成於習尚。其在州里鄉間，則亦其氣將聚，俗將還，邦人士將有所顯慕潛化，而敝者革也。歷察朝家舊事，風之興廢，孰不由兹？

禮部侍郎兼翰林學士富雲麓先生，蓋所謂爲朝家出者與？雖薦紳士大夫議論，鄉黨稱説，三十載如一日。其爲朝家出，灼灼明者，而吾獨重言之，豈不以感之深、慕之久，夷險進退，出處言默，周旋反覆之熟且詳，故有以託於不阿之義，而憮然論世也。先生端亮醇直，稟之於天，兼所術者正，爲文章深厚明粹，軌步先民。所謂儕世詭俗之行，離經破體之文，先生非直不屑爲之。蓋欂楝無曲木之用，大吕絶纖哇之響，直體雅韻，天定而性成故也。官翰林十餘年，公輔峻望，爲後輩師。既以學士參綸扉，出爲卿貳，顧問所及，据禮而對，盈庭聚議，獨攄孤誠，不囁嚅於群忌，不應和於衆趨，直吾所見，臆盡而止。其言曰："會議者，上對君父，下則動繫生靈國計，訛訛喻喻，吾敢與聞？吾竭吾誠焉爾，豈計人之喜怒，事之成否哉！"今大學士張素存先生，於制舉業最能古者，每與予論文體，首推先生爲《大雅》、《王風》未墜云。故刑部尚書環溪魏公，清直震海内，平居語人："吾會議班中，見其胸次洞洞，無夾帶一物，雲麓先生而已。"噫！二公信知言，亦豈苟言者？先生去國八年，而輿論益孚，雖濁流薄夫語，先生無不動色。某惟天子方恢忠厚之化，槐棘之下，極一時惠人長者之選，如先生者，方特起爲世用。即先生疾不復出，而逵路高騫，羽毛在望，朝與野與，皆足以潛驅淳風，翊世休明。吾故曰國之將興，應會而生，則先生者其首也。

若夫鄉間之事，某雖晚出矣，以其所逮聞，及其所親見，有可論者。自明季文敝，染翰之侶，窮極怪神，而吾鄉爲最。順治間，先生首與同志爲程、朱之學，錢、王之文。先生達後，習又屢變。然至於今，蓋有能知正學而誦守之者，先生實倡之。先是達宦退處，猶頗聞枌榆休戚事。先生曰："非病夫所宜。今遐陬遠澨，痌瘝辛蓼，廟堂之上，靡不周知。夫鍵門庭，麾請謁，勑子弟奉刑憲，餌松术而觀泰平，是吾事也。"先生杜門屏跡，而清風厚德，遠近欽畏。後進之士，駸駸嚮風。以視翹然自謂爲善於鄉者，課其居德善俗之效，孰與先生，必有辨之者矣。

某又聞之，昔人有言，洛陽之廢興，天下治亂之候也。自前代辛酉改元，而時事一變。閩於是時，海患芽蘖，六十年來，民不聊生。又自己未莊羹若前輩魁天下後，臚名賜第，亦往往而絶。雖斯文之昌鬱有時，識者亦謂習尚澆訛，文窮質弊，有以使之。今閩亂之平，則靖海侯施公力也。其爲士大夫欽式，將使吾鄉風聲氣運，蔚然如隆、萬前，先生之功實多。先生與施公皆誕以辛酉歲，夫亂之端者，治之肇也。亂所自生，必生其人，以弭亂開治於數十年之後。故夫吾之稱引舊俗，而幸與先生並世者，亦豈徒哉！

某釋褐後，未素識先生。先生謬有所聽采，獎掖夸詡，不顧其能。患難中，間道馳蠟書，復繇先生以達。故予於先生，德義之恭，情私之感，寒燠風頹，金可斷而吾與先生之交不可間也。歲庚午，先生年七十矣。念雖羈官萬里，不可無言，而言又不可以勦。用述其所以窺先生者，以爲繫於朝家，而自附於不阿之義。雖然，以斯理揆之，先生蓋未艾，則予之歲歲從賓朋後，以禱願先生者，戔戔之言，遐不竭已。

太倉王相國七十壽序

嘗論人之乘運，如四時然。當春而發者，則其質厚，其氣和，且有雨露之養，無霜霰之傷，而其天也全以固。國家方盛，猶夫春也。際其會者，雖萌甿衆庶，莫不載厖淳之風，獲康壽之福。累而上之，則皆所以贊佑乎休明者。況其膺寄倚職，弼亮爲時重輕，是必居德之茂，斂祉之完，有以應期篤祜，能存我以厚蒼生無疑也。遠稽上代，如合符節。故《書》稱壽耇，《詩》咏老成。漢之隆也，食五更於太學。唐之興也，朝廷之上，老儒半焉。宋莫盛於仁、英，時則有若文、富之徒，躋於大耄，爲邦家禎。明以化、治爲日中，今海内所謂故家舊德，名行修而禄祉卲者，皆其時雋也。

恭惟我國家單厚以受命，固已食福而薰和。及乎我皇壽考以作人，無不興仁而徧德。畔亂既削，要荒既來，紀綱既肅，澤惠既周，文教既蒸，禮樂既舉，於是崇敦朴，黜浮華，薄細苛，奬宏大，側席耆舊之英，翊成久道之化。吾友太倉先生，乃於是時，欽承簡畀，陟贊樞機。且以其優於文學，恭畏小心，圖書禁密之地，令總大綱焉。先生曾祖文肅公，前朝名相，其家之本深末茂，衣裳洋濟，爲南州冠。雖然，吾交先生四十餘年矣，恂恂退讓，無加人之言，無上人之色。及與之久而察之熟，則其宅心至寬，其志仁至篤，於人物臧否至辨，於事幾輕重至審。不知者徒以爲貴盛而不矜，知之者則以爲文明而能晦。於戲！其所以克世家聲，不替益光者，豈苟然哉？吾聞喬木之家，與社稷實相維繫，何則？家猶地也，國猶天也，地力厚，然後能受天之施。及乎合氣而動，則暘春景運於此占焉，"梧桐"、"朝陽"之詩之所爲作也。先生世澤如此，其德度又如此，宜乎與太和之朝默相感召。故吾之所以欣幸者，非獨寮寀之私，而吾之所以期願者，不爲氣類之同也。

歲之初吉，爲先生七十令旦。祝年之辭非古也，某又不文，卻不爲者久矣。顧於先生不能無言，猥惟庸材鄙德，老辜國知，徒以齒髮皤落之故，聖主收於陳人之列而養豢之。向謂爲時重輕者，則既蔑矣。雖然，朝廷眷待之恩，則不可負，求舊之意，則不可虛。故幸有如吾友者，龍馬其精神，以佐時而酬德，是則吾雖衰謝，猶得托附名迹，以無貽聖代羞，是今日區區頌禱之志也。

湯西涯少宰六十壽序

古者舉觴上壽，不專爲降生之日也。考之鄉飲之禮，六十者坐，五十者立，其加豆亦由此進。古之尚齒，其尤在六十以上乎？齒至六十既可尚，而況乎其有位者、有德者，達尊之義兼焉。此少宰湯公之壽，其鄉人所以聚會而祝辭也。昔余以學士掌院篆，是年公始入翰林，耳熟公才名，目一識公面而已。其後余督學畿輔，旋改任巡撫，公由編修改諫垣。比余還朝，而公亦督中州學去，未敢云上下議論而號知心也。公在中州，感激聖主之知遇，潔廉峻整，以爲群士師，竟三年如始至，清聲上聞，是以連擢以至今職。

居常對士友閒論，或謂視學者，非以鞭朴得財，鬻入無傷也。余曰不然。譬之侵侮于人犯他科條者，侮人者也。學校之贓，侮其父母者也。吾曹以應舉自進，非由此出身者乎？當日者視一名如登天，今則遽忘之而塞其路，故曰是侮其父母之譬也。雖然，古言作人者，必稱豈弟，《記》曰："豈以强教之也，弟以悦安之也。"非强教則師道不立，非悦安則學者不親。今之君子，或能畏功令，自矜愛，以從事於斯，則目賢者矣。然而誠意不至，振興無聞，其於强教之道猶遠也。況乎厲聲色，重刑笞，視士如奴隸然，而無子弟之愛，不悦不安，而望其烝變，不亦難乎？公於二者，蓋兩得之。夫是以中州之士，頌其潔而懷其寬，服其教而不忘其澤。

余既熟知公視學之美，及爲寮寀，譚燕彌親，相與登陶然之亭，望蒹葭之色，賦詩咏言，藹然酬恩私砥名行之志也。録事廣東，不通私謁，如視學時。門人有銜命典試者，必戒訓嚴切，聞者悚然。余於是有以知公而祝公也。夫《詩》言“豈弟君子”者，豈獨作人一時而已？又曰“遐不眉壽”、“遐不黄耇”，爲其爲異日之典法，使來者有所矜式。小、大二《雅》，疊引累賡，蓋王化之本，上下相與贊助而成之者也。今天子錫福中外，萬壽日親酌八九十以上者，於節行老臣，尤加意焉。公之年蓋未艾，其嚮用者未極，故余爲道夫君子之壽，以與世道相延引者，以慰其邦人之願。

車太母七十壽序

今天子理定功成，垂心文教。以爲三歲春秋録士，校一日之長而已，若學使一官，則寬之以考績之期，責之以養育成就之事，是以特重其選而難其人，非素被聖知，必使九棘參評而請命焉。得旨後，復臨軒而誨遣之，其慎也如此。夫以任之重而薄承，命之嚴而聽藐，非特孤聖天子之使而負士望也，平日以是進身，一朝而蔑其臭味，誦讀家修，蓋可知已。是故古之爲賢臣良有司者，必推之於父母之教，以爲志之定者不變，而誨之豫者不忘也。

吾閩學使車公，銜命來兹，汲汲惟校文録真是務。適余以休告里居，士論翕然無間，庶幾稱上意而一振儒風者乎！及見其爲太夫人七十壽文徵言，而知其庭訓早守志素。蓋使君之始典試也，先公給諫先生貽書戒之，及來視學也，太夫人又稱先訓勵之，故奉以周旋，而兩有令聞。嗚呼！善則歸親，使君之賢也，豈非所謂“式穀似之”者哉！今太夫人既壽且康，如月斯絙，明霸方生而未艾。使君之守其教，充其孝，設施于時，以爲親榮者，又非特今日已也。載考諸《詩》，其言壽考者多矣，而多歸之作人。然則作人者，固宜壽考。而匡相有言：“福之興無不起於室家，其育而教之之親，益當壽考無惑也。”是故《雅》言古之人“譽髦斯士”，而首之以“思齊太任”；《頌》言魯侯視泮興學，而繼之以“令妻壽母”。此其事若不相及，而作者彙言之。然則孟氏以育才合之父母之樂，而關西以爲錫類焉者，真達於天親之際，仁孝之源者乎！余固不文，於祝釐之言尤不工。然於使君爲先後同署，感吾閩學校之清，而欽其所本也，故不得以無言。

季父母六十壽序

諸父母猶父母也，而少同居，而長受業，而相與出入甘荼，周旋上下夷險，則其愛最篤，而其知也最詳。地之於季父母也，自少小事二人，能聞見則多，同居可不謂久乎？纔勝"象勺"便以當成人而鞭摰之，聲色嶽嶽。然至於今二十年有餘矣，言猶在耳，可不謂義乎？中更家難，父脱母亦釋，地男女兄弟五六人，與季父幽囚係縶，至於年有奇。顧時穉幼耳，微季父母，不斃刑拘且瘞風露，可不謂恩乎？是故篤於愛而詳於知。

乙卯春，季父母浹甲之年，又適同月，賓朋至止，堂除於粲，叔顧愀然曰："時事如此，吾何驩哉？"小子進曰："無憂。夫平巇苦樂相代，如陰晴寒暑。昔者與叔嘗丁之矣，今回思之一夢耳。"地惟季父母之可以壽祉者三，於理亂無憂也。叔根氐孝弟，据正懷方，遇兄弟或姪兒引禮批繩，義動於色。吾族將昌，與際平時興禮教，必有老成未艾，碩果慭遺，其不在叔乎？地聞之，陰陽得位者，其家實大。叔母之德至矣，撫媵御，篤姑姐妹妯娌，此其彰灼者，若夫哲順之極，無儀無非，蓋見亦罕矣。叔義方之訓最嚴，群弟於今有抱子者，卒莊憚勿敢肆，游無匪人，行無越事。凡此者，皆家之祥也。地謂季父母之多壽祉，則在乎此。

地又聞之，夫人之志之行之學，如果焉遺必生也，如種焉殖必穫也。故不于其初于其卒，不于其身于其後。叔初年爲學，鄙夷舉子家言，譚文以漢、魏爲宗。黄幼元先生，末造名儒也，著書賾隱，世未知好。叔獨心嗜其説，咀其英華，領其元微，雖子雲侯芭，無以遠譬。又特熟古今事，王霸之略，俊偉之舉，未嘗一日而去諸心。其所謂周公瑾、王景略、諸葛孔明、慕容元恭云者，亦未嘗一日而釋諸口。今叔方優游農圃市肆，灌園觀花，訪禪彈局，叔母以和敬助之，自處以龐公、伯鸞老矣。然又聞之，天造亨屯，山川雲出，地視叔精悍之色，猶在眉間也。二弟修文武業,既有端序,是不將發明王之夢,必在其孫子矣。

屬父母諸父母謂地甫官歸,宜有以祝。敬述前言,而以請曰:地惟生之晚,於叔父母大節細誼,不盡見也,抑志行大凡,則庶幾焉。夫洗爵稱觥,少者事也。頌德祈祉,古之遺也。遂奉家尊命而敬書之。

榕村續集卷四

論

君子不器論

語道則足以該事之施，語事則不足以盡道之藴，此非事之外有道也。蓋道也者，貫乎事而不滯於事。故方其爲之也，順乎理而無心；及其成之也，付於物而無跡。雖至於開天下之務，定萬世之業，而於吾之本體無加。凡所謂區區有以自見、有以自名者，舉不足以語之也。此君子不器之説也。試論之，自形上之道，不能離乎形下之器也，久矣。見象形器者，天之所以示人也。象事知器者，聖人所以承天也。器於禮然後可以成身，立成器然後可以利物。君子之於天下，夫豈離事遺物，而坐談夫道德之妙者？雖然，德未至於全，而役於事者則泥；道未臻乎化，而著乎物者則膠。於是乎有資學爲之竭，巧力爲之盡。究其終，莫不各有至焉，而人率得以器名之。其藻躬立品，已自進於廊廟瑚璉之華，而祗成其爲器之貴。其興事建功，已自躋於尊主庇民之列，而無害其爲器之小。遊聖門者，身通六藝，而兵農禮樂之有素焉，曾不如夫沂水春風之遠。仕列國者，勤勞三事，而慈惠忠清之有聞焉，亦何補於功名事業之卑。

是何也？學不以求仁成德爲先，則所成於己者，材而已矣。仕不以一世内溝爲痛，則所施於民者，法而已矣。之人者其自立於世，與所以爲世用者，豈不卓乎有所成就，而不足以侈於君子之門。君子之爲君子，道備之謂也，德成之謂也。故藏器於身，而其用非有損，制而用之，而其體非有加。其器之神也，如權衡變化之無方，而不易其經德之常。其器之大也，如規矩準繩之有定，而不滯於匹夫之守。可以大，可以小，而不可以一人之材品命之。可以用，可以無用，而不可以一時之行業拘之。無論技能智識非所以語君子，而亦未聞有所謂君子廉、君子義、君子慈、君子勇者。蓋其道德之中，無所不具，而無所不化，雖欲名之，不可得而名也。故曰君子不器也。

或謂：唐、虞之世，水火工虞之職，雖皋、夔之侣不能以相通，則君子而器者有之矣。曰：病於德者，雖至於無所不通，亦器也。惟其優於德，則雖終身守一事焉，而益以明其爲不器。此皋陶安於有司，而后稷自謂便人之説也。知此然後可以論君子。

夫子之道忠恕而已矣論

今夫聖人者，非有異乎人之道，而有異乎人之學也；非有異乎人之學，而有異乎學之體用也；非有異乎學之體用，而有異乎體用之安勉也。雖然，無異也。聖人之存心，猶是人之存心也；聖人之應事，猶是人之應事也。有以存之，而聖人之心可知；有以應之，而聖人之事亦可知。則雖安勉不同，而體用無不同；體用不同，而學無不同；學不同，而道亦終無不同也已。説在曾子以一貫之旨示門人也，曰："夫子之道，忠恕而已矣。"請申論之。

夫夫子之所謂"一貫"者，豈易言哉？體之而爲至德，則渾然而泛應者，道之所以不可測也。擴之而配天地，則至誠而及物者，神之所以不可知也。今必舉下學之事，而以爲聖人之立體者在於斯，聖人之達用者在於斯，不幾於誣聖人且誣學者乎？而不知其非也。静存之中，萬理之原備焉，聖人能盡之而已矣，不能以有加也。肆應之交，一心之理著焉，聖人能通之而已矣，不能以有違也。一人能盡之，則人人皆可得而盡之；一人能通之，則人人皆可得而通之。故充一貫之量者，至於天地之所不能窮；而約一貫之旨者，實爲下學之所可共證也。嘗試與求夫内外物我之間，存者何以存也？發者何以發也？動静還相生，應感還相因也。是豈漠然而中無所主者乎？是豈紛然而外無所持者乎？中無所主，則不惟無以爲聖人之心，而且無以爲吾人之心，何所恃而物無不周？何所恃而事無不當也？外無所持，則不惟無以爲聖人之事，而且無以爲吾人之事，將所謂裕萬物之基者何爲？所謂建萬事之本者又何爲也？是故語之以一，或疑其無可幾；語之以忠，猶謂其無可幾也乎？語之以一而貫，或疑其無可循；語之以忠而恕，猶謂其無可循也乎？一念必求其誠也，念念必求其盡也，如是而爲忠，即如是而爲一矣。一物必求其順也，一事必求其安也，如是而爲恕，即如是而爲貫矣。酬酢之先，而裕其施於不匱；感通之際，而會其源於一本。如是而爲忠恕，即如是而爲一以貫之矣。詣有淺深而理無殊途，境有天人而歸惟一致，然則夫子之道，豈必求之幽深浩渺之域乎？以爲忠恕而已，信乎其盡於忠恕而已也。雖然，語其道，則聖人之道即學者之道；而論其功，則學者之功，豈遂爲聖人之功哉？惟求其旨於切實易簡之中，而致其修於操存踐履之實，循循然由勉以幾安焉，然後由忠恕以進於一貫也無難，即謂與聖人同其心，與天地同其體者矣。此又曾子告門人之深意也。

知言養氣論

千古聖賢之相傳者何哉？心而已矣。所以傳心者何哉？理而已矣。是理也，具於方寸之中，而周於天下古今之遠。不有以明之，無以辨是理之真也；不有以行之，無以守是理之正也。夫至於辨之真、守之正，則於理無所不得，於心亦無所不安。此孟子不動心之學，所以繼孔氏而度越諸子也。至於自言其目，則曰知言養氣而已。夫言感於外，而氣發乎中，此二者非心也，而心之所以動則由乎此。何哉？蓋言者心之聲也，我之言生於我之心，人之言亦生於人之心；不知人言者不足以知人之心，不知人心者亦不足以自明其心也。若乃氣之動静，運乎神明，而心之出入，乘於氣機。涵育至則内外相資，而持養疎則本末交病。如是而雖守其空虚無用之心，以曰不動，其誰信之？況夫孟子之時，則尤有難者。邪説淫辭，紛然滿於天下，而隨世以就功名之士，則且依阿詭隨，柔靡而不能以自振。於斯時也，欲於群言淆亂之中，而卓焉不爲所惑，且欲以其氣浩然於波流頽敝之際，豈不難哉？惟其夙聞孔子之道，學四十而大成，故其於言也，則知之，明乎真者，不可惑以僞也，而吾之心何所疑？於浩然之氣也，則善養之，守乎正者，不可撼以邪也，而吾之心何所懼？不疑也，不懼也，而吾之心何所動？蓋感於外者，既不足以移之，而充於中者，又復非外之所能震，則信乎心之不動也。

彼告子者，其心非不頑，然有以自守。然與其置之而不疑，孰若知之而無疑？與其制之而不懼，孰若養之而無懼？心一也，而所以事心者不同。由孟子之道，則言也氣也，皆爲有用之物，而心亦有用之心也。由告子之説，則言與氣既無所用，而其心不爲無用之心者幾希矣，其亦何以察無窮之理，而應無盡之事哉？是故惟精惟一，堯、舜之不動心也；博文約禮，孔、顔之不動心也。曾氏得之，以爲格致誠正之傳；子思得之，以爲擇善固執之統。而孟子之學，又得之曾氏、子思者也。

治曆明時論

天地之所以不窮，時之爲也。時變易而無端，故天地常運而不息。然則天地之間，無適而非相因也，無適而非相革也。《易》於《兑》、《離》之卦，而獨以革名者，蓋兑者澤也、水也，爲陰、爲月之象也，爲寒、爲夜之象也。離者火也，爲陽、爲日之象也，爲暑、爲晝之象也。澤在上而火居下，是陰陽之相根也，日月之相薄也，寒暑之迭乘，而晝夜之交錯也。生克之道，於是著焉；變化消息之機，於是寓焉。故觀象之聖人，以是爲曆法所由起也。

蓋造化之所以相因相革，陰陽五行之氣，迭運於其間而已。分而爲四，則分至啓閉者時也。别而爲十二，則朔晦望弦者時也。析而爲三百六十，則出入永短者亦時也。極其遠，則元會之久，莫非是也。推其細，則晷刻之暫，靡不然也。若此者，孰非時乎？孰非時之革乎？苟無以明之，則歲月日辰失其叙矣，發斂生成昧其節矣。天道無由察，而民用無由興矣。安可不有以明之哉？然而明之者，不能求之冥冥之中也，不能探之浩浩之表也。蓋有治曆之法在，曆之足以明乎時者，何也？夫時之更革，雖運乎氣而難知，而曆之行度，則著於象而可見。陰陽五行之氣播於下也，日月五星之象垂於上也。故察其天日之會，而歲之分至啓閉，其時可明矣；驗之日月之交，而月之朔晦望弦，其時可明矣；辨出没之分，揆南北之軌，而日之晨昏永短，其時可明矣。參之以表景之差，而晷刻之暫無所違矣；推之以七政之合，而元會之遠可坐致矣。蓋時者二氣之分限，曆者三光之度數；分限不可知，不有度數以紀之，則其節序之潛移、氣化之默運，終莫能得其端也，又何以使天道自我而察，民用自我而興哉？是故羲、和之命，申於堯也；璿璣之制，備於舜也。五正怠忽，夏后所以加誅；五紀協用，箕子所以陳《範》，未嘗不於治曆之事兢兢焉。

是聖人所爲，見天地之心，知天地之化，而推以爲範圍曲成之用者也，豈特推步之術而已哉？若乃治之之方，或紀之於書，或象之於器，或立常法以舉其要，或參變化以求其中，隨時修改，以與天合。凡以使曆與時，常相應而不相悖焉爾已。乃後之治曆者，吾惑焉：一以爲曆起於律，一以爲曆生於蓍，紛紛制作，而日差月異，其術不久而遂廢。夫聖人治曆以明時，而彼欲强時以造曆，其舛謬則宜矣。

温恭自虚所受是極論

古之學者，何其循循然于傳道授業，而所聞無不得於心，所習無不成於身也。蓋未始不由于受教之有其基，力學之有其要。夫是以德業交修，日進月益而不能已。此《弟子職》有所謂"温恭自虚，所受是極"，而《小學》引之也。夫人自八歲以上，則授之以方名書計焉，則又教之以舞勺舞象焉，則又教之以學《樂》誦《詩》焉。以至進退盥灑有其節，則古稱先有其文，何莫非弟子所受于先生，而務乎誦習講説，以究其極者哉？

然而世之學者，吾惑焉。往往有講而無聽，有傳而無習，師弟子授受之間，以應文塞責而已。其有志而向于學者，則又患乎氣質之不美，習俗之所咻，傲慢之容，足己之心，有以錮之。於斯時也，欲其遜志時敏，以幾所學之成，是亦卻行而求及前者類也。古之學者則不然。有所受于師，則必退而熟之復之，研之究之。雖然，恐其無以爲受之之地也，則虚以承之。雖然，恐其無以爲致虚之本也,則温恭以將之。蓋無所拂于容者,必其無所距于心,而有親師之心者,必其有敬業之事。故其所謂"温柔孝弟"、"志無虚邪"者,即温恭之類也。所謂"從善服義"、"必就有德"者,即虚之類也。所謂"朝益暮習,小心翼翼"者,即"所受是極"之類也。推其所以承師受業者,而爲學之大端舉是焉。是以雖在孩提之教,而有以爲《大學》居敬窮理之階。雖當有造之年,而有以爲聖人崇德廣業之地。學之所由成,而教之所由興也,弟子之職可不務與?

説

中江北江説

《禹貢》導漢曰:"至于大别,南入于江。東滙澤爲彭蠡,東爲北江,入于海。"於導江則曰:"東迤北會于滙,東爲中江,入于海。"説者皆以彭蠡爲今鄱陽,而於導江所謂滙者,亦以彭蠡當之。辨之者曰:江、漢合流已久矣,至此不應有中江、北江之别,一也。且一彭蠡耳,而入有江、漢之異,出有中、北之殊,二也。彭蠡在大江之南,當曰南滙,而不應曰東滙,三也。江、漢之入彭蠡一耳,一曰滙,一曰會,一曰東,一曰北,四也。鄱陽之水,實合諸州之水而成,特湖口與江通,而非江、漢所滙,五也。以此致疑,故或以衍文而欲去之,或以禹蹟所未及而致誤。夫以爲衍文,則經中文從字順,頗疑非衍。以爲大禹當日聞見之誤,則夫彭蠡之自有源,而誤指爲滙者,則通矣。若夫同一江也,而中、北殊稱,同一澤也,而江、漢異入,與夫或滙或會,或東或北之参差,則終不足以折其疑也。是以竊讀蔡氏傳及朱子辨論,而猶有未能釋然者。因就諸家所援引,而私以己意言之。

按:蘇氏以岷江爲中江,漢爲北江,而豫章之江爲南江。雖三水合流,數千里而後入海,然猶稱爲三江,以總其實,政不必較之於味别洲别,而後可目爲三也。此蘇氏之説爲可用也。且荆州無海,而言"朝宗于海",以窮其委。揚無三江,而言"三江既入",以究其原。明乎此者,於導江、導漢之文無惑也。此可以解二江之説也。蔡氏謂廬江之北，有巢湖焉，每歲四五月間，大江泛濫，水漫入湖；至大江水落，則湖水洩而隨江以東。竊意經之彭蠡，或指此湖言之，而下導江之匯，則方以鄱陽當之。蓋亦就其一南一北之大勢，而各係於江、漢之下，非謂入此者漢，而注彼者江也。此可以破一澤二水之疑也。漢水入江之後，並行而東，故曰"東匯"。江水東流之後，稍折而北，故曰"東迆北會"。概以凡例，無所齟齬。且巢爲江、漢之所注，則曰"滙澤爲彭蠡"，明此澤爲江水匯而成也。鄱陽自受諸州之水，而與江相通，則曰"會于匯"，明此澤自匯而成，而江特與之會也。其於文義既通，而事理不謬，而又何紛紛之疑乎？

或曰："導漢"之條，既曰匯澤爲彭蠡矣，於江則但曰匯，而無其名，明乎其文相備，而奈何復以他水當之乎？曰：經之例，未有無名之山川也。然江湖之間，三苗之地，荒忽闊略，安知其不但以匯稱，而聖人因之耶？且經既不以其名稱，而但曰匯，則已變例矣，又不待解者之分而爲二，而例始變也。千載湮滅之跡，豈末學淺陋所可必？邇因讀先儒之説，而覺其義猶有可言者，存此以備一説，或博雅君子有以正焉。

律　説

古者六律爲萬事根本，蓋聖人之通乎神明，而寓於氣數者，其制作之精有如此。今雖不可聞其法之詳，而周、秦、漢初之間，傳記所述，推其源流，遠有端緒。以及近代，朱子、蔡氏之書，則抑可謂簡要而有徵矣。余比者頗嘗學焉，而竊推其立法之所從來，則知其果出於理數之自然，而非人力之所及也。

蓋聲發於氣，氣者聲之本也。天有五行之運，則發爲五聲；地有十二辰之位，則定爲六律。故干支聲律之相乘，皆究於六十，此自然之節也。其敘則在五行，爲水、火、木、金、土，由清而濁，氣以微者爲先也。在五聲，爲土、金、木、火、水，由濁而清，聲以盛者爲主也。至於運行之次，則四時之氣，以土居中，而木、火、金、水皆得以其序而相生焉。五音之氣，以土爲主，而火、金、水、木亦得以其序而相生焉。二者雖若不相資，而其理實相爲用。故五行之氣播於四時，則十二月由是生矣。五音之節寄於六律，則十二管由是定焉。十二月者，元氣之所周流。十二管者，元聲之所通貫。元氣漸發則漸薄，元聲漸散則漸微，故氣盡則生，聲窮則變，無二道也。其清濁之次，相生之序，亦政與五音同。清濁之次者，如兄弟長幼之倫，《河圖》自一至十之數是也。相生之序者，如夫妻子母之屬，《河圖》一六同宗之類是也。故音律之道，《圖》、《書》之藴也。

或曰：黄鐘一律，尤爲十二律之本，得其數而後定其律乎？得其律而後定其數乎？其數之長短周徑，空圍積實，亦果各有從來而不可易乎？曰：自漢以下，是執數以定律者也。三代之前，是得律而定數者也。黄鐘者，自然之元音，非器數所可求。聖人者，亦既竭耳力而得此一聲矣，於是欲推其法以生餘律，而不得不以數寓之。以其徑爲三分，以其圍爲九分按法徑不止三分，圍亦不止九分，此舉其概耳。者，象天之圓以一圍三也。長九寸者，象天之數成於九也。空圍九方分者，象地之在天中也。積實八百一十分者，象九九之衍數之極也。日從天，故度其外分之縱長，每寸十分，得一旬之日數。月居天而從地，故度其内積之方分變而圓之，得十一分有奇，應一日月行之數也。此豈非所謂真至之理，各有從來而不可易者乎？今且以其生律和聲之理而竟言之。日月經天，相推以成歲，止於十有二月，而又均之，爲二十四氣。律吕相生以成聲，止於十有二篇，而又半之，爲二十四管。此數之正也。然月有十二，而歲尚有餘分。律有十二，而聲尚有餘調。於是正數之外，則有氣盈六日，朔虚六日，以滿其分。正律之外，則有變律六管，變半六管，以足其調。蓋歲之閏，由於三歲之中，有一閏月焉，五歲之中，有再閏月焉，然後數不參差，而日盈而月闕。律之變，生於陽滿而陰虧也。故月積而成歲，則三歲成矣。律調而成聲，則三聲之後，有一變聲焉，五聲之後，有兩變聲焉，然後音不斷續，而樂備矣。蓋五歲之間，五音之際，其次三次五之後，則中氣之相距，律管之相遠，必皆隔越一月，而嫌於不相及。故必有再閏二變者，居於其間，然後氣序之推移，聲息之密禪，泯然無迹而渾然其同歸。此造化自然之等，而制作之妙，所爲與天地準也。房庶知變聲之爲閏聲，而不知變律之爲閏律也。變律生而適補聲之缺，變聲用而適當律之疏，此豈人力思慮之所及哉？吾故曰皆出於理數之自然，而聖人特假手焉。世之知律理者，其尚有以正之。

此余二十年前作也，時讀《律吕新書》，已能言大概如此。偶蒐舊稿見之，不忍棄也，略爲改竄而存之。壬戌七月望前記。

解

春秋天子之事解

《春秋》何以爲天子之事？蓋當時列國各有史官，各尊其國，漸習之久，雖共主亦不知。其紀晉文公召王之事，曰："周襄王會晉文公于河陽。"此類可見。孔子雖因諸侯之史而作《春秋》，而其義例則一以天子之史爲斷，故曰"《春秋》，天子之事"者，此也。因此句錯説，遂以爲夫子欲行天子之事。豈知《春秋》正王道，明大法，亦不過如定禮正樂然，申明文、武、周公之憲而已，何嘗以天子自居哉？史遷述夫子之言："我欲托之空言，不如見之行事之深切著明也。"引者亦皆錯説，以爲夫子作《春秋》，是見諸施行之實事，非空言比。用此與天子之事相證，宜乎謬説相承，夸大不經，而失聖人之意遠矣。夫子之意，蓋謂我欲以空言垂訓，而無所指實，不如借二百四十年之行事，善惡昭然可見者，寓其褒貶，庶乎其公道在於人心，而好惡深切，其行蹟在於耳目，而勸戒昭明焉爾，如論著書立説，則均空言也。豈有諸經爲空言，而《春秋》獨爲行事者哉？凡讀書，文義之失，其弊可以至於無窮。又如司馬遷言："《易》本隱以之顯，《春秋》推見至隱。"蓋言《易》因天道以該人事，《春秋》緣人事以明天道焉爾。見，讀現，即顯之義也，今亦誤解爲推窮隱微之義。故説《春秋》者，須究斟鍛鍊，幾如文吏之酷深，豈非文義不明之弊乎？

榕村續集卷五

記

泰山脈絡記

上諭:"天下地脈,皆發於崐崘。其北幹自北極四十五度下,至於長白,迤及高麗,以盡於海。其南幹則自陝西來者,盡於中州、江北諸省;自四川來者,盡於江南、江西、閩、廣諸省。南北兩幹環抱,此天下山脈之大勢也。朕衾年遣官,按星土測量,始知山東泰岱,其脈絡並非中州出來,乃自遼左金州渡海逆生者。今登州與金州相望,兩岸之間,諸島錯落海中,如龍脊聯貫,猶可驗也。至岷山龍脈發自川南者,自貴州至廣西、廣東是一支,自江西梅嶺分爲建康、錢塘、閩中又是一支。此兩支半在嶺嶠之外,故兩粵、福建自秦、漢以前,未入版圖者此也。因山東泰山之脈,遠自塞垣之外渡海而來,江、浙、閩、粵之脈,又遠自嶺嶠之外循山而盡,所以《禹貢》導山四條,只據中州言之,而無山東之山及江、浙、閩、粵諸山者。蓋知其脈絡來自塞外及嶺外,當日跡所未經,故聖經略而不詳,正所以存信也。從來説《禹貢》者,至此每多窒礙,蓋未得諸實測故爾。朱子謂盡於兩浙、閩、廣,又言北其首以盡會稽,南其尾以盡閩、粵。所謂首尾云者,蓋以脈分兩岐,有似首尾,非謂閩、粵山脈自兩浙而來也。此記録之未瑩,讀者不可不知。"

吴真人祠記

古之聖人,欲以和上下、理神人、參幽明,於是乎有神祇物類之官。究其道,若巫醫、卜祝、方術之事,而實其人,皆有齊聖淵微之德,敬恭寅畏之心,精白純和之行。故能通於陰陽,交於神明,統理吉凶變化、災祥之道,以爲天地山川、神鬼民物之紀。是故其生也，人而神之，殁則祀典載之。至於精神之所憑依，猶足以禦災捍患，翊世休明，水旱札瘥，靡求不感。此理之常而教之極，而衰世以爲怪神誕異，不其惑與？自王道之亂，天人不交，古者陰陽、巫祝、醫方之學，皆以爲技術者流，而莫之講。而世之神異靈爽之士，能自治其神氣，以役陰陽五行，而通人鬼之道者，類皆托於僊、老之傳，而號曰真人。嗚呼！此唐、虞、成周秩宗、宗伯氏之屬也。彼既不得官王爵而典神天，猶能齋心存神，木食澗飲，而知至道。推其餘至於驅役鬼神，禱召風雨，行符藥，療疾病，禳災害，弭妖孽。上者或有助於國家，下亦行於閭里，要歸利物而遠於邪。若此之類，稽之歷代，其彰彰於世者不少。有王者起，其將以釐百神之祀，咸秩無文焉，此族其可廢哉？

吾邑清溪之山，其最高者曰石門，峭特高清，望之知其有異産焉。吴真人者，石門人也。考其家傳所載，生於宋太平興國己卯，卒於景祐丙子。幼不嬉遊，長遠聲色，心潛六合，氣運五行。仁宗明道中，得異人神方，能藥法兼行，以治鬼神，卻疾癘。嘗至京師，診帝后疾，繫綫察脈，隔幔灸乳。其他如濟水旱、禦寇兵、拯災厄，神異之事，不可殫述。卒之日，鶴鴈蔽天，道服儒冠而化。自真人上昇之後，諸有禱望疾病危苦，無不立應，於是鄉里創廟立祀，漸聞於朝。自宋南渡，迄於明初，累蒙封號，詳在本傳中，不載。嗚呼！此余所謂"生爲神人，殁載祀典"者與？惟其不遇明王，使之理幽明、和上下，故托於僊、老之倫，而以"真人"稱，而非夫世之怪神者比也。

真人至今垂六百年，其子孫聚族山下，奉真人遺容，遠近祈請，靈感猶舊。斯像則來自濱海。曩歲奉旨遷沿海之民於内地，真人見夢，預指吾湖而棲焉，逐魔治病，歷有顯蹟。自先君子及先兄在明檢討，深崇信之。至誠感神，休咎之眹，靡不先告。蓋先君子屬纊前數日，猶爲真人祠事。玆記之作，亦先人志也。嗚呼！祠成有日矣，今始承先志而書之。真人名本，字華基，號雲冲云。

傳

莊方塘先生傳

泉郡之南，聳起而特秀者，爲紫帽山。山之下村落繡錯，巨宗名人，輩出相望,往往爲吾郡冠。而青陽莊氏,尤擅科甲,人物之盛,非諸族所及。明季最顯者,曰宫詹羹若先生,以經魁於鄉,禮闈及殿對皆第一,官舘職,不附魏閹,沈廢數年。崇禎間,起爲左庶子,追贈詹事,褒特節也。余與其孫素思君遊,又知宫詹曾祖所謂方塘先生者。

先生名用賓,以嘉靖七年成進士。初授行人,使蜀,則盡卻藩國供餽。又以正言忤吏部尚書汪鋐,由副行人累轉刑部員外郎,出爲浙江按察司僉事。在官甫八月,理冤獄,静譁伍,獎拔廉吏,所部肅然。有屬官倚勢貪横,先生執法治之,拂巡鹽御史意,疏劾先生。值汪脩前憾,先生遂以罷去。先生時年纔三十一歲,凡家食四十餘載,絶意仕進,宦囊蕭然。居鄉一介取予不苟,孝親睦族,行鄉約,開水利,邑人愛敬,鄉評至今重之。

自嘉靖三十八年,倭寇犯閩中,連歲猖獗,攻入興化府,殺居民殆盡。沿海衛所相繼告陷,而内地劇賊黄元爵等,因機交煽。自郡之内外,所在皇皇,勢且不保。先生憤然曰:"士大夫不得行於朝廷,無封疆之寄,保障鄉里,吾分也。"乃練丁壯,躬督率防禦,多所捕殺。郡城戒嚴,先生爲當事畫策浚城壕,部署城中守卒,使各爲營伍,民心遂定,城賴以安。當倭敵突犯時,遠近村民争入城逃生,勢急甚,城門且閉,幾相擁入水中。先生力請當事,願身守南門,乃操筦鑰,坐城門外,令得魚貫入,全活以數萬計。及宫詹之顯,泉之人無知不知,皆曰:"古稱活人滿萬,子孫必貴,方塘之有後也宜哉!"其隱德如此。

賊魁掠無所得,乃發人塚取贖,而益恚先生甚,掘其父骸以去。先生聞,則拊膺號慟,不與賊俱生。乃傾家貲,募死士得百餘人,與弟用晦分將之,逕奔賊營。賊正追官兵急,先生招官兵,使乘高爲掎角,無得輕動。先生約束部伍畢出,賊不意,馳下突其陣。所募士見先生憤不顧身,皆殊死殺賊,無不一當百者,賊遂大敗。乘勝連破賊十三寨,獲其父屍以歸。賊望見先生兵少,復悉衆來追,用晦殿後,與其僕俱鬬死。先生轉回,戰益力,賊竟遁去。會分巡僉事萬民英、指揮歐陽深等,以水陸兵齊至,望見先生殺賊狀,皆下馬拜先生。先生泣曰:

“某以父弟之仇,假官軍威靈,願更一戰。”乃寘屍舟中,轉前攻賊營。官兵繼之,遂拔賊三十三寨,陣斬倭首級百一十顆,生擒一十四人,奪回被擄男婦二百七十餘人,牛馬器械之類,不可勝數。時嘉靖壬戌五月初二日也。倭寇既潰,黄元爵等俯首就招撫,泉郡悉平。先生始以忠義糾旅,徇公家之急,及賊積怨深,怒於先生,剖棺洩憤,先生遂以死自誓,泣血慷慨,以區區百十子弟,摧賊數萬之衆,曾不崇朝卒之。用晦以身殉父,而先生滅賊報國,忠孝大節,可謂皎然。《禮》曰:“四郊多壘,此士大夫之辱也。”又曰:“父之讐,不共戴天。兄弟之讐,不反兵。”斯義也,先生兼之矣。當道屢上其事,爲冒功者掩抑,久之未叙。或以爲言,先生則又泣曰:“吾豈以親爲名者乎?”終身不自論列。萬曆間,先生子鳳章控於朝,下其事部議,贈先生太僕寺少卿,用晦廕一子,試百户。素思與予同官翰林,好古鯁亮,有先生之風。

鄉後學李光地曰:昔余七世祖在天順間,以布衣糾募鄉旅,從大司馬平鄧茂七之亂,論功賜爵,其子孫貴顯昌盛,略與莊氏等。故曰:“嘉兵,不祥之器也,以忠孝仁義行之,則受其福,否則熸焉。”余年十五六時,與兄弟十餘人爲巨賊擄去,祖以憂死。而伯别駕公飲恨嘔血,購死士并家僮百餘人,與賊連戰半載,悉奪出家口,巨寇遂平。今小子無功受賞,代匱綸扉,而家世奇節,曾不能如先生子一聞於朝,表章其事,則余媿莊氏之後人多矣。

書　後

書木鐸道人詩後

明嘉靖季,學使者周公孟忠,取道吾鄉,阻雨信宿。群兒聚觀,因試以文,拔二人入泮,高祖羅峰府君與焉。臨行,留此詩,署曰“木鐸道人題”。時鄉族間發解者纔一二,自後科第遂盛,今四十餘人矣。長老以爲詩讖,故勒石所駐山隈,不敢忘其志也。

書翼朱傳經區後

次崖林氏曰："群聖之道，備於經書；經書之指，明於考亭。蔡子之書，則所以攻堅發微，而考亭是翼也。"遵巖王氏曰："國朝以來，盡心於朱子之學者，先生一人而已。"鄢侯署晉江令，奉檄修先生祠，落成有期，請余表章之。敬約前輩之論，以顔其宇。

書先祖念次公家傳後

孫光地曰：吾族自旌義公來，多自致于豐。然克配者，必稱祖。蓋祖營貲非厚，而其卓犖好義，敦説《詩》、《書》，有四海大志，不齪齪于饘餱間，是則同也。嗚呼！蓄貨而不邁德，遺籯而不教經，不出畦步爲豪，而無闊遠之意，如豚眠糞壤，無慕乎廟犧。然則二祖之蹟，其足以風乎？是故意量上也，勤力次之，福命爲下。福命猶無源之澤也，幸而逮身，鮮克繼矣。惟勤力有餘，惟意量無窮。小子不及見旌義，而聞其事。若吾祖，則少嘗侍焉，晝匕箸指教，稍憶其一二語，皆諄諄啓後，絶無恒近之氣。夫其意量遠矣！

書先府君惟念公家傳後

孤光地曰：天與人其相反乎？非也。蓋天大而人小，天遠而人近。爲其近且小者則似切，爲其遠且大者則似迂；及其久也，然後衆知其切也。人惟身之愛，公惟祖之親。人惟利之騖，公惟學之勖。緩文史，重經術，拙生計，同物患。是故當其生也，味無味之味，事無功之事，憂無益之憂，而人不以爲當也。微獨莫之慕效也，姍侮者有焉，微獨外人也，諸孤猶疑焉。今府君之去，未二年間，宗法漸離矣，子孫之業寖以荒矣。百口之族，十室之里，規切之意微，分憂之道喪。然後衆或感而思之，微獨其孤，微獨其宗，蓋鄉之人莫不思之。嗚呼！凡公之爲，果其迂而不切者乎？公矜惜天物，苴一屨之敝，至於八年。末歲益窮窶，而其汲汲根本，愈不能忘。前輩富雲麓先生銘其墓曰："衆修事，公修天。"此府君之概也。

祭　　文

恭勒御書教忠告文

惟我顯考，篤孝天生。追遠繼絶，誠徹冥漠。安貧樂義，惟日孳孳。騶虞竊脂，寧有强勉。值閩逆難，移以作忠。光地等幸全身名，緊惟考訓。事定之日，身已抱痾。三歲危憂，膏肓莫剌。嗟惟誠感，喪葬哀榮。逮地登朝，漸聞天聽。額符之錫，微顯闡幽。實事真心，理應無媿。今練日吉，勒珉道周。華衮天章，萬年不腐。世俗碣誄，未足比方。恭惟考靈，祗受憑依。今以展墓告期，不勝哀慕。

祈母壽告文

光地叨恩竊位，進不能報國家於分毫，而老母吴氏，年七十五矣，便時刻膝下，兢兢愛日，已懼無幾。今處讒傷之會，危駹不能自安，敢及抗疏養親事乎？緬念古人躬遇艱難，惟有委順自修，聽命之至。神明啓我聖賢，教我祖宗，祐我風雨霜露，無非玉我於成，敢不感君恩而承天意？但母子天性不可奪也，百年常數不可越也。際暮日而不能盡爲子之情，則更歷蒼昊，此恨無極。惟冀明神默啓，吾皇翻然錫類，放歸田里，奉母餘年，省愆補過，以答天地君親，斯爲上願。如其罪亹積深，驟難蠲釋，敢籲明神回天之力，延母齡算，以光地在世之年，減損益母。俾邀恩予假之日，母子一得相見，則光地瞑目無恨。微臣聞天高聽卑，神鑒在上，螻螘之誠，動必有感。是用齋戒三日，焚香告神，伏乞垂靈響答，微臣光地不勝叩首瞻仰之至。

祭猗氏衛先生太翁文

嗚呼！道義之感，曠世同悲。何況千里，淵源所歸。今夕何夕，文曜熹微。哀問入都，賢愚歔欷。傷我門下，典型日違。追唁無由，有霣沾衣。卓矣先生，冀方之彦。少賤授餐，斆學則半。河汾之墟，于昔先岸。仲淹流徽，德温著範。邈哉誰嗣，先生所歎。夢寐如通，羹牆可見。試政宰邑，逐惡鸇鷹。身去之日，百廢俱興。歷曹司憲，南嶠周行。不鄙荒陋，文教聿蒸。顧瞻背樹，款款私情。奉以北還，踰艾解纓。先生之學，志行古道。銜恤抱疴，禮文是討。推行于宗，奕奕寢廟。三獻降登，主婦奠藻。躬行暇餘，幽尋遠紹。其書滿家，不可殫校。先生析薪，夫子是擔。白璧持躬，父命有嚴。英姿果毅，元氣渾含。忠孝大節，我人具瞻。探厥醲蓄，藪聚淵涵。隨地及物，風和雨甘。聖皇側席，中丞推轂。彼都人士，彈冠拭目。伊川還朝，魯齋侍幄。迎使開書，鮮民見告。見星而奔，爲期則速。朝野之望，哀哉虚屬。嗚呼！斯文之運，有開必先。大中吏部，式啓宗傳。譬彼崑岷，其流涓涓。飲於河漢，則遡其源。夫子繼志，揭道中天。先生之壽，誰云不緜。

某等南陬，晚出問學。無路糊名，受知門外。列屨鞭掣之慇，介如有悟。其奈暴寒，十年猶故。遲師歸來，摘抉昏瞀。我心之憂，輮人之素。羈官都下，矯首西郊。生芻曝絜，沃酒以澆。先生之神，賓于唐堯。安得巫陽，爲我下招。先生之志，孔明且昭。夫子弭悲，吾道殷遥。

墓　誌　銘

仲父漁仲先生墓誌銘

吾先自劍州尤邑徙安溪，初祖曰君達府君。傳六世至巡宰樸菴府君，以尚義有武功受爵於朝，爲邑右族。巡宰曾孫曰羅峰府君者，庠生，今贈榮禄大夫，是爲吾高祖。生曾王父次禹府君，今贈榮禄大夫，生王父念次府君。王父力善樂周施，徒手再成厥家，衆推以爲長德，今贈通議大夫。有子六人，伯父於次爲仲子。

伯父諱日爗，字葆甫，老別號漁仲。先王母夢巨神至而娠，伯父生，目光冏然，形貌端碩。稍長，能自課學，倍諷爲文，沛然奇麗，同伴屈焉。年十八，入邑庠。十餘年，受廩。順治甲午，貢於鄉。時郡多寇盜，其大者乃窟穴數邑，脅誘旁近愚黠，標置部署，以爲徒夥。擇最深邃險絶之山，上有平田仰泉，積薪蘇米穀，餘數年用。四下削壁萬仞，一面微脊，纔通猿猱行耳。賊首某者，自居之。百十里遠近，復錯置諸落數十，徒卒多者皆千百計。

乙未六月，吾先君與季父二室山居，賊攻圍盡俘以去。時伯父奔祖喪自遠至，既卒哭，自從一僕行百里，叩賊壁以省弟姪，涕泣感魁以義，且乞以財贖，要言而歸。自傷骨肉斷散，輟去午食，冀同饑餒，作詩以紀之。悉棄山田産，雜他白金貴貨，盡入賊。賊受之，而拘質無還意。伯乃團里卒，設重募，狖援蝸綴，夜覆賊巢於獨蜀之山，賊失險恃。後追賊至龍通砦，盡卒以致行糧，留十九人自衛。賊諜知伯父先君俱在，集其勍者七八百人掩至。即其日以十九人與戰，大破走之。自是每遇必大勝，自初夏至秋，劇鬭累月，弟姪次第奪回。賊窘甚就撫，而數縣積寇皆平。以廷試至京師，公卿延重，禮之如貴人。入肄國子，文聲籍甚。應選府通判歸，讀書教授，垂四十年，年八十八而終。

嗚呼！家之興覆，命也。抑觀禍之所作，未有不由情誼睽孤而至於日頻者。其去禍之福，未有不悲哀閔痛，并志一心，而善氣爲之還返者。故古人傷内難，而不避外難。伯父之入壘也，内人環泣遮留，一不以綴意。在途遇賊黨，告曰無爲俱燼也，則曰此實吾來意耳，黨亦感涕。斷午食，唾血骨立，内人環泣，進菜果，痛哭謝絶。其入山田券於賊，跪謝祖前，風雨起跪處，屋瓦飛揭。伯父哭祝曰："吾兄弟子姪復回者止。"日光還稠。其以鄉衆襲賊巢也，澍雨忽注，至山上大霧盤空，故賊不知所備，以至狂走顛跌，死者塞崖下。其大小之鬭，有賊叢砲齊機，不能傷尺寸，而吾一發輒斃數人者。伯父書生，手不勝錙兩，徒行不可兩里，以豢募百十卒，摧賊滿萬，劘無堅壘。既滅賊報當道，而弟姪男女十餘人，完回無一傷者。其奇事震撼遠近，至今漳、泉間，以爲美譚然。

惟伯父孝友純一，不知生死利害之及於身，謂兄弟連氣若一人，手足廢則俱廢，無獨全理。至心格神，遂濟斯難。及事之既已，退然文愞一書生耳。四十年來，仕者簪紱，居者逢佩，而追惟急難之際，求安寧於喪死之威，召陽和於風雨之會，使祖先委祉不墜，而孝友未衰，到於今者，繄伯純誠之感，實今難而古亦僅者也。伯言和氣溫，風度春容，博學多文。諸生時，歷試皆居上等。明季人士，奉其褒彈以爲去趨。貴遊子弟學文章會友者，見伯來，筆研銜袖，喜於見收，敬之如嚴執。晚歲善古文辭，句鏤深蹤，塵於秦、漢。四方之欲薦美述事以寵其尊卑，雖假名達宦，而文必之伯，合若干卷曰《傭言》。

伯父生於萬曆己酉年四月廿六日卯時，卒於康熙丙子年二月初九日辰時，與世母余孺人合葬於鄉之盤口，坐午向子。地自戊辰趨朝别膝下，奉帛爲衣。伯父報曰："吾未視陰，縣車尚可待也。"倏忽十年，追念前歡，遂爲永辭。丹旐道車，不能執紼，命也。銘曰：

學足辭英，萬象日生。今人何儔，誠以盡己。厚倫洗恥，於古無羞。邵先之澤，豐後之脈。爲家綴旒，南原崱崱。北川在側，萬年以丘。

處士梅纖瞿先生墓碣

某得交梅定九先生二十年，知其學該貫經傳百家，而曆、算二者尤最。蓋自洛下閎、祖沖之、僧一行、郭守敬，術非不至也，然去聖既遠，竭終身而不能窺隸首、商高之大全，至定九，乃庶幾焉。定九間與余譚《易》，肅然致恭曰："鼎之祖若父，至今治此三世矣。媿吾不克負荷，而又懼先人名行之不傳。今老矣，瞻望松楸，泫然三喟，子能爲我表而揭諸？"余遜謝，數載不敢爲。定九既歸宣城，則又遠書辱焉。顧余又方職鞅不暇，乃先表纖瞿先生之行以請，續當及西安公以泝厥淵源。蓋梅氏將碣諸墓左，不敢使有先于昵之恨。其略曰：

公諱士昌，字期生，世居柏梘山。山高處有纖嶺焉，故又自號纖瞿，蓋取《詩》所謂"良士瞿瞿"者耶？西安公邃於《易》，先生其冢子，庭授有素，晚乃卒究其業，爲《周易麟解》一書。取春秋二百餘年事跡，與卦爻相證明，推其成敗禍福，以窮吉凶悔吝之故。余未之得見，然嘗讀其序而奇之。考之司馬遷曰，《易》本隱以之顯，《春秋》推顯至隱。《易》與《春秋》，天人之道也。遷之生於孔子近，其論蓋有所昉。邵堯夫之學，始堯甲辰年，迄於五季，四千載治亂興衰，紀以運世，而用《易》卦經緯之。蓋邵氏以數起，而先生以理附，先生之書，邵氏之志也。

生明季爲諸生，知時將亂，卓有遠識，凡交遊文社，一切謝絶，曰："人當爲獨行君子，前世黨援之事，可戒而不可入也。"甲申之變，士之喜功名、規仕進者，萃於南都，先生微服僦僧舍以覘。一日遯去，曰："雖有夷吾，未易爲宴安江、沱計也，況今日之事哉？"遂棄儒服，杜門屏跡，以終其身。嗚呼！避名而自晦，知幾以遯出，先生可謂得《易》之用矣。事西安公及劉孺人至孝，並至耄耋無忤色焉。平居恂恂不言人過，然遇事好義勇爲，嘗爲族里解京倉，費千金計，人多走匿，後又負約，竟不責償也。先生少小有經世之志，自治經外，若象緯坤輿、陰陽律曆、陣圖兵志、九宮三式、醫藥種樹之書，靡不蒐討殫究。遭時之亂，抱不一試。然雖崎嶇戎寇間，轉徙逃避，講誦教子，未嘗蹔廢。先生之學行，其大致如此。昔宋蔡神與，以高才博學，通天地人之奧，而晦於時。其後遂生西山季通先生，大闡家傳，顯名當世，至孫曾而材賢輩出，位有至執政者。今先生之學蓋神與之徒，而定九先生又已無媿季通，是朱子所謂"足以顯其親於無窮"者。況孫曾之能世其業，亦既爲之兆矣。賢者有後，天其將發久閟之光，吾又烏乎量之哉！梅之家世，於西安公碣詳之。銘之曰：

天官之學，實肇於談。遷述世德，慨息《周南》。邵氏有古，蔡有神與。絶學將興，不其有緒。梅家之業，殆世修之。井之行惻，王且收之。我揭諸阡，汗顔縮手。昔人有言，自附不朽。

榕村續集卷六

雜　著

劄記三條

《論語》謂:“知之者不如好之者,好之者不如樂之者。”説者以氣候深淺言之,固是。然看來當下便有此三種根器。蓋有一樣人,聽説道理,甚是明白,只是不甚喜愛,曉得便了,更無餘味。又有一樣人,心亦喜爱,然未能一意耽嗜,則或他好有以奪之,便不能久於其道,復而不厭,亦不能温故知新,日進無疆。惟上等根器,纔知學便有樂意,樂則生矣,生則烏可已也? 至誠無息,此其基本。明道欲著《樂書》,想是發明此指也。

“吾斯之未能信”,“信”字最是有味。若説自信其所知,自信其所能,只是粗淺話頭。須知便是已知已能,而信他不過,終久不著於心,臨事無得力處。故著心而專一不二者,篤信故也;臨事而確然不惑者,篤信故也。求之足民,由之治國,皆有以自信矣。然知德悦道,夫子皆未之許,而獨曾點、漆雕開爲見大意。可見“信”字不在材具上説。

讀書而病記識不牢者,想亦是未專一之故。且揀一件篇數不多者,如《大學》、《中庸》、《太極圖》之類,盡看衆説,而加以精思明辨,直到熟爛無遺恨處,則雖約而可以該博。從此觀它書,便有相發相助之益,而無貪彼失此之患。此讀書第一要法,無論敏鈍姿性,皆當如此也。

國風序義

《國風》列國之序,其義前儒未有言之者。惟程子嘗論之,然於事理之間,猶有所未盡也。蓋《詩》之篇章次第，其細義雖不可復詳，然其於諸國先後之次，則必有深意存焉。今略依程子之意而論之。《二南》，周家受命之本，而王化之端也，修身齊家，蓋廢興理亂之繇，故以爲《風》之首。上所以感，下所以應，風俗之盛衰，莫著於此也。衛自東遷以降，世有家闈之亂，莊公以殺其嗣，宣公以亡其國，始于宫闈，流于民風，《二南》之反也。廢興理亂之繇，上下感應之效，於是爲著。故邶、鄘、衛次之。周所以衰，實由於此，故《王風》又次之。王風不淑，畿内之國先被其化，故鄭又次之。王迹熄而霸圖興，故齊、魏、唐、秦又次之。齊霸而後晉興，晉霸而後秦盛，天下之勢，駸駸而入於秦。夫子已見其機於删定《詩》、《書》之際矣。强侯擅命，則兼并小國，而大亂由是生，故陳、檜、曹又次之。陳、曹亡於春秋之終，檜亡於春秋之始，故《檜》之卒章，傷天下之無王也，《曹》之卒章，則併傷天下之無霸也。桓、文一降而爲七國，是無霸之徵矣，夫如是則天下之亂極矣。亂之既極，必有治之之道，故終之以《豳風》。文中子曰："《豳風》居'變風'之終，明乎變之可正也。周公之處流言，風亦可云變矣。變而不失正，非周公其孰能之？"

嗚呼！序列十五國之《風》，而天人去就之故，國家治亂之機，如指諸掌。其間之風聲氣習、言語性情之變，則尤使後世之觀風者，有所考焉，其意豈不深哉？若夫宋、魯之無風，以先代之後、周公之嗣，采風所不及也。吴、楚之無風，夷狄之邦，風謡所不載也。杞、蔡、滕、薛之屬，無其詩，闕其文，則亦有所不可考矣。故夫子之序《詩》、《書》，修《春秋》，而王霸之道、世運之變、道術之汙隆、禮樂之興替，莫不於是乎昭明也。

記太極圖説

圖首之以太極，渾然一體，靡見其餘，粲然萬分，罔形其缺，是故以圓目之。次之以陰陽，陰陽之氣，互爲其根，故不可窮也；陰陽之精，互藏其宅，故不可貳也。陰中有陽，陽中有陰，以此也。次之以五行，五行之交繫乎上，一陰陽者與。其總會於一，一太極者與。次之以萬物，夫萬物之極，何以二之？懼人以爲形化之後，而視天地也間，其離本也遠，故纍之複之，以爲受極於父母，與天地同。自天地而生此也，自父母而生亦此也。氣化形化通乎一理，人之全受而歸於天地父母，通乎一道。《太極》、《西銘》，其無異指者與？

道術各有宗旨。有物渾成，老氏之宗也。不生滅，釋氏之宗也。試以一言蔽之，元氣元神而已。若夫吾道之宗何哉？陰陽四時，列象群生，百感千慮之變，巧曆不能計，意想不能窮。曰氣之所攝，曰未也。曰神之所涵，曰未也。蓋曰理之所統云爾。此三者，雖同謂之極可也，然言同而指異也。莊、老之書，有曰無極者矣，有曰太極者矣，要皆不離神氣而言。若孔子所謂太極，周子所謂無極，是所謂統天地萬物之理也，吾道之宗也。

動静者，太極之全體，其道盡於乾矣。至哉坤元，承天時行，故曰動静兩端，循環不已，立天地之大義。兩儀之立，於道未分也。别爲五行，各一其性。有萬之生，氣質不齊，或晦或明，或柔或强，或淳或斑，或否或臧，皆根於五行之性，離而不相一也，固而不相易也。故言氣質之性者，自五行始矣。雖然，周子不云乎："五殊二實，二本則一。"以其本之一，則錯綜之理在，變化之機存。觀其生克，審其不二，不待乎温泉寒燄之屬也。又況乎人爲陰陽之交，五行之秀，得天地之中以生者哉？

中正仁義，方其未感，静也。應物而見，動也。就四者對言之，則又義、智，静也；仁、禮，動也。然則周子之主静，主其寂然者乎？主義與智乎？曰：析言則異，互言則同。義智非無感也，寂之意多。故方其寂也，仁、禮則歸於義、智之府。仁、禮非無寂，而感之意多，故方其感也，義、智則行乎仁、禮之内。無欲則静，善乎勉齋之推言之也。主静以善動，陽根陰也。無欲則静，陰根陽也。蓋不翕聚，無以發散，而且晝有牿亡，則夜氣之存焉者鮮矣。曷觀之天乎？萬物不生，萬籟不鳴，專一凝寂，故能敷大化而鼓群動。及乎物各付物，天何意哉？無所淹留滯固，故能肅時令而成歲功也。夫人之所以淹留滯固者，心有欲也。欲於何生？氣有偏也。天不偏，故無欲。聖人無欲，故合天。與天地合德，太極也。與日月合明，陰陽也。與四時合序，五行也。與鬼神合吉凶，男女善惡也。

或曰：與天地合德，仁也。與日月合明，禮也。與四時合序，義也。與鬼神合其吉凶，智也。

記通書

大哉乾元，萬物資始。朱子解以爲即"繼之者善也"。元、亨，誠之通也。乾道變化，各正性命，"成之者性也"。利、貞，誠之復也，此於理自相貫。然愚意尚欲剖析言之。蓋"繼善"二語，《大傳》文意不分陰陽。若曰此一陰一陽之道，其在天者，則嬗衍似續而相繼，命之所以流行而不已也，善也。其在人物者，則凝聚堅固而已成，分之所以一定而不移也，性也。二者莫非至實之理，故曰誠。莫非至粹之真，故曰善。善固善矣，性亦未嘗有不善也。成形之後，氣質拘之，仁者見仁，智者見智，每下而日用不知，偏之流則過，過之甚則惡矣。夫子之言性與天道，吾於此章見之。至《乾·彖》之辭以釋四德，既曰"大哉乾元"，又曰"乃利貞"，此蓋以生長收藏而言，比之"繼善成性"，似同而異。何者？繼善之中兼元亨利貞，成性之中統仁禮義智信，不可以分析論故也。然其曰"乾元統天"，則似乎繼善。曰"各正性命"，則似乎成性。周子引此以明性命之源，蓋斷章之取。而下所謂元亨利貞者，則不復分屬，直言性命之中，各有此四者，四者蓋性命之藴云爾。不然，既曰"誠之源"，又曰"誠之通"；既曰"誠斯立"，又曰"誠之復"，不亦重複之甚乎？然則夫子非與？曰：分言之，則元亨利貞，天也，善也；仁義禮智，人也，性也。互言之，則元亨未離乎天，善也；利貞既成乎物，性也。亦何不可之有？蓋必析之極其精而不亂，然後義之錯綜者，可得而言耳。

一者無欲也，無欲則静虚動直，以此證《圖説》"無欲則静"之言，可見"主静"之"静"，正與"動"對。蓋静虚然後能動直，無欲然後能静虚也。或曰：此静言其境，彼静言其功。非也。静之功，還其本静之境而已，非有加於静也。《易》曰："艮其止，止其所也。"然則主静之静，以境言之，又何悖焉？

聖人之精，畫卦以示，邵子所謂"先天之學"是也。聖人之藴，因卦以發，邵子所謂"後天之學"是也。邵子又曰:"先天之學,心也;後天之學,迹也。""心"、"迹"二字,出《文中子》,不如所謂"聖人之精"、"聖人之藴"者意義渾然。

記養心亭説

按:周子於《圖説》自注云:"無欲故静。"於《通書》又曰:"無欲則静虚動直。"或疑"静虚"之"静",非"主静"之"静",非也。蓋無欲故静虚,静虚故動直,静虚乃動直之本,故曰主静也。聖人曰中正仁義,學者則曰明通公溥。中正仁義,動静周流,而以静而義正者爲主。此《易》所謂利貞者,性情也。聖人以此洗心退藏於密,神明其德者也。義智所以爲静者,董子謂陽居大夏,而以生育養長爲事;陰居大冬,而積于空虚不用之處。蓋當陰道上行之時,則萬物已斂藏成就,是置之空虚無所用之也。人心及乎義智之分,而萬事收斂,則亦截然而止,澄然無事矣。明義也,通智也,公仁也,溥禮也。然則明通公溥,重在明通。動直本於静虚,此《通書》所以發《圖説》之意也。此説又云:"無欲則誠立明通。誠立,賢也;明通,聖也。蓋寡之又寡,以至於無欲則誠立,誠立則明通,明通則公溥,舉而措之耳。寡欲以至於無欲而誠立,是賢者之事;誠立而明通,是作聖之功。誠即一也,無欲則誠立,即《通書》所謂一者無欲也。誠立則明通,即《通書》所謂無欲則静虚。静虚則明,明則通也。言明通而不言公溥,又主静之義也。"《通書》及此説,皆以申《圖説》"無欲主静"之旨,惟以其言前後反覆而自相證,則得之矣。

詩選義例

六義皆《詩》體也。《風》、《雅》、《頌》者,《詩》所由來。出自陳采者爲《風》,出自製撰者爲《雅》、爲《頌》。及其施於樂也,《風》則上下通用之,《雅》則用之朝廷,《頌》則用之郊廟。故夫子曰"《雅》、《頌》各得其所",而不及《風》。正謂《風》可通用,惟《雅》、《頌》不可僭差。如爲叔孫而歌《文王》、《大明》、《緜》,以三家之堂而歌《雍》,皆失其所矣。賦、比、興者,詩所由成。述志敘事者賦也,感物觸類者興也、比也。比則其義相形而意顯,興則托以興懷而意微也。此六義者,盡《詩》之體製律令,抑其生於人籟,自然合節,故雖《三百》而後,世變風移,而六義源流,依稀可見。如漢之《房中樂》及趙、代、秦、楚之謳,則《風》之餘也。《鐃歌》之屬,《雅》之餘也。《郊祀》之屬,《頌》之餘也。若賦與比興,則又因聲發見,無待規擬。惟其俗化遷流,禮樂不興,故小人所歌未足以貢俗,君子所賦未足以明志,法宮所頒未足以廣化。此古今升降之由,後之君子,如王仲淹、邵堯夫者,遂以爲馳騁末流,有"删後無詩"之歎,雖四聲八病,音若塤篪,而不足貴也。余以爲王、邵之論,施之《風》、《雅》之正則諾。若夫男女言傷,大夫閔己,賢人君子遭時治亂,而出處語默,慨然有以自明者,豈非變《風》、變《雅》之選哉？蓋詩者人之性情,性情不泯,則詩道不廢。漢、唐之間,視之東遷列國,不猶愈乎？然而近代言詩者,不復推原言志之義。源遠未分,愈澆愈散,至捨漢、魏而專言唐,捨唐之近古而專言律。此於蘇、李、曹、劉之庭猶邈,遑論《三百》哉？兹選非無辭也,而以意爲主。其序則先以漢之樂府,蓋以爲"四始"之餘,後代諸體,權輿於此也。繼以四言詩,又繼以五言長短句詩,以其近古也,皆謂之古體。唐以下五、七言律詩繼之,總謂之近體。騷人興於周、漢之交,後有倣者,其流亦遠,則謂之楚體,以終焉。嗚呼！草木蟲鳥之響,猶足以感人,況二千年孝子忠臣、貞女義士之心聲存焉,國家興亡治亂之變備焉。天常之厚者,俯仰游泳於兹,是亦可以興,可以觀,而賡《三百》之遺音,裨性情之至教。可目以華末也,而一切非諸？

漢、魏之詩,儷偶絶少,集典實盛,藻繪者亦少,濫於江左,極於唐、宋,此雅俗清渾之關,取捨之衡也。學者先讀漢、魏古詩,則雖作律詩,氣體亦自高妙。先讀律詩,而又終身溺志焉,則於古之道遠矣。

《詩》以無邪爲教,而《雅》、《鄭》雜收者,所謂可以觀也。況後世之詩,王澤眇微,但取其發乎情而未離乎真者,則可以表情思而考習尚矣,固不能一一律以經義。惟其侈富矜麗、淫哀傷人者,則黜不收,以其大爲詩害也。

六代華巧極矣,然所謂真氣流行者,無有也。一則所存者異於古人,二則顧畏世網，而不敢道其志。故非放浪山水、嘯咏風花，則或托於游僊出世以自高，或止於嘆老嗟卑而自見。此皆所謂應時感候，而形其心聲者。觀嵇、阮、張、陸以下諸詩可見。惟陶靖節隱居求志，身中清，廢中權，故其辭雖隱約微婉，而真氣自不可掩。至唐開代，四海爲家，名節既暨，諱避亦微，故人得以抒其志而盡其言。其高出者，如杜少陵等輩，幽思殫寫，豪氣横奔，與前人之蓄縮趦趄、終日唱賡而莫知其悲笑之所自者，迥然異矣。此亦所謂"誦其詩，論其世，以知其人"，不可不察也。

兩都之詩，寥寥者有感而作，非以詩爲事也。江左、隋、唐，學者舍是，則無事焉。故其搜英擷華，抽思繪景，至於唐而已窮。後代作者，又襲唐之糟醨而餔啜之，譬之茶酒之馨、魚肉之味，雜之料則益薄，厚其齊則益淡。自宋以後，皆坐此失也。不探其本，而欲以邁前人，所謂憊心於無用者，此已。

曹子建、陶靖節、杜少陵、韓文公之詩，當另作一意讀之。其餘清音幽韻，各有至焉，以爲修詞之用而已。雖然，存乎觀之者之所領。彼以言取巧，吾以意會心，郢書燕説，碑字成禪，無處非益也。

古者同書考文，雖未聞有四聲之説，而韻部分明。六經、秦、漢以上，書皆可見，而莫著於《三百》。後世四聲等母，於韻學不爲無功，然按其部分，則自江左之末及唐人而既亂矣。唐人律詩，自守功令，其古詩所通用韻，猶於古未遠。特古今字聲，間有彼此出入，又入聲所從之部，與古敻遠爾。由宋及明，并與唐法而亂之，曰通曰轉，悉惟風土是師，全不知韻部爲何事。此詩學大關節，不可不正也。

古人詩平、上、去三聲皆通用，其入聲則多轉爲去，亦或通用也。今既有四聲，平仄分用，亦自諧聽。然平聲清揚，入聲短速，固與上、去兩聲微別。至上、去兩聲，相差至眇，今南北人多有不能辨者。然則古詩韻脚，二聲實可通用，不獨漢、魏之間，唐人間亦有此也。

近體詩句字平仄，固有律令，然五言倡句第三字、七言倡句第五字，皆用平聲者，正也。間用仄字，則下字仄聲，必易以平。若適當兩平疊之倡句，即此體不可用，又當變而通之，於和句用平聲爲對可也。然此體在唐初亦不拘，杜、韓、柳則極嚴謹，惟五言和句首兩字，七言和句第三、第四字，遇下字應用平者，上字必不可用仄。

始祖祠祭禮略

《程氏遺書》以冬至祭始祖，立春祭先祖。先祖者，始祖以下，高、曾以上，皆是也。一年之内，惟此兩祭。若四時之祭，則只及於四親而已。余家始祖廟，舊祭春秋。先君參考程書，增以冬至、元旦。前人相沿，今亦未敢妄議增損。如折以遠近疏數之義，則須以程書爲斷。但程所言者，届時設位耳。今既儼立祠廟，則一歲之内，不應歷時疏闊。冬至、立春之外，須用每月朔，合族人瞻拜儀，用果酒。如有宗法公事，則群議於其中，亦以果酒拜告。族中子孫有得科、登第、遷轉、封贈，拜告而具鼓樂可也。○余家祭始祖，以先祖祔。蓋適余九世以前，皆係單傳，自此而下，而始分支。故斷自分支以上爲先祖，而不下連高、曾者，以宗子之法，不立所謂高、曾者，莫適爲主，世代既遠，衆支之先祖繁多，於禮無祔也。若他家始祖以下，至何代而始分支，或繼始祖者而即分支，亦只應斷自分支之首世爲先祖，庶無黷祀。○古者宗子非世官即世禄，故可以其禄祭，而世主大宗之祀。今既無是，則所謂宗子者，或降爲氓隸，而不齒於衣冠，既不得踰分而行士大夫之禮，且不知祝嘏之文，不任拜跪之事者有矣。權以時宜，須用爵禄於朝者主祭，蓋以其分既得具禮，其人又嫻威儀也。雖然，緇冠餼羊，又烏可廢？須以有爵者主祭居中，宗子居左，直年者居右，並跪，而以昭穆爲前卻焉。祝亦連名以稱於宗祖之前。是亦酌古準今，無於禮者之禮也。○士庶人祖屋則正，可以適長世主薦事。或有厠於庠序得衣巾者，則並適長行禮可也。或曰：父爲大夫，子爲士，則祭以士。士無田，則不祭。今若宗族之中，先雖有貴者，而後爲士庶人，則將行士庶人之禮乎？曰：此可以世禄之意通之也。其先有貴者，必以其禄入爲祭田，是亦天家之賜，世禄之屬也。故其子孫，猶得以其田祭，稍殺於大夫，而用上士之禮焉。如大夫用備牲，則用特牲；大夫用三獻，則用一獻。品物威儀，皆稱是，而不下夷於庶人。是亦喬木世室，與國咸休之遺意也。○余家祠堂，始祖、先祖牌位之外，又有歷世衣冠、功德諸牌位。衣冠者，曾受爵命者也。功德者，有德行著聞，及建宇置田，有功於宗祖者也。歲時祭祀皆祔位，此亦前人所行，今未敢輕變。○祭禮，一品以下備羊豕，五品以下或羊或豕，八品以下折俎可也。庶人雖富，不用牲牢。祭之前日，灑掃堂庭，牆壁損壞，則黝堊之。滌祭器，備乾豆。祭之日，未明而興，請始祖、先祖之神位，以就筵几。始祖居中，先祖序於左右。質明入牲，陳拜席。子孫以行輩序立，讀書知禮者分以職事。主祭者初獻，宗子亞獻，直年或無頂帶而又分卑齒幼，則三獻以族中高行有齒德者充之。其餘如《朱子家禮》，有頂帶之士，上世有祠廟者，行一獻禮。禮不下庶人，止於斟酒視饌而已。

小宗廟祭禮略

立廟之人，或非長子，但以其爵禄於朝，法得立廟，則立之。此古者别子爲祖之意，所以其廟不毁，而有化小宗爲大宗之勢也。然弟雖主祭，仍以兄爲宗子，與前始祖祠之禮同。但始祖祠主祭者，居中跪立，祝文以爲稱首。親祠仍以宗子居中，祝文曰"介子某官某以其禄相宗子某行事"，如是以終其身。至於其子，則以介子爲父，而將化小宗爲大宗。然後伊川程子奪宗之議，乃可斟酌行之爾。又或兄弟兩人俱貴，而弟秩更高，則且就兄所立廟行禮，不必便自立廟。祝文亦同列兩人名，而不必云"相宗子行事"。至於其子，方爲已别立廟，而上具四親可也。○其或父祖有爵有廟，而己之爵又加崇，貴在適子，則惟守父祖之宗，而已不必别立廟也。在庶子亦不必别立廟，惟從宗子以祭，於祝内署所封贈銜名可矣。至於其子爲已别立廟，而上具四親同前。○親祠以四時之祭爲主，而用仲月，其儀節與始祖祠同。四親同堂，乃後代之簡文。世俗又同設主於一案之上，祭則四代祖妣同一饌而享之，皆非也。須於正堂隔作四龕，爲石座以安主，設案於前。案比座微高，使露出主身可矣。凡香燭及祭饌之品，皆排置於案上，而主座如故。忌日各就其龕，開門行禮。惟四時合祭，須出主而祭於堂，亦須別作座案，使主在座，饌在案。不得如俗置之案上，既不類古者席地，又不類後世倚卓之制，非所謂事死如生，供養以像事居之意也。今或未能立廟，未能置座設案，廳事狹窄，聊且從俗。然祭日亦須具祭筵二，使祖、妣分享之。蓋四代享以四筵者，正也。二筵使祖、妣分享之者，權也。子母可以合食，而舅婦不可以合食，此俗失之當正者。○今世祭祀，只重忌日，外此則用俗節清明、七月之類，雖士大夫家皆然。夫祭者，吉禮也。五禮以吉爲首，即祭也，古人朝服以祭，而用盛樂，禮莫重焉。忌日則喪之餘也，古無忌祭。後賢雖從俗行之，然衣冠必用素，而不飲酒，不聽樂，所謂君子有終身之喪者，豈可以是而廢歆於神明之吉禮哉？且是日也，不獨子孫之哀，而亦祖考之戚。上不能嗜飲食而具醉飽，下不敢饗父兄而言燕私，故今以附於喪祭之後，明非五禮所云吉也。士大夫有命服之榮，而終身不服以祭其祖先，得乎？若欲以俗節當之，則尤無義。祭禮春以迎來，秋以送往。今清明乃季春，而七月在孟秋，迎來何遲？送往何驟？與其徇俗而惑於道、釋之教，何若遵先聖先儒，以伸追遠之慕之爲得也。

榕村續集卷七

詩

送楊道聲南歸

春行已殷仲，飇風何乃驕。況復別所思，寒廂聽鳴條。之子南邦彦，趨庭自垂髫。長富千金藝，不復把蟲雕。淵源有遺耄，覽記獲殘縹。搜奇心無厭，窮元智彌饒。目極千里線，身登七曜軺。專精今罕比，覃思昔非遥。疇昔氣何盛，春江漲海潮。幽夢入窮島，壯志馳荒徼。傾國媒誰託，連城價已翹。囊乏幾金潤，家有四牆蕭。吹篪聲未歇，在陰響正嘹。南北屢遊陟，晨星喻所交。顧余蕪陋者，何哉食我苗。秋高來適館，直禁每衝宵。紛紛疑緒結，默默不得療。兹者六飛東，羲和揭長標。祕衮繙清暇，蘭膏剪寂寥。忽焉舍我去，中渡比捐橋。睍睆空嚶樹，遁思不可招。牀書今夕近，風雨彼天遥。丈夫各有念，相期乃久要。

贈阿起南

今秋寒氣早，白日急於流。宵征冒風凍，碌碌生百憂。衝壒長安道，於我誠何求。所喜同心友，覿面如宿投。三日一來過，移昏語未休。孳孳譚性命，逼若饑寒謀。我復謁君居，高風何不侔。入門散圖史，蕭蕭似衡茅。丹黄事點竄，奥義獨深搜。更有静坐癖，調息向雞嘐。指日期賢路，嗤笑不廻頭。余生十六七，讀書志孔周。於今百不就，看看已沈浮。自從遇知己，倦痾頓一瘳。政事堂歸早，車聲聽悠悠。三十九年非，尚覬桑榆收。忽焉舍我去，令我黯生愁。君行固不遠，百里舊西疇。遯居非有他，避囂覓精修。顧盼挾鋭氣，勇哉不可留。離别豈足惜，所願壯志酬。歲暮村野曠，萬颸撼山丘。衣餐謹調護，經文細尋抽。邸齋三月後，爛熳雪華稠。君歸行稛載，恐我徒包羞。

詠　荔　枝

烏　葉七言律。

一望蒼茫入翠微，乍驚顯帝樹交旂。經冬未改幽幽色，向夏誰争曄曄暉。自昔蔡君傳麗譜，獨摽此族是烏衣。唐家天子如聞得，應取緑鬟伴醉妃。

糖　瓜七言律。

緋紗爲裹玉爲卮，香瘴氛氲起黄鸝。橘柚長慙登禹貢，堇荼未許入周詩。物華土德斯其最，天上軒轅應有司。安得移栽長信樹，優游含弄可頤兒。

麻　餅五言古。

巨勝可延生，餐之色煒煒。流種落人間，結珍珠樹尾。野露足新嘗，我期六月朏。家伯訂爲荔枝會，六月初旬始。酒約援丁丁，詩思亦亹亹。蓬渤有瓊漿，未須尋一葦。南産自精華，誰言采葑菲。

緑羅袍五言古。

吾觀雲雨化，百物何喁喁。離支生炎地，挺出始於冬。及此朱明日，雜遝醉天醲。蕭然青衫子，何異古章縫。滿目山中意，羞與衆争丰。直下日無景，未覺有番禺。廣州夏至日下無景，極熱之地。

其　二

翠若桃綴糝，闊如魚腮喁。纖絺正及夏，旨蓄足禦冬。雜遝君謨譜，江家名最醲。緑袍豈其配，東君爲紉縫。世競誇紅紫，吾慕子之丰。閩地荔枝美，真不數番禺。

進奉子七言古。

幽蘭幽蘭深谷茁，爲王者香何戛戛。下國觀風有季札，奔馳王會爲州八。驛路紛紛車之轄，遇其甘美還相軋。云際冥鴻差小黠，徘徊獨把金衣刷。

坼　香五言排律　熟則核坼。

麗質包僊醞，清香繞翠翰。寄楊曾賦白，白樂天有《寄楊使君荔枝詩》。詞柳聞歌韓。氣結千重樹，風飄七里灘。自應隸龍目，何念擬鷄冠。韓偓《荔枝詩》有"鶴頂雞冠"之句。氣一中開綻，時來心更丹。幽芳如可贈，一顆寄長安。

金　盞七言絶。

漿如蘇武乳之瓶，色比方歅黄間驪。飫罷應同錢越老，錢鏐大宴閭人，八十以上者受金盞。酌餘更憶周南妻。

玉女扶雜體。

幽人山之阿，曾結瑶池諾。青青女蘿衣，纍纍絳紗槖。長看東海蔓桑柯，數陪崐崘宴後譁。臨風好是宗之醉，白眼朱顔頭半科。雲裳紛屢舞，新粧麗似黿。《漢書》黿淫也。王母應呼兒，麻姑猶稱哥。顛倒年來不記百，憶伴蟠桃幾回赤。常把瓊漿酣便擲，環珮珊珊起珠珀。

留觀仁雜體。

移果就前窗，新方穩於椿。問種且究木根原，無乃宋室舊年恩。官人不識誰家是，但有殘株來夜猿。憩棠必思召，懷橘應知袁。覽物存遺德，命名猶體元。低回植杖久延佇，不爲英華堪嚼咀。十年樹木計如斯，料得千秋事業珍重與誰語。

大蛀核雜體。

藥圃榕陰外，日日偶朋儕。山花初出谷，遠果未踰淮。逆流小澗上，春鯉嗥雨疎。樊起暮豺種，種呼襲舊名。名語似俳中，有一果馨香。嗅欲醺人憐，腐蠹擬裁芸。芸香，蠹虫避之。自古幽心長疲苶，我獨目成歎息不移睫。幸有孤耿宜相依，不託名山寄别業。

題韓魏公晚香堂

駐節當年卧護軍，山河南北此中分。老來喜誦秋容句，歸去還遲晝錦文。紫府洞天應返駕，《雜記》公爲紫府真人。黄堂風月有餘芬。晚香堂在府治之東。我行適值寒花候，歎息超然望五雲。公登第唱名時，五色雲見。

賦

感別賦送張敦復假歸。

緊今晨之何日，群鳥啾其嚶鳴。胡余懷之悵蕩，之子浩而南征。紛先生之純茂，儼古人之所服。矧種學而好脩，日孜孜其猶未足。斐聖皇之休運，慨夢寐乎世之賢，謂學古之不可以無輔。噫乎！孰爲余之説盤，鼂凌爽而趨蹌，夕賜第焉游息，洵不懈而益恭。贊巍巍之乾德，判先生之雅尚，邈獨慕乎槃之寬。雖執經於帝者之前，每繪事於故山。當三徼之用兵，羽檄飛而論藝。惟侍從之多功，蓋庶幾於陸贄。逮世室之歌鐃，首歸路而急流。跪掩涕以陳詞，曰臣有私事於松楸。感先生之所歷，極民生之大順。畢所效於君親，卓季葉之所僅。窅龍眠之丘澗，擅南服之佳居。蒔芳菲以環圃，信孤貞之所廬。荃睠睠其不可忘，蘭幽幽其不可以久。佩行止渾而無心，抑先生其奚容。意忽返顧以自照，超鴻冥之先我，進報恩以無由，欲從先生而不可。昔先生之知余，曰澹泊其有同調。嘗贈言之琅琅，閔報章之不耀。河長流以浩浩，風吹舟以颼颼。阻天南而獨處，余何以焉淹留。悵離合之不可常，心蹇産而弗釋。逝委珮於江皋，復夫子之餘跡。

校 點 後 記

《榕村文集》四十卷、《榕村别集》五卷、《榕村續集》七卷，清李光地著。

李光地（一六四二—一七一八），字晉卿，號厚庵，别號榕村，謚"文貞"，福建安溪人。生平事跡，泉州文庫《榕村語録　榕村續語録》已著録，不贅。

李光地一生著述共四十三種。除主編《性理精義》、《朱子大全》等書外，主要有《周易通論》四卷、《周易觀象》十二卷、《詩所》八卷、《大學古本説》一卷、《中庸章段》一卷、《中庸餘論》一卷、《讀論語劄記》二卷、《讀孟子劄記》二卷、《古樂經傳》五卷、《陰符經注》一卷、《參同契注》一卷、《正蒙注》二卷、《朱子禮纂》五卷、《榕村語録》三十卷、《榕村文集》四十卷、《榕村别集》五卷等。此外，還有《周易折中》、《周易觀象大旨》、《尚書解義》、《春秋稿》、《春秋毁餘》、《孝經説》、《洪範説》、《四書解義》、《榕村韻書》、《榕村講授》、《講授劄記》、《二程遺書纂》、《朱子語類四纂》、《禮記纂編》等。《四庫全書》收入十七種。

乾隆元年（一七三六），光地孫李清植刊《榕村集》四十卷，計收《觀瀾録》一卷、《經書筆記》與《讀書筆録》一卷、《春秋大義》與《春秋隨筆》一卷、《尚書句讀》一卷、《周官筆記》一卷、《初夏録》二卷、《尊朱要旨》與《要旨讀記》一卷、《象數拾遺》與《景行摘編》又《附記》一卷，另有文二十五卷，詩五卷，賦一卷。李光地所注各書及語録等已經刊行者不收。此集後來收入《四庫全書》。

李光地是清初著名的朱學學者和理學領袖，以義理解經，認爲"六經皆理"，並以性言理："程子言'性即理也'，今當言'理即性也'"、"理即性也，是萬物之皆備也"（《榕村語録》卷二六），認爲義理是經學的最高價值，而性是理的核心。與傳統程朱理學不同，他更傾向於百姓日用、修齊治平之理，部分消解了程朱理學形上玄遠之色彩，具有較強的實踐精神。其格致論與對陽明恢復《大學》古本的肯定更是表現出融攝陸王心學的一面。受當時福建學術風尚的影響,李光地亦不廢漢學。他説:"吾閩之學,獨得漢儒遺意。明章句,謹訓詁,專門授業,終身不背其師言者,漢儒之學也。……地竊不自量,方將以山林餘暇,與同志之士,誦鄉先生之遺書,蹈前修之典刑,庶幾《那與》卒章之志。"(《重修蔡虚齋先生祠引》)儘管全祖望、章炳麟、錢穆等對李光地治學有所批評,但總的來説,四庫館臣的評價是較中肯的:"光地之學,源於朱子,而能心知其意,得所變通,故不拘墟於門户之見。其詁經兼取漢唐之説,其講學亦酌採陸王之義,而於其是非得失,毫釐千里之介,則辨之甚明,往往一語而決疑似。"

本次點校以《清代詩文集匯編》所録爲底本,參校《四庫》本,異文或勘誤以校記形式標出。《清代詩文集匯編》所録《榕村文集》採用乾隆元年《榕村集》爲底本,較道光李維迪重輯刊行的《榕村全書》本爲優;《别集》、《續集》則分别以《全集》本、《全書》本爲底本。

至於取《榕村文集》四十卷、《榕村别集》五卷、《榕村續集》七卷單獨加以點校,一是擇取更優底本將三集統一呈現;二是此三集集中展現了李光地思想内涵和治學特色,於經學、理學、史學、詩學、象數、輿地、天文、曆法均有涉及,觀此可知李光地學問大概;三是兼有詩賦及各體文章,可證其門人李紱所云"偶爲詩、古文辭,亦遂蔚然奇秀,盎然深醇"。其中頗有特色之處,如李光地牽合經學、理學與西學,謂"蓋以爲地在天中,止一彈丸,四方上下,去天之數皆均。其四表極處,非能與天相際也。所謂天圓地方者,言其動静之性耳"(《周官筆記》),可見西學東漸之思潮與中學爲體之立場,與康熙好尚亦有關聯。再如《榕村别集》卷五收録的《戒子孫》、《本族公約》、《同里公約》、《丁酉還朝臨行公約》等,對於研究家規家訓亦具有文獻價值,從其治家之謹小慎微可揣想其久歷官場之心態與康熙朝之政治風雲。

李光地在閩南理學發展史上留下深刻印記,他主持修復安溪考亭書院,悉心培養陳萬策、蔡世遠等閩南理學人才,對弘揚朱子學和閩南理學貢獻頗巨。

編　者

二〇二二年九月

圖書在版編目(CIP)數據

榕村全集 /(清)李光地著;黄立一,吴億粲點校.—
北京:商務印書館,2023
(泉州文庫)
ISBN 978-7-100-21553-4

Ⅰ.①榕… Ⅱ.①李… ②黄… ③吴… Ⅲ.①雜著—
中國—清代 Ⅳ.①Z429.52

中國版本圖書館 CIP 數據核字(2022)第 150317 號

責任編輯 閻海文
特約審讀 李夢生

榕村全集
(清)李光地 著

商 務 印 書 館 出 版
(北京王府井大街36號 郵政編碼100710)
商 務 印 書 館 發 行
山東韻傑文化科技有限公司印刷
ISBN 978-7-100-21553-4

2023年1月第1版 開本 705×960 1/16
2023年1月第1次印刷 印張 42.25 插頁 4
定價:309.00元(全二册)